KALAQINZUOYIMENGGUZUZIZHIXIAN YEARBOOK 2019

喀喇沁左翼蒙古族自治县年鉴

（2019）

喀左县档案局　编

方志出版社
Publishing House of Local Records

图书在版编目（CIP）数据

喀喇沁左翼蒙古族自治县年鉴．2019 / 喀左县档案局编．-- 北京：方志出版社，2020.12

ISBN 978-7-5144-4443-8

Ⅰ.①喀… Ⅱ.①喀… Ⅲ.①喀喇沁左翼蒙古族自治县—2019—年鉴 Ⅳ.① Z523.14

中国版本图书馆 CIP 数据核字（2020）第 244337 号

喀喇沁左翼蒙古族自治县年鉴（2019）

编　　者：喀左县档案局
责任编辑：范　静

出 版 者：方志出版社
地址　北京市朝阳区潘家园东里 9 号（国家方志馆 4 层）
邮编　100021
网址　http://www.zgfzcb.cn
发　　行：方志出版社图书经销中心
电话　（010）67110500
经　　销：各地新华书店
排　　版：北京纺印图文设计制作有限公司
印　　刷：北京中科印刷有限公司

开　　本：889 × 1194　　1/16
印　　张：26.375
字　　数：735 千字
版　　次：2020 年 12 月第 1 版　　2020 年 12 月第 1 次印刷

ISBN 978-7-5144-4443-8　　定价：168.00 元

序

贫困问题一直是困扰人类社会发展的重大问题。中国作为世界上最大的发展中国家，为解决贫困问题进行了长期不懈的努力。改革开放以来，特别是中共十八大以来，以习近平同志为核心的党中央把脱贫攻坚作为全面建成小康社会的底线任务和标志性指标，纳入“五位一体”总体布局和“四个全面”战略布局，以前所未有的力度推进精准扶贫、精准脱贫，扶贫开发成就举世瞩目，显著改善了贫困地区和贫困群众生产生活条件，具有重大的现实意义和深远的历史意义。身处中华民族几千年发展历史上将首次整体消除绝对贫困现象的伟大时代，如何更好地发挥地方志的存史、育人、资政的作用，是新时代全国地方志系统必须深入研究和着力解决的重大课题。

中共十八大以来，在党中央国务院的正确领导下，全国地方志系统深入学习贯彻习近平新时代中国特色社会主义思想，紧紧围绕党和国家事业发展需要，深入推进地方志改革创新发展，凝心聚力，稳扎稳打，勇于担当，主动作为，全国地方志形势和地方志工作者的精神面貌发生了深刻变化，取得了优异成绩。其中，为贯彻落实《全国地方志事业发展规划纲要（2015—2020 年）》，经中国地方志指导小组领导批准，中国地方志指导小组办公室于 2015 年、2017 年先后启动民族地区与贫困地区志书、年鉴出版资助工程（以下简称“志鉴出版资助工程”），对国家级贫困县（区、旗、县级市），中西部地区、少数民族边疆地区面临出版经费困难的志书和综合年鉴给予出版资助。实施志鉴出版资助工程是紧扣时代脉搏、坚持创新发展、传承弘扬中华优秀传统文化的一项创举，不仅有力推动了“两全目标”的实现，而且数十部资助出版的志书、年鉴及时记述了民族地区与贫困地区在全面建成小康社会伟大征程中取得的新成绩和新经验、出现的新情况和新问题、涌现的优秀人物和典型事迹，留住地方文化的“根”和“魂”，为这些地区的经济社会发展、地域文化传播、爱国主义教育、精神文明建设等提供了历史借鉴和智力支持，对全面提升民族地区与贫困地区文化建设水平、确保民族地区与贫困地区和全国其他地区同步全面建成小康社会具有重要意义。

尤为可喜的是，志鉴出版资助工程促成了一批扶贫志书的编纂出版，在文化脱贫攻坚中发挥了独特的作用。例如，《贵州省减贫志》全面系统客观记述了从 1978

年至2015年贵州省扶贫、减贫工作的历程及取得的经验，为贵州省实施大扶贫战略提供了有力的资政辅治参考，集中体现了地方志工作因时而动、顺势而为的新作为。前不久，由福建省地方志编委会和人民网共同编纂的《闽宁扶贫协作图志》，是全国首部扶贫协作图志，图文并茂、直观立体、全方位地展现闽宁扶贫协作波澜壮阔的历程，弘扬“闽宁一家亲”“携手奔小康”的深厚情谊和滴水穿石、久久为功的精神，是贯彻落实习近平总书记扶贫工作重要论述精神，服务国家精准扶贫、精准脱贫战略的有力举措。希望各地以此为鉴，编纂出版更多、更好的扶贫志书、年鉴，助力国家精准扶贫、精准脱贫战略的实施，充分展现地方志的独特价值和作用。

当前，我国脱贫攻坚已进入全面决战决胜的关键时期，尚未脱贫的贫困地区集中分布在中西部深山区、极端干旱山区、高寒阴湿地区等，文化建设还比较薄弱，文化产品还不够丰富，文化精品更是少之甚少。同时，这些地区往往是民族文化、历史文化、红色文化、生态文化富集区，具有发展文化旅游、推进文化扶贫的巨大潜在优势，也是繁荣发展地方志事业的巨大文化宝库。要发挥好文化扶贫凝聚人心的优势，善于利用方志文化优势为贫困地区“赋能”，在脱贫攻坚中做出方志人应有的贡献。要发挥好中国名镇志文化工程、中国名村志文化工程的引领作用，大力加强乡镇村志编纂，让百姓记得起乡情、记得住乡愁，凝聚贫困乡镇村庄的强大民心，补齐贫困乡镇村庄的文化短板，以“扶智”的方式“扶志”，践行习近平总书记强调的“扶贫先扶志，扶贫必扶智”的重要理念。

求木之长者，必固其根本；欲流之远者，必浚其泉源。扶贫扶起的是志气骨气，传承的是家国情怀，守护的是绿水青山。扶贫既要富口袋，也要富脑袋。必须坚持文化脱贫和物质脱贫两手抓，筑牢贫困地区文化之基，补足信仰精神之钙，引领脱贫发展之舵。全国地方志系统要围绕中心、服务大局，坚决投入脱贫攻坚这场必须打赢的硬仗，积极参与脱贫攻坚战，发挥优势和特长，深入挖掘文化资源，着力补齐文化短板，努力帮助民族地区与贫困地区的文化建设实现较大的发展提升，在全面建成小康社会、实现中华民族伟大复兴中国梦的征程中贡献方志人的力量。

是为序。

中国社会科学院院长
中国地方志指导小组组长　谢伏瞻

民族地区与贫困地区年鉴出版资助工程领导小组

组　　　长：高　翔

常务副组长：冀祥德

副　组　长：高京斋　邱新立

民族地区与贫困地区年鉴出版资助工程领导小组办公室

主　　　任：冀祥德

副　主　任：邱新立

成　　　员：于伟平　刘永强　冷晓玲　李　静

《喀喇沁左翼蒙古族自治县年鉴（2019）》编纂委员会

《喀喇沁左翼蒙古族自治县年鉴（2019）》编辑部

编　　审　李鸿雁　徐广强

主　　编　刘瑞凯

副 主 编　计晓丹　刘德军　陈立新　鲍庆丽

责任编辑　陈春强

编　　辑　霍世红

校　　对　霍世红

编　　务　董玉妹　张春艳　包鹤鸣

编 辑 说 明

一、《喀喇沁左翼蒙古族自治县年鉴（2019）》（以下简称《喀左年鉴（2019）》），以马克思列宁主义、毛泽东思想、邓小平理论、“三个代表”重要思想、科学发展观、习近平新时代中国特色社会主义思想为指导，坚持辩证唯物主义和历史唯物主义的立场、观点和方法，坚持实事求是的原则，全面记述2018年喀左县政治、经济、文化，以及各项社会事业等方面的发展变化，为各级领导决策提供有关的参考资料，为社会各界提供有价值的参考信息。

二、《喀左年鉴（2019）》采用类目、分目、条目三个层次，设特载、大事记、县情综述、中国共产党喀左蒙古族自治县委员会、喀左蒙古族自治县人民代表大会、喀左蒙古族自治县人民政府、政协喀左蒙古族自治县委员会、群众团体、法治、军事、农业、工业、城建 环保、邮电 交通 电业、贸易、财政 税务、金融业、经济综合管理、科技 教育、文化 卫生、社会生活、乡镇场街园区简介、先进录、喀左县成立60周年庆祝活动专辑、附录类目。

三、《喀左年鉴（2019）》所用数字，以《出版物上数字用法》（GB/T 15835—2011）为标准。所用数字以统计部门为准，统计部门未有的，以业务部门为准。

四、《喀左年鉴（2019）》所用计量单位，一律以国家法定计量单位为标准。

五、《喀左年鉴（2019）》标点符号一律以《标点符号用法》（GB/T 15834—2011）为准。

六、《喀左年鉴（2019）》采用稿件主要由本行政区域内党政机关、事业单位、省市派驻单位撰稿人提供，并经各单位领导审阅。领导干部名录以组织部审核为准。

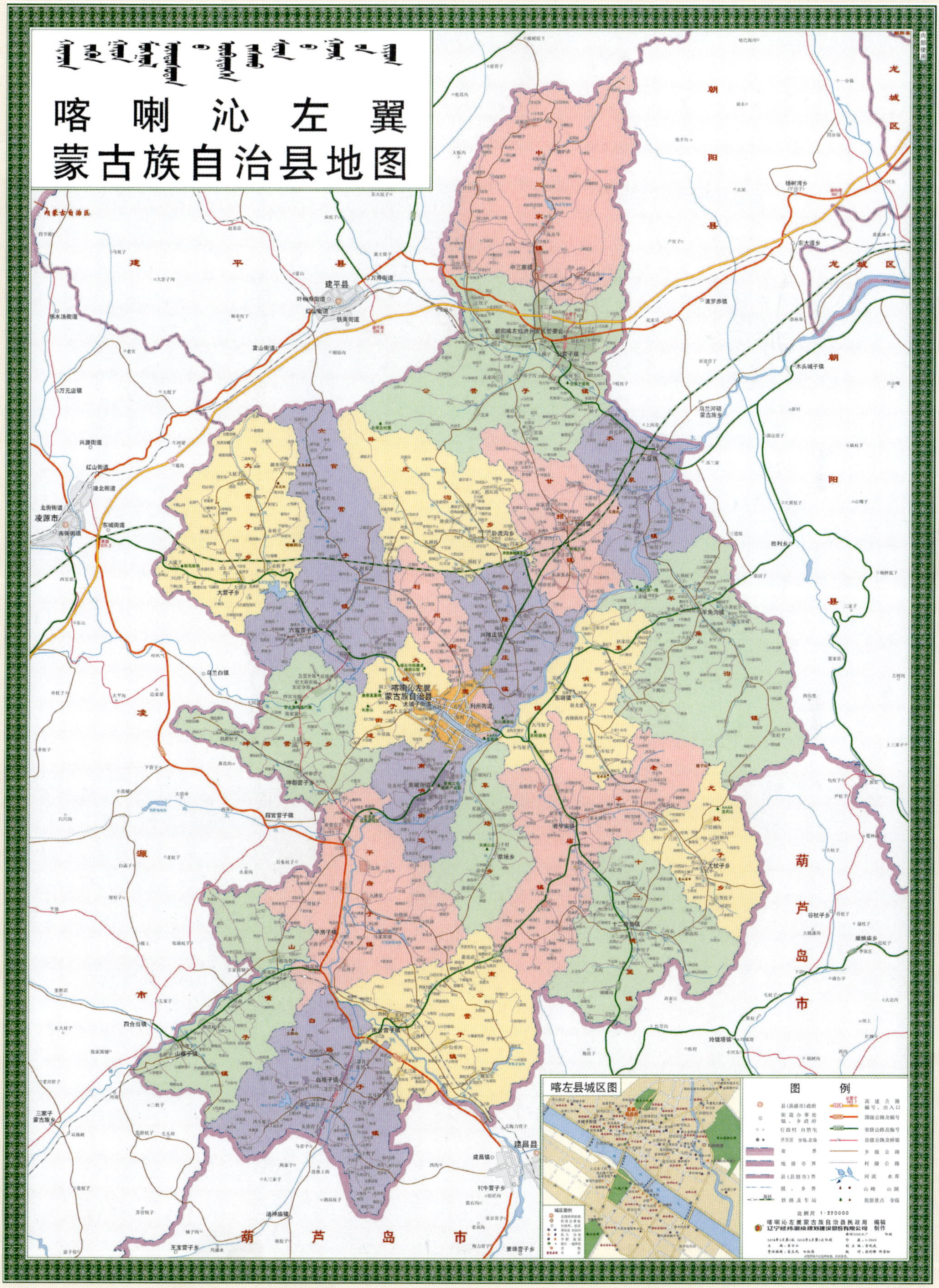

审图号：辽 NS（2020 年）001 号

2018 年 12 月 14 日，中国共产党喀喇沁左翼蒙古族自治县第十四届代表大会第三次会议在喀左人民会堂召开

2018 年 12 月 19 日，喀喇沁左翼蒙古族自治县第十六届人民代表大会第二次会议在喀左人民会堂召开

2018 年 12 月 18 日，中国人民政治协商会议喀喇沁左翼蒙古族自治县第十一届委员会第二次会议在喀左人民会堂召开

2018 年 3 月 13 日，中共喀左县十四届纪委三次全会暨全县党风廉政建设会议在喀左人民会堂召开

2018 年 3 月 9 日，喀左县绩效考评暨“五个一工程”和项目建设总结表彰大会在喀左人民会堂召开

2018 年 9 月 6 日，喀喇沁左翼蒙古族自治县成立六十周年庆祝大会在喀左人民会堂召开

2018 年 8 月 17 日，中共喀左县委十四届五次全体（扩大）会议暨全县经济工作会议

2018 年 4 月 25 日，省委常委、常务副省长张雷（左二）到喀左调研

2018 年 3 月 19 日，副省长陈绿平（中）到喀左调研

2018 年 9 月 6 日，省委常委、统战部部长范继英（右一），市委书记、市人大常委会主任蹇彪（左一），县委书记吕树江（右二）参观喀左辉煌成就展

2018 年 6 月 22 日，副市长王一凡（中）到喀左调研脱贫攻坚

2018 年 4 月 1 日，县委书记吕树江（中）就城市建设工程现场办公

2018 年 8 月 15 日，喀左县人民政府与沈阳农业大学合作对接仪式在喀左人民会堂举行

2018 年 7 月 26 日，辽宁省印刷包装产业基地授牌仪式在喀左人民会堂举行

2019 年 10 月 19 日，朝阳市诗词教育基地授匾仪式在喀左县南公营子蒙古族九年一贯制学校举行，朝阳市文联副主席刘乃侠（后左二）、副县长陈彩霞（后左三）出席授匾仪式

2018 年 11 月 27 日，喀左县省级贫困县脱贫摘帽第三方评估在喀左人民会堂举行

在建中的产业孵化园一角

中医院空中救援基地

健身舞比赛

温室花卉

冰雪旅游

环湖徒步大赛

目 录

自然资源

建置沿革

中国共产党
喀左蒙古族自治县委员会

重要会议 · 县委常委会议

县委办公室工作

组织工作

宣传思想工作

统战工作

老干部工作

党校工作

县直机关党的建设

机构编制

纪检　监察

喀左蒙古族自治县人民代表大会

人民代表大会

人大常委会会议

喀左蒙古族自治县人民政府

重要会议

办公室工作

信访工作

民族宗教

群众团体

喀左县总工会

共青团喀左县委员会

妇女联合会

科学技术协会

残疾人联合会

工商业者联合会

消费者权益保护委员会

法　治

政法委及综治

法治政府建设

公　安

检　察

法　院

司法行政

军　事

人民武装

人民防空

农　业

农业产业化

新闻报刊

档案·史志工作

卫生与计划生育

爱国卫生运动

体 育

旅 游

龙源旅游区管理

社会生活

劳动和社会保障

民 政

乡镇场街园区简介

坤都营子乡

卧虎沟乡

大营子乡

草场乡

尤杖子乡

平房子镇

山嘴子镇

特 载

在中共喀左县委十四届五次全会上的报告（节选）

（2018年8月17日）

县委书记　吕树江

一、上半年工作回顾

上半年，县委常委会在省委、市委的正确领导下，坚持以习近平新时代中国特色社会主义思想为指导，全面贯彻党的十九大精神，坚决践行新发展理念，坚决落实高质量发展要求，坚决推进全面从严治党，紧盯重点任务、狠抓工作落实，全县各项事业取得新进步。1—6月，全县实现地区生产总值41.3亿元，同比增长7.5%；一般公共预算收入2.69亿元，增长31.1%；固定资产投资18.3亿元，增长9.7%；社会消费品零售总额27.6亿元，增长3.8%。

上半年，县委常委会重点抓了以下工作：

（一）深入学习宣传贯彻习近平新时代中国特色社会主义思想和党的十九大精神。坚持把学习宣传贯彻习近平新时代中国特色社会主义思想和党的十九大精神作为首要政治任务，努力在学懂弄通做实上下功夫。县委中心组带头学习研讨，带动全县各级党委（党组）中心组集中学习450次。举办科级干部轮训班，组织县乡村三级宣讲859场，受众达到3.7万人。围绕贯彻落实党中央决策部署和省委、市委工作安排，细化任务、压实责任，先后召开县委常委会会议18次、全县600人大会7次，制定配套落实方案46项。坚持用实际行动抓落实、盯住工作重点抓推进，开展集中督查检查12次，县四大班子领导深入基层一线开展工作调研、现场办公510余次，解决实际问题300余个，推动项目建设、脱贫攻坚、深化改革、生态环保、作风建设等重点工作落实落地，以关键领域突破带动整体工作提升。

（二）全力推进县域经济发展。坚持发展第一要务，坚持抓项目、抓开放不动摇，全面实施推进县域经济发展战略，推动经济平稳健康发展。

强力推进项目建设。牢牢抓住项目建设这个“牛鼻子”，全力抓开工、抓推进。实现开复工项目80个，其中亿元以上项目29个、10亿元以上项目2个。一批高新技术项目相继实施，北京通美晶体和博宇半导体项目投入试生产，中联精密仪器、成威实验室设备等项目进展顺利。新建30万平方米雄安产业园标准化厂房主体完工，河北雄安一批软塑包装企业相继入驻。

强力推进京津冀招商。面对即将到来的“高铁时代”，凭借我县“宜居宜业宜商宜游”环境优势，以更宽的视野、更实的举措，紧盯京津冀抓招商、引项目。建立县党、政主要领导带队招商机制，形成“专业招商局＋园区招商小组＋乡镇招商分队”招商格局，集中优势兵力瞄准北京高新技术开发区、通州区和天津蓟州、宝坻及河北雄安、廊坊、三河等地开展定点招商。上半年，完成京津冀地区签约项目25个，在谈项目78个。

强力推进产业发展。狠抓工业经济运行，先行经济指标持续向好，上半年实现工业用电量4.26亿千瓦时，同比增长25.6%。飞马集团、金河集团、荣富陶瓷、闽龙陶瓷等规模以上企业支撑作用更加凸显，规上工业实现产值14.6亿元，同比增长29%。伴随雄安地区招商力度加大，纸塑包装产业集群正在加速形成，我县获批辽宁省印刷包装产业基地。旅游产业发展保持良好势头，上半年，全县接待国内游客230.4万人次，同比增长18%。

强力抢抓政策机遇。紧紧围绕贯彻落实中央7号文件、国务院62号文件精神，全力争资金、争项目。上报第一批突破辽西北财政资金项目13个，总投资20.3亿元，拟争取资金1.5亿元。上报中央预算及省本级投资项目16个，拟争取资金1.6亿元，已下达项目8个，到位资金6278万元。经过不懈努力，成功获批建设国家农业可持续发展试验示范区和国家农业绿色发展先行区，已累计包装项目99个，总投资73.4亿元。

（三）大力实施乡村振兴战略。全面落实“产业兴旺、生态宜居、乡风文明、治理有效、生活富裕”总要求，全力推动农业农村发展。

坚持产业促振兴。抓住“产业兴旺”这个核心，推进“一区一园一基地”建设，农产品加工园区龙头企业累计达到29家；新建乡镇现代农业示范园2个、村屯标准化特色农业生产基地5个。深入推进乡村旅游，推动“一乡一品、一村一景”建设，省级特色旅游乡镇达到13个，累计建成旅游专业村18个。推进农村电商纵深发展，搭建农产品进城和工业品下乡有效平台，累计建成村级服务站531个，全省贫困县及革命老区电商精准扶贫现场会在我县召开。

坚持改革促振兴。深入推进农业共营制改革，全面铺开农村土地确权登记颁证，新发展农业合作社66个，培育职业经理人110名，发展家庭农场11家。农村集体产权制度改革扎实推进。立足保运转、稳收入、促发展、强保障，稳步推进县乡财政体制改革，23个乡级金库全部建成并投入使用。出台实施办法，建立激励机制，全力推进“飞地经济”发展。上半年，落地“飞地”项目17个。

坚持人才促振兴。省、市、县三级选派201名干部到乡、村任职，涌现出一批服务“三农”先进典型，下派干部已成为助力乡村振兴的主力军。整合政策资源，全方位培育农村本土人才，加大新型职业农民和农村致富带头人培育力度，上半年组织各类培训46次，受众4052人。重视人才回归，鼓励本地籍企业家、创业成功人士、优秀农民工、退伍士兵回乡服务乡村振兴事业，为推进乡村振兴提供了有力的人才支撑。

（四）扎实推进重点领域改革。把深化改革作为推动思想解放、激活发展动力的关键一招，出台《全面深化改革三年规划（2018—2020年）》和2018年工作计划，中央和省、市重点改革部署得到全面落实。

事业单位改革有序推进。落实省委顶层设计和市委工作安排，着眼解决“有些人没事干、有些事没人干”问题，聚焦重点，严把时限，全县401家事业单位将优化整合为19家。围绕促发展、保民生等重点任务筹建开发区服务中心、现代农业发展服务中心、扶贫开发服务中心等事业单位，将为推动县域经济更高质量发展提供有力保障。

“放管服”改革深入推进。持续压缩审批时限、精简前置要件，总体压缩率和精简比分别达到81%和80.4%，“双80%”工作目标在全市率先实现。投资项目在线审批监管平台正式运行，县内非涉密投资项目实现“一条龙”服务。推进“一网、一门、一次”改革，县便民服务大厅服务功能进一步完善、服务属性进一步彰显。

营商环境不断优化。相继开展营商环境专项整治、优化营商环境百日行动、“办事难”“特权车”问题专项整治活动。解决群众和企业反映突出的“办事难”问题26项。全县36个行政执法部门制定便民利企措施268条，制定各类惠企政策109项。开展明察暗访6次，通报批评24人。圆满办结营商环境投诉案件10起。累计清理不规范中介机构81家、社会组织22个。

与此同时，监察体制改革成果不断巩固，国地税合并改革顺利完成。园区机构改革、国资国企改革均取得新进展。

（五）坚决打好“三大攻坚战”。把“三大攻坚战”作为重大政治任务，作为坚决落实党中央决策部署的“试金石”，作为全面建成小康的重大民生工程，全力以赴推进。

——坚决打好精准脱贫攻坚战。狠抓责任落实。时刻牢记习近平总书记“脱贫攻坚战只能打赢打好，没有任何退路和弹性”的指示要求。上半年，围绕脱贫攻坚累计召开县委常委会会议5次、领导小组会议6次、全县大会6次、各类专题调度会19次、现场办公会62次。脱贫质量“回头看”圆满完成。围绕百日攻坚“十项行动”和“5个100%”工作目标，推行“党组织和干部包”“产业包”的“两包”扶贫方式，推动具体工作落实落地。组织各类督查检查5次，强力推动工作开展。认真落实市委“五个一批”要求，强化考核问责和奖罚执纪，凝聚全县力量推动精准脱贫。

狠抓产业扶贫。把产业扶贫作为精准扶贫重中之重，围绕“每个贫困户都有2—3个产业叠加覆盖”目标，继续推动光伏发电、特色种植、畜牧养牛三大产业“全覆盖”和紫砂、电商、服装加工等N项产业“相叠加”，实现了户户有增收项目、人人有脱贫门路。40个村级光伏电站全部开工。自贷自养、大户带动、养牛农场等养牛扶贫产业持续推进，14个新建养牛农场进展顺利，全县肉牛存栏量已达12万头。流转土地10035亩，带动5861名贫困人口。新建标准化果园23个、5000亩。组建46个扶贫专业合作社，贫困村新型经济主体实现全覆盖。

狠抓政策保障。围绕“六八五”“两不愁、三保障”指标加大工作力度。今年以来实施危房改造878户；健康扶贫报销医疗费用1600余万元，受益贫困患者1700余人；教育扶贫支出资金302万元，惠及贫困学生3250人，全县无一名学生因贫辍学。贫困人口新农合参合率、大病保险参保率、住院报销比例均已达到100%。标准化卫生室、文化广场覆盖所有行政村。村村通水泥路面全部实现。新打灌溉水源井110眼、人畜饮用井16眼。建档立卡贫困人口和农村低保户“两线合一”全面完成。

上半年，省委书记、省人大常委会主任陈求发同志、省长唐一军同志分别莅临我县指导整体脱贫工作，全省“五个一批”精准扶贫现场会在我县成功召开，这些对我们既是鼓舞，更是鞭策。我们相信，在省委、市委的正确领导下，在全县上下共同努力下，喀左的脱贫攻坚一定会决战决胜，全县人民一定会和全市、全省及全国人民如期同步迈入全面小康社会！

——坚决打好污染防治攻坚战。牢固树立“绿水青山就是金山银山”理念，建立党委研究生态环境制度和生态环境联席会议制度，强化县乡村三级联动和责任落实，强力推进生态环境保护。大力实施“青山、碧水、蓝天、净土”工程，全力推进造林绿化、燃煤锅炉治理、污水处理等重点生态工程，全面落实“河长制”，全力销号中央环保督察交办案件。上半年，完成造林绿化14.7万亩，县城污水处理厂一期完成提标，全县各级河长累计巡河772次。特别是，我们倾力推进大凌河南支城区段综合生态治理，新增凌河绿色长廊10公里，将成为喀左生态建设又一张亮丽名片。

——坚决打好防范化解重大风险攻坚战。积极挖潜增收，压缩一般性支出，全力保工资、保运转、保民生。采取有力措施化解政府债务9602万元，政府性债务风险整体可控。加大养老保险扩面征缴和资金筹措力度，养老金实现及时足额发放。

（六）着力推动人才服务振兴发展。坚持党管人才原则，专题召开县委人才工作会议，认真实施“引进人才十大工程”。深入推进“大学进园区”，与10所大学开展产学研合作对接，签订合作协议13项。传统产业与现代化融合取得重大进展，县内40家紫砂企业成功与沈阳建筑大学组建“辽宁紫陶产业技术创新战略联盟”。强化招才引智，引进专家团队13个，其中博士及以上高层人才20人。开发区5000平方米“双创”基地建设已接近尾声。

（七）切实惠民生保稳定。坚持既尽力而为，又量力而行，始终把保障和改善民生放在心上，抓在手上，以实实在在的举措让群众看到变化、得到实惠。

全力惠民生。实施积极的就业政策，城镇新增就业1184人，城镇登记失业率控制在2.73%以下。企业退休人员养老金提高5.9%，城、乡低保标准分别提高12%。城镇和农村居民人均可支配收入分别增长3.45%和7.4%。国家级义务教育发展基本均衡县成果不断巩固。我县新考入清华、北大学生9名，实现了喀左高中教育新跨越。公共医疗、文化事业、残疾人事业、退役军人服务管理等工作扎实推进。

全力保稳定。严格落实责任，强化工作保障，信访矛盾减存控增三年攻坚计划有效推进。上半年，排查矛盾纠纷239件，化解率达98.7%。加强“平安喀左”建设，深入开展“扫黑除恶”专项斗争，侦破涉恶案件3起，抓获犯罪嫌疑人8人。未雨绸缪，从早、从实、从细、从严做足防汛准备。坚持“党政同责、一岗双责、齐抓共管、失职追责”，全县安全生产形势总体平稳。

全力迎“县庆”。以“隆重、热烈、节俭、安全”为原则，围绕庆祝自治县成立60周年纪念活动，细化任务分解，强化工作落实。特别是加强资金管理，县委常委会专题审定《县庆预算资金管理办法》。结合县庆纪念活动大力开展城市亮化绿化美化净化，实施建三线北段中修等系列民生工程。县庆纪念大会将于9月1日在凌河文化广场举行。

（八）不断加强民主法治建设。坚持发扬民主、厉行法治，坚持党的领导、人民当家做主和依法治县有机统一。支持县人大常委会围绕乡村振兴、脱贫攻坚、县域经济发展等重点工作开展依法监督。支持县政协委员会围绕全县中心工作开展政治协商、民主监督、参政议政。支持县人民法院、人民检察院依法依规履行职能，推动法治喀左建设取得新成效。巩固和发展最广泛的爱国统一战线，在全市率先成立新的社会阶层人士联谊会，团结一切可以团结的力量为喀左发展做贡献。加强军地军民协作和双拥共建，加强和改进民族、宗教工作，支持工会、共青团、妇联等群团组织各展所长、各尽所能，凝聚起加快推动喀左振兴发展的强大力量。

（九）全面加强党的建设。坚持用党建保障和促进发展，用工作成果检验党建成效，围绕中心、服务大局抓党建的意识不断加强，管党治党责任进一步强化。始终做到“旗帜鲜明讲政治”，坚持把党的政治建设摆在首位，坚决做到“两个维护”。扎实推进“两学一做”学习教育常态化制度化，大力提高党的基层组织建设规范化水平，不断夯实党的基层基础。努力建设高素质干部队伍，坚决落实“好干部”标准，坚持在“双招双引”、脱贫攻坚、维护稳定中考察干部、识别干部、培养干部，切实把忠诚、干净、担当的干部选出来、用起来。上半年，提拔重用科级领导干部82名，均严格依标准、依程序操作。加大软弱涣散村党组织整顿，继续加强村级带头人队伍建设，动态调整村班子成员18人。发挥党建统领脱贫攻坚作用，驻村帮扶、结对帮扶工作取得新成效。推进“一村一策、一村一品”，因村制宜打造一批集体经济品牌。大力宣传社会主义核心价值观和新时代辽宁精神，成功举办《写在心灵上的信仰》最美喀左人事迹报告会。扎实推进思想政治建设，全市思想政治工作现场会在我县召开。坚持党管意识形态，落实意识形态工作责任制，强化正面引导和宣传阵地管控，牢牢把握意识形态工作主动权。出台《贯彻执行中央八项规定精神实施细则》，2018年，第一次全县大会专题部署推进作风建设，传递出“永远在路上”的强烈信号。上半年，查处违反中央八项规定精神问题6起，党纪处分6人，组织处理4人。着力减存量、控增量，严肃查处违纪违法案件和顶风违纪问题，纪检监察机关立案62起，党纪处分65人。加大力度惩治群众身边的腐败问题，连续开展两轮扶贫领域监督执纪问责“百日行动”，立案查处典型案件15起，党纪处分18人，组织调整7人，有力推动了全面从严治党向基层延伸。

回顾上半年，全县各项工作有条不紊，全局工作有序推进，重点工作突破发展，取得了可圈可点的成绩。这是各乡镇街区、各部门、各单位和广大党员干部及各族人民群众埋头苦干、扎实工作的结果，在此，我代表县委常委会，向全县广大党员干部群众，致以衷心的感谢和崇高的敬意！

与此同时，我们也要看到，发展中还存在一系列不容忽视的矛盾和问题：一是县域整体实力仍然薄弱，乡镇经济发展不均衡，县乡两级“保工资、保运转、保民生”压力加大；二是思想解放不足，观念更新不够，一些干部仍习惯于旧的思维方式、旧的工作理念，不愿创新，不敢创新，不会创新；三是个别干部担当精神不足，主动作为意识不够，特别是不作为、慢作为现象仍然存在；四是顶风违反中央八项规定精神问题仍未杜绝，特别是发生在群众身边的腐败案件还时有发生，全面从严治党仍存在薄弱环节。对这些问题，必须高度重视，采取有力措施，认真加以解决。

二、下半年重点工作安排

当前已经进入8月中旬，一年有效工作时间已过去大半。下半年，我们要按照年初计划保质保量完成既定任务，特别是要完成巡视整改落实、决胜脱贫攻坚、迎接环保督察、信访减存控增等一系列“硬任务”，时间紧、任务重，需要各级党员干部身先士卒、率先垂范，需要各级党组织倒排工期、压实责任，需要全县上下振奋精神、铆足干劲。面对发展重任，我们必须牢牢把握以下工作原则：

一是必须一心一意贯彻落实党中央大政方针和决策部署。始终用习近平新时代中国特色社会主义思想和党的十九大精神武装头脑、指导实践、推动工作，始终恪守“四个意识”、坚定“四个自信”，坚决做到“两个维护”，确保党中央决策部署和总书记重要指示精神在喀左落地生根、开花结果。

二是必须持之以恒践行新发展理念。始终牢记“高质量发展”要求，坚持创新转型、优质发展，走产业高新化、绿色化、生态化、优质化之路，努力构建既推动经济加快发展又保证生态文明持续推进的产业格局，确保经济社会协调发展、经济与环境和谐共生。

三是必须深入持久推进全面从严治党。始终牢记“全面从严治党永远在路上”，时刻保持清醒头脑和高度警觉，以中央巡视反馈意见整改落实为契机，强力推进正风肃纪反腐，持续保持良好政治生态，为喀左决胜全面建成小康社会、加快推进振兴发展提供坚强保证。

全县各级党委、党组要认真对照年度工作计划和工作要点，将上半年未完成的工作纳入下步工作计划，确保到年底全面完成年度各项目标任务。下半年，要重点抓好八方面工作。

一要全力抓好中央巡视反馈意见整改落实。做好巡视整改工作是坚决做到“两个维护”的实际行动，也是对党绝对忠诚的具体体现，必须做到认识到位、领导到位、责任到位、落实到位。提高政治站位，坚决把思想和行动统一到中央第六巡视组的反馈意见上来，统一到省委、市委关于巡视整改工作的具体安排上来。坚决落实整改责任，坚决负起副县级以上领导的领导责任、各级党委党组的主体责任和主要负责同志的第一责任。对照县委整改方案安排和问题清单、任务清单、责任清单，逐项整改、逐项销号，确保条条都整改、件件有着落。纪检监察机关和组织部门要负起整改监督责任，对消极应付、敷衍了事的干部，严肃追责问责。

二要继续狠抓项目建设和“双招双引”。项目建设永远是全县经济工作的“总纲”，是推动加快发展的“牛鼻子”。围绕推进县域经济发展战略实施，继续突出项目主导地位。强化要素保障，完善服务机制，在保证质量前提下推动签约项目快落地、落地项目快建设、在建项目快投产、投产项目早达效。加快推进标准化厂房建设，提高标房入驻率。坚定不移主攻京津冀招商，发挥定点招商、以商招商作用，推动招商引资取得新成效。大力宣传推介喀左区位、环境特别是高铁开通后带来的交通优势，依托潜在资源，把好招商关口，逐步变“招商引资”为“招商选资”“招商引智”。抓住国家支持东北老工业基地振兴和省委“突破辽西北”“推进县域经济发展”等一系列战略契机，抓住我县建设国家农业可持续发展试验示范区难得机遇，全力争取政策支持、项目支持和资金支持。

三要必保完成脱贫攻坚任务。目前脱贫攻坚已经进入决战决胜阶段，来不得任何疏忽，不允许任何怠慢。继续突出“精准”二字，继续聚焦“党组织和干部包”与“产业包”的“两包”举措，继续紧盯“3+N”扶贫模式，实实在在推动脱贫攻坚工作开展。坚持精准扶贫、精准脱贫，切实做到组织领导到位、责任落实到位、督查考核到位、奖罚执纪到位，确保脱贫质量，确保圆满通过一系列脱贫成果验收，确保年内现行标准下贫困人口全部脱贫、贫困村全部销号、省级贫困县摘帽。加强督查检查，对成效显著的总结经验、通报表扬，对进展不力的责令整改、通报批评，确保每名党员领导干部在脱贫攻坚中知责明责、履责尽责。加大扶贫领域监督执纪问责力度，坚决杜绝违规违纪问题发生。特别需要强调的是，脱贫攻坚是政治任务，必须如期圆满完成、保质保量完成，全县各级党组织务必极端重视，无论哪一级、哪个部门、哪位领导干部，在脱贫攻坚上出现不作为、慢作为、乱作为现象，发生失职、渎职、滥用职权行为，县委将严肃追究责任，绝不姑息迁就。

四要全力推进改革，切实解放思想。今年是我国改革开放40周年，正是因为40年来党中央带领全国人民不断解放思想，不断深化改革，才带来了中华民族的日益强大。全县各级各部门要以纪念改革开放40周年为契机，全面落实《喀左县全面深化改革三年规划（2018—2020年）》和2018年改革工作计划，认真梳理改革任务，主动认领改革责任，坚决落实中央顶层设计和省委、市委改革部署，用改革的思维谋划工作，用改革的办法破解难题，用改革的举措推动发展。当前，必须统筹施策、压茬推进，确保事业单位改革、党政群机构改革、园区机构改革任务按时高质量完成；必须继续深入推进县乡财政体制改革、农村改革、中介组织和社会组织清理整顿等其他改革，为喀左加快发展注入不竭动力。特别需要指出的是，一直以来，“思想解放不足、观念更新不够”问题在我县各级党员干部中不同程度存在，已经成为进一步加快发展的瓶颈。我们必须直面问题，让眼界更宽一些，让思路更广一些，主动“走出去”，积极“请进来”，不断用先进地区的理念、思维推动工作。

五要全力推进乡村振兴。实施乡村振兴战略，是党中央审时度势，在全面建成小康社会决胜阶段作出的具有重大历史意义的战略部署，是新时代“三农”工作的总抓手。全县上下一定要统一思想，提高认识，以坚定的决心、务实的行动、有力的举措，推动农业全面升级、农村全面进步、农民全面发展。要按照“产业兴旺、生态宜居、乡风文明、治理有效、生活富裕”总要求，按照习近平总书记参加十三届全国人大一次会议山东代表团审议时重要指示精神，统筹推进乡村产业振兴、人才振兴、文化振兴、生态振兴和组织振兴，让农业成为有奔头的产业，让农民成为有吸引力的职业，让农村成为安居乐业的美丽家园。当前，特别要抓住产业兴旺这个核心，以“飞地经济”为抓手发展工业，以“一区一园一基地”为依托发展现代农业，以旅游、电商为重点发展现代服务业，加快形成我县乡村振兴的关键支撑。同时要同步落实好年度乡村振兴各项任务。

六要全力推进生态环境建设。“绿水青山就是金山银山”。我们一定要牢记习近平总书记的重要指示，坚决做好生态环境保护各项工作，全力打好污染防治攻坚战。抓住雨季、秋季造林有利时机，把常态化植树造林引向深入。注重森林资源保护，认真学习贯彻新修订的《中华人民共和国自然保护区条例》，切实加大楼子山国家级自然保护区管理保护力度。全面推行河长制、湖长制，加强河湖管理和保护。加快大凌河流域国家生态文明示范区建设，深入打造凌河沿岸生态带、旅游带、城镇带、文化带。严格实施水污染防治行动计划，强化饮用水水源地保护。推进蓝天工程，持续保持我县大气优良指数。实行严格的耕地土壤环境保护，推动农业科学、合理、有序发展。深入推进美丽宜居乡村建设，推动农村环境纵深整治、全域提升。认真开展“回头看”，全面梳理、排查中央环保督察组交办的整改任务，确保整改成果经得起历史检验。

七要切实做好民生保障和社会稳定工作。“人民对美好生活的向往，就是我们的奋斗目标”。全县各级党组织都要认真盘点，对年初向人民群众承诺的民生事实一定要确保兑现，这是我们应尽的职责，也是对我们诚信的检验。围绕人民群众关心的利益问题，加快发展社保、就业、教育、卫生、文化等各项社会事业，着力解决人民群众关心关注的利益问题。坚决打好防范化解重大风险攻坚战，全面完成政府债务化解任务，确保养老金按时足额发放，坚决防止发生企业金融性债务风险。严格落实安全生产领导责任、部门监管责任、企业主体责任，狠抓重点领域专项整治，确保安全生产形势稳定。坚决克服麻痹心理，继续全力做好防汛工作。落实信访矛盾减存控增三年攻坚计划，着力化解重点领域、重点人群、重点人员矛盾纠纷，解决好信访积案和群众诉求。深入开展扫黑除恶专项行动，持续推进平安喀左建设。

八要坚定不移推进全面从严治党向纵深发展。“全面从严治党永远在路上”。全县各级党组织和各级纪检监察机关必须深入学习贯彻党的十八大、十九大以来党中央和中央纪委监委全面从严治党各项部署，严格落实管党治党责任，把全面从严治党引向深入。始终把党的政治建设摆在首位，牢固树立“四个意识”，坚定“四个自信”，坚决做到“两个维护”，自觉同以习近平同志为核心的党中央保持高度一致。认真践行新时代党的组织路线，持续推进“两学一做”学习教育常态化制度化，用好基层党组织书记、第一书记、驻村干部等力量，深入推进党支部规范化建设。抓好组织生活各项制度落实，全面加强各条战线、各个领域、各个环节的党建工作，推动基层党组织全面进步全面过硬。牢固树立正确选人用人导向，建设忠诚干净担当的高素质干部队伍。坚持党管人才原则，以“十大行动”等工程为抓手，全面提高人才服务振兴发展的能力和水平。牢牢把握意识形态工作领导权，大力加强思想政治建设，大力培育和践行社会主义核心价值观，大力宣传弘扬新时代辽宁精神，激励全县广大干部群众一心一意谋发展、齐心协力奔小康。深入推进干部作风转变，切实解决不担当不作为、懒政怠政问题。认真落实《关于进一步激励广大干部新时代新担当新作为的意见》，充分调动和激发干部队伍的积极性、主动性、创造性。严格落实中央八项规定精神，持续加大“四风”问题整治力度。深化运用监督执纪“四种形态”，进一步加大重点领域和关键环节腐败问题查处力度。严肃查处群众身边腐败和作风问题，打通全面从严治党“最后一公里”。加强对巡察工作的领导，按计划完成县委年度巡察工作任务。

名词解释

两个维护：维护习近平总书记核心地位、维护党中央权威和集中统一领导。

一区一园一基地：在每个县建设一个农产品加工园区，在每个县的乡镇建设一批现代农业示范园，在每个乡镇的村屯建设一批标准化特色农业生产基地。

百日攻坚“十项行动”：脱贫质量“回头看”行动、产业扶贫到户行动、金融扶贫提速行动、危房改造安居行动、健康扶贫“零负担”行动、教育扶贫“控辍保学”行动、培训扶贫“保就业”行动、低保兜底保障行动、基础设施建设行动、社会扶贫助力行动。

5个100%：贫困人口精准识别率、贫困户产业覆盖率、贫困县摘帽合格率、贫困村销号合格率、贫困人口脱贫合格率均达到100%。

引进人才十大工程：大学进园区、双招双引、双创基地建设、朝阳籍企业家回乡创业、高新技术企业引进和培育、高校毕业生“凤来雁归”、专业和实用人才培训、培养引进优秀企业家、“百千万”人才培养选拔、人才助力乡村振兴。

一网、一门、一次：政务服务“一网办通”，企业和群众办事“只进一扇门”“最多跑一次”。

监督执纪“四种形态”：1. 经常开展批评和自我批评、约谈函询，让“红红脸、出出汗”成为常态；2. 党纪轻处分、组织调整成为违纪处理的大多数；3. 党纪重处分、重大职责调整的成为少数；4. 严重违纪涉嫌违法立案审查的成为极少数。

新时代展现新气象新担当新作为
为推动喀左全面振兴全方位振兴努力奋斗（节选）

——在中国共产党喀喇沁左翼蒙古族自治县第十四届代表大会第三次会议上的报告

（2018年12月14日）

县委书记　吕树江

一、全面贯彻党的十九大精神，2018年工作整体推进、全面拓展

2018年是自治县发展史上具有里程碑意义的一年。这一年，党的十九大精神全面贯彻落实，习近平新时代中国特色社会主义思想在喀左落地生根；习近平总书记在深入推进东北振兴座

谈会上发表重要讲话，为振兴发展指明了前进方向；纪念改革开放40周年、喜迎自治县60华诞，在忆昔抚今、放眼未来中找准了坐标；圆满承办省、市大型现场会8次，推广了喀左经验、提振了发展信心；举全县之力主攻贫困退出，在冲刺脱贫攻坚、决战全面小康的道路上书写了浓墨重彩的一笔。

一年来，县委在党中央的坚强领导和省委、市委的正确领导下，充分发挥总揽全局、协调各方作用，全面落实“把方向、管大局、作决策、保落实”职责，团结带领全县各族人民，科学发力、务实攻坚，圆满完成县十四届二次党代会确定的目标任务，自治县发展迈出坚实步伐。

一年来，我们着重做了以下工作：

（一）找准政治站位，旗帜鲜明讲政治、把方向。始终把政治建设摆在首位，不断用习近平新时代中国特色社会主义思想武装头脑、指导实践、推动工作。

——努力在学懂弄通上下功夫。组织县委中心组学习14次，县、乡、村三级宣讲1350场，理论学习步步深入、全面覆盖。

——努力在做实做细上求实效。加强重点工作督促督查，中央大政方针和省委、市委决策部署落地有声、落地见效。

——坚决在巡视整改上见真章。中央第六巡视组巡视反馈意见有效落实。常态化整改机制全面启动、纵深推进。

（二）实施“两大战略”，多措并举稳增长、谋振兴。围绕县域经济发展战略和乡村振兴战略定目标、定任务，主动作为，强力推动，整体实力持续增强。

——主要经济指标稳中有进。预计全年实现地区生产总值95.8亿元，增长7.16%；一般公共预算收入4.6亿元，增长16%；固定资产投资38.1亿元，下降4.03%，降幅同比收窄3.69个百分点；社会消费品零售总额51.6亿元，增长5.95%。

——项目主导地位更加突出。围绕项目签约、落地、开工、建设强调度、落责任、破难题，亿元以上项目开复工45个，投产14个，为振兴发展注入新活力。包装储备5000万元以上项目35个，项目库更加充实，发展基础更加牢固。

——京津冀招商持续发力。牢牢抓住京津冀产业转移和喀左即将进入“高铁时代”重大契机，坚持县党政主要领导带头抓，围绕京津冀地区大力开展定点招商、以商招商、集群招商，引进5000万元以上项目32个，到位资金27.2亿元，县域发展动力更加强劲、发展血液更加鲜活。

——“五个一”平台牵引作用日益凸显。各园（景）区实施亿元以上项目38个，完成投资26.9亿元，分别占全县84%和88%。新建标准化厂房50万平方米，已入驻京津冀转移企业54家。园区承载力和吸引力不断提升。

——“飞地经济”成效显著。建设“飞地经济”产业园，明确县、乡税收分成新办法，累计落地“飞地”项目28个，实现了乡镇街区“全覆盖”。将“飞地”招商主体延伸到村，找到了一条壮大村集体经济新路径。史上规模最大、层级最高的全省“飞地经济”现场会在我县召开，省内外兄弟市、县大批次到我县参观考察。

——创新创业亮点纷呈。聚焦“十大工程”〔2〕，坚持引进、培育、留住、使用并重，推动人才工作健康开展。组建县校、校企战略合作联盟，与20所高校和科研院所签订合作协议30项。加强“双创”平台建设，南哨紫陶小镇成功入选辽宁省首批产业特色小镇〔3〕。我县获批全国“首批创新型县”。

——乡村振兴战略稳步开局。围绕乡村振兴出台“五年规划”和年度计划。狠抓“产业振兴”，农产品加工园区内龙头企业累计达到32家，新增现代农业示范园1处、辐射重点乡镇4个，新建村屯标准化特色生产基地5个，“一区一园一基地”〔4〕建设取得新成绩。

——政策资金争取硕果累累。围绕产业发展、基础设施、社会事业、生态建设包装项目、寻求支持，已到位资金25.3亿元。扎实推进国家农业可持续发展试验示范区建设，上报项目99个，总投资73.3亿元，向上争取支持实现新突破。

（三）立足体制机制创新，突出关键促改革、优环境。以纪念改革开放40周年为动力，狠抓重点领域改革不放松，中央和省委、市委部署的改革任务全面落实。

——“放管服”改革持续深化。企业开办时限大幅压缩，政务服务事项网上办理率超过80%。“一网、一门、一次”[5]改革稳步实施，县政务服务大厅功能更趋完善。市场主体登记注册实现全程电子化。新增市场主体3150家，实现“个转企”104户，实实在在的改革举措催生市场活力竞相迸发。

——农村改革由点及面。共营制改革深入实施，累计培育土地股份合作社199个，发展家庭农场67家。农村土地确权登记接近尾声。集体产权制度改革进展顺利。县、乡两级土地流转服务中心全部建成，216个村级流转服务站全部挂牌。

——重点领域改革统筹推进。县乡财政体制改革圆满完成，23个乡镇街区国库全部恢复。监察体制改革成果不断巩固。实施国、地税合并改革，新组建税务机关挂牌运行。党政机构改革和事业单位改革按上级要求有序进行。

——营商环境建设不断加强。“营商环境建设年”活动深入开展。“办事难”“特权车”专项整治纵深推进。对部门权责、服务事项、随机检查等实行清单管理，权力运行得到有效规范。继续清理整顿不规范中介机构和社会组织，启动“项目管家”[6]制度，企业成本进一步降低，发展环境进一步优化。

（四）着眼高质量发展，不遗余力调结构、促升级。坚持新理念引领、高质量为先，县域主导产业正在向着绿色、品牌、高端方向迈进。

——工业向集群化、高新化加速发展。装备制造和紫陶建材两大产业集群持续壮大。雄安纸塑包装企业集群式入驻。累计引进高新技术产业项目13个，省注册高新技术企业达到8家。通美晶体、博宇半导体、金美镓业等高科技项目投入试生产，为工业经济注入“高、精、尖”元素。

——农业与二、三产业深度融合。坚持工业化理念谋划农业，新增省、市级龙头企业9家。洞子沟葡萄采摘等一批农旅结合项目风生水起。搭建农产品进城和工业必需品下乡平台，累计建成村级电商服务站551个，全省贫困县及革命老区电商精准扶贫现场会在我县召开。

——服务业提档升级步伐加快。浴龙谷温泉度假区、龙源旅游区牵引力提升，东山嘴祭坛、润泽花海、东蒙民俗博物馆成功晋级，青旅文化旅游产业小镇建设加速推进。塔城陈醋公司入选“辽宁省老字号”。连锁酒店、特色街区、特色餐饮为传统服务业注入现代元素。会展业、现代物流、快递等行业蓬勃发展。

——老企业合作转型迈出新步伐。加大引导力度，注重政策扶持，全力推进老企业对外合资合作转型升级。飞马集团与美国KIC公司、红山化工与北方爆破集团实现强强联合。全县累计完成合资合作项目35个，经济存量不断优化，产业升级态势明显。

（五）坚持以人民为中心，全力以赴惠民生、防风险。把主要精力向“三大攻坚战”聚焦，向保障和改善民生发力，群众获得感进一步增强。

——全力主攻精准脱贫攻坚战。坚持“三级书记抓脱贫”，相继开展脱贫质量“回头看”、百日攻坚、“五个走遍”等系列活动，助推责任落实、政策落地、举措到位。持续扩大“3+N”扶贫效果，光伏发电、畜牧养牛和特色种植三大产业覆盖所有贫困户。紧盯“685”标准，贫困户危房改造任务全部完成，健康扶贫、教育扶贫、就业扶贫等多项举措形成叠加效应，农村安全饮水、道路硬化、文体广场等基础设施趋向完备化。全省“五个一批”精准扶贫现场会在我县成功召开。经过县、乡、村三级持续发力、持久攻坚，“贫困退出”即将实现，自治县在全面决胜小康、全面振兴发展的征程上将跨入历史的新阶段。

——全力主攻污染防治攻坚战。建立党委研究生态环境和生态环境联席会议制度，强化县、乡、村三级联动和责任落实，推动绿色发展、生态环保理念深入人心。中央环保督察交办案件全部销号，环保督察“回头看”整改有效落实。蓝天、碧水、净土保卫战深入推进，植树造林常态化巩固提升。县污水处理厂一期完成提标，公营子污水处理厂投入运营。“河长制”全面落实。生态文明与经济发展实现了相得益彰、相辅相成。

——全力主攻风险防控攻坚战。积极挖潜增收，压缩一般性支出，全力保工资、保运转、保民生，养老金按时足额发放，本年度政府性债务化解任务超额完成。高度关注企业债务，金融生态环境保持稳定。防范和处置非法集资工作全省领先。

——全力推进民生和社会事业发展。实施积极就业政策，城镇新增就业再就业4412人，城镇登记失业率控制在2.64%。城、乡低保标准均提高12%。退休职工和城乡居民养老保险待遇稳步提升。农村居民人均可支配收入增长7.6%。国家级义务教育发展基本均衡县通过复检。向清华、北大输送优秀学生10名。乡村卫生服务一体化深入推进，“一村一卫生室”成果不断巩固。医养结合走出新路径。全民健身领域不断拓展。农村“三留守”关爱服务体系逐步完善。爱国卫生、食品药品监管持续加强。“非洲猪瘟”疫情防控有力有效。退役军人服务管理、双拥优抚、民兵预备役和人防工作扎实推进。以“隆重、热烈、节俭、安全”为原则，自治县60周年系列庆祝活动圆满完成。

——全力夯实城乡基础。新建、翻建城市道路3920米，铺设排水管线8875米。城区绿化、亮化、美化、净化持续加强。35.1公里建三线大北段中修、4.9公里宁孤线、2.7公里高铁连接线顺利完工。注重协调配合，强化服务保障，全县人民翘首以盼的京沈高铁辽宁段近期通车，喀赤高铁、锦承铁路电气化扩能改造等重大交通工程进展顺利。推动县城骨架向南拉伸，实施大凌河南支城区段综合治理工程，新增产业大道、绿色长廊10公里，“宜居、宜游”喀左再添新亮点。

——全力推进平安喀左建设。严格落实“三属”责任，切实强化工作保障，信访矛盾减存控增年度计划顺利完成，矛盾纠纷排查化解率达98%。坚持宣传、排查和依法严惩并举，扫黑除恶专项斗争取得阶段性成效。巩固拓展“长安杯”成果，社会治安防控体系进一步完善，平安稳定基础进一步夯实。压实安全生产责任，安全生产形势持续稳定。

（六）加强宣传思想文化工作，围绕中心重引领、树新风。立足弘扬主旋律、传播正能量，不断为振兴发展提供思想保证和道德滋养。

——意识形态责任制有效落实。牢牢掌握党对意识形态工作领导权，坚持管控与疏导并举，把握正确舆论导向，确保全县上下在党中央领导下一个声音、一个步调。

——社会主义核心价值观广泛弘扬。强化宣传、注重引导，社会主义核心价值体系和新时代辽宁精神转化为情感认同和行为习惯。精神文明建设“五大创建”[7]深入推进。

——思想道德建设不断加强。深入实施公民道德建设工程，召开道德模范座谈会，举办《写在心灵上的信仰》“最美喀左人”事迹报告会，崇德向善、见贤思齐的优良传统有效传承。

——文化事业和文化产业蓬勃发展。文化惠民工程不断推进，有线电视“村村通”彻底完成。《东蒙民间故事》后12卷出版。《自治县党史（第二卷）（1949—1978）》发行。利州工业园区获批辽宁省印刷包装产业基地，我县成为全省文化产业创新发展典型。

（七）坚持“三个有机统一”，民主法治建设提水平、上台阶。把坚持党的领导、人民当家做主、依法治国有机统一于县域实践，全县安定团结的政治局面不断巩固发展。

——深入推进民主政治建设。支持县人大依法履行法定职权。支持县政协发挥好“三大职能”作用。支持群团组织深化改革，群团组织政治性、先进性和群众性切实增强。

——巩固和发展爱国统一战线。深入贯彻《中国共产党统一战线条例》，成立光彩事业促进会、非公经济人士联谊会和新的社会阶层人士联谊会，大团结大联合主题有效彰显。

——全面加强民族宗教工作。坚持“两个共同”[8]主题，民族团结进步局面持续巩固。坚持党管宗教原则，全面开展宗教大调研，推动了宗教领域和顺稳定。

——扎实推进依法治县。加强党对法治建设的领导，人大立法能力不断提高，政府依法行政体系更趋完善，司法责任制有效落实。加大新修订《宪法》学习宣传、贯彻实施力度，全社会法治氛围更加浓厚。

（八）落实新时代党的建设总要求，管党治党明责任、严约束。牢记“打铁必须自身硬”，紧盯重点领域和关键环节，推动自我净化、自我完善、自我革新、自我提高。

——强化思想政治建设。“两学一做”学习教育常态化制度化深入推进。党员干部“不忘初心、牢记使命”责任感全面提升。民主集中制原则有效遵守。“三会一课”、民主生活会常态化。“解放思想推动高质量发展大讨论”全面展开。

——注重干部队伍建设。严格标准，严密程序，鲜明正确的用人导向进一步树立。教育、管理和监督并重，严管与厚爱相结合，出台激励新担当新作为实施意见，为党员干部干事创业谋发展提供机制保障、搭建广阔舞台。

——加强基层组织建设。持续加大软弱涣散村党组织整顿，动态调整村干部8人。坚持“一村一策、一村一品”，打造了一批可复制、可推广的村集体经济品牌。下派第一书记和驻村工作队成为脱贫攻坚和乡村振兴主力军。机关、社区、事业单位、“两新”组织等各领域党建齐头并进。

——抓严纪律作风建设。出台实施细则，各层级各领域从严治党主体责任更加明确。紧盯“四风”问题新动向，遵守中央八项规定精神更趋常态化。支持县纪委监督执纪问责。支持县监委履行监督、调查、处置职责。扶贫领域监管不断强化。制定规划，完善机制，充实力量，对18个单位开展巡察，朝着本届县委任期内巡察全覆盖目标迈出了坚实的第一步。

二、坚决落实习近平总书记重要讲话精神，把握深入推进振兴发展的根本原则

2018年9月25—28日，习近平总书记到东北三省考察指导工作并发表重要讲话，提出“全面振兴、全方位振兴”要求，指出东北地区要聚焦补齐“四个短板”[9]，做好“六项重点工作”[10]。总书记的重要讲话与新发展理念和“四个着力”“三个推进”一脉相承、一以贯之，为我们决胜全面建成小康社会、加快实现振兴发展提供了根本遵循。

落实习近平总书记重要讲话精神，要提高政治站位。在学深悟透、躬身践行上下功夫，切实把总书记的殷切期望和重要要求转化为推动振兴发展的具体行动。围绕“七破七立”[11]，深入开展“解放思想推动高质量发展大讨论”，以思想大解放推动改革再深入、实践再创新、工作再抓实。

落实习近平总书记重要讲话精神，要坚持问题导向。全县上下必须清醒认识到，我们的工作中还存在诸多短板：体制机制方面，“放管服”工作有很大提升空间，营商环境和发达地区相比仍有差距；经济结构方面，一产重、二产弱、三产质量不高问题依然存在，经济增长内生动力仍显不足，产业结构优化转型任重道远；开放合作方面，一些干部还没有做到“跳出喀左看喀左”，眼光还有局限性，全民招商的合力还没有完全形成；思想观念方面，一些党员干部抢抓发展的意识不浓，面对新时代新任务招数不多，甚至不担当、不作为、慢作为；民生保障方面，“保工资、保运转、保民生”压力较大，信访工作面临新挑战，特别是巩固脱贫成果还需要探索新路径；从严治党方面，党建与中心工作结合度有待提高，管党治党“一岗双责”需要加强，顶风违反中央八项规定精神问题时有发生，巩固反腐败高压态势还需付出不懈努力。以上问题，必须高度重视，认真加以解决。

落实习近平总书记重要讲话精神，要把握以下工作原则：

——必须把深化改革作为首要任务。突出重点，按照“五个有利于”[12]要求，完善改革思路，做实改革举措。

——必须把增强创新能力作为根本途径。培育新动能，发展新产业，依托创新形成多元支撑、多点发力的发展格局。

——必须把构建协调发展新格局作为工作目标。注重城乡统筹，推进三次产业融合，加强区域间合作，引领实现高质量发展。

——必须把绿色发展作为根本要求。贯彻绿水青山就是金山银山、冰天雪地也是金山银山的理念，努力建设美丽喀左。

——必须把开放合作作为重要抓手。紧盯京津冀产业转移，大力开展招商引资、招才引智，不断增强开放动力。

——必须把保障和改善民生作为出发点和落脚点。关注民生领域短板，积极回应群众关切，以为民情怀抓实民生项目。

——必须把坚持和加强党的全面领导作为坚强保证。加强党的政治建设，落实从严管党治党责任，扎实推进作风转变。

三、牢牢把握“全面振兴、全方位振兴”要求，推动2019年工作实现新突破

2019年是新中国成立70周年，是实施“十三五”规划、向全面小康社会冲刺的关键之年，是深入推进振兴发展的重要一年。做好新一年工作，意义重大，影响深远。

2019年全县工作的总体要求是：深入贯彻党的十九大精神，全面落实习近平新时代中国特色社会主义思想和总书记对东北、对辽宁系列重要指示要求，按照省委“推进县域经济发展”战略和市委“161”工程决策部署，坚持稳中求进工作总基调，统筹推进“五位一体”总体布局，协调推进“四个全面”战略布局，贯彻新发展理念，追求高质量发展，强化民生保障，从严管党治党，以新气象新担当新作为推动喀左全面振兴、全方位振兴。

把握总体要求，结合县情实际，2019年全县经济社会发展主要预期指标是：地区生产总值增长7%，一般公共预算收入增长8%，固定资产投资增长9%，社会消费品零售总额增长6%，农村居民人均可支配收入增长8%。

针对既定目标，2019年我们要围绕重点领域，全力做好18方面41项工作：

（一）围绕县域经济发展和乡村振兴战略总揽全局、统筹推进，为实现全面振兴、全方位振兴提供现实基础

——坚持项目主导，扩大有效投资。以提高投资质量和效益为核心，充分发挥投资对优化供给结构的关键性作用。

以项目建设为中心增加投资。加强现有签约、落地、在建项目调度与服务，围绕要素保障破解难题，推动具备条件的项目早开工、开工项目快建设、在建项目早投产，全力稳住全县固定资产投资基本面。围绕县域产业布局精心谋划，增加项目储备，确保项目不断档。引导、鼓励老企业对外合资合作，依托先进技术促进转型升级，努力实现更高质量发展。

以京津冀招商为突破吸引投资。坚定不移主攻京津冀，大力承接产业转移。坚持上下联动，构建县党政主要领导带头抓、园（景）区干部长期抓、乡镇领导干部全力抓、新老企业参与抓、县直重点业务部门上手抓的全方位招商格局。聚焦靶心，紧盯装备制造、高新技术、包装印刷、紫陶建材等主导产业开展集群招商，加快形成集聚效应。围绕提档升级、环境保护、土地集约，强化招商选资，全力提升招商质量。

以产业园区为平台承接投资。以经济开发区为龙头，全新理顺“五个一”平台发展框架、领导体制、工作机制和运转流程，实现布局更优化、机制更高效、作用更突出。全力争取突破辽西北专项建设资金，创新园区建设运营模式，形成社会资本与政府投资合力。完善园区基础设施配套，为项目落地创造良好条件。加大标准化厂房建设和招商力度，确保建得好、用得上、装得满。

以优质服务为动力保障投资。大力推进简政放权和政务服务标准化，加快构建“亲”“清”新型政商关系，优化投资环境。坚持“项目管家+企业+相关部门”的“1+1+N”服务模式，年内所有重点项目和规上企业都要建立项目管家制度。全面落实辽宁省支持民营企业发展23条举措，推动民营经济健康发展、蓬勃发展。

——坚持优化转型，调整产业结构。正视“经济结构短板”，推动经济质量与效益有机统一。

深化供给侧改革。加快新旧动能转换，做好改造升级“老”字号、深度开发“原”字号、培育壮大“新”字号三篇文章。着力调优农业结构，推动农业向精深加工、绿色方向发展，用农业产业化全面提升农业竞争力。深入开展“大棚房”问题专项整治。大力开展“互联网+服务业”行动，积极培育新兴物流和电商进农村综合示范网点。加快内贸流通体制改革，推动服务业提档升级。以打造“全景喀左、全域旅游”为目标，加快重点景区建设，大力发展观光、休闲农业，推动乡村旅游与绿色农业相互支撑。

推进科技创新。坚持“不求所有、但求所用”，借助县校、校企战略合作联盟，深度开展产学研合作，推动现代科技与县域主导产业衔接，实现互促互进、互利共赢。深入推进大学进园区进企业、人才助力振兴、喀左人返乡创业等重点人才工程，大力推进“双创”基地建设，吸引更多高端技术人才助力振兴发展。实施科技型企业培育计划，积极申报认定高新技术企业。鼓励企业加大投入，建设研发机构，提升研发能力。加快落实一批技术合作项目，推动更多科技成果落地转化。

全力争取支持。抢抓国家振兴东北、实施乡村振兴战略和省突破辽西北、推进县域经济发展、扶持民营经济等系列政策机遇，牢牢抓住我县建设国家农业可持续发展试验示范区契机，围绕结构优化、基础完善和民生保障，高标准包装、申报项目。加强政策研究，注重对上衔接，积极争取更多政策、资金支持。建立督查、通报、考核机制，充分调动向上争取的主动性、积极性和创造性。

——坚持统筹推进，促进乡村振兴。以农业农村现代化为总目标，坚持农业农村优先发展总方针，走出具有喀左特色的乡村振兴之路。

持续巩固脱贫成果。把打好脱贫攻坚战作为实施乡村振兴战略的优先任务，坚持“扶上马、送一程”，尺度不松、力度不减，持续发力，对已脱贫人口继续给予政策扶持。深入推进“产业包”和“组织及干部包”的“两包”机制，扩大“3+N”扶贫成果。顺应脱贫进展变化，更加注重在持久性上审视和谋划脱贫攻坚，更加注重脱贫质量。加快建立健全稳定脱贫的长效机制，推动精准脱贫成果不断巩固、持续提升。

全力推动产业振兴。围绕国家农业可持续发

展试验示范区和产业核心区建设，打造一批现代农业示范园和标准化特色生产基地。培育、壮大农村新型经营主体和服务主体，增强带动、辐射能力。推进“一乡一业”“一村一品”，建设一批特色乡村。继续大力发展“飞地经济”，健全县直部门、园区、乡镇和村多方联动、高效对接机制，确保“飞地经济”再上新台阶。

统筹推进乡村发展。把“人力资源”作为根本，激发乡村现有人才活力，把更多城市人才引向乡村创新创业。充分发挥选派到乡、村挂职干部作用，加强农村基层党建，壮大村级集体经济。完善乡村公共文化服务体系，加强阵地管理，提升农村思想道德水平。深入推进美丽宜居乡村建设，重点抓好垃圾处理、厕所革命、污水处理网络建设，全力净化、美化、优化农村环境。

（二）围绕深化改革和绿色共享精准发力、主动作为，为推动全面振兴、全方位振兴提供有效支撑

——坚持改革促动，创新体制机制。紧盯重点领域和关键环节，通过改革激发活力，释放动力。

完成党政群机构改革。坚决贯彻党中央和省委、市委决策部署，精心组织、认真落实，确保机构改革任务圆满完成。统筹推进乡镇街机构改革。继续完善事业单位改革。将党的领导贯穿机构改革始终，确保队伍平稳过渡、职能平稳交接、工作平稳推进。正确处理改革发展稳定关系，确保机构改革与日常工作两不误、两促进。

深化“放管服”改革。扎实推进“互联网+政务服务”和“一网、一门、一次”改革，大幅压减办事环节和时限，努力为人民群众提供更多高质量服务。不断健全中介服务、审监联动、领办代办等工作机制，多渠道、全方位打造政务服务“升级版”。持续推进“办事难”问题专项整治，建立健全一批长效机制，促进干部作风大转变、营商环境大改观。

深入推进农村改革。继续推进农村集体产权制度改革，利用好农村土地确权登记颁证成果。持续推进农业共营制改革，规范土地股份合作社建设。搭建农村综合产权交易平台，推动公开、公正、规范运行。巩固县乡财政体制改革成果，加强乡镇财政管理，严控新增债务，严防债务风险。

创新人才发展体制机制。统筹推进引才育才“十大工程”，营造集聚人才的良好环境。强化政策激励，在创新创业、安家落户、子女就业、医疗养老等方面加大服务力度，打造吸引人才、留用人才的政策洼地。落实各级党委（党组）人才工作责任制，实行人才工作项目化管理。完善人才工作目标责任考核体系，建立立体式、多层次人才工作督查督办制度。

——坚持绿色发展，狠抓生态建设。全方位、全地域、全过程保护生态环境，推动形成绿色生产生活方式，让喀左天更蓝、山更绿、水更清。

坚决整改中央环保督察“回头看”反馈问题。全面压实责任，对中央环保督察组交办的案件、指出的问题和提出的意见，一项一项地办理到位、整改到位、落实到位。以整改落实为契机，举一反三，建章立制，构建起常态化生态保护机制。

深入推进蓝天、碧水、青山、净土工程。巩固燃煤锅炉淘汰成果，推动大气质量持续好转。强化饮用水水源地保护。深入落实三级河长巡河制度。抓好常态化造林工程，加强森林资源管护。注重农业面源污染防治，促进土地资源永续利用。

持续加强环境综合监管。变“软约束”为“硬治理”，构建生态环境质量立体监测网络，加快形成上下联动、左右协同、齐抓共管的工作格局。严守生态保护红线，建立执法联动机制，严厉惩处环境违法行为，确保喀左大地山清水秀、生态良好。

——坚持共建共享，全力保障民生。突出解决人民群众最关心最直接最现实的利益问题，切实提高群众获得感幸福感安全感。

强化重点民生保障。坚持在发展中保障和改善民生，推动财力向民生集中、政策向民生倾斜、服务向民生覆盖。把就业作为最大民生，扩大更高质量和更充分就业。高度关注重大动物疫情防控，强化卫生防疫和食品药品监管。抓好社会保障体系建设。坚决打好防范化解重大风险攻坚战，全面完成政府债务年度化解任务，确保养老金按时足额发放。

加快社会事业发展。牢记立德树人根本任务，加强教师队伍建设，持续改善办学条件。进一步完善卫生服务体系，健全分级诊疗、双向转诊就医格局。探索“医养结合”新路，推进养老事业发展。完善公共文化服务体系，深入实施文化惠民工程。严格落实文物安全责任制，确保文物安全。深度挖掘，大力培育优秀文化产业项目，推动文化产业快速发展，以高质量文化供给增强群众文化获得感、幸福感。

保持和谐稳定大局。创新完善立体化治安防控体系建设，深化基层平安创建。学习借鉴“枫桥经验”[13]，从源头上预防和化解矛盾纠纷。做好社会稳定风险评估。强化重大突发事件应急预警和处置。坚持“三级书记抓信访”，坚持把功夫用在平时，坚持就地解决问题，坚决完成信访矛盾减存控增年度攻坚计划。实行扫黑、除恶、治乱、“打伞”、问责并举，深入推进扫黑除恶专项斗争。严格落实安全生产责任，强化日常监督管理，确保不发生重大事故。

（三）围绕宣传思想和民主法治建设加强领导，协调各方，为实现全面振兴、全方位振兴提供强大动力

——全面加强思想理论武装，强化各级理论中心组学习，深入学习习近平新时代中国特色社会主义思想，大力弘扬民族精神和新时代辽宁精神。

——坚持团结稳定鼓劲、正面宣传为主，牢牢掌握党对意识形态工作的领导权，不断增强意识形态的凝聚力和引领力。

——持续开展社会公德、职业道德、家庭美德、个人品德教育，深入推进精神文明创建，培育和践行社会主义核心价值观。

——紧紧围绕中心、聚焦大局抓好对外对内宣传，讲好喀左故事，展示喀左形象，为推动振兴发展提供思想保障、注入精神动力。

——不断加强党对人大、政府、政协、监委、法院、检察院和群团工作的领导，汇聚各方正能量，推动喀左大发展。

——充分发挥无党派人士、非公经济代表人士、新的社会阶层人士积极作用，不断巩固和发展最广泛的爱国统一战线。

——坚决落实中央宗教工作政策，依法管理宗教事务，确保宗教领域长期和顺稳定。

——坚持厉行法治，推动科学立法、严格执法、公正司法、全民守法。深入开展《宪法》宣传教育活动，弘扬宪法精神，树立宪法权威。

（四）围绕构建良好政治生态从严从细、扎实推进，为实现全面振兴、全方位振兴提供政治保证

——始终把党的政治建设摆在首位，牢牢把握正确政治方向。

坚决维护习近平总书记党中央的核心、全党的核心地位。严格对标对表，及时校准偏差，坚定执行党的政治路线，切实增强“四个意识”，坚决做到“两个维护”，在政治立场、政治方向、政治原则、政治道路上同以习近平同志为核心的党中央保持高度一致。

牢固树立全党全国“一盘棋”思想。自觉把喀左工作放到党中央和省委、市委工作全局中去思考、谋划和推动。对党中央、省委、市委重要会议和文件，习近平总书记重要讲话和指示批示精神及时传达学习、及时落实执行。全县任何工作部署都要以贯彻党中央决策部署为前提。

加强党内政治文化建设。坚持以习近平新时

代中国特色社会主义思想为指导，坚定“四个自信”，以良好政治文化涵养风清气正的政治生态。善于运用中华优秀传统文化中凝结的哲学思想、人文精神、道德理念明是非、辨善恶、知廉耻。坚决杜绝“七个有之”[14]，坚决做到“五个必须”[15]。

——始终坚持服务政治路线，全面贯彻新时代党的组织路线。

坚决落实好干部标准。严把标准、公正用人、拓宽视野、激励干部，着力打造忠诚干净担当的高素质干部队伍。以机构改革为契机，坚持“优选”“优培”“优用”，着力优化党政领导班子结构。有计划有步骤地加强女干部、少数民族干部和党外干部培养、选拔及使用。从严从紧管理干部，推进领导干部能上能下。建立健全容错纠错机制，充分调动广大干部干事创业的积极性和主动性。

坚持和完善民主集中制。始终做到“四个服从”[16]，坚决执行集体领导制度。发扬民主、善于集中、敢于担责，坚持按程序决策、按规矩办事。严格执行领导班子分工向上级党委报备制度，认真遵守党政主要负责同志“四个不直接分管”[17]规定。

严格党的组织生活制度。落实“三会一课”、民主生活会、领导干部双重组织生活、民主评议党员、党日、谈心谈话等制度，加强经常性教育、管理、监督。用好批评和自我批评的武器，让党员干部在党内政治生活中经常接受政治体检。

推动基层党组织全面进步全面过硬。加强组织体系建设，着力建强“七大领域”[18]党的建设。扎实推进“两学一做”学习教育常态化制度化，加强党支部规范化建设。抓住村“两委”换届契机，加大选贤任能力度，不断加强村级带头人队伍建设，切实解决基层党组织软弱涣散问题。

——始终把作风建设作为基础性工作，切实推动作风转变。

坚持问政于民、问需于民。牢记习近平总书记“时代变化了，但从群众中来、到群众中去的工作方法不能变”的教导，始终站在群众的立场想问题、看问题、解决问题。大兴调查研究之风，坚持眼睛向下，脚步向下，尊重基层群众实践，切实解决群众生产生活中面临的突出问题。

坚持求真务实、真抓实干。牢固树立“功成不必在我、建功必须有我”的理念，紧盯经济社会发展重点工作，解决好实际问题。完善“一把手抓一把手”工作机制，细化责任分工，确保每一项重点工作都有目标、有措施、有标准、有时限、有成效。

坚持以身作则、以上率下。发挥领导带头作用，经常对照党章和党规党纪检查自己的言行，做到“四个合格”[19]。各级领导干部都要正确用权、谨慎用权、干净用权，心中有党、心中有民、心中有责、心中有戒。注重家庭、家教、家风建设，教育管理好亲属、子女和身边工作人员。

——始终把纪律和规矩挺在前面，保持正风肃纪高压态势。

严格落实“两个责任”。把管党治党作为根本政治职责，做到真管真严、敢管敢严、长管长严。认真遵守《喀左县各级党组织履行全面从严治党主体责任实施细则（试行）》，层层传导压力，层层落实责任，形成一级抓一级、逐级抓党风廉政建设的工作格局。认真履行监督责任，用严明的纪律管党治吏，抓早抓小、动辄则咎。

强化监督执纪问责。坚持把中央八项规定精神一抓到底、执行到位。坚决执行新修订的《中国共产党纪律处分条例》，支持纪检监察机关运用好监督执纪“四种形态”[20]。拓展审计监督广度和深度，推动“应审必审、凡审必严、严肃问责”。加强基层党风廉政建设，把深入推进反腐败斗争与扫黑除恶专项斗争、扶贫领域腐败和作风问题专项治理结合起来，推动全面从严治党向基层延伸。

发挥巡察利剑作用。加强县委对巡察工作的领导，发挥巡察政治监督、组织监督、纪律监督作用。强化巡察成果运用，抓好巡察整改落实。健全县委巡察工作领导体制和工作机制，县委常委会至少每半年专题研究一次巡察工作，县委书记专题会议听取每轮综合巡察情况汇报。加强巡察队伍建设，锤炼一支政治过硬、业务过硬、作风过硬的纪律铁军。

名词解释

〔1〕**市委“161”工程：**建好一个平台（“五个一”平台），打好六大战役（面向全中国、主攻京津冀抓招商抓项目；大力发展“飞地经济”；大力推进老企业转型升级暨对外合资合作；大力推进“大学进园区进企业”“双创”基地建设工程；大力推进农产品深加工；大力发展文化旅游业），优化一个环境（全力营造良好的投资发展环境）。

〔2〕**引进人才“十大工程”：**大学进园区、双招双引、千名专家进园区进企业、喀左籍企业家返乡创业、创新创业孵化基地、专业和实用人才培训、培养和引进优秀企业家、高校毕业生“凤来雁归”、人才培养选拔、人才助力乡村振兴。

〔3〕**产业特色小镇：**产业特色小镇是不依托于行政区划，具有鲜明的产业特色，区域内产业集聚度高，投资强度大的发展空间和创新创业平台。2018 年 5 月，根据省政府对产业特色小镇建设工作的部署，省发改委牵头组织，15 个省直部门联合开展了第一批产业特色小镇推荐、评选工作，确定了包括喀左南哨紫陶小镇在内的我省第一批 11 个产业特色小镇创建名单。

〔4〕**一区一园一基地：**县农产品加工园区，乡镇现代农业示范园，村屯标准化特色农业生产基地。

〔5〕**一网、一门、一次：**政务服务“一网通办”，企业群众办事“只进一扇门”“最多跑一次”。

〔6〕**项目管家制度：**按照“一个项目、一名领导、一支队伍”的要求，对重点项目建立“1 名项目管家 +1 名企业联系人 +N 个行政职能部门联系人”的服务机制，又称为“项目管家 + 企业 + 相关部门”制度，简称“1+1+N”制度。

〔7〕**精神文明建设“五大创建”：**文明城市创建、文明村镇创建、文明单位创建、文明校园创建、文明家庭创建。

〔8〕**两个共同：**各民族共同团结奋斗，共同繁荣发展。

〔9〕**四个短板：**习近平总书记在深入推进东北振兴座谈会上明确指出制约东北地区发展的“四个短板”，即“体制机制短板、经济结构短板、开放合作短板、思想观念短板”。

〔10〕**六项重点工作：**习近平总书记就深入推进东北振兴提出要抓好“六项重点工作”，即“以优化营商环境为基础，全面深化改革”“以培育壮大新动能为重点，激发创新驱动内生动力”“科学统筹精准施策，构建协调发展新格局”“更好支持生态建设和粮食生产，巩固提升绿色发展优势”“深度融入‘一带一路’，建设开放合作高地”“更加关注补齐民生领域短板，让人民群众共享东北振兴成果”。

〔11〕**七破七立：**着力破除因循守旧、故步自封的思维，牢固树立改革创新、开拓进取的意识；着力破除以官为本、权力至上的思想，牢固树立服务第一、平等友善的意识；着力破除多诺少信、前后不一的不良习性，牢固树立依法办事、重信守诺的意识；着力破除坐而论道、说多做少的现象，牢固树立干字当头、实字为先的意识；着力破除视野狭窄、自我封闭的局限，牢固树立开放合作、协同发展的意识；着力破除不求有功、但求无过的心态，牢固树立勇于担当、主动作为的意识；着力破除坐等靠要、怨天尤人的思想，牢固树立自力更生、奋斗自强的意识。

〔12〕**五个有利于：**习近平总书记在深入推

进东北振兴座谈会上明确指出，东北地区要重点从有利于深化供给侧结构性改革、有利于加快培育经济增长新动能、有利于激发各类市场主体活力、有利于增强人民群众获得感、有利于调动保护广大干部群众积极性等方面完善改革思路，做实改革举措，释放改革活力，提高改革效能。

〔13〕**枫桥经验**：20世纪60年代初，浙江省诸暨市枫桥镇干部群众创造了“发动和依靠群众，坚持矛盾不上交，就地解决。实现捕人少，治安好”的“枫桥经验”。1963年毛泽东同志亲笔批示“要各地仿效，经过试点，推广去做”。“枫桥经验”由此成为全国政法战线一个脍炙人口的典型。之后，“枫桥经验”得到不断发展，形成了具有鲜明时代特色的“党政动手，依靠群众，预防纠纷，化解矛盾，维护稳定，促进发展”的枫桥新经验，成为新时期把党的群众路线坚持好、贯彻好的典范。

〔14〕**七个有之**：习近平总书记在十八届四中全会上指出无视政治纪律和政治规矩的一些突出问题，是从无数案例中抽象和总结出来的，具有很强的现实针对性。包括：搞任人唯亲、排斥异己的有之；搞团团伙伙、拉帮结派的有之；搞匿名诬告、制造谣言的有之；搞收买人心、拉动选票的有之；搞封官许愿、弹冠相庆的有之；搞自行其是、阳奉阴违的有之；搞尾大不掉、妄议中央的有之。

〔15〕**五个必须**：习近平总书记在十八届中央纪委五次全会上提出的遵守政治纪律和政治规矩必须做到的五个方面：必须维护党中央权威，决不允许背离党中央要求另搞一套；必须在思想上政治上行动上同党中央保持高度一致，听从党中央指挥，不得阳奉阴违、自行其是，不得对党中央的大政方针说三道四，不得公开发表同中央精神相违背的言论；必须维护党的团结，决不允许在党内培植私人势力，要坚持五湖四海，团结一切忠实于党的同志，团结大多数，不得以人划线，不得搞任何形式的派别活动；必须遵循组织程序，决不允许擅作主张、我行我素，重大问题该请示的请示，该汇报的汇报，不允许超越权限办事，不能先斩后奏；必须服从组织决定，决不允许搞非组织活动，不得跟组织讨价还价，不得违背组织决定，遇到问题要找组织、依靠组织，不得欺骗组织、对抗组织；必须管好亲属和身边工作人员，决不允许他们擅权干政、谋取私利，不得纵容他们影响政策制定和人事安排、干预日常工作运行，不得默许他们利用特殊身份谋取非法利益。

〔16〕**四个服从**：党员个人服从党的组织，少数服从多数，下级组织服从上级组织，全党各个组织和全体党员服从党的全国代表大会和中央委员会。

〔17〕**四个不直接分管**：党政主要负责同志不得直接分管干部人事、财务、工程项目、物资采购工作，指定副职领导干部分管，分管领导干部要主动接受班子其他成员的监督。

〔18〕**基层党的建设“七大领域”**：农村党建、城市党建、国有企业党建、机关党建、学校党建、事业单位党建、非公有制经济组织和社会组织党建。

〔19〕**四个合格**：政治合格、执行纪律合格、品德合格、发挥作用合格。

〔20〕**监督执纪“四种形态”**：经常开展批评和自我批评、约谈函询，让“红红脸、出出汗”成为常态；党纪轻处分、组织调整成为违纪处理的大多数；党纪重处分、重大职责调整的成为少数；严重违纪涉嫌违法立案审查的成为极少数。

喀喇沁左翼蒙古族自治县人民代表大会常务委员会工作报告（节选）

——在喀左县第十六届人民代表大会第二次会议上

（2018 年 12 月 20 日）

县人大常委会主任　陈孝政

2018 年主要工作回顾

2018 年，是县第十六届人大常委会履职开局之年，也是各项工作承前启后、继往开来的重要一年。一年来，县人大常委会在中共喀左县委的正确领导下，坚持以习近平新时代中国特色社会主义思想为指导，全面贯彻党的十九大精神，忠实履行宪法和法律赋予的各项职责，依法决定重大事项 7 项，开展“三查（察）”活动 25 项，任免国家机关工作人员 40 人次，召开常委会议 13 次。配合省市人大来喀左检查调研 20 次。实现了新一届人大工作的良好开局，为自治县振兴发展和推进民主法治建设做出了积极贡献。

一、提高政治站位，准确把握人大工作政治方向

常委会坚决维护习近平总书记在党中央和全党的核心地位，坚决维护以习近平同志为核心的党中央权威和集中统一领导，始终把讲政治、讲大局贯穿人大工作全过程和各方面，与党委在政治上同向、思想上同心、工作上同步、发展上同力。

——维护县委权威，全力落实县委决策部署。常委会紧紧围绕县委确定的目标任务，找准服务大局的着力点，确立了致力推动“经济发展增效提质、民生福祉补短提标、生态环境改善提优、社会治理创新提升”四大履职重点，主动配合全县民主法治领域改革、项目建设、脱贫攻坚、环保督查等重点工作深入开展检查调研，提出高质量意见建议 46 条，确保县委决策部署落实到位。完善讨论决定重大事项程序，规范“一府一委两院”报告重大事项办法，人大及其常委会各项决议决定得到全面落实，规范和完善人事任免工作程序，实现了党委意图和人民意愿的有机统一。

——时刻牢记使命，主动站位“两个一线”。常委会准确把握新时代对人大工作的新要求，坚持党的领导、人民当家做主、依法治国有机统一。坚决摒弃“二线”观念，牢固树立“一线”思维，牢牢把握党委所想、社会所愿、群众所盼、人大所能，不回避困难，不推卸责任，迎难而上、勇于担当，凝心聚力、善于作为，以更好的精神风貌和工作状态，投身基层民主法治建设第一线和推动振兴发展第一线。

二、围绕中心促发展，全力推动经济健康运行

常委会进一步完善监督工作程序，加大监督工作力度，综合运用多种监督方式，提高监督实效，扎实履行监督职能。

——高度重视经济运行。常委会始终坚持以经济建设为中心，高度关注经济运行质量，在深入调研和依法审查基础上，听取和审议县政府关于财政预算和其他财政收支审计情况、国民经济和社会发展计划及财政预算执行情况的报告，及时分析和查找经济运行中出现的困难和问题，提出符合实际、可操作性强的审议意见，督促县政府及时整改；强化采购预算，着力规范政府采购行为；建立开通预算联网在线监督平台，强化人大预算监督的刚性约束；重视支持审计监督，跟踪监督审计问题整改落实，确保了全县财政资金规范、安全运行。

——高度重视项目建设。围绕县委项目牵动战略，听取审议县政府招商引资项目建设工作报告，针对存在的产业规划深度不够、园区建设基

础薄弱等问题，提出了坚持规划引领、夯实园区平台服务项目基础、创新招商模式、优化投资环境、提升项目质量等审议意见，促进了重点项目的落地和达产达效。对旅游工作开展专项检查，提出了加快旅游产业要素的配套与提升、丰富旅游业态、延伸产业链条等建议，推动了民族特色旅游产业蓬勃发展。

——高度重视农业发展。常委会深入调查农田水利设施建设情况，针对项目储备、资金投入、后续管护等方面存在的问题提出具体意见建议，推进农田水利现代化建设，促进农业发展和农民增收。对全县村集体经济发展状况进行调研，提出完善配套政策、提高农业效益、重点扶持发展前景好但缺乏资金的经济项目等建议，使村级集体经济焕发出新的活力。

——高度重视生态保护。常委会始终关注全县环境质量与保护工作，听取审议县政府专项报告，提出审议意见并跟踪督办，督促政府全力打好大气、水、土壤污染防治“三大战役”，抓好源头防治，加速新旧动能转换，全县生态环境质量持续改善。

——高度重视科技教育发展。常委会组织开展工业企业发展和科技创新专项调查，提出完善科技创新激励政策，优化营商环境，多层次引进人才等建议，为推动全县战略性新兴产业发展和产业结构优化升级奠定了基础。聚焦高中教育改革，组织开展全县高中教育调研活动，面对实施高考改革双重压力，县政府采取有效应对举措，推进了全县普通高中教育健康发展。

——高度重视民生保障。常委会紧盯精准扶贫“一号工程”，开展脱贫攻坚工作检查，提出汇聚脱贫攻坚合力、创新扶贫模式、补齐基础设施短板、激发群众内生动力等建议。县政府认真研究落实，采取有效措施，组织全社会力量，精准施策，推动了脱贫攻坚目标任务如期完成。关注新型农村合作医疗工作，提出优化整合资源、完善监管机制、做好健康扶贫等审议意见。县政府抓整改落实，定政策、出实招，保障农民获得基本卫生服务，使新农合制度真正成为一项得民心、顺民意、惠民生的利民工程。高度重视社会保险工作，组织开展专项调查，县政府加大社会保险资金的征缴力度，积极争取上级调剂补贴资金，扩大基本社会保障覆盖面，确保了全县养老金按时足额发放。

三、关注公平促正义，着力加快依法治县进程

常委会坚持以促进社会和谐稳定为目标，积极开展执法检查和司法监督，不断推进民主法治建设进程。

——加强执法监督，推进法治政府建设。常委会对《中华人民共和国文物保护法》贯彻执行情况进行执法检查，提出提高保护意识、科学规划、加强管护利用等建议，将遗址保护纳入国家生态保护红线，推进自治县优秀民族文化传承发展。对贯彻执行《宗教事务条例》工作情况进行执法检查，积极引导宗教与社会主义社会相适应，推动了宗教领域和顺稳定。加强规范性文件备案审查，健全备案审查机制和程序，2018 年审查规范性文件 2 件，废止过期规范性文件 8 件，维护了国家法制统一。

——加强司法监督，维护社会公平正义。常委会对民事审判工作进行检查，要求县人民法院正确处理调判关系，规范调解程序，提高审判质量，有效化解各类民事纠纷。对民事行政检察工作进行检查，要求县人民检察院坚持把民事行政检察工作作为推动依法行政和公正司法的重要保障措施，在加大宣传、强化监督、加强执法办案上下功夫，积极营造良好的法治环境。对全县社区警务工作进行检查，要求县政府挖掘社会资源潜力，构建群防群治网络体系，发挥好警民信息在警务工作中的作用，最大限度地预防、控制犯罪，维护社会稳定。

——加强信访监督，保障社会和谐稳定。常

委会把群众来信来访作为了解社情民意的重要渠道，规范信访案件办理程序，实现了由转办交办向督促问题解决转变、由被动受理向主动化解矛盾转变、由接待信访向强化人大监督转变。全年共受理群众来信来访36件129人次，解答群众法律咨询150余人次，转交移送有关部门案件19件，一批群众关注的信访问题得到妥善处理，为维护和谐稳定作出了积极努力。

四、加强立法促和谐，着力提升民族地方立法水平

常委会充分发挥人大在民族地方立法工作中的主导作用，着力推进科学立法、民主立法、依法立法，健全法规起草、论证、协调、审议、修改完善等机制，有序开展立法协商，完善法规征求意见吸纳反馈机制。根据自治县的发展实际和民族地方特点，在充分调研座谈、征求相关部门意见的基础上，科学编制《喀喇沁左翼蒙古族自治县五年立法规划》和近期立法计划，并上报省人大常委会。将《喀喇沁左翼蒙古族自治县旅游管理条例》《喀喇沁左翼蒙古族自治县物业管理条例》《喀喇沁左翼蒙古族自治县车辆管理条例》列为本届常委会立法规划项目。常委会组织立法工作组赴外地学习考察，借鉴先进经验。《喀喇沁左翼蒙古族自治县旅游管理条例》初稿已完成，前期准备工作进展顺利。

五、优化服务增活力，着力发挥代表主体作用

常委会牢固树立代表主体意识，不断完善服务保障机制，创新工作载体，代表工作取得了长足进展。

——提升代表履职能力。常委会高度重视代表履职能力建设，修订完善了《常委会联系代表办法》《代表履职管理办法》《代表述职办法》等制度，强化代表履职管理。科学合理制定培训计划，组织开展新一届代表任职培训。邀请代表参与“三查（察）”、评议测评等活动，组织代表参加法院旁听庭审、见证执行和两院的开放日活动。拓宽代表知政渠道，代表履职能力在实践中不断提升。

——激发代表履职活力。加强代表“双联”工作，常委会通过约见和走访代表、参加代表小组活动等方式与代表保持经常性联系。组织代表向原选区选民述职，代表自觉接受本选区选民监督。扎实开展代表小组活动，组织驻县的市人大代表视察行政审批、经济开发区、旅游、城市管理和交通建设等工作，为代表依法履职创造条件。

——推动代表建议办理落实。健全代表建议督办机制，狠抓建议的提出、交办、落实和反馈等关键环节，建立办理工作台账，并时刻关注县政府对代表建议办理的进程，认真开展督办工作，切实增强办理实效。到目前，对县十六届人大一次会议期间收到的35件代表建议全部办理完毕，代表满意率达到100%。

——加强乡镇人大工作联系指导。常委会依法规范乡镇人大工作，制定《2018年乡镇街区人大工作量化考评标准》，适时召开工作会议，对乡镇街区人大工作进行全面安排部署。组织开展“牢记责任和使命，争做人民好代表”主题活动，鼓励和鞭策人大代表在自治县振兴发展中更好发挥作用，加强了基层民主法治建设。

六、与时俱进强素质，着力加强自身建设

常委会始终坚持把加强自身建设摆在重要位置，不断加强思想建设和改进工作作风，提升工作能力和水平。

——重视思想政治建设。常委会高度重视思想政治建设，不断加强理论学习，大力推进学习型、服务型和创新型机关建设。深入推进“两学一做”常态化、制度化，积极开展“解放思想推动高质量发展大讨论”；丰富学习形式，邀请专家学者讲解相关法律法规和业务知识，积极参加全国和省市人大组织的相关培训；加强机关党组织建设，落实“三会一课”制度，组织召开党组会议8次，党组成员为机关集中上党课6次，组织召开民主生活会和组织生活会3次，打牢为民务实清廉的思想基础。

——不断完善规章制度。常委会高度重视工作制度建设，进一步健全完善工作制度，修订党组会议、常委会议、主任会议议事规则，强化集体领导意识。制定常委会组成人员守则，规范组成人员行使职权的行为。认真贯彻执行民主集中制，重大事项集体讨论决定，严格依法依规办事，提升了决策民主化和科学化水平。

——持续加强作风建设。切实履行好党组抓党建及党风廉政建设的主体责任，坚持把政治纪律和政治规矩挺在前面，履行管党治党责任，认真学习和严格遵守党规党纪，加强班子成员和机关党员干部反腐倡廉教育，自觉抵制圈子文化和好人主义。扎实开展中央巡视整改落实工作，坚决肃清薄熙来、王珉和辽宁拉票贿选案恶劣影响，加强经常性反腐倡廉教育，严格落实党风廉政建设各项制度，保证权力干净运行。

——创新推进理论宣传。常委会高度重视宣传工作，把握正确舆论导向，弘扬主旋律，凝聚正能量。创新宣传形式，充分利用各种媒介宣传常委会和人大代表履职实践。重视人大工作经验交流，致力于在国家省市级媒体上发表新闻作品，定期编发《喀左人大通讯》，全方位介绍自治县人大工作，讲好人大故事。

2019年工作安排

2019年是实施“十三五”规划、向全面小康社会冲刺的关键之年。2019年县人大常委会工作的总体思路是：深入贯彻习近平新时代中国特色社会主义思想和中共十九大精神，坚决贯彻落实习近平总书记在辽宁考察时和在深入推进东北振兴座谈会上的重要讲话精神，坚持党的领导、人民当家做主、依法治国有机统一，紧紧围绕落实市委“161”工程决策部署和县十四届三次党代会工作要求，充分发挥地方国家权力机关的作用，不断提升履职能力，增强监督实效，推进民主法治建设，凝心聚力推动自治县全面振兴、全方位振兴。重点做好以下五个方面的工作。

一、坚持党的领导，在主动担当履职上要有新作为

常委会要旗帜鲜明讲政治，始终把坚持党的领导贯穿人大工作全过程，在全县工作大局中谋划和推进人大各项工作；坚持重大事项及时向县委请示报告制度，做出重要决议决定、开展重大执法检查、大型视察等活动，要及时向县委请示报告；充分发挥人大常委会党组作用，严格遵守和执行党内政治生活准则，在思想上、政治上、行动上与县委保持高度一致，紧紧围绕县委的重大决策部署来开展工作，保证县委意志得到全面贯彻落实。

二、围绕中心工作，在夯实监督实效上要有新举措

常委会要紧紧围绕全县中心工作，突出监督工作重点，注重跟踪监督、持续监督和问效监督，切实增强监督实效。一要强化工作监督。加强对农产品加工园区建设、科技创新、河长制落实、造林绿化、脱贫攻坚、环境保护、妇幼保健、职业教育等重点工作的监督促进；突出预决算审查监督，全面推进人大预算联网审查监督工作，加强政府性债务风险防范和审计查出问题整改情况的监督，提高公共财政资金的使用效率。二要强化司法监督。深入开展以宪法为主的普法宣传，全面推进依法治县战略实施，对全县扫黑除恶专项斗争开展情况、人民调解工作进行检查；对县法院执行工作、县检察院刑事检察工作进行监督，促进依法办案，公正司法；严格规范性文件备案审查，不断提高备案审查质量，杜绝源头违法；健全受理申诉控告检举机制，拓宽人民监督权力渠道。三要强化决定和任免监督，始终坚持党管干部与人大依法任免相统一的原则，依法行使人事任免权。健全人大讨论、决定重大事项制度，加强调查研究，依法适时作出决议和决定；落实政府重大决策出台前向人大报告制度。

三、坚持科学立法，在提升立法质量上要有新突破

坚持党委对立法工作的领导，以提高立法质量为核心，建立健全人大主导立法工作机制，完善立法工作程序，加强立法工作组织协调，推进科学民主依法立法，建立完善立法公众参与机制，进一步发挥立法的引领、推动和保障作用。2019年常委会计划制定《喀喇沁左翼蒙古族自治县旅游管理条例》，将《喀喇沁左翼蒙古族自治县物业管理条例》和《喀喇沁左翼蒙古族自治县车辆管理条例》列为跨年度立法项目。

四、强化服务保障，在发挥代表作用上要有新进展

常委会进一步提升联系代表、服务代表的水平，为代表履职创造条件、搭建平台，使代表在推动地方经济社会发展中发挥积极作用。认真落实常委会组成人员联系代表和代表联系人民群众制度，充分发挥人大代表在党和国家机关与人民群众之间的桥梁纽带作用，汇聚更多社情民意，推动全县经济社会健康发展；认真组织代表参加视察、专题调研和执法检查等履职活动，邀请代表列席常委会议，积极拓宽代表履职渠道；改进代表建议督办工作，完善督办机制，选择综合性强、涉及面广、问题反映比较集中的代表建议，实行重点督办和联合督查相结合，着力提高办理质量；强化对代表的监督和管理，持续组织开展代表述职评议工作，积极探索建立代表履职档案，增强代表的责任心和使命感；指导好“代表之家”的建设和管理，健全完善制度，确保闭会期间代表活动经常化、制度化和规范化；强化与乡镇人大的联系，加强协调指导和工作联动，全面提升乡镇人大建设水平。

五、加强自身建设，在提高履职能力上要有新飞跃

常委会要充分认识新时代对地方人大自身建设提出的新要求，全面落实新责任新担当。着力加强政治理论学习，进一步提高对新形势下强化人大监督职能、做好人大工作重要性的认识，不断激发工作热情，增强事业心和责任感；多种形式抓好相关法律法规和人大业务知识学习培训，不断丰富知识结构，提高业务素质和工作能力，努力成为人大工作的行家里手；进一步完善制度建设，形成更加科学、规范、高效的工作运行机制；认真贯彻全面从严治党的新部署，牢记作风建设永远在路上的新要求，进一步扎实推进人大机关的思想建设、组织建设、作风建设、反腐倡廉建设，保持定力，激发活力，不断推动人大工作再上新台阶。

政府工作报告（节选）

——在喀左县第十六届人民代表大会第二次会议上

（2018年12月19日）

县长　刘敬华

一、2018年工作回顾

2018年，是贯彻党的十九大精神开局之年，是新一届政府履新之年。一年来，在县委的坚强领导下，在县人大、县政协的监督支持下，县政府团结带领全县各族人民，高举习近平新时代中国特色社会主义思想伟大旗帜，坚持以新发展理念为统领，以高质量发展为中心，以供给侧结构性改革为主线，围绕重大振兴举措争资金，紧盯重要指标任务保增长，依托重大改革创新添动力，狠抓重点产业发展优结构，聚焦重点民生工程增福祉，担当作为，奋勇攻坚，全县经济社会发展取得长足进步，为加快喀左振兴、决胜全面小康奠定坚实基础。

2018 年，预计实现地区生产总值 95.8 亿元，同比增长 7.16%；完成一般公共预算收入 4.6 亿元，同比增长 16%；完成固定资产投资 38.1 亿元，同比下降 4.03%，降幅同比收窄 3.69 个百分点；实现社会消费品零售总额 51.6 亿元，同比增长 5.95%；农村居民人均可支配收入达到 12749 元，同比增长 7.6%。

一年来，我们主要做了以下工作：

（一）依托重大改革创新优环境、除障碍，市场活力竞相释放

深化改革取得新突破。持续深化“放管服”改革，启动“一网、一门、一次”改革，政务服务事项网办率超过 80%，新增实体政务服务大厅 6000 平方米，政务服务事项实现应进必进。大力推进商事制度改革，推出“一照通”登记注册新模式，全面清理规范行政审批中介服务事项，全年新增市场主体 3260 家。稳步开展事业单位改革和园（景）区机构改革，机构职能进一步整合优化。有序推进国税、地税征管体制改革，税收征管效能明显提高。全面完成县乡财政管理体制改革，23 个乡镇街区入库税收 1.5 亿元，同比增长 22%。

创新驱动取得新进展。扎实推进创新合作，与沈阳建筑大学、沈阳农业大学等 13 所高校签订战略合作协议，与 20 所高校开展产学研合作，与 3 所院校联合组建创新战略联盟，转化科技成果 23 项，申请专利 126 项。积极培育创新主体，佳和精密、鹏达铸造等 4 家企业被评为高新技术企业，森川生态科技、泰克美生物科技等 16 家企业被认定为省级科技型中小企业。加快建设创新平台，朝阳飞马获批省产业专业技术创新平台，经济开发区晋升省级高新技术产业开发区，农产品加工园区晋升省农业科技园区。我县被评为全国“首批创新型县”，为全省唯一获评县区。

招才引智取得新成效。招商带动引人才，引进域外专家团队 20 个，引进博士和行业领军人才 20 人。“进园入企”聚人才，组织专家团队 27 个、专业人才 279 人与重点企业对接服务。“凤来雁归”聘人才，吸引 600 余名高校毕业生到我县创业就业。技能培训育人才，培训农村实用人才 2100 人、企业技能人才 1300 人、电商青年人才 1000 人。岗位建功树人才，评选“喀左优秀专家”“喀左工匠”20 名，营造全社会尊重人才、崇尚创新的浓厚氛围。

（二）围绕重大项目建设扩开放、增投资，竞争优势巩固提升

招商引资成果丰硕。面向全中国、主攻京津冀招商力度持续加大，派出招商队伍 140 批次，举办招商推介活动 7 次，邀请域外客商考察 105 批次，全年引进投资 5000 万元以上项目 32 个，实现域外引资 27.2 亿元。承接京津冀产业转移取得重大进展，22 个京津冀产业转移项目落地开工，通美晶体、博宇半导体等一批国内一流高科技企业相继落户；26 家河北雄安纸塑包装企业入驻投产，“辽宁省印刷包装产业基地”在我县设立。发展“飞地经济”取得显著突破，28 个项目开工建设，完成投资 15.3 亿元，全省推进“飞地经济”工作现场会在我县召开。

项目建设如火如荼。强化重点项目调度推进，狠抓项目开工率、建成率、投产率，全年实施投资 5000 万元以上工业项目 47 个，完成投资 23.4 亿元。众达精密机械、巨东铸工、科勒迪轻工制品、瑞龙新型材料等一批项目竣工投产；中联精工汽车配件、鑫奥体育器材、泽利食品加工、宏发肉鸡加工等一批项目加快建设，为壮大县域经济增添强劲动力。

平台建设与日俱进。园区功能不断优化，规划建设“飞地经济”产业园4平方公里，建成标准化厂房50万平方米，新建创业创新孵化平台5000平方米。基础设施日益完善，铺设路基3100延长米、给水管网9100延长米、排水管网1.8万延长米，安装变压器2处，架设供电线路23公里，为招商引资和发展“飞地经济”夯实基础。

（三）狠抓重点产业发展扩总量、调结构，发展动能加速转换

工业加快转型升级。全力抓好经济运行，因企施策排忧解难，助推企业开拓市场、释放产能、扩大规模，飞马集团、金河集团、红山化工、金旭锰业等一批优势骨干企业快速成长，全县规模以上工业增加值同比增长28.9%。突出抓好老企业对外合资合作转型升级，红山化工与北方爆破集团、飞马集团与美国KIC公司等35个合资合作项目顺利推进。积极盘活“僵尸企业”，引进通美晶体、巨东铸工等项目盘活原四通重型、日隆钒钛等企业闲置资产。鼓励支持小微企业发展，实现“个转企”104户，新增“小升规”企业6户。

农业稳步提质增效。调减玉米种植面积2万亩。新建、改造设施农业大棚811栋。肉类总产量9.81万吨，同比增长2.7%。禽蛋总产量5.06万吨，同比增长3.4%。新发展经济林5.1万亩，其中果树8635亩，种植林下经济作物3.24万亩。“粮安工程”建设完成。发放农机购置补贴850万元。深松土地16万亩。水土流失综合治理13万亩，发展高效节水灌溉2.35万亩，我县再获“大禹杯”优胜奖。智慧气象服务获中国气象学会表彰。新成立土地股份合作社66家。新增省级龙头企业3家、市级6家。新建现代农业产业园1处、生产基地5处。农村集体产权制度改革、供销社综合改革、国有农场体制改革顺利推进。

服务业持续提档扩容。商贸流通繁荣活跃，商业网点增至8324户，限上企业销售额达到5.09亿元，综合交易市场交易额达到44.6亿元；喀左紫砂喜获“辽宁四宝”金奖，“塔城陈醋”成功入选“辽宁老字号”。电子商务快速崛起，电商企业达到176家，村级服务站达到551家，年交易额实现1.4亿元，电商精准扶贫经验在全省推广。旅游产业蓬勃发展，东山嘴祭坛、润泽花海、东蒙博物馆晋升国家AAA级景区，浴龙谷农业观光园、十公里凌河景观廊道等项目快速推进，全域赏花节、紫陶文化艺术节、环湖自行车赛等活动异彩纷呈，我县荣获省级乡村旅游贡献奖，全域旅游带动力不断提升。

（四）统筹城乡协调发展强基础、提品质，宜居城市魅力彰显

城市建设亮点纷呈。棚户区改造987户，房地产开发72.83万平方米，在水一方、河畔新城、水木清华二期、凌河郡二期等项目进展顺利。销售商品房26.43万平方米，房地产去化周期缩短至11.3个月。完成大凌河南支综合治理二期工程，新增水面900亩。新建、改造城市道路3.9公里，铺设人行步道2.4万平方米，新建给排水管网10.8公里、燃气管网8公里，新增集中供热面积25万平方米，新建水冲公厕3座。栽植乔木3985株、灌木16.9万株。亮化楼宇28栋，安装路灯灯饰1600处、灯带6000米。实施市容市貌、露天烧烤、乱停乱放、超限超载等专项整治，城市管理水平持续提升。

乡村面貌日新月异。小城镇建设硬化道路59.27公里，安装路灯443盏，栽植树木10.97万株，新建垃圾池248座。农村环境整治清理路边、村屯垃圾4.5万吨，整治道路边沟382公里，新建文化广场12处。建设农村生活垃圾分类减量村16个、生活污水集中收集处理村1个。南哨紫陶小镇荣获省首批产业特色小镇。公营子镇被评为省级生态镇。

基础设施日臻完善。京沈高铁喀左站及临时

乘降广场顺利竣工。35.1公里省道建三线大北段、4.9公里省道宁孤线、10公里龙南线凌河景观大道、2.7公里高铁连接线等工程按期保质完成。新建乡级公路25.4公里，村级公路295条、512.9公里，新建、改建桥梁130座、4051延长米。新建电动汽车充电站2座，更新电动公交车48台。利州—宽邦500千伏线路、坤都66千伏变电站工程按期投运，投资5528万元102项农网改造升级工程建设完工。

（五）突出重大攻坚任务补短板、防风险，全面小康步伐稳健

精准脱贫攻坚战决战决胜。按照“3+N”精准脱贫思路聚力攻坚，取得了决定性胜利。实施脱贫攻坚以来，建成村级光伏电站86个，发展特色种植产业扶贫基地2.14万亩，建成扶贫标准化果园23处，建设扶贫养牛农场14处，发放金融扶贫贷款1.16亿元，贫困户增收基础更加坚实。危房改造2954户，健康扶贫入院救治6946人次，教育扶贫政策全学段覆盖，就业扶贫提供事业和公益岗位630个，兜底扶贫纳入低保4310人，文化服务场所实现全覆盖，村级卫生室实现全运行，人畜饮水安全实现全保障，水泥路面实现村村通，贫困户脱贫成效更加巩固。

污染防治攻坚战战果显著。按时完成中央环保督察反馈意见和问题整改销号。取缔10吨及以下燃煤锅炉96台，严格执行秸秆禁烧，全年空气质量优良天数达到318天。退田还河2.2万亩，清理河道垃圾12万立方米，编制完成“一河一策”治理保护方案，县城污水处理厂完成提标改造，公营子镇污水处理厂、大凌河西支国家水质自动监测站建成投用，地表水各断面水质均优于Ⅳ类标准。人工造林11.7万亩，封山育林8万亩，美丽乡村栽植树木120万株，全县森林覆盖率达到42.4%。划定永久基本农田4.5万公顷，推广测土配方施肥54.5万亩，农用地土壤环境质量优良。

风险防范攻坚战全线告捷。采取处置闲置资产、组建企业集团、实施PPP项目等措施，积极化解政府债务存量，严格控制债务增量，政府债务风险控制在合理范围。通过加大扩面征缴力度、严格控制支出范围、完善财政补贴机制等途径，切实保证养老金按时足额发放。大力开展企业债务风险、非法集资风险等专项清理行动，有效遏制系统性金融风险发生。抢抓重大战略机遇，积极争取上级资金25.3亿元，有效缓解财政资金压力。千方百计组织收入，切实加强预算管理，强化资金整合调度，严控“三公”经费支出，“保工资、保运转、保民生”保障有力。

（六）聚焦重点民生工程增福祉、促共享，人民生活持续改善

社会保障体系巩固完善。农村劳动力转移就业7.5万人次。城镇新增就业、再就业4412人，城镇登记失业率控制在2.64%以内。城镇职工养老保险扩面1529人，城乡居民养老保险参保人数达到19.9万人。企业退休人员养老金提高5.9%，城乡居民基础养老金提高27%。加大农民工工资保障力度，解决拖欠工资1508万元。实施低保扩面提标，城乡低保标准提高12%以上。完成贫困残疾人家庭无障碍改造255户。救助受灾群众4.99万人。发放救助金、孤儿补贴、高龄补贴、残疾人生活护理补贴、自主就业退役士兵补贴2566.4万元。

公共服务供给优质普惠。新建、改扩建校舍3.68万平方米，招考特岗教师96人。向清华、北大输送优秀学生10名，创历史新高。公立医院改革稳步推进，医联体建设实现全覆盖，乡镇卫生院全部标准化。为老服务成绩显著，平房子敬老院养员楼建设完成，县老龄办被授予“全国老龄系统先进集体”。“三馆一中心”接待23万人次，开展“送戏下乡”80场，农村电影放映2437场。举办各类体育赛事20次，我县健儿在省民运会取得2金4银8铜的优异成绩。全面落实民族宗教政策，民族宗教领域和谐稳定。《地理标志产

品喀左紫砂》地方标准发布实施。《中国共产党喀左县历史第二卷》《喀左蒙古族百年实录》《喀左·东蒙民间故事》第二部12卷出版发行。《喀左年鉴》实现一年一鉴。成功举办60周年县庆系列活动，充分展示自治县改革发展辉煌成就，全县人民自信心和自豪感极大增强。物价、统计、外事、侨务、人防、保险、邮政、烟草、通信、双拥等工作均取得新成绩。

社会治理格局优化创新。全面升级社会治安防控体系，创新网格化社会治理机制，“平安喀左”建设水平不断提升。深入推进信访矛盾“减存控增”，全力化解信访交办案件和各类矛盾纠纷，信访总量连年下降。集中开展扫黑除恶专项斗争，重拳打击各类违法犯罪，有力维护社会治安稳定。全面压实安全生产责任，强力排查治理事故隐患，安全生产形势稳定向好。查办食品药品领域案件59件，切实保障群众饮食用药安全。全力加强非洲猪瘟防控，有效阻断疫情传入。加强灾害监测预警体系建设，完善突发事件应急处置机制，防灾减灾救灾能力显著增强。

（七）围绕政府自身建设转作风、树形象，担当作为氛围浓厚

社会公信力切实增强。认真执行县人大及其常委会决议、决定，主动接受人大、政协和社会各界监督，办理人大代表建议35件、政协委员提案74件。不断深化政务公开，公开各类信息4.3万条，办理群众诉求2230件。“8890”政务便民服务平台开通运行，实现一个号码管服务、“一号通”“时时通”。全面完善法治政府建设考核体系，落实重大行政处罚备案审查制度，改进行政复议和应诉，依法行政水平进一步提升。

行政执行力切实提高。强力推进“重实干、强执行、抓落实”专项行动，9方面、111项改革发展重点工作均取得较好成效，有力推进政府各项工作全面进步。开展优化营商环境专项整治行动，围绕简政放权、政务服务、政商交往、干部作风等领域细化整治任务90项，尊商、重商、亲商、安商在全社会蔚然成风。开展“办事难”问题专项整治，解决群众和企业反映突出问题26项，群众满意度进一步提升。开展“转作风、树形象”专项行动，谋实事、做实功、求实效，形成真抓实干、严谨细致、尽职尽责、奋发有为的优良作风。

纪律约束力切实强化。认真贯彻全面从严治党要求，严格履行“一岗双责”，主体责任落得更实。始终恪守党章党规党纪，坚决执行中央八项规定，驰而不息纠正“四风”，纪律约束抓得更严。加强审计监督，健全廉政风险防控机制，严管公共资金、公共资源和国有资产，制度笼子扎得更牢。

二、2019年工作安排

2019年政府工作的总体思路是：坚持以习近平新时代中国特色社会主义思想为指导，深入贯彻党的十九大精神和习近平总书记对东北、对辽宁系列重要指示精神，统筹推进“五位一体”总体布局，协调推进“四个全面”战略布局，持之以恒落实新发展理念和高质量发展要求，按照省政府“重实干、强执行、抓落实”专项行动总体安排、市委“161”工程决策部署和县十四届三次党代会工作要求，全面深化改革，激发创新动力，注重协调发展，改善生态环境，扩大开放合作，补齐民生短板，加快推进喀左全面振兴、全方位振兴。

全县经济社会发展的主要预期目标是：地区生产总值增长7%；一般公共预算收入增长15%；固定资产投资增长9%；社会消费品零售总额增长6%；农村居民人均可支配收入增长8%。

为实现上述目标，我们将重点做好以下工作：

（一）加快推进改革创新，着力增强体制机制活力

通过深化改革、扩大开放、推动创新，进一步解放生产力、提高竞争力，破障碍、去烦苛、筑坦途，为市场主体添活力，为人民群众增便利。

深层次推进改革。坚持以改革提效能，纵深推进“互联网＋政务服务”和“一网、一门、一次”改革，企业开办时间压缩至3.5个工作日以内，项目审批时间再提速50%，实现企业、群众办事“只进一扇门、最多跑一次”；统筹推进“证照分离”“先照后证”和“多证合一”改革，为市场准入提供高效便捷服务。坚持以改革促发展，落实减税降费政策，严格执行“双随机、一公开”监管，清理规范涉企收费，激发各类市场主体活力。坚持以改革增动力，稳步推进行政机构改革和事业单位改革，构建配置优化、运行高效的职能体系；继续深化县乡财政管理体制改革，激发县乡发展经济、培源增效的积极性。

全方位扩大开放。搭建开放平台，发挥经济开发区、农产品加工园区、京津冀产业转移孵化园等各类平台和载体作用，着力打造区域对外开放新高地。扩大对外协作，加快融入“一带一路”建设和京津冀一体化进程，积极对接江苏镇江、大连瓦房店对口帮扶，促进区域人流、物流、资金流、信息流集中集聚。创优营商环境，大力整治企业“办事难”问题，坚决守信践诺建设诚信政府，建立健全服务企业机制，规范涉企执法检查行为，积极构建“亲”“清”政商关系，大力支持民营经济发展，努力打造投资兴业首善区、营商环境最优县。

高水平引领创新。以创新型县建设为载体，培育新动能，打造新优势，引领新发展。加强创新成果转化，依托高新技术企业和技术创新平台，深化与高等院校、科研院所合作，围绕我县主导产业攻克一批关键技术，转化一批科技成果。增强自主创新能力，继续实施科技型企业培育计划，积极申报认定一批高新技术企业。建强创新人才队伍，依托产业优势和职业教育基础，建设一批技术技能人才培养基地；制定更加灵活、更为柔性的政策措施，积极引进高层次和技能型人才，留住用好本地人才，为喀左振兴发展提供智力支撑。

（二）加快推进项目建设，着力提升实体经济质量

始终把招商引资和项目建设摆在首要位置，加快引进一批支撑型、引领型项目，扎实推进一批产业结构调整项目，努力形成内资外资加快涌入、国企民企加快入驻、实体经济加快发展的良好势头。

凝心聚力狠抓招商引资。完善考核激励机制，创新招商举措，切实提高招商引资精准度、成功率，全年引进投资5000万元以上项目35个，实现域外引资28亿元。坚持以京津冀为主攻方向，突出装备制造、紫陶建材、农产品深加工、半导体新材料、印刷包装等主导产业、优势产业，引进一批建链、补链、强链项目。大力发展“飞地经济”，加快推进签约项目落地，新引进“飞地”项目23个。着力引入社会资本投资，量身定制标准化厂房，吸引客商“拎包入驻”。

全力以赴主攻项目建设。全年实施投资5000万元以上工业项目50个，完成投资25亿元。经济开发区、利州工业园区分别实施投资亿元以上项目15个、7个。全面实行“项目管家”制度，帮助企业解决征地拆迁、配电增容、融资贷款、招工稳岗等问题，确保项目加快建设、稳定运行。加快推进东晟高新碳材及石墨烯、瑞元表面处理、康宏医疗设备、天宇机器人、正隆机械制造、三宏机械制造、荣鑫泰环保设备等项目建设进度，推动尽快投产达效。

久久为功做优承载平台。加大园区基础设施投入，组织实施一批给排水、供电、供气、道路等项目，补齐基础设施配套短板，提升园区承载能力。盘活工业用地资源，综合运用市场机制和法治办法，多措并举盘活“僵尸企业”。落实重大项目优惠政策，积极向上争取项目资金支持，切实提升园区“软实力”。

（三）加快推进转型升级，着力促进发展动能转换

准确把握县域经济发展目标和重点，千方百计做强主导产业，多点开花培育新兴产业，加快新旧动能转换，着力构建现代产业体系，推动高质量发展。

加速工业转型升级。改造提升传统产业，加快推进飞马集团、红山化工等老企业对外合资合作转型升级，壮大装备制造产业集群规模。发展壮大优势产业，扶持荣富、顺成、闽龙、赫源、天王星、天佑、御成等企业稳定增长，积极创建国家级知名品牌示范区，提升紫陶建材产业发展质量和效益。培育提高新增长点，依托通美晶体、博宇半导体、金美镓业、锑化镓、高纯砷半导体等企业打造高新技术半导体新材料产业；依托北京亚新科、大川精工等企业培育汽车轻量化产业；依托天津华顺通、莱斯特等企业发展阀门制造产业；依托长城橡胶、中睿橡胶、金都橡塑等企业发展高端橡胶制品产业；依托印刷包装产业基地做大纸塑包装产业。

推进服务业供给创新。积极发展旅游产业，围绕龙源湖、浴龙谷、十公里凌河景观廊道等景区提质升级，提升品牌影响力；加快休闲农庄、民宿等项目建设，繁荣乡村旅游；利用国家AAAA、AAA级旅游景区及特色旅游乡镇穿点成线、串联成珠，打造精品旅游线路，推进全域旅游发展。加快发展商贸流通业，优化城市商业布局，培育新兴商业街区，推动零散服务业集聚、小规模企业提档升级。大力发展现代物流、科技研发、金融保险、中介服务、养老养生、家政服务等业态，力促服务业扩规模、提档次。加快发展电子商务产业，推动县内优质产品上行。积极迎接“高铁时代”，大力发展高铁经济。

（四）加快推进乡村振兴，着力促进农业农村现代化

把乡村振兴战略作为“三农”工作的总抓手，坚持富民产业优先发展、要素配置优先满足、资金投入优先保障，促进农业全面升级、农村全面进步、农民全面发展。

提升农业效益。全面启动国家农业可持续发展试验示范区建设。完成粮食生产功能区和重要农产品保护区划定，粮食总产量稳定在2.3亿公斤以上。调整农业产业结构，调减玉米种植面积2万亩，种植特色杂粮8万亩，新建、改造设施农业大棚2200亩；新建规模养殖场10处；发展经济林3万亩，其中果树5000亩，种植林下经济作物3万亩。发展优质高效农业，新建高标准农田2.1万亩、高效节水灌溉2.74万亩，发展现代农业产业园1处、生产基地5处。推进农产品深加工，新增省、市龙头企业6家，加快云天化农业智慧平台、韩伟集团蛋鸡养殖及蛋品深加工、宏发肉鸡养殖及屠宰加工、上海麦仕宠物食品等项目建设。

改善农村环境。实施农村人居环境整治三年行动，全面提升农村人居环境质量。建设乡镇环境整治试点9个。实施农村垃圾污水治理，农村生活垃圾处置体系覆盖50%行政村，新建生活污水集中处理系统1套，养殖场畜禽粪污处理设施配套率达到86%以上。开展“厕所革命”，卫生厕所普及率达到50.16%。抓好村容村貌提升，大力开展环境卫生整治，实施村内泥泞道路硬化90公里，建设美丽宜居示范乡村6个。

增强农村活力。扎实推进农村集体产权制度改革，完成212个记账村成员身份界定和资产量化，持续壮大村集体经济。加强农村综合产权交易中心建设，巩固利用农村土地确权成果，完善农村基本经营制度。深化供销社改革，加强现代农业社会化服务体系建设。推进农业共营制建设，新建、完善土地股份合作社40家，培训农业职业经理人100名，新建农业综合服务超市2家，发展家庭农场10家。积极构建多元化投入格局，撬动大国企、大民企等社会资本投向乡村振兴。

巩固脱贫成果。围绕“3+N”精准扶贫模式，继续发展特色扶贫产业，落实各项扶贫政策，持续稳定增加脱贫人口收入，确保脱贫人口不返贫。统筹整合资金，加大基础设施和公共服务投入，持续改善销号村基础条件，确保已销号贫困村不“滑坡”。坚持扶贫与扶志、扶智相结合，激发贫困人口内生动力。按照“产业兴旺、生态宜居、乡风文明、治理有效、生活富裕”总要求，抓实脱贫攻坚成果巩固提升，建立长效保障机制，推动脱贫攻坚与乡村振兴无缝对接。

（五）加快推进城乡建设，着力提升城乡功能品质

建立健全城乡融合发展体制机制，推进城乡建设统一规划、产业合理布局、基础设施互联互通，推动城乡、区域融合协调发展。

全面提升城镇功能。统筹推进城市开发、城区道路、休闲广场及绿化、亮化、美化、净化等配套设施建设，全面提高县城品质和承载能力。实施房地产开发40万平方米。维修改造城区道路3.3公里，铺设人行步道3.4万平方米，铺设排水管网7.1公里、燃气管网9公里。完成日供水7500吨新水源建设工程。新增供热面积20万平方米。新建、续建游园2处。新建水冲公厕2座。持续推进小城镇建设，完善配套功能，改善人居环境，着力打造一批特色小镇，整体提升小城镇品质。

全力推行精细管理。深化城市综合执法体制改革，加快数字化城市管理平台建设，推进城市管理规范化。深入开展市容环境综合整治，针对影响群众幸福感的重点、难点问题，从严管理，综合整治，实现城市管理精细化。逐步完善小城镇和村庄管护机制，做到有制度、有标准、有队伍、有经费、有督查；积极推行市场化运作，鼓励专业队伍参与运行管护，巩固环境整治成果常态化。

不断完善基础设施。实施10公里龙南线和2.7公里七金线面层摊铺、14公里101线大修工程。启动27.7公里凌兴线和吉利生大桥、小马架子大桥改建工程。实施7200平方米公交大厦建设工程，新建电动汽车充电站1座。完成赤喀高铁车杖子220千伏线路、河湾66千伏输配电工程建设。投资1.53亿元，实施农网改造升级工程128项。

（六）加快推进生态文明建设，着力构建生态宜居家园

坚持生态优先、绿色发展，坚决打好污染防治攻坚战，统筹推进山水林田湖草系统治理，实行最严格的生态环境保护制度，精心呵护喀左天蓝、地绿、水清的良好生态。

加强污染综合防治。坚决整改中央环保督察交办案件，切实解决群众关注的生态环境问题。严格工业企业大气污染物排放检查执法，淘汰10吨及以下燃煤锅炉，加强秸秆综合利用和禁烧管控，改善空气质量。全面开展河湖清“四乱”行动，制定实施“一河一策”达标方案，强化饮用水水源地保护，力保水环境安全。积极开展土壤污染管控与修复，有效防治固体废物和农业面源污染，改善土壤环境质量。

抓好生态保护修复。积极创建国家森林城市，完成人工造林10万亩、封山育林8万亩、森林抚育3万亩。加强湿地生态系统保护，完成退田还河1.8万亩，实施水土保持综合治理13.5万亩。健全耕地休养生息制度，新增轮作休耕试点3万亩，深松土地15万亩。

强化环境执法监管。有序推进环保机构监测监察执法垂直管理制度改革。科学调整楼子山国家级自然保护区总体规划。完成生态保护红线划定，严禁不符合主体功能定位的开发活动。做好能源消耗总量和强度“双控”，完成主要污染物总量减排任务。强化环境执法监察，严厉惩治环境违法行为。推进绿色、循环和低碳发展，倡导绿色生产、生活方式。

（七）加快推进民生改善，着力促进社会共建共享

牢记为人民谋幸福的初心和使命，坚持兜底线、保基本、提品质，让人民群众获得感更充实、幸福感更真实、安全感更踏实。

突出抓好就业创业增收。落实就业创业政策，开展“春风行动”、创业指导、技能培训等工作，创造更多高质量就业机会，新增城镇就业、再就业3150人，城镇登记失业率控制在4.5%以内。针对退役军人、失业人员、贫困劳动力等群体，精准实施就业援助，确保零就业家庭动态为零。统筹推进农村转移劳动力就业，鼓励和引导外出务工人员返乡创业。

努力提高社会保障水平。依法开展企业职工养老保险扩面征缴，继续实行“五险合一”缴费模式，促进应保尽保、应缴尽缴，织密扎牢民生保障网。开展打击医保欺诈骗保专项行动，切实保障医保基金安全运行。加大城乡低保、农村五保、临时救助和医疗救助力度，多形式、多渠道开展慈善救助活动，强化妇女儿童、空巢老人、残疾人等特殊群体关爱服务。

加快完善公共服务体系。推进义务教育优质均衡发展，办好学前教育、高中教育、特殊教育、民族教育和职业教育，促进鲁迅美术学院学历教育项目落地。推进健康喀左建设，全方位、全周期保障人民健康。落实全面两孩生育政策，加强妇幼健康服务。积极探索医养结合新路，推动医疗服务进入养老机构。优化公共文化服务，发挥基层文化服务中心功效，加强文物保护利用，实施好“送戏下乡”“全民阅读”等文化惠民工程。深入开展全民健身运动，促进群众体育、竞技体育、民族体育协调发展。扎实开展第三次全国国土调查，科学规划、合理利用、严格保护土地资源。

持续加强社会治理创新。深化“平安喀左”建设，完善立体化、信息化社会治安防控体系。推进扫黑除恶专项斗争向纵深开展，依法严厉打击各类违法犯罪，坚决维护社会大局和谐稳定。扎实开展“七五”普法，加强法律服务平台建设和法律援助工作。推进信访矛盾“减存控增”三年攻坚行动，全力消化积案存量，有效控制信访增量。突出抓好重点领域安全生产，扎实开展安全发展示范城市创建，有效防范和遏制各类安全生产事故发生。加强食品药品安全监管，积极创建国家食品安全城市。依法管理民族宗教事务，保持民族团结、宗教和睦的良好局面。做好村民、居民委员会换届工作，切实加强基层治理体系建设。

（八）加快推进作风改进，着力建设人民满意政府

践行执政为民宗旨，知民情、听民意、解民忧，提振精气神，集聚正能量，全力建设人民满意、担当高效、法治廉洁政府。

忠诚为政铸牢党性之魂。牢固树立“四个意识”，切实增强“四个自信”，坚决捍卫习近平总书记的核心地位，坚决维护党中央权威和集中统一领导。深入学习贯彻党的十九大精神，自觉用习近平新时代中国特色社会主义思想武装头脑、指导实践、推动工作。坚定不移贯彻党中央路线方针政策，做到思想上同心、目标上同向、行动上同步，当好中央决策的忠实执行者。

依法行政把握施政之要。全面贯彻依法治国基本方略，依照宪法和法律行使职权、履行职责。强化规则意识和契约精神，依法依规兑现政府承诺，提升政府公信力。严格规范公正文明执法，着力提升行政执法水平。自觉接受人大依法监督、政协民主监督，全力支持国家监察和审计监督，规范公共资源交易和政府采购行为，让权力在阳光下运行。

以勤促政大兴实干之风。围绕适应新时代、新要求，加强学习和实践，不断增强推动高质量发展的能力和本领。大力弘扬雷厉风行、担当作为的工作作风，对定下的事咬住不放，对推进的事一抓到底，强化工作执行力。始终保持永不懈怠、奋勇争先的精神状态，敢于勇立潮头，善于创先争优，树立工作高标准。坚持干字当头，解放思想创新干、脚踏实地务实干，以实干推动振兴发展。

从严治政恪守清廉之道。严格落实全面从严治党主体责任，切实履行“一岗双责”，强化政府系统党风廉政建设。全面贯彻中央八项规定精神，深入整治“四风”问题隐形变异新表现。强化干部廉政教育和管理，坚守廉政底线，不越纪律红线。始终保持反腐高压态势不放松，严厉惩治群众身边的微腐败，切实维护群众利益，树立风清气正的政府形象。

中国人民政治协商会议
喀左蒙古族自治县第十一届委员会常务委员会工作报告（节选）

——在县政协第十一届二次会议上

（2018 年 12 月 18 日）

县政协主席　冀雅军

2018 年工作回顾

2018 年是本届政协的起步之年。一年来，县政协及其常委会以习近平新时代中国特色社会主义思想为指导，在中共喀左县委的坚强领导下，认真学习贯彻中共十九大精神，坚持人民政协性质定位，发挥大团结大联合大平台优势，团结依靠政协各参加单位和广大政协委员，紧扣改革发展大局，关注民生福祉，忠诚履职、创新履职、务实履职，开拓进取，扎实工作，奋力谱写了新时代人民政协事业发展的新篇章，为全县振兴发展做出了新贡献。

一、提高思想政治站位，全面加强党的领导

突出政治理论学习。常委会始终把学习放在首位，以政协党组理论学习中心组学习、主席会议集体学习带动常委会集体学习和委员学习。深入学习领会习近平新时代中国特色社会主义思想，深入宣传贯彻中共十九大及十九届二中、三中全会精神。研讨学习习近平总书记在辽宁考察时和在深入推进东北振兴座谈会上的重要讲话精神，开展“解放思想推动喀左高质量发展大讨论”。深入开展习近平总书记关于加强和改进人民政协工作的重要思想理论研讨，积极参加省、市政协组织的理论研讨会。政协组织更加坚定拥护党的领导，更加自觉地拥护习近平总书记在中共中央的核心领导地位。

加强政协党的建设。不断加强政协党的组织建设。认真落实《关于加强新时代人民政协党的建设工作的若干意见》，不断提高政治站位，筑牢“四个意识”。政协党组主动自觉接受县委的领导，重大事项及时请示、重要活动及时汇报、重要精神及时传达，坚决贯彻执行党的路线方针政策和省、市、县委重大决策部署，确保政协履职始终与县委中心工作同频共振，同向同为。持续加强党员委员队伍建设，广泛开展具有政协特色的组织建设和活动，下发了《致县政协中共党员委员的一封信》，引导党员委员争当政治引领、发扬民主、合作共事、廉洁奉公、履职尽责的表率。

加强党对政协工作的领导。县委常委会专题听取政协工作汇报，审议有关工作报告，及时解

决政协工作中的重大问题。县委、县政府主要领导给政协出题目、交任务、压担子，亲自参加专题议政性常委会议，县委常委、县政府分管领导参加有关专题会议，听取委员建议，通报有关情况。对协商议政成果主要领导亲自审阅，及时批转有关部门纳入工作。县直部门和乡镇积极配合政协开展各类议政、视察、调研活动。委员所在单位对委员履职大力支持，在时间和经费上给予保障，激发了委员履职的积极性，有力支持了政协工作。

二、围绕大局履职尽责，助推喀左振兴发展

充分发挥政协重要协商渠道和专门协商机构作用，聚焦县委、县政府中心任务和改革发展重大问题协商议政、建言献策，取得了明显成效。全年召开1次全体会议、2次专题议政性常委会议、2次主席专题协商会议、2次专委会专题协商会议；开展视察调研18次、考察学习交流活动6次；向县委报送建议案5份、送阅件6份、提交委员建议75份、委员提案77件。

围绕改革发展重点开展政治协商。召开“实施乡村振兴战略，推进农业农村现代化”专题常委会议，围绕“加快培养造就懂农业、爱农村、爱农民的‘三农’工作队伍”“全力推动产业振兴、加快推进现代农业发展”“以绿色发展为引领、建设美丽乡村”“加大乡村治理力度、完善乡村治理体系”等方面开展协商、咨政建言，助推乡村振兴战略实施。召开“聚焦经济开发区建设，推动县域经济发展”专题常委会议，围绕“进一步加强基础设施建设，提升开发区承载能力”“进一步提高招商引资工作效能，强化综合服务措施”“进一步优化营商环境，确保企业稳定发展”等内容开展协商，集中献计献策，助力开发区建设与“飞地经济”发展。在县政协全会上，全体委员对县政府、法检两院工作报告与其他报告，对县委、县政府的大政方针、重大决策、重要民生等问题开展协商议政。委员围绕招商引资项目建设、旅游产业发展、紫砂产业发展、脱贫攻坚以及医药卫生体制改革、家风建设等重点工作和议题，精准建言献策，提出真知灼见。

围绕中心工作任务积极参政议政。围绕“搞好政策服务，接长上下游产业链条，做大做强纸塑包装产业”，组织政协委员赴雄安新区考察学习、洽谈项目，并召开专题协商座谈会议，从建立北方包装基地、纸塑包装集群建设、加强纸塑包装职业教育、加强纸塑包装要素保障和顶层设计等方面建言献策，形成专题建议。组织委员视察水利灌溉及节水农业、畜牧小区建设、标准化果园建设及优良品种培育情况，助推现代农业发展。调研物流企业情况，推动现代物流业发展。视察城市建设和房地产开发去库存工作，调研古村落现状保护与开发，助力经济发展和旅游事业进步。

聚焦重大举措落实强化民主监督。常委会高度重视委员提案监督工作，对立案的77件提案，及时转交县委、县政府办理。责成有关专委会加强与承办部门的联系和沟通，重要提案由主席、分管主席亲自督办。不断创新提案工作机制，优化提案选题，增加集体提案比重，适当减少提案数量，稳步提高提案质量。提案的咨政建言、民主监督作用进一步发挥。对全县营商环境实施常态化民主监督，开展专题调研，组织召开“优化营商环境，助推经济发展”主席专题协商会议，经县委同意下发《县政协关于常态化开展营商环境专项民主监督实施意见》，组织营商环境民主监督小组，持续助推全县营商环境建设。对脱贫攻坚、医疗卫生服务质量、财税工作开展监督性视察调研活动。常委会专题听取县人民法院、县人民检察院工作情况通报，视察公安工作、“法制喀左”和“平安喀左”建设。组织委员对重点单位和重要岗位负责人行风和软环境建设进行监督，助推作风效能全面提升。

紧盯民生福祉坚持履职为民。围绕“优先发

展教育事业、努力办人民满意的教育”召开主席专题协商会议，针对教师队伍建设、探索实践“共享教师”机制、规范民办教育机构管理等问题深度建言。针对“小餐桌”规范化管理开展调研，有针对性地提出建议。着眼高度重视全民健身工作、推进“体医融合”推广科学健身、全民健身公共服务体系建设和体育产业发展，开展系列调研视察座谈。高度重视脱贫攻坚工作，机关新挑选2名干部，派驻水泉镇南亮子村担任驻村工作队员，从人、财、物上全力支持驻村工作队开展工作。机关干部职工积极对接帮扶贫困户，累计捐款6万余元。班子成员为所包扶的乡镇和贫困村积极谋划思路，全力以赴为所包扶的贫困村和贫困户办实事、解难题，争取项目、争取资金。进村入户，随机走访、解剖麻雀、发现问题，为第三方评估验收贡献了政协智慧和方案。积极引导委员参与捐资助学、脱贫攻坚、爱心救助等公益活动。喀左雄安商会、喀左纸塑包装协会以及南方商会等组织在委员的带领下，无偿为贫困学生捐款捐物、捐资助学。一年来，委员累计捐款100多万元，用行动诠释了政协委员的社会责任与政治担当。在政协系统形成了领导模范带动、机关干部结对帮扶、委员主动参与脱贫攻坚的良好氛围。

三、发挥特色优势，为促进振兴发展凝聚合力

常委会认真贯彻落实中共十九大关于巩固和发展最广泛的爱国统一战线的战略部署，最大限度地凝聚共识、凝聚人心、凝聚智慧、凝聚力量。

充分发挥统一战线组织作用。密切与民主党派成员、无党派人士和侨界的沟通联系，尊重和保障他们在政协各种会议上发表意见的权利，配合省市政协开展无党派人士调研和视察工作，提出“加强无党派人士队伍建设、重视无党派人士年轻干部培养”等意见和建议并形成调研报告。积极探索新社会组织、新阶层人士参加政协协商活动的有效途径和方法，邀请他们参加政协组织的各项视察调研、协商议政、理论研讨等活动，发挥他们的重要作用。认真宣传贯彻党的民族宗教政策，学习掌握新修定的《宗教事务条例》，视察少数民族村经济发展情况，视察宗教同中华文化融合情况，密切与少数民族群众和信教群众的联系交流，协助党委政府做好新形势下的民族宗教工作，促进民族交往交流交融和宗教和睦。

持续加强文史资料和宣传工作。为更好地发挥文史资料“存史、资政、团结、育人”的社会功能，把文史资料办出特色、办出影响、办出水平，持续加强了对史料的挖掘、整理和解读，编辑出版了《喀左文史资料》第五辑。喀左文史资料的影响日益扩大，已经成为喀左人知家乡、爱家乡和域外人士来喀左投资兴业、了解喀左的重要媒介与窗口。编纂出版了《喀左蒙古族百年实录》，充分反应喀左蒙古族人民与全县各族人民团结奋斗、建设美好家园的历史和自治县百年沧桑巨变，既为自治县成立60周年献上了一份珍贵的厚礼，也为蒙古族文化宝库增添了一颗璀璨明珠。协助县委、县政府做好自治县成立60周年庆典活动，激励全县各族人民在中共喀左县委的领导下锐意进取、奋发有为。努力提升政协宣传工作水平，出版发行12期《喀左政协》报，在省市层面进一步扩大了影响。

不断深化对外交流交往。加强与省、市政协的上下联动，与兄弟县（市、区）政协的沟通联络，积极参加省市政协组织的考察学习交流活动，接待阜蒙、康平、鄂温克、杜尔伯特、土默特左旗政协等外阜政协组织来我县考察交流，组织政协委员赴雄安、龙城、阜蒙等政协学习考察和交流工作。加强与域外喀左籍各界人士联系沟通，加强人文交流，发挥政协联谊交往的优势，推介喀左良好的生态资源和投资环境，为服务喀左对外开放做出了积极努力。

四、加强自身建设，提升政协履职水平

常委会主动适应新形势新要求，抓好政协

自身建设，不断夯实基础、完善机制，形成履职合力。

大力加强委员队伍建设。按照习近平总书记关于提高“政治把握能力、调查研究能力、联系群众能力、合作共事能力”要求，着力提高政协委员思想政治素质和履行职责能力。针对换届后新任委员较多的实际，精心组织政协委员培训班，邀请省内知名专家授课，就政协章程、习近平新时期加强人民政协工作思想、政协委员履职基本知识和“三农”工作、乡村振兴发展与脱贫攻坚进行专题培训。编印《政协委员手册》等各类学习资料，拓宽委员视野，引领委员把握大局，深化委员对协商民主、人民政协性质地位作用和自身职责的认识。深入开展“五个一”活动，为委员履职搭建好平台和载体，调动委员工作积极性。组织委员参与自治县成立60周年庆典活动，增强委员的政治荣誉感；参加省、市政协庆祝改革开放40周年书画摄影作品展。加强委员的服务和日常管理，完善《政协委员管理办法》等一系列规章制度，健全相关机制，为委员履职奠定了良好的制度基础。强化乡镇政协联络委工作，依托乡镇政协联络委和委员工作室，有效组织委员开展了各类履职活动。

重视发挥专委会和界别作用。探索创新界别活动方法，增进界别委员联络，推动跨界别交流，专委会基础作用和界别特色作用进一步发挥。经济工作委员会主动作为，研究推动纸塑包装产业发展工作。工商联界别创新扶贫模式，组织商会企业开展“众筹”种植扶贫，带动工商资本和信息下乡、带动贫困户增收。共青团界、妇联界和侨台界拟定界别活动计划，组织委员开展理论学习和调研，开展扶贫帮困和捐资助学活动。民族、宗教界组织委员开展特色民族文化建设和促进宗教和睦活动。充分发挥界别“横向独立性强，纵向专业性强，内部联系性强”的特点和优势。

持续加强机关建设。依托机关党支部，深入推进“两学一做”学习教育常态化制度化。深入贯彻落实中央八项规定精神，坚持不懈推进机关作风建设，驰而不息改进作风。围绕落实中央第六巡视组巡视整改意见，扎实做好整改工作。不断强化机关制度建设，修订完善了《机关管理办法》《车辆管理规定》等规章制度，形成了比较完备的机关制度体系。注重机关年轻干部的培养使用和多岗位锻炼，努力打造政治坚定、素质过硬、作风优良、奋发有为的政协干部队伍，不断提升服务委员的能力和水平。高度重视招商引资项目建设工作，领导带头外出招商推介项目，完成了县委、县政府部署的招商引资工作任务。

2019 年工作意见

2019年县政协工作的总体要求是：以习近平新时代中国特色社会主义思想为指导，深入学习贯彻中共十九大及十九届二中、三中全会精神，认真落实习近平总书记在辽宁考察时和在深入推进东北振兴座谈会上的重要讲话精神，按照新时代做好人民政协工作新要求和县十四届三次党代会部署，牢牢把握团结和民主两大主题，凝心聚力、共推发展，更加聚焦中心大局，更加突出履职为民，更加注重能力建设，切实履行好政治协商、民主监督、参政议政职能，为推动喀左全面振兴、全方位振兴贡献智慧和力量！

一、加强思想建设，坚定正确的政治方向

坚持理论先导、政治引领，注重引导政协各参加单位和广大委员进一步坚定“四个自信”，自觉做到“两个维护”，不断夯实团结奋斗的共同思想政治基础。

持续强化理论武装学习。坚持把深入学习贯彻习近平新时代中国特色社会主义思想和中共十九大及十九届二中、三中全会精神、全面落实习近平总书记在辽宁考察时和在深入推进东北振兴座谈会上的重要讲话精神作为首要政治任务，

紧紧围绕新时代如何履行人民政协新使命开展学习，就如何加强和改进政协工作、如何彰显我国社会主义民主政治的特点和优势等重大问题开展研究，努力把学习成果转化为提升政协工作的思路和举措，使政协工作更好体现时代性、把握规律性、富于创造性。要深化“解放思想推动喀左高质量发展大讨论”活动，切实将理论成果转化为推动喀左经济社会高质量发展的具体举措，为喀左全面振兴发挥人民政协应有的作用。

不断深化思想政治建设。深刻领会习近平总书记关于人民政协工作的一系列新思想、新论断、新要求，不断强化“四个意识”，坚定“四个自信”，不断增强政治认同、思想认同、理论认同和情感认同，争做习近平新时代中国特色社会主义思想的坚定信仰者、忠实实践者。结合政协实际全面加强新时代人民政协党的建设，充分发挥政协党组把方向、管大局、保落实的重要作用。按照新时代党的建设总要求，自觉接受党的全面领导，探索政协党建工作规律，广泛开展具有政协特点的组织建设和活动。以党的政治建设为统领，全面推进人民政协党的政治建设、思想建设、组织建设、作风建设、纪律建设，把制度建设贯穿其中，不断提高党的建设质量。

加强政协组织建设。在机构改革完成后，根据新的编制体制机制特点，建设政协党组织机构，探索实行党员委员组织关系一方隶属、参加双重组织生活的办法，组织和引导党员委员自觉接受政协党组织教育管理和参加政协党组织活动，使政协委员在支部内活动，进行党性锻炼。

二、围绕中心工作，充分履职尽责

坚持围绕中心、服务大局。聚焦县委、县政府中心任务，贯彻新发展理念，助推高质量发展，助力民生保障，为推进喀左全面振兴、全方位振兴建睿智之言、出务实之力。

围绕振兴发展重大议题开展协商活动。坚持抓大事、谋全局、献良策，坚持站位更高、思考更深、建言更实，把议政建言的着力点放在贯彻新发展理念、全面推进高质量发展上。着力发挥全会协商、常委会议协商、专委会议协商、提案办理协商的作用，拓展专题协商、对口协商、界别协商等协商形式，发挥政协人才荟萃、智力密集、联系广泛的优势，不断提升协商建言科学化、专业化水平。持续关注经济开发区建设和重点产业发展，围绕破解要素保障难题、优化体制机制、做大做强“飞地经济”等问题咨政建言；持续关注供给侧结构性改革，围绕促进老企业转型升级培育工业经济增长新动能、调优农业结构加快农业产业化发展等广泛开展协商议政；持续关注乡村振兴，围绕脱贫攻坚成果巩固、农村集体产权制度改革和加快农村产业发展、壮大农村集体经济等积极议政建言；持续关注民生保障，围绕“健康喀左”促进、社会保障体系建设、基本公共文化服务体系建设、防范化解重大风险问题等开展视察调研，紧紧围绕增进百姓福祉，改善民生保障履职尽责。

加强和改进政协民主监督工作。发挥协商式监督的特色优势，把握好监督的方向和原则，把准定位，紧盯难事，适当增加监督性议题比重。围绕县委、县政府重大改革举措、重要政策贯彻执行情况，抓住人民群众关注的热点、难点问题，通过调研察看发现问题，针对履责不力提出批评，指出存在不足督促改进。要以提案工作为抓手，改进督办方式，加大督办力度，进一步提高提案质量、办理质量和服务质量。把营商环境专项民主监督作为工作重点，动员全体委员积极参与，坚持集中监督与分散监督、明察与暗访相结合，持续不断地、多形式地实施真监督、敢监督、会监督，助推营商环境持续优化、助力应对复杂局面、化解重大风险。围绕公共交通管理、扫黑除恶斗争开展、生态环境改善、食品安全监管等重点任务开展视察调研式监督，助推县委、县政府重要决策部署落地见效。

坚持把促进社会和谐稳定作为义不容辞的责任。充分发挥政协优势，引导所联系的委员和群众，理解改革、支持改革、参与改革，及时反映改革中出现的矛盾和难题，做好协调关系、化解矛盾、解疑释惑工作，积极营造全面深化改革的良好氛围。对宗教界在改革开放中发挥积极作用情况、少数民族特色村寨建设情况进行调研，重视发挥民族宗教界委员作用，关注民间信仰的引导和管理，切实维护民族团结、宗教和睦、社会和谐。对台资侨资企业发展情况、侨属眷属生产生活情况进行深度调研，发挥侨台界推动祖国统一大业的作用。以社情民意为载体，经常深入基层群众，听取群众的意见建议，反映群众的呼声要求。以为民造福为目的，积极组织委员开展精准扶贫和社会公益活动，帮助困难群众反映和解决生产生活中的实际问题，使改革发展的成果惠及更多的百姓。

三、立足能力提升，加强自身建设

坚持把加强自身建设作为推动政协工作创新发展的重要保证，夯实基础、转变作风，不断增强整体活力、树立良好形象，推动履职能力和服务水平进一步提升。

突出发挥委员主体作用。按照“懂政协、会协商、善议政，守纪律、讲规矩、重品行”要求，不断健全完善学习培训、履职能力建设和考核激励机制，把委员的政治荣誉与社会责任、权利与义务有机统一起来，切实保障委员权力、优化委员服务、完善委员管理。着力在加强培训中提高能力、在搭建平台中促进履职、在严管厚爱中激发活力，真正让委员在政协工作中当主力、唱主角，在服务全局中展作为、树形象。要更好地发挥界别独特作用，增强政协界别代表性。完善界别活动机制，创新活动形式，丰富活动内容，健全跨界别活动制度，推进界别工作规范化、常态化。要进一步加强对乡镇政协联络委工作的指导，探索界别与乡镇政协联络委联动机制。要更好发挥专委会基础作用，依托专委会“专”的优势、“联”的特点，多形式构建联系对口单位的桥梁、服务界别委员的纽带。

扎实推进政协机关干部队伍建设。坚持不懈抓好党风廉政建设，不断巩固“四风”整治成果，造就政治坚定、作风优良、学识丰富、业务熟练的干部队伍，营造风清气正、担当实干的良好氛围，保持永不懈怠的精神状态和务实进取的工作作风。不断巩固“两学一做”学习教育成果，持续强化机关服务保障能力，持续提升政协机关规范化建设水平。要更好发挥机关服务作用，不断强化政协机关的政治建设、思想建设、组织建设、作风建设、纪律建设，增强服务意识，完善运行机制，提高工作标准，提高工作能力，真正建设成为政协委员之家、各界人士之家。要更好发挥调查研究的关键作用，练好“基本功”、亮出“拿手戏”，迈开步子、沉到一线，扑下身子、广接地气，善于用事实说话、用数据说话，多做集思广益、调研论证的工作，确保政协履职协商有据、监督有理、议政有方。

大事记

1月

11日 喀左县召开脱贫攻坚领导小组2018年度第一次全体会议，会议深入贯彻中共十九大精神，全面落实中央和省委、市委关于脱贫攻坚工作的部署和要求，总结全县2017年脱贫攻坚工作，安排部署2018年工作任务。

12日 县长刘敬华、副县长梁锴到羊角沟镇，调研河长制“一河一策”工作。

同日 喀左县召开深入贯彻执行中央八项规定精神推进作风建设大会。县四大班子领导出席会议。

19日 喀左县在县人民会堂召开安全生产工作会议。县长刘敬华，副县长陈彩霞、董国辰、梁锴、陈士忠出席会议。

26日 县委书记吕树江主持召开2018年县委理论学习中心组第一次集体学习暨“总书记系列重要讲话”专题研讨会议。与会人员集体学习了习近平总书记在中共中央政治局民主生活会上的讲话精神、“1·5”重要讲话精神、在中纪委十九届二次全会上的重要讲话精神和习近平总书记关于东北和辽宁振兴发展的重要讲话精神。

29日 县委书记、县脱贫攻坚领导小组组长吕树江主持召开全县脱贫攻坚领导小组2018年度第三次全体会议，会议听取了县交通局、财政局等部门2018年行业扶贫工作计划汇报，审定《2018年度精准扶贫精准脱贫工作方案》等脱贫攻坚系列文件。县委副书记、县长、县脱贫攻坚领导小组组长刘敬华及县领导李鸿雁、陈万增、孙立文、钱锋、薛大新、徐广强、马贤军、姚海廷、陈彩霞、董国辰、陈景泉、梁锴、陈士忠、马占国出席会议。

2月

2—3日 团省委书记赵红巍到喀左县深入调研共青团助力脱贫攻坚工作。县委书记吕树江、县委副书记李鸿雁参加调研。

2日 县政协主席冀雅军走访慰问了城镇低保户和农村贫困户，为他们送去米、面等慰问品和慰问金，并向他们致以节日的问候。

4日 县长刘敬华走访慰问了部分城乡低保户、少数民族贫困户和贫困老党员，为他们送去了慰问品、慰问金及节日的祝福。

5日 喀左县2018年脱贫攻坚工作会议在人民会堂召开，总结2017年脱贫攻坚工作，安排部署2018年脱贫攻坚工作。全体副县级以上领导出席会议。各乡镇街区党（工）委书记、乡镇长（主任）、分管负责人、扶贫办主任，县（市）直各单位主要负责人和分管副职，省、市、县驻村工作队队长，贫困村党支部书记、主任，以及县内包扶企业负责人共600余人参加会议。

8日　县人大常委会主任、县委常委、组织部部长陈孝政走访慰问了农村贫困户、少数民族贫困户和老干部，给他们送去了慰问金和新年祝福。

9日　县委书记吕树江全程参加、指导南哨街道、利州园区领导班子2017年度民主生活会。

同日　县委书记吕树江到南哨街道慰问贫困老党员和所包扶的建档立卡贫困户，并送上了慰问金。

10日　县委书记吕树江到部分离退休老干部家中走访慰问，感谢他们为喀左经济发展和社会进步做出的努力和贡献，并向他们致以节日的问候和新春的祝福。

同日　县委书记吕树江到利州街道、大城子街道对城市低保户、农村贫困户和少数民族贫困户进行走访慰问，为困难群众送去党和政府的亲切关怀和新春祝福。

11日　县四大班子领导吕树江、陈孝政、刘敬华、冀雅军、薛大新走访慰问了县人武部、消防大队、武警中队、巡特警大队官兵和县环卫工人、国网喀左县供电公司职工，并向他们致以新春慰问和节日的美好祝福。

同日　县长刘敬华全程参加指导羊角沟镇领导班子2017年度民主生活会。

同日　县长刘敬华看望慰问了离退休老干部和所包扶的建档立卡贫困户，并送上新春的祝福。

23日　县领导吕树江、刘敬华、薛大新、陈景泉带领相关要素保障部门负责人，到经济开发区调研并现场办公，研究推进开发区项目建设、基础设施建设工作。

24日　喀左县在人民会堂组织收看省委农村工作电视电话会议。副县级以上领导参加收听收看。

同日　全县政法暨扫黑除恶专项斗争工作会议在人民会堂召开。会议传达了县委书记吕树江作出的批示。县领导孙立文、姚海廷、董国辰、马占国出席会议。

25日　喀左县召开教育工作会议。副县长陈彩霞出席会议。

26日　阜新蒙古族自治县政协主席李贵军，县委常委、常务副县长李进辉一行，到喀左县考察学习城市规划工作。县政协主席冀雅军，县委常委、常务副县长薛大新，副县长陈景泉参加考察。李贵军一行先后到县规划展示馆、龙源湖景区、凌河郡、喀左天佑陶艺有限责任公司、浴龙谷温泉度假区、利州广场进行实地考察、学习，听取了相关部门负责人的情况汇报。

3月

5日　市委常委、组织部部长王慎十到喀左县调研人才工作开展情况。县委书记吕树江，县人大常委会主任、县委常委、组织部部长陈孝政，县长刘敬华，县委常委、常务副县长薛大新参加调研。

9日　喀左县绩效考评暨“五个一工程”和项目建设总结表彰大会在县人民会堂召开。会议全面总结了2017年绩效考评和项目建设工作，总结经验、表彰先进，动员全县各级各部门和县内企业，立足大局、把握大势，统一思想、继续前进，以“五个一工程”和项目建设的新成绩，推动全县整体工作取得新进步。县四大班子领导出席会议。

13日　喀左县全县农业产业发展暨产业扶贫工作推进会在人民会堂召开。副县长梁锴出席会议。

同日　喀左县十四届纪委三次全会暨全县党风廉政建设工作会议在县人民会堂召开。副县级以上领导出席会议。会议深入学习贯彻习近平新时代中国特色社会主义思想和中共十九大精神，全面贯彻习近平总书记在十九届中央纪委二次全会上的重要讲话精神和中央纪委二次全会精神，深入落实省、市纪委全会精神，总结工作，部署任务。县委书记吕树江讲话，并代表县委与部分乡镇党委书记、县直部门党组（党委）书记签订党风廉政建设主体责任状。

14日 市人大常委会党组书记、常务副主任屈连春，副市长张东群带领市旅游园（景）区推进组一行到喀左县调研旅游景区建设工作。县领导吕树江、陈孝政、刘敬华、徐广强、许春宇、陈景泉参加调研。调研组先后到凌河牧鸭旅游购物中心、县游客服务中心、青旅（喀左）文化旅游产业小镇、十公里凌河旅游景观廊道、浴龙谷温泉度假区、东山嘴遗址等地实地调研，并详细听取了相关情况汇报。

15日 喀左县在财富领域购物广场开展纪念“3·15”暨创建食品安全示范县宣传活动，县人大常委会副主任戴成起、副县长陈士忠、县政协副主席马占国出席宣传活动，并到各个展台前了解活动开展情况。

同日 副市长黄丽颖到喀左县调研。县委书记吕树江、县长刘敬华、副县长陈景泉参加调研活动。黄丽颖一行到小平标准化厂房项目现场、闽龙陶瓷有限公司、辽宁蒲兴五金工具有限公司、朝阳飞马集团、龙源旅游区、天佑陶艺有限责任公司、浴龙谷温泉度假区、龙凤山景区等地进行了实地调研，听取了相关情况介绍。

19日 副省长陈绿平一行莅临喀左县就农村人居环境整治工作进行调研。副市长邱廷彦、县委书记吕树江陪同调研。陈绿平一行先后深入县公营子镇南山村、水泉镇塔贝营子村、公营子镇东垤卜村，现场察看人居环境改善工作，听取相关工作情况汇报，与基层干部直接交流，面对面指导工作。

19日 喀左县在人民会堂召开创建国家森林城市暨城乡大造林动员会议。副县级以上领导出席会议。

同日 喀左县农村集体产权制度改革工作启动会议在人民会堂召开。县长刘敬华，县人大常委会副主任戴成起，副县长陈彩霞、梁锴，县政协副主席邹本林出席会议。

21日 市人大常委会组织部分市人大代表到喀左县就基层公共文化建设工作进行调研。县人大常委会主任、县委常委、组织部部长陈孝政，县人大常委会副主任陈瑞华，副县长陈彩霞参加调研。

23日 喀左县关心下一代工作会议在人民会堂召开。会议总结回顾了2017年喀左县关心下一代工作，安排部署了2018年工作，对五年来在喀左县关心下一代方面取得优异成绩的先进集体和先进个人进行了表彰。县委副书记李鸿雁、副县长陈彩霞参加会议。

27日 市政协副主席李陌尘带领调研组到喀左县就“大众创业、万众创新”工作进行专题调研。县领导冀雅军、陈士忠、马占国参加调研。

28日 辽宁省教育厅督导处（评估处）处长王长勤带领县域义务教育均衡发展工作督导复查评估组，对喀左县义务教育均衡发展工作进行督导复查。市政府教育督导室主任李淑惠，喀左县县长刘敬华、副县长陈彩霞等参加。

同日 喀左县召开人大代表建议、政协委员提案办理工作会议。县委常委、常务副县长薛大新，县人大常委会副主任陈瑞华，县政协副主席耿维义出席会议。

29日 市人大常委会党组副书记、副主任王涌翔率有关部门负责人到喀左县召开座谈会，就《朝阳市水资源管理条例（草案）》征求意见。县人大常委会主任、县委常委、组织部部长陈孝政，县人大常委会副主任许春宇参加座谈。

30日 喀左县纪检监察系统纪律审查工作会议在人民会堂召开。县委常委、纪委书记、监察委主任陈万增出席会议。

4月

1日 县委书记吕树江调研城建、交通重点工程建设工作，现场办公推进城市建设工程进度，并就城乡造林绿化作出安排部署。副县长陈景泉参加。

同日 喀左县召开食品安全暨食品安全示范县创建工作会议。县委常委、常务副县长薛大新，县人大常委会副主任陈瑞华，副县长陈景泉，县政协副主席马占国出席会议。

3日 喀左县新的社会阶层人士联谊会成立大会暨第一届会员代表大会在县政协会议室召开。市委统战部副部长高宏伟，县委常委、统战部部长马贤军出席会议。

同日 喀左县组织收听收看全国国土绿化、森林防火和防汛抗旱工作电视电话会议和全省国土绿化、森林防火和防汛抗旱工作电视电话会议。按照会议要求，喀左县对清明、春耕期间森林草原防火及今后一段时间的森林草原防火工作进行安排部署。副县长梁锴参加会议。各乡镇和县直相关部门负责人参加会议。

4日 省人大常委会党组副书记、副主任孙轶率省人大调研组一行莅临喀左县，就县乡财政管理体制改革推进工作进行实地调研。市人大常委会党组书记、常务副主任屈连春，县领导吕树江、陈孝政、刘敬华、薛大新参加调研。

8日 省旅发委副主任王凤一行到喀左县调研全域旅游发展工作。副市长张东群、市旅游发展委员会主任王宏昌，县长刘敬华、副县长陈景泉参加调研。调研组一行到凌河牧鸭旅游购物中心、利州休闲广场旅游厕所、青旅文化旅游产业小镇项目、喀左县游客服务中心、十公里凌河旅游景观廊道项目、东蒙民族民俗博物馆、天佑陶艺、御成陶瓷等地进行现场参观，详细了解喀左县全域旅游发展现状、服务配套开发、市场前景、线路设计等方面情况。

12日 省人民检察院检察长于天敏一行到喀左县调研指导工作。市人民检察院检察长姚涛，县领导吕树江、陈孝政、刘敬华、孙立文参加调研。于天敏一行考察了朝阳闽龙陶瓷有限公司、喀左天佑陶艺有限责任公司。县委书记吕树江、县人民检察院检察长王延丰介绍了全县和县人民检察院工作情况。于天敏与驻县全国人大代表、省人大代表和检察干警进行了交流，倾听了他们对检察工作的意见建议。

13日 欢迎省、市选派干部暨全县结对帮扶驻村帮扶工作会议在县人民会堂召开。会议深入贯彻落实中央和省、市脱贫攻坚工作部署，对喀左县脱贫攻坚工作进行再动员、再部署，对当前和下一步以结对帮扶、驻村帮扶为主的整体脱贫工作作出进一步安排。县四大班子领导出席会议，省、市124名下派干部参加会议。

15日 县委书记吕树江到南哨街道、公营子镇专题研究落实脱贫攻坚工作，与乡镇干部、村干部和贫困群众进行深入交流座谈，并就全县脱贫攻坚工作作出进一步安排部署。

16日 喀左县召开县委工作会议，总结成绩，查摆不足，安排部署工作任务，动员全县党群各部门和各级党组织牢记使命，勇于担当，牢牢把握正确方向，不断深化改革创新，紧紧抓住工作重点，持续推进从严治党，坚定不移担负起全面建成小康社会的历史责任，奋力开创新时代喀左加快发展新局面。县四大班子领导出席会议。

同日 全县“重实干、强执行、抓落实”专项行动暨政府“转作风、树形象”动员部署会议在县人民会堂召开。县长刘敬华出席会议并讲话，县委常委、常务副县长薛大新主持会议，副县长陈彩霞、梁锴、陈士忠出席会议。

17日 市政协副主席许静率部分市政协委员到喀左县调研文化产业发展工作。县政协主席冀雅军、副主席邹本林参加调研。调研组一行先后到喀左天佑陶艺有限公司、北陶实业和刘曰明紫砂艺术馆，实地了解喀左县紫砂文化产业发展现状和体制机制建设情况。

同日 市委党校进修班学员到喀左县参观调研。县委常委、宣传部部长钱锋，县人大常委会副主任姚海廷参加。学员一行先后到喀左县朝阳闽龙陶瓷有限公司、朝阳飞马车辆设备股份公司机器人自动线项目、南山村扶贫搬迁农民集中居住社区项目、浴龙谷温泉度假区、天佑陶艺有限责任公司、凌河文化园，就喀左县工业产业发展和全域旅游发展等工作进行调研。

18日 国网朝阳供电公司总经理宫庆申一行到喀左县调研。县委副书记李鸿雁，县委常委、常务副县长薛大新，副县长梁锴参加调研。宫庆申一行观看了朝阳正达喀左分公司的宣传片。县领导介绍了喀左县基本情况和县供电公司支持地方经济建设情况，并提出亟须解决的用电问题。

19日 喀左县组织收看在沈阳召开的全省科学技术奖励大会视频会。省委书记、省人大常委会主任陈求发出席会议，省委副书记、省长唐一军讲话。县委书记吕树江、县人大常委会副主任陈瑞华、副县长陈士忠、县政协副主席王连庆在喀左县分会场参加收看。

同日 本溪市副市长牟傲风一行到喀左县考察教育资源整合工作。副市长张东群，县委副书记李鸿雁、副县长陈彩霞、县政协副主席马占国参加考察。牟傲风一行先后到县第四小学、县第四初级中学，详细了解学校项目建设和办学情况，全面深入了解教育资源配置、学校整体布局等情况，认真听取了学校负责人对教育资源整合和教育改革发展的意见和建议。

同日 市政协副主席刘文军带领部分市政协委员，到喀左县就少数民族地区差别化政策落实情况进行跟踪视察。县政协主席冀雅军、副县长陈彩霞、县政协副主席邹本林参加。

同日 中央政策研究室原主任、现任中国政策科学研究会会长滕文生一行到喀左县考察调研历史遗迹和文化产业工作。辽宁出版集团党委书记、董事长杨建军，市委宣传部副部长王剑锋，县委常委、宣传部部长钱锋参加考察。滕文生一行先后到白塔子镇大阳山、平房子镇白狼县古城址实地考察，对喀左县历史遗迹挖掘及保护和文化产业发展工作给予充分肯定和高度评价。

20日 县委书记吕树江到经济开发区调研并现场办公，研究推进开发区项目建设、基础设施建设等工作。县委常委徐广强参加调研活动。

22日 县委书记吕树江主持召开专题会议，贯彻落实省委、市委减存控增工作要求，集中调度喀左县信访工作。县委副书记、县长刘敬华及县领导李鸿雁、徐广强、陈彩霞、董国辰、陈景泉、梁锴出席会议。

23日 县委书记、县级总河长吕树江带队开展河长制巡河工作。副县长、县级副总河长梁锴参加巡查。吕树江一行先后到大凌河五道营子村段、无名河小马架子村段、大凌河上窝铺村段、羊角沟河大黄杖子村段开展巡查工作，详细了解河道治理、河流日常管护、河流水质水量、两岸植被保护等方面情况，并就大凌河水质情况、河道垃圾治理与当地政府及相关部门负责人进行了交流探讨。

同日 喀左县第四届全民读书节在文广局启动。副县长陈彩霞出席启动仪式。

24日 县长、县级总河长刘敬华带队开展河长制巡河工作。副县长、县级副总河长梁锴参加巡查。刘敬华一行先后到无名河小马架子村段、尤杖子河果木树村段、无名河土楼子村段开展巡查工作，详细了解河道治理、河岸周边环境卫生等情况，认真听取有关部门及镇负责人的情况汇报，对相关问题进行了现场督促整改。

25日 市政协副主席韩辉升一行到喀左县调研农产品加工园区工作。县政协主席冀雅军，副主席马占国、耿维义参加调研。韩辉升一行先后到喀左县凌河牧鸭基地辽西特产开发中心、喀左绿港农产品交易市场、辽宁海辰宠物有机食品有限公司、朝阳本色有机食品有限公司实地调研，听取了相关情况汇报。

同日 省委常委、常务副省长张雷一行到喀左县调研脱贫攻坚工作。市委常委、常务副市长曲福丛，县长刘敬华，副县长谭松杰参加调研活动。张雷一行到羊角沟镇东沟村亲切看望了省发改委驻村工作队队员、驻村“第一书记”，与他们亲切交谈，询问他们扶贫工作开展情况，了解他们在工作生活中遇到的困难和问题，同时就精准扶贫等工作进行了细致交流。

同日 省政协民族和宗教委员会主任梅冬带领调研组，到喀左县就实施乡村振兴战略进行调研。市政协主席刘朝震，县领导刘敬华、冀雅军、梁锴、邹本林、耿维义参加调研。梅冬一行到公营子镇南山村、东垤卜村，水泉镇南亮子村、水泉村，喀左东蒙艺术馆进行实地调研，并详细了解乡村建设、精准扶贫、党建、特色主导产业发展等情况。

5月

5日 喀左县在人民会堂组织收看全省加快推进事业单位改革视频会。县领导刘敬华、陈万增、孙立文、钱锋、马贤军、吴成勇、陈彩霞、董国辰、陈景泉参加收看。

7日 喀左县政府召开党组（扩大）会议暨县政府廉政工作会议。县领导刘敬华、陈万增、陈彩霞、董国辰、陈景泉、梁锴出席会议

8日 市政协主席、市委政法委书记刘朝震到喀左县，就推进农产品加工园区建设和发展工作进行调研。县委书记吕树江，县政协主席冀雅军、副主席马占国参加调研。刘朝震一行到朝阳龙乡土特产开发有限公司、喀左县万佳物流农资配送中心、辽宁塔城陈醋酿造有限公司、绿港现代农产品交易市场、朝阳本色有机食品有限公司、辽宁海辰宠物有机食品有限公司进行实地调研，详细了解企业发展情况、存在的问题等。

同日 喀左县在官大海管理区召开保护性耕作示范区建设现场会。副县长梁锴及市、县、乡镇农机推广部门负责人、农机合作社负责人、农机大户等100余人参加了现场会。

同日 喀左县第二季度安全生产工作会议在县人民会堂召开。副县长、公安局局长董国辰出席会议。会议学习贯彻了省、市第二季度安全生产工作电视电话会议精神，分析了当前全县安全生产工作面临的形势，对下一阶段工作进行了安排部署。

9日 副省长郝春荣到喀左县就农业和旅游工作进行调研。副市长张东群、县长刘敬华参加调研。郝春荣一行首先考察了朝阳开河农业有限公司，详细了解生产经营状况、产品销售等情况。她鼓励企业在扩大市场占有率的同时，延伸产业链条，树立精品意识，打造优质品牌。企业要扶持农业合作社发展，带动更多的农户致富。

同日 市人大常委会副主任王涌翔一行到喀左县，就创建国家森林城市及扶贫标准化果园建设进行调研。县人大常委会主任、县委常委、组织部部长陈孝政，县人大常委会副主任戴成起、许春宇，副县长梁锴参加调研。

10日 省委组织部副部长任长海一行到喀左县看望慰问选派干部。市委常委、组织部部长王慎十，县人大常委会主任、县委常委、组织部部长陈孝政，县委副书记李鸿雁一同看望。喀左县共有省市县三级选派干部201名，其中省选派到乡镇干部6名，选派到村干部46名；市选派到乡镇干部9名，选派到村干部63名；县选派到村77名，实现了全县186个行政村、15个贫困乡镇全覆盖。省市两级选派干部3月底前完成对接，县级选派干部4月23日前全部到位，均已驻村开展工作。

11日 全县道路安全和消防安全工作会议在县人民会堂召开。副县长、公安局局长董国辰出席会议。会议总结了2017年全县道路交通和消防安全管理工作，对下一步工作进行了部署。

14日 朝阳市第十六届社会科学普及周启动仪式暨新时代、新作为、新篇章主题报告会在县

人民会堂举行，市委宣传部副部长刘利民、市社科联主席张贵毅出席开幕式，县领导李鸿雁、钱锋、陈瑞华、邹本林参加活动。

15日　省政府研究室巡视员马洪君一行到喀左县调研紫砂产业发展工作。副县长陈景泉参加调研。调研组到天佑陶艺有限责任公司，实地察看了企业工艺流程和相关产品，详细了解紫砂产品的生产及市场销售情况。

16日　辽宁金社裕农供销集团董事长巩金生到喀左县考察，并与喀左县签订扶贫开发战略合作协议。县长刘敬华、县人大常委会副主任许春宇、副县长梁锴出席签约仪式。

16—18日　省委政研室副主任李万军带领调研组到喀左县调研实施乡村振兴战略工作。县委副书记、县长刘敬华，县委副书记李鸿雁，县委常委、统战部部长马贤军参加座谈。

17日　省新闻出版广电局副局长田铁林到喀左县调研纸塑包装及印刷产业。副市长张东群，县委常委、宣传部部长钱锋参加调研活动。田铁林一行到利州工业园区京津冀产业承接孵化园建设现场进行调研，了解孵化园建设情况及面临的困难等。

17—18日　省人大农业与农村委员会主任委员于本洋率队到喀左县就《辽宁省林木种子管理条例（修订草案）》开展立法调研。市人大常委会副主任王涌翔，县人大常委会主任、县委常委、组织部部长陈孝政，县人大常委会副主任许春宇，副县长梁锴参加调研。

17日　喀左县召开2018年第一季度工业经济运行情况新闻发布会。县内各新闻媒体、县直相关单位代表、街道社区代表、部分企业代表参加发布会。

18日　建昌县县长李智带领相关部门负责人、各乡镇党委书记到喀左县考察项目建设工作。县长刘敬华、副县长陈景泉及喀左县相关部门负责人参加考察。考察团到浴龙谷温泉度假区、天佑陶艺有限公司、京津冀产业承接孵化园、辽宁海辰有机食品有限公司、龙源旅游区、飞马集团，喀左经济开发区的小平标准化厂房、通美晶体、天津进业项目场地参观考察。

19日　副市长王一凡率领市相关部门负责人到喀左县调研脱贫攻坚工作。县长刘敬华，县委副书记李鸿雁，县委常委、统战部部长马贤军，副县长梁锴参加调研。

21日　沈阳农业大学校长陈启军带领专家教授一行到喀左县六官营子镇调研，并就该镇乡村振兴产业规划建言献策，提供技术指导。县人大常委会主任、县委常委、组织部部长陈孝政，副县长梁锴、陈士忠参加。

22日　市委常委、组织部部长王慎十，副市长王一凡一行到喀左县调研脱贫攻坚工作。县委书记吕树江，县委副书记李鸿雁，县委常委、统战部部长马贤军参加调研。

23日　市人大常委会副主任刘志香带队来喀左县检查指导旅游和“五个一工程”旅游（景）区建设工作。县人大常委会主任、县委常委、组织部部长陈孝政，县人大常委会副主任许春宇，副县长陈景泉参加检查活动。

同日　喀左县道德模范座谈会在人民会堂召开，总结表彰喀左县第六届道德模范，大力宣传和弘扬道德模范的先进事迹和精神力量，树立鲜明导向，向社会传递正能量。县领导吕树江、李鸿雁、钱锋、陈瑞华、邹本林出席会议。县委书记吕树江为10位道德模范颁奖。

24日　县纪委监委在县人民会堂召开全县贯彻落实省基层党风廉政建设现场会精神工作会议。县委常委、县纪委书记、监委主任陈万增出席会议并讲话。会议传达了4月24—25日全省加强基层党风廉政建设现场会精神，传达了省纪委书记、监委主任廖建宇讲话主要精神和沈阳、本溪、锦州三市推进基层党风廉政建设的主要经验。会议下发并传达了《中共喀左县委关于创新纪检监察工作机制的意见》。

同日 2018年，非洲国家知名记者研修班的33名记者来到喀左县天佑陶艺有限责任公司，参观考察紫砂产业发展情况。县委常委、宣传部部长钱锋，副县长陈景泉出席活动。陈景泉对非洲国家知名记者研修班的到来表示欢迎，并介绍了喀左县基本情况和紫砂产业发展情况。

同日 省政协文化和文史资料委员会主任王意恒一行来喀左县就文化产业、文博事业发展工作进行调研。县政协主席冀雅军、县政协副主席马占国参加调研。

同日 副省长王明玉率全省“五个一批”精准扶贫工作现场会参会人员到喀左县参观精准扶贫典型。市委常委、组织部部长王慎十，副市长王一凡，县委书记吕树江，县委副书记李鸿雁，县委常委、统战部部长马贤军参加。

25日 喀左县在人民广场开展“为健康出发、为喀左加油”徒步行主题党日活动。县委副书记李鸿雁出席开幕式。来自县直机关单位及社会各界人士近千余名徒步爱好者参加活动。

同日 县政府在县人民会堂召开2018年银企对接会议。县委常委、常务副县长徐广强出席会议。

29日 市人大常委会副主任侯荣昌带队到喀左县考察城市交通执法工作。县人大常委会主任、县委常委、组织部部长陈孝政，县人大常委会副主任许春宇，副县长、公安局局长董国辰参加考察。

同日 县委书记吕树江到草场乡和东哨镇，就脱贫攻坚、基层党组织建设、项目建设等工作进行实地调研，听取工作汇报并就相关工作提出具体要求。

30日 县委书记吕树江到老爷庙镇和十二德堡镇，就脱贫攻坚、基层党组织建设、项目建设、造林绿化等工作进行实地调研，听取工作汇报并就相关工作提出具体要求。

31日 县委书记吕树江到羊角沟镇就脱贫攻坚、信访稳定、基层党建、项目建设、招商引资及造林绿化等重点工作进行调研。

6月

1日 龙凤山第六届文化旅游节开幕。朝阳市旅游发展委员会副主任吴玉龙，县委常委、常务副县长徐广强，县人大常委会副主任许春宇，县政协副主席邹本林出席开幕式。

4—5日 县委书记吕树江先后到尤杖子乡、白塔子镇、南公营子镇就脱贫攻坚、信访、基层党建、项目建设、招商引资及造林绿化等重点工作进行调研。县人大常委会主任、县委常委、组织部部长陈孝政参加调研。

6日 喀左县召开精准脱贫“百日攻坚行动”动员会议。会议主要任务是深入落实习近平总书记关于脱贫攻坚工作重要讲话精神、全省“五个一批”精准扶贫工作现场会和全市精准脱贫“百日攻坚行动”动员大会精神，聚焦问题，汇集力量，集中攻坚，切实提高喀左县脱贫攻坚质量，确保完成贫困户如期脱贫、贫困村全部销号、贫困县实现摘帽目标。全县副县级以上领导出席会议。

7日 县委书记吕树江到山嘴子镇就脱贫攻坚、项目建设、招商引资、基层党建、信访及造林绿化等重点工作进行调研。县人大常委会主任、县委常委、组织部部长陈孝政参加调研。

同日 喀左县实施乡村振兴战略暨全面推进国家农业可持续发展试验示范区建设动员大会在人民会堂召开。县四大班子领导出席会议。县委书记吕树江在会上讲话。

8日 中国刑警学院院长郝宏奎到帮扶点南公营子镇东村走访慰问贫困户。副市长朱乾、县委副书记李鸿雁，县委常委、统战部部长马贤军，副县长、县公安局局长董国辰参加。

同日 县委书记吕树江到平房子镇、坤都营子乡就脱贫攻坚、基层党建、乡村振兴、造林绿化等重点工作进行实地调研。县人大常委会主任、县委常委、组织部部长陈孝政参加调研。

11日 市委常委、组织部部长王慎十到喀左县调研指导人才工作，听取喀左县关于人才工作开展情况的汇报，并与相关部门负责人进行座谈。县委书记吕树江，县人大常委会主任、县委常委、组织部部长陈孝政，县长刘敬华出席座谈汇报会。

12日 国家农业可持续发展试验示范区专家组莅临喀左县调研指导。县长刘敬华，副县长梁锴、谭松杰参加调研。

同日 副省长王明玉来喀左县实地调研大凌河河长制工作。副市长王一凡，县委书记吕树江、副县长梁锴参加调研。王明玉实地察看了大凌河南支城区段十公里综合治理工程现场，听取了喀左县关于河长制工作开展情况汇报。

同日 全省贫困县及革命老区电商精准扶贫现场会在喀左县召开，来自全省9个市、18个县相关负责人参加会议。省商务厅副厅长曾晓非，市政府党组成员、副市级干部宋臻，市商务局局长任化卿，喀左县县长刘敬华、副县长陈彩霞出席会议。

同日 县委书记吕树江到大营子乡就脱贫攻坚、基层党建、项目建设等重点工作进行调研。

13日 喀左县通过视频会议形式召开防汛抗旱工作会议。主会场设在公安局，各乡镇街区设分会场。副县长梁锴出席会议。

14日 喀左县召开会议，落实全省河长制暨河湖污染治理工作视频会议精神。县委书记、县级总河长吕树江主持会议，县委副书记、县长、县级总河长刘敬华代表县委、县政府对全县河长制落实和水污染治理工作进行安排部署。县领导钱锋、梁锴出席会议。

同日 喀左县与中国邮政储蓄银行喀左县支行举行“惠农贷”业务合作签约仪式。副县长梁锴代表县政府与中国邮政储蓄银行喀左县支行签约。“惠农贷”项目是加快推进全县现代农业发展，发挥财政和金融资金在农村供给侧改革中支持作用的重要举措。邮储“惠农贷”将为广大农户、专业大户、家庭农场、小微企业主等新型农业经营主体提供金融服务，有效解决农民和新型农业经营主体及企业“担保难、贷款难、贷款贵”的问题，吸引人才创业。

19日 县委书记吕树江先后到经济开发区和利州工业园区调研并现场办公，推进开发区项目建设、京津冀招商、大学进园区及高新技术产业发展等工作。县领导徐广强、陈景泉分别参加。

20日 省民宗委党组书记张秀坤到喀左县调研民族经济发展工作。副市长张东群，县委书记吕树江，县委常委、统战部部长马贤军，副县长陈彩霞参加调研。

21日 市委副书记、市长高伟到喀左县经济开发区调研项目建设工作。县委书记吕树江、副县长陈景泉参加调研活动。高伟一行先后到经济开发区扶贫产业园及飞地经济产业园、博宇（朝阳）半导体科技有限公司、朝阳通美晶体科技有限公司进行了实地调研，听取了相关情况介绍。

22日 喀左县基层党建工作重点任务推进暨城市党建工作会议在人民会堂召开。县委副书记李鸿雁出席会议并讲话。

同日 副市长王一凡到水泉镇调研脱贫攻坚工作。县委常委、统战部部长马贤军参加调研。

同日 市关工委常务副主任宋连中一行到喀左县就关心下一代重点工作进行调研。县委副书记李鸿雁参加调研。

同日 省教育厅副厅长孙华林带领省级八所大学科研负责人到喀左县，与县域部分企业进行产学研科技合作对接。县领导陈彩霞、陈士忠参加活动。

25—26日 省民宗委副巡视员李国华一行到喀左县开展民族宗教领域主要问题调研。市民委主任康敏、副县长陈彩霞参加调研。李国华一行先后到喀左天佑陶艺有限责任公司、朝阳飞马集团、朝阳闽龙陶瓷有限公司进行实地调研，详细了解喀左县民族经济发展情况。

25日 在中国共产党建党97周年来临之际，县委书记吕树江到南哨街道走访慰问老党员，带去党组织的亲切关怀和诚挚问候，把党的温暖传递到广大党员心里。

27日 县政协主席冀雅军走访慰问老党员，为他们送上党组织的关怀和温暖。

同日 辽宁紫陶产业技术创新战略联盟成立大会在喀左天佑陶艺有限责任公司举行。沈阳建筑大学校长石铁矛、副校长陈瑞三，县人大常委会主任、县委常委、组织部部长陈孝政，县长刘敬华、副县长陈士忠参加。

28日 喀左县分别在政府会议室和人民会堂收看全省思想政治工作暨“新时代辽宁精神”发布电视电话会议。县四大班子领导参加会议。

30日 省委、省政府召开全省优化营商环境工作电视电话会议。省委书记、省人大常委会主任陈求发，省委副书记、省长唐一军出席会议，省委常委、常务副省长张雷主持会议。县四大班子有关领导在喀左县分会场参加会议。

7月

1日 从1日起，全县城市最低生活保障标准提高到每人每月498元。农村居民最低生活保障标准提高到每人每年4176元。农村低收入家庭保障标准按照低保标准的1.3倍执行，提高后现行标准为5436元。分散五保供养标准提高到每人每年5436元。

2日 县长刘敬华带领县政府办、水利局、扶贫开发局、林业局等部门主要负责同志到白塔子镇和南公营子镇，就脱贫攻坚工作进行现场办公，协调解决脱贫攻坚工作中遇到的实际困难和问题。

5日 省发改委地区处、离退休干部处、农经处等部门一行30多人，到喀左县羊角沟镇开展结对帮扶工作。县长刘敬华，副县长陈景泉、谭松杰参加活动。

9日 市人大常委会党组书记、常务副主任屈连春到喀左县调研脱贫攻坚和防汛工作。市人大常委会秘书长刘学军，县委书记吕树江，县人大常委会主任、县委常委、组织部部长陈孝政及县领导戴成起、陈瑞华、梁锴参加调研活动。

同日 喀左县组织在县政府会议室集中收看全省法院决胜“基本解决执行难”工作电视电话会议。县委书记吕树江，县委常委、政法委书记孙立文，县人大常委会副主任姚海廷，副县长、公安局局长董国辰，县政协副主席耿维义及相关单位负责人参加会议。

10日 喀左县防汛工作会议在县防汛抗旱指挥部召开，贯彻落实省、市会议精神，安排部署全县防汛工作。县委书记吕树江在会上讲话，县委副书记、县长刘敬华主持会议，县领导吴成勇、梁锴出席会议。

13日 市委常委、统战部部长史卫东到喀左县就全市民营企业“百企联百村·同走致富路”助力精准脱贫攻坚工作进行实地调研。县委常委、统战部部长马贤军参加调研。

17日 省委副书记、省长唐一军到喀左县，围绕精准脱贫、县域经济、乡村振兴和“重实干、强执行、抓落实”专项行动等工作开展调研。他强调，要坚持以习近平新时代中国特色社会主义思想为指导，深入贯彻中共十九大和十九届二中、三中全会精神，持之以恒践行新发展理念，立足当地实际、深化改革创新、增强进取意识，全力以赴打好脱贫攻坚战，坚定不移推进高质量发展。副省长、省政府秘书长李金科参加调研。市委书记、市人大常委会主任蹇彪，市委副书记、市长高伟和县委书记吕树江、县长刘敬华参加调研。

18日 省人大常委会副主任、党组副书记孙铁率全国人大代表调研组到喀左县调研脱贫攻坚工作。市领导屈连春、王一凡、刘学军，县领导吕树江、陈孝政、刘敬华、梁锴参加调研。

20日 以市人大常委会委员、教科文卫委主任委员谭鉴为组长的市人大调查组一行，到喀左县就科技创新工作进行调研。县人大常委会副主任姚海廷、副县长陈士忠参加调研。

同日 辽宁省质量技术监督局在喀左县组织召开《地理标志产品——喀左紫砂》地方标准专家评审会。辽宁省质量监督局标准化处副处长祝小龙、辽宁省人民政府工业特种资源保护办公室工业三处处长李勇志、喀左县副县长陈景泉出席会议。

24日 省教育事业发展联盟、辽宁师范大学与县政府合作对接会在县人民会堂举行。辽宁师范大学副校长、省教育事业发展联盟副理事长刘向军，县委书记吕树江，副县长陈士忠出席对接会。

24日晚 在收听收看全省防汛工作电视电话会议后，县委书记吕树江主持召开全县防汛工作会议。吕树江强调，当前喀左县防汛工作已经进入关键阶段，全县上下要牢固树立以人民为中心的发展思想，立足防大汛、抢大险、救大灾，把防汛工作落深、落细、落实，全力保障人民群众生命财产安全。县领导徐广强、吴成勇、梁锴出席会议。

26日 省政府发展研究中心副巡视员关立夫一行，到喀左县调研"飞地经济"及农业共营制发展工作。市政府副秘书长张广军、市工业和信息化委主任张焕新、副县长梁锴参加调研。关立夫一行先后到朝阳通美晶体项目、喀左巨东铸工项目、河北三河锻造项目和绿港农产品交易市场进行实地调研，详细了解企业项目进度情况和农业共营制发展情况。

同日 省新闻出版广电局党组副书记、副局长田铁林一行到喀左县调研紫砂文化产业发展工作。县委常委、宣传部部长钱锋参加调研。

27日 喀左县在人武部召开2018年征兵工作会议。县委常委、常务副县长徐广强，县委常委、人武部部长吴成勇出席会议。

30日 县领导吕树江、陈孝政、刘敬华、徐广强、陈彩霞、董国辰走访慰问县武警中队、县消防大队、县人武部官兵，为他们送上节日的祝福。

31日 喀左县组织收看全市生态环境保护暨总河长工作电视电话会议，县四大班子有关领导参加收看。县委书记吕树江在朝阳市主会场参加会议并作经验交流发言。

8月

2日 全国老龄办副主任朱耀垠一行在省老龄办主任王宗民的陪同下，到喀左县调研深度老龄化和农村养老工作。县人大常委会主任、县委常委、组织部部长陈孝政，副县长陈彩霞参加调研。调研组一行先后到大城子街道龙山社区老年协会、六官营子中心敬老院、县中医院暨康复养护中心，详细了解喀左县老龄化发展现状、面临的问题、农村养老存在的困难和采取的措施。

5日 全县生态环境保护工作会议在县人民会堂召开。县领导刘敬华、徐广强、陈彩霞、董国辰、陈景泉、梁锴、谭松杰、陈士忠出席会议。

7日 省人大常委会副主任张铁民一行与市人大常委会副主任侯荣昌、副市长王一凡，到喀左县调研指导防汛工作。县领导吕树江、陈孝政、刘敬华、许春宇、梁锴参加调研。

9日 喀左县脱贫攻坚领导小组（扩大）会议在县人民会堂召开。会议传达贯彻了党中央、国务院关于脱贫攻坚指示精神和省、市工作要求，对全县脱贫攻坚工作进了全面安排部署。县四大班子领导出席会议，各园（景）区主要负责人，各乡镇街区党政主要负责人、扶贫助理，县

（市）直各相关单位主要负责人参加会议。

同日 喀左县召开县扫黑除恶专项斗争工作领导小组会议暨全县扫黑除恶专项斗争工作推进会议。会议强调，全县上下要坚决落实中央部署和省委、市委要求，坚持问题导向，狠抓工作落实，推动扫黑除恶专项斗争向纵深开展，为喀左振兴发展、全面建成小康社会创造安全稳定的社会环境。县领导吕树江、陈孝政、刘敬华、孙立文、钱峰、董国辰出席会议。

16日 喀左县与沈阳农业大学农业可持续发展战略合作签约仪式在县人民会堂举行。沈阳农业大学副校长王铁良，县委书记吕树江，县人大常委会主任、县委常委、组织部部长陈孝政，副县长梁锴、陈士忠出席。

17日 中共喀左县委十四届五次全体（扩大）会议暨全县经济工作会议在县人民会堂召开。县委书记吕树江代表县委常委会做工作报告。县委副书记、县长刘敬华安排部署下半年经济工作。会议审议通过了县委常委会工作报告，与会县委委员对2017年县委书记抓基层党建工作进行了民主测评。

20日 赤峰市元宝山区人大常委会主任刘立中、政协主席王振良率考察团到喀左县考察乡村旅游发展情况。县人大常委会副主任姚海廷参加。

21日 市政府食安委工作会议暨全市食品安全工作现场会在喀左县召开。市食安委副主任、副市长张东群，市市场监督管理局主要负责人、各县市区分管领导及相关人员出席会议。与会人员先后到六官营子镇中心敬老院和镇中心小学参观了食堂、主副食存储间等区域。副县长陈景泉作了经验介绍；市政府食安办主任、市市场监督管理局局长李世均通报了全市食品、药品检查情况，并安排部署下一步工作。

同日 市委常委、副市长李泽到喀左县调研"飞地经济"发展工作。县委书记吕树江，县委常委、常务副县长徐广强参加调研。李泽先后到经济开发区和利州工业园区，实地调研辽宁东晟高新碳材有限公司、喀左鑫焱森科技有限公司、喀左联华巨东有限公司、科勒迪（辽宁）轻工制品有限公司、大川精工（朝阳）有限公司、朝阳通美晶体科技有限公司、博宇（朝阳）半导体科技有限公司、朝阳凤颖人造板有限公司、京津冀产业承接孵化园、森川生态科技有限公司等"飞地经济"项目。

同日 全县农村集体产权制度改革工作推进会议在县人民会堂召开。副县长梁锴参加会议。

22日 喀左县第四次全国经济普查工作动员会议在人民会堂召开。县委常委、常务副县长徐广强参加会议。

同日 《喀左蒙古族百年实录》出版发行座谈会在县政协会议室举行。县政协主席冀雅军，副主席马占国、邹本林、耿维义、王连庆出席座谈会。

23日 《中国共产党辽宁省喀喇沁左翼蒙古族自治县历史》第二卷发行会议在县人民会堂举行。县委副书记李鸿雁参加会议。经县委批准，县史志办公室历经十余年、数易其稿编写完成了《中国共产党辽宁省喀喇沁左翼蒙古族自治县历史》第二卷，由中共党史出版社出版发行。本书忠实记载了从1949年新中国成立到1978年党的十一届三中全会召开这一历史时期内，喀左各级党组织领导全县各族人民进行社会主义革命和建设的伟大历程，是继2003年《中共喀左地方史》出版后推出的又一部喀左党史基本著作，是喀左党史研究的一项重要成果。

26日 省供销社党组书记、理事会主任肖涵一行到喀左县就供销社综合改革工作开展调研。朝阳市供销社党组书记、理事会主任张顺兰，副县长梁锴参加调研。

27日 县委理论学习中心组举行2018年度第六次集体学习会议，围绕《习近平新时代中国特色社会主义思想三十讲》"新时代辽宁精神”“梁家河精神”等进行了深入学习研讨。县委书记吕树江主持会议并作总结讲话。

9月

1日 中国·喀左第七届紫陶文化艺术节暨龙源杯全国紫陶技艺大赛在喀左县北方紫陶之都艺术馆隆重开幕。省工业特种资源保护办公室书记韩光启、市商业局局长任化卿等省、市领导，中国陶瓷工业协会常务副理事长傅维杰等省内外紫陶行业知名专家、大师出席开幕式，县四大班子领导出席开幕式。此次艺术节由中国陶瓷工业协会和县政府共同主办，旨在促进国内紫砂行业的交流与合作，推进紫砂文化产业的繁荣与发展，是一次集文化交流、学术研讨、产品展销、文艺演出、招商推介系列活动于一体的紫陶文化艺术盛会。

同日 为庆祝喀左县成立六十周年，由国家民委举办的“中华民族一家亲”专场慰问演出在龙源湖广场激情上演，为喀左人民献上一台丰富多彩、绚丽灿烂的文化盛宴，用精彩的歌舞向喀左人民表达节日的祝贺与祝福。县四大班子领导和观众一同观看演出。

4日 市政协副主席李陌尘带领部分市政协委员到喀左县调研信访工作，县政协副主席马占国参加座谈会。

同日 市委书记、市人大常委会主任蹇彪到喀左县，围绕脱贫攻坚、项目建设、“飞地经济”、乡村振兴战略、社会稳定和全面从严治党等工作开展调研。市委常委、市委秘书长、市委宣传部部长谢卫东参加调研，县领导吕树江、刘敬华、徐广强参加。

5日 省营商环境建设监督局局长周轶赢到喀左县调研。县长刘敬华参加调研。

6日下午 全县各族各界代表在县人民会堂隆重集会，热烈庆祝自治县成立六十周年。全国人大民族委员会、国家民族事务委员会发来贺电。全国人大民委、国家民委祝贺团团长，国家民委财务司司长李春林在会上讲话。全国人大民委、国家民委祝贺团团长，国家民委财务司司长李春林在会上讲话。朝阳市代表团团长，市委书记、市人大常委会主任蹇彪在会上讲话。县委书记吕树江在庆祝大会上致辞。阜新蒙古族自治县委书记马永生致贺词。

8—9日 县利用两天时间对全县扶贫开发暨重点项目进行拉练，现场观摩全县脱贫攻坚和项目建设等重点工作成果，动员全县上下对照先进找差距，奋发有为谋发展，推动各项工作取得新的更大成效。9月9日，在县人民会堂召开全县扶贫开发暨重点项目拉练总结会议。县四大班子领导出席会议。

9日 喀左县召开森林执法百日攻坚行动暨动物疫病秋防工作会议。副县长梁锴出席会议。

10日 喀左县在人民会堂召开庆祝第34个教师节暨全县教育工作表彰大会，集中表彰全县教育工作先进集体和先进个人。副县级以上领导出席会议。县委副书记、县长刘敬华在会上讲话。

同日 省委政研室副主任杨正华一行到喀左县调研标准化厂房建设工作。县委常委、常务副县长徐广强参加调研。

11日 县委书记吕树江主持召开县委常委会（扩大）会议，传达贯彻市委书记蹇彪莅喀调研讲话精神，安排部署深入推进脱贫攻坚和深入开展扫黑除恶专项斗争。县党、政班子成员，县人大、县政协有关领导，各乡镇街区党（工）委书记，县直有关部门主要负责人参加会议。会议审定通过了《喀左县落实脱贫攻坚“十大举措”坚决打赢精准脱贫攻坚战实施意见》和《喀左县2018年贫困退出实施方案》。

12日 瓦房店市委副书记、代市长周振雷一行到喀左县开展对口帮扶资金物资捐赠活动，为喀左县捐赠了100万元扶贫资金和800套服装。

县长刘敬华，县委常委、统战部部长马贤军，副县长陈景泉参加捐赠活动。

13日 省政府在喀左县召开全省“飞地经济”现场会。省委副书记、省长唐一军强调，各地各部门要以习近平新时代中国特色社会主义思想为指导，深入贯彻落实中共十九大和十九届二中、三中全会精神，解放思想、凝聚共识，科学谋划、强化统筹，压实责任、狠抓落实，促进全省“飞地经济”有力有序有效发展。省委常委、常务副省长张雷主持会议，副省长陈绿平、郝春荣、李金科出席。市委书记、市人大常委会主任蹇彪，县委书记吕树江在会上作经验交流发言。市长高伟、县长刘敬华向与会人员介绍了“飞地经济”发展情况。喀左通美晶体科技有限公司负责人作了经验交流发言。

14日 市人大常委会副主任张秀军率领部分市人大常委会委员到喀左县调研农业共营制推广工作。县委书记吕树江，县人大常委会主任、县委常委、组织部部长陈孝政，县长刘敬华，县人大常委会副主任许春宇参加调研。

同日 市政协主席刘朝震一行到喀左县就人才工作进行专题调研。市政协副主席刘文军，市政协秘书长郝丽丹，县委书记吕树江，县委常委、常务副县长徐广强，县政协副主席马占国参加调研。

15日 市政府副市长、龙城区委书记邱廷彦率龙城区考察团到喀左县调研“飞地经济”发展工作。县委副书记李鸿雁参加调研。

同日 双塔区政府区长张春丽率考察团到喀左县调研“飞地经济”发展工作。县委副书记李鸿雁参加考察。

16日 北票市长付宗义，北票市市委常委、常务副市长丁文举率领考察团，到喀左县考察“飞地经济”项目、城市建设及旅游工作。县长刘敬华参加考察。

17日 灯塔市委常委、副市长王福渊，副市长王旭、杜玉虎一行到喀左县就“飞地经济”项目建设情况进行调研。县委常委、常务副县长徐广强，喀左经济开发区管委会副主任刘强参加调研。

18日 市委常委、市委组织部部长老颜武率市党建统领脱贫攻坚工作拉练会人员到喀左县现场观摩。县委书记吕树江、县委副书记李鸿雁参加。

同日 县政府在人民会堂召开十六届一次全体（扩大）会议暨“重实干强执行抓落实”专项行动推进工作会议。县长刘敬华，县委常委、常务副县长徐广强，副县长陈彩霞、董国辰、陈景泉、梁锴、陈士忠、雷鸣出席会议。

18—19日 辽宁省质量技术监督局组织的“知名品牌创建示范区”验收专家组对喀左紫砂文化产业园区“辽宁省紫陶文化旅游产业知名品牌创建示范区”进行了现场验收。副县长陈景泉参加验收评审会，并介绍了喀左县基本情况和紫砂产业发展情况。

20日晚 在收听收看全市安全生产和社会稳定工作视频会议之后，县委书记吕树江主持召开了全县安全生产和社会稳定工作会议，安排部署全县国庆、中秋“两节”期间安全生产和社会稳定工作，确保全县人民欢乐、祥和、平安度过节日。县委常委、政法委书记孙立文，副县长、公安局局长董国辰出席会议。各乡镇街区党（工）委书记、县直各有关单位负责人参加会议。

20日 喀左县在大城子街道龙山社区开展2018年全国科普日暨辽宁省第七届科普日活动。2018年全国科普日以“创新引领时代、智慧点亮生活”为主题。县委副书记李鸿雁参加活动。此次活动时间为9月19—25日。

21日 市委常委、建平县委书记牛殿祥，县长王文佳率领考察团，到喀左县考察“飞地经济”发展工作。县委书记吕树江、县长刘敬华参加考察。

同日 内蒙古自治区副主席、赤峰市委书记段志强，赤峰市委副书记、市长孟宪东率赤峰市党政考察团到喀左县考察。市政协主席刘朝震、市人大常委会副主任刘志香、副市长王一凡，县领导吕树江、刘敬华、姚海廷、马占国参加考察。

22日 朝阳县长刘力东率领考察团，到喀左县学习考察“飞地经济”发展工作。县长刘敬华参加考察。考察团一行先后到喀左经济开发区通美晶体科技有限公司、博宇半导体科技有限公司、东晟高新碳材有限公司石墨电极项目及“飞地经济”产业园项目现场进行实地考察，听取了有关情况介绍，详细了解了喀左县“飞地经济”项目建设情况，并就相关问题进行了深入交流。

25日 省发改委党组成员、副主任、省能源局局长房勇到坤都营子乡调研乡村振兴工作。县委书记吕树江、副县长梁锴参加调研。

26日 大连市总工会助力朝阳脱贫攻坚、寒门学子筑梦行动启动仪式在人民会堂召开。市人大常委会副主任、市总工会主席侯荣昌，大连市总工会机关党委书记史元介，县委副书记李鸿雁，副县长梁锴出席启动仪式。

同日 辽宁红山化工股份有限公司与辽宁石油化工大学揭牌仪式暨辽宁省环保产业联盟服务喀左县域经济发展签约仪式在辽宁红山化工股份有限公司举行。辽宁石油化工大学副校长王海彦，副县长梁锴参加签约仪式。签约仪式上，双方签订了《校企共建研究院协议》《光气下游产品的开发研究》项目合同，并为“绿色化工与废弃物资源化联合实验室”“人才联合培养基地”揭牌。

28日 喀左县多方联动协助农信社清收不良贷款工作会议在人民会堂召开。副县长梁锴、雷鸣出席会议。

30日 喀左县在人民会堂召开第四季度安全生产工作会议。副县长董国辰出席会议。董国辰通报了全县1—9月重点工作完成情况，安排部署了下一步安全生产工作。

同日 县委书记吕树江到京沈客专喀左站、十公里凌河旅游景观廊道调研并现场办公。副县长陈景泉参加调研。

10月

9日 县委书记吕树江到卧虎沟乡就脱贫攻坚、项目建设、基层党建、信访及护林防火等重点工作进行调研。

10日 县委书记吕树江到甘招镇就脱贫攻坚等重点工作进行调研。吕树江先后到甘招镇西赤里赤村辣椒基地、光伏电站、大道村光伏电站及标准化扶贫果园、三家村扶贫牛场、羊草沟门村党建基地及标准化扶贫果园进行了实地调研，听取有关情况介绍，并召开汇报会，详细了解甘招镇各项重点工作开展情况。

11日 市人大退休老干部到喀左县考察“飞地经济”及重点项目建设工作。市人大常委会秘书长刘学军，县委书记吕树江，县大大常委会主任、县委常委、组织部部长陈孝政，县人大常委会副主任姚海廷参加。

同日 大连市政府副秘书长汤易带领调研组到喀左县调研“飞地经济”园区工作。副县长梁锴参加调研。

14日 喀左县召开2018年非洲猪瘟防控工作会议。副县长梁锴参加会议。会议通报了非洲猪瘟疫情况，部署了喀左县非洲猪瘟防控工作。

19日 朝阳市诗词教育基地授匾仪式在喀左县南公营子蒙古族九年一贯制学校举行。市文联副主席刘乃侠、副县长陈彩霞出席授匾仪式。

22日 县委书记吕树江主持召开县委理论学习中心组2018年度第十一次集体学习会议，深入学习贯彻习近平总书记在辽宁考察时和在深入推进东北振兴座谈会上的重要讲话精神，学习新修订的《中国共产党纪律处分条例》《宗教事务条例》和保密制度。

23日　副市长黄丽颖到喀左县调研项目建设、招商引资工作。县长刘敬华参加调研。

同日　喀左县在收听收看全省全市安全生产工作电视电话会议后，县委书记吕树江主持召开了全县安全生产工作会议，安排部署全县第四季度安全生产工作。县安委会成员单位主要负责人参加会议。

同日　县委书记吕树江到兴隆庄镇、水泉镇调研脱贫攻坚工作。

吕树江先后到兴隆庄镇西沟门村、宣家窝铺村、兴隆庄村、七家村和水泉镇下湾子村进行了实地调研。

24日　县委书记吕树江到公营子镇调研脱贫攻坚工作。吕树江先后到公营子镇公营子村、五家子村、三官庙村和桥子村进行了实地调研，与镇、村干部座谈，详细了解各村集体经济收入情况、扶贫项目运营情况和贫困户脱贫情况。

同日　辽宁大学商学院与喀左县农产品加工园区签订战略合作协议。辽宁大学商学院院长张广胜，市委组织部副部长李显通，县人大常委会主任、县委常委、组织部部长陈孝政，副县长梁锴、陈士忠出席签约仪式。

25日　县委书记吕树江在中三家镇调研脱贫攻坚工作，强调要紧盯“两不愁、三保障”标准，做到“一户一策”，压实责任，确保全镇贫困户如期脱贫。

同日　市委常委、组织部部长老颜武来喀左县督导贫困退出工作。县领导吕树江、陈孝政、李鸿雁、马贤军出席座谈会。座谈会上，县委书记吕树江汇报了喀左县脱贫攻坚基本情况及下一步工作安排。

同日　省政府办公厅政务公开办公室主任张刚带领省政务公开检查组，与市政府办公室政务公开办主任路宏玲等一行，到喀左县检查指导工作。县委常委、常务副县长徐广强及有关部门负责人参加检查。

同日　省发改委地区处处长李勇带领部分域外企业家到喀左县洽谈农业产业化合作项目，并召开座谈会。县长刘敬华、副县长梁锴出席会议。

26日　县委书记吕树江到大城子街道、南哨街道、利州街道调研脱贫攻坚工作。

同日　县委书记吕树江到六官营子镇、官大海农场调研脱贫攻坚工作。

29日　县委书记吕树江、县长刘敬华带领县直有关部门负责人，到朝阳喀左经济开发区就深入贯彻落实习近平总书记到辽宁考察时和在深入推进东北振兴座谈会上的重要讲话精神，进行实地调研并现场办公，推进开发区京津冀招商、“飞地”项目建设、基础设施建设、“大学进园区”“双招双引”等工作。县委书记吕树江主持召开座谈会，县领导徐广强、陈景泉参加调研活动。

11月

2日　县委书记、县脱贫攻坚领导小组组长吕树江主持召开全县脱贫攻坚领导小组全体（扩大）会议，会议听取了重点行业部门行业扶贫工作情况汇报，对全县脱贫攻坚工作特别是贫困退出工作进行再动员、再部署。副县级以上领导、各乡镇街区党政正职、县（市）直各部门主要负责人参加会议。

同日　县委书记吕树江主持召开县委常委会（扩大）会议，传达省委十二届十次全会和市委十届八次全体（扩大）会议精神，研究部署全县贯彻落实工作，并就迎接中央环保督察“回头看”、非洲猪瘟疫情防控等相关重点工作作出进一步安排。副县级以上领导、各乡镇街区党政正职、县（市）直各单位主要负责人参加会议。

同日　市委常委、常务副市长曲福丛到喀左县，到朝阳喀左经济开发区就安全生产工作和主要经济指标运行情况进行调研。县委书记吕树江，县委常委、常务副县长徐广强参加调研。

8日　县长、县级总河长刘敬华带领水利局、凌河局、环保局等部门负责人开展河长制巡河工作。

9日　县长刘敬华带领政府办、水利局、凌河局、环保局等相关单位负责人，先后到东哨镇、羊角沟镇等沿河乡镇调研指导中央环保督察反馈问题整改落实工作。刘敬华分别听取了相关部门、乡镇沿河垃圾清理和农村环境综合整治情况，并现场指导检查凌河两岸环境整治工作。

同日　海南省湖南商会常务副会长余光泉到喀左县考察投资项目。县长刘敬华、副县长陈景泉参加考察。余光泉一行先后到城市规划展示馆、喀左县文化旅游展示中心、源点广场、浴龙谷温泉度假区、森川生态科技发展有限公司等地进行了实地考察，听取了相关情况介绍。

12日　喀左县组织收看全国“大棚房”问题专项清理整治行动推进落实视频会议。县委书记吕树江、县直有关部门和乡镇主要负责人在喀左县分会场参加会议。

12—13日　赤峰市政协副主席、敖汉旗委书记邱文博，敖汉旗委副书记、旗政府旗长于宝君带领敖汉旗四大班子领导、相关部门和乡镇主要负责人一行80余人到喀左县，就项目建设、城市建设、文化旅游产业等方面进行考察学习。县人大常委会主任、县委常委、组织部部长陈孝政，县长刘敬华，县委副书记李鸿雁参加考察。

14日　省委常委、常务副省长张雷到喀左县调研脱贫攻坚工作。市委常委、常务副市长曲福丛，县长刘敬华参加调研活动。

15日　市政协主席刘朝震、副主席韩辉升到喀左县调研乡村振兴发展工作。县长刘敬华、县政协副主席马占国参加调研。

同日　市委宣传讲团到喀左县就学习贯彻习近平总书记在辽宁考察时和在深入推进东北振兴座谈会上重要讲话精神作专题宣讲。副县级以上领导、各乡镇街区党政正职、县（市）直各单位主要负责人、“五个一工程”各平台正科级以上人员以及县委宣讲团成员参加。

16日　喀左县召开民营经济工作暨老企业合资合作转型升级会议。县委书记吕树江出席会议并讲话，县长刘敬华主持会议。全县副县级以上领导，各乡镇街区、县直各单位主要负责人，县内重点企业负责人参加会议。

同日　全县组织和意识形态工作会议在人民会堂召开。县领导吕树江、陈孝政、李鸿雁、钱锋出席会议。县委书记吕树江作重要讲话。

20日　喀左县组织收看全省实施乡村振兴战略推进工作电视电话会议。省委书记、省人大常委会主任陈求发出席会议并讲话，省委副书记、省长唐一军主持会议，省政协党组书记、主席夏德仁出席会议。县领导吕树江、陈孝政、李鸿雁、陈万增、孙立文、钱锋、吴成勇、陈彩霞、董国辰、陈景泉、梁锴、陈士忠、雷鸣参加收看。

同日　县委书记、县脱贫攻坚领导小组组长吕树江主持召开全县脱贫攻坚领导小组全体（扩大）会议，安排部署贫困退出迎检验收各项准备工作，动员全县上下进一步提高认识，高度重视，狠抓关键，查缺补漏，全力以赴做好各项工作。

21日　辽宁省召开旅游工作电视电话会议。县领导吕树江、钱锋、许春宇、邹本林及有关部门负责人在喀左县分会场参加会议。

同日　全县宣传思想文化系统“解放思想推动喀左高质量发展大讨论”工作会议在人民会堂召开。县委常委、宣传部部长钱锋出席会议并讲话。

21—22日　沈阳市发改委主任邢鹏一行到喀左县考察“飞地经济”工作。县长刘敬华，副县长陈景泉、陈士忠参加考察。邢鹏一行到三川集团、御成骨质瓷、通美晶体、博宇半导体、辽宁东晟高新碳材、“飞地经济”园等地考察。座谈会上，刘敬华介绍了喀左县“飞地经济”工作开展情况。

22日　市政府组织部分省人大代表到喀左县

考察乡村振兴工作和汽车产业发展工作。市人大常委会党组副书记、副主任王涌翔，副市长张东群参加考察活动。

同日 河北省平泉市人大常委会主任王忱一行到喀左县考察城市建设和教育工作。县人大常委会主任陈孝政、副主任姚海廷，副县长陈彩霞参加考察。

同日 省发改委党组成员、副主任吴运杰，农经处处长范世新，交通处副处长李欣、省工程咨询集团副总经理姚远，到羊角沟镇和坤都营子乡调研脱贫攻坚和乡村振兴工作。市发改委副主任王国民，副县长陈景泉、雷鸣参加调研。

23日 县委书记吕树江主持召开县委理论学习中心组暨解放思想推动高质量发展大讨论会议，深入学习贯彻习近平总书记在辽宁考察时和在深入推进东北振兴座谈会上重要讲话精神，在全县迅速掀起大学习大讨论高潮。

24日 朝阳市委副秘书长安海江带领市委办人员到喀左县考察项目建设工作。县委副书记李鸿雁参加考察。

25日 赤峰市林西县委书记田向存率队到喀左县考察项目建设工作。县委副书记李鸿雁，县委常委、常务副县长徐广强参加考察。

26日 共青团喀左县第十八次代表大会隆重召开。县领导吕树江、陈孝政、冀雅军、陈万增、钱锋出席会议。团市委书记刘海云到会指导并讲话。180名团代表参加会议。团县委书记杨诗健代表共青团喀左县第十七届委员会做工作报告。

28日 喀左县召开打击医疗保险欺诈骗保专项行动工作会议。副县长陈彩霞参加会议。会议传达了《喀左县打击医疗保险（新农合）欺诈骗保专项行动方案》的通知，对前一阶段喀左县打击医疗保险欺诈骗保工作进行总结，提出了下一步工作安排。

同日 新华社辽宁分社社长王振宏一行到喀左县调研采访县域经济发展、“飞地经济”等工作。县委常委、宣传部部长钱锋，县委常委、常务副县长徐广强参加。

同日 根据国务院办公厅《关于做好退役军人和其他优抚对象信息采集工作的通知》〔国办函（2018）49号〕要求，喀左县从11月28日开始正式启动了退役军人信息采集工作。

30日 副省长王明玉到喀左县调研指导工作。省扶贫办主任李军，副市长王一凡，县委书记吕树江，县委常委、常务副县长徐广强参加调研活动。

同日 由辽宁省陶瓷行业协会主办、朝阳市陶瓷行业协会承办的2018（首届）辽宁艺术陶瓷精品展开幕。辽宁省陶瓷行业协会、山东省陶瓷行业协会、沈阳化工大学等机构相关领导及副县长陈景泉出席开幕式。

同日 喀左县在人民会堂召开解放思想推动喀左高质量发展大讨论工作推进会议，进一步安排落实“解放思想推动喀左高质量发展大讨论”工作，并对重点乡镇、部门、单位提出具体要求。县委常委、宣传部部长钱锋出席会议。

12月

4日 县委理论学习中心组召开第二次解放思想推动高质量发展大讨论会议，深入学习贯彻习近平总书记在辽宁考察时和在深入推进东北振兴座谈会上重要讲话精神，加快实现喀左全面振兴全方位振兴。

6日 中国供销农产品批发市场控股有限公司总经理张生一行到喀左县考察农产品市场、供销联社发展工作。县长刘敬华参加考察活动。

同日 开原市副市长臧丽君率考察团到喀左县考察河道综合治理工作。副县长梁锴参加考察。

同日 凌源市人大常委会主任刘长华带领部分人大代表到喀左县考察项目建设工作。县人大常委会主任、县委常委、组织部部长陈孝政，县人大常委会副主任姚海廷，副县长陈士忠参加考察。

7日 辽宁省环保产业联盟、辽宁石油化工大学与喀左县校、县、企科技合作签约仪式在县政府举行。辽宁省环保产业联盟理事长、辽宁石油化工大学校长钱建华，县人大常委会主任、县委常委、组织部部长陈孝政，县委常委、统战部部长马贤军，副县长陈士忠出席签约仪式。

8日 喀左县组织收看全省加快民营企业发展电视电话会议，深入贯彻落实习近平总书记在民营企业座谈会上的讲话精神。县委书记吕树江及四大班子领导在喀左县分会场参加收看。

同日 呼伦贝尔市鄂温克旗政协主席浩特勒率考察团到喀左县考察蒙古族历史文化。县政协主席冀雅军、副主席马占国参加考察。

9日 沈阳市市长姜有为带领沈阳市委、市政府有关部门和各县（市）区、乡镇（街）主要负责人一行150余人到喀左县，考察学习借鉴发展“飞地经济”的经验和做法，并主持召开推进“飞地经济”工作现场会。市领导蹇彪、高伟、李泽、高树胜，县领导吕树江、刘敬华参加考察。

11日 中共喀左县第十四届委员会第六次全体会议在人民会堂召开。全会听取了第十四届代表大会第三次会议筹备工作情况汇报，审议通过拟提交县党代表大会审议的县委工作报告、县纪委工作报告等文件。全会决定于12月14日召开县十四届党代表大会第三次会议，县委书记吕树江主持会议并讲话。县第十四届委员会委员、候补委员参加会议。

同日 锦州市委书记王德佳、市长于学利带领锦州市市直有关部门和各县（市）区、乡镇主要负责人一行110余人到喀左县，考察学习“飞地经济”和招商引资工作中的先进经验和主要做法。市领导艾红锷、曲福丛，县领导吕树江、刘敬华参加考察。

14日 中国共产党喀喇沁左翼蒙古族自治县第十四届代表大会第三次会议在县人民会堂隆重召开。会议的主要任务是：深入贯彻习近平新时代中国特色社会主义思想和中共十九大及十九届二中、三中全会精神，坚决落实习近平总书记在辽宁考察时和在深入推进东北振兴座谈会上的重要讲话精神，全面推动省委“推进县域经济发展”战略和市委“161”工程决策落实，总结2018年工作，部署2019年工作任务，动员全县上下解放思想、求真务实，开拓创新、锐意进取，在新时代展现新气象新担当新作为，为推动喀左全面振兴全方位振兴努力奋斗。本次会议应到代表201名，因事因病请假16名，实到会185名。现任县级领导同志、部分县级离退休老同志等30人应邀出席会议，108名同志列席了会议。县委书记吕树江代表中共喀左县第十四届委员会作了题为《新时代展现新气象新担当新作为，为推动喀左全面振兴全方位振兴努力奋斗》的工作报告。

同日 全市乡镇“飞地经济”工作拉练会在喀左县召开。此次会议的主要目的是通过项目拉练，对标先进，查找不足，激发干劲，加快推进全市“飞地经济”取得新进展。市委常委、组织部部长老颜武出席会议并讲话，副县长陈景泉参加。各县（市）区组织部部长、分管“飞地经济”的副县区长、分管部门主要负责人、全市176个乡镇场街负责人共约200余人参加会议。

15日 喀左县组织收看全省坚持发展新时代“枫桥经验”推进基层社会治理现代化电视电话会议。省委常委、省委政法委书记李文章出席会议。县委书记吕树江在省主会场作了典型经验交流发言，副县长、县公安局局长董国辰及相关单位负责人在喀左县分会场参加会议。

18日 中国人民政治协商会议喀喇沁左翼蒙古族自治县第十一届委员会第二次会议在县人民会堂隆重开幕。县领导吕树江、陈孝政、陈万增、钱锋、马贤军、吴成勇、姚海廷、戴成起、陈瑞华、许春宇、梁锴、陈士忠、雷鸣、董辉、宋毅海出席会议。县政协退休老领导张德钦、刘国林、高景昌、郑国升应邀出席会议。各乡镇街区党（工）委书记、县直各单位主要负责人特邀参加会议。省、市政协委员和各乡镇街区政协联络委主任列席会议。本次会议应出席委员 210 人，因事因病请假 9 人，实到 201 人。大会执行主席、县政协主席冀雅军代表县政协第十一届委员会常务委员会做工作报告。

19 日　喀喇沁左翼蒙古族自治县第十六届人民代表大会第二次会议在县人民会堂隆重开幕。本次大会执行主席吕树江、陈孝政、刘敬华、冀雅军、李鸿雁、陈万增、钱锋、徐广强、马贤军、吴成勇、姚海廷、戴成起、陈瑞华、许春宇在主席台就座。在大会主席台就座的还有县其他副县级以上领导，部分副县级以上离退休老领导及喀左县出席全国人代会的代表。列席大会的有法定列席、决定列席，还有出席政协喀左蒙古族自治县第十一届委员会第二次会议的全体委员。本届人民代表大会共有代表 210 人，实际到会 202 人。大会由主席团常务主席、县人大常委会主任陈孝政主持。县长刘敬华作《政府工作报告》。

同日　副省长王明玉到京沈客专喀左站考察京沈客专辽宁段开通运行工作。县委书记吕树江、县长刘敬华参加考察活动。

同日　副市长朱乾带领市人民法院、市人民检察院领导到喀左县，征求“一府两院”工作报告的意见和建议。县领导陈孝政、戴成起、董国辰、梁锴、陈士忠、雷鸣、董辉及部分市人大代表、市政协委员参加会议。

同日　县委理论学习中心组召开会议，集中学习习近平总书记在庆祝改革开放 40 周年大会上的重要讲话精神。县委书记吕树江提出具体要求。

同日　县委理论学习中心组召开“解放思想推动高质量发展大讨论”第四次研讨会议，10 名中心组同志紧扣主题进行了研讨发言，县委书记吕树江主持会议并讲话。

20 日　中国人民政治协商会议喀喇沁左翼蒙古族自治县第十一届委员会第二次会议，在县人民会堂胜利闭幕。大会主席团常务主席冀雅军、马占国、邹本林、耿维义、王连庆及 199 名到会委员参加会议。县领导吕树江、陈孝政、刘敬华、李鸿雁、陈万增、钱锋、马贤军、吴成勇、姚海廷、戴成起、陈瑞华、许春宇、陈彩霞、董国辰、陈士忠、雷鸣、董辉、宋毅海在主席台就座。县政协退休老领导张德钦、刘国林、高景昌、郑国升出席会议并在主席台就座。省、市政协委员和各乡镇街区政协联络委主任列席会议。大会选举产生了县政协第十一届委员会秘书长、常务委员；审议通过了县政协第十一届委员会第二次会议提案审查报告；审议通过了县政协第十一届委员会第二次会议政治决议。

21 日　县第十六届人民代表大会第二次会议在县人民会堂胜利闭幕。大会应到代表 210 人，实到代表 201 人。大会执行主席吕树江、陈孝政、刘敬华、冀雅军、李鸿雁、陈万增、钱锋、马贤军、吴成勇、姚海廷、戴成起、陈瑞华、许春宇在主席台就座。会议通过了县人大常委会副主任陈瑞华所做的议案审查报告；通过了关于《县人民政府工作报告的决议》《2018 年国民经济和社会发展计划执行情况与 2019 年计划安排意见的决议》《2018 年财政预算执行情况和 2019 年财政预算（草案）的决议》《县人大常委会工作报告的决议》《县人民法院工作报告的决议》《县人民检察院工作报告的决议》。县委书记吕树江在会上讲话。

同日　喀左县召开全县领导干部大会，对落实县党代会和县“两会”精神、做好当前重点工作作出安排部署。县委书记吕树江主持会议并讲话。

24 日　辽宁科技大学与喀左县科技合作签约仪式在县政府举行。辽宁科技大学校长张志强，县人大常委会主任、县委常委、组织部部长陈孝政，县长刘敬华，副县长陈士忠出席签约仪式。

同日 喀左县组织收看辽宁自贸试验区制度创新成果推广电视电话会议。县委书记吕树江、县长刘敬华、副县长陈景泉在县分会场参加会议。

25日 喀左县与中铁十四局集团有限公司战略合作签约仪式在政府会议室举行。中铁十四局集团副总经理孟繁亚，县长刘敬华，副县长梁锴、雷鸣出席签约仪式。

28日 完成了喀左县平房子中心敬老院新建养员楼项目主体工程竣工验收工作。该项目2017年11月1日开工建设，占地面积6252平方米，项目投资2000万元，建筑面积8000平方米，框架结构5层楼1栋，设置300张床位。

县情综述

区域和行政区划

【位置与面积】 喀喇沁左翼蒙古族自治县，地处辽宁省西部，大凌河上游，辽宁、河北、内蒙古三省区交汇地带。位于北纬 40°47′—41° 33′，东经 119°24′—120°23′ ，东邻朝阳县，西靠凌源市，南接建昌县，北连建平县。总面积 2237.86 平方公里，耕地面积 63585.57公顷。县人民政府所在地大城子街道办事处，位于县境中心部位，是全县政治、经济、文化和信息中心。东北距朝阳 100 公里，距省会沈阳 410 公里，西距首都北京 420 公里。国家级公路 101 线、306 线，铁路锦承线、魏塔线从境内通过。

【行政区划】 2018 年，喀左县辖 14 个镇、5 个乡、1 个国有农场、2 个工业园区、3 个街道办事处、12 个社区、186 个村、4 个农场分场。

人口·民族·宗教

【人　口】2018年，全县年末户籍总人口41.98万人，其中城镇人口 7.9 万人，占全县总人口的 18.75%。

【民　族】 喀左县现有民族聚居乡镇（街道）11 个，民族聚居村 41 个，居住着蒙古、汉、回、满、朝鲜等 22 个民族，有少数民族人口 9.69 万人，占全县总人口的 22.7%。蒙古族人口 9.4 万人，占全县总人口的 21.9%。

【宗　教】 喀左县是全省宗教工作重点县份，县内佛教（汉传、藏传）、道教、伊斯兰教、天主教、基督教五大宗教俱全。现有宗教活动场所、宗教活动固定处所 57 处，宗教教职人员 78 人。信教群众 3.6 万人，约占全县总人口的 8.6%。宗教工作任务较重的乡镇 14 个，村 44 个。

地形　地貌

【地　形】 喀左县属辽西侵蚀低山丘陵区。地形特征是西北、东南高，中间低的槽形地势。西北有努鲁尔虎山脉自西南向西北延伸，南有松岭山脉由东南伸向北，努鲁尔虎山脉和松岭山脉遍布全县。大凌河自西南至东北纵贯全境，大凌河及支流遍布境内，形成群山绵延，丘陵起伏，沟壑纵横，河川交错的“七山一水二分田”自然地貌。

【河　流】 喀左县内有大小河流 107 条，其中主干河一条，即大凌河。主要支流有榆河、蒿桑河、渗津河、牤牛河、芍药河等。河流总长度 650 公里。河流两岸冲积平原是县内主要粮食和经济作物产区。大凌河是辽宁省西部的一条大河流，汉至隋唐时期称白狼水，辽代称灵河，金元时代称凌河，明代以后称大凌河。蒙古名为敖木伦河。发源于建昌县要路沟乡吴坤杖子村水泉屯，经建昌县沈家洼子扎兰营子村流入喀左县南公营子南汤村。经南公营子、白塔子、平房子、南哨、草场、东哨、兴隆庄、羊角沟、水泉等乡镇，至水泉乡水泉村流入朝阳县。大凌河在县境内流经 78.6 公里。

气　候

【各季气候情况】 1 月降水 0 毫米，比历年同期少 1.6 毫米；2 月降水 0 毫米，比历年少 2 毫米。1 月平均气温为 –10℃，比历年低 0.6℃；2 月平均气温 –7.8℃，比历年低 2.9℃。

春季（3—5 月）总降水量 62.5 毫米，比历年同期少 15.9 毫米。季平均气温 12.1℃，比历年高 1.2℃。

夏季（6—8 月）总降水量 317.7 毫米，比历年同期多 5.8 毫米。季平均气温 23.8℃，比历年高 0.3℃。

秋季（9—11 月）总降水量 41.6 毫米，比历年同期少 34.2 毫米。季平均气温 8.9℃，比历年低 0.6℃。

12 月降水 0 毫米，比历年同期少 2 毫米。12 月平均气温 –7.8℃，比历年同期低 1.2℃。

【气　温】 2018 年气温正常偏低，全年平均气温 9.1℃，比历年低 0.1℃。年极端最低气温 –24.5℃，出现在 1 月 24 日；年极端最高气温 36.3℃，出现在 6 月 1 日。全年共出现≥ 30℃的高温天气 45 天，≥ 35℃高温天气 7 天。

日平均气温稳定通过 0℃出现在 3 月 17 日，稳定通过 10℃出现在 4 月 10 日。终霜结束在 4 月 17 日，初霜于 10 月 7 日出现，全年无霜期 172 天，比历年多 23 天。4 月 9 日终结冰，10 月 7 日初结冰。

【降　水】 2018 年，共降水 421.7 毫米，比历年少 50.1 毫米。降水最多月为 7 月，降水量 127.2 毫米；最少月为 1 月、2 月和 12 月，降水 0 毫米。

【风　速】 2018 年，平均风速为 3.1 米 / 秒，其中春季为 4.3 米 / 秒，夏季为 2.9 米 / 秒，秋季为 2.4 米 / 秒。全年内极大风速为 27.1 米 / 秒，出现在 6 月 6 日，为北风。

2018 年各月气温要素值一览表

表 1　　单位：℃

要素＼月份	1	2	3	4	5	6	7	8	9	10	11	12	年均或极值
平均气温	–10.0	–7.8	4.4	12.3	19.6	22.7	25.3	23.5	16.9	9.1	0.8	–7.8	9.1
平均最高	–2.7	–0.2	12.2	19.6	26.4	29.2	30.2	28.6	24.2	17.1	8.6	–0.7	16.0
平均最低	–16.1	–14.4	–2.3	5.8	12.4	17.3	21.6	19.3	10.4	1.7	–5.6	–14.1	3.0
极端最高	5.9	9.3	27.0	31.4	35.7	36.3	35.0	35.1	29.4	25.8	17.6	8.6	36.3
极端最低	–24.5	–22.3	–14.8	–4.5	4.7	12.5	17.6	13.6	2.1	–6.0	–13.4	–22.4	–24.5

2018 年各月降水量一览表

表 2　　单位：毫米

要素＼月份	1	2	3	4	5	6	7	8	9	10	11	12	年合计
降水量	0.0	0.0	7.4	47.6	7.5	116.6	127.2	73.8	32.8	7.9	0.9	0.0	421.7

2018 年各月风速情况一览表

表 3　　单位：米 / 秒

要素＼月份		1	2	3	4	5	6	7	8	9	10	11	12	平均或极值
平均风速		2.7	2.9	4.1	4.9	3.9	3.3	3.1	2.4	2.5	2.6	2.2	2.6	3.1
最大	风速	11.3	11.5	12.6	14.0	12.3	17.6	13.1	12.6	12.9	10.5	9.6	9.7	17.6
	风向	NNW	SW	N	NNW	WSW	N	SSE	NW	WNW	WNW	SW	WSW	N
	日期	10	8	1	10	23	6	24	26	28	26	3	15	6/6

注：①最大风速：10 分钟出现平均风速；②风向符号：E 代表东，S 代表南，W 代表西，N 代表北

2018年各月日照时数情况一览表

表4 单位：小时

月份 要素	1	2	3	4	5	6	7	8	9	10	11	12	年合计
日照	210.8	202.7	245.9	238.5	276.7	230.8	196.9	187.0	273.8	272.4	193.2	208.1	2736.8

【日　照】 2018年全年日照总时数2736.8小时，比历年同期多43.7小时。春季日照时数为761.1小时，比历年同期多22.1小时；夏季日照时数614.7小时，比历年同期少95.7小时；秋季日照时数739.4小时，比历年同期多小76.1时。其中5月276.7小时为最多，8月187小时为最少。

全年气象灾害有阶段干旱、局部暴雨洪涝、部分乡镇乡镇二代黏虫暴发。

（梁志兵）

自然资源

【土地资源】 喀左县土地总面积223208.65公顷，耕地面积63298.77公顷，占土地总面积的28.36%；基本农田面积44973公顷，占土地总面积的20.13%；国有土地面积14941.88公顷，占土地总面积的6.69%；园地面积9062.37公顷，占土地总面积的4.06%；林地面积68670.74公顷，占土地总面积的30.77%；草地60554.58公顷，占土地总面积的27.13%；城镇村及工矿用地13231.62公顷，占土地总面积的5.93%；交通运输用地4321.49公顷，占土地总面积的1.94%；水域及水利设施用地3638.95公顷，占土地总面积的1.63%；其他土地430.13公顷，占土地总面积的0.19%。

【地热资源】 2014年4月，辽宁省矿产勘查院进行了大地电磁测量（MT），提交了《辽宁省喀左县小营子村一带深层地热资源勘查物探工作报告》（地址：平房子镇小营子村小汤沟）；2015年5月，辽宁省矿产勘查院提交了《辽宁省喀左县小汤地区地热资源成因类型论证报告》；2016年12月，辽宁省有色地质局勘查总院提交了《辽宁省喀左县小汤地区地热勘查报告》。

根据《辽宁省喀左县小汤地区地热勘查报告》及评审备案证明（辽国土资储备字〔2017〕014号），地热井井深2011.51米，静止水位高出地表15米，试验的最大自流量2640立方米/天，出水温度66℃，勘查区面积3.24平方公里，可采地热资源量为4.318×1012kcal，可采地热资源为1.482×108kcal/d。

根据自然资源部沈阳矿产监督检测中心及辽宁省第一水文地质工程地质大队分别采取卫生防疫分析水样和矿泉水全项分析水样，检测结果显示:（1）地下水pH值为7.36，属弱碱性水；总硬度（以$CaCO_3$计）为129.53毫克/升，属极软水。水化学类型为HCO_3·Cl—Na·Ca型水。（2）理疗热矿泉水水质评价，热水中氟化物含量3.6毫克/升，偏硅酸的含量为75.2毫克/升，温度66℃，符合《天然矿泉地质勘探规范》(GB/T13727—92）规定的医疗矿泉水命名条件（偏硅酸≥50毫克/升、温度≥34℃），可命名为偏硅酸型温泉水，适于理疗、洗浴。水中大部分元素呈离子状态，浴用时容易透过皮肤进入肌体而发生作用，不仅在浴用中，在浴后也继续发生作用。碱泉，有类似肥皂的作用，可使皮肤乳化，使皮肤显得光滑。偏硅酸具有良好的软化血管、清除血管沉积脂肪的功能，预防中风，对治疗心脏病、肠胃病、风湿性关节炎、颈椎病、肩周炎等常见疾病具有明显的预防和治疗作用。硅酸是人体正常生长和骨骼钙化不可缺少的，也是生命不可缺少的元素。浴用时对皮肤及黏膜有洁净作用。

地热资源是多用途的自然资源，其优点是占

地少、无烟、无废渣粉尘、减少碳排放等，是一种清洁、廉价、可直接利用的新能源，与其他矿产资源及其他可再生能源相比，在开发利用方面具有明显的节能环保、高效利用和价廉量稳的优势。发利用地热资源对国家号召的节能减排具有非常积极的意义，可广泛用于如渔业、养殖、医疗、发电等多种行业，尤其是用于小区或酒店的供暖及洗浴，可大大提高小区、酒店的品质，带来良好的经济效益。

【水资源】 降水。2018 年，共降水 421.7 毫米，比历年少 50.1 毫米。降水最多月为 7 月，降水量 127.2 毫米；最少月为 1 月、2 月和 12 月，降水 0 毫米。水库蓄水量。2018 年，全县中、小型水库总蓄水量 0.109 亿立方米，其中，瓦房店水库蓄水量 0.049 亿立方米。6 座小（一）型水库年末总蓄水量 0.06 亿立方米，1 座小（二）型水库为空库运行，蓄水量为零。水资源总量。2018 年，水资源总量 16928.6 万立方米，其中，地表水资源量 13261.6 万立方米，地下水资源量 10587.5 万立方米，地表水和地下水重复计算水量 6922.5 万立方米。

【矿产资源】 喀左县矿产资源比较丰富，境内已发现各类矿产 32 种，已探明的有大、中、小型矿床、矿点、矿化点 70 多处。主要有可燃性矿产：煤、油母页岩；黑色金属矿产：铁、锰；有色金属矿产：钼、铜、铅、锌；贵金属矿产：金、银；非金属矿产：石灰石、白云石、耐火黏土、氟石、高岭土、膨润土、珍珠岩、灰绿岩、方解石、紫色砂土页岩（紫砂土）、白垩土、玛瑙以及含铁石英岩等。另外还有放射性铀矿矿苗（在坤都营子乡大波太沟附近）。铁矿分磁铁矿、锰铁矿和硫化铁矿三种。磁铁矿主要分布在中三家镇岳台子村、辘轳井村一带。锰铁矿主要分布在平房子镇北洞、山嘴子镇大阳山、六官营子镇双庙村等地。硫化铁矿主要分布在南公营子镇李杖子、羊角沟镇朱杖子等地，全县已探明的铁矿石储量在 1000 万吨以上。钼矿主要分布在中三家镇肖营子一带，六官营子镇滴答水、哈叭气也有产出，全县探明储量在 120 万吨以上。金矿主要分布在中三家镇长皋村王麻子沟组、辘轳井村、豆腐房村及六官营子镇滴答水、哈叭气等处。探明金矿区自然金储量在 1.8 吨以上。铜矿主要分布于县境内西部和西北部，与凌源、建平两县接境的地区，主要矿点有六官营子镇滴答水铜矿、哈叭气铜矿和中三家镇豆腐房村铜矿。滴达水铜矿探明储量约 34.8 万吨，哈叭气铜矿探明储量约 300—400 吨。石灰石主要分布在南公营子镇、白塔子镇、平房子镇、利州街道、东哨镇、草场乡、兴隆庄镇、公营子镇、中三家镇、六官营子镇、羊角沟镇、水泉镇、山嘴子镇等乡镇。均为优质石灰石，是炼钢和烧制水泥、石灰的重要原料，探明储量在 10 亿吨以上。膨润土主要分布在中三家镇、公营子镇、大城子街道、官大海农场、大营子乡、白塔子镇等乡镇，探明储量在 220 万吨以上。耐火土分布在六官营子镇、利州街道、东哨镇、白塔子镇、南公营子镇、大营子乡、山嘴子镇等乡镇，探明储量约 819 万吨。珍珠岩分布在六官营子镇、大营子乡、官大海国有农场等乡镇，探明储量约 80 万吨。高岭土分布在大城子镇的双庙村、公营子镇的王杖子村、小塔子沟村、五家子村等 10 余处。大城子街道双庙村储量最大，探明储量 30.9 万吨以上。紫砂土分布在利州街道、大城子街道、公营子镇、羊角沟镇、十二德堡镇、甘招镇。仅利州街道的紫砂土矿体出露长度为 3.5 公里，宽 0.5 公里。全县总储量约在 1 亿吨以上。油母页岩分布在平房子镇的九佛堂、北洞、旧烧锅一带以及大城子街道、利州街道、老爷庙镇、甘招镇等乡镇。九佛堂组分上、中、下三组 10 个含油页岩层，平均可采厚度 55 米，平均含油率 4%—5%。煤炭分布在白塔子镇杨树沟、南公营子镇东村东坟，利州街道南窑一带，东哨镇举杖子也有少量矿藏，煤炭测算储量500万吨以上。杨树沟煤矿，储量约289.6万吨。南哨煤矿储量约96.1万吨。大理石（灰绿岩）分布在羊角沟镇朱杖子、大营子乡苇塘子等地。储量3亿立方米以上。玛瑙分布在老爷庙镇东部、十二德堡镇南部、尤杖子乡南部等处，探明含矿岩石储量在千吨以上。白垩土分布在羊角沟镇朱杖子村，探明储量1900万吨以上。氟石分布在六官营子镇、官大海农场、大营子乡、公营子镇、卧虎沟乡。探明矿石储量在1000万吨以上。白云石（菱镁矿）产地分布在六官营子镇、卧虎沟乡。探明储量730万吨以上。方解石产地分布在平房子镇、羊角沟镇、六官营子镇、甘招镇等乡镇。储量500万吨以上。矿泉水全县分布多处，以草场乡的满井、坤都营子乡的金杖子、平房子镇的王子山的矿泉水为佳。

【植物资源】 喀左地区有木本、草本植物102科，785余种。其中，种子科植物84科、738种，蕨类植物10科、20种，菌类植物8科、27种。

境内主要树种有16科210种左右。主要有：

松科：华山松、油松、华北落叶松、白杆云杉等8种。

柏科：侧柏、杜柏等5种。

杨柳科：银白杨、新疆杨、小叶杨、钻天杨、加拿大杨、赤柳、旱柳、垂柳、簸箕柳、馒头柳等25种。

桦木科：白桦、榛子、千金榆等7种。

壳斗科：板栗、东北栎、蒙古栎等6种。

榆科：家榆、刺榆、小叶朴等10种。

桑科：蒙古桑、鸡桑等4种。

蔷薇科：山里红、苹果、山杏、桃、李子、樱桃、山楂、白梨、秋子梨等58种。

豆科：紫刺槐、黄芪、胡枝子、槐树等45种。

芸香科：黄波罗、山花椒、花柏、白藓4种。

鼠李科：大枣、酸枣、东北鼠李等9种。

葡萄科：白蔹、山葡萄、葡萄等7种。

椴树科：紫椴、裂叶紫椴、蒙椴、糠椴4种。

胡颓子科：沙棘、沙枣2种。

木樨科：水曲柳、小叶白蜡树、朝阳丁香、紫丁香、暴马丁香等14种。

马鞭草科：荆条、白花荆条2种。

珍贵野生植物：银杏、黄波罗、紫椴、蒙古栎、核桃楸、水曲柳、野大豆、黄芪8种。其中，银杏为国家一级保护植物。

野生药材有桔梗、远志、黄芩、黄芪、茵陈、升麻、苍术、苦参、甘草等近百种。

食用菌类有红蘑、黄蘑、白蘑、榛蘑、草蘑等。人工培育有滑子菇、双孢菇、香菇、木耳等。

【动物资源】 2001年，经辽宁大学生命科学系刘明玉等专家审定，喀左县境内共有脊椎动物359种、鱼类32种、两栖类5种、爬行类15种、鸟类268种、兽类39种。隶属于5纲,27目,69科，其中，辽宁省重点保护动物56种，国家一级保护动物2种，国家二级保护动物33种。

鱼类：鲤鱼、鲢鱼、马口鱼、麦穗鱼、鲫鱼、泥鳅、鲶鱼等32种。

两栖动物：花脊蟾蜍、大蟾蜍、东北雨蛙、中国林蛙、黑斑蛙5种。

爬行动物：鳖、丽斑麻蜥、黄脊游蛇、赤峰锦蛇、黑眉蝮蛇等15种。

鸟类：

鹭科：苍鹭、大白鹭、绿鹭、夜鹭等12种。

鸭科：豆雁、大天鹅、赤麻鸭、绿翅鸭等15种。

鹰科：蜂鹰、苍鹰、鹊鹞、秃鹫、金雕等15种。

隼科：猎隼、燕隼、红隼等5种。

雉科：石鸡、鹌鹑、雉鸡、斑翅山鹑4种。

啄木鸟科：斑啄木鸟、星头啄木鸟、蚁鴷等8种。

燕科：灰沙燕、家燕、金腰燕等5种。

鸦科：松鸦、灰喜鹊、寒鸦、大嘴乌鸦等10种。

雀科：燕雀、黄雀、松雀、长尾雀等33种。

兽类：

猬科：刺猬。

鼹科：缺牙鼹。

兔型科：草兔。

鼠科：松鼠、花鼠、大仓鼠、东方田鼠等20种。

犬科：狼、赤狐、貉3种。

鼬科：黄鼬、狗獾、水獭等7种。

其他：豺猫、野猪、狍子等。

【风力资源】 喀左县境地处辽西中山、低山、丘陵地带，位于辽西北风带上，属北温带大陆性季风气候。平均海拔430米。受峡谷效应的作用，常年多西北风和东南风，春、冬季风多，风速偏大。据县气象部门依据有关资料的分析测算，县境内地表以上10米高空域内，年平均风速为1.7米/秒，3—20米/秒风速年累计为3000—5000小时（累计2000小时以上为风速可利用区）。全县风能资源可利用区域面积为400平方公里以上，属风能区划指标较丰富地区。

建置沿革

【建　置】 喀喇沁左翼蒙古族自治县境内西汉有县的建置以来，先后设有县、郡、州、卫、旗、厅的建置。其中曾4次分置：西汉置3县，晋置1周2郡3县，中华民国置4县，并有2次境内实行蒙汉分制。基层建置自清至今，曾实行过区、乡镇、村、牌、甲、人民公社、生产大队、生产队、村民委员会、村民小组。蒙置有参领、佐领、领催、十家长。清及中华民国时期境内区划较大变动有9次，1949—1959年变动7次。2014年底，县辖5个乡，14个镇，1个农场，2个工业园区，3个街道办事处，12个社区，186个村，4个农场分场。

【沿　革】 喀左县历史悠久，商代为孤竹国领地，西周时为山戎、东胡活动范围。春秋时期属山戎地。战国时期属诸侯国燕地，归右北平郡辖。秦时属右北平郡。西汉初为匈奴左地，武帝后为塞地，置白狼县（治所在今平房镇黄道营子村），属右北平郡。东汉时属幽州，后为乌桓地。三国时为魏地，属幽州昌黎郡。晋时，先后属前燕、前秦、后燕、北燕辖地。南北朝时，属北魏、北齐建德郡。隋初，属建德郡龙城县辖，后废龙城县置龙山县，境内属龙山县辖，后废龙山县，归柳城县辖。唐代，属营州柳城郡地，后为库莫奚、契丹地。辽代，境内中部归利州阜俗县（州、县治所在今大城子镇）辖，南部归潭州龙山县（州、县治所在今白塔子镇）辖，北部归富庶县（县治所在今公营子镇土城子村）辖。金代承袭辽制，元代境内属利州阜俗县、龙山县、富庶县辖。明代，洪武中期境内州县均废；永乐之后，境内属蒙古朵颜卫地。后金天聪九年（1635），置喀喇沁左翼旗（治所初在官大海后迁至南公营子）。乾隆三年（1738），境内置塔子沟厅（治所在今凌源县城），乾隆四十三年（1778），改塔子沟厅为建昌县，隶属承德府，境内旗、县并立，蒙汉分治。蒙古族归喀喇沁左旗管理，汉族归建昌县管理。民国初年，“喀喇沁左旗扎萨克衙门”改称“喀喇沁左旗公署”。民国3年（1914），因建昌县与江西建昌府重名，又为大凌河水发源之地，故改名为凌源县（治所今凌源），隶热河特别区辖。民国17年（1928）隶热河省管辖。民国20年（1931），喀喇沁左旗境内南部置凌南设治局，民国22年（1933）改凌南设治局为凌南县（治所牤牛营子）。同年，日军侵入，建立伪政权，隶伪热河省公署。民国26年（1937），合并凌源、凌南两县为建昌县（治所牤牛营子）。民国29年（1940），存旗撤县，撤销建昌县，所辖境地均归入喀喇沁左旗，伪喀喇沁左旗公署驻地由公营子迁到建昌（今建昌镇），隶伪热河省管辖。民国34年（1945），日本投降，东北光复。旗境隶热东地委辖。民国35年（1946）5月8日，内蒙古民族自治运动联合会喀喇沁左旗支会在山嘴子海岛营子村建立。同年8月1日，经热东地委批准在凌源奈马营子建立蒙汉分治的喀喇沁左旗政府。同年10月25日，在旗境东部建立凌建县，隶热东地委辖。民国36年（1947）5月，建立中共喀喇沁左旗工作委员会。同年8月10日，撤销凌建县。8月22日，喀喇沁左旗全境解放。12月，建立“属地主义”的喀喇沁左旗政府，隶热东地委辖。12月，热东地委撤销，旗境隶热河省辖。1956年1月，热河省撤销，旗境划归辽宁省管辖。1957年10月，国务院第五十八次会议通过撤销喀喇沁左旗的建制，建立喀喇沁左翼蒙古族自治县。1958年4月1日，撤销喀喇沁左旗建制，正式建立喀喇沁左翼蒙古族自治县。1959年1月，隶朝阳市管辖。1964年3月之后，朝阳市、地建制几经变动，但隶属关系未变。

民国35年（1946）后的建制。8月1日，中共热东地委批准，在凌源奈马营子建立蒙汉分治的喀喇沁左旗政府，旗辖公营子、官大海、大城子、簸箕、建昌、碱厂、汤神庙、奈马营子、凌源、刀尔登、老爷庙11个蒙民努图克（区）。境内汉民分别划归凌源、建昌、叶柏寿县管辖。蒙古族归喀喇沁左旗管辖。1946年10月25日，建立凌建县。辖羊角沟、老爷庙、丛杖子、十二德堡、大城子、半拉烧锅6个区。民国36年（1947）12月，建立蒙汉合治的喀喇沁左旗政府，辖公营子、老爷庙、大城子、后坟、白塔子5个努图克（区）。1949年9月，喀喇沁左旗共划分9个努图克（区），128个行政村。1955年，将喀喇沁左旗人民政府改为喀喇沁左旗人民委员会。1956年1月1日撤销热河省，将喀喇沁左旗划归辽宁省管辖。1956年2月18日，并区建乡，喀喇沁左旗辖5个区，40个乡镇。1958年3月1日，喀喇沁左旗撤区并乡，全旗辖27个乡、一个镇：白塔子、李杖子、公营子、九佛堂、青沙子、土楼子、羊角沟、塔子沟、水泉、卧虎沟、兴隆庄、南哨、六官营子、坤都营子、大营子、山咀子、甘招、海岛营子、尤杖子、崔杖子、草场、老爷庙、东哨、杨树底下、十八奋、十二德堡、四道营子，大城子镇。1958年9月，全县实行人民公社化，将27个乡和22个高级社改建为六官营子、平房子、老爷庙、羊角沟、公营子、大城子、甘招7个人民公社，下设122个作业区。1959年，将人民公社下设的作业区改名为管理区。1961年，将管理区改为生产大队。1961年春，将原7个人民公社，划分为21个人民公社：东哨、平房子、老爷庙、羊角沟、十二德堡、草场、尤杖子、南哨、山嘴子、坤都营子、水泉、甘招、白塔子、大城子、南公营子、大营子、卧虎沟、兴隆庄、公营子中三家。1961年，从六官营子公社划出国营官大海农场。1964年6月1日，恢复大城子镇。1968年2月9日，将喀喇沁左翼蒙古族自治县人民委员会改为革命委员会，同时，将各公社管理委员会改为革命委员会。1979年5月，从南公营子人民公社划出西村大队，建立国营南公营子果树农场。1979年，全县辖21个人民公社、1个镇、2个国有农场、230个生产大队。1980年10月，撤销革命委员会名称，恢复喀喇沁左翼蒙古族自治县人民政府和各公社管理委员会名称。1984年3月，将21个人民公社、2个农场、1个镇、230个生产大队，改建为22个乡、1个镇、1个国有农场、240个村民委员会。1984年，山嘴子乡、公营子乡更名镇的建制。同时从公营子乡划出小塔子沟为乡建制（辖9个村委会），南公营子果树农场建乡。1985年8月，南公营子乡改为镇。撤销南果农场乡建制，存南公营子果树农场。官大海农场改为乡。同年11月，南哨乡改为南哨镇。至此，全县共有19个乡、5个镇、1个果树农场、240个村民委员会，1606个村民组，1204个自然屯。5个镇：大城子镇、公营子镇、南公营子镇、山嘴子镇、南哨镇。19个乡：白塔子乡、平房子乡、大城子乡、六官营子乡、坤都营子乡、大营子乡、官大海乡、兴隆庄乡、卧虎沟乡、甘招乡、水泉乡、小塔子沟乡、中三家乡、草场乡、东哨乡、老爷庙乡、尤杖子乡、十二德堡乡、羊角沟乡。1990年，全县240个村民委员会，调整为242个村民委员会（原平房子乡小营村分为小营村、高家洞村和六间房村）。1995年10月24日，经省政府批准白塔子乡改为白塔子镇，中三家乡改为中三家镇。1998年3月29日，经省政府批准，六官营子乡改为六官营子镇。1998年8月18日，老爷庙乡改为老爷庙镇。1998年10月15日，平房子乡改为平房子镇。1999年7月，根据辽宁省人民政府《关于同意朝阳各县（市、区）乡镇行政区划调整批复》，县内合乡并镇，部分乡镇区划做了调整：撤销大城子乡、兴隆庄乡，并入大城子镇。合并后，镇人民政府驻地大城子。撤销塔子沟乡，并入公营子镇。合并后，镇人民政府驻地大垤卜村。撤销大营子乡，并入六官营子镇。合并后，镇政府驻地六官营子村。撤销尤杖子乡，并入十二德堡乡。合并后，乡政府驻地十二德堡村。撤销甘招乡，并入水泉乡。合并后，乡政府驻地水泉村。撤销官大海乡，保留官大海国有农场。调整后，全县乡、镇级行政单位为10个镇、7个乡、1个国有农场。1999年，全县242个村调整为238个村（原官大海国有农场之4个村改为4个分场）。2002年5月，根据2001年12月辽宁省人民政府《关于同意调整朝阳市部分乡镇行政区划的批复》的意见，县内部分乡镇区划进行调整：六官营子镇，分设为大营子乡、六官营子镇。水泉乡，分设为甘招乡、水泉乡。十二德堡乡，分设为尤杖子乡、十二德堡乡。大城子镇，分设为兴隆庄乡、大城子镇。调整后，全县乡镇级行政单位为10个镇、11个乡、1个国有农场。2002年，全县238个村，调整为237个村（平房子镇的六间房村并入小营村）。2004年6月，县政府将51个行政村的建制撤销。2003年6月，建立喀左县利州工业园区。2007年8月31日，重新组建喀左县利州工业园区管理委员会。2005年8月，开始筹建喀左县冶金铸造工业园区。2007年7月25日，喀左县冶金铸造工业园区管理委员会正式成立，下辖1个街道办事处，6个行政村。2010年3月，经省政府批准，十二德堡乡改为十二德堡镇。2011年10月，经省政府批准，羊角沟乡改乡建镇。2013年5月，经省政府批准，将大城子镇、南哨镇撤镇建街道，原大城子街道办事处改建利州街道办事处。2013年10月，经省政府批准，兴隆庄乡、甘招乡改乡建镇，2014年11月，东哨乡和水泉乡经省政府批准撤乡建镇。2015年1月，经朝阳市委、市政府批准，喀左冶金铸造工业园区晋升为朝阳喀左经济技术开发区。

截至2018年12月，喀左县辖14个镇、5个乡、2个工业园区，1个国有农场、3个街道办事处。即公营子镇、中三家镇、南公营子镇、平房子镇、山嘴子镇、六官营子镇、白塔子镇、老爷庙镇、十二德堡镇、羊角沟镇，兴隆庄镇、甘招镇、东哨镇、水泉镇，卧虎沟乡、坤都营子乡、大营子乡、尤杖子乡、草场乡，利州工业园区、朝阳喀左经济技术开发区，国营官大海农场，大城子镇街道办事处、南哨街道办事处、利州街道办事处。

中国共产党
喀左蒙古族自治县委员会

重要会议·县委常委会议

【重要会议】1月11日，全县脱贫攻坚领导小组2018年度第一次全体会议在县人民会堂召开。会议深入贯彻中共十九大精神，全面落实中央和省委、市委关于脱贫攻坚工作的部署和要求，总结全县2017年脱贫攻坚工作，安排部署2018年工作任务。

1月12日，喀左县深入贯彻执行中央八项规定精神推进作风建设大会在县人民会堂召开。会上，县委常委、纪委书记、县监察委员会主任陈万增宣读了《关于对2018年春节期间落实中央八项规定精神推进作风建设开展监督检查的通知》。

1月29日，县委书记、县脱贫攻坚领导小组组长吕树江主持召开全县脱贫攻坚领导小组2018年度第三次全体会议。会议听取了县交通局、财政局等部门2018年行业扶贫工作计划汇报，审定《2018年度精准扶贫精准脱贫工作方案》等脱贫攻坚系列文件。

2月5日，全县2018年脱贫攻坚工作会议在人民会堂召开。会议总结2017年脱贫攻坚工作，安排部署2018年脱贫攻坚工作。会上，吕树江、刘敬华分别与乡镇、部门代表签订了2018年脱贫攻坚工作责任书；县委常委、常务副县长薛大新宣读了《喀左县2018年精准扶贫精准脱贫工作实施方案》。

2月24日，全县政法暨扫黑除恶专项斗争工作会议在人民会堂召开。会议传达了县委书记吕树江作出的批示。会上，县委常委、政法委书记孙立文安排部署了2018年工作。

3月9日，全县绩效考评暨“五个一工程”和项目建设总结表彰大会在县人民会堂召开。会议全面总结了2017年绩效考评和项目建设工作，总结经验、表彰先进，动员全县各级各部门和县内企业，立足大局、把握大势，统一思想、继续前进，以“五个一工程”和项目建设的新成绩，推动全县整体工作取得新进步。

4月16日，喀左县委工作会议召开。会议总结成绩，并安排部署了全县组织、信访、宣传和统战等工作，解读了社会稳定工作考核办法。

6月6日，全县精准脱贫“百日攻坚行动”动员会议在县人民会堂召开。会议深入落实习近平总书记关于脱贫攻坚工作重要讲话精神、全省“五个一批”精准扶贫工作现场会和全市精准脱贫“百日攻坚行动”动员大会精神，聚焦问题，汇集力量，集中攻坚，切实提高喀左县脱贫攻坚质量，确保完成贫困户如期脱贫、贫困村全部销号、贫困县实现摘帽目标。

6月7日，喀左县实施乡村振兴战略暨全面推进国家农业可持续发展试验示范区建设动员大会在县人民会堂召开。会议通报了全面推进国家农业可持续发展试验示范区进展情况，并进行了任务分解。

7月24日，全县防汛工作会议召开。会议深入贯彻习近平总书记关于防汛抗洪减灾工作的一系列重要指示精神和全省防汛工作电视电话会议精神，全面安排部署喀左县各项度汛工作。

8月9日，喀左县脱贫攻坚领导小组（扩大）会议在县人民会堂召开。会议传达贯彻了党中央、国务院关于脱贫攻坚指示精神和省、市工作要求，对全县脱贫攻坚工作进行了全面安排部署。

8月9日，喀左县扫黑除恶专项斗争工作领导小组会议暨全县扫黑除恶专项斗争工作推进会议在县人民会堂召开。会议动员全县上下要坚决落实中央部署和省委、市委要求，坚持问题导向，狠抓工作落实，推动扫黑除恶专项斗争向纵深开展，为喀左振兴发展、全面建成小康社会创造安全稳定的社会环境。会上，县纪委监委、县委组织部、县委宣传部、县人民法院、县人民检察院分别汇报了本部门本系统扫黑除恶专项斗争开展情况。

8月17日，中共喀左县委十四届五次全体（扩大）会议暨全县经济工作会议在县人民会堂召开。县委书记吕树江代表县委常委会做工作报告。县委副书记、县长刘敬华安排部署下半年经济工作。会议审议通过了县委常委会工作报告，与会县委委员对2017年县委书记抓基层党建工作进行了民主测评。

9月6日，喀喇沁左翼蒙古族自治县成立六十周年庆祝大会在县人民会堂召开。全县各族各界代表在县人民会堂隆重集会，热烈庆祝自治县成立六十周年。

9月9日，全县扶贫开发暨重点项目拉练总结会议在县人民会堂召开。会议总结盘点工作成绩，对下一步项目建设作出安排部署。

9月11日，县委召开常委会（扩大）会议。会议传达贯彻市委书记蹇彪莅喀调研讲话精神，安排部署深入推进脱贫攻坚和深入开展扫黑除恶专项斗争工作。

9月20日晚，全县安全生产和社会稳定工作会议在县人民会堂召开。会议安排部署全县国庆、中秋“两节”期间安全生产和社会稳定工作。

10月23日，全县安全生产工作会议在县人民会堂召开。会议深入贯彻落实全省全市安全生产工作电视电话会议精神，并安排部署全县第四季度安全生产工作。

11月2日，全县脱贫攻坚领导小组全体（扩大）会议在县人民会堂召开。会议听取了重点行业部门行业扶贫工作情况汇报，对全县脱贫攻坚工作特别是贫困退出工作进行再动员、再部署。

11月2日，县委召开常委会（扩大）会议。会议传达省委十二届十次全会和市委十届八次全体（扩大）会议精神，研究部署喀左县贯彻落实工作，并就迎接中央环保督察“回头看”、非洲猪瘟疫情防控等相关重点工作作出进一步安排。

11月16日，全县民营经济工作暨老企业合资合作转型升级会议在人民会堂召开。会上，副县长陈景泉传达了全市民营经济工作暨老企业对外合资合作转型升级会议精神，解读了《市委、市政府关于老企业合资合作转型升级实施意见》，通报了全县民营经济发展和老企业合资合作转型升级工作情况；企业代表介绍了经验；县直部门代表作了表态发言。

11月16日，全县组织和意识形态工作会议在人民会堂召开。会议通报了年初以来全县组织工作、意识形态工作情况，并对做好下一步工作提出了具体要求。

11月20日，县委书记、县脱贫攻坚领导小组组长吕树江主持召开全县脱贫攻坚领导小组全体（扩大）会议，安排部署贫困退出迎检验收各项准备工作，动员全县上下进一步提高认识，高度重视，狠抓关键，查缺补漏，全力以赴做好各项工作。

12月11日，中共喀左县第十四届委员会第六次全体会议在县人民会堂召开。全会听取了第十四届代表大会第三次会议筹备工作情况汇报，审议通过拟提交县党代表大会审议的县委工作报告、县纪委工作报告等文件。全会决定于12月14日召开县十四届党代表大会第三次会议。

12月14日，中国共产党喀喇沁左翼蒙古族自治县第十四届代表大会第三次会议在县人民会堂召开。县委书记吕树江代表中共喀左县第十四届委员会作了题为《新时代展现新气象新担当新作为，为推动喀左全面振兴全方位振兴努力奋斗》的工作报告。大会深入贯彻习近平新时代中国特色社会主义思想和中共十九大及十九届二中、三中全会精神，坚决落实习近平总书记在辽宁考察时和在深入推进东北振兴座谈会上的重要讲话精神，全面推动省委“推进县域经济发展”战略和市委“161”工程决策落实，总结2018年工作，部署2019年工作任务，动员全县上下解放思想、求真务实，开拓创新、锐意进取，在新时代展现新气象新担当新作为，为推动喀左全面振兴全方位振兴努力奋斗。大会通报了中国共产党喀喇沁左翼蒙古族自治县第十四届县委班子、纪委班子及县委委员、候补委员、纪委委员民主测评结果；通报了中国共产党喀喇沁左翼蒙古族自治县第十四届代表大会第三次会议代表提案审查情况；通过了关于中国共产党喀喇沁左翼蒙古族自治县第十四届委员会工作报告的决议；通过了关于中国共产党喀喇沁左翼蒙古族自治县第十四届纪律检查委员会工作报告的决议。

12月21日，全县领导干部大会在县人民会堂召开。会议对落实县党代会和县“两会”精神、做好当前重点工作作出安排部署。

【县委常委会议】 1月11日，县委书记吕树江主持召开十四届县委第56次常委会议。会议议题有7项：听取脱贫攻坚工作情况汇报；传达习近平总书记对“四好农村路”建设重要指标及省委领导批示精神；审定《喀左县坚决维护以习近平总书记为核心的党中央权威和集中统一领导的若干规定》；审定《中国共产党喀左县委员会书记专题会议议事规则》；审定《中国共产党喀左县委员会常务委员会议事决策规则》；传达省委十二届六次全会和市委十届六次全会精神；听取县纪委关于党风廉政建设的汇报，审定《喀左县贯彻执行中央八项规定精神的实施规则》。

1月29日，县委书记吕树江主持召开十四届县委第57次常委会议。会议议题有5项：研究2018年脱贫攻坚工作；听取河长制工作开展情况的汇报；听取农村集体产权制度改革工作的汇报；研究加快推进生态文明建设工作；听取自治县60周年县庆筹备工作情况的汇报。

2月13日，县委书记吕树江主持召开十四届县委第58次常委会议。会议议题有4项：讨论《中共喀左县委落实〈市委2018年重点工作安排〉工作方案》；听取推进国家农业可持续发展试验示范区建设工作汇报；研究选派优秀青年轻干部到县扶贫局挂职工作；研究部署春节期间有关工作。

2月26日，县委书记吕树江主持召开十四届县委第59次常委会议。会议议题有2项：听取各乡镇街区党委基层党建工作汇报；安排部署当前有关工作。

3月2日，县委书记吕树江主持召开十四届县委第60次常委会议。会议议题有7项：听取2017年度全县项目建设和绩效考评情况汇报；听取2017年度营商环境重要岗位负责人测评情况汇报；研究县乡财政体制改革工作；听取选派干部到乡、村工作情况汇报；研究调整“五个一工程”领导小组；听取县纪委关于召开县纪委十四届三次全会暨全县党风廉政建设工作会议情况汇报；研究意识形态和网络意识形态有关工作。

3月22日，县委书记吕树江主持召开十四届县委第61次常委会议。会议议题有3项：安排部署深入落实中央八项规定精神有关事宜；听取宣传思想文化工作和精神文明建设工作表彰有关事宜；研究干部任免。

3月26日，县委书记吕树江主持召开十四届县委第62次常委会议。会议议题有4项：传达贯彻全国、省、市统战部长会议精神；听取全县人才工作汇报；传达贯彻市委《关于认真学习宣传习近平总书记在十三届人大一次会议上的重要讲话精神和全国两会精神及陈求发同志有关讲话精神工作方案》；研究干部任免。

3月31日，县委书记吕树江主持召开十四届县委第63次常委会议。会议议题有2项：研究省、市选派干部到喀左县乡村任职对接工作及驻村扶贫、结对帮扶有关工作；研究干部任免。

4月4日，县委书记吕树江主持召开十四届县委第64次常委会议。会议议题有3项：讨论干部事项；传达省、市关于整治“办事难”“特权车”有关要求；安排部署春季护林防火及安全生产等有关工作。

4月12日，县委书记吕树江主持召开十四届县委第65次常委会议。会议议题有6项：传达全市脱贫攻坚工作会议精神，安排喀左县欢迎省、市选派干部暨全县结对帮扶驻村帮扶工作会议有关事宜；听取关于成立县社会组织委员会和县个体劳动者（私营企业）服务；听取组织工作汇报；听取宣传思想文化工作汇报；审定《喀左县开展解决“办事难”问题专项整治工作方案》；听取县信访局关于落实省、市“五级书记抓信访”推动信访矛盾减存控增攻坚计划的汇报。

4月17日，县委书记吕树江主持召开十四届县委第66次常委会议。会议议题：研究干部事项；讨论喀左县2018年省、市“五一奖”推荐人选。

4月19日，县委书记吕树江主持召开十四届县委第67次常委会议。会议议题有2项：研究干部任免；安排部署落实中央八项规定精神有关事宜。

5月8日，县委书记吕树江主持召开十四届县委第68次常委会议。会议议题：专题研究向县直单位派驻纪检监察组工作。

5月23日，县委书记吕树江主持召开十四届县委第69次常委会议。会议议题有11项：审定《中共喀左县委全面深化改革工作运行规则》；传达贯彻省、市“五级书记抓信访”推动信访矛盾减存控增工作部署；传达全市农村工作暨乡村振兴工作会议精神，审定《喀左县实施乡村振兴战略五年行动计划（2018—2022年）》；传达贯彻全省基层党建工作重点任务推进会议精神；审定《喀左县党的建设三年规划（2018—2020年）》；审定《喀左县党的基层组织建设三年规划（2018—2020年）》；研究“七一”表彰工作；审定《喀左县人才服务全面振兴三年规划（2018—2020年）》和《喀左县2018年引进人才十大工程》；审定《中共喀左县委关于创新纪检监察工作机制的意见》；安排事业单位机构改革有关事宜；安排全县清理整顿社会组织和中介机构工作。

5月28日，县委书记吕树江主持召开十四届县委第70次常委会议。会议议题：专题听取县人大常委会党组、县政府党组、县政协党组、县人民法院党组、县人民检察院党组工作汇报。

5月31日，县委书记吕树江主持召开十四届县委第71次常委会议。会议议题：专题研究自治县60周年庆祝活动筹备工作。

6月6日，县委书记吕树江主持召开十四届县委第72次常委会议。会议议题有2项：讨论《喀左县县直公益性事业单位优化整合方案》；讨论《喀左县经营性事业单位转企改制组建企业集团方案》。

6月15日，县委书记吕树江主持召开十四届县委第73次常委会议。会议议题有2项：审定《喀左县全面深化改革三年规划（2018—2020年）》和《喀左县2018年全面深化改革工作计划》；研究“七一”表彰工作。

7月12日，县委书记吕树江主持召开十四届县委第74次常委会议。会议议题有6项：研究事业单位工作；研究县庆筹备工作；研究行政审批政务服务改革工作；听取“两到三年基本解决执行难”工作开展情况汇报；听取喀左县扫黑除恶专项斗争开展情况暨下步工作意见汇报；传达十届市委第105次常委会会议精神。

7月18日，县委书记吕树江主持召开十四届县委第75次常委会议。会议议题有2项：传达贯彻唐一军莅喀调研讲话精神；研究深化龙凤山景区中央环保督查整改工作。

7月26日，县委书记吕树江主持召开十四届县委第76次常委会议。会议议题有4项：传达贯彻中央第六巡视组巡视辽宁省情况反馈会议精神，听取喀左县落实整改工作安排意见的汇报；传达贯彻朝阳市军队退役人员服务管理工作会议精神；传达贯彻全省生态环境保护电视电话会议精神；研究“党管武装好书记”表彰人员名单。

8月15日，县委书记吕树江主持召开十四届县委第77次常委会议。会议议题有10项：听取县委十四届五次全会筹备工作汇报，讨论县委十四届五次全会工作报告；审定《喀左县关于中央第六巡视组意识形态工作责任制情况专项检查报告整改落实方案》；审定《中共喀左县关于加强和改进新时代思想政治工作的实施意见》；听取庆祝第三十四个教师节表彰大会筹备工作汇报；听取县总工会工作汇报；听取团县委工作汇报；听取县妇联工作汇报；审定《中共喀左县委巡察工作办法》和《中共喀左县委巡察工作规划》；听取中央第六巡视组反馈整改情况汇报，审定喀左县关于中央前两轮巡视反馈意见继续整改落实情况报告；研究县委常委工作分工。

8月27日，县委书记吕树江主持召开十四届县委第78次常委会议。会议议题有3项：审定《中共喀左县委关于中央第六巡视组巡视反馈意见整改落实情况的报告》，安排部署巡视整改质量“回头看”工作；听取新组建县直事业单位负责人建议名单的汇报；传达习近平总书记关于辽宁5天5地政府取消氧化铝项目折射多重问题重要批示精神。

8月30日，县委书记吕树江主持召开十四届县委第79次常委会议。会议议题有7项：听取关于设立喀左县税务局党委的汇报；研究干部任免；传达贯彻全省扫黑除恶专项斗争电视电话会议精神及市委123次常委会关于扫黑除恶工作会议精神；研究深入推进中央巡视反馈意见整改落实工作；传达贯彻习近平总书记和国务院领导同志对《农业大棚改建‘私家庄园’屡禁不止亟待加大整治力度》一文的重要批示精神及省委、省政府主要领导同志批示精神；传达贯彻习近平总书记对信访工作重要指示精神及省政府主要领导同志批示精神；传达贯彻2018年上半年全省扶贫开发工作总结会议暨省脱贫攻坚领导小组第六次全体会议精神。

9月11日，县委书记吕树江主持召开十四届县委第81次常委会议。会议议题有3项：传达贯彻省市脱贫攻坚总结暨贫困退出动员大会精神；研究深入推进扫黑除恶专项斗争；贯彻落实市委书记蹇彪喀左县调研讲话精神。

9月14日，县委书记吕树江主持召开十四届县委第82次常委会议。会议议题有2项：深入学习中央、省委、市委关于扫黑除恶专项斗争决策部署，进一步安排下一步扫黑除恶工作；传达贯彻省市开展宗教工作大调研部署要求。

9月19日，县委书记吕树江主持召开十四届县委第83次常委会议。会议议题有6项：传达贯彻全省推进“飞地经济”现场会和市委常委会会议精神；传达贯彻全市贫困退出督导会议精神；传达贯彻省委书记陈求发在《辽宁印刷包装产业基地喀左园区京津冀招商会情况的报告》上的批示精神和市委书记蹇彪在市委常委会上的讲话精神；研究继续深入推进巡视整改工作；听取扫黑除恶专项斗争情况汇报；传达贯彻全市宗教工作自查会议精神。

9 月 20 日，县委书记吕树江主持召开十四届县委第 84 次常委会议。会议议题：传达贯彻中央、国务院关于宗教工作的决策部署和市委相关工作安排。

10 月 12 日，县委书记吕树江主持召开十四届县委第 85 次常委会议。会议议题有 8 项：审定《喀左县关于进一步加快推进“飞地经济”发展的意见》和《喀左县 2018 年发展“飞地经济”考核指标及评分标准》；传达《朝阳市老企业合资合作转型升级实施意见》；听取全县人才工作开展情况的汇报；听取脱贫攻坚有关情况汇报；传达贯彻全市组织工作会议精神；传达贯彻全市意识形态工作会议精神；传达贯彻市委组中心组学习会议暨第 131 次常委会（扩大）会议精神；传达学习贯彻习近平总书记在辽宁考察时和在深入推进东北振兴座谈会上的重要讲话精神。

10 月 22 日，县委书记吕树江主持召开十四届县委第 86 次常委会议。会议议题有 4 项：学习新修订的《宗教事务条例》，进一步安排部署宗教自查工作；研究非洲猪瘟防控工作；听取赴河北平泉考察及近期市、县贫困退出督导情况汇报；研究县直公益性事业单位人员参加公务员考试报名推荐。

11 月 2 日，县委书记吕树江主持召开十四届县委第 87 次常委会议。会议议题有 5 项：听取行业扶贫情况汇报，进一步安排部署贫困退出迎检工作；传达省委十二届十次全会和市委十届八次全体（扩大）会议精神；安排部署中央环保督查整改工作；进一步安排部署非洲猪瘟疫情防控工作；安排部署当前重点工作。

11 月 16 日，县委书记吕树江主持召开十四届县委第 88 次常委会议。会议议题有 9 项：听取信访矛盾减存控增工作情况汇报，安排下一步信访工作；安排部署贫困退出迎检工作；传达省、市环保督察落实推进会议精神，安排喀左县中央环保督察“回头看”交办案件整改工作；传达贯彻国务院“大棚房”问题专项清理整治行动会议精神；传达市委集中推进京津冀招商总结会议精神；审定《关于深入贯彻落实习近平总书记在辽宁考察时和在深入推进东北振兴座谈会上的重要讲话精神以新气象新担当新作为推动新时代喀左全面振兴的意见》；审定《喀左县开展“解放思想推动高质量高发展大讨论”的实施方案》；学习《中共中央关于加强党内法规制度建设的意见》，传达《〈中共中央关于加强党内法规制度建设的意见〉贯彻落实情况的督查报告》和省委、市委工作要求，安排喀左县贯彻落实意见；审定《喀左县党组织履行全面从严治党主体责任的实施细则（试行）》。

11 月 20 日，县委书记吕树江主持召开十四届县委第 89 次常委会议。会议议题有 6 项：进一步安排部署贫困退出迎检工作；传达省市扫黑除恶专项斗争工作会议精神，听取喀左县工作开展情况及贯彻落实意见的汇报；研究依法治县相关工作；审定《关于新形势下加强全县政法队伍建设的实施意见》；研究环保督察“回头看”整改落实工作；传达贯彻市委 138 次常委会会议和朝委办秘传〔2018〕30 号通知精神，对贯彻落实习近平总书记重要指示批示精神“回头看”工作进行安排部署。

11 月 29 日，县委书记吕树江主持召开十四届县委第 91 次常委会议。会议议题有 7 项：研究召开县十四届三次党代会、县十六届人大二次会议及县政协十一届二次会议有关事宜；传达省党政主要领导批示及省、市关于中央环保督查整改工作要求，安排喀左县贯彻落实意见；传达贯彻省委理论学习中心组学习暨“解放思想推动高质量发展大讨论”电视电话会议精神，听取喀左县“大讨论”进展情况汇报；传达省党政主要领导在全省市厅级主要领导干部及县（市、区）委书记学习贯彻习近平总书记在辽宁考察时和在深入推进东北振兴座谈会上重要讲话精神专题研讨班开班式上的讲话精神；传达全省实施乡村振兴战略推进工作电视电话会议精神；传达全省旅游工作会议精神；研究党政机构改革有关事宜。

12 月 11 日，县委书记吕树江主持召开十四届县委第 92 次常委会议。会议议题有 8 项：讨论县十四届三次党代会相关文件；研究干部事项；讨论县十四届三次党代会县委工作报告；讨论县十四届三次党代会县纪委工作报告；讨论县十六届人大二次会议县人大常委会工作报告；讨论县十六届人大二次会议县政府工作报告；讨论县政协十一届二次会议县政协委员会工作报告；听取宗教工作自查整改情况汇报。

12 月 28 日，县委书记吕树江主持召开十四届县委第 93 次常委会议。会议议题有 5 项：审定《喀左县建立巡察工作与相关机关和部门协作机制的意见》和《县委巡察抽调干部管理暂行办法》；传达贯彻中央经济工作会议精神；传达贯彻全市加快民营经济发展大会精神；传达贯彻全市实施乡村振兴战略推进工作暨全市旅游会议精神；研究干部任免。

县委办公室工作

【文秘工作】 严格按照“服务、精简、高效”的原则，对会议通知、文件起草、修改、校对、印发等每一个环节从严要求，层层把关，确保万无一失，办文质量不断提高。全年起草印发文件 244 件、会议纪要 49 份、通知 102 件，起草完成各类文件、讲话、汇报 400 余篇，220 余万字。严格执行公文流转程序，文件收发、登记、传阅、转交、催办、归档各个流程严格规范，做到了及时到位。筹备完成自治县成立 60 周年庆祝大会、县委十四届五次全会、县十四届三次党代会、全县领导干部大会、常委会议等各类会议。积极配合省市到喀左县开展调研活动，全年撰写调研稿件 16 篇。

【机要保密工作】 严格遵守国家规定，加强密码管理和密码通信工作，强化机要工作人员的政治责任感和奉献精神，不断创新工作机制和管理手段，推进机要工作向规范化、制度化方向发展。遵循“及时收文、即时分发、急事急办、特事特办”的原则，简化办事程序，加快运转速度，共收发报 781 件，未发生任何误发、漏发、错发电报等责任事故。保密工作方面，强化保密管理，进一步健全完善各项规章制度，强化保密安全体系建设，落实保密工作责任制，加大保密检查力度，严格保密执法，全年无泄密事故发生。

【信息工作】 全力提升信息采集、报送的前瞻性、创新性、实效性，为县委决策提供及时、准确的信息参考，出色发挥了参谋助手、信息渠道作用。全年编辑下发信息快讯 43 期，搜集整理编辑各类舆情、信息、快讯、工作动态等 1300 条，并及时上报省委办公厅信息处、市委办公室信息科，其中各类信息被省市采用 140 条。高质量完成了重要紧急信息报送和重要节点信息零报告任务，荣获朝阳市 2018 年度党委系统信息工作先进单位。

【党内法规工作】 文件审查方面，对 36 份规范性文件，以县委办法规股名义出具了合法合规审查报告。对 3 份特殊规范性文件，由县委办牵头，累计向 6 个部门征求了书面意见。文件备案方面，累计向市委报备文件 20 份。将公营子镇和南哨街道列为试点乡镇，共接受各乡镇备案文件 27 份。文件清理方面，对 1979 年 1 月至 2015 年 12 月期间共 5726 份文件逐一甄别，对其中的规范性文件提出了清理建议。

【后勤保障工作】 不断健全后勤服务管理制度，严格执行财务管理制度，规范财务行为，合理、节约、有效地使用资金；严格执行政府采购制度，提高资金使用效率、降低行政成本。坚持热情、周到、节俭的原则，严格接待标准，规范接待程序，改进接待方法，圆满完成了各项接待工作。在接待上级领导视察检查活动中，积极做好各个环节的安排部署衔接，取得了圆满效果。坚持领导带班、24 小时值班制度，做到了紧急突发事件和重要来文来电上传下达高效及时，保障了县委中枢全年安全畅通。

【扶贫工作】 2018 年，县委办驻五道营子村扶贫工作队新争取 53 万元资金硬化道路 1.3 公里，实现了村和组之间路面硬化比率达到了 100%。利用上级有关政策，对两户贫困户房屋进行了修缮，投入资金 1.5 万元。协调县规划局为一户贫困户房屋进行危房翻建，投入 3 万元。协调资金 75 万元建设 100 千瓦村级光伏电站 1 个，于 2018 年 6 月 20 日并网发电，带动全村建档立卡户 18 户 54 人，2018 年 9 月末实现发电收入 17900 元。通过百亩绿色认养蔬菜园的开辟促进农民增收、带动贫困户就业，实现 2018 年脱贫人口每人分红 200 元。通过喀左县兴建养殖专业合作社，以贫困户资金入股形式，年末对贫困户进行保底分红来发展养殖产业。2018 年，脱贫人口每人分红 300 元。协调县残联为两户贫困户各送去羊 4 只。投入 1.5 万元对村卫生室进行了维修。实现全村有线电视全覆盖，已入网使用户 327 户。

（县委办）

组织工作

【概　况】 2018 年，喀左县委组织部认真贯彻落实全国和省委、市委组织工作会议精神，紧密围绕县委中心工作大局，以深入学习贯彻中共十九大精神和习近平新时代中国特色社会主义思想为指导，以党的政治建设为统领，以开展“不忘初心、牢记使命”主题教育，建设高素质专业化干部队伍，推进人才工作创新发展，加强基层组织建设为重点，全面落实新时代党的建设总要求，着力推动组织工作高质量发展，为决胜全面建成小康社会，推进喀左振兴发展提供坚强组织保证。

【干部教育培训】 坚持学习以习近平同志为核心的党中央治国理政的新思想、新理念、新要求，筑牢理论基础，强化战略思维，不断提升广大干部政治素养。一是突出重点班次，增强干部教育培训实效。1—9 月，协同县委党校开设十九大精神专题轮训班 3 期，培训副科级领导干部 519 人；举办为期一个月的乡科级领导干部培训班 2 期，培训乡科级领导干部 126 名。通过主体班次培训使领导干部充分认识干部培训的重要意义，增强学习的紧迫感和责任感，培养干部了解社情、县情、民情，从组织上切实保证党的组织始终充满生机与活力，始终走在时代前列。二是突出重点课程，提升干部教育培训水平。将党章党规党纪和宪法教育列入干部教育课程内容，引导党员干部树立忠诚老实、公道正派、清正廉洁的价值观和政绩观，自觉做到“讲诚信、懂规矩、守纪律”。重点将领导干部政治纪律和政治规矩教育作为干部教育培训的必修课，通过案例教学，使全县干部做到知敬畏、存戒惧、守底线，起到了以点带面作用。三是突出担当作为，提升干部党性修养。加大政治性警示教育力度，促进领导干部进一步坚定理想信念，增强纪律意识，引导激励党员干部加强党性修养，筑牢思想防线。加强理论武装和党性锻炼，强化担当意识和自觉意识，深入开展干部专业化能力培训，推动党员干部更好地开拓创新、干事创业。深入挖掘和大力宣传一批先进典型，激发广大干部见贤思齐、奋发有为，在全社会形成鼓励担当作为、崇尚苦干实干的良好氛围。

【干部队伍建设】 一是严把选任标准，树立鲜明用人导向。始终坚持新时代好干部标准，突出政治标准，落实“四靠四让”要求，加强领导干部政治表现正反向测评考察，亮明“忠诚干净担当”的优先地位，发挥“群众公认、群众满意”的标尺作用，持续聚焦各类一线主阵地和经济建设主战场，真正把政治可靠、品行端正、敢于担当、业绩突出、群众满意的干部选出来、用起来。2018年，围绕全县振兴发展目标，共配备任用干部105名，其中脱贫攻坚、乡村基层、维护稳定和经济发展等各类一线选拔干部59名，提拔到乡镇党委书记、县直部门正职岗位3名。二是完善选任程序，健全选人用人机制。贯彻落实《干部选拔任用工作条例》、省委《一个意见、七个办法》和相关规程办法，不断强化党组织领导和把关作用，突出抓好干部动议、酝酿沟通、推荐考察等关键环节，进一步完善《喀左县乡科级领导干部选拔任用工作规程》。注重人岗相适，科学运用考察考核、工作调研、绩效考评结果，更加注重班子特点、干部特质、人岗匹配度等综合考量，不断强化领导班子整体功能和领导干部岗位匹配度的综合分析研判。不断深化干部推荐考察方式，进一步强化干部考察精准识别度，提高干部考察质量。严格落实“凡提四必”、干部选拔任用全程纪实、责任倒查、重要事项报告等制度，坚决杜绝干部带病提拔、带病上岗。三是狠抓队伍建设，优化班子整体功能。贯彻落实新时代党的组织路线和省委市委组织工作会议精神，研究下发了《中共喀左县委关于全面贯彻新时代党的组织路线的实施方案》，在选人用人方面涵盖了树立鲜明用人导向、建立健全素质培养体系、知事识人体系、选拔任用体系等七项重点工作，为今后一个时期内发现培养选拔高素质专业化干部队伍指明了方向。加强专业型干部培养选拔，2018年以来调整配备纪检监察、财政、审计、招商引资等专业型干部39名。强化年轻干部选拔培育体系，探索建立年轻干部持续发现、分类培养、动态管理长效机制，制发了《关于大力发现培育选拔优秀年轻干部的实施意见》，让更多的政治素质高、专业能力好、担当本领强的优秀年轻干部进入组织视野。年初以来，共择优选拔13名全日制大学学历、学士学位以上、35周岁以下的年轻干部充实到乡科级领导干部队伍，班子结构和整体效能大大提升。四是严格日常管理，激发干部队伍活力。认真落实干部任届任期制度和容错纠错机制，下发了《关于认真贯彻中央部署及省市委要求进一步激励干部新时代新担当新作为的实施意见》，激励全县领导干部敢担当、善作为。深入推进干部能上能下常态化，严格把握能上能下“朝阳标准”，加大考核督查问责力度，对于在绩效考评、专项整治、年度考核、督查巡查中发现的领导干部落实决策部署不力、“不担当不作为”、存在“圈子文化”问题等情况，建立快速核查机制，视问题轻重予以严肃处理。年初以来，约谈5名贯彻省市县委决策部署抓得不实、落实不力的乡镇党委主要领导，调整2名不适宜担任现职的领导干部。进一步畅通干部交流渠道，注重党政机关、事业单位之间的干部交流，加大关键岗位、关键领域干部的交流力度。年初以来，对园（景）区、脱贫攻坚、乡镇党政班子等关键部位的67名领导干部作了交流调整，切实做到了精准识别、科学运用，体现了因事择人、人岗相适。五是稳步开展乡镇街区和县（市）直单位年度绩效考评工作。制定下发了《喀左县2018年度绩效考评工作实施方案》（喀委发〔2018〕36号）。细化分解考核指标，做到目标层层明确、责任层层落实、压力层层传导。同时对37个获得一级次，45个获得二级次的各分别授予“红旗单位”及“先进单位”荣誉称号，充分发挥了综合考评“风向标”和“指挥棒”作用。六是不断加强干部档案信息化、数字化建设。严格档案查借阅、复审、转递程序，规范党员信息库、公务员信息库使用维护管理，初步完成干部档案集中管理、“大组工网”

整网接入及分级保护工作，干部信息综合管理水平稳步提升。

【开展扫黑除恶专项斗争】 一是建立责任落实机制。成立了以县委常委、组织部长为组长的专项斗争领导小组，召开专题部务会议 4 次，制发专门文件 4 个，把扫黑除恶工作纳入基层党建述职评议考核重要内容，列入各级党组织书记履行基层党建工作责任清单，先后 2 次在全县扫黑除恶大会上对组织系统重点任务进行安排部署，真正压实领导责任。二是建立工作联动机制。建立了与纪委监委、公安、法院、检察院等部门的“专项斗争工作协调联动”“办理村‘两委’人员涉黑涉恶案件沟通协作”“村‘两委’候选人初步人选资格审查部门联审”等系列相关制度，成立了 6 部门联合调研督查组，从 8 月中旬起，对 23 个乡镇街区和 23 个责任单位进行逐一督查，逐个单位列出问题清单，限期整改完善，切实传导工作压力。三是建立线索立即交办机制。向全县公开举报电话，接到举报线索 12 条，均第一时间转交县扫黑办处置。对于中央督导组反馈的 3 条线索，协调纪检、公安、信访等相关部门，成立工作组进行督办核实，查核结果第一时间予以反馈。

突出抓实“三个重点”，着力提升基层党组织组织力。一是软弱涣散村党组织整顿。对倒排确定的 23 个软弱涣散村党组织，逐村制定整治方案，选派帮扶单位和帮扶领导，完成整顿转化 16 个，共调整软弱涣散村班子 7 个，调整村干部 8 人，其中村书记 7 人。二是村“两委”成员涉黑恶线索摸排。共排查村“两委”班子人数 850 人，有前科劣迹人员 32 名，其中行政违法前科 25 人，犯罪前科 7 人；纪委给予处分 4 人。并对 7 名有犯罪前科村班子成员进行了批评教育。三是进一步规范村级治理。进一步完善村务监督委员会等村级配套组织，督促完善村规民约，全面规范“四议一审两公开”、党务村务财务公开等制度。

切实发挥“三个作用”，进一步强化基层党组织政治功能。一是充分发挥基层党组织教育群众作用。引导各基层党组织深入宣讲习近平新时代中国特色社会主义思想，广泛宣传社会主义核心价值观，普及法律法规知识，弘扬中华传统美德。专项斗争开展以来，组织集中宣讲活动 400 余场次。二是充分发挥基层党组织宣传群众作用。各村、社区党组织通过电子屏、张贴公告、发放传单、悬挂条幅等手段广泛开展社会宣传，印发宣传单 3 万余份、悬挂条幅 260 余幅，使专项斗争的内容和 13 类打击重点家喻户晓、人人皆知。三是充分发挥基层党组织组织群众作用。在基层党组织设立举报信箱 200 多个，发动党员群众提供线索 2 条。

【人才工作】 深入实施人才服务振兴计划，发挥人才强县智力支撑。贯彻落实中共十九大精神和中央人才工作的重要指示，以及省委市委关于人才工作的重要部署，将人才工作纳入党政领导班子和领导干部绩效考评体系，制定下发了《喀左县人才服务全面振兴三年规划》《喀左县 2018 年“引进人才十大工程”实施方案》，举全县之力大抓人才、狠抓人才。先后召开县委常委会 4 次，政府党组会、人才工作领导小组会议和人才工作联络员会议各 1 次，专题研究部署人才工作。县委“引进人才十大工程”实施后，县委常委、县政府班子成员及人大、政协主要领导每人抓 1—2 项人才工程，各部门及成员单位积极研究落实措施和推进办法，“大学进园区”“千名专家进园区”“培养引进优秀企业家”等工程进展迅速，人才工作取得显著成果。一是深入推进“大学进园区”工程，校企、校地合作规模不断扩大。全县 40 家紫陶骨干企业与沈阳建筑大学成立了“辽宁紫陶产业技术创新战略联盟”，助力紫砂产业发展。利用喀左县“建设国家农业可持续发展试验示范区”的有利契机，与沈阳农业大学签署了战略合作协议，成功引进沈阳农业大学董辉博士挂职科技副县长兼经济开发区副主任，就示范区建设开展进行深度合作。同时，沈阳鲁迅美术学院计划在喀左县建立艺术类专科学校和师生实践基地，并派艺术类专业教师到喀左县进行技术指导、合作创作。此外，辽宁中医药大学和中国医科大学与县中医院开展医疗合作，中国医科大学就基层卫生教育为全县乡镇卫生院和基层诊所医护人员开通APP掌上授课。年初以来，喀左县已与沈阳农业大学、辽宁师范大学等8所高校签订了《战略合作框架协议》，县域10家企业与10所大学共签署战略合作协议16个，引进牵头专家16人，专家团队90人，其中博士32人，硕士47人。完成科技成果转化3项，申请专利31项。朝阳飞马集团、荣富陶瓷、大地农产品申报辽宁省产业专业技术创新平台，荣富陶瓷申报省级重点实验室及工程技术中心，申报材料已上报。二是深入开展“双招双引”工程。年初以来，采取“走出去、请进来”的方式开展招商，共签约引进项目56个，协议投资44.5亿元，柔性引进人才230人，已完成签约引进项目80%，柔性引进人才任务额完成66%。6月，县利州工业园区获批设立“辽宁省印刷包装产业基地”，引进各类人才30人。8月，朝阳飞马集团与美国Accuride公司签署投资框架协议，引进3名美方专家到喀左县参与技术管理。年内，经济开发区晋升省级高新技术园区各项申报工作正待上级验收。三是积极推进“千名专家进园区”工程。上半年，组织来自农业、林业、畜牧及医疗专家团队27个，对接项目27个，对接专家279人。“喀左县百名专家助推扶贫活动”中共有53名专家与乡村进行对接，入户走访300余次，引进域外专家团队9个。全面开展“专业和实用人才培训”工程。结合县域特色产业，强化各类人才培训工作，发挥县职业中专作用，已完成培养技能人才415人，培训技能人才1295人次。四是加快推进“创新创业孵化基地”工程。在经济开发区新建5000平方米“双创”孵化基地一处。原有“双创”孵化基地现有入孵项目101个，2018年新增34个，孵化成长为企业24个，拥有创业导师30名，培训创新创业者280人次，培养创新创业者53人。大力实施“喀左籍企业家返乡创业”工程。依托经济开发区“双创”平台，设立“喀左籍企业家返乡创业总部经济基地”1处，基地平台正在建设中。进一步完善喀左籍域外人才信息库，入库人数达3066人，其中企业家324人。积极参与即将在大连举办的朝阳籍企业家返乡兴业项目推介活动，轻质碳酸钙生产等5个项目已呈送市里报批。五是积极推动“培养引进优秀企业家”工程。在支持老企业对外合资合作的同时，引进高新技术企业，年初以来，共引进“六类”人才33人。继续深化“人才培养选拔”工程。推荐“朝阳优秀专家”6人，喀左县的朝阳健源食用菌有限公司总经理廉清皓入选辽宁省“百千万人才工程”千层次人才，县总工会对朝阳飞马集团选出的10名优秀职工授予“喀左县技术能手”荣誉称号。六是深入实施“人才助力乡村振兴”工程。在白塔子镇、公营子镇、水泉镇、卧虎沟乡完成新建现代农业创业园4个。已培育新型职业农民240人、农民职业经理人110人，培训农村青年电商人才2500人、农业产业化龙头企业管理人才16人、农村实用技术人才和农民技术员2600人、新型职业农民2800人，培训涉农行政村配备农业技术员35人。大力开展“高校毕业生‘凤来雁归’”工程。8月举办了“知家乡、进企业、促就业”和“心系家乡·爱我喀左”活动，共组织96名大学生参加，有24名大学生与企业达成就业意向，志愿投身家乡建设。在各职能部门与企业的共同努力下，促进高校毕业生就业185人，其中，实现孵化基地创业就业80人。

【基层组织建设】 全面加强组织建设，推动基层组织力全面提升、全面过硬。

一是扎实开展选派干部到乡村工作。坚持“选硬人、硬选人”，着重把政治可靠、作风过硬、敢于担当、能力突出的干部选出来、用起来，对省市未选派干部的行政村实行全覆盖选派。在77名选派干部中，副科级以上领导干部12人，具有中高级职称8人，40周岁以下占选派总数的30%。对选派干部实施精细化管理，先后召开欢迎省市选派干部对接工作会议，举办两期选派干部专题业务培训班，及时成立选派干部管理机构，制定下发选派干部管理办法，建立省、市、县三级选派干部工作交流群，严格执行选派干部“月出勤、月考核”制度，积极发挥选派干部助推乡村振兴作用。截至年底，省市县选派干部共引进发展壮大集体经济项目60个，协调建设乡村基础设施项目127个，协调落实脱贫项目90个，争取各类资金670多万元，为村民群众办好事实事432件。

二是全力推进党建统领脱贫攻坚。严格落实领导责任，制定下发了脱贫攻坚绩效考核办法，成立脱贫攻坚专项督查组，实行“每季度巡回督查、下发一次通报，年末开展一次专项验收”制度。科学运用考核结果，贯彻落实市委“七个责任、五个一批”工作机制，先后对实绩突出的19名干部进行了提拔重用，表彰先进个人10人、先进集体31个，约谈乡镇党委书记5人，对考核排名靠后的2名乡镇党委书记进行了调整，查处扶贫领域存在问题干部19人，真正在扶贫领域树立起了奖优惩劣、有为有位的鲜明导向。深入开展贫困村“两委”班子履职情况评估，先后调整贫困村班子8个，配齐8名村党组织书记全部为致富带头人和本地在外创业能人。加快实施全县党员骨干“双百”培训计划，结合开展贫困户职业技能培训，举办培训班24期，培训人数2000人次，帮助218名党员、457名贫困户实现岗位就业。深入开展共产党员先锋工程，设立各类服务岗位2765个，充分调动了党员参与村级事务管理的积极性和主动性。大力发展经济实体，全面推行“党支部+经济实体+贫困户”模式，支持和指导贫困村党组织领办创办专业合作社、光伏电站、手工艺品作坊、电商、紫砂作坊等经济实体。通过吸纳贫困户入股、参与生产、年终分红等途径，共建成经济实体124个，累计带动贫困户2.3万人，创造经济效益6.5亿多元，实现所有贫困村全覆盖。全面实施“3+N”扶贫模式，特色种植、畜牧养殖、光伏发电项目覆盖所有贫困村。86个贫困村实现装机总量8280千瓦，发展特色种植面积21385亩，累计发放养牛扶贫贷款6180万元、新建扶贫牛场14处，全县肉牛存栏量已达12.4万头。统筹扶贫资源，选优配强驻村工作力量。全县262名驻村干部和86名第一书记，全部深入贫困村一线，开展民情调研，帮扶贫困村抓党建、引项目、定规划、促生产，推动村级经济社会发展。累计落实脱贫项目113个，投入帮扶资金、协调贷款3400多万元，协调乡村基础设施建设项目91个，为民办好事实事260多件。加强机关党员干部职工结对扶贫工作，实现了4261名机关、企事业单位党员干部结对包扶7893户贫困户全覆盖。采取因户施策、定期走访，通过办理医保、助学贷款、技能培训、发展产业等方式，助推精准脱贫。累计协调生产项目395个，帮扶生产生活资金物资218万元，解决就业岗位702个，解决群众难题3900多件。实施“百企联百村、同走致富路”活动，推动105家县域企业与46个预脱贫村结成“多帮一”对子，实施“龙头企业带动、培训就业带动、资本受益带动、公益帮扶带动”等模式，累计向贫困村投入帮扶资金180多万元，为贫困户提供就业岗位278个，有力促进了贫困户脱贫步伐。

三是发展壮大村级集体经济实力。强化组织领导，夯实领导责任。把壮大集体经济工作纳入党的建设和乡村振兴工作的重要考核内容。全面实行“一把手”负责制和目标承诺制，明确乡村两级党组织书记为抓村级集体经济工作“第一责任人”，按照年末达标比例，与各乡镇签订责任状，具体落实集体经济任务指标。加大考评权重，并把考核结果作为评先选优、提拔使用的重要依据。坚持科学调研，精准发展定位。对全县186个行政村进行全面摸底调研，真实掌握各村集体资产、经济实体、产业基础等情况，逐村建立台账。根据调研结果，科学制定《喀左县发展壮大村级集体经济的实施意见》，提出了土地经营、盘活集体资产、开发集体资源等9种模式。坚持“一村一策”原则，指导各村结合自身实际，选准发展路径，成立股份合作社、办村级酒坊、发展乡村旅游、引进手工加工厂、建果园、建市场，发展各具特色的集体经济项目。同时，把113个经济薄弱村按3年期限列入销号计划，确保到2020年收入全部达到5万元以上。全县186个行政村中，以资产经营、投资收益为主要收入来源的107个，实现80%以上的村有多项收入来源。坚持有效整合，强化“造血”功能。积极争取上级政策支持，先后确立省级壮大集体经济试点村10个，向上争取发展资金2000万元。统筹人社、农经、畜牧、水利、林业、扶贫等涉农部门的项目资源，有计划、分期分批向农村倾斜。同时，整合各村财政扶贫资金、相关涉农资金和社会帮扶资金，将资金折股量化，以村集体为主体，投入到设施农业、养殖、光伏、乡村旅游等项目中，获得利润、分红，以增加集体经济收入。注重加大党费投入，2018年以来，县级党费、党建基金累计投入160万元，有效解决了部分村级组织发展壮大集体经济的资金难题。坚持典型引路，强化示范效应。打造了大营子乡大营子村黑木耳种植、利州街道东村水果采摘园、水泉镇南亮子村“高粱种植—作坊酿酒—酒糟养牛”、白塔子镇于杖子村葡萄采摘、公营子镇王杖子村杂粮种植加工，卧虎沟乡二杖子村红树莓、虫草参种植，老爷庙镇老爷庙村泳装加工厂等一批各具特色的集体经济典型，在全县村党组织书记培训班中，组织全体村书记到典型现场参观学习，拓宽视野，较好发挥了示范带动作用。坚持“能人治村”，强化人才引领。抓住村党组织书记这个关键，狠抓带头人队伍建设，着重把领富带富能力强、视野思路开阔的致富带头人，在外创业能人、企业主等选配到村书记岗位上来，回引了魏春柏、孟宪文等一批省内知名企业家，选用了张宇飞、唐廷波、李春雨、韩树林等一批县内企业主、致富带头人。全县186个村的书记“能人”达到90%以上，大大推动了集体经济的高速发展。

四是统筹推进各项党建工作。深入实施党员队伍建设工程，坚持把习近平总书记重要讲话精神和十九届二中、三中全会精神纳入“两学一做”学习教育范畴，组织全县各级党组织扎实开展“重实干、强执行、抓落实”专题研讨和专题组织生活会，真正推动学习教育实现常态化制度化。继续实施“党员固定活动日”制度，集中开展“固定党日”10次，组织各类活动500余项，开展个性服务7000余人次，帮助群众解决问题2760个。从严从实做好发展党员工作，“七一”前后共发展党员457名。深入推进党支部规范化建设，在巩固2017年度1个省级党支部规范化建设示范点、45个市级示范点、46个县级示范点经验做法的基础上，继续提升、推广支部规范化建设示范点工程，按照80%比例对各级党组织规范化建设提出具体任务，要求各级党组织列出时间表和任务图，逐个支部查找不足、制定方案，确保年底前实现达标。在社区，持续深化“五化”社区建设，扎实推进街道“大工委”、社区“大党委”、网格党支部建设，建成了“街道、社区、网格、楼栋”四级联动管理体系，活动场所全部达到400平方米以上。落实社区党建“1+3”运行机制，开展城市党建工作调研，健全完善加强城市党建工作的具体措施。探索建立“互联网+”智慧党建模式，推动社会管理创新。在机关，组织“在职党员进社区义务服务日”活动，建立常态化开展机制。深入推进机关党建“灯下黑”整顿，通过开展“作风建设大讨论”“存在问题大查摆大整治”等途径，推动机关作风建设严肃化常态化，引导机关党员干部转作风、树新风。围绕服务中心、建强队伍、强化学习、规范生活，开展“星级党支部”创建活动，教育引导党员干部为振兴发展助力奉献。在学校和公立医院，制定实施《关于加强中小学党的建设工作的意见》，将乡镇中小学的党组织关系调整为县教育局党委统一管理。扎实开展党建引领师风师德、党建引领医风医德建设活动，不断加强调研指导，梳理存在问题。同时打造了5个中小学党建工作示范点、1个公立医院党建工作示范点，充分发挥示范引领作用，推动中小学、公立医院整体党建工作上台阶、上水平。在“两新”组织，成立了个体（私营企业）服务中心党工委和社会组织党委，将县内小微企业、专业市场、个体工商户、社会组织纳入党建工作范畴，进行全面摸底排查，建立工作台账，并通过联合建立党支部、派驻党建指导员等方式，确保党建工作的全覆盖。加大在“两新”组织发展党员力度，“七一”期间，共发展党员51名。对于符合条件的非公企业，全部建立了党组织，确保了50人以上的企业有党员，100人以上的企业有党组织。加强远程站点学用管理工作，建立远程教育终端站点学习情况通报制度，坚持月中、月末两次对各终端站点学用情况进行督促，全年下发通报9期，站点平均利用率达到96%以上。抓好远程教学资源建设工作，拓宽资源渠道，精心选材制作，及时完成上级交给的报送任务。已上报《喀左县党建统领脱贫攻坚工作纪实》《喀左县退休干部孙绍臣的先进事迹》《喀左县水泉镇二道门村“两代表一委员”工作纪实》3部电教片，以及《省下派十二德堡怀杖子村第一书记杜玉麒》《草场乡扶贫助理郜亚静》《坤都营子乡上店村妇联主任张秀凤》《大城子街道龙山社区党委书记王科秀》和《下派六官营子镇东前沟村第一书记孙长清》5部微纪实。

【自身建设】 强化服务意识，树立组织工作部门公道正派的良好形象。一是推进思想作风建设。贯彻落实中央八项规定、省委十项规定和《喀左县改进工作作风密切联系群众的若干具体措施》，深入开展纪律整顿和集中学习教育活动。加大党风廉政教育力度，强化党员干部规矩意识和纪律意识。结合“两学一做”学习教育，深入开展廉洁自律专题教育和“讲规矩、有纪律”专题研讨，促进党员干部转变作风、纠正“四风”。二是加强机关制度建设。健全部门机关内部管理和财务管理领导班子集体研究机制，严格执行机关《公务接待管理办法》《差旅费管理办法》《公务用车管理制度》《公务交通补贴制度》等制度办法，建立办公用品统一采购和管理制度，全面执行公务卡结算制度，从源头上扎牢落实中央省委规定制度的铁篱笆。三是做好日常管理服务。高标准做好来文来电工作，及时传阅省市各级文件，传达部领导意图，做到快捷准确，确保上传下达渠道畅通。严格按照制度要求加强资金管理，规范车辆使用，深入做好后勤保障、信息调研、党刊征订、招商引资等工作。积极组织全体组工干部驻村走基层、扶贫帮困等工作，主动完成领导安排的其他任务，确保部门各项工作顺利开展。

（组织部）

宣传思想工作

【意识形态工作】 稳步推进，落实责任，意识形态工作持续加强。1.强化政治意识，全面落实意识形态工作责任制。制定实施《党委（党组）意识形态工作责任制检查考核制度》《喀左县乡镇街区和县（市）直部门意识形态工作考评实施方案》《关于推进新媒体平台健康发展意见》《喀左县新闻宣传管理规定》等文件，对意识形态工作作出制度规定。严格执行中央《党委（党组）意识形态工作责任制实施办法》和省委、市委关于党委（党组）意识形态工作责任制相关规定，制定出台《中共喀左县委意识形态工作制度》，全面细化落实意识形态工作责任制的8项制度。2.认真查摆问题，全面落实巡视整改工作。成立喀左县意识形态工作整改落实工作领导小组，研究制定全县《中央第六巡视组巡视落实意识形态工作责任制情况反馈意见整改落实方案》，共分析查摆出问题21项，提出整改措施57条，建立长效机制5项。认真落实宗教工作自查问题的整改工作。按照关于《喀左县宗教工作自查问题和责任清单》（喀宗督组办〔2018〕1号）的通知要求，对照责任清单认真查摆问题，积极开展整改工作，取得显著效果。

【理论武装工作】 一是加强理论学习，发挥“龙头”作用。县委理论学习中心组既是领导干部学习的核心组织，也是广大领导干部和群众在学习上的旗帜和标杆。年初以来会同县纪委等部门先后举办县委理论中心组学习会议15次（其中集体研讨10次），认真完成上级规定的学习任务，学习内容不断丰富，进一步拓宽了理论学习中心组成员的学习面，强化了理论功底。二是理论进基层，深入开展十九大宣讲。坚持用习近平新时代中国特色社会主义思想武装头脑，充分发挥县乡村三级宣讲体系作用，搞好集中宣讲阐释。理论学习室创新工作思路和方式方法，积极开展党的十九大精神进基层助推脱贫攻坚宣传活动，十九大以来，县乡村三级宣讲体系共完成宣讲场次859场，参加人数36619人，涵盖657个支部，近2万余名党员，十九大精神得到充分解读，实现了十九大精神在基层的全覆盖。三是组建宣讲队伍，推进扫黑除恶专项斗争工作。组建由县委宣传部理论学习室、扫黑除恶办公室、县社科联、县委党校等单位人员组成的县委宣讲团，深入到各乡镇、各部门、各单位开展宣讲，宣讲场次达100余场。组建乡级宣讲团41个，宣讲场次156场，宣讲户数11862户，受众人数31586人；组建村级宣讲团232个，宣讲场次509场，宣讲户数52626户，受众人数170207人。发放“明白卡”141179份。基本实现了家喻户晓，人人皆知。

【社会宣传】 创新载体，打造品牌，加强与改进外宣社宣工作。1.构建社宣阵地建设新格局。年初以来，以喀左县60周年县庆为契机，将基层宣传阵地建设进行了升级换代，更新版面、创新宣传方式、充实内容，打造全新的宣传展板、宣传栏、宣传橱窗，在县城内既营造县庆的喜庆氛围，也积极宣传习近平新时代中国特色社会主义思想和社会主义核心价值观、新时代辽宁精神；在乡镇重点打造了水泉镇塔贝营子村、卧虎沟乡顾杖子村、尤杖子乡后钢沟村等为主的宣传阵地建设示范点。全县各乡镇、街道、园区、社区、村委会、县直各单位、各大医院、学校、宾馆、车站、公交站点、建筑工地围挡等显著位置均已形成宣传主阵地，以中共十九大精神、习近平新时代中国特色社会主义思想、新时代辽宁精神、扫黑除恶专项斗争、县庆60周年、社会主义核心价值观、优秀传统文化等为主题进行社会宣传，同时展示喀左县文明县城创建及新农村建设成果。2.优秀典型引领社会新风气。一是树立喀左好榜样，讲述喀左好故事。全县各乡镇街区、村、社区及重点学校、企业、窗口单位均开展“善行义举榜”和“好人榜”建设，不断加大各村、社区、乡镇、街道及县直各单位先进典型的选树力度，两榜建设全县全覆盖。二是挖掘典型人物，弘扬社会正能量。积极挖掘各行各业的诚实守信、孝老爱亲、敬业奉献等突出典型人物，并择优向省市推荐，积极上报“朝阳好人”3人，喀左县老年艺术团团长张桂芹获得“朝阳好人·最美人物”荣誉称号。乌春雷获得“辽宁好人·最美青年”称号。推荐基层宣传思想文化工作先进单位2个，中三家镇和坤都营子乡前排杖子村。3. 主题宣传形式多样。为庆祝自治县成立六十周年，组织全县各单位、各部门在社宣阵地悬挂标语口号，积极营造浓厚的喜庆氛围。此外，主题征文活动持续不断，“弘扬尚志精神 实现伟大梦想”纪念赵尚志诞辰110周年主题征文、“我与祖国共成长”全省中小学生读书征文活动。开展纪念赵尚志诞辰110周年书法作品征集活动。组织开展了新时代辽宁精神、扫黑除恶专项斗争、非洲猪瘟疫病防控等社会宣传活动，通过宣传条幅、电子显示屏、户外广告栏、墙体固化标语等多种形式进行宣传，在喀左县营造了良好的社会氛围。共悬挂各宣传主题标语横幅万余幅，发放“扫黑除恶专项斗争明白卡”14万余份。4. 对外宣传进一步提升影响力。一是县庆系列宣传报道。在辽宁电视台制作县庆宣传片《鼎盛喀左甲子春》，并分别在《辽宁新闻》《第一时间》《北方频道》集中播出，宣传自治县60年以来的辉煌成就。出版杂志专刊《民族画报》，图文并茂地展示了自治县各行各业的巨大变化及发展成果。出版摄影纪实画册《岁月留痕》，展示60年以来自治县的发展历程。组织制作“辉煌喀左六十年”大型图片展、美术及蒙汉文书法展、海内外摄影展等系列县庆文化宣传活动。并在县庆期间邀请国家、省、市、县级媒体参加庆祝大会并宣传报道。二是积极配合省市媒体采访报道。辽宁电视台《风物辽宁》栏目宣传报道喀左县饹馇、碗坨、羊杂汤、冰雕艺术节等特色风味小吃和文化旅游项目；喀左塔城陈醋在《品牌辽宁》栏目中播出后，进一步提升了喀左陈醋的影响力；辽宁电视台《乡村服务社》(原《黑土地》)栏目报道官大海农场草莓采摘和水泉镇润泽花海和农田认养、乡村酒坊等特色农业产业发展情况；辽宁电视台《直通县市区》和《辽宁日报》就喀左县省电商扶贫现场会进行宣传报道，进一步宣传喀左县电商工作取得的成绩。《辽宁日报》县区专版分别从五个一工程、生态建设、文化旅游、扶贫攻坚、党的建设等工作展示喀左的发展成就和巨大变化。县庆通版《辉煌喀左六十年》总结了自治县各领域60年来的发展成就。截至10月末，在《朝阳日报》头版发稿50余篇，专版30余版。朝阳电视台多次宣传报道喀左县项目建设、文化旅游、脱贫攻坚、精神文明建设、飞地经济等工作取得的成就。《朝阳广播电视报》月月刊发喀左文化旅游等重点、亮点工作，尤其是加大对喀左紫砂的宣传。5. 文艺活动异彩纷呈。第二十八届“利州之春”系列文化活动，包括秧歌会演、戏剧调演、皮影展演、书画作品展等15项；县庆期间积极配合中央民族歌舞团“中华民族一家亲”送戏下乡慰问演出，组织筹备系列广场文化活动；各项活动的举办不仅丰富了基层群众的文化生活，而且提升了广大干部群众的幸福感、获得感，同时把社会主义核心价值观融入活动中，通过文化创作和展示，推动文艺创新，为广大人民群众的美好生活提供更为丰富的精神食粮。

【舆论引导工作】 1. 进一步加强网评员队伍建设。在现有的10名核心网评员的基础上，组建由各乡镇、街区、部门宣传委员与先进分子组成的60人网评员队伍，承担本乡镇、街区、部门网络评论监测管理工作。2018年圆满完成了市网信办下达的所有网评工作任务，全年共完成网评任务12243条。2. 开设重点专题专栏。在喀左新闻网建立“学习贯彻习近平总书记系列重要讲话精神”“砥砺奋进的五年”、“两会”专题、社会主义核心价值观主题微电影优秀作品展示、“两学一做”专题报道、“新时代辽宁精神”、喀左县加快实施建设“五个一工程”专题报道、“争做中国好网民”“领航新征程”“2018年国家网络安全宣传周”“扫黑除恶进行时”等专题板块，积极弘扬社会主旋律，传播正能量。3. 建立健全安全防范措施及各项规章制度。成立中共喀左县委网络安全和信息化领导小组，于2018年5月29日召开了喀左县网络安全和信息化领导小组第一次会议，会议审议并通过了《喀左县委网络安全和信息化领导小组工作规则》《喀左县网络意识形态工作责任制实施细则》，通过了《2018年喀左县网信工作要点》《喀左县贯彻落实〈党委（党组）网络意识形态工作责任制实施细则〉责任分工方案》《喀左县贯彻落实〈党委（党组）网络安全工作责任制实施办法〉责任分工方案》。4.加强网络舆情监测工作。喀左县网络信息管理中心联合县公安局网安大队，对网络上关于喀左县的新闻动态实时关注，全年共发现并处理舆情47条，与2017年同比基本持平，全年舆情高发期主要集中在3月，共发现16条舆情，其次为1月，为8条舆情，其他月为2—4条舆情。5.清除县域网络上不良信息。加强网络新闻源管理和虚假新闻整治，深入开展"清朗"、网上"扫黄打非"、打击侵权假冒、"剑网"等系列专项行动，对网上各环节各类违法违规信息内容进行全面清理整治。加强网上网下阵地管理，积极协调"喀左在线""喀左吧""喀左小小"等自媒体，引导他们加强正能量宣传。深入开展扫黑除恶专项斗争，在喀左政府网、喀左新闻网首页首屏显著位置开设专题，集纳中央、省、市、县关于组织开展扫黑除恶专项斗争的工作会议及取得的进展与成效，转载扫黑除恶宣传片《辽宁警方在行动！》及辽宁省各地扫黑除恶举报电话及联系方式。组织县域公众号等新媒体对重要新闻进行转发。6.规范喀左县域内新媒体平台与党员干部网络行为。为确保喀左县新媒体安全、规范、稳定运行，更好地服务于全县经济社会发展，下发了《推进新媒体平台健康发展的意见》。明确要求各新媒体严格遵守《中华人民共和国网络安全法》《互联网新闻信息服务管理规定》等国家有关法律法规、制度规定。

【精神文明建设】 着力抓好五大创建工作。1.文明城市创建工作。巩固文明城市创建成果。按照《喀左县创建全国县级文明城市工作任务分解方案》（喀委办发〔2015〕51号）文件要求，各承担任务部门对照测评指标逐项落实责任，对本单位所承担的任务有安排部署，并做好日常创城档案材料的收集整理和归档留存工作，保持创建工作常态化。2.文明村镇创建工作。一是大力实施移风易俗提升工程。深入开展文化下乡活动，在党员进社区活动中，县文广局组织文化能人、文艺骨干开展文化志愿服务，丰富了群众的业余文化生活。二是实施乡风文明建设。制定下发了《喀左县加强农村思想道德建设 推进文明乡风发展实施方案》，从硬件、软件两个方面着手深化农村思想道德建设。3.文明单位创建工作。一是继续发挥"文明单位动态管理系统"平台作用。要求新注册和已注册的文明单位要通过"朝阳市文明单位动态管理系统"，做好2018—2019年度文明单位材料报送工作。二是扎实推进精神文明建设助推脱贫攻坚工程工作。2018年是市县级文明单位的评比年，新增市级文明单位（乡镇、村）28个，县级文明单位（乡镇、村）32个。制定下发了《喀左县2018—2020年精神文明创建助推脱贫攻坚工作实施方案》的通知，定期对各级文明单位帮扶贫困村相关情况进行统计分析，认真总结经验，改正不足，进一步压实工作责任，确保此项工作取得实效。4.文明校园创建工作。探索建立创建工作长效机制。制定下发了《关于做好各级文明校园创建工作的通知》，指导已注册和新注册的学校，按照《朝阳市文明创建动态管理系统操作手册——文明校园》要求，严格完成各项考评任务，其中县第四小学、县第五小学、县第四初级中学、甘招镇中心小学四所学校获得"2016—2017年度省级文明校园"称号。5.文明家庭创建工作。按照《关于开展2017—2018年度全市文明家庭评选表彰工作的通知》要求，做好朝阳市文明家庭的申报推荐工作，推荐杜仕杰等20个家庭参与朝阳市文明家庭评选活动。

扎实推进公民思想道德建设。1.组织召开道德模范座谈会。5月23日，在人民会堂组织召开了道德模范座谈会，总结表彰喀左县第六届道德模范。座谈会上，各级各届道德模范代表王喜阳、乌春雷、张凤珠、甄东艳、杨文帅、杜仕杰、张世忠分别发言。他们感人的事迹，集中展示了全县公民思想道德建设的丰硕成果和全县人民的良好精神风貌。2.举办“最美喀左人”事迹报告会。继道德模范座谈会之后，7月30日，组织召开了“写在心灵上的信仰——最美喀左人”事迹报告会，来自全县各行各业的56名先进人物代表登台亮相，其中包括各级各届道德模范、辽宁省道德小模范、最美家庭、文明家庭、好婆婆好媳妇、学雷锋先进集体和先进个人、最美志愿者、最美教师、最美学生、劳动模范、最美工人、优秀共产党员、感动朝阳十大人物、朝阳好人、劳动模范、三八红旗手等。用良好的道德行为感召和带动更多群众，全县干部群众学习宣传参与达到全覆盖。3.积极参与“朝阳好人、身边好人”推荐活动。每季度向朝阳市推荐“朝阳好人、身边好人”候选人，现已推荐韩彩莲、江菲、杨文帅、张世中、赵明明、林瑞盘、王立荣、甄东艳、羿广好、杜仕杰10名候选人参与此项活动。

深入开展志愿服务工作。1.抓好“我们的节日”主题活动。组织开展了“春暖辽宁·喀左同行”主题志愿服务活动，重点抓好元旦、春节、“3·5”雷锋纪念日、“五四”青年节、“12·5”国际志愿者日等时间节点，全县各单位、部门、爱心团体及广大志愿者开展了关爱空巢老人、关爱残疾人、关爱农民工、关爱留守儿童等志愿服务活动。2.继续开展基层双百志愿服务示范点创建活动。大城子街道龙山社区、官大海农场前坟分场两个示范点按照“七个有”创建标准，成立了5支以上的服务队伍，重点完善了志愿者培训、计时考核、评比表彰等相关管理制度，持续开展了便民利民、文化娱乐、扶贫帮困等多项志愿服务活动，为全县基层志愿服务工作提供了样板。3.网络文明传播水平不断提升。一是开展主题宣传活动。2018年清明节期间，与县团委联合发布“文明祭祀倡议书”，倡导文明祭扫，落实绿色发展理念、促进生态文明建设；二是开办特色栏目。新开设了“每天成语故事”栏目，利用图文形式生动形象地讲述成语的出处及含义，尤其是让未成年人能明白成语故事中包含着的深刻道理，感受传统文化的魅力；三是加强网络文明传播志愿者队伍建设。现有网络文明传播志愿者64人，利用微博、博客、论坛等方式积极开展网上精神文明建设创建活动，引导文明上网，提高网络传播能力和水平。

进一步加强未成年人思想道德建设。一是推进乡村学校少年宫建设标准化、管理规范化。执行落实《辽宁省乡村学校少年宫考核评估标准》，指导十二德堡镇中心小学、公营子初中等4所学校整理相关档案，并对全国乡村学校少年宫项目管理平台相关操作进行了讲解，认真完成2017年度乡村学校少年宫项目管理平台档案审核工作，确保此项工作顺利开展；二是联合相关单位部门开展活动。与县教育局、团县委联合组织开展了以“感恩思源逐梦想，立志扬帆远航”为主题的十八岁成人礼活动，让学生完成从未成年到成人的角色转换，学会负责、立志，进步与坚持；三是开展“扣好人生第一粒扣子”主题教育实践活动。联合喀左县教育局、团县委，认真组织全县各中小学充分利用春节、清明节等时间节点开展一系列“我们的节日”主题活动；四是开展“新时代好少年”学习宣传活动，择优向朝阳市推荐5名先进典型并获得表彰；五是积极参加2018年全国优秀童谣征集推广活动，共推荐6件作品参加此次评选活动。

【文化旅游产业】 创新方式，打造品牌，推进文化旅游产业快速发展。1. 紫陶文化产业日新月异。位于利州园区的喀左紫陶文化产业园已发展为北方最大的紫砂陶瓷生产基地和陶瓷产品销售集散地。园区以天佑陶艺、御成紫陶等为代表的企业、商户及作坊100多家，2018年紫砂文化产业实现工业总产值2亿元。2017年8月，“紫砂文化产业园”获批创建“辽宁省紫陶文化旅游产业知名品牌创建示范区”，现有辽宁省名牌产品一个，朝阳市名牌产品4个，注册商标53件，其中辽宁省著名商标1件，朝阳市著名商标3件。“喀左紫陶文化”区域品牌价值达到107.8亿元，成为全国42个超百亿元区域品牌之一。2. 文化旅游产业快速发展。全县拥有国家A级旅游景区10个（AAAA级3个、AAA级3个、AA级4个）、特色旅游乡镇13个、旅游示范村18个，星级酒店8家，农家乐365家。县委、县政府率先提出“打造全景喀左、发展全局旅游”的发展思路，全力推进旅游产业发展。科学谋划全域旅游新格局。坚持科学规划，优化战略布局，聘请青旅（沈阳）旅游景区开发公司、北京江山多娇规划院等知名专业机构，编制国家AAAA级旅游景区提升规划及各专项规划，为发展全域旅游提供了科学依据。积极探索多规合一新模式。按照旅游产业发展的要求，配置各类产业要素和公共服务资源，统筹谋划交通、城乡建设、公共服务、生态环保、美丽乡村等工作，把旅游元素融入每项基础设施规划建设之中。3. 印刷包装产业初具规模。喀左县规划建设了京津冀产业承接孵化园，孵化园总体规划面积1500亩，其中：一期占地770亩，投资12亿元，已建成标准化厂房30万平方米，分A、B两个区域，主要引进纸塑包装、高新技术、新能源、仓储物流等京津冀地区外迁企业；二期占地730亩，重点引进循环经济、节能环保、高科技等企业。一期30万平方米标准化厂房已经建设完成，已签约入驻企业达78家。

【干部队伍建设】 1. 加强学习教育，推进效能建设。结合“两学一做”学习教育，坚持每周五理论学习的制度，采取自由讨论、集中辅导等多种形式，学习习近平新时代中国特色社会主义思想和党的十九大精神及党章党规，开展多形式的党风廉政教育活动，进一步提高了机关干部的道德素养和理论水平。2. 改进工作作风，提高工作效率。加强宣传思想文化系统各单位的沟通与联系，及时总结工作、部署任务。对宣传干部职工进一步明确工作职责，量化工作任务，开创了争先创优的工作局面。3. 落实责任目标，加强干部管理。宣传思想文化系统各单位严格履行抓党建的主体责任，主要负责同志切实履行好第一责任，班子成员履行好“一岗双责”，把思想政治建设放在首位，牢固树立“四个意识”，认真贯彻党章党纪党规，持之以恒抓好党风廉政建设和作风建设。

（宣传部）

统战工作

【政策理论学习】 始终把加强政治理论及相关政策的学习作为统战工作的基础工程。1. 健全学习机制。结合“两学一做”部署和统战工作，县委统战部建立部长负总责、分管副部长具体抓理论政策学习机制，每月集中一次学习，做到学习有计划、有目标、有内容、有记录、有检查；把统战工作的相关学习培训纳入宣传部门的宣传计划，纳入县委党校的教学内容。把党校作为培训主阵地，对乡镇分管统战工作的领导、统战委员、非公有制人士、民族宗教界人士、知联会、新联会、光彩事业促进会成员进行培训。2. 丰富学习培训内容。一是继续深入学习贯彻中共十九大精神，用习近平新时代中国特色社会主义思想武装头脑，凝聚共识。二是深入学习贯彻《中央统战工作条例》（试行）和新时代统战工作新理论、新思想、新战略。三是加强对党的基本理论、党的基本路线、基本方略及中央关于统战工作方针、政策和国家有关法律法规的学习。通过采取党校培训、宣讲团辅导、研讨交流等多种形式，组织好广大统战干部和统战成员深入学习交流，切实在学懂弄通上下功夫。同时，针对无党派人士、党外知识分子、新的社会阶层人士等统战对象的不同特点，引导好、开展好各领域的主题实践活动。四是加强对国家、省、市、县的重大决策部署、重要工作推进、重点任务建设的学习，把握工作的进展和节奏，实现统战工作与党委、政府的中心工作同心同行。

【非公领域统战工作】 一是做好非公经济代表人士思想政治工作，特别是加强对富二代、创二代人士的政治引领，切实增强政治意识和社会责任，促进“两个健康”建设。二是切实支持工商联及各民间商会发挥作用，指导工商联抓好自身建设，特别是要发挥兼职领导班子成员的优势作用，积极参与项目建设、“五个一工程”和优化营商环境建设等工作。三是深入实施“百企联百村.同走致富路”精准扶贫精准脱贫行动。引导非公经济人士参与各项光彩事业活动、扶贫济困和公益慈善活动，研究探索“飞地经济精准扶贫新模式”，为推动全县经济社会发展贡献力量。

【党外代表人士、党外知识分子工作】 加强对党外代表人士和广大党外知识分子的思想政治教育，加大培养、选拔、教育、培训和推荐使用力度。建立了500余人党外人士、150余人党外代表人士、50人左右的优秀党外后备干部队伍的信息库。通过开展多种形式的政治协商、参政议政和建言献策活动，最大限度地发挥人才荟萃的优势。在“七一”党的生日来临之际，喀左县委统战部组织知联会、新联会会员参加了进社区服务活动，为社会居民捐赠书籍、清理垃圾，并为社区居民进行免费义诊。

【新的社会阶层人士工作】 组织召开了“重实干、转作风、促振兴”专题座谈研讨会，开展了《携手同心共赢发展》《魅力新时代健康你我他》等同心大讲堂活动。通过学习培训、座谈研讨和主题实践活动，更加突出政治引领，教育引导新的社会阶层人士切实增强“四个意识”，坚定“四个自信”，坚决维护以习近平为核心的党中央权威和集中统一领导，自觉地在思想上、政治上、行动上与党中央保持高度一致。

【协商民主工作】 支持和组织无党派人士、党外代表人士、党外知识分子代表等参加政治协商、民主监督、参政议政，特别是积极参加人大、政协以及社会有关组织开展的视察调研活动，参加公检法、街道社区等组织的监督员活动，围绕全县中心工作和群众关切的热点、难点问题，搞好调查研究，为党政决策提供参考。

【民族宗教工作】 深入贯彻落实中央民族工作和宗教工作会议精神，执行好民族区域自治法，推动民族团结进步繁荣和共同发展，帮助做好少数民族经济发展、文化保护、干部选拔培养等工作。加强对宗教界人士的团结和引导，加强对重点宗教场所的管控，引导宗教与社会主义相适应。年初以来，对全县重点宗教场所进行重点排查。举办了全县宗教干部和宗教教职人员培训班，学习宗教法律法规。按照中央、省、市的安排部署，加大了对全县宗教工作的力度。夯实主体责任，召开全县宗教大调研专题会议，并同各乡镇街区签订了宗教工作责任状。成立了全县宗教工作自查（督导）领导小组和督查、协调、综合三个工作组并开展工作。认真开展摸底调查，以“佛道教”两乱、去宗教商业化、抵御境外宗教势力渗透、制止地下宗教势力等问题为重点，在全县范围内加大监督检查力度，确保全县宗教领域稳定。10月，组织23名乡镇街区书记参加全市宗教法律法规培训班。

【对台工作】 接待台企台商到喀左县同辽宁塔城陈醋有限公司洽谈合作开发陈醋新产品项目。认真落实国台办《关于促进两岸经济文化交流合作的若干措施》的文件精神，深入台资企业进行调研，征求台商意见和建议，并向省、市台办汇报。充分利用网络平台加强对台招商引资工作，利用各种媒体，加大对台宣传力度，加强对台政策宣传工作，推动民间思想、文化、经济等方面的交流合作。

【统战信息宣传】 围绕中共十九大精神和习近平新时代中国特色社会主义思想，特别是习近平总书记关于统一战线的新思想、新理论、新战略，组织召开了系列报告会、座谈会、研讨会，并紧扣县委、县政府工作中心，有针对性、有重点地开展信息宣传工作。全年共上报20余篇统战理论研究论文及调研报告，上报统战信息100余条。信息宣传工作受到省市表彰。

【民企帮村助户】 高度重视民企“帮村助户”工作。一是强化组织领导。下发了《喀左县“百企联百村·同走致富路”精准脱贫实施方案》，成立县民企“帮村助户”工作领导小组，制定了定期听取汇报、定期进行调度、定期协调推进的工作机制。二是创新帮扶措施。1. 实施龙头企业带动模式。发挥农业企业市场资源的配置作用，结合土地共营制改革，采取“公司＋合作社＋基地＋农户”带动模式，通过种植大地南瓜、有机蔬菜和杂粮等高效作物，发展订单农业，打造特色种植扶贫基地，带动建档立卡户实现稳定脱贫。2018年，发展特色种植产业如朝阳本色有机蔬菜、朝阳大地农产品等基地6000多亩，直接或间接带动贫困人口中短期就业4000人，人均增收1500—3500元。2. 实施培训就业带动模式。县扶贫开发局、人社局和工商联充分利用政府扶贫资金、培训资金，开展好劳动技能培训，组织好贫困人员岗前就业培训，提高贫困人员就业能力。同时，积极协调支持企业做大做强，创造更多的就业机会，引导民营企业在用工方面尽可能向有劳动能力的贫困人口倾斜。2018年，解决贫困人员就业1000人以上，带动2000人实现脱贫。3. 实施资本受益带动模式。充分发挥金融扶贫政策优势，通过组建贫困人口资本收益合作社，利用扶贫贷款政策和扶贫专项资金投资入股，支持市场竞争力强、发展前景好的企业实现转型升级，做大做强，带动贫困人员实现资本投资受益。2018年，通过支持畜牧（养牛）、紫砂和特色种植等企业发展，使用金融扶贫贷款5000万元，带动贫困人口4000人稳定脱贫，人均增收900—1200元。4. 实施公益帮扶带动模式。倡导民营企业树立“以民为本、为民解困、为民服务”宗旨，聚焦脱贫攻坚“五大工程”，帮助贫困村、贫困户解决最关心、最直接、最现实的困难问题，通过捐资助学、改善住房、修建水利、访贫问苦等方式扶贫济困，改善贫困村的生产生活条件，为全面实现贫困村脱贫献计出力。2018年，全县共69家民营企业积极参与，投入各类扶贫资金2000余万元，安排直接间接就业3000多人，企业家参与社会公益直接投入500多万元，助力2018年全县23个贫困村、8000名贫困人口脱贫。

【定点帮扶工作】 1. 突出“一对一”结对帮扶。县委统战部与河沿村14个贫困户进行对接。根据各户的实际情况，采取不同的帮扶措施，并抓好落实。春节前夕，走访慰问帮扶贫困户，捐助大米、面粉等生活必需品。春耕前夕，捐助化肥，在一定程度帮扶了贫困群众的日常生活。2. 实施特色种植产业扶贫。继续协调朝阳大地农产品加工有限公司与河沿村进行对接，实行项目扶贫。该村成立凌兴农作物种植土地股份专业合作社，种植饲料玉米、酒高粱等经济作物1665余亩，协调建立16千瓦村用光伏电站，有效增加村级和贫困户经济收入。3. 按照健康扶贫的要求，4月组织县知联会到河沿村举行送医下乡活动，对该村十五户贫困家庭成员免费进行了健康检查，并与县医院建立了联系通道，有困难可与医生直接取得联系，解决了因病致贫家庭的后顾之忧。4. 10 月 17 日是第 5 个扶贫日。统战部组织党员干部深入到定点扶贫村小河沿村开展“走进扶贫村 共度扶贫日”主题实践活动。喀左玉龙紫砂艺术品有限公司的总经理积极参与到此次活动中来，为所帮扶贫困户每户捐资 300 元。5. 协调财政、金河集团等有关部门为该村安装路灯 20 盏，文化广场铺路 700 平方米。

（统战部）

老干部工作

【落实老干部政治待遇】 一是每年一次的春节慰问。在县委、县政府的高度重视下，各单位各部门都把春节走访慰问老干部工作列入工作日程，精心组织、周密安排，县财政拨专款 17 万元用于对全县离休干部和实职副科级以上的退休干部的慰问工作，同时每年春节前都由县委常委带队对全县实职副县级以上的离退休老干部进行走访慰问，并给他们每人送去 1500 元的慰问金和挂历。在慰问过程中，认真征求老干部对县委、县政府工作的意见和建议，帮助他们解决生活中的实际问题；二是利用 5 月 18—19 日两天时间，对全县离休干部和实职副县级以上退休干部进行了身体健康检查，机关全体工作人员集中到县医院服务，询问老干部生活状况及需要解决的问题，并填写回访调查表。参检率达 97%；三是从 7 月初开始利用一个多月的时间，对全县域内外离休干部进行入户走访，了解老干部的生活状况，老干部对经济建设积极献言献策，切实认真全面系统地收集调研材料回馈给局里，保证老干部方针政策落实提供依据。走访率达 100%；四是进一步完善老干部信访领导责任制，健全信访接待制度，通过与老干部耐心交流，了解他们的心理动态，确保发现问题及时解决问题。有针对性地做好老干部的思想政治工作，具体问题具体分析，并制定相应的机制，确保老干部两个待遇的落实。让老干部安度晚年，实现全年老干部无上访，确保了老干部队伍稳定；五是按政策完成全县离休干部和实职县级退休干部的报刊征订任务，送去了党和政府的温暖，体现了党和政府的关怀。

【落实离休干部生活待遇】 1. 更加完善老干部医药费的保障机制健康运行。针对离休干部普遍进入“双高期”的实际，进一步加大财政支持力度，着力解决好离休干部医药费保障机制运行过程中出现的突出问题，根据喀人社发（2015）47 号《关于在全县离休干部中实行持卡就医的通知》，不需要个人垫付医药费，持卡即可到定点医院就医，保证老干部有病及时得到有效治疗，适当地调整了离休干部医药费统筹金标准，扩大用药目录，使离休老干部用药在原来的基础上适当放宽放松，按县领导的指示，由老干部局和医保中心协商，对离休干部目录外合理用药费用予以照顾解决。结合入户走访、老干部体检、信访接待等工作加大了宣传落实工作力度，提高了医药费政策扩面的知晓率、使用率。扎实推进全县老干部工作创新发展。2. 进一步完善特困离休干部及遗属长效帮扶机制，有效解决特困老干部和遗属困难。县里每年拿出 2 万元基本扶持金给老干部局，用于解决特困老干部及遗属的生活困难，又拿出专项资金用于突发性大病大灾的救助，每人基本帮扶额度至少在 5000 元以上。3. 对在入户走访中发现的 6 户住房存在困难的老干部，前期调研及各项准备工作都已完成并向县领导做了汇报，通过老干部局的努力得到县里的支持，提出通过住房补贴的形式予以解决的方案（每户每月解决住房补助资金 500 元）。4. 认真做好老干部护理费的调整工作，通过多次向县领导请示，并协调相关部门将离休干部护理费由 1000 元调整至 2500 元，使离休干部的生活待遇及时落实到位。

【老干部活动中心工作】 1. 进一步完善场所设备，

为老干部活动搭建活动平台。共组织全县离退休干部开展了乒乓球、门球、扑克等大型比赛活动4次。2.社区活动室服务老干部工作日益完善。县委老干部局、大城子街道等8个社区共投入了大量财力和物力，建立了8个社区老干部活动中心室和小区活动点，开展了丰富多彩的活动，各项活动制度日渐完善，还充分利用社区资源，为双高期老干部提供个性化服务。全县12个城市社区均已认真开展了利用自身资源服务老干部工作，对老干部实行网格化管理与服务、划定十分钟服务圈、由社区书记负总责、社区干部分工包人开展全方面服务。其主要服务项目有：上门送医药、日用品配送、手机定位、理发、体检、居家养老、日间照料，开展棋类、扑克、书法、绘画、广场舞等十几个服务项目，全面满足全县老干部动中求乐、动中强身健体的愿望和要求，实现了老干部管理部门、社区和老干部本人及其子女满意的工作目标。

【老年大学工作】 1.开拓创新，提高办学质量。喀左县老年大学成立于1990年，原设书法绘画初、中、高级班和诗词创作、政治理论学习等7个专业班，2018年，完成教学任务150学时。成功举办了“庆祝喀喇沁左翼蒙古族自治县成立60周年大型书画展”，共展出老干部书画精品110幅。2.老年书画进社区活动广泛开展。2018年，县委老干部局以县委、县政府绩效考评目标和市局重点工作督促检查通知为动力，坚持强点扩面、稳中求进、务求实效的总体工作思路，以抓好离退休干部文化养老、健康养老和作为养老为目的，将一批具有书法绘画专长的离退休干部派往相关社区，协助县局和社区抓好老年书画进社区活动，使书画进社区活动有声有色，成功地抓出健康、古塔、民族、新华、双桥、昌盛、胜利、团结8个达标社区，占社区总数的67%，被市老年书画研究会确定为全市迎接省里检查的唯一定点达标县。

【党支部建设】 喀左县现有老干部党支部28个，党小组15个，离休干部党员67名，退休干部党员2734名，其中机关1291名，企事业单位1443名。一是在抽调相关人员对全县的老干部党组织建设进行调研的基础上，协助相关单位和部门采取在原单位或按居住地、社区划片的办法组建和完善离退休干部党支部，全县共完善和新建离退休干部党支部28个，使全县每个离退休干部都在党组织管理之中，全县离退休干部党支部建设达到了组织覆盖，班子健全，制度完善，活动经常，老干部作用发挥充分的要求；二是创先争优提质扩面。在巩固、完善县公安局、新华社区东昱小区等离退休老干部党组织建设老典型的基础上，又具体指导并成功培养出了建设社区陶然新苑、双桥社区、腾龙新城、胜利社区以及健康社区老干部党支部等新典型，这些老干部党支部组织健全、活动规范、支书能力强、党员队伍素质高、办公场所够用、学习资料齐、文化体育活动丰富多彩、支部能够积极完成上级党组织交办的工作任务，达到了“五好”党支部的标准。

【创先争优活动】 1.组织全县离退休干部开展“以展示阳光心态，体验美好生活，畅谈发展变化”为主要内容，组织离退休干部开展以讲述家风、家训、家事、家人为主要内容的家的故事活动，取得显著效果。县公安局、陶然新苑等老干部党支部，孙绍臣等个人发挥正能量的先进事迹及县委老干部局组织离退休干部开展为党和人民的事业增添正能量的经验、做法等15篇稿件先后在省市县报刊上刊发。2.正能量团队建设亮点多。2017年3月初以来，县委老干部局按照省市局文件要求，认真抓好老干部正能量志愿者团队建设并取得显著成绩，截至2018年底，全县按“五有”［有组织机构、有志愿者团队、有团队章程（计划）、有特色活力效果、有典型人物先进事迹］标准建立老干部正能量志愿者团队15，志愿者总数近1800人，涌现出了关爱青少年等一批优秀团队和孙绍臣等许多老干部志愿者先进人物和典型事迹，其先进事迹和做法、取得的优异成绩不仅深受市局领导的赞扬，而且也在县市区报刊上刊发。3. 认真开展“两学一做”学习教育。成立领导小组，制定实施方案和学习教育计划大纲，分四个专题开展学习教育，并对照中央和省委巡视组巡视反馈意见要求，对全局党员干部和领导班子及个人存在的问题进行了整改。通过“两学一做”学习教育，使全局党员干部的学习意识、公仆意识、政治意识、大局意识、诚信意识、纪律意识、规矩意识和机关作风明显好转，人人想学习，人人想工作，人人争先创优的良好局面已经形成。

（老干部局）

党校工作

【培训工作】 2018 年，共举办 12 期各类专题培训班，总计培训人数 1541 人次。其中包括 3 期副科级领导干部学习贯彻十九大精神专题培训班，培训学员 527 人次；1 期县基层一线党代表学习贯彻十九大精神专题培训班，培训学员 68 人次；1 期春季乡科级领导干部培训班，培训学员 72 人次；1 期入党积极分子培训班，培训学员 170 人次；1 期秋季科级领导干部培训班，培训学员 58 人次；1 期宣传干部培训班，培训学员 101 人次；1 期骨干公务员培训，培训 89 人次，3 期全县领导干部学习贯彻习近平总书记东北考察重要讲话专题轮训班，培训 460 人次。2018 年，与有关部门联合举办各类培训班 13 期，总计培训学员 1953 人次。

【教学工作】 2018 年，党校不断创新教学专题。一年共更新教学专题 14 个，为培训班学员提供“菜单式”服务。积极开展集体备课，一年共开展 2 次集中试讲评议，11 次集体备课，打造和培育了 3 门党性教育精品课，教学课题更新率达到 30%。在教学中，积极探索案例式、研讨式、现场式等教学方法。在习近平新时代中国特色社会主义思想和中共十九大精神专题学习班中，开展了严肃支部组织生活现场教学，将组织生活、党性教育和现场教学相结合，取得了良好的效果。

【科研工作】 按照“教学出题目、科研做文章、成果进课堂”的教学科研一体化原则，大力开展科研工作，为教学提供支撑。在培训中，组织学员积极参与科研活动和交流研讨，将课题成果与课堂教学内容有机结合，起到为学员答疑解惑、提升能力的效果。为增强党校教学工作针对性、实效性，提高党校科研工作水平，党校围绕喀左干部教育培训、乡村振兴、全域旅游三方面进行调研，组织教师分三个调研组深入乡镇、县直单位开展调研。

【宣讲工作】 2018 年，围绕学习宣传贯彻中共十九大精神和习近平新时代中国特色社会主义思想，党章党规、新辽宁精神、社会主义核心价值观、形势教育等内容积极开展宣讲，截至 2018 年底，共组织骨干教师开展理论宣讲 32 场，讲授专题 9 个，累计宣讲 2700 余人次，推动中共十九大精神和习近平新时代中国特色社会主义思想进基层组织、进企业、进机关、进社区。

【后勤工作】 在管理工作中，以“内强素质，外树形象”为目标，严明纪律，务求实效，按照中央八项规定、省市县十项规定、党校机关工作人员纪律“十不准、十处理”规定，全面提高党校工作作风建设，全面加强党组织建设落实主体责任，形成长效机制。年初以来，为改善办公条件方便学员教工喝上纯净水，安装净水机一台；由于打印机老化严重影响教师工作效率，重新购置一台打印机。

【项目建设和扶贫工作】 按照县委、县政府工作安排，党校把项目建设、招商引资和脱贫攻坚工作作为第一要务来完成。年底初步完成了县委、县政府下达的项目建设和招商引资任务。在脱贫攻坚工作中，按照习近平总书记提出的“扶贫先要扶志，要从思想上淡化贫困意识”，有针对性地制定扶持措施，切实帮助扶贫对象转变思想观念、理清发展思路，充分发挥贫困群众的主观能动性和生产经营积极性，变“输血为造血”，推进贫困户自立增收能力。2018 年以来，党校先后 4 次对包扶贫困户深入走访慰问，捐款捐物。与县水利局沟通，帮助打水井两眼。通过努力，部分贫困户已经达到脱贫条件。

（党校）

县直机关党的建设

【概　况】中共喀左县直属机关工作委员会（简称喀左县机关工委），喀左县机关工委为正科级单位，是县委的派出机构，内设办公室 1 个，行政编制 4 人。其主要职责是：在县委的领导下，负责县直机关党的工作；依据县委的指示，制订本级党的建设和管理的年度工作计划并抓好落实；组织落实县委布置的各项党的学习任务，指导检查所属党组织的学习，完成所属党务干部、党员、入党积极分子的培训；按规定落实所属机关党组织设置、换届、补选、党员发展、党费收缴、党内奖惩、党内民主、党务公开以及日常党务工作，帮助解决在实际工作中遇到的各种党建问题；按权限做好所属党组织负责人的考核、任免工作；组织开展党的各项组织、宣传、文体等活动，适时进行调查研究、总结经验，表彰先进，宣传典型；组织开展党风教育和党内监督，按权限查处党员违纪事件，完成上级纪检部门交付的其他工作；指导所属党组织开展好工会、共青团、妇联等群众组织的工作；加强县直机关各项建设与管理，提高工作人员的思想和业务素质；完成县委、县政府交付的其他各项工作任务。

【学习教育】 加强学习，提升党员干部政治素养。一是抓学习、强培训。要求县直机关党员干部以“两学一做”学习教育制度化常态化为载体，开展全面的党章、党规和习近平总书记系列重要讲话的学习教育。年初召开党建工作会议上，以布置工作、表彰先进、书记述职、以会代训的形式对县直机关党委书记、总支书记、支部书记进行了新型的培训。6 月，组织了县直机关党支部书记培训班，对县直机关共 190 名党支部书记进行了培训。通过创新教育方式方法，不断增强机关党员干部的综合素质。二是抓好思想政治工作，夯实党员干部思想基础。积极探索新形势下加强党员干部思想政治工作的新方法、新途径。牢固树立“四个意识”，聚焦四风问题，努力做到思想到位、行动对标。督促各总支、支部开展交心谈心活动，及时掌握党员队伍的思想动态，沟通交流，解决问题，化解矛盾，提高思想政治工作的针对性和有效性。三是推进“两学一做”学习教育制度化常态化。督促党组织和机关党员在“学”和“做”上下功夫，进一步学习宣传党的各类会议精神和习近平总书记系列重要讲话精神，作为党课讲授、支部学习、党员培训的内容。坚持领导干部示范带动，带头学习研讨、带头讲党课、带头抓好整改落实，经常性地组织开展回头看。督促基层党组织主抓党员教育，提升党员素养，进一步深化学习型党组织建设。2018 年，共组织党员干部集中学习 24 次，在扶贫村、机关会议室等不同地点召开“主题党日”活动 12 次，组织专题学习讨论 5 次，召开组织生活会 3 次，既突出了支部活动的严肃性和规范性，又增强了全体党员的党性意识和党员观念。

【党员队伍建设】 强化管理，增强党员队伍先进作用。一是加强班子建设，增强整体合力。以提高素质、优化结构、改进作风、增强团结为目标，积极协调、沟通支部班子改选换届工作，及时解决因工作变动、人员调整等因素使总支、支部委员会不健全、工作职能不能够有效发挥等问题。增强了机关基层党组织班子的整体合力，提升了机关党组织创造性开展工作的能力和解决自身问题的能力。2018 年，指导 5 个机关党组织进行了换届选举，31 个机关党组织的委员、书记进行了补选，新成立机关党支部 2 个，撤销党支部 2 个。

二是坚持标准，做好发展党员工作。实行申请入党积极分子报备制度，加强对入党积极分子的培训培养和教育管理，认真开展了党员发展对象的培训工作，2018 年，培训入党积极分子 195 名。同时，做好机关预备党员、预备党员转正工作，并严格按照党章和《中国共产党发展党员细则》的规定和程序要求，严格工作规程、严密审核资料、严把发展党员标准关。及时召开工委委员会议研究发展预备党员、预备党员转正问题，切实把优秀分子吸收到党组织中来，使发展预备党员、预备党员转正规范化、制度化。2018 年，共发展预备党员 125 名，预备党员转正 149 名，为各级党组织注入了“新鲜血液”，提升了活力。

三是完善党员信息库，做好关系转接工作。强化了党员的电子档案管理，及时转调组织关系，2018 年，共转接党员 156 名，能够使每一位党员按时编入所属党组织进行管理，确保党员都能够及时融入党组织参加党的组织生活。根据最新统计，县直机关工委系统有 6 个机关党委、19 党总支部、194 个党支部，2640 名党员（含预备党员和正式党员）。

四是严格党内生活制度，确保党员队伍纯洁性。一是完善党支部规范化建设。重点将党支部的“三会一课”、党员教育管理等工作具体化、细化、量化，要求党支部对日常工作进行全程记录，解决支部建设“不会抓”“不常抓”“没标准”“抓和不抓一个样”等问题。二是建成一批党建文化宣传阵地。

【机关党建】 丰富载体，激发机关党建工作活力。一是开展主题党日活动。创新党日活动形式，与文广局共同组织开展“走进博物馆——知喀左爱家乡”主题党日活动，要求各支部充分利用每月 25 日党员固定活动日或节假日组织参观，此次活动的开展进一步激发了县直机关党员干部职工爱祖国、爱家乡的情怀。在龙源湖景区组织开展“为健康出发、为喀左加油”徒步行主题党日活动，2000 多名在职党员干部参加了活动，此次活动不仅活跃了机关文化生活，创新了党日活动形式，还提高了党员干部身体素质，放松了心情，释放了压力，提振了精力，使广大党员干部始终保持干事创业、开拓进取的良好精神状态。二是开展建党纪念日活动。“七一”前后组织各基层党组织精心组织纪念建党 97 周年系列活动，引导党员干部以一流业绩向党的生日献礼；结合“五一”“七一”“十一”等节庆日，要求各党支部积极开展文化娱乐活动，努力营造机关先进文化氛围，全面提高机关党员干部职工的综合素质。在 2018 年县委“一先两优”表彰大会中，工委系统共有 14 个党组织被评为先进党组织、30 名党员被评为优秀共产党员、17 名党务工作者被评为优秀党务工作者。“七一”之前，组织所属支部开展“重温入党誓词”活动，县直机关 71 个单位中的 195 个党支部先后组织党员重温入党誓词，通过活动，旨在树立宗旨意识和学习党章、遵守党章、贯彻党章、维护党章的行动和思想自觉。三是开展“星级党支部”创建活动。修订完善了《县直机关党组织“星级党支部”创建评定工作实施办法（试行）》，进一步抓好“三星级党支部”报备工作，“四星级党支部、五星级党支部”动态管理和创评工作，选树了一批示范党支部，通过经验交流、提炼推介支部工作法等方式，在基层党支部中形成学先进、追先进、超先进的浓厚氛围，推动了支部建设整体提质扩面、达标创优。四是开展志愿献血活动。机关工委与献血办共同组织义务献血活动，县直机关各党组织党员干部积极参加，县直机关共 210 名志愿者到县献血站义务献血。五是开展在职党员进社区活动。组织开展了“在职党员进社区活动”，机关在职党员参与面广、自觉性强、活动热情高。在活动中，2000多名在职党员开展了政策宣传、法律维权、信息咨询、科普宣传、医疗等服务。此项活动的开展调动了机关党员干部八小时之内在岗当先锋、八小时之外服务社区的自觉性，为更好地服务基层群众树立了榜样。

【脱贫攻坚工作】 一是加大工作力度。按照县委的安排部署，加大对“脱贫攻坚”工作力度，积极组织和参与“脱贫攻坚”成员单位召开的工作布置、分析、督查等会议，多次带领督导、检查小组深入帮扶村、户，调查了解、慰问走访、摸底排查、理顺思路，使这项工作得到了深入开展。2018年，分别同县委组织部、县委督查室、政府督查室、扶贫开发局等部门组成了联合检查组，对全县59个驻村工作队、86个贫困村（46个2018年预脱贫村、40个已脱贫村）、2772名机关干部包扶情况等工作进行了督查，并下发了通报。2018年，对“脱贫攻坚”工作进行各项督查、检查、考核10余次；起草扶贫文件3篇；扶贫简报3期；督查通报69件；向省市帮扶单位反馈意见函11件。二是抓好自身“脱贫攻坚”工作。2018年以来，工委自身开展了春节送慰问、春耕送化肥，助困送救济、入户送政策等活动，为4个残疾建档立卡户送去扶贫羊16只，协调规划局为贫困户建房1处。2018年，工委的党员干部共入户11次，款物共计3万余元。

【机关建设】 教育与防控相结合，努力转变机关工作作风。一是抓好县直纪工委工作。认真贯彻党章和《中国共产党党和国家机关基层组织工作条例》、廉政建设，以及中央、省市县纪委工作会议精神，着力抓好机关党组织建设，严格落实中央“八项规定”、市委“十个严禁”“十项规定”、县委“十项规定”，进一步规范了工作行为，改进了机关作风，提高了办事效率。年内会同县纪委、县营商局对全县机关纪律进行明察暗访2次。配合县纪委对县直机关5名党员干部违纪行为进行处理。二是抓好巡视组反馈意见整改工作。按照中共喀左县关于印发《喀左县落实中央第六巡视组巡视辽宁省反馈意见整改落实方案》的通知（喀委发〔2018〕26号）要求，工委认真制定整改方案，精心组织整改工作。工委将巡视组指出的问题和提出的意见建议，细化为三项9条，逐项逐条整改落实，按照“谁主管、谁负责”的原则，实行分类施治、明确专人、限时改进。在抓好整改、解决问题的同时，按照上级要求并结合工委实际，研究制定了科学、管用、长效的工作机制，持之以恒地长期抓下去，巩固好、坚持好整改成果，真正使整改成为促进工作思路完善的过程，促进干部作风转变的过程。

（王　洋）

机构编制

【机构编制管理】 按照《事业单位登记管理条例实施细则》的要求，3月底前完成法人年度报告公示工作，全县共设立登记事业单位281家，应公示单位224家，已公示单位224家，年检率达到100%。落实事业单位登记管理服务标准化规范化，升级优化网上登记业务和流程。5月制作了事业单位登记办事指南，进一步创新监管手段，完成事业单位公示信息抽查工作，做到单位随机、人员随机抽查。

为加强对全县机构编制、实有人员的动态管理，编办将机构编制实名制管理系统与日常机构编制管理工作相结合。年初，统计完成了县党政群机关和事业单位机构编制情况统计表，详细收录了全县各单位的编制、实有人员和副科级以上机构的规格、领导职数等情况，为领导决策和日常管理提供了依据。在日常管理中，根据各单位的人员编制变化，随时调整统计数据，力求更新及时、数据准确。

根据《中共辽宁省委关于印发〈中央第六巡视组巡视反馈意见整改落实方案〉的通知》(辽委发〔2018〕32号)和中共辽宁省委组织部、辽宁省机构编制委员会办公室、辽宁省人力资源和社会保障局联合印发的《关于印发〈辽宁省开展违反机构编制管理规定问题专项整治工作方案〉的通知》(辽组通字〔2018〕21号)文件要求,结合实际,对违反《辽宁省机构和编制管理条例》中对领导职数的规定的内设机构和挂牌机构的正副科级领导职数进行了整改,共收回正副科级领导职数267名,其中正科级领导职数45名,副科级领导职数222名。并结合党和政府机构改革对挂牌机构进行撤销整合。

【简政放权】 优化政府服务,深入推进放管服改革。为提升政府服务效能,根据市县"放管服"改革工作要求,编委办经过召开业务会研究,下发了《关于征求喀左县2018年"放管服"改革工作方案意见函》,要求各相关单位结合自身实际,从《朝阳市2018年"放管服"改革工作方案》中抽取本部门的相关事项,形成本部门2018年"放管服"改革工作任务表,经主要领导同意盖章后报送。编办根据报送情况与各部门逐条研究,制定了涵盖五个方面、共计24项具体工作、涉及40个部门单位的"放管服"改革工作方案。

深化政务服务"一网、一门、一次"改革,开展"互联网+政务"事项的审核工作。一是围绕省政府关于全面开展"互联网+政务"工作的总体部署,县编办在全面梳理直接面向社会公众提供的具体政务服务事项的基础上,编制了县级政务服务事项目录,列明事项名称、设立依据、实施主体等。建立健全政务服务事项审核工作的动态管理机制,为政务服务事项进驻提供依据。二是为加快推进喀左县"互联网+政务"事项的审核工作进程,县编办集中利用17天时间审核各单位入驻服务事项,整理突出问题。主动与政务事项录入错误的单位沟通,通过现场讲解、电话沟通、发送培训课件等方式逐一讲解,在时限要求内完成了全县34个部门单位共460项政务事项的录入审核工作。

【推进事业单位改革】 加大工作力度,科学制定方案。按照省、市公益性事业单位改革精神,编办在深入调研论证、广泛听取意见,充分协商酝酿的基础上,多次向县领导汇报,与市编制部门沟通,几经优化调整,最终形成了符合省委省政府、市委市政府要求,符合喀左实际,适应喀左振兴发展需要的方案。5月20日,召开深化事业单位改革工作领导小组会议,会上县编办汇报了县事业单位改革情况和总体设想,初步形成了县事业单位改革方案初稿;5月23日,市委督查组来喀左县督查指导后,对改革方案进行了部分修订;5月28日,书记蹇彪听取了全市各县(区)改革情况汇报,并提出了进一步要求;6月6日,经县委常委会研究,通过了《喀左县县直公益性事业单位优化整合方案》并上报市深改组审核通过。《喀左县公益性事业单位优化整合方案》(喀委办发〔2018〕42号)经7月12日县委常委会通过后正式印发。

加强培训和指导,推进方案落实。县事业单位改革方案正式印发后,7月13日,召开了全县事业单位改革工作会议,对优化整合方案进行说明、对下一步事业单位改革工作做出重要安排部署。13日下午,县委为各筹备组开办了事业单位改革培训班,县委主要领导、县委组织部、县编委办主要负责人分别就优化整合工作流程、三定方案制定和有关要求进行了专题培训,确保事业单位改革稳步推进。

改革平稳有序推进,改革成效初显。严格对标省委确定的时间节点,新组建各中心已于8月底前完成了挂牌和法人登记公告工作。全县新组建事业单位的"三定"规定制定工作按照省、市安排部署积极有序推进。此次公益性事业单位改革,既坚持上下一把尺子量到底,又坚持向重点聚焦发力，从符合喀左县实际情况出发，统筹各类编制资源，加大跨部门整合力度，对全县401个事业单位进行整合，重新组建县委、县政府直属事业单位17个，直属事业单位精简保留2个，精简比例达到95.26%。重新架构了事业单位直属党委、政府管理的新体制新机制，事业单位公益属性更加突出、公共服务更加高效、监督监管更加有力。

【推行党和政府机构改革】 根据中央关于党和国家机关改革重大决策，编办结合实际，在深入调研论证、充分协商酝酿的基础上，研究喀左县党和政府机构改革方案。一是对全县党政群机构的人员编制和职能运行等情况进行调查摸底，集中整理历年来的改革方案，梳理各单位的主要职责、内设机构和人员编制等情况，编制了喀左县历年改革情况一览表，为全面推开改革后部门职能划转和人员调配奠定基础。二是按照市编委办党政机构改革业务研讨会议要求，以机构编制为基础，根据中央、省提出的关于政府机构改革的要求和机构限额，结合喀左县的实际情况，初步研究了政府机构改革涉及重组、合并、调整、更名部门的设置等问题，拟定了两套党政机构改革预案，为完成机构改革做好了充分的前期准备工作。三是按照省委编办机构改革模板要求，县编委办三次易稿研究起草了《喀左县机构改革方案（征求意见稿）》，按照县委、县政府的意见进行了修改和完善，及时与市编办沟通汇报，最终形成了《喀左县机构改革方案（初稿）》。《喀左县机构改革方案（初稿）》经省委编办预审和业务指导。《喀左县机构改革方案》于11月29日经县委常委会研究通过。为构建高效职能体系，服务喀左振兴发展提供了体制机制保障。

（编委办）

纪检　监察

【夯实管党治党的政治责任】 把坚决维护以习近平同志为核心的党中央权威和集中统一领导作为首要政治纪律，把维护广大人民群众切身利益、厚植党执政的政治基础作为工作的出发点和落脚点，层层落实管党治党的主体责任，以党风廉政建设的实际行动和工作成效，坚定广大人民群众对党的信心，不断提升人民群众的满意度和获得感。县纪委紧紧抓住"责任分解、责任考核、责任追究"三个关键环节，把"两个维护"落实到监督检查、审查调查、政治巡察等各项具体工作中，加大监督执纪问责力度，切实增强各级党政领导班子、党员领导干部管党治党的责任意识，推动了党风廉政建设责任制有效落实。

全县各级纪检监察组织准确把握、综合运用监督执纪"四种形态"，坚持抓早抓小，强化日常监督。认真抓好中央第六巡视组巡视反馈意见整改落实工作，建立健全长效整改机制，进一步巩固和拓展巡视整改工作成果。认真做好廉政审核工作，累计审核拟提拔领导干部125人次，各级人大代表、政协委员236人次，评先选优单位189个，先进个人536人次，审核出不合格党员干部9人次。一年来，县纪委坚持严管厚爱并重，既从严执纪、正风反腐，又树立正确导向、敢于容错纠错，旗帜鲜明地为干事者撑腰、为担当者担当。

【纪检监察体制改革】 认真落实党中央全面推进国家监察体制改革试点工作部署，在稳步推进监察体制改革的同时，扎实推进监察工作向基层延伸。在全县23个乡镇（街区）成立监察办公室，与乡镇（街区）纪委合署办公。建立监察对象数据库，改革后全县监察对象达到8643人，较改革前增加6891人，实现对行使公权力的公职人员监察全覆盖。规范有序开展监察工作。坚持监督执纪和监察执法统一决策、一体推进，制定纪检监察业务和纪法衔接相关制度流程，完善与司法、执法机关相互配合、相互制约机制，提升依纪依法开展审查调查工作水平。全年向检察机关移送案件1件1人。喀左县留置场所建设按时高标准完成，县纪委和各乡镇街区纪（工）委谈话室建设扎实推进。

按照全省加强基层党风廉政建设现场会关于派驻机构改革分两步走的工作要求，坚持改革创新、盘活存量、内涵发展，在机构、职数、编制“三个不增加”的前提下，将全县51个县直单位派驻纪检组进行整合，成立10个派驻纪检监察组，实现县直单位派驻监督全覆盖。按照“合理配置、地域相近、有利工作”的原则，将4个派出纪工委和23个乡镇街区纪（工）委进行整合，成立4个纪检监察协作区。通过整合县直和乡镇纪检监察机构，推动办案力量下沉，实行片区协作办案，形成“攥指成拳”的工作合力，切实解决以往办案力量分散、自我监督乏力、案件线索来源少等诸多难题，全县纪检监察工作实现新突破。

配齐配强乡镇“两专”力量。2018年，全县择优配齐配强乡镇专职纪委书记11人，通过事业干部考试转任公务员方式配齐乡镇专职纪委委员13人。在全县设置235名村（社区）正风肃纪监督员，把监督触角延伸到最基层。在朝阳飞马、红山化工、闽龙陶瓷等非公企业设立纪检监察机构试点工作扎实推进。通过改革创新，健全完善监督体系，激发纪检监察系统内在生机与活力，有力地推动了纪检监察工作开创新局面。

认真贯彻党中央关于市县党委建立巡察制度的意见，成立县委巡察工作领导小组，组建巡察工作办公室和2个巡察组。研究制定《中共喀左县委巡察工作办法（试行）》《中共喀左十四届县委巡察工作规划（2017—2021年）》等系列巡察工作文件，开展2轮业务培训，为巡察工作扎实开展奠定坚实基础。全年开展3轮巡察工作，对12个县直机关单位开展行业扶贫专项巡察，对4个乡镇街区、14个县直机关单位、群团部门开展政治巡察，累计发现问题160个。坚持发现问题与整改落实并重，压实被巡察党组织整改主体责任，督促反馈意见整改见底到位。

【党风政风建设】 年初，召开全县深入贯彻执行中央八项规定精神推进作风建设大会，印发《喀左县贯彻执行中央八项规定精神实施细则》，对全县落实中央八项规定精神进行全面安排部署。县纪委紧盯重要节点，坚持开展明察暗访，狠抓顶风违纪和隐形“四风”问题。将日常监督和集中检查相结合，聚焦公款吃喝、公款旅游、滥发津贴补贴、违规配备使用公车等问题，切实加大了监督检查和通报曝光力度。2018年，全县共处置违反中央八项规定精神及“四风”问题线索75件，立案22件，给予党纪政务处分27人，组织处理34人，通报11人次，责令8家单位严肃整改。

严格执行领导干部操办婚丧喜庆事宜报备制度，对29名领导干部办理婚丧事宜进行备案。对群众举报的8起党员干部大操大办婚丧喜庆案件线索进行及时调查核实，对2名党员干部给予党纪政务处分并全县通报。组织全县党员干部和公职人员签订不违规操办和参与“升学宴”的廉政承诺书378份。开展办公用房和公务用车专项治理，收到各单位报送无违规使用办公用房、配备公务用车承诺书101份。开展“特权车”整治，约谈2家单位负责人，责令有关单位封停无牌照公务用车11台。针对“办事难”问题，开展政商交往行为专项整治，通报典型案例1起。

【惩治腐败】 按照“减存量、遏增量”的要求，进一步加大纪律审查工作力度。对巡视组转办、上级要结果、实名举报、扶贫领域、扫黑除恶、侵害群众利益的信访举报和问题线索优先处置。针对疑难复杂案件，抽调精干人员组成联合检查组，集中精力快查快结。坚持纪在法前、纪严于法，突出纪律审查工作重点，对十八大以后不收敛不收手、问题线索反映集中、群众反映强烈的党员干部坚决查处。紧盯重点领域和关键环节，着力解决选人用人、审批监管、资源开发、金融信贷、大宗采购、土地出让、房地产开发、工程招投标以及公共财政支出等方面的腐败问题，坚决遏制、严肃查处，形成持续震慑。2018年，全县纪检监察组织共受理信访举报389件，处置问题线索649件，其中谈话函询18件；初步核实400件；立案231件，结案231件，给予党纪政务处分231人；移送司法机关1人；组织处理72人，其中提醒谈话19人，批评教育23人，诫勉谈话30人。

【整治群众身边的腐败和作风问题】 深入开展扶贫领域腐败和作风问题专项治理。先后开展扶贫领域监督执纪问责两个“百日行动”和脱贫攻坚“十大举措”监督执纪问责专项行动。第一个“百日行动”期间，抽调民政、扶贫、规划、财政、审计等部门业务骨干，组成5个专项检查组，对16个县直单位、23个乡镇街区、68个贫困村进行走访（占全县贫困村总数79%），走访贫困户1615户，对6796.4万元扶贫资金进行查核，对16个项目进行实地检查。第二个“百日行动”期间，由4名常委带队，组织纪检监察干部随机抽查8个贫困村、40户贫困户，重点对产业扶贫、金融扶贫、健康扶贫、危房改造等十大方面40项内容开展专项检查。全年共处置扶贫领域不正之风和腐败问题线索50件，立案18件，给予党纪处分21人，对7名党员干部予以免职。对9家牵头单位报送的行业扶贫落实方案目标不精准、推进措施不明确、完成时间节点不清晰等问题进行通报批评，责令整改，为全县脱贫攻坚工作提供了坚强的纪律保障。

集中整治群众反映强烈的突出问题。在全县深入开展侵害群众利益问题专项整治，共排查出典型信访案件6件，初核了结4件，立案处理2件，给予党纪政务处分3人。深入推进扫黑除恶专项斗争。加强部门联动，同政法机关、公安机关建立涉黑涉恶腐败问题线索与黑恶势力违法犯罪线索双向移送制度和查办结果反馈机制，切实加大了对涉黑涉恶问题线索处置力度。全年共收到有关问题线索26件，初核了结22件，转立案4件，给予党纪处分6人。认真抓好中央环保督察反馈意见整改工作，对损害生态环境有关单位和人员进行追责问责，立案5件，追责问责20人。认真贯彻落实习近平总书记关于“大棚房”问题重要批示精神和省、市纪委部署要求，在全县开展“大棚房”问题监督执纪问责工作，切实保护农民利益。

【廉洁教育】 印发《关于加强全县党风廉政建设宣传教育工作的意见》，明确八项重点任务，各项工作扎实推进，党风廉政建设宣传教育工作全面加强。突出抓好党的政治性教育，强化全面从严治党思想理论武装，使全县党员干部进一步树牢“四个意识”。按照宣传教育“严在日常、抓在平常”的要求，组织各单位、各部门开展丰富多彩的学教活动，实化细化岗位廉政教育，筑牢党员干部思想防线。狠抓反腐倡廉警示教育，组织观看《偏离坐标的人生》《贪者之戒》等警示教育片，全县党员干部以反面人物为镜鉴，撰写心得体会文章1000余篇。组织镇、村党员干部学习市纪委编发的《朝阳市群众身边的“四风”和腐败问题案例汇编》《朝阳市扶贫领域腐败和作风问题案例汇编》，以案明纪，将教育成果延伸到最基层。扎实开展廉政文化“六进”活动，全社会廉荣贪耻的导向进一步树立。深入推进“廉

“廉洁文化示范村”建设图片

洁文化示范村”建设，示范村建设成果进一步巩固。扎实开展任前政治纪律和廉政法规考试，对99名领导干部进行任前“考纪”“考廉”，强化廉洁从政意识。加大对外宣传力度，在中央和省市主流媒体刊发纪检监察信息125篇，全面宣传了喀左县党风廉政建设的好经验、好做法。

【队伍建设】 开展“不忘初心、牢记使命”主题教育，组织纪检监察干部参观省反腐倡廉警示教育基地，重温入党誓词。在系统内开展以姜增杰案为镜鉴“灯下黑”专项整治，纪检监察干部的执纪执法行为进一步规范。扎实开展结对帮扶和驻村帮扶工作，因户实施脱贫致富项目，帮助贫困户解决实际困难，进一步强化机关干部宗旨意识。开展纪检监察案件质量大检查，对发现的问题及时督促整改到位，推动案件质量整体提高。扎实开展解放思想大讨论，努力转变思想，更新观念，开拓创新，推动纪检监察工作高质量开展。结合“两学一做”学习教育，以“学条规、提能力、促规范”岗位练兵活动为载体，着力提升纪检监察干部业务水平。通过多种方式，深入学习中共十九大精神、各级纪委全会精神和有关法律法规。在系统内开展调查研究和理论研讨活动，向市纪委推送优秀论文6篇。全年分批组织全县纪检监察干部开展业务培训4次，参加省市纪委业务培训200余人次，参加省市纪委抽调办案11人次。在办案工作中坚持以老带新、以案代训、以干促学，提高全县纪检监察干部的综合素质和业务能力。健全完善内部监督机制。出台《喀左县纪委监委机关廉政风险防控实施办法（试行）》，进一步规范监督执纪工作，强化廉政风险防控。严格执行纪检监察干部“十不准”，对执纪违纪的纪检干部严肃查处，坚决防止“灯下黑”。全年处置涉及纪检监察干部的问题线索15件，全部办结，其中初核了结12件，立案3件，给予党纪处分3人，组织处理1人。通过多措并举，打造了一支靠得住、过得硬、善担当的纪检监察队伍。

（县纪委）

喀左蒙古族自治县人民代表大会

人民代表大会

【县十六届人民代表大会第二次会议】 喀左蒙古族自治县第十六届人民代表大会第二次会议于2018年12月19—21日在县城人民会堂举行，全县210名代表出席会议，各乡镇、县直各单位、省市驻喀左县单位负责人列席了会议。

会议听取和审议了喀喇沁左翼蒙古族自治县人民政府工作报告；审查和批准了喀喇沁左翼蒙古族自治县2018年国民经济和社会发展计划执行情况与2019年计划安排意见的报告，批准喀喇沁左翼蒙古族自治县2019年国民经济和社会发展计划；审查和批准了喀喇沁左翼蒙古族自治县2018年财政预算执行情况和2019年财政预算（草案）的报告，批准喀喇沁左翼蒙古族自治县2019年财政预算；听取和审议了喀喇沁左翼蒙古族自治县人大常委会工作报告；听取和审议了喀喇沁左翼蒙古族自治县人民法院工作报告；听取和审议了喀喇沁左翼蒙古族自治县人民检察院工作报告。

人大常委会会议

【县十六届人大常委会第三次会议】 喀左蒙古族自治县第十六届人大常委会第三次会议于2018年1月19日在县人民会堂举行。县人大常委会主任陈孝政，副主任姚海廷、戴成起、陈瑞华、许春宇及委员共33人出席了会议，县长刘敬华，县监察委员会主任陈万增，县人民法院副院长张明，县人民检察院检察长王延丰，县政府办公室、政府组成各局负责人，县人大常委会各委、办副主任列席了会议。县人大常委会主任陈孝政主持会议。

会议讨论通过了县人大常委会2018年工作要点；通过了县第十六届人大常委会代表资格审查委员会组成人员名单；通过了县第十六届人大常委会各工作委员会组成人员名单；讨论通过了《关于批准调整〈喀左经济技术开发区总体规划（2015—2030）年〉的决定》；进行了人事任免。

【县十六届人大常委会第四次会议】 喀左蒙古族自治县第十六届人大常委会第四次会议于2018年3月26日在县人大常委会会议室举行。县人大常委会主任陈孝政，副主任姚海廷、戴成起、陈瑞华、许春宇及委员共34人出席了会议，县人民政府副县长、县公安局局长董国辰，县监察委员会主任陈万增，县人民法院副院长张明，县人民检察院检察长王延丰，县政府办公室、县发改局、县公安局负责人，县人大常委会各委、办副主任列席了会议。县人大常委会主任陈孝政主持会议。

会议审议通过了《喀左蒙古族自治县关于批准喀左县2018年国民经济和社会发展计划部分指标调整方案的决议》；听取和审议了《县政府关

于社区警务工作开展情况的报告》。

【县十六届人大常委会第五次会议】 喀左蒙古族自治县第十六届人大常委会第五次会议于2018年4月23日在县人大常委会会议室举行。县人大常委会主任陈孝政，副主任姚海廷、戴成起、陈瑞华、许春宇及委员共31人出席了会议，县人民政府县长刘敬华，县监察委员会副主任宋文评，县人民法院院长董焕明，县人民检察院检察长王延丰，县政府办公室负责人，县人大常委会各委、办副主任列席了会议。县人大常委会主任陈孝政主持会议。

会议讨论通过了《关于接受张庆贺、陈伟辞去朝阳市第十一届人大代表职务的决定》；讨论通过了《关于接受薛大新辞去县人民政府副县长职务的决定》。

【县十六届人大常委会第六次会议】 喀左蒙古族自治县第十六届人大常委会第六次会议于2018年5月17日在县人大常委会会议室举行。县人大常委会主任陈孝政，副主任戴成起、陈瑞华及委员共31人出席了会议，县人民政府副县长董国辰，县监察委员会副主任宋文评，县人民法院副院长韩丽，县人民检察院副检察长袁庆波，县政府办公室负责人，县人大常委会各委、办副主任列席了会议。县人大常委会主任陈孝政主持会议。

会议讨论通过了《喀左蒙古族自治县人大常委会联系代表办法》《喀左蒙古族自治县人大常委会代表联系选民办法》《喀左蒙古族自治县人大代表小组活动管理办法》《喀左蒙古族自治县人民代表大会代表履职管理办法》《喀左蒙古族自治县人民代表大会代表述职办法》《喀左蒙古族自治县人大常委会代表议案处理办法》《喀左蒙古族自治县人民代表大会代表建议批评和意见处理办法》。

决定任命：

徐广强为县人民政府副县长。

批准任命：

祝琳为县人民检察院检察员。

【县十六届人大常委会第七次会议】 喀左蒙古族自治县第十六届人大常委会第七次会议于2018年6月15日在县人大常委会会议室举行。县人大常委会主任陈孝政，副主任姚海廷、戴成起、陈瑞华、许春宇及委员共30人出席会议，县人民政府副县长陈彩霞，县监察委员会副主任宋文评，县人民法院院长董焕明，县人民检察院检察长王延丰，县政府办公室、县审计局、县财政局、县扶贫开发局负责人，县人大常委会各委、办副主任列席了会议。县人大常委会主任陈孝政主持会议。

会议听取和审议了县政府关于2017年度财政预算执行情况和其他财政收支情况的审计报告；听取和审议了县政府关于全县脱贫攻坚工作情况的报告；讨论通过了《喀左蒙古族自治县人民代表大会议事规则》等工作制度；进行了人事任免。

【县十六届人大常委会第八次会议】 喀左蒙古族自治县第十六届人大常委会第八次会议于2018年7月30日在县人大常委会会议室举行。县人大常委会主任陈孝政，副主任姚海廷、戴成起、许春宇及委员共32人出席会议，县人民政府副县长徐广强，县监察委员会主任陈万增，县人民法院院长董焕明，县人民检察院检察长王延丰，县人民政府办公室、督查室、县发改局、县财政局负责人，县人大常委会各委、办副主任列席了会议。县人大常委会主任陈孝政主持会议。

会议听取和审议了县人民政府关于2017年财政决算（草案）和2018年上半年国民经济和社会发展计划执行情况及财政预算执行情况的报告；听取和审议了县人民政府关于县第十六届人大一次会议期间代表建议办理情况的报告。

【县十六届人大常委会第九次会议】 喀左蒙古族自治县第十六届人大常委会第九次会议于2018年8月28日在县人大常委会会议室举行。县人大常委会主任陈孝政，副主任姚海廷、戴成起、许春宇及委员共31人出席会议，县人民政府副县长陈景泉，县监察委员会副主任刘兴俊，县人民法院院长董焕明，县人民检察院检察长王延丰，县人民政府办公室负责人，县人大常委会各委、办副主任列席了会议。县人大常委会主任陈孝政主持会议。

决定任命：

雷鸣为县人民政府副县长（挂职）。

【县十六届人大常委会第十次会议】 喀左蒙古族自治县第十六届人大常委会第十次会议于2018年9月29日在县人大常委会会议室举行。县人大常委会主任陈孝政，副主任姚海廷、戴成起、陈瑞华、许春宇及委员共30人出席会议，县人民政府副县长董国辰，县监察委员会副主任宋文评，县人民法院副院长张明，县人民检察院检察长王延丰，县人民政府办公室负责人，县发改局、外经贸局、旅游局、卫计局负责人，县人大常委会各委、办副主任列席了会议。县人大常委会主任陈孝政主持会议。

会议听取和审议了县政府关于全县旅游工作情况的报告；听取和审议了县政府关于全县招商引资项目建设工作情况的报告；听取和审议了县政府关于全县新农合工作情况的报告；进行了人事任免。

【县十六届人大常委会第十一次会议】 喀左蒙古族自治县第十六届人大常委会第十一次会议于2018年10月10日在县人大常委会会议室举行。县人大常委会主任陈孝政，副主任姚海廷、陈瑞华及委员共29人出席会议，县人大常委会主任陈孝政主持会议。

会议讨论通过了关于罢免屈连春朝阳市十一届人民代表大会代表职务的决议。

【县十六届人大常委会第十二次会议】 喀左蒙古族自治县第十六届人大常委会第十二次会议于2018年11月30日在县人大常委会会议室举行。县人大常委会主任陈孝政，副主任姚海廷、戴成起、陈瑞华、许春宇及委员共31人出席会议，县人民政府副县长雷鸣，县监察委员会副主任宋文评，县人民法院院长董焕明，县人民检察院检察长王延丰，县人民政府办公室负责人，县财政局、环保局负责人，县人大常委会各委、办副主任列席了会议。县人大常委会主任陈孝政主持会议。

会议审议通过了县人大常委会关于县政府2018年财政预算调整方案的决议；听取和审议了喀左县2017年环境质量状态和环境保护目标完成情况以及2018年工作开展情况的报告；讨论通过了《关于召开喀左蒙古族自治县第十六届人民代表大会第二次会议的决定》；讨论通过了《喀左县人大常委会关于接受丁志军等5人辞去县第十六届人大代表职务的决定》；讨论通过了《喀左县人大常委会关于补选县第十六届人大代表的决定》。

【县十六届人大常委会第十三次会议】 喀左蒙古族自治县第十六届人大常委会第十三次会议于2018年12月13日在县人大常委会会议室举行。县人大常委会主任陈孝政，副主任姚海廷、戴成起、陈瑞华、许春宇及委员共32人出席会议，县人民政府常务副县长徐广强，县监察委员会副主任宋文评，县人民法院副院长张明，县人民检察院检察长王延丰，县人民政府办公室负责人，县人大常委会各委、办副主任列席了会议。县人大常委会主任陈孝政主持会议。

会议听取了县第十六届人民代表大会第二次会议筹备情况的报告；讨论通过了补选县第十六届人大代表的代表资格审查报告；讨论通过了县第十六届人民代表大会第二次会议有关事宜；讨论通过了县人大常委会工作报告（草案）；进行了人事任免。

决定免去：

谭松杰县人民政府副县长（挂职）职务。

决定任命：

宋毅海为县人民政府副县长（挂职）。

【县十六届人大常委会第十四次会议】 喀左蒙古族自治县第十六届人大常委会第十四次会议于2018年12月21日在县人大常委会会议室举行。县人大常委会主任陈孝政，副主任姚海廷、戴成起、陈瑞华、许春宇及委员共33人出席会议，县人大常委会主任陈孝政主持会议。会议补选了朝阳市第十一届人民代表大会代表。

（杨晨曦）

喀左蒙古族自治县人民政府

重要会议

【政府常务会议】3月20日，县长刘敬华在县政府八楼第一会议室主持召开第十六届县人民政府第四次常务会议。会议研究讨论了九项议题。

一、研究开展“重实干、强执行、抓落实”专项行动有关问题。会议听取了县政府办副主任王爽关于开展“重实干、强执行、抓落实”专项行动有关情况的汇报。会议认为，开展“重实干、强执行、抓落实”专项行动，是深入贯彻落实中共十九大精神和上级决策部署的重要举措，是确保完成2018年各项目标任务、加快推进全县经济社会发展的迫切需要，是深化干部作风建设、全面优化营商环境的有力抓手。

会议议定：原则同意《喀左县人民政府办公室关于开展“重实干、强执行、抓落实”专项行动的实施方案》，由县政府办公室负责，按照本次会议提出的意见修改完善后，以县政府文件下发。县“重实干、强执行、抓落实”专项行动领导小组及各成员要抓紧消化、准确把握实施方案的目标任务和落实举措，落实责任分工，加强组织协调，建立工作机制，强化督促检查，确保专项行动取得实效。

二、研究国家农业可持续发展试验示范区建设有关问题。会议听取了县农经局局长白国旺关于推进国家农业可持续发展试验示范区建设工作的汇报。会议认为，国家农业可持续发展试验示范区建设是推进农业供给侧结构性改革的重要抓手，能够为北方农牧交错带半干旱地区和丘陵地区县域农业可持续发展提供可借鉴的模式，对于实施乡村振兴战略、推进现代农业发展意义重大。

会议议定：原则同意《辽宁省朝阳市喀左县农业绿色发展先行先试工作方案（2018—2020年）》，待农业部审定批复后，召开全面推进国家农业可持续发展试验示范区建设动员大会进行安排部署。由县农经局牵头，县发改、科技、财政、国土、环保、水利、林业等部门配合，建立联系人制度、联席会议制度和重要农业资源台账试点制度，研究制定相关文件。

三、研究发展乡镇“飞地经济”有关问题。会议听取了县工信局局长董玉杰关于《喀左县发展乡镇飞地经济实施方案》有关情况的汇报。会议认为，发展乡镇“飞地经济”有利于破解乡镇招商引资的瓶颈制约，促进产业和项目向优势区域集聚，是深化县乡财政体制改革、培育乡镇财源、壮大乡镇经济的重要举措。

会议议定：原则通过《喀左县发展乡镇“飞地经济”实施方案》，由县工信局负责按本次会议提出的意见修改完善后，以县委、县政府文件下发。

四、研究优化营商环境百日行动工作。会议听取了县营商环境建设监督局副局长王海强关于开展优化营商环境百日行动工作的汇报。会议认为，打造优质的营商环境可以聚企业、聚人心，保障现有企业健康发展，吸引外来企业投资兴业。优化营商环境就是解放生产力、提升竞争力，是推动县域经济快速发展的首要因素。

会议议定：原则同意《喀左县优化营商环境百日行动方案》，由县营商局负责，按照本次会议提出的意见修改完善后，以县政府文件下发，并按照要求认真组织实施。

五、研究制定发展总部经济相关政策有关问题。会议听取了县财政局局长邹德良关于制定发展总部经济相关政策的汇报。会议认为，发展总部经济是招商引资的新模式，对于增加税收、促进消费、吸纳就业、拉动社会资本投资、带动相关产业发展等方面都具有积极的影响。

会议议定：原则同意县政府与北京世界线企业管理咨询有限公司签订招商代理合作协议，由北京世界线公司为喀左县开展代理招商活动、引进总部经济，县政府按照协议约定支付中介服务费。

六、研究组建企业集团有关问题。会议听取了县财政局局长邹德良关于组建企业集团有关问题的汇报。会议认为，组建国有企业集团是盘活国有资产存量、促进国有资产保值增值的迫切要求，对于提高国有资本运营效率、激发国有企业发展活力、推进产业集聚和转型升级具有重要作用。

会议议定：成立组建企业集团工作领导小组，由县长任组长，常务副县长和各分管副县长任副组长，相关部门为成员，负责统筹推进组建企业集团工作。原则同意组建城市发展集团、旅游发展集团、文化发展集团、朝阳官大海农场有限公司4个县属国有企业集团。由县财政局负责，按照本次会议提出的意见，进一步完善组建企业集团的工作方案，提交县委常委会审议。

七、研究县公安局曲福良等人申报公务员三等功问题。会议听取了县公安局政委姜岱盛关于为曲福良等五人申报公务员三等功的汇报。会议认为，县公安机关及广大民警忠实践行“对党忠诚、服务人民、执法公正、纪律严明”总要求，恪尽职守、勇担重任，在信访、打击犯罪、社会治理等方面成绩卓著，为建设平安喀左、法治喀左做出了突出贡献。

会议议定：同意为县公安局对曲福良、杜庆丰、张永亮、于大刚、孟凡菲五人记三等功，由县人社局负责按相关程序办理。

八、研究喀左圣明陶瓷公司土地及房屋出售或转让有关问题。会议听取了南哨街道党工委书记、利州工业园区管委会主任于宸光关于喀左圣明陶瓷有限公司土地及房屋出售或转让有关情况的汇报。会议认为，出售或转让喀左圣明陶瓷有限公司土地及房屋，能够化解该公司资金短缺问题，确保国有资产保值、增值，对于确保利州工业园区健康快速发展具有重要意义。

会议议定：由县利州工业园区管委会负责，做好喀左圣明陶瓷有限公司现有土地及房屋等资产情况的评估测算，并报县国有资产管理局备案。由县国土资源局负责，对喀左圣明陶瓷有限公司现有工业用地实际用途变更进行土地出让价格测算。由县利州工业园区管委会负责，及时解决喀左圣明陶瓷有限公司抵押担保问题，严格按照法律法规和规定程序进行出售。

九、研究拨付南哨街道2017年、2018年征地补偿资金有关问题。会议听取了南哨街道党工委书记、利州工业园区管委会主任于宸光关于拨付2017年、2018年南哨街道征地补偿资金有关情况的汇报。会议认为，及时拨付南哨街道征地补偿资金，对于保障园区项目用地、加快招商引资项目建设进度、维护被征地农民权益和社会稳定具有重要意义。

会议议定：原则同意将2017年、2018年南哨街道征地过程中的土地补偿资金纳入县财政预算。由县财政局负责，对2017年度南哨街道征地过程中的地上物补偿资金进行核算，并及时予以拨付。由常务副县长薛大新负责，在现有招商引资优惠政策基础上，科学拟定《朝阳喀左经济开发区招商引资优惠政策》，报县委常委会审定后，提交县人大常委会通过。

4 月 17 日，县长刘敬华在县政府八楼第一会议室主持召开第十六届县人民政府第五次常务会议。会议研究讨论了两项议题。

一是研究棚户区改造工作。会议听取了县住房和城乡建设局局长王丙川关于棚户区改造工作有关情况的汇报。会议认为，实施棚户区改造是落实推进以人为核心的新型城镇化决策部署的重要举措，对于改善群众居住条件、完善城市功能、提升城市环境质量具有重要意义。

会议议定：原则同意由喀左县兴建房地产开发有限公司负责偿还 2015 年棚户区改造国家开发银行贷款本金和利息 2.27 亿元，并对拆迁地块按程序摘牌实施开发建设，土地出让金用于偿还棚改贷款。同意以县政府名义向贷款银行出具相关文件及证明材料。由县财政负责偿还县医院西侧棚户区改造地块公共用地部分和划拨土地部分贷款本息。由喀左县兴建房地产开发有限公司将该地块开发部分按程序摘牌，并偿还该部分棚改地块贷款本息，土地出让金用于偿还棚改贷款。原则同意将喀左建设投资有限公司名下的政府办公楼、农业综合大厦、人民会堂和喀左圣明陶瓷有限公司资产作为抵押物，为 2017 年棚户区改造项目向哈尔滨银行申请一期 1.3 亿元贷款提供担保，各相关部门要积极配合做好相关工作。原则同意将公营子镇初级中学南侧棚户区改造地块纳入棚户区改造范围，并由公营子镇政府牵头负责，县棚改办、征收办等部门配合，利用国开行棚改资金对该地块实施棚户区拆迁改造。

二是研究第二次全国污染源普查工作。会议听取了县环保局局长暴洪权关于开展喀左县第二次全国污染源普查工作有关情况的汇报。会议认为，全国污染源普查是重大的国情调查，是环境保护的基础性工作，有利于准确判断当前的环境形势，有利于制定发展和环境保护政策，对于加快推进生态文明建设步伐、补齐全面建成小康社会的生态环境短板具有重要意义。

会议议定：同意将喀左县第二次全国污染源普查工作经费纳入年度财政预算，由县财政局把关，根据实际支出费用核定。由副县长陈景泉牵头负责，筹备召开全县第二次全国污染源普查工作会议。

4 月 28 日，县长刘敬华在县政府八楼第一会议室主持召开第十六届县人民政府第六次常务会议。会议研究讨论了两项议题。

一是研究开展“重实干、强执行、抓落实”专项行动有关问题。会议认为，根据省、市的安排部署，结合喀左实际，制定了《喀左县开展“重实干、强执行、抓落实”专项行动实施方案》，明确了 9 大方面 111 项重点任务，涵盖了省、市下达的指标和喀左县的目标任务，是抓好全年工作的重要指引。

会议要求：各位副县长、各乡镇街区、各部门要按照方案要求和责任分工，明确年度工作目标和重点任务，迅速行动，扎实推进各项工作开展。县“重实干、强执行、抓落实”专项行动领导小组及各成员要强化责任担当，消化目标任务，紧盯序时进度，干一件成一件，做一桩成一桩，盯人盯事盯结果，务求取得实效。各位副县长要互相协调、互相支持，形成整体工作合力；要转变工作作风，以问题为导向，深入一线、深入现场，开展实地调研，解决实际问题。由县政府督查室负责，围绕专项行动实施方案落实情况，强化督促检查，及时发现问题，及时反馈情况，及时督促整改，确保专项行动真正落实到位。

二是根据人员变动和工作需要，对县政府领导分工作出调整。

会议要求：各位副县长要不断加强学习，尽快进入角色，熟悉和掌握分管领域工作，深刻理解和用好用活上级政策；要经常深入基层，搞好调查研究。各位副县长要强化责任意识，敢于担当、勇于担当、善于担当，坚持以问题为导向，及时解决工作中遇到的各种问题；要不断转变作风，提高效率，增强工作的预见性和前瞻性，提前做好相关工作安排。各位副县长要精诚团结，互相关心，互相支持，工作中加强沟通协调，以诚相待，合力攻坚，建设一个讲原则、重感情的政府领导班子。各位副县长要切实担负起分管部门的党建和党风廉政建设责任，高度重视分管领域的安全生产、信访、维稳、生态保护、风险防控等工作；要强化廉洁自律意识，加强批评与自我批评，树立党员领导干部的良好象形。

6月5日，县长刘敬华在县政府八楼第一会议室主持召开第十六届县人民政府第八次常务会议。会议研究讨论了四项议题。

一是传达市政府十一届一次全体（扩大）会议暨“重实干、强执行、抓落实”专项行动推进工作会议精神。县委常委、常务副县长徐广强传达了市政府十一届一次全体（扩大）会议暨“重实干、强执行、抓落实”专项行动推进工作会议精神。会议认为，市政府此次会议是在深入推进“重实干、强执行、抓落实”专项行动关键时期召开的一次重要会议，充分体现了市政府对省委、省政府决策部署的深刻理解、对朝阳面临形势的准确把握、对推动振兴发展的深入思考，为做好当前及今后一个时期工作提供了有力指导。全县上下一定要认真学习，深刻领会，狠抓贯彻落实，确保省、市各项安排部署在喀左落地生根。

会议要求：要坚持问题导向。县政府开展“重实干、强执行、抓落实”专项行动以来，各项工作取得了较大进展，但是仍然存在一些难点问题。各乡镇街区、各部门要坚持问题导向，克服畏难厌战情绪，摒弃“推拖绕”思想，知难而进、迎难而上，有针对性地制定切实可行的攻坚方案和有效举措，做到精准施策、靶向破题，集中力量解决群众高度关注的堵点、痛点、难点问题。要确保“时间过半、任务过半”。承担主要经济指标的各相关部门要进一步抓好主要经济指标的调度，要加强提前分析研判，及时提出工作建议，做好对上协调沟通和对下调度督促，千方百计抢时间、补短板。各乡镇街区、各部门要对照市里下达的任务指标和“重强抓”的任务指标，抓紧向前推进，必保达到“双过半”的要求，为完成全年任务打牢基础。要扎实推进“重强抓”工作开展。各乡镇街区、各部门要从讲政治的高度，充分认识“重实干、强执行、抓落实”专项行动的重大意义，进一步强化抓落实的责任感和紧迫感，要上下联动，各方协同，共同把部署的工作、明确的任务转化为抓推进、抓实施、抓执行、抓落实、抓成效的具体行动。对梳理出来的111项目标任务，要做到任务对账、措施对标、时间对表，严格按时间节点完成好；对影响全局、事关发展的各项重点工作，要集中时间、集中精力、集中力量全力攻坚，加快推进，务求突破。县政府督查室要完善建立台账、督促调度、协调推进、破解难题等工作机制，强化绩效导向，加强督查考核。

二是研究2018年向上争取资金有关问题。会议听取了县发展和改革局局长于维和关于2018年向上争取资金有关情况的汇报。会议认为，积极向上争取政策、项目、资金支持，是弥补县财力不足的重要补充，是推动喀左县经济社会发展的有力支撑。

会议要求：要提高认识，高度重视。各部门要充分认识到切实做好向上争取政策、项目、资金工作，既是各部门职责所在，更是发展所需，刻不容缓。要把向上争取资金、项目、政策工作作为招商引资工作的有效抓手，作为服务存量企业的重要手段，作为打造良好营商环境的有力举措，主动服务，积极协调，切实帮助企业解决实际困难，努力争取更多的项目、资金。要抢抓机遇，明确主攻重点。各部门要抓住省委、省政府实施县域经济发展三年行动计划和“突破辽西北”三年攻坚计划的有利契机，吃透上级政策，找准切入点，积极争取中央预算内资金、省本级资金、辽西北专项资金扶持。要精心策划，积极申报项目。各部门要及早谋划安排，精心筛选，引导各行业、各相关企业立足自身优势、挖掘项目资源、完善相关手续，包装申报一批项目，做到“由资金找项目”变为“让项目等资金”。要解放思想，强化服务。在项目前期要件办理过程中，县发改、审批、国土、环保、住建、规划、人社等相关要素部门要敢于担当、善于担当，急事急办、特事特办，全力以赴支持向上争取资金、项目、政策工作。

三是研究采石场整治工作有关问题。会议听取了县国土资源局局长盛会杰关于采石场整治工作有关情况的汇报。会议认为，抓好采石场整治工作是落实市委、市政府整顿规范全市采石场秩序、淘汰落后产能、加快生态建设决策部署的具体体现，是贯彻绿色发展理念、推进供给侧结构性改革、做好“去产能”工作的现实需要。

会议议定：原则同意《喀左县采石场整治工作实施方案》，由副县长陈景泉同志牵头负责，县国土资源局具体负责，县公安、环保、林业等部门以及属地乡镇、街道配合，全力做好采石场整治各项工作。由县国土资源局负责，严格落实朝阳市采石场整治工作领导小组办公室《关于落实第 4 期政府常务会议要求的通知》（朝采整办发〔2018〕1 号），持续巩固采石场整治成果。

四是研究喀左县建立一所特殊教育学校有关问题。会议听取了县教育局局长乌桂英关于建立喀左县特殊教育学校有关工作情况的汇报。会议认为，建立特殊教育学校是贯彻落实党和国家关于“办好特殊教育”工作部署的重要举措，是保障残疾儿童少年基本权益的重要民生工程，对于提升残疾人受教育水平、促进教育公平具有十分重要意义。

会议议定：原则同意建立一所特殊教育学校。由县教育局、规划局负责，做好特殊教育学校选址工作。由副县长陈彩霞负责，积极向省教育厅争取资金，抓好前期手续办理及特殊教育学校建设等工作。

6 月 14 日，县长刘敬华在县政府八楼第一会议室主持召开第十六届县人民政府第九次常务会议。会议研究讨论了两项议题。

一是研究部分高层住宅建筑消防审批问题。会议听取了县住房和城乡建设局局长王丙川关于部分高层住宅建筑消防审批问题的汇报。会议认为，提高高层建筑消防安全设防等级，从严把好高层建筑消防审批关口，对于高层建筑预防火灾和减少火灾危害、保障人民群众生命财产安全具有重要意义。

会议议定：县城喀左商业住宅综合体项目（财富领域住宅小区）、御水蒂王小区（凌滨鑫苑）、馨丰老年公寓小区、香格里拉花园北岸小区、大成上院、清阳河畔、东盛花园 4# 楼等高层住宅建筑为喀左县重点民生工程，符合省、市提出的由县级审批的规定，由县消防大队按原设计规范进行消防审批。县城东盛花园 1#、2#、3# 楼为公共建筑，按程序报市消防局审批。

二是研究购买公共租赁住房有关问题。会议听取了县住房和城乡建设局局长王丙川关于购买公共租赁住房有关问题的汇报。会议认为，大力发展公共租赁住房，有利于解决中等偏下收入群体基本住房需求，是加快住房保障体系建设、实现“住有所居”的内容，对于完善住房供应体系、促进房地产市场健康发展具有积极意义。

会议议定：由县财政局负责，尽快拨付保障性安居工程资金 970.2 万元，用于购买公共租赁住房。由县住房保障办负责，按照《喀左县公共租赁住房管理办法》相关规定，通过政府采购方式，面向县内房地产开发企业购买符合条件的公共租赁住房。由县住房保障办负责，做好公共租赁住房管理工作，及时将公共租赁住房租金上缴县财政。

8 月 1 日，县长刘敬华在县政府八楼第一会议室主持召开第十六届县人民政府第十一次常务会议。会议研究讨论了六项议题。

一是研究清理规范行政审批中介服务事项有关问题。会议听取了县市场监督管理局局长李海军关于清理规范行政审批中介服务事项有关问题的汇报。会议认为，清理规范行政审批中介服务事项是落实“放管服”改革的具体举措，对于解决群众和企业办事难、降低审批成本、提高行政效能、从源头上预防和遏制腐败具有重要意义。

会议议定：原则同意《喀左县行政审批中介服务事项清单》，由县市场监督管理局负责，对照《朝阳市行政审批中介服务事项清单》进一步修订完善，适时以县政府名义向社会公布。由县市场监督管理局牵头负责，县编办、县政府法制办配合，按照省、市相关文件要求，制定《喀左县行政审批中介服务机构管理办法》，拟定《关于加强对行政审批中介服务机构管理的通知》，并以县政府名义印发。

二是研究将公营子镇污水处理厂划归开发区管理问题。会议听取了经济开发区副主任王文军关于将公营子镇污水处理厂划归开发区管理的汇报。会议认为，将公营子镇污水处理厂划归经济开发区管理，能够有效解决经济开发区工业和生活污水达标排放问题，是经济开发区确保省级经济开发区资格的必要条件，对于保障经济开发区持续健康发展具有重要意义。

会议议定：同意将公营子镇污水处理厂划转给经济开发区管理。由公营子镇负责，抓好公营子镇污水处理厂的配套工程建设和运营调试，确保 9 月底前投入使用。公营子镇、各相关部门负责做好污水处理厂的决算和审计工作。对于污水处理厂的建设投入资金，除国家、省专项资金以外，经济开发区按照实际金额偿还给公营子镇。由经济开发区管委会负责，加强对企业排污费、水资源费的收缴；加强园区内企业污水排放管理，确保污水达标后，再进入园区污水管网。由经济开发区管委会负责，研究将污水处理厂委托给第三方运营。由公营子镇负责，做好污水处理厂周边的棚户区改造拆迁工作。

三是研究喀左县 2018 年弃管闲置棚恢复有关问题。会议听取了县农经局副局长田国军关于 2018 年弃管闲置棚恢复工作有关情况的汇报。会议认为，弃管闲置棚恢复工作是省委巡视组巡视反馈意见中的重要内容，是推进脱贫攻坚、实施乡村振兴战略的有力举措，既是一项政治任务，也是一项民心工程，对于深化种植业结构调整、促进农业提质增效、带动农民增收具有重要意义。

会议议定：对于涉及的企业大户，由副县长梁锴牵头、农经部门配合，召集各乡镇街区、相关金融部门研究企业大户贷款停息挂账事宜。对于老弱病残无力经营、棚体短小、效益差、标准低的弃管闲置棚，要加大恢复力度，对能恢复生产的进行恢复，对不能恢复生产的推倒复耕或重新转租。对于零散不能恢复的棚，限期对其整改，通过转包串户方式恢复生产。对无法恢复生产的弃管闲置棚，且无法找到生产经营者、不缴纳租金的棚户，通过法律诉讼途径解决。

四是研究确定闲置废弃农宅拆迁安置工作单位有关问题。会议听取了县国土资源局局长盛会杰关于确定闲置废弃农宅拆迁安置工作单位有关情况的汇报。

会议议定：原则同意采取公开邀请、综合考评的方式，确定闲置废弃农宅投资拆迁安置单位。由县国土资源局牵头负责，县财政局、朝阳公共源交易中心喀左分中心配合，做好确定闲置废弃农宅拆迁安置单位有关工作。

五是研究制定鼓励建设停车设施改善停车环境实施意见有关问题。会议听取了县规划局局长常国新关于制定《鼓励建设停车设施改善停车环境实施意见》有关情况的汇报。会议认为，随着人民生活水平的不断提高，喀左县汽车保有量急剧增加，县城停车难问题尤为突出。加快推进县城停车场（库）等设施建设，能够有效缓解停车难问题，对于营造规范有序的城市环境具有重要意义。

会议议定：由县规划局负责，按照本次会议提出的意见，对《鼓励建设停车设施改善停车环境实施意见》进行修改完善，适时再报县政府常务会议讨论。

六是研究全县生态环境保护工作。会议听取了县环境保护局局长暴洪权关于全县生态环境保护工作情况的汇报。会议认为，中共十八大以来，以习近平同志为核心的党中央始终把加强生态环境保护和加强生态文明建设作为履职的重点，不断强化组织领导，创新工作思路，完善工作机制，健全监管体系，取得了良好效果。喀左县按照国家、省、市部署，在谋划创建全国生态示范县、创建国家森林城市、打好污染防治攻坚战、全面落实河长制、落实中央环保督察整改等方面做了大量工作，取得了显著成效。

会议议定：要提高思想认识。各乡镇街区、各相关部门要深入学习习近平生态文明建设重要战略思想和习近平总书记在全国生态文明建设大会上的重要讲话精神，牢固树立绿水青山就是金山银山的发展理念，充分认识到良好生态环境是最普惠的民生福祉，切实增强做好新时代环境保护工作的政治自觉、思想自觉和行动自觉，全面加强生态环境保护，持续推进生态环境改善。要明确任务目标。各乡镇街区、各相关部门要按照朝阳市污染防治三年攻坚行动方案，紧紧围绕打赢蓝天保卫战、碧水保卫战、净土保卫战、生态保护与修复战、农村污染治理突破战、环境风险有效防控战，进一步明确责任主体，夯实工作举措，加大推进力度，确保各项工作取得实效。要把握工作重点。（1）近期召开环保督察“回头看”自查工作会议，下发相关文件，落实责任分工，由县委、县政府督查室负责对42个整改案件逐一进行核查，确保整改到位。（2）开展矿山综合整治，将所有矿山纳入青山工程和矿山植被恢复计划，制定矿山植被恢复方案，对南哨街道关闭矿山切断供电。（3）抓好10吨以下燃煤锅炉淘汰工作，经济开发区范围内由常务副县长徐广强负责，经济开发区范围以外由副县长陈景泉负责。（4）抓紧推动县城污水处理厂第三方运营，县政府常务会议近期专题研究具体方案。（5）做好“绿盾2018”自然保护区监督检查专项行动各项工作。（6）打好蓝天保卫战、碧水保卫战、净土保卫战，县委、县政府督查室按照相关工作责任分工和实施方案做好督查推动工作。要狠抓工作落实。各乡镇街区、各相关部门要强力推动党政同责、一岗双责，压实生态环境保护的责任，构建合力攻坚的生态环境保护格局。要坚持以“重实干、强执行、抓落实”的总体部署、中央环保督察组的督察反馈意见、打好污染防治攻坚战的要求为导向，梳理细化每一项工作任务，明确时间表、路线图和任务书，科学合理设置时间节点和完成标准，落实到责任单位、责任领导、责任科室和具体责任人，干字当头、实字为先，坚决把各项工作任务落实好。

8月24日，县长刘敬华在县政府八楼第一会议室主持召开第十六届县人民政府第十二次常务会议。会议研究讨论了三项议题。

一是传达学习省委、市委全会精神。县政府办公室副主任王爽传达了省委十二届八次全会、市委十届七次全会暨全市经济工作会议精神。

会议要求：下半年，全县政府系统要重点做好以下工作：全力抓好中央巡视反馈意见整改落实。提高政治站位，落实整改责任，狠抓专项整治，做到真认账、真反思、真整改。全力抓好项目建设和招商引资。坚持主攻京津冀抓招商，把好招商选商关。全力争取国家、省市政策、项目和资金支持。推进老企业上项目、引技术和对外合资合作。加快推进经济开发区和利州工业园区标准化厂房和园区基础设施建设。做好固定资产投资入统工作，确保实现应统尽统、及时入统。推进重点领域改革。确保事业单位改革、园区机构改革任务按时高质量完成，深入推进县乡财政体制改革，大力推进国资国企改革、农村改革、中介组织和社会组织清理整顿等其他改革，为喀左发展注入新的动力。全力推进脱贫攻坚。坚持精准扶贫、精准脱贫，扎实开展“百日攻坚行动”，确保年内完成5861名贫困户脱贫、46个贫困村销号、贫困县摘帽目标，确保喀左脱贫攻坚工作经得起国家检验。实施乡村振兴战略。认真学习国家、省、市乡村振兴战略政策文件精神，牢牢抓住“产业兴旺、生态宜居、乡风文明、治理有效、生活富裕”的总要求，以“飞地经济”为抓手发展工业，以农产品加工园区、现代农业示范园、特色农业生产基地为依托发展现代农业，以电商、物流、旅游为重点发展现代服务业，加快形成乡村振兴的关键支撑，同步落实好乡村振兴各项任务。全力优化营商环境。把“放管服”改革作为突破口，加快“一网、一门、一次”改革，创新监管方式，为各类市场主体发展创造条件，积极构建亲清政商关系。推进生态环境建设。落实最严格的环境保护制度，全力争创国家森林城市，加大力度推进蓝天、碧水、青山、净土、矿山综合整治等生态建设工程，切实抓好河流治理、水源地保护、农业农村污染治理等专项整治，全面完成中央环保督察交办的整改任务，坚决打好污染防治攻坚战。大力发展民生事业。坚决打好防范化解重大风险攻坚战，完成政府债务化解任务，确保养老金按时足额发放，防止发生企业金融性债务风险。加快发展教育、卫生、文化等社会事业，扎实推进城市建设和管理。做好安全稳定工作。坚决维护安全生产形势稳定，落实信访矛盾减存控增三年攻坚计划，大力开展扫黑除恶专项斗争，深入推进平安喀左建设。推进全面从严治党。把党的政治建设摆在首位，严格落实意识形态工作责任制，深入推进党风廉政建设和反腐败斗争，推动政府系统基层党建全面进步、全面过硬。

二是研究“重实干、强执行、抓落实”专项行动有关问题。会议听取了县政府督查室主任王锋关于全县“重实干、强执行、抓落实”专项行动进展情况的汇报。会议认为，“重实干、强执行、抓落实”专项行动，是振兴发展所需、是转变干部作风所需、是净化修复政治生态所需，是省政府深入贯彻中共十九大精神、加快辽宁振兴发展的重大之举、战略之举、长远之举，是当前和今后一个时期统领全县工作的关键抓手。

会议要求，各位副县长、各部门要坚定不移地落实省、市工作部署，把“重强抓”专项行动抓得更紧更实，持之以恒、一以贯之抓下去，强化“干”的导向、弘扬“干”的精神、落实“干”的行动，真正做到解决一批问题、攻克一批难题、拿下一批项目，确保圆满完成全年目标任务。

三是研究召开县政府十六届一次全体（扩大）会议暨“重实干、强执行、抓落实”专项行动推进工作会议有关问题。会议听取了县政府办副主任王爽关于召开县政府十六届一次全体（扩大）会议暨“重实干、强执行、抓落实”专项行动推进工作会议的汇报。

会议议定：原则同意召开县十六届政府一次全体会议暨“重实干、强执行、抓落实”专项行动推进工作会议，传达贯彻省委、市委、县委全会精神，全面总结上半年全县各项工作成效，安排部署下半年工作任务，进一步推进“重实干、强执行、抓落实”专项行动深入开展。由县政府办公室负责做好会议筹备工作，县政府办、财政局、发改局、外经局、工信局分别做好“重强抓”专项行动、财税收入、项目建设、招商引资、“飞地经济”完成情况通报准备工作。

8月29日，县长刘敬华在县政府八楼第一会议室主持召开第十六届县人民政府第十三次常务会议。会议研究讨论了三项议题。

一是传达市优化营商环境工作会议精神。县政府办公室主任崔凯传达了全市优化营商环境工作电视电话会议精神。会议认为，打造良好营商环境，是坚决落实习近平总书记“亲、清”政商关系重要论述和中央、省、市委要求的具体行动，是推动喀左振兴发展的重要支撑，是解决喀左目前存在问题的迫切需要。

会议要求：思想认识上要再深化。全县上下一定要从讲政治、讲大局的高度，深刻认识优化营商环境的重要性和紧迫性，把思想和行动统一到中央决策部署和省、市委工作要求上来，带着推动发展的强烈使命，带着为民服务的浓厚感情，责无旁贷地抓好各项工作落实，为喀左实现高质量发展提供更加有力的支撑。措施上要再精准。各乡镇街区、各部门要持续深化“放管服”改革，在“放”的方面，简化办事流程和环节，推进“互联网＋政务服务”“一网、一门、一次”改革，创新服务方式，切实提高办事效率和质量；在“管”的方面，规范各类涉企行政行为，严格执行“双随机、一公开”监管，坚决取缔没有法律法规依据的收费项目，全面清理行政审批中介服务事项，坚决破除影响企业发展的各类隐性障碍和“潜规则”；在“服”的方面，像“店小二”一样当好服务员，主动作为、靠前服务，经常深入服务对象“面对面”了解需求，倾心尽力帮助企业、群众排忧解难，让群众和企业感受到看得见、摸得着的变化。作风上要再提升。县营商局要继续开展专项治理，围绕“办事难”问题和营商环境建设存在的具体问题，通过督查、抽查、定期巡查、不定期暗访等方式，重点整治干部作风“慵懒散”、服务群众“吃拿卡要”、行政执法“冷硬横”、服务企业“推绕拖”等问题，锲而不舍推动干部作风和营商环境持续好转。各乡镇街区、各部门要坚决整治政府失信、“新官不理旧账”问题，对历史遗留问题，能解决的立即解决，不能立即解决的限期解决，坚持守信践诺，打造诚信政府。县发改局、项目办、营商局要与各园（景）区沟通协调，密切配合，落实项目管家制度，并建立长效机制，为企业、项目提供优质服务。

二是研究对综合性实体政务大厅扩容改造及乡镇街区便民服务中心管理工作有关问题。会议听取了县行政审批局局长王建华关于对综合性实体政务大厅扩容改造及乡镇街区便民服务中心管理工作有关情况的汇报。会议认为，实施政务大厅扩容改造，加强乡镇街区便民服务中心管理，是深入推进“互联网＋政务服务”“一网、一门、一次”改革的重要举措，是解决企业和群众反映强烈的办事难、办事繁、办事慢问题的迫切需要，对于方便企业和群众办事创业、加快转变政府职能和工作作风、优化经济发展环境具有重要意义。

会议议定：由县机关事务管理局负责，推动服务业大厦内9家事业单位搬出，腾空场地增加政务服务办事大厅面积。此项工作要9月5日完成。由县行政审批局、财政局、机关事务管理局负责，研究细化扩容改造工程的具体设计方案，编制经费预算，按照规定程序组织实施。由县财政局负责，审核县行政审批局提出的服务设施和电子设备配备需求，在充分利用好原有设施设备的基础上配齐配优，由朝阳市公共资源交易中心喀左分中心按照政府采购程序进行采购。由县行政审批局负责督促指导，各乡镇街区各负其责，进一步加大向乡镇街区放权力度，加强便民服务中心设施设备建设，制定完善服务事项清单、服务指南及工作纪律，推进便民服务中心规范管理，提升服务群众能力和水平。经济开发区审批服务局要参照县行政审批局的工作安排，研究好“互联网＋政务服务”“一网、一门、一次”改革和政务大厅建设工作。

三是根据人员变动和工作需要，对县政府领

导分工作出调整。

10月15日，县长刘敬华在县政府八楼第一会议室主持召开第十六届县人民政府第十四次常务会议。会议研究讨论了十项议题。

一是传达学习习近平总书记在东北考察时和在深入推进东北振兴座谈会上的重要讲话精神。县政府办公室副主任田岩传达了习近平总书记在东北考察时和在深入推进东北振兴座谈会上的重要讲话精神。会议认为，习近平总书记的重要讲话，具有极强的思想性、战略性和指导性，与“四个着力”“三个推进”一脉相承、一以贯之，是贯彻落实新发展理念、推动高质量发展的强大思想武器、行动指南和根本遵循。总书记的重要讲话，为振兴发展指明了前进方向和工作重点，提供了科学方法，更加坚定了加快推进振兴发展的信心和决心。

会议强调，落实习近平总书记重要讲话精神，必须坚持稳中求进总基调，牢固树立问题意识和底线思维，抓住重点，抓住关键，充分发挥优势、抢抓机遇、主动作为，确保喀左主要经济指标增速高于全省平均水平，在全市保持领先，确保与全省一道步入全面小康社会。全力深化改革，建设发展环境最优县。要努力构建“亲”“清”政商关系，进一步提高政府办事效率，加强诚信政府建设，强力整治软环境突出问题，深入推进行政审批制度改革，坚决实行“项目秘书”“项目管家”制，全力营造一流营商环境。要全力优化金融环境、人才环境和民营企业发展环境，降低实体经济成本，进一步坚定企业投资发展、做大做强的信心和决心。牢牢抓住项目这个中心和重心，全力推动高质量发展。要以“五个一工程”为龙头打造开放发展平台，全力抓好面向全中国主攻京津冀招商、飞地经济、老企业转型升级和对外合资合作、“大学进园区进企业”工程、乡村振兴、向上争取等重点工作，确保取得扎实成效。全力打好“三大攻坚战”，保障和改善民生。要打好精准脱贫攻坚战，进一步压实“七个责任”、落实“五个一批”，抓实新的“十大扶贫举措”，坚决抓好贫困退出工作，确保喀左脱贫攻坚经得起国家检验。要打好重大风险防范化解攻坚战，坚持底线思维，增强风险意识，确保不发生系统性风险。要坚决打好污染防治攻坚战，以创建国家森林城市为抓手，加强生态环境建设。要坚决落实信访矛盾减存控增三年攻坚计划，全力抓好扫黑除恶专项斗争和安全生产，确保全县经济社会大局稳定。

会议要求，全县政府系统要把深入学习宣传贯彻习近平总书记重要讲话精神作为首要政治任务和头等大事。一要把深入学习宣传贯彻习近平总书记重要讲话精神作为首要政治任务和头等大事，迅速抓好传达、学习、贯彻，真正入脑入心，在学懂弄通做实上下功夫。二要切实把思想和行动统一到总书记重要讲话精神上来，统一到省、市、县委的安排部署上来，把总书记重要讲话的精神实质和思想内涵紧密融入推进振兴发展的工作实践中。三要抓紧制定贯彻落实意见，明确任务、细化措施、压实责任。切实把总书记重要讲话精神转化为推动喀左振兴发展和全面建成小康社会的强大动力。四要全面从严治党，全力营造良好政治生态，强力推进正风肃纪反腐。要重实干、强执行、抓落实，全力推进作风转变。

二是传达学习习近平总书记关于统计工作重要指示批示及中央有关文件精神。县统计局局长高洪祥传达了习近平总书记关于统计工作重要指示批示及中央有关文件精神。会议认为，习近平总书记的重要指示批示和《意见》《办法》《规定》充分体现了党中央、国务院坚持实事求是、反对弄虚作假的鲜明态度和坚定决心，传递了统计造假行为和责任人一定会受到处理和追究的清晰信号。

会议强调，依法治统是“一把手”工程，各乡镇街区、各部门主要负责同志要把领导责任担起来，将统计工作重大事项列入重要议事日程，把防范和惩治统计造假弄虚作假作为全面从严治党和党风廉政建设的重要内容，加强对相关工作的部署和推动，切实将统计工作抓好抓实。统计部门要把主体责任扛起来，坚持独立调查、独立报告和独立监督，无论任何时候任何环节，都不允许任何人任何部门干预。相关职能部门要把监管责任挑起来，按照《关于进一步加强协作联动全面夯实统计工作机制的实施方案》，切实履行职责，担负起对本系统数据真实性的监管责任。

会议要求，各乡镇街区、各部门要切实把学习贯彻习近平总书记重要指示批示精神和《意见》《办法》《规定》当作一项政治任务常抓不懈。一要提高政治站位，坚决把思想和行动统一到中央的部署要求上来，不折不扣地将防范和惩治统计造假弄虚作假、提高统计数据真实性工作贯彻落实到位。二要发挥学习统计法、遵守统计法、执行统计法的带头示范效应，牢固树立正确的政绩观和发展观，坚持实事求是、依法统计，坚守统计法律底线，坚决防范和惩治统计造假弄虚作假行为。三要加大监督检查力度，坚决查处统计违法行为，不断提高统计法的权威性，推动喀左经济社会实现高质量发展。

三是传达学习新修订的宗教事务条例。县民宗局党组书记白明山传达了新修订的宗教事务条例精神。会议认为，宗教事务条例的修订发布，是深入贯彻落实习近平总书记重要讲话精神和全国宗教工作会议精神的重要举措，有利于更好地保障公民的宗教信仰自由权利，切实加强对宗教事务的依法管理，进一步提高宗教工作法治化水平。

会议议定：由县民宗局牵头负责，调整喀左县宗教事务工作领导小组成员。由县民宗局负责，制定全县领导干部和机关工作人员学习宗教相关知识的工作方案，组织好学习活动；加大培训力度，对全县宗教工作人员进行一次培训。由县民宗局牵头负责，针对宗教领域突出问题开展排查，针对发现的问题制定整治方案，依法依规稳妥开展整治行动。

四是研究“8890”政务便民服务平台筹建工作。会议听取了县政府办公室主任、营商环境监督局局长崔凯关于“8890”政务便民服务平台筹建情况的汇报。会议认为，做好“8890”政务便民服务平台筹建工作，是贯彻落实好省政府关于开展“重实干、强执行、抓落实”专项行动和开展“办事难”问题专项整治的一项重要工作。

会议议定：成立喀左县“8890”政务便民服务平台建设与管理工作领导小组，由常务副县长任组长，县直有关单位负责人为成员，负责对“8890”平台建设与管理的组织领导。原则同意《喀左县“8890”政务便民服务平台建设与管理实施方案》，按照本次会议意见修改完善后印发。由县编办和县政府办公室负责，结合党政机构改革和事业单位改革，调配10名业务素质能力强的事业编制工作人员，确保县级平台高效运转。由县财政局负责，将“8890”政务便民服务中心办公经费纳入财政预算，由县政府办公室统一保障。由县机关事务局负责，按标准在县政府八楼调配办公室，保障办公场地。各相关单位各负其责，根据实施方案要求，明确工作任务，搭建好县级“8890”政务便民服务平台；按照全省统一的工作要求和流程，理顺好运转体系，开展信息采集，建立县级便民服务信息库，做好县级平台与省市平台的高效对接。

五是研究全县建档立卡贫困户三大产业扶贫全覆盖工作。会议听取了县扶贫开发局局长吴守本关于全县建档立卡贫困户三大产业扶贫全覆盖工作情况的汇报。会议认为，实施三大产业扶贫全覆盖，是县委、县政府推进“3+N”三大产业全覆盖、政策多重叠加精准扶贫、精准脱贫模式的具体举措，也是落实市委、市政府脱贫攻坚

“十大举措”的重要内容，事关全面建成小康社会、乡村振兴和人民福祉，必须高度重视，确保取得实效。

会议议定：由县扶贫局、财政局负责，做好脱贫摘帽后迎接国家开展贫困县审计的准备工作。由副县长梁锴、雷鸣同志牵头，县扶贫办、金融办负责，召开会议专题研究扶贫养牛农场建设及贷款申请问题，确保发挥扶贫养牛农场作用。

六是研究河长制及总河长会议筹备工作。会议听取了县水利局局长于钦海关于喀左县总河长及河长工作会议筹备情况、河长制工作开展情况的汇报。会议认为，全面推行河长制是落实绿色发展理念、推进生态文明建设的内在要求，是完善水治理体系、维护河湖健康生命的有效举措，对于实现经济社会可持续发展具有重要意义。

会议议定，原则同意近期召开喀左县总河长及河长工作会议，由县水利局负责提交县委常委会议审定。

七是研究非洲猪瘟防控工作。会议听取了县畜牧兽医局总兽医师唐敬德关于非洲猪瘟防控工作有关情况的汇报。会议认为，开展非洲猪瘟防控工作，是落实国家和省、市工作部署、保障人民群众消费安全的重要措施，对于确保喀左县养殖产业健康发展、巩固脱贫攻坚成果、维护社会稳定具有重要意义。

会议要求：要提高认识。各乡镇街区、各有关部门要充分认识非洲猪瘟疫情危害的严重性和防控工作的紧迫性、艰巨性、复杂性，提高政治站位，坚决贯彻落实国家、省、市和县委、县政府的工作部署。要夯实责任。严格落实属地管理责任，各乡镇街区一把手是第一责任人，对本辖区防控工作负总责；落实部门监管责任，县畜牧局为牵头部门；落实生产经营主体防疫责任，县畜牧、市场监管等部门负责指导协调；加强督导检查，成立县非洲猪瘟防控工作督导组，开展专项督导，确保工作有效开展。要抓实举措。各乡镇街区、各有关部门要持续开展疫情排查，对生猪养殖场（户）、屠宰场、生猪交易场所等重点场所进行全面排查，发现问题及时上报。强化生猪等动物移动监管，县畜牧、公安、交通、路政等部门要积极配合，组织人员进驻高速收费站，在高速路口和出县境路口设卡，严格把关，对车辆进行严格核查，严禁生猪调出调入喀左县，严禁生猪产品调出调入本市。禁止餐厨废弃物喂饲生猪，各乡镇街区、畜牧部门要向养殖户宣传餐厨废弃物喂饲生猪的危害，指导养殖户严格遵守有关规定。要强化宣传。坚持疫情、舆情两手抓，及时准确发布信息，答疑解惑，做好非洲猪瘟等动物疫病防控宣传工作。要在电视、报纸、网站等平台加大宣传力度，正向引导公众理性消费生猪产品，并坚决打击造谣、传谣行为，避免社会恐慌。要强化保障和应急处置。各乡镇街区、各相关部门要制定应急预案，应急物资储备要及时更新；要加强应急准备，执行24小时值班制度，保持通讯畅通，执行日报告制度，每日统计上报情况。县财政部门要保障非洲猪瘟防控应急物资储备所需资金。

八是研究农村人居环境整治工作。会议听取了县规划局局长常国新关于制定《喀左县农村人居环境整治三年行动实施方案》情况的汇报。会议认为，编制《喀左县农村人居环境整治三年行动实施方案》，大力实施农村人居环境整治，是深入贯彻落实党中央国务院、省、市工作要求的具体举措，对于改善农村人居环境、建设美丽宜居乡村、建设社会主义新农村、实现乡村振兴具有十分重要的意义。

会议议定：原则同意《喀左县农村人居环境整治三年行动方案》，由县规划局负责，按照本次会议提出的修改意见进一步完善后，按程序以县委、县政府文件印发实施。由县规划局负责，结合实际，科学制定喀左县农村人居环境整治考核验收标准及办法，适时报县政府常务会议审议。

九是研究中央环保督察反馈意见整改有关问题。会议听取了县环保局局长暴洪权关于喀左县环保督察整改情况的汇报。会议指出，按照中央统一部署，中央环保督察组于10月15日进驻辽宁进行“回头看”。与2017年督察相比，力度更大、要求更严，除了对督察反馈问题紧盯不放、一盯到底之外，还将结合具体情况，同步统筹安排专项督察。

会议议定：由县环保局牵头负责，统一调度、统一督导，全面做好迎接中央环保督察“回头看”各项工作。各涉案乡镇街区和部门，要不折不扣地抓好中央环保督察交办案件、反馈意见的整改落实，特别是抓好共性问题整改以及突发事件的应对工作，确保整改到位。全县上下要严格执行中央环保督察整改工作责任人联签制度，逐级履行签字程序。由县环保局、工信局、市场监督管理局、经济开发区、供热办等相关部门负责，全面做好10蒸吨以下燃煤锅炉淘汰工作，按时完成全县淘汰锅炉工作任务。

十是根据人员变动和工作需要，对县政府领导分工作出调整。

11月21日，县长刘敬华在县政府八楼第一会议室主持召开第十六届县人民政府第十五次常务会议。会议研究讨论了五项议题。

一是研究事业单位和县属国有企业公务用车制度改革。会议听取了县发改局局长于维和、县国有资产管理局局长黄文权关于事业单位和县属国有企业公务用车制度改革的汇报。会议认为，全面推进事业单位和县属国有企业公务用车制度改革，是贯彻落实中央八项规定精神和厉行节约反对浪费要求的重要举措，是全面推进公务用车制度改革的重要任务，对于规范事业单位和县属国有企业职务待遇、节约成本、提高效能、促进廉政建设具有重要意义。

会议议定：原则同意《喀左县事业单位公务用车制度改革实施方案》和《喀左县县属国有企业公务用车制度改革实施方案》，事业单位和县属国有企业公务用车制度改革工作在全县事业单位和国有企业改革完成后全面启动。由县公共资源交易中心负责，对调剂后的上缴公车通过公开竞价方式处置；对处置过程中涉及车籍为企业的上缴车辆，所需缴纳车辆交易税费按照公务用车车辆交易税率执行；对处置过程中涉及出具相关证明文件，由县上缴公车处置领导小组负责协调解决。由县财政局负责，制定事业单位和县属国有企业县域内公务出行报销管理办法。由县车改办负责，以县车改工作领导小组文件将事业单位和县属国有企业公务用车制度改革实施方案上报朝阳市车改办备案。由县机关事务管理局负责，研究成立经营性车辆服务公司，负责全县事业单位和县属国有企业车辆运营管理。

二是研究“喀左优秀专家”“喀左工匠”评选有关问题。会议听取了县人社局局长孙振林关于“喀左优秀专家”“喀左工匠”评选有关情况的汇报。会议认为，评选“喀左优秀专家”“喀左工匠”是深入实施人才强县战略和创新驱动战略的有力举措，对于完善人才评价激励机制，发挥典型带动作用，在全社会营造尊重知识、尊重人才、尊重创造的良好氛围具有重要意义。

会议议定：原则同意《“喀左优秀专家”评选实施方案》和《“喀左工匠”评选实施方案》，由县人社局负责牵头组织实施，评选“喀左优秀专家”“喀左工匠”各10名，由县委、县政府命名表彰，并按照每人5000元标准给予一次性物质奖励。由县人社局负责，将评选结果报县委常委会议审定，筹备召开命名表彰大会。

三是研究全县能耗总量和强度“双控”有关问题。会议听取了县发改局局长于维和关于全县能耗总量和强度“双控”目标任务完成情况的汇报。会议认为，实行能源消耗总量和强度“双控”行动，是推进生态文明建设，解决资源约束趋紧、环境污染严重的一项重要措施，既能节约能源资源，从源头上减少污染物和温室气体排放，也能倒逼经济发展方式转变，提高经济发展绿色水平。

会议议定：成立喀左县能耗总量和强度“双控”工作领导小组，由副县长陈景泉任组长，县发改、统计、工信、服务业等部门为成员，负责统筹协调和指导督促全县能耗总量和强度“双控”工作。近期召开全县能耗总量和强度“双控”工作会议，传达学习上级会议文件精神，安排部署我县工作任务，并通过以会代训推动相关部门和重点企业提高认识、抓实工作。由县发改局牵头负责，进一步落实目标责任，将全县“双控”目标分解到各乡镇街区、主要行业和重点用能单位，加强目标责任评价考核。由县统计局负责，研究制定具体方案，进一步完善能耗监测体系，加强对相关部门和企业具体工作人员的业务培训。各相关部门要推动高效节能技术和产品应用，统筹推进工业、建筑、交通运输、公共机构、商业等重点领域节能工作；支持重点行业改造升级，大力淘汰落后产能，加快发展壮大战略性新兴产业。由县发改局负责，县行政审批局积极配合，加强能耗总量控制，严禁高耗能项目准入，合理控制新增用能需求；依据法律法规和相关强制性标准加强节能监督检查，查处违法违规用能行为。

四是研究调整部分行政许可事项有关问题。会议听取了县编委办主任宋志东关于调整和取消部分行政许可事项的汇报。

会议议定：原则同意将“固定资产投资项目节能评估和审查”等3项行政许可事项调整到县行政审批局，取消县市场监督管理局等4个部门（单位）的“企业集团核准登记”等6项行政许可等事项。各相关部门抓紧移交和取消相关行政许可事项，县行政审批局负责做好调整行政许可事项的对接工作。各相关部门要加强对调整办理单位的行政许可事项、取消的行政许可事项的事中、事后监管，制定和完善监管细则，落实监管责任。

五是研究“大棚房”问题专项清理整治工作。会议听取了县农经局局长白国旺关于喀左县“大棚房”问题专项清理整治行动工作的汇报。会议认为，开展“大棚房”问题专项清理整治行动，是坚决遏制违法占地、维护土地管理秩序的重大举措，对于牢牢守住耕地保护红线和永久基本农田划定底线具有重要意义。

会议议定：由副县长梁锴负责，县国土、农经部门牵头，县公安、城管、法院等有关部门积极配合，各乡镇街区属地负责，扎实开展好“大棚房”问题清理整治行动。将县城北出口及大城子街道、利州街道、南哨街道、兴隆庄镇作为全县清理整治的重点范围。由各乡镇街区负责，逐村、逐块、逐户、逐棚进行全面细致排查，边排查、边整治，确保无遗漏，清理整治到位。对于符合《关于严格全县大棚看护房用地管理的通知》（喀政发〔2010〕39号）要求建设的15—50平方米的大棚看护房，并且没有改变性质用途的，待上级意见进一步明确后进行处理。

12月3日，县长刘敬华在县人民会堂第二会议室主持召开第十六届县人民政府第十六次常务会议。会议专题研究讨论县十六届人民代表大会第二次会议《政府工作报告（征求意见稿）》。

会议指出，2018年是贯彻中共十九大精神开局之年，是新一届政府履新之年。一年来，在县委的坚强领导下，在县人大、县政协的监督支持下，县政府团结带领全县各族人民，高举习近平新时代中国特色社会主义思想伟大旗帜，坚持以新发展理念为统领，以高质量发展为中心，以供给侧结构性改革为主线，围绕重大振兴举措争资金，紧盯重要指标任务保增长，依托重大改革创新添动力，狠抓重点产业发展优结构，聚焦重点民生工程增福祉，担当作为，奋勇攻坚，全县经济社会发展取得长足进步，为加快喀左振兴、决胜全面小康奠定坚实基础。

会议要求，由县政府办公室负责，广泛征求、认真吸纳各方面提出的意见和建议，进一步修改完善《政府工作报告》，全面总结好2018年全县取得的突出成绩和工作亮点，科学筹划和安排部署好2019年经济社会发展各项工作。

【县长办公会】 1月3日，副县长陈景泉主持召开县长办公会议。会议专题研究了喀左浴龙谷生态农业观光园项目建设有关问题。

会议议定：由县发展和改革局负责该项目立项工作，并积极向上级争取专项建设资金。由县行政审批局负责帮助该项目办理各项审批手续。由县规划局负责该项目相关规划手续办理和选址等工作。由县国土资源局负责做好该项目建设所需建设用地的规划调整、指标落实等工作。该项目旅游设施及观光农业用地，根据相关规定和实际需要，宜征则征，宜租则租。由县环境保护局负责做好该项目环评等工作。由县凌河管理局负责做好该项目所在区域大凌河西岸堤防建设与规划对接工作。由县交通局、路政管理局、交警队负责，协调上级有关部门做好该项目所在区域的207国道增设道口、设置限速带等工作。由县旅游产业发展局负责指导该项目规划设计及浴龙谷温泉度假区AAAAA级景区创建有关工作。由县林业局负责该项目涉及的林地审批工作。由县畜牧兽医局负责该项目养殖方面的审核工作。由县农村经济局负责帮助该项目申报相关农业项目。由文化广播电影电视局负责文物勘探审批及包装上报文化产业项目工作。由县供电公司负责协助办理项目供电相关工作。由平房子镇政府负责项目用地的占地拆迁等相关工作。辽宁喀左建设集团要规范运作，组建专门班子，高端策划、高起点设计，抓紧完善各项审批手续，高标准、高质量、精心打造精品工程，尽快把浴龙谷温泉度假区打造成国家AAAAA级景区。该项目的优惠政策按照2015年第八期县政府常务会议纪要有关政策办理。

1月18日，副县长陈彩霞主持召开县长办公会议，会议专题研究了健康扶贫及村卫生室建设使用有关问题。会议听取了县卫计局局长周广怀关于健康扶贫指标完成情况及村卫生室建设使用情况的汇报。

会议议定：全县行政建制村每村建有一所政府办标准化村卫生室并投入使用。村卫生室要有统一规范的牌匾；有村医1—2人；有医疗机构执业许可证；有常用药品；能按要求提供基本诊疗服务和承担部分公共卫生服务。全县村卫生室2018年1月底前要100%入驻，全县建档立卡贫困人口参合率要达到100%（缴费时限为2018年2月28日）。由各乡镇、街道负责协调解决已建成村卫生室土地争议、墙体维修、取暖及村委会占用等相关事宜，同时负责村医的遴选，保证其辖区村卫生室100%入驻，并能够提供诊疗服务。各乡镇长、街道主任为各辖区村卫生室建成并投入使用的责任人。由乡镇、街道卫生院配合各乡镇、街道政府做好村医遴选工作；乡镇、街道确有困难无法遴选的，由乡镇、街道卫生院先选派一名医生暂时入驻村卫生室。兴隆庄镇、南哨街道分别在宣家窝铺村和化金沟村选址建设60平方米标准化卫生室，建设标准按照《朝阳市人民政府办公室关于加强全市村卫生室建设的指导意见》（朝政办发〔2017〕173号）文件执行。要抓紧完成选址规划等前期手续办理工作，及时开工建设，县财政投入两村卫生室建设资金各6万元，不足部分由乡镇、街道政府自筹。由县扶贫开发局负责，根据扶贫村卫生室建设和使用情况协助乡镇、街道争取资金。由县卫计局牵头负责，统筹协调健康扶贫和村卫生室建设使用工作，做好统一牌匾、常用药品和种类、器械、提供基本公共卫生服务及项目种类的配备工作。财政投入资金重点保证贫困村卫生室的建设及100%入驻使用。由县卫计局负责，研究落实村医应承担的公共卫生服务项目及考核办法。按照基本公共卫生服务项目有关规定，将村医所承担的任务分配和落实到位，基本保证40%基本公共卫生服务交由村医负责。由县卫计局负责，按照县乡村卫生服务一体化管理要求，强化村医管理和考核，加强日常监管。对不按照要求入驻国家或集体投资建设的村卫生室的村医，可按考核机制要求，停止其承担农村基本公共卫生服务，由乡镇、街道选用其他村医入驻。由县政府督查室负责，对健康扶贫及村卫生室建设使用工作进行不定期督查，督查后形成督查报告，呈报县委、县政府主要领导。各乡镇街区要在2018年2月28日前完成参合缴费工作，新农合缴费以乡镇街区为单位参合率达到95%以上，建档立卡贫困人口参合率达到100%。

1月19日，副县长陈景泉主持召开县长办公会议。会议专题研究了南区供热有关问题。

会议议定：成立喀左县南区供热工作领导小组，组长由县公安局政委姜岱盛兼任，副组长由县供热办主任张振东兼任，成员为白银鹏、付韶东、张良佐、丛培芳、段亚辉，供热工作领导小组在县供热办下设办公室，办公室主任由丛培芳兼任。根据《关于印发喀左县供热事故应急预案的通知》（喀政办发〔2009〕110号）有关规定，由南区供热工作领导小组接管南区供热收费权和取暖费管理权，优先保障供热支出，确保南区供热平稳运行。由南区供热工作领导小组筹集一定资金用于供热储煤，待南区收取取暖费时优先偿还该资金。由南区供热工作领导小组负责，加快做好接管南区供热收费权和取暖费管理权相关工作。除南区供热收费和取暖费管理工作外，锅炉、管网维护、维修、改造等相关南区供热运行的各项工作继续由喀左新区热力有限公司负责。

1月25日，副县长陈景泉主持召开县长办公会议，专题研究了龙源湖大桥及其附属设施管护权限移交问题。

会议议定：原则同意将龙源湖大桥及其景观造型等附属设施管护权限由县交通局移交给县凌河景区管理处。由县交通局和县凌河景区管理处负责，及时做好交接相关工作。

2月1日，副县长陈景泉主持召开县长办公会议，会议专题研究了喀左县城市污水处理厂（一期）提标改造工程项目有关问题。

会议议定：喀左县城市污水处理厂（一期）提标改造工程项目建设手续办理和施工过程中，由县政府各部门收取的县本级行政事业性收费（含人防费、消防费、文物勘察费、基础设施配套费）和政府性基金免收，各部门为省、市代收的费用要积极与省、市有关部门做好沟通、协调工作，最大限度予以减免；各部门涉及的劳务性收费能免则免，不能免的按成本价格收取。县政府各部门和县直各单位要对喀左县城市污水处理厂（一期）提标改造工程项目建设提供便利和支持，各项基础设施要配套到规划红线，确保项目顺利实施。县环保局要加强对建筑施工方的监管，确保工程质量与施工安全。

2月28日，副县长梁锴主持召开县长办公会议，会议专题研究了造林绿化苗木采购相关问题。

会议议定：关于用苗计划。由县林业局负责根据国家、省工程造林项目计划提出当年春、夏、秋三季造林用苗计划。造林计划未明确下达的可参考往年计划或预安排，按工程量的70%安排计划用苗。关于最高限价。由县林业局对当年当季苗木市场进行调查，组成询价小组，采用询价方式摸清苗木的市场平均价格，作为苗木采购的拦标价或最高限价。关于供应商。供应商应为喀左县境内具有林木种子生产许可证和林木种子经营许可证的单位或法人。供应商投标时必须有供应商当地种苗管理有关单位出具的苗木产量质量证明。关于采购范围。采购范围确定在喀左县境内，如数量不足或品种不全时可向外延伸，延伸范围为朝阳市全境。关于采购方式。林木种苗采购主要采用公开招标方式进行；对于稀有品种，特殊情况下可采用邀请招标、竞争性谈判、单一来源采购和询价方式。关于合同签订。供应商中标后，由县林业局签订采购合同。林业局可根据造林进度安排和用苗量，与供应商协商分期分批起苗、运苗、调苗。关于苗木验收。一是林业局负责苗木调配，开具调拨单。二是县公共资源交易管理办监督苗木采购全程。三是乡镇街区林业站（接苗方）负责苗木数量和质量验收，出据苗木验收单。供应商同时提供苗木的“两证一签”。关于苗木费结算。由县林业局和县财政局按乡镇街区林业站和县公共资源交易管理办公室出具的苗木验收单和中标价格，待专项资金到位后结算苗木费。

4 月 8 日，县长刘敬华主持召开县长办公会议，副县长陈景泉、梁锴出席会议，会议专题研究了朝阳宏发集团肉鸡屠宰和饲料加工项目。

会议议定：由副县长陈景泉牵头负责，公营子镇和各相关部门具体负责，全面推进该项目建设实施。由副县长梁锴负责，做好该项目养殖基地发展建设工作。朝阳宏发集团肉鸡屠宰和饲料加工项目所需的 230 亩建设用地（其中：肉鸡屠宰加工项目占地 140 亩，饲料加工项目占地 90 亩，均以国土部门实测为准）土地出让价格扣除 3 万元 / 亩后的剩余部分，由县财政从基础设施建设资金中拨付给公营子镇政府，用于完善项目基础设施建设。项目建设期间，县本级行政事业性收费（除人防费、消防费外）免收，各部门为省、市代收的费用要积极与省、市有关部门做好协调工作，最大限度予以减免；各部门涉及的劳务性收费能免则免，不能免的按成本价格收取。各相关部门和单位，要积极为该项目争取上级政策、资金支持。该项目纳入镇本级管理，由镇按年度支付该项目征地补偿款，税收留给乡镇。由县发改局负责，帮助该项目办理项目可行性研究报告、初步设计审批，并全力向上争取政策、资金支持。由县行政审批局负责，对该项目实施模拟审批，与公营子镇政府共同做好项目相关手续领办代办工作。由县国土资源局负责，帮助该项目办理征占地相关手续工作。由县规划局负责，做好该项目的规划、选址、设计方案指导、审定等相关工作。由县住建局负责，帮助该项目办理建设工程施工许可、工程质量监督、施工图审查等相关工作。由县畜牧兽医局负责，帮助该项目办理动物防疫合格证，协调市畜牧兽医局办理定点屠宰证以及草原用地审批等相关手续，做好项目养殖基地建设推进工作。由县交通局负责，做好该项目道口开设审批和外联道路设计、施工工作。由县林业局负责，做好该项目林地占用的规划调整等相关审批工作。由县环保局负责，帮助该项目做好项目环评等相关手续办理工作，负责该项目粪污治理等环保项目立项以及专项资金争取工作。由县水利局负责，帮助该项目做好取水许可、水土保持方案设计、审批等相关工作。由县消防大队负责，帮助该项目做好消防手续审批工作。由县民族宗教事务局负责，帮助协调省、市相关部门办理清真食品准营证，并为该项目积极争取民贸企业贴息等专项资金。由县供电公司负责，帮助协调项目用电相关工作。由县扶贫开发局负责，做好项目扶贫龙头企业包装申报，及扶贫政策、资金、贷款争取等相关工作。由县农经局负责，积极帮助该项目争取国家农业可持续发展试验示范区项目，做好数字农业建设以及循环农业建设等相关政策资金的争取，以及饲料加工项目原材料保障、调剂等相关工作。由公营子镇政府负责，建立领导组织，指定专人领办代办项目建设相关手续，做好项目征占地协调和维稳工作，并提供厂区平整所需土方，推动保障项目尽快开工建设，尽早投产达效。朝阳宏发集团要成立项目推进领导组织，与公营子镇政府项目推进组织搞好对接，要按照国家环保及产业政策，落实安全生产“三同时”要求，高起点、高标准建设，加快项目实施进度。由宏发集团负责项目场地平整工作。由县政府督查室负责，做好该项目的实施全过程的督促检查工作，全力打造最优营商环境，确保该项目能够有序高效推进，并在规定时间内投产达产。

4月11日，副县长陈景泉主持召开县长办公会议，会议专题研究了喀左县利州街道小河湾村棚户区改造项目相关问题。

会议议定：由利州街道负责牵头，小河湾村民委员会配合，成立调查核实工作小组，以事实为依据，对航拍图数据不准确、异议较大的居民房屋实施实地察看，并形成结论。由县住建局、征收办负责协调评估机构对核实的最终结论进行评估，并实施加快推动该地块进入房屋征收程序。由县棚改办负责与国开行沟通，调整棚改项目规划，将小河湾村棚改项目变更至国开行项目内，确保补偿资金落实到位。

4月20日，副县长陈景泉主持召开县长办公会议，会议专题研究了由北京北联投资控股有限公司主导引进的中国科学院光电研究院激光熔覆技术项目有关问题。

会议议定：由中三家镇人民政府新成立一家国有独资公司参股该项目，参股资金人民币1500万元。国有独资公司董事长由杜玉娟兼任，公司其他管理人员由陈广军、陈明福以及其他工作人员兼任。由县国资办和中三家镇人民政府负责办理国有平台公司的相关手续，各有关部门全力支持配合。

5月28日，副县长陈景泉主持召开县长办公会议，会议专题研究了朝阳雨润农田喷灌设备有限公司年产500台智能大型喷灌机扩建项目建设有关问题。

会议议定：原则同意朝阳雨润农田喷灌设备有限公司实施年产500台智能大型喷灌机扩建项目。项目建设期间，县本级行政事业性收费（除人防费、消防费外）免收，各部门为省、市代收的费用要积极与省、市有关部门做好协调工作，最大限度予以减免；各部门涉及的劳务性收费能免则免，不能免的按成本价格收取。由羊角沟镇政府负责帮助企业办理项目建设所需相关手续。

6月28日，副县长陈景泉主持召开县长办公会议，会议专题研究了2018年度喀左县公路工程使用砂场问题。

会议议定：由县交通部门根据公路工程计划提供用砂申请，报县凌河局审批后在指定线路、指定地点由固定车辆进行采砂作业，施工单位采砂完毕后要同时做好河道疏浚工作。施工单位要向县凌河局缴纳取砂保证金，取费标准为10元/立方米，待河道疏浚验收合格后退回保证金。沿线各乡镇街区负责与河道承包管理人协调，确保其无偿提供公路建设砂源地。矿产资源管理部门要加强对采砂用砂行为的监督管理，保证依法合规用砂采砂。

7月2日，副县长陈景泉主持召开县长办公会议，会议专题研究了喀左环通公交新能源停车场及充电站建设项目有关问题。

会议议定：项目建设期间，县本级行政事业性收费（除人防费、消防费外）、基础设施配套费、文物勘探费免收，各部门为省、市代收的费用要积极与省、市有关部门做好协调工作，最大限度予以减免；各部门涉及的劳务性收费能免则免，不能免的按成本价格收取。项目建设其他政策按2017年第六期县政府党组会议纪要执行。

7月11日，副县长陈景泉主持召开县长办公会议。会议专题研究了辽宁环辉塑料制品有限公司塑料制品生产项目有关问题。

会议议定：由公营子镇引进的辽宁环辉塑料制品有限公司塑料制品生产项目拟选址在原喀左华岩石化润滑油调和剂生产加工项目（僵尸项目）地址，为盘活僵尸企业项目。项目建设期间，县本级行政事业性收费（除人防费和消防费外）和文物勘探费免收；各部门为省、市代收的费用要积极与省、市有关部门做好协调工作，最大限度予以减免；各部门涉及的劳务性收费能免则免，不能免的按成本价格收取。其他政策按县政府2014年第十四期县长办公会议纪要执行。

7月12日，副县长梁锴主持召开县长办公会议，会议专题研究了申报2018年绿色高质高效创建县有关问题。会议听取了县农村经济局局长白国旺关于加快申报绿色高质高效创建县有关情况的汇报。

会议议定：由县农村经济局牵头，县财政局、水利局、农机中心等部门配合，高度重视，全力以赴，在规定的时间内保质保量提供申报相关材料，确保申报各项准备工作高效开展。由县农村经济局负责，制定科学合理的方案，加强与辽宁省农科院、沈阳农业大学等科研院校的合作，提供有力的科技支撑，使喀左县设施农业再上新台阶。由县财政局负责，予以资金支持，在项目资金到位后，及时拨付，坚决杜绝挤占、挪用等问题发生。

7月12日，副县长梁锴主持召开县长办公会议，县委常委、统战部部长马贤军出席会议。会议专题研究了全县扶贫牛场建设运行有关问题。

会议议定：由扶贫牛场所在地乡镇政府负责，全力以赴，倒排工期，加快扶贫牛场建设，保证工程质量，确保在今年8月31日前扶贫牛场全部建成投入使用。由县畜牧局、法制办负责，扶贫牛场所在地乡镇政府配合，完善《养殖农场承包经营协议书》。由县财政局负责，强化扶贫牛场所需资金保障，及时拨付，确保扶贫牛场建设进度。由扶贫牛场所在地乡镇政府签约金融部门负责，县畜牧、扶贫部门协助，切实做好贷款申请、投放、保险担保等工作。

7月19日，副县长陈彩霞主持召开县长办公会议。会议专题研究了喀左县甘招镇中心卫生院建设项目有关问题。

会议议定：县卫计局作为项目建设单位，负责建设甘招镇中心卫生院建设项目，要加强对建筑施工方的监管，确保工程质量与施工安全。由县发改局负责办理项目立项审批手续；由县财政局负责及时拨付项目建设资金；由县国土局负责办理项目建设用地批准书；由县规划局负责做好该项目的规划、选址、设计方案指导、审定等相关工作；由县住建局负责帮助该项目办理建设工程施工许可、工程质量监督、施工图审查等相关工作；由县安监局负责安全生产施工的监管工作；由县行政审批局负责办理项目环评、抗震设防、施工许可证、建设工程规划许可证等手续；由县文广局负责项目文物勘探工作；由县环保局负责该项目污水垃圾处理相关监督指导工作；由县气象局负责办理防雷相关手续；由县人防办负责办理人防异地建设审批手续；由县消防大队负责帮助该项目做好消防手续审批工作；由甘招镇人民政府负责项目社会稳定风险评估。喀左县甘招镇中心卫生院项目为公益性项目，项目建设期间，县本级行政事业性收费（除人防费和消防费外）和文物勘探费免收；各部门为省、市代收的费用要积极与省、市有关部门做好协调工作，最大限度予以减免；各部门涉及的劳务性收费能免则免，不能免的按成本价格收取。

7月24日，副县长陈景泉主持召开县长办公会议，会议专题研究了财富领域项目有关问题。

会议议定：成立由县公安局政委姜代盛任组长，县住建局局长王丙川、副局长崔汉军等单位负责人为成员的工作组，统筹解决财富领域项目问题；工作组要对项目资金加强管理，项目资金使用要经工作组审批。由朝阳中天伟业房地产开发有限公司负责，加快整合财富领域项目现有可用资产用于项目盘活经营，并积极配合工作组工作，加快解决项目存在问题。

8月2日，副县长陈彩霞主持召开县长办公会议。会议专题研究了喀左县老爷庙中心敬老院新建养员楼项目规划设计选址有关问题。会议听取了县民政局局长李百山关于老爷庙中心敬老院新建养员楼项目规划设计选址有关情况的汇报。

会议议定：原则同意县民政局提出的选址意见。老爷庙中心敬老院新建养员楼项目位于原老爷庙中心敬老院院内，根据《养老设施建筑设计规范》规定，老年人活动场地宜选择在向阳、避风处，场地范围应保证1/2的面积处于当地标准的建筑日照阴影之外。因此该项目选址在原老爷庙敬老院内靠北侧。由县规划局负责，根据选址意见定点放线出具规划图。由县民政局负责，按2017年第43期县长办公会议纪要意见推进，按时间节点完成项目建设任务。由县民政局、老爷庙镇人民政府负责，做好项目建设出现的信访工作。如对敬老院外北侧山坡上农户大棚造成遮阴，由项目建设单位依法依规对该农户作出补偿。

8月16日，副县长陈彩霞主持召开县长办公室会议，会议专题研究了喀左县残疾人托养中心（含残疾人综合服务设施）项目建设有关问题。会议听取了喀左县残联理事长张晓东关于喀左县残疾人托养中心（含残疾人综合服务设施）项目有关情况的汇报。该项目已列入“十三五”规划，根据《残疾人托养服务基本规范（试行）》要求和喀左县残疾人实际情况，该项目总建筑面积3026平方米，计划新建残疾人托养中心楼一栋，三层框架结构，其中包含寄宿制托养设施1546平方米，日间照料托养设施572平方米，残疾人综合服务设施890平方米。中央预算内投资446万元。初步选址在乌兰山公园东北侧原四小学旧址，占地面积7.49亩。

会议议定：县残联作为项目建设单位，负责做好项目建设资金筹措，调度喀左县残疾人托养中心（含残疾人综合服务设施）项目建设，在施工过程中要加强对建筑施工方的监管，确保工程进度、质量与施工安全。由县发改局负责办理项目立项审批手续；县科技局负责办理地震相关手续；县财政局负责及时拨付项目建设资金；县教育局负责项目测量指界和配合县残联办理产权变更相关手续；县规划局负责项目选址和办理项目建设用地规划许可证、规划图；县国土局负责办理土地预审划拨手续和项目建设用地批准书；县人防办负责办理人防异地建设审批相关手续；县供热办负责在条件具备情况下接入供暖管网相关工作；县行政审批局负责办理项目环评、抗震设防、施工许可证、建设工程规划许可证等相关手续；县文广局负责办理项目文物勘探等相关手续；县供电公司负责项目临时用电相关工作；县气象局负责办理防雷相关手续；县消防大队负责办理消防相关手续；县城管局、住建局、环保局负责办理该项目职责范围内涉及的相关手续；大城子街道负责项目社会稳定风险评估。喀左县残疾人托养中心（含残疾人综合服务设施）项目为公益性项目，建设用地以土地划拨方式取得。在项目的建设手续办理和施工过程中，由政府各部门收取的县本级行政事业性收费（除人防费和消防费外）、文物勘探费免收，按照《关于加快推进健康与养老服务工程建设的通知》（发改投资〔2014〕2091号）文件精神，基础设施配套费免收，劳务性收费按最低标准收取。各部门为省、市代收的费用要积极与省、市有关部门做好沟通、协调工作，最大限度予以减免。

8月16日，副县长陈彩霞主持召开县长办公会议，会议专题研究了喀左县蒙古族高级中学古塔分校综合教学楼项目有关问题。会议听取了县蒙古族高级中学古塔分校副校长董志刚关于喀左县蒙古族高级中学古塔分校综合教学楼项目有关情况的汇报。该项目于2017年申请了中央预算投资，现批准面积为16850平方米，中央预算内投资1610万元。为保障学校实行“选课走班制”教学，建设一栋综合教学楼，总面积为10800平方米，选址在校园运动场南部，靠近南墙；综合教学楼长90米、宽20.6米，中部6层、两侧5层。

会议议定：县蒙古族高级中学古塔分校作为项目单位，安排专人负责办理开工手续、招投标等，确保今年开工建设，明年暑假投入使用。在施工过程中要加强对建筑施工方的监管，确保工程进度、质量与施工安全。由县教育局负责调度喀左县蒙古族高级中学古塔分校综合教学楼项目，按时间节点推进项目建设进度。由县发改局负责办理项目立项审批手续；县科技局负责办理地震相关手续；县财政局负责及时拨付项目建设资金；县国土局负责办理项目建设用地批准书；县规划局负责项目选址和办理项目建设用地规划许可证、规划图；县人防办负责办理人防异地建设审批手续；县供热办负责在条件具备情况下接入供暖管网相关工作；县行政审批局负责办理项目环评、抗震设防、施工许可证、建设工程规划许可证等手续；县文广局负责办理项目文物勘探等相关手续；县供电公司负责项目临时用电相关工作；县气象局负责办理防雷相关手续；县消防大队负责办理消防相关手续；县城管局、住建局、环保局负责办理该项目职责范围内涉及的相关手续；利州街道负责项目社会稳定风险评估。县蒙古族高级中学古塔分校综合教学楼项目为公益性项目，在项目的建设手续办理和施工过程中，由政府各部门收取的县本级行政事业性收费（除人防费和消防费外）、文物勘探费免收。按照《财政部关于全国免征全国中小学校舍安全工程建设有关政府性基金的通知》（财综〔2010〕54号）文件精神，基础设施配套费免收，劳务性收费按最低标准收取。各部门为省、市代收的费用要积极与省、市有关部门做好沟通、协调工作，最大限度予以减免。

9月18日，县长刘敬华主持召开县长办公会议，副县长陈景泉出席会议，会议专题研究了青旅文化旅游产业小镇项目相关问题。

会议议定：县政府与青旅（喀左）文化旅游发展有限公司重新签署喀左县旅游开发项目协议书，于2017年5月签署的喀左县旅游开发项目协议书和于2017年12月签署的喀左县旅游开发项目补充协议书自新协议签订后废止。该项目相关优惠政策按照县政府与青旅（喀左）文化旅游发展有限公司重新签署的喀左县旅游开发项目协议书内容执行。

9月27日，副县长陈景泉主持召开县长办公会议，会议专题研究了财富领域商场西侧地下消防通道拓宽有关问题。

会议议定：中天伟业房地产开发有限公司必须聘请原设计单位对财富领域商场西侧地下消防通道进行重新设计。由县规划局负责，对财富领域商场西侧地下消防通道拓宽工程设计、外形、建筑红线等严格把关。由县消防大队负责，按程序对该改造工程进行消防审查，并协助办理市级审批手续。由县市场监督管理局负责，对该改造工程新安装电梯进行严格把关，确保质量安全。新安装电梯由县市场监督管理局负责验收、并办理电梯使用登记证。由县住房和城乡建设局负责，对施工安全和质量进行全程监督。由中天伟业房地产开发有限公司负责，对地下步行街入口、新增加步行街电梯、地下车库入口提出具体改造方案，经县政府同意后一并进行改造。消防通道拓宽改造工程经县消防大队验收合格后，方能正常投入使用。

10月15日，副县长陈景泉主持召开县长办公会议，会议专题研究了县城区新水源建设有关问题。

会议议定：由县城市管理综合行政执法局负责，做好县城新水源工程建设的监督管理工作。由县自来水公司负责，积极筹措建设资金，加快完善各项手续，精心组织施工，按时保质完成县城新水源建设任务。工程建设期间，县本级行政事业性收费（除人防费、消防费外）、城市基础设施配套费、文物勘察费免收，各部门为省、市代收的费用要积极与省、市有关部门做好协调工作，最大限度予以减免；各部门涉及的劳务性收费能免则免，不能免的按成本价格收取。

10月19日，副县长陈景泉主持召开县长办公会议。会议专题研究了全县采石场专项整治相关工作。

会议议定：由县环保局牵头负责，采石场整治领导小组各成员单位全力配合、各负其责，完成好采石场整治阶段性工作任务。全县各采石场要按整治小组各成员单位提出的整改意见，于2018年11月3日前落实各项整改措施。各采石场按照整改要求完成整改任务后，向县采石场整治领导小组提出验收申请，经验收合格后方可供应火工材料，逾期未完成整改任务的将采取断电措施。由县公安局负责，从2018年10月19日起对全县未完成整改任务的采石场停止供应火工材料。县环保局、工信局、国土局、市场局、安监局、水利局、青山局、供电公司要实事求是，从严做好采石场整治相关工作，并在工作中注意工作纪律和营商环境建设问题，做到以问题整改为目的，督促并帮助企业做好整改工作。

10月25日，副县长陈景泉主持召开县长办公会议。会议专题研究了南区供热有关问题。

会议议定：根据人员变动情况，将喀左县南区供热工作领导小组成员进行调整，组长由县公安局副局长陶冶兼任，副组长由县供热办主任张振东兼任，成员为白银鹏、付韶东、张良佐、丛培芳、段亚辉，供热工作领导小组在县供热办下设办公室，办公室主任由丛培芳兼任。

11月27日，副县长董国辰主持召开县长办公会议，会议专题研究了县消防大队建设及火灾防控有关问题。

会议要求，县消防大队改革转隶期间，要进一步统一官兵思想、凝聚共识，坚决拥护党中央、国务院的决策，认真贯彻应急管理部党组的部署，积极投身改革、支持改革。要按照习近平总书记提出的“对党忠诚、纪律严明、赴汤蹈火、竭诚为民”总要求，结合部队转隶改制以及冬春火灾防控工作要求，做好以下工作：做好改制期间队伍管理和思想教育工作，强化战备执勤，确保队伍内部稳定，保持队伍战斗力；做好冬春火灾防控工作，特别是加强人员密集场所、易燃易爆单位、高层建筑等场所的排查整治工作；加强对基层派出所的培训指导工作，指导派出所开展电动自行车专项治理、“九小”场所和居民住宅小区的检查工作，防止“小火亡人”事故的发生；以“119”消防宣传月为契机，采取多种形式对重点单位、社区、农村等开展全方位的消防安全宣传教育工作。

办公室工作

【文秘工作和文字综合】 按照“精细化、精准化、精品化”标准做好服务，精准做好以文辅政服务、精细做好办文办会服务、精心做好沟通协调服务，保证政府高效运转。一是提升公文处理水平。规范公文处理，严把公文的程序关、政策关、法律关、文字关、格式关，确保公文的合法性、规范性、准确性。严格执行《党政机关公文处理工作条例》，制发公文、接收阅办文件做到了无遗漏、无差错。严格按照隶属关系和职权范围行文，不断提高文件制发质量，规范文件传阅程序，严格文件收发登记，实现公文运转及时准确、安全保密。二是提升文字综合能力。牢固树立精品意识，努力把握工作要点、难点和重点，力求陈述情况实事求是，分析问题切中要害，提出建议切实可行。认真做好汇报提纲、会议讲话、调研报告等各类文字材料的起草工作，做到结构严谨、表述准确、语言精练、措施可行，文稿撰写水平不断提高。三是提升政务信息质量。围绕省、市、县三级中心工作和社会关注热点问题报送信息，全年上报各类信息1200篇，被国、省、市采用500篇，其中《喀左县采取有力措施推动农村人居环境整治工作扎实开展》获得副省长陈绿平签批表扬，政务信息工作连续四年在全省排名第一。四是提升协调服务效能。认真做好与各乡镇街区、各部门的协调工作，全力承办协办省、市领导视察调研视察、在喀左县召开现场会议等活动，确保了各项活动和会议成功举行；组织开展了县政府领导进基层、进园区、进企业调研活动，真正做到联系基层、服务基层。

【政务公开】 2018年，县政府办公室把政务公开工作与全县各项中心工作同研究、同部署、同考核、同推进，有效提高了政府工作的透明度，保证广大群众的知情权。一是强化主动公开。坚持“公开为常态，不公开为例外”的原则，凡不涉及国家秘密、商业秘密和个人隐私的政府信息全部列入主动公开范畴，全年累计公开各类信息4.3万条，办理群众诉求2230件，政府信息和政务公开得到进一步深化。二是丰富公开载体。统筹运用政府网站、新闻发布会、电视、喀左县报、政务微信等各种手段，进一步扩大发布信息的受众面，提高影响力。全年共举行新闻发布会8场，举办在线访谈40期，喀左县政府网站日访问量达600余人次，有效回应了社会关切。在全市率先成立“8890”政务便民服务平台，实现一个号码管服务、“一号通”“时时通”。三是提升政务服务实效。按照省级统一标准将办事指南编写、录入网上办事大厅，推进网上办事服务公开，确保线上线下事项同源，方便群众、企业查询申报。将与基层群众教育医疗、户籍户政、社会保障、劳动就业、住房保障、脱贫攻坚等密切相关的服务事项纳入网上政务服务平台，做到在线预约、在线受理、在线办理、在线反馈，网上可办率达到80%，在线预约率达100%。

【应急管理】 坚持“预防为主、预防与应急相结合”原则，不断强化组织保障、预案保障、应急资源保障，进一步健全突发事件应急工作机制，全县应急管理工作取得了明显成效。一是完善应急预案体系。先后修订了《喀左县2018年秋歌会演突发事件应急预案》《森林火灾应急预案》《重污染天气应急预案》等10个专项应急预案，不断规范和加强对基层各类应急预案的修订工作，及时纠正和完善基层预案存在的操作性差、脱离实际等问题，开展应急管理工作培训，逐步提高基层应急预案的实效性和可操作性，公共安全保障水平有效提升。二是强化应急资源保障。结合喀左县人口数量和经济社会发展实际，细化物资储备分类，量化物资储备任务，完善应急物资储备目录，建立统一指挥、分级负责工作机制。全县23个乡镇、街、区及县直相关部门都建立了本部门的应急物资储备库，储备物资涉及消防、防汛、抗旱、抗震、卫生防疫等7大类。三是做好应急值守和应急联动。严格执行双人双岗、领导带班的应急值守工作制度，确保应急信息渠道畅通。建立了由气象、公安、民政、国土、水利、交通、农经、卫计、安监、林业等部门组成的灾害预报预警联动机制，实现信息实时共享。科学安排部署防灾减灾工作，根据预案适时启动应急响应，做好受威胁群众转移疏散、救助安置等工作。

【依法行政】 2018年，县法制办坚持以建设法治政府为引领，规范行政权力运行，为全县经济社会发展创造了良好的法治环境。一是建设法治政府。全面完善法治政府建设考核体系，制定《喀左县2018年法治政府建设工作要点》，明确了工作总体要求，安排30项工作任务，对全县法治政府建设工作作出全面部署。制定《2018年度喀左县法治政府建设工作考核标准》，进一步细化考核指标，明确考核内容，标准和方法。二是严格涉企执法。规范涉企检查行为，制定了《2018年喀左县县本级行政执法部门涉企检查事项目录》，对27个部门的涉企检查内容向社会公开公示，进一步规范执法检查行为。落实重大行政处罚备案审查制度，制定了《喀左县重大行政处罚决定备案审查办法》，审查重大行政处罚案件5件，严格审查涉企行政处罚，确保公平公正。三是强化涉法服务。积极参与重大涉法问题的协调处理，受理行政复议案件7件，有效化解行政争议。参与重大决策征求意见20余次，及时提出法律建议和意见，为县政府依法决策提供了有力保证。

【营商环境建设】 紧紧围绕县委、县政府中心工作，以强化政务服务水平为出发点，将开展专项整治作为重要抓手，健全机制、加强督导、强化考核，扎实推进优化营商环境各项举措落实。一是完善工作制度。制定了《喀左县全面推进营商环境的实施意见》《喀左县2018年优化营商环境专项整治工作实施方案》《喀左县优化营商环境百日行动方案》等文件，完善了营商环境建设工作体系。二是开展专项整治。开展全县营商环境专项整治，围绕简政放权、政务服务、政商交往、干部作风等领域细化整治任务90项，尊商、重商、亲商、安商在全社会蔚然成风。开展“办事难”问题专项整治，解决群众和企业反映突出问题26项，群众满意度进一步提升。三是加大宣传力度。开展一系列宣传活动，接待答疑群众50余人次，发放宣传单6600份，努力营造良好氛围；搭建政府与社会交流平台，邀请65家县直单位参加“营商环境在线访谈”直播节目，受到企业和群众的一致好评。四是强化集中整治。启动实施优化营商环境百日行动，通过巡查、抽查、不定期暗访等形式，对损害营商环境的行为予以全县通报曝光，通报处理24人次，起到了较好的教育和震慑作用。

【政务督查】 一是开展专项督查。围绕推进省政府“重实干、强执行、抓落实”专项行动9大方面111项重点任务、脱贫攻坚、环保督查整改落实、森林防火等方面开展专项督查23次，印发《专项督察报告》3期，促进政务服务质量和水平显著提升。二是突出督查重点。按时保质高效完成对市政府督查室考核指标、县委、县政府重要会议、重大决策精神和县领导批示、指示要求落实情况的督查。全年共督查督办和协调推进了市、县级重点工作任务101项，印发《综合督查报告》8期，确保了政令畅通，政府工作得到顺利推进和有效落实。三是创新督查方式。对考核指标完成、任务分解落实等情况，通过报材料、听汇报等形式实行定期督查；对有形象进度要求的事项，深入实地实行现场督查；对涉及多个承办单位的事项，召开协调会议实行会议督查；对涉及面广、任务较重、专业性较强的事项，会同相关部门开展联合督查；对部分重点事项进行“挂号”，实行跟踪督查。通过督查方式方法的不断创新，增强了政务督查的实效性，确保了督查事项实现预期目的和较好效果。

【人大代表建议、政协委员提案办理】 县政府高度重视人大代表建议和政协委员提案办理工作，不断完善机制、强化举措、狠抓落实，确保建议和提案办理工作圆满完成。一是坚持“三个带头”。县政府领导带头抓落实，县长刘敬华同志和各位副县长将办理工作与业务工作一并考虑、一体部署、一同推进；承办单位“一把手”带头抓落实，各承办单位建立主要领导亲自挂帅、分管领导具体负责的责任体系；政府督查室带头抓落实，县政府督查室采取集中调度、现场督办、联合督查等有效形式推进工作开展。二是紧扣“三个环节”。分解环节务求精准，根据建议和提案的内容进行详细分类，进一步提高任务分解的准确率；办理环节务求实效，明确办理责任，规范办理程序，严格办理时限，把办理工作完成情况列入目标考核范围，提高办理实效；答复环节务求规范，在答复内容、答复形式、答复标准上遵循“基本满意就是不满意”的原则，让代表和委员真正满意。三是加强“三个联系”。加强与人大常委会、政协联系沟通，通过主动报告办理进展，联合开展督促指导，协调解决难点问题，推动工作开展；加强与承办单位联系沟通，各承办单位各司其职、通力配合、抓好落实，切实保证答复全面准确；加强与人大代表、政协委员联系沟通，承办单位与各位代表、委员保持密切联系，共商办理措施，办理后，进行回访，拾遗补阙，提高满意度。在县十六届人大二次会议和政协十一届二次会议期间，县政府共收到人大代表建议35件、政协委员提案74件，全部在法定时限内办结，办理满意率、基本满意率为100%。

（政府办）

信访工作

【基本情况】 2018年，全县共发生越级进京上访19案次，进京非访3人次；越级去省访3案次；县信访大厅接待来访群众95案377人，其中集体访13批217人。

【具体措施】 信访工作责任制落实情况。根据《全省“五级书记抓信访”推动信访矛盾减存控增三年攻坚计划（2018—2020）》文件精神和市委、市政府相关工作部署，年初以来，县委主要领导坚决扛起信访工作第一责任人责任，先后召开4次县委常委会会议、8次专题会议、2次全县大会，研究、解决、推动信访工作及重点问题，为全县信访工作定思路、明措施、提要求；县长刘敬华结合推动信访矛盾减存控增工作，主持召开专题会议研究安排信访工作，压实政府领导包案工作责任。各县级领导坚持“一岗双责”“分工负责”。乡村两级党组织书记守土有责、守土尽责，有权处理机关主要负责人主动靠前，在全县形成了各负其责、齐抓共管、工作联动的攻坚合力。充分发挥信访工作联席会议作用，先后召开会议20余次，随时研究解决具体问题。强化责任追究，先后起草制定了《喀左县“三级书记抓信访”推动信访矛盾减存控增三年攻坚计划（2018—2020）》《喀左县信访矛盾减存控增三年攻坚计划考核细则》《喀左县“三级书记抓信访”书记督办制度》等文件，进一步压实乡村两级书记、县直各部门领导责任。县信访工作联席会议先后对四个乡镇在全县范围进行了通报，对镇党委书记、镇长进行诫勉谈话，并要求作出深刻书面检查，同时严肃追究镇村两级相关干部责任。

解决群众诉求情况。充分发挥信访接待大厅职能，及时就地解决群众诉求。一是领导干部带头接待群众来访。年初，重新编排了领导接待群众日程表，副县级以上领导干部认真按日程表参与接访；二是制定完善《信访大厅接待来访群众工作规则》，进一步规范工作人员言行举止，增强服务群众能力和意识；三是制定通报考核机制，对来访群众反映问题的责任单位不能及时来信访大厅接待上访群众的，在全县范围进行通报。通过以上措施，使大部分来访群众反映的问题都得到了有效解决，个别问题复杂不能及时解决的，也充分稳定了群众情绪，有效地减少了矛盾的上行。

信访矛盾“减存控增”攻坚行动情况。信访矛盾“减存控增”攻坚行动开展以来，县信访局重点做了几方面工作：一是完成清仓建账，对省、市交办案件逐案进行梳理，并将县级群众来信、来访和网上投诉逐案核实，建立县级信访矛盾台账。并根据包案领导、案件属性、权属机关、化解年限和案件类别不同分别建立5套台账，为后续化解提供基础信息保障；二是强化工作指导，坚持问题导向，针对乡镇街区、部门在攻坚行动中不懂、不会问题，召开有关负责人和具体工作人员200余人参加业务培训会，对工作具体要求以及业务知识进行培训，并在后续工作中跟踪指导，发现问题及时介入；三是推动积案化解，对346件积案逐案梳理，全面落实“一个案件、一个领导、一个工作团队、一个工作方案、一抓到底”的工作要求，集中资源和力量，综合运用教育、调节、疏导等办法，合情合理合政策地解决问题，实现了“案结事了，息诉罢访”；四是抓好矛盾纠纷排查，依托县乡村三级矛盾纠纷排查化解网络，坚持日常定期排查、重要时期集中排查、突发情况紧急排查相结合，切实做到“发现得早、化解得了、控制得住、处理得好”，最大限度地将矛盾解决在了基层、化解在了萌芽状态。

扎实推进网上信访工作。在各乡镇街道设立网上信访投诉指导站，为上网群众提供服务，为不会上网或没有条件上网群众代理网上投诉，为本级不予受理的越级访提供反映诉求的渠道。加大宣传力度，充分利用微信、QQ群等媒体宣传网上投诉，通过在电台、电视台、报纸等新闻媒体发布消息，公布网上投诉须知，印刷张贴宣传图片、发放手册等多种方式进行宣传，确保网上投诉家喻户晓、人人皆知。加强教育引导，引导群众依法依规表达诉求，理性有序维权，让群众知道网上投诉是快速化解矛盾纠纷的重要渠道，引导群众多上网、少走访。年初以来，共登记网上信访65件，占信访总量的75.6%。

加快信访工作法治化建设。严格落实诉访分离制度，根据中办、国办《关于依法处理涉法涉诉信访问题的意见》，对涉及民商事、行政、刑事等诉讼权利救济的信访事项，信访部门不予受理，妥善做好来访人员解释说明工作，并引导信访人到司法机关反映问题。同时，对上级交办的涉及司法行政机关的涉法涉诉信访事项，及时转政法机关依法处理。年初以来，由信访部门向法院转送上级交办涉法涉诉信访件18件。坚持依法分类处理信访诉求，由信访部门负责，对信访反映的问题出具程序性受理告知书后，全部依法转交至有权处理机关，保障合理合法诉求依据法律规定和程序就能得到合理合法结果。严格规范信访事项受理办理程序，继续加强信访信息系统的建设和应用，实现了全部信访业务网上流转、受理办理过程全公开。2018年，全县开通信息系统乡镇、部门88个，各职能部门主动应用信访信息系统，不断提高办理效率和质量，群众参与满意度评价案件不断上升，年初以来，群众参与满意度评价案件共85件。

（信访局）

民族宗教

【概　况】 喀左县现有民族聚居乡镇（街道）11个，民族聚居村41个，居住着蒙古、汉、回、满、朝鲜等22个民族，有少数民族人口9.68万人，占全县总人口的22.7%。蒙古族人口9.35万人，占全县总人口的21.9%。喀左县是全省宗教工作重点县份，佛教（汉传、藏传）、道教、伊斯兰教、天主教、基督教五大宗教俱全。全县宗教活动场所57处，宗教教职人员98人，信教群众21636人。

【民族宗教工作】 一是认真组织开展以“中华民族一家亲，同心共筑中国梦”为主题的民族团结进步宣传月活动，发放各种宣传单册6700余份。使“三个离不开”“四个认同”的观念更加深入人心。二是深化民族团结进步创建“六进”活动，龙山社区被申报为国家级民族团结进步创建工作示范单位，南公营子九年一贯制学校被申报为省级示范单位，南哨中心小学、官大海农场被命名为市级示范单位。三是争取少数民族发展资金1057万元实施项目23个，圆满完成郭彩店村、于村等8个少数民族贫困村摘帽和313户、717口人的贫困人口脱贫销号工作，以及南哨街道白音爱里、白塔子镇三道营子村、东哨镇东台子（十家子村）、官大海农场东官分场4个全国少数民族特色村寨建设，启动实施了兴隆庄镇二布尺村等3个蒙古族特色新村建设。先后代表辽宁省接受国家扶贫办财政专项扶贫资金绩效评价检查考核、代表朝阳市接受全省少数民族发展资金使用和项目管理互检，获得一致好评。四是积极推动自治县民族文教体育各项事业全面发展，积极宣传贯彻《自治县蒙古语文条例》，进一步完善蒙汉双语牌匾审批程序，翻译牌匾、公章、文件头等词条6000余条；翻译地名、条幅、宣传标语8000余条，累计翻译字数10万余字；组织举办了成吉思汗诞辰856周年纪念活动和白音爱里、三道营子等敖包文化艺术节系列活动；组队参加了辽宁省第九届少数民族传统体育运动会，喀左县运动员在本届运动会上取得2枚金牌、2枚银牌、8枚铜牌的好成绩，金牌和奖牌总数实现历史性突破。在全省蒙古语文教师基本功大赛、民族文化进校园文艺展演等活动中，取得优异成绩，喀左县民宗局荣获优秀组织奖。五是认真做好县庆前期筹划和准备工作，积极同国省市民族部门以及民族地区领导嘉宾沟通与衔接，加强部门沟通与协作，圆满完成了县庆民族服装购置、民族部门领导接待等相关工作。六是全面贯彻宗教工作基本方针，提升依法管理宗教事务的水平。加强宗教政策法规学习培训，先后组织全县宗教教职人员参加省市各级学习贯彻中共十九大精神、宗教政策法规、新宗教事务条例为主要内容的培训班。开展了乡村民宗统战干部培训班和教职人员培训班，参训人员达300余人次；加强道风建设，努力打造一支政治上靠得住、学识上有造诣、品德上能服众、关键时起作用的宗教教职人员队伍，7名宗教界人士被推荐为县政协委员，1人当选省佛教协会副秘书长、市佛教协会会长。依法加强佛道教“两乱”治理，全县18处违建场所已经依法全部封停（贴封条），去除宗教元素，龙凤山观音像已按照方案要求进行过渡，并按程序组织报批。以发展壮大爱国力量为重点依法做好天主教工作，以治理私设聚会点为重点依法做好基督教工作，以“去极端化”为重点依法做好伊斯兰教工作，积极开展防范宗教进校园工作，有效加强网络舆情监测，确保全县无宗教校园传教现象发生。

（民宗局）

扶贫开发

【机构改革】 根据《中共喀左县委办公室关于印发〈喀左县公益性事业单位优化整合方案〉的通知》（喀委发〔2018〕42号），设立喀左县扶贫开发服务中心，为县政府直属事业单位，机构规格相当于科级。喀左县扶贫开发服务中心以县扶贫开发局的编制建制为基础，整合县政府直属的公共资源交易管理办公室，县残联所属的残疾人辅助器具服务中心、残疾人就业指导办公室，原扶贫开发局所属的扶贫统计监测中心，整合组建。主要职责是：负责全县脱贫攻坚的专项扶贫服务工作；负责全县脱贫攻坚的社会扶贫和行业扶贫及残疾人辅助器具发放服务工作；负责全县脱贫攻坚贫困状况统计测算工作；负责县扶贫开发领导小组的日常工作；完成县委、县政府交办的其他事项。

【完成的目标任务】 “十三五”期间，喀左县有省级贫困村69个、市级贫困村17个，有建档立卡贫困户10141户、贫困人口23199人，贫困发生率为6.5%。2018年，县委、县政府确定年内脱贫2715户、5861人，33个省级贫困村，13个市级贫困村销号和贫困县摘帽三大目标任务。经过全县上下不懈努力，截至2018年末，全县“十三五”期间脱贫攻坚的各项工作已全部完成，成功实现省级扶贫开发重点县脱贫摘帽。

2018年喀左县贫困村销号明细表

表5

序号	乡镇	22个省级、13个市级	11个深度贫困村（省级）
1	白塔子镇	郭台子村、白沟村、于杖子村（市）	—
2	南公营子	东村、南村、魏家庄村（市）	—
3	平房子镇	周杖子村（市）、马家窝铺村、双庙村	旧烧锅村

续表 5

序号	乡镇	22 个省级、13 个市级	11 个深度贫困村（省级）
4	山嘴子镇	金杖子村、山嘴子村	—
5	南哨街道办事处	梁家营子村、化金沟村	—
6	老爷庙镇	北山村、奈木皋村（市）	平房子村
7	羊角沟镇	贝子沟村（市）、东沟村	大黄杖子村
8	东哨	西烧锅杖子村（市）	车杖子村
9	十二德堡镇	乱泥塘子村、喇嘛沟村（市）	土楼子村（梨树沟村）
10	草场乡	于村（市）	郭彩店彩
11	尤杖子乡	尤杖子村	—
12	公营子镇	南山村、公营子村	三官庙村
13	中三家镇	—	辘轳井村
14	兴隆庄镇	兴隆庄村（市）	头道洼村（宣家）
15	卧虎沟乡	卧虎沟村（市）	二杖子村
16	甘招镇	西赤里赤村、河沿村	—
17	水泉镇	老杖子村、水泉村（市）	—
18	大营子乡	大营子村、衣杖子村、甜水沟村（市）	—
19	六官营子镇	—	化石沟村
20	坤都营子乡	钱排杖子村	—
21	大城子街道	洞上村（市）	—

【三大产业扶贫】 实现村级光伏电站产业扶贫全覆盖。在已建成 50 个村级光伏电站的基础上，投资 2498 万元，建设完成 36 个村级光伏电站，实现 86 个贫困村光伏电站全覆盖。电站装机总量达 8208.41 千瓦，每年发电量 1242 万千瓦时以上，补贴到位后预计年收入达 988 万元以上，可带动全县所有贫困人口人均年增收 425 元，并持续分红 20 年。

实现特色种植产业扶贫全覆盖。一是大力实施“六位一体”精准扶贫模式。实行“贫困村党支部 + 驻村工作队 + 精准扶贫合作社 + 精准扶贫基地 + 扶贫龙头企业 + 贫困户”的“六位一体”模式，建立精准扶贫基地 86 处，投入专项扶贫资金 527.49 万元，人均 900 元，流转土地 10035 亩，按照市场化、规模化方向发展有机蔬菜、中草药、酒高粱等种植作物，带动贫困户人均纯收入增加 1000 元以上。二是大力实施共营制土地股份合作社扶贫模式。以村党支部、村委会牵头领办为主，鼓励能人大户、龙头企业等多种主体领办合作社。成立新型经济主体 124 个，流转土地近 4 万亩（含粮饲兼用玉米 10616 亩），实现所有贫困村扶贫专业合作社全覆盖。吸纳成员 2.3 万人，带动贫困人口 10610 人。三是大力实施扶贫标准化示范果园建设。推行一村一个“村社合一”种植果园，全县已建成扶贫标准化果园 23 处、总面积 3678 亩，参与贫困户 351 户 918 人。通过以上三种措施，实现了特色种植产业扶贫全覆盖。

实现金融畜牧养殖产业扶贫全覆盖。一是加大自贷自养扶持力度。对有一定劳动能力、有养殖经验和养牛意愿的贫困户，继续采取政府增信的形式为其人均协调扶贫贷款 1 万元用于购牛。2018 年，共计为建档立卡贫困户发放养牛贷款 1472.7 万元，购牛 4416 头，贫困户人均增收 3000—5000 元。二是实施大户带动。发展养牛大户 150 户，为其协调三年期扶贫贷款 1500 万元，带动 750 名贫困人口稳定脱贫。2018 年，共计发放大户带动扶贫养牛贷款 1718 万元，带动 859 名贫困人口稳定增收。三是建设扶贫养殖农场。整合畜牧草原沙化治理绩效资金，在 12 个乡镇建设扶贫养牛农场 14 处，规划存栏总量可达 6200 头，按10年期限发包，每年平均收取租金467万元，可带动1.2万名贫困人口年人均增收400元。投入专项扶贫资金351.66万元，为5861人人均发放到户养殖补贴600元。通过以上措施，实现所有贫困人口畜牧养殖产业全覆盖。

打造多项补充产业。在三大产业全覆盖基础上因人因户施策，结合乡镇、村实际大力推行到户扶贫项目。充分发挥喀左“紫陶之都”品牌辐射作用，带动贫困户120户、320人，贫困户人均增收2000元左右。深入挖掘各乡镇旅游资源，依托旅游产业扶持带动贫困人口2000人，贫困户人均增收800元左右。“阿里巴巴农村淘宝”“乐村淘”“移联网信”“村邮乐购”“新益农”等村级电商服务站531个，覆盖全县23个乡镇街、156个行政村，直接带动就业800余人。积极引进箱包、兴城泳装、河北内衣加工生产企业，合作建立生产扶贫基地，吸纳周边贫困户1290人就业，贫困户满勤可保底月收入1500元。

【实施六项扶贫工程】 在产业覆盖基础上，围绕“六八五”和“两不愁、三保障”指标，全力落实危房改造、健康扶贫、教育扶贫等6项政策扶持力度。一是实施危房改造工程。2018年，计划实施贫困户危房改造884户（其中C级487户、D级397户），实际完成贫困户危房改造1197户（其中C级650户、D级547户），实现贫困户住房安全有保障。二是实施健康扶贫工程。2018年，投入扶贫专项资金213万元（贫困户每人100元），为“十三五”期间所有贫困人口办理新农合提标40元、大病保险降档提标30元、精准医疗救助30元。实现贫困人口新农合参合率、大病保险参保率、住院报销比例三个100%工作目标。投入专项扶贫资金130万元，为“十三五”期间所有参保贫困人口每人交纳新农合补助资金30元，且86个贫困村卫生室建设全部达标。三是实施教育扶贫工程。累计扶持中高职及本科贫困学生2543人次，发放扶持资金449.85万元。四是实施社会保障兜底扶贫工程。按照“两线合一，双向纳入”的要求，民政部门已将建档立卡贫困户中符合低保条件的9057人全部纳入低保范围，做到了应扶尽扶、应保尽保。自2018年7月1日起，农村低保保障标准由2017年的每人每年3720元提高到4176元。五是实施职业技能提升工程。整合部门资源，加强对贫困人口的职业技能培训，实现培训一人、就业一人、脱贫一户的工作目标。投入扶贫资金40万元，完成贫困人口实用技术培训2000人。六是实施基础设施建设工程。水利部门投入资金1045万元实施安全饮水扶贫解困工程，新建农村安全饮水工程16处，打井23眼，改造37眼，惠及40个贫困村，解决3848人饮水安全问题，其中贫困人口609人。交通、财政投入资金5400万元，完成村级道路硬化182.6公里。文广部门全力完成46个贫困村广播电视全覆盖，确保收听收看4套以上广播电视节目；综合性文化服务中心提升改造10处；新建贫困村文化广场2个。贫困村“一率四有三通”［一率：综合贫困发生率降至2%以下；四有：有安全饮水、有集体经济收入和新型农业经营主体、有村卫生室、有综合性文化服务中心；三通：通生活用电、通广播电视和网络宽带、通沥青（水泥）路］全部达标。

（扶贫开发局）

行政审批

【坚持喀左特色，持续深化改革】 按照相对集中行政许可权改革的要求，围绕“一枚印章管审批”的创新理念，结合喀左实际，继续对承接的27个部门177项（378个子项）行政职权进行优化梳理，并稳定组织开展工作。在事项划转到位的基础上，从实施机关、法律依据、申请条件、申报材料、办理流程、承诺时限、收费标准、咨询（监督）电话8个方面入手进行梳理规范，通过对服务指南的梳理编制，科学评估办理时限与要件，对承接的行政审批事项在总法定审批时限7653个工作日压缩至1451个工作日，整体提速81.04%；对行政审批事项前置件逐项逐条整合、清理，实现了部分前置件精简、共享，使已承接的行政审批事项在总审批前置件3667个基础上整合精简2850个，保留717个，前置件压缩率为80.44%。在全市率先实现压缩审批时限、精简前置件“双80”的工作目标，并在局网站上进行公示，保持动态调整。同时，按需设岗配强人员。按照受理审核、踏勘查验、确认审批、缴费发证四个闭环式审批流程，对部分业务流转进行整合，切实提高审批效率。另外，根据上级新下放的审批事项，对事项适用依据不准确，审批流程不规范的，沟通编办与法制部门协调解决。对职责边界不明确的，重新界定，保证了事项接得住、管得好。

【突出创新创优，放大改革成果】 突出模式创新。改变过去以部门为窗口的单一化模式，对划转事项进行有机整合，实行“分类受理、独立审批、联合踏勘、集中出证”，全面实施分级审批，对行政审批事项实行股员、股长、分管局长三级审批制和重大事项集体决策制，一、二级审批事项占52%，三级审批事项占48%；注重事项整合。变多头为一条龙，将相关联的事项合并在一起，以一个窗口为主，股室内二次分工，保证企业一次申报、相关窗口同步开展工作，一次发放多个证照，2018年已经整合了2个事项；修改完善了《喀左县行政审批现场踏勘实施办法（试行）》《喀左县行政审批现场踏勘规范标准》，统一编制包括现场踏勘的法律依据、执行主体、承诺时间、法定条件、技术标准、踏勘设备、决策程序等内容的《行政审批事项踏勘评估工作指南》；深化商事制度改革。自2018年5月1日实施市场主体登记自助化简易核名注册，在全省推进“多证合一”基础上，推出“一照通”登记注册新模式，整合了97项纳入“一照通”范畴，在最短的时间内实现所有事项加载二维码到营业执照上，做到一窗受理，同步发放。

【深化“放管服”改革】 县行政审批局全面推进“一网、一门、一次”改革，坚持政务服务大厅建设与转变政府职能相结合，以政务服务平台建设为抓手，不断强化自身职能作用，优化政务服务环境。切实推进政务服务“一网通办”“只进一扇门”“最多跑一次”改革，县委、县政府全力打造喀左政务服务中心，扩容改造工程于2018年12月10日竣工，办公大厅面积由原来的2600平方米增加到8600平方米，对县直34个部门的政务服务事项和26个专业服务大厅办理的各类服务事项进行一门式集中统一办理。全县政务服务事项和便民服务事项全部纳入实体大厅，在“一网通办”方面，重点打通信息孤岛和应用广度深度不足两个突出阻点，破除数据壁垒、部门业务系统整合对接不到位等障碍，使全县政务服务事项网上可办率达到90%。在“只进一扇门”方面，重点打通政务大厅“多门、多窗”和事项“应进未进”两个突出阻点，推进政务服务“一站式”集中集成式办理，做到全县政务大厅全部进驻综合性实体政务大厅办理的事项424项，占比90.6%。在“最多跑一次”方面，持续开展减证便民行动，加大各类材料、证明清理、减合并与共享力度，全县编制100个高频事项“一次跑”，使企业和群众到实体政务大厅办事提供的材料减少70%以上。上述三个工作目标，按照计划提前一年实现。

【推行县乡联动】 出台了乡镇便民服务中心指导意见和考核办法，并对全县乡镇便民服务工作进行3次调研，依据调研情况形成调研报告，突出服务下沉。按照县乡村三级联动的要求，将事项下放，把与群众生产生活密切相关的个体工商户经营许可、食品流通经营许可等事项反委托到镇乡一级办理，同时抓好业务培训，保证每季度组织便民服务中心相关业务人员培训一次；抓事项梳理，初步形成了便民服务中心服务事项指导目录；抓测试运行，确定适宜上网运行的便民事项，结合审批软件开发，一并进行模块设置和建设，确保在政务服务网络可以实现实体大厅与虚拟大厅并轨运行。突出中介管理。一方面，打破行业垄断，涉及同类型业务的中介机构一般进驻两家机构，同时公示外地中介机构名称、联系方式，激发市场竞争。另一方面，严格管理监督，以局名义发文，清理与发布 66 项中介服务事项，同时规定服务时限，实行末位淘汰，确保服务优质高效。

【队伍建设】 以示范带动为纽带，建设一流班子。按照“两学一做”和“守纪律、讲规矩”的总要求，紧紧围绕“提升定位、打造亮点、坚守底线”的总目标，以充分发挥领导班子的示范带动作用为纽带，突出领导班子的素质能力要求，狠抓一流班子建设。利用党支部活动，局主要领导带头上党课，带头参加学习和讨论，并且突出问题导向，从主要领导开始，班子所有成员都要对照党章党纪和讲话精神，一一排查问题，自觉剖析存在问题的原因，拿出整改的措施和办法，用领导干部的榜样来规范带动全局党员干部的学习。全年主持召开 12 次党组中心组学习会议、29 次局党务会议、3 次干部职工大会；全年分 16 批次进行入户对接走访，职工个人出资带去帮扶资金、米、面、油等生活物资共计 2.5 万元；全年研究出台党组文件 13 个，涉及党的组织建设、政治教育、党风廉政、人事安排等，召开党组（扩大）会 10 次，听取党总支、脱贫攻坚工作汇报 8 次，审议研究党建和党风廉政建设议题 4 个。同时始终把纪律规矩挺在前面，牢固树立纪律和廉政意识，永葆队伍清正廉洁之风。以岗位练兵为重点，打造业务精兵。继续以打造过硬队伍为目标，突出适应新常态需求，利用“周例会”等契机，认真制订学习计划，运用业务工作交流、履职报告、研讨发言等灵活多样的学习方式，贴近审批工作实际，组织工作人员对股室的业务流程以及审批系统的运用进行学习，狠抓岗位练兵，确保审批提速。以完善机制为抓手，提升服务效能。深入开展“三公开”以及党员领导干部服务企业活动，同时按照“优化营商环境”的要求，开展预约服务 50 余次、延时服务 150 余次，领办代办 70 余次，切实增加群众企业的“获得感”。

【机构改革】 由于事业单位改革，喀左县行政审批局更名为朝阳喀左经济开发区服务中心。2018 年 9 月 5 日，朝阳喀左经济开发区服务中心在喀左县行政审批局举行揭牌仪式。

（行政审批局）

公共资源交易管理

【概　况】 县公管办为县公共资源交易管理委员会（简称公管委）下设机构，县政府直属正科级事业单位，机构内设 3 个职能股室（综合办公室、财会股、监察股）核定事业编制 10 名，工勤岗 1 名。核定领导指数 3 名，其中：主任 1 名，副主任 2 名，核定股级指数 7 名。现实有人数 9 名（其中领导指数 1 正 2 副，正科级 1 人，副科级 2 人）。年初以来，紧紧围绕党的建设、脱贫攻坚、项目建设、扫黑除恶等工作，以“重实干、强执行、抓落实”为抓手，不断完善工作举措，优化服务流程，着力解决各种短板和瓶颈，为完成县委、县政府确定的重大任务目标提供保障。

【事业单位改革】 2018 年初，县委、县政府决定，对原来由本单位负责的公共资源交易监督管理职能进行调整，划转到原单位负责，这样公管办虽有编办下发职能，但没有实质性开展公共资源交易监督管理工作，向县委、县政府主要领导汇报后，县领导认为待机关事业单位改革后再理顺本办职能。根据喀左县事业单位改革方案，公管办与扶贫开发局合并，成立县扶贫开发服务中心，本办积极支持，密切配合，全力推进事业单位改革。

【结对帮扶】 2018年初，公管办7名党员与尤杖子三荒村14户建档立卡户结对帮扶，按照上级相关文件精神，认真履行好结对帮扶工作职责，巩固脱贫成果，本着"三知四清"的原则，每季度至少一次深入建档立卡户家中，详细了解每户家庭成员情况、脱贫项目及收入等情况，听取他们对帮扶工作的意见和要求，帮助贫困户出主意、想办法，解决实际困难和问题，春播季节到每户详细讲解养殖、种植管理等技术，为保障增收打下基础，适逢节日给帮扶户送去面粉和豆油等，让帮扶对象过一个温馨、快乐的节日，并把结对帮扶信息贴在帮扶对象家墙上，以便有事及时沟通，解决问题。经过一年的帮扶巩固，14户建档立卡户达到了"一超过、两不愁、三保障"的要求，同时在帮扶过程中，建立健全了村户档案及单位帮扶结对台账。

【招商引资】 按照县招商引资项目建设的要求，充分发挥同学、朋友、战友、亲属等关系，多渠道招商。辽宁人民康泰大药房连锁有限公司是公管办引进的项目，在项目引资过程中，多次与该公司联系，陪同实地考察，不断宣传喀左招商引资政策，最终公司决定在喀左拓展业务。6月20日，首家辽宁人民康泰大药房连锁有限公司喀左志辉中心店开业，该公司还计划2018年6月至2019年12月，在喀左2年开店20家，每年开10家，预计投资1600万元，年销售额2000万元，纳税60万元，解决就业120人。

【法制宣传教育】 根据《2018年喀左县法治宣传教育工作要点》召开专门会议，研究节假日及两会期间的稳定工作，积极开展"4·15"国家安全教育日、扫黑除恶教育、消防安全知识宣传等活动、坚决抵制"黄、赌、毒"等社会丑恶现象，使每个工作人员都要学法、懂法、守法，自觉维护社会治安秩序。

【领导班子建设】 坚持政治理论学习制度，不断提高政治站位。党组班子认真落实党组理论中心组学习制度，通过集中学习、自学、观看电影、写心得体会等多种形式，组织干部职工深入学习贯彻习近平新时代中国特色社会主义思想和中共十九大以及十九届二中、三中全会精神，《关于新形势下党内政治生活的若干准则》《中国共产党党内监督条例》等党章党规党纪，落实全面从严治党和中央八项规定精神，对照先进找差距，找准问题抓整改，紧跟时代的步伐，把新精神、新要求贯穿于工作之中，准确把握政治方向，主要领导定期为全体干部职工讲党课，通过学习和培训使班子成员增长知识，拓宽视野，提升履职能力，坚定干事创业信心。

继续深化"两学一做"学习教育常态化制度化。按照《"两学一做"学习教育常态化制度化实施方案》、制定《学习内容推进表》，突出"不忘初心、牢记使命"主题，把习近平新时代中国特色社会主义思想作为"三会一课"的重要内容，并细化到每个一专题、每一个周，全年领导带头上党课5次，专题研讨4次，党员大会10次，扎实开展"党员活动日"、党员进社区等活动，积极参与县直机关工委组织的徒步走大赛。通过采用微信公众号等"智能式"教育、坚定了党员干部"四个意识""两个维护"。2018年，公共资源交易管理办公室党支部被评为"五星级党支部"，提振了党员干部精神，有力地推动了各项工作的深入开展。

坚持民主集中制制度，形成领导班子内部合力。为较好地发挥领导班子的集体领导作用，领导班子始终认真贯彻执行中央关于加强民主集中制有关制度和规定，充分发挥班子成员集体领导作用，大事开会碰头，小事相互通报，相互协调，班子"一把手"能够充分发挥表率作用，带头遵守制度，带头执行决议，带头维护纪律。班子始终讲团结、重友谊，班子成员之间大事讲原则，小事讲风格，心往一处想，劲往一处使，工作上从不互相推诿，形成民主平等和谐的团结氛围，自觉维护班子的集体威信，形成班子内部合力，为圆满完成全年工作任务提供了保障。

【干部队伍建设】 本着“围绕工作抓党建，抓好党建促工作”的理念，把党建工作，特别是党风廉政建工作，放在推动公共资源交易管理办公室各项工作中去谋划、去把握、去落实。

抓党组织建设，落实基层党建工作责任制。坚持推行“书记抓、抓书记”，党组书记认真履行第一责任人职责。党组每半年专题研究一次机关党建工作，听取机关党支部汇报，掌握党员的思想工作状态，切实帮助解决党组织建设和事业发展中所面临的突出问题，同时，认真开好领导班子专题民主生活会，认真撰写对照检查材料，开展批评和自我批评，深刻剖析产生“四风”的思想根源，抓好整改落实、建章立制的各项工作，制定出台了11项规章制度，使全体党员干部职工的廉洁自律意识得到了极大的提升，进一步坚定了理想信念。

抓机关作风，营造良好的服务环境。围绕中央、省、市、县委有关转作风会议精神和决策部署，以“提升服务效能，转变服务理念、服务方式”为目标，对每个股室、人员的岗位职责、工作权限制定相应的规范，使每项工作再细化、再量化、再责任化，做到目标、重点、措施、进度、责任“五明确”。重点整治“懒”“散”“奢”“私”“贪”“蛮”“横”“硬”等不良行为，对前来办事人员一杯水、一声问候、一声请坐，努力构建“亲”“清”新型政商关系。

抓党风廉政教育，提高党员干部伍廉政勤政意识。把党风廉政建设融入到全体党员干部职工的生活和各项业务工作中，同研究、同部署、同检查、同考核，定时组织召开党风廉政建设专题分析会，研究和解决单位党风廉政建设存在的问题，落实领导干部“一岗双责”党组书记履行管党责任，述职评议和机关党支部书记年度履职“双述双评”工作。一年来，专题研究落实党风廉政建设工作8次，认真组织收听收看《我是党员》《永远在路上》等，观看《镜鉴》《警钟》等教育警示片，持续开展正反两方面教育，筑牢了干部职工拒腐防变的思想道德防线，在单位形成了“党的利益高于一切、工作标准高定一档、廉政要求高出一格”的共识。严格落实三公经费管理、公务用车管理等各项规定，全年无信访及违规行为发生。

（公共资源交易管理理办公室）

朝阳市公共资源交易中心喀左分中心

【机构综述】 2018年朝阳市公共资源交易中心喀左分中心，认真学习贯彻中共十九大精神，高举习近平新时代中国特色社会主义思想伟大旗帜，以加强机关效能建设、提高工作效率为重点，扎实推进“两学一做”学习教育常态化制度化，发扬“撸起袖子加油干”的工作精神，持续夯实平台服务基础，深化交易环节改革创新，狠抓干部队伍建设，深入落实“放管服”改革举措，全力服务“五个一工程”建设。2018年，中心核定事业编制17名，领导职数为一正两副，有正式人员12名，其中主任1名，副主任2名。内设机构：综合办公室、业务信息股、产权交易股、政府采购股、工程交易股、土地交易股6个股室。

【各项公共资源交易】 2018年，中心坚持把改革创新作为加强公共资源交易服务的有效途径，坚持集中交易、网络运行、源头防腐的改革思路，紧紧抓住体制、科技、制度三个重点，有力促进了交易活动规范化、科学化、制度化运行。全年共完成各类公共资源交易106宗，成交金额5.22亿元，增收节支资金1250.45万元。其中：建设工程项目完成8宗，成交金额7009.26万元；节约资金814万元；国有土地交易项目完44宗，成交金额3.9亿元，成交总面积105.253公顷；政府采购项目完成53宗，成交金额6232.6万元，节约资金432万元；国有产权交易，完成一辆公务用车处置工作，成交金额9.35万元，溢价4.45万元。最大程度地实现了增收节支和国有资产的保值增值，收到了良好的政治、经济和社会效益。通过公共资源交易中心网站的无缝对接，建设了便捷高效的服务型网上电子交易平台。

【“两学一做”学习教育】 一年来，中心领导班子始终把对党忠诚、政治坚定作为立身之本、为政之基，坚定不移地在思想上、政治上、行动上与党中央和省、市、县委及市中心党组保持高度一致，确保了公共资源交易工作沿着正确的方向前进。一是为深入推进“两学一做”学习教育常态化制度化，制定了《朝阳市公共资源交易中心喀左分中心2018年“两学一做”学习教育实施方案》及学习计划，明确了指导思想、具体要求和工作举措。二是制定了党组书记、党支部书记“两学一做”学习教育责任清单，扎实开展“党员活动日”，坚持每周固定学习，领导班子积极发挥示范作用，带领党员干部原原本本、原汁原味地学习《中国共产党章程》、习近平总书记系列重要讲话和中央、省、市、县重要会议精神。通过学习，使中心全体干部职工更加坚定理想信念，强化政治意识。

【党组织建设】 一是坚持把党建工作与公共资源交易工作有机结合，充分发挥党建工作在推动公共资源交易工作、促进服务经济发展方面的引领作用，确保互促共赢。严格执行市交易中心《党建工作责任制》《党建工作目标管理考核办法》等相关制度，把党建工作纳入重要议事日程，与交易工作同部署、同落实、同检查、同考核；研究制定了中心党建工作计划和党建工作要点，围绕交易抓党建，抓好党建促交易，以党建工作为主线，发挥党员带头引领作用，把“平台整合”“电子化交易”和“异地评标”等阶段性任务一线穿针，保证各项交易工作任务顺利完成；建立健全党建和思想政治工作各项制度，尤其是建立学习制度，将学习心得在学习园地进行展示，并作为个人考核的重要内容，营造浓厚的学习氛围；坚持落实“三会一课”制度，采取集中学习、听取汇报、专题研讨等多种形式组织学习，让党员干部在学习中更新观念，提升政治思想水平。坚持落实组织生活会和民主生活会制度，班子成员之间认真开展批评与自我批评，勇于承担责任，促进班子团结，班子战斗力不断提高。二是深入开展三个“两好”创建活动。中心制定了开展三个“两好”创建活动实施方案，以学习教育、岗位建功、服务群众、倡树新风等活动为载体，深化思想建设、组织建设、队伍建设、制度建设和作风建设，促进了中心工作效率、服务质量和工作作风的显著提高。三是结合中心特点，创新方法载体，不断提升中心文化的影响力和美誉度。结合“法律进中心”活动，开展讲典型案例、举办演讲比赛、知识竞赛等法治文化活动，推动文化建设与法制宣传教育有机结合；旗帜鲜明提出“七个一”的中心文化：虚心学习每一位长处，忠心坚守每一个岗位，热心接待每一位投标人，用心把握每一项政策，精心破解每一道难题，耐心托起每一缕阳光，真心服务每一个项目。用精神凝聚人，用文化培育人，营造团结进取、干事创业的人文环境。

【党风廉政建设】 一是针对现行公共资源交易实际情况，对已制定的制度进行梳理、修订和完善，对交易各项环节中出现的制度漏洞进行补充完善，并主抓制度落实情况，明确责任人，确保公共资源交易活动规范、高效运行；二是认真学习《关于新形势下党内政治生活的若干准则》和《中国共产党党内监督条例》，严格执行中央八项规定和省市委十项廉洁自律规定，层层签订党风廉政建设责任状，形成一级抓一级党风廉政建设机制，增强风险防控意识，筑牢拒腐防变的思想防线；三是通过全体干部职工大会、集中学习等形式，宣传并学习政府采购法、招标投标法、拍卖法等法律法规，使全体干部职工增强法制观念，提高业务素质。2018年10月，为进一步增强中心标准化建设，中心利用机关办公楼8层、9层精心打造了具有规划测绘特色的廉政文化走廊，通过教育引导及环境熏陶等方式积极开展廉政文化建设活动，努力营造公开、公平、公正，阳光透明的交易环境，共同打造“政府需要、群众满意、社会赞誉”的公共资源交易平台。廉政文化走廊的打造为廉政教育新添了一道靓丽的风景线，同时督促中心干部职工树立正确的世界观、人生观和价值观，在中心上下营造了风清气正的社会风气，为各项交易工作的推进和落实创造出良好的服务环境。

【优化营商环境】 为全力服务“五个一工程”建设，精准定位中心职责，从制度体系建设入手，完善了《信息发布制度》《项目统一登记与统一确认制度》，营造了规范统一、公开透明的制度环境，保证了交易各个环节高效透明，各项业务规范有序开展，最大限度精简办事程序，减少办事环节，缩短办理时限。凡是涉及“五个一工程”的项目、县政府重点项目、民生工程项目，本着特事特办、急事急办原则，启动“绿色招标直通车”，实行“全天候、零时限”服务，项目进场招标登记即到即办，项目招标投标相关手续当天查验完毕。在符合法定时限要求的前提下，周末、节假日正常安排开评标活动。同时，采取事先主动与招标人对接，为招标人出谋划策，解读招投标相关政策法规，指导招标人制作招标公告、招标文件等措施，主动靠前服务，确保在交易中心进行的项目及时推进。2018年，中心配合有关部门完成了蒙古族高级中学古塔分校、老爷庙中心敬老院新建养员楼、喀左县教育局薄改学校改造设备采购项目、喀左县保障性安居住房采购项目等重点项目的招标活动，确保了招标项目的如期开工。

（朝阳市公共资源交易中心喀左分中心）

矿产资源管理

【概　况】 喀左县矿管办列县政府直属机构正科级事业单位，负责全县矿产资源经营活动的监督管理，规范全县矿产资源有序开采，准确掌握铁矿石及矿产品的产销量，为依法征缴税费提供可靠依据；强化非金属矿产资源管理，严禁原矿外流，促进本县相应加工企业依法、有序生产。2018年，喀左县矿管办现有人员100人，其中在编人员24人，临时工76人。下设部门有办公室、监控室、稽查队、业务股、矿管大队、5个计量服务站、11个矿管执勤点。

【管理原则】 遵守依法治矿、依法行政的原则。严格按照法律法规的规定和程序开展工作，做到公开、公平、公正，推进矿山企业生产经营活动的法制化、正规化和规范化。遵循加快发展、提高财税贡献率的原则。切实发挥全县矿产资源在经济发展中的龙头带动作用和财税增长中的支撑作用。遵循协调发展、合理利用的原则。做到依法有序开采、可持续发展。遵循联合执法、各司其职的原则。各部门在实行矿产资源统一管理工作中各司其职，各负其责，协调配合，规范运作。遵循规范操作、不徇私情的原则。坚决杜绝讲人情、讲关系、搞钱权交易的违规行为，通过严格规范的管理，促进矿产资源统管工作顺利实施。

【开采与管理】 1. 依法开采。凡在喀左县境内从事矿产资源开采经营的单位和个人，须按照矿产资源法及有关法律法规规定办理采矿许可证、安全许可证、营运证、营业执照、税务登记证等证照，并按照国土资源管理部门对矿产资源开发利用的总体规划进行合理开采。对于不办理上述证照的采矿企业、经销单位和个人一律视为非法开采、非法经营，坚决予以取缔。2. 统一票据。统一印制喀左县矿产资源开采经营票据，作为从事矿产资源开采经营的有效票据，由县矿管办统一管理，实行“一站式”办公。3. 以票管税、管费。矿产资源开采经营单位和个人，预先到县矿管办购买矿产资源开采经营的相应票据，以此作为矿产品外运的有效依据。4. 验票计量。县矿管办设置计量服务站，对以量计税企业所销售的铁精粉及以电计税企业（按耗用矿石量缴足资源税后，其所得部分以电计税）使用喀左县境内的矿石进行过磅计量并以此作为计税依据。各矿产资源开采经营单位和个人持已购票据随运输车辆到本辖区计量服务站计量验票。计量服务站只负责计量验票，不收取任何费用。5. 税费统收。各计量服务站通过检斤软件对各矿产资源开采经营单位和个人的矿石及矿产品逐车过磅，计量结果实时上传到县矿管办业务股，业务股每月将汇总结果核实无误后报税务等相关部门，作为收缴税、费的依据，并根据计量结果和企业完税、完费情况，对企业和个人预交的保证金进行清退结算。

【检查、监督】 加强监管。只允许持有矿产资源开采许可证的经营单位和个人开采和销售矿石及产品，销售矿石及产品必须按规定到指定计量服务站统一计量，否则按偷逃税费依法处理；未按国家有关规定依法缴纳相关税费的矿石，严禁运出县域，否则依法没收全部矿石，并按偷逃税费依法处理。矿管大队负责全县矿产资源生产秩序的统一管理工作并重点对中三家镇、公营子镇等地区外运矿石进行全天候监控管理，对其他乡镇矿石外运随时检查，维护矿区正常生产经营秩序。

严格管理。县矿管办在管理过程中对于证照不全，伪造票据、扰乱正常管理秩序的开采经营单位或个人，限期责令其补齐各种手续和补缴有关税费，并按有关规定依法予以处罚。对于屡教不改、行为恶劣、造成不良影响的，从重处罚。

【完成的主要经济指标】 2018 年，全年计量铁精粉 77.6 万吨，高岭土、紫砂土、膨润土销售 30.1 万吨，河沙、毛石、毛沙销售 187.8 万立方米，全年实现税收 8497 万元。

（矿管办）

机关事务管理

【党的建设】 根据县里基层党建工作文件要求，局党组把党建工作摆上重要日程，纳入年度工作目标，做到党建与业务工作同部署、同检查、同考核。年内召开党建工作专题会议 3 次，研究制定《2018 年机关党建工作方案》，对全年的党建工作进行了安排部署。同时，结合“两学一做”学习教育，通过党员干部带头参加集中学习和自学，党员干部的大局意识不断增强，政治敏锐性和鉴别力得到提高，党性修养得到升华，素质明显提高，工作效率明显提升。

加强党风廉政建设，进一步明确党组书记是履行党风廉政建设第一责任人职责，对全局党风廉政建设工作负总责，做到与业务工作和其他重要工作一起部署，一起落实；认真落实党政领导班子“一岗双责”，将反腐倡廉工作任务逐项分解，分别落实给其他班子成员和相关股室负责人，做到每项工作有责任领导、有具体责任人。严格执行“领导干部有关事项报告制度”，认真落实“民主集中制”，进一步完善“廉政谈话制度”，党员干部廉洁自律意识进一步增强。

【公务接待】 研究制定《喀左县机关事务管理局公务接待管理办法》，在接待过程中，严格标准和程序，认真安排每一次接待任务，截至 10 月 15 日，共接待各级党政代表团及大型投资考察 446 批次，共 11000 余人。加大创新力度，完成接待清单“三表合一”工作，有效改善了烦琐的审批流程，进一步提高了接待流程运转效率。结合内蒙敖汉旗学习考察中好的经验和做法，突出喀左地方特色，对定点宾馆菜品推陈出新，得到了县领导和广大来宾的认可。全年共完成各类会议106批次。

圆满完成60周年县庆和全省“飞地经济”现场会大型接待工作。在接待过程中，指定接待方案，提前做好各项准备工作，对宾馆酒店内外的卫生、设施设备等进行检查，提出改进意见。对接待的食谱、用餐方式提请省市县领导审核把关，确保接待工作圆满完成。

【资产管理和保洁工作】 在确保设备正常运行的同时，力争打造美观整洁的办公环境。一是做好设备检修工作。对电梯、地源热泵、喷泉、外墙体、厕所、地面和灯光等进行检查维修900余次，确保了设备正常运转。二是做好绿化和保洁工作。在原来草坪基础上补植500平方米草坪，五角枫1棵，加强园林日常养护和保洁工作监督管理，确保政府办公楼前后院美丽、整洁。认真执行保洁管理办法。按照工作面积和工作量重新划分了保洁区域。由资产管理和保洁办公室牵头，带领保洁管委会成员进行日常检查，检查结果和阶段性考核一起纳入保洁员年末评优成绩中。研究制定《喀左县机关事务管理局政府综合办公楼和人民会堂资产管理办法》《喀左县机关事务管理局政府综合办公楼保洁管理办法》和《保洁工作考核办法（试行）》，加强对资产和保洁工作的管理，保证了政府办公楼的正常平稳运转。

【公务用车管理】 严格按单派车制度，根据四大班子办公室的派车通知书，及时调配车辆和司机，保证领导公务出行。截至10月，共派车900余次，做到零失误、零差错。坚持定点维修、定点加油制度，月报季统，杜绝了跑、冒、滴、漏等现象。建立完善车辆档案，对平台车辆进行分类整理，一车一档，对车改单位车辆信息进行完善。加强公务用车的日常监管，对参改单位保留公车进行统一标识喷涂，认真做好车辆的年检和保险投保工作。同时，认真做好县庆期间用车的协调工作。

【党政机关办公用房管理】 按照县委主要领导的指示精神，两办督查室、机关工委和机关事务管理局工作人员组成5个检查组，从3月27日至4月9日，对全县24个乡镇街区、78个县直部门单位进行了检查，对3个市垂管部门、10个县直部门所属单位进行了抽查，重点检查了办公室的使用情况，对服务用房、腾退房进行核查，核实设备用房、附属用房、出租和租用的办公用房。并坚持立行立改、边查边改的原则，下发《办公用房整改意见通知书》50份。同时，下发了《关于进一步规范办公用房管理和使用的通知》，明确相关要求。

6月中旬，利用十天时间，分三组对县城内各办公大楼平面图进行再次核对，清晰标注房间位置、科室名称、测量面积、使用人姓名和级别，以楼层为单位绘制格式统一的电子平面图，使办公用房的日常管理更方便快捷。

9月，因国税和地税合并，服务业大厦整体搬迁，机关事务管理局前期对国税、地税和服务业大厦进行了实地勘察，根据各单位要求和实际情况提出具体的合并、搬迁和安置方案，经请示县领导同意后开始实施，9月下旬完成了合并和搬迁工作。

【公共机构节能工作】 制定下发《2018年喀左县公共机构节约能源资源工作要点》，对全县的公共机构节能工作进行了安排和部署。积极开展以“节能降耗、保卫蓝天”为主题的2018年“节能宣传周”宣传活动，通过展板展示、大屏幕播放、悬挂宣传条幅、发放宣传海报和宣传册等形式，传播节能理念，普及节能知识，为全县公共机构节能营造良好氛围。6月27日下午，在人民会堂二楼大会议室召开喀左县2018年公共机构节能暨能源资源消耗统计培训会，会上对网页版能耗系统的使用和各项填报指标进行了详细的解释说明，随后指导各单位准确及时报送数据，按时、准确地完成了上半年能耗数据的摸底和上报工作。加大节能示范单位创建工作，指导四高中积极创建国家级示范单位，完成蒙初中、蒙古族小组、市场监督管理局省级公共机构节能示范单位申报、初审工作。

【精准扶贫工作】 根据县里的安排部署，在帮扶水泉乡南亮子村11户贫困户基础上，又与水泉塔贝营子村的11户贫困户结成帮扶对子，春节、中秋等节日前，对所帮扶的贫困户进行了走访并送去慰问品。同时，协调县残联为2户残疾贫困户送去羊10只，帮助他们尽早脱贫。

【招商引资】 带头引进两个项目，分别为河南天冠生态农业发展有限公司的循环经济型农业示范区建设项目和喀左友谊医院有限公司新建医院项目。

（机关事务管理局）

政协喀左蒙古族自治县委员会

全体会议、常委会会议

【政协喀左县十一届二次全体会议】 12月18—20日，政协喀左蒙古族自治县十一届二次全会在县人民会堂召开，210名政协委员出席会议，县委、县人大、县政府领导和县政协退休老领导主席台就座，各乡镇街区党工委书记、县直各单位党委（党组）负责人应邀参加会议，各乡、镇（场）、工业园区、街道办事处政协联络委主任列席会议，副主席马占国主持开幕式。会议听取并审议通过了主席冀雅军所作的《中国人民政治协商会议喀左蒙古族自治县第十一届委员会常务委员会工作报告》和副主席耿维义所作的《中国人民政治协商会议喀左蒙古族自治县第十一届委员会常务委员会提案工作报告》，韩锡广、梁文浩、孙永平等12名政协委员作了大会集中建言；与会政协委员列席了县第十六届人民代表大会第二次全体会议，听取并讨论了政府工作报告、县人民法院、县检察院工作报告及其他报告；县委、县政府主要领导参加政协委员联组讨论；大会选举产生了政协第十一届委员会秘书长；补选县政协第十一届委员会常务委员；通过了《提案审查报告》和《政治决议》。县政协主席冀雅军对政协工作提出新要求，县委书记吕树江作了重要讲话，充分肯定县政协一年工作取得的成绩，对政协组织和政协委员履职尽责提出了明确要求和殷切希望。

【十一届一次常委会议】 1月15日，喀左县政协举行十一届一次常委会议，政协主席冀雅军主持会议，县委书记吕树江，副主席马占国、邹本林、耿维义、王连庆出席会议。会议讨论通过县政协喀左县第十一届委员会常务委员会工作规则，政协委员工作管理办法，民主监督员工作规则，主席、副主席联系常委名单，委员工作组划分名单；审议通过了政协喀左县第十一届委员会关于设立专门委员会的决定、各专委会组成人员名单；审议通过了政协喀左县第十一届委员会常务委员2018年工作要点和协商工作计划。

【十一届二次常委会议】 5月4日，喀左县政协召开十一届二次常委会议，县政协主席冀雅军主持会议，县委书记吕树江、副县长陈彩霞、县政协副主席马占国、邹本林、耿维义、王连庆出席会议。县发改局局长于维和代表县政府汇报全县实施乡村振兴战略的基本情况，14名县政协常委、委员、联络委主任围绕喀左县乡村振兴战略、加快实现农村农业全面发展这一主题，分别发言，他们结合自身实际，从不同角度、不同侧面提出了意见和建议。会议邀请了县农产品加工园区、发改局、财政局、农业局、林业局、水利局、果树局、畜牧局、农机局、服务业局、交通局、环保局、科技局、国土资源局、旅发局、司法局、教育局、扶贫开发局等部门和单位的负责人列席会议。讨论通过了关于喀左县实施乡村振兴战略的建议案（草案）。

【十一届三次常委会议】 10月19日，喀左县政协召开十一届三次常委会议，政协主席冀雅军主持会议，县委副书记、县长刘敬华，县政协副主席马占国、邹本林、耿维义、王连庆出席会议。会议邀请了朝阳喀左经济开发区、利州工业园区、农产品加工园区、龙凤山旅游景区、利州中心商贸集聚区、公营子新市镇，以及发改局、经信局、营商环境局、人社局、交通局、安监局、环保局、市场监督管理局、行政审批局、科技局、外经局、工商联、金融办、农电局、国土局等单位和部门的负责人列席会议。会议以书面形式听取了朝阳喀左经济开发区工作报告；宣读并讨论通过了第十一届三次常委会《关于聚焦经济开发区建设，推动县域经济发展》的建议案；12名委员围绕经济开发区建设与发展进行了发言。

【十一届四次常委会议】 12月4日，喀左县政协召开十一届四次常委会，县政协主席冀雅军主持会议，县委常委、常务副县长徐广强，县人民法院院长董焕明，县人民检察院检察长王延丰，政府督察室主任王锋，出席本次会议，县政协各委办主任、副主任列席会议；市政协委员喀左县专项民主监督小组成员参加会议第五项议程。政协副主席马占国、邹本林、耿维义、王连庆出席会议。会议听取县政府、县人民法院、县人民检察院工作情况通报；审议通过十一届二次全会政协常委会工作报告（草案）及提案工作报告（草案）；审议通过县政协第十一届委员会第二次会议相关事宜；通过人事任免事项，并明确了关于营商环境民主监督事宜。

常委会工作

【政治建设】 突出政治理论学习。常委会始终把学习放在首位，以政协党组理论学习中心组学习、主席会议集体学习带动常委会集体学习和委员学习。深入学习领会习近平新时代中国特色社会主义思想，深入宣传贯彻中共十九大及十九届二中、三中全会精神。研讨学习习近平总书记在辽宁考察时和在深入推进东北振兴座谈会上的重要讲话精神，开展“解放思想推动喀左高质量发展大讨论”。深入开展习近平总书记关于加强和改进人民政协工作的重要思想理论研讨，积极参加省、市政协组织的理论研讨会。政协组织更加坚定拥护党的领导，更加自觉地拥护习近平总书记在中共中央的核心领导地位。

加强政协党的建设。不断加强政协党的组织建设。认真落实《关于加强新时代人民政协党的建设工作的若干意见》，不断提高政治站位，筑牢“四个意识”。政协党组主动自觉接受县委的领导，重大事项及时请示、重要活动及时汇报、重要精神及时传达，坚决贯彻执行党的路线方针政策和省、市、县委重大决策部署，确保政协履职始终与县委中心工作同频共振，同向同为。持续加强党员委员队伍建设，广泛开展具有政协特色的组织建设和活动，下发了《致县政协中共党员委员的一封信》，引导党员委员争当政治引领、发扬民主、合作共事、廉洁奉公、履职尽责的表率。

加强党对政协工作的领导。县委常委会专题听取政协工作汇报，审议有关工作报告，及时解决政协工作中的重大问题。县委、县政府主要领导给政协出题目、交任务、压担子，亲自参加专题议政性常委会议，县委常委、县政府分管领导参加有关专题会议，听取委员建议，通报有关情况。对协商议政成果主要领导亲自审阅，及时批转有关部门纳入工作。县直部门和乡镇积极配合政协开展各类议政、视察、调研活动。委员所在单位对委员履职大力支持，在时间和经费上给予保障，激发了委员履职的积极性，有力支持了政协工作。

【协商议政】 充分发挥政协重要协商渠道和专门

协商机构作用，聚焦县委、县政府中心任务和改革发展重大问题协商议政、建言献策，取得了明显成效。全年召开1次全体会议、2次专题议政性常委会议、2次主席专题协商会议、2次专委会专题协商会议；开展视察调研18次、考察学习交流活动6次；向县委报送建议案5份、送阅件6份、提交委员建议75份、委员提案77件。

围绕改革发展重点开展政治协商。召开“实施乡村振兴战略，推进农业农村现代化”专题常委会议，围绕“加快培养造就懂农业、爱农村、爱农民的‘三农’工作队伍”“全力推动产业振兴、加快推进现代农业发展”“以绿色发展为引领、建设美丽乡村”“加大乡村治理力度、完善乡村治理体系”等方面开展协商、咨政建言，助推乡村振兴战略实施。召开“聚焦经济开发区建设，推动县域经济发展”专题常委会议，围绕“进一步加强基础设施建设，提升开发区承载能力”“进一步提高招商引资工作效能，强化综合服务措施”“进一步优化营商环境，确保企业稳定发展”等内容开展协商，集中献计献策，助力开发区建设与“飞地经济”发展。在县政协全会上，全体委员对县政府、法检两院工作报告与其他报告，对县委、县政府的大政方针、重大决策、重要民生等问题开展协商议政。委员围绕招商引资项目建设、旅游产业发展、紫砂产业发展、脱贫攻坚以及医药卫生体制改革、家风建设等重点工作和议题，精准建言献策，提出真知灼见。

围绕中心工作任务积极参政议政。围绕“搞好政策服务，接长上下游产业链条，做大做强纸塑包装产业”，组织政协委员赴雄安新区考察学习、洽谈项目，并召开专题协商座谈会议，从建立北方包装基地、纸塑包装集群建设、加强纸塑包装职业教育、加强纸塑包装要素保障和顶层设计等方面建言献策，形成专题建议。组织委员视察水利灌溉及节水农业、畜牧小区建设、标准化果园建设及优良品种培育情况，助推现代农业发展。调研物流企业情况，推动现代物流业发展。视察城市建设和房地产开发去库存工作，调研古村落现状保护与开发，助力经济发展和旅游事业进步。

【民主监督】 常委会高度重视委员提案监督工作，对立案的77件提案，及时转交县委、县政府办理。责成有关专委会加强与承办部门的联系和沟通，重要提案由主席、分管主席亲自督办。不断创新提案工作机制，优化提案选题，增加集体提案比重，适当减少提案数量，稳步提高提案质量。提案的咨政建言、民主监督作用进一步发挥。对全县营商环境实施常态化民主监督，开展专题调研，组织召开“优化营商环境，助推经济发展”主席专题协商会议，经县委同意下发《县政协关于常态化开展营商环境专项民主监督实施意见》，组织营商环境民主监督小组，持续助推全县营商环境建设。对脱贫攻坚、医疗卫生服务质量、财税工作开展监督性视察调研活动。常委会专题听取县人民法院、县人民检察院工作情况通报，视察公安工作、“法治喀左”和“平安喀左”建设。组织委员对重点单位和重要岗位负责人行风和软环境建设进行监督，助推作风效能全面提升。

【关注民生】 围绕“优先发展教育事业、努力办人民满意的教育”召开主席专题协商会议，针对教师队伍建设、探索实践“共享教师”机制、规范民办教育机构管理等问题深度建言。针对“小餐桌”规范化管理开展调研，有针对性地提出建议。着眼高度重视全民健身工作、推进“体医融合”推广科学健身、全民健身公共服务体系建设和体育产业发展，开展系列调研视察座谈。高度重视脱贫攻坚工作，机关新挑选2名干部，派驻水泉镇南亮子村担任驻村工作队员，从人、财、物上全力支持驻村工作队开展工作。机关干部职工积极对接帮扶贫困户，累计捐款6万余元。班子成员为所包扶的乡镇和贫困村积极谋划思路，全力以赴为所包扶的贫困村和贫困户办实事、解难题，争取项目、争取资金。进村入户，随机走访、解剖麻雀、发现问题，为第三方评估验收贡献了政协智慧和方案。积极引导委员参与捐资助学、脱贫攻坚、爱心救助等公益活动。喀左雄安商会、喀左纸塑包装协会以及南方商会等组织在委员的带领下，无偿为贫困学生捐款捐物、捐资助学。一年来，委员累计捐款100多万元，用行动诠释了政协委员的社会责任与政治担当。在政协系统形成了领导模范带动、机关干部结对帮扶、委员主动参与脱贫攻坚的良好氛围。

【提案工作】 十一届一次会议期间，共征集提案90件，其中界别提案4件、专委会提案1件、委员提案85件。经提案审查委员会审查，立案77件、并案9件、转为工作参考4件，立案率为95.6%。77件提案经50个承办单位的扎实工作，于10月末全部办理完毕，办复率100%，满意74件，基本满意3件。经主席会议研究确定："关于抢抓机遇，抓实抓好'天字号'工程的建议""关于丰富旅游产品推动旅游产业发展的建议"等14件提案为2018年度重点提案。

聚焦中心，为经济发展建睿智之言。广大政协委员紧紧围绕县委、县政府经济建设这个中心，提出意见建议。《关于抢抓机遇，抓实抓好"天字号"工程的建议》，县委、县政府始终把项目建设、招商引资作为"天字号"工程，摆在唯此为大、唯此为先、唯此为重的战略位置，成立了书记、县长双组长的招商推进组，形成了"专业招商局＋园区招商组＋乡镇招商分队＋驻村第一书记"的招商格局，举全县之力加大招商引资力度。县委常委会、县政府常务会议多次专题研究招商引资项目建设工作，以京津冀为主攻方向，组织精干队伍，重点围绕装备制造、紫陶建材、农产品深加工、文化旅游业开展专业招商。制定招商引资考核办法，对各单位做到年初有任务细化指标、年中有拉练检查、年末有评比表彰，激励机制日臻完善。通过各项工作开展，激发全县招商引资工作热情，引进了一批大项目、好项目，有力推动了县域经济的快速发展。《关于如何完备京津冀包装企业产业链条的建议》，按照市委、市政府主攻京津冀招商的战略部署，县委、县政府紧紧抓住京沈高铁即将开通和京津冀产业转移两大机遇，紧盯有实力、有技术、绿色环保的企业和项目，集中优势兵力瞄准河北雄安，加大招商引资力度。利州工业园区规划占地1500亩，投资12亿元建设30万平方米标准化厂房，建立京津冀产业承接孵化园，78家河北雄安纸塑包装企业入驻园区，被省文化广播新闻出版局命名为"辽宁省印刷包装产业基地"，极大地推动了喀左县京津冀产业基地建设，将吸引更多的京津冀企业落户喀左。《关于优化营商环境，确保民营经济健康发展的建议》，县委、县政府高度重视营商环境建设工作，制定了《县本级行政执法部门涉企检查事项目录》《县本级行政执法部门便民利企措施汇总》《2018年喀左县惠企政策清单》。县政协围绕"优化营商环境，助推经济发展"召开主席专题协商会议，形成了《关于进一步优化营商环境的建议案》报送县委、县政府。全县36个行政执法部门制定便民利企措施268条，制定各类惠企政策109项，为民营企业发展减负松绑。解决企业和群众反映突出的"办事难"问题26项。推进"一网、一门、一次"服务改革，持续压缩审批时限，精简前置要件，"双80"工作目标在全市率先实现，各服务窗口单位实行双休日值班，各政务服务单位停车场全部免费对外开放，为企业、群众提供便利的办事服务。开展优化营商环境百日行动，建立优化营商环境考评机制和重要岗位负责人测评制度，设立投诉举报电话，开展明察暗访等活动，为企业发展壮大扫除障碍，保驾护航，全县营商环境得到持续优化。

关注民生，为和谐稳定献务实之策。委员们

围绕社会保障、交通、城市管理、物业、环保等民生问题献计献策。《关于发展高效农业，助推脱贫攻坚的建议》，县委、县政府采取一系列举措，围绕朝阳本色、大地农产品、健源食用菌等农业产业化龙头企业，建立特色种植产业基地。围绕设施农业，加大对棚户的技术指导，推广高产高效的农作物种植，增加棚户收入。强化标准化扶贫果园建设，实现林果业增收。实施畜牧养牛扶贫模式，自贷自养、大户带动、养牛农场等多种形式持续推进，扶贫效果得到彰显。实施“互联网 + 农业”，建立现代农业电子信息服务平台。围绕新型经营主体模式，发展土地股份精准扶贫专业合作社 46 个，落实特色种植产业项目 46 处，流转土地 5000 亩。通过各种有效措施的实施，全县高效农业得到长足发展，充分带动贫困户脱贫致富，推动全县脱贫攻坚工作取得实效。《关于加快美丽乡村建设均衡发展的建议》，县政府加大乡村环境整治力度，2018 年投入专项资金 509 万元，购置农村垃圾清运车、垃圾桶，整治污水沟，建设公共卫生厕所、垃圾池，清理垃圾堆、粪堆、杂草堆，实行垃圾减量分类，制作宣传板、发放宣传单。强化农村硬化、绿化、美化、亮化建设，对乡镇村重点街巷全部实现了硬覆盖。开展“农村环境整治百日行动”，治理农村环境“三乱”问题，建设垃圾填埋场，实现农村人居环境整体提升，美丽乡村建设得到均衡发展。《关于加大散烧煤清洁替代力度，提高喀左县生态环境质量的建议》，县政府制定下发了《喀左县建成区 10 吨以下服务行业燃煤锅炉淘汰工作实施方案》《关于下达 2018 年燃煤小锅炉淘汰工作任务的通知》《喀左县控制煤炭消费总和和二氧化碳排放工作方案（2018—2020）》。组织多个职能部门集中开展散煤污染整治行动，淘汰县域内燃煤小锅炉 82 台，对 24 台 10 吨以下燃煤锅炉办理了注销手续。拆除县城内棚户区 16 处、家庭取暖老旧小锅炉 1897 台。餐饮业全部改用天然气生产方式。煤改电、煤改气、煤改生物质燃料等清洁高效能源替代方式，有效改善了喀左县生态环境质量。

突出重点，为新兴产业谋壮大之计。委员们围绕全县文化、旅游、服务等新兴产业提出了许多操作性强的建议。《关于进一步增强服务功能，助推旅游业发展的建议》，喀左县大力实施“全景喀左、全域旅游”发展战略，坚持高起点谋划，高标准推进，成功创建首批“国家级全域旅游示范县”“辽宁省旅游产业发展示范县”。为了提升旅游业服务功能，积极协调通讯部门和金融企业，在重点景区增设通信基站、安装 POS 机。各重点景区建立了自己的门户网站和微信平台，景区门票、旅游商品实现网上预订和移动支付。县内各星级酒店实现了网上预订和销售。加大对景区交通基础设施的投入，凌河第一湾景区完成道路改造、十公里景观廊道交付使用。AAA 及以上景区在各交通路口设立旅游指示标识，全县旅游交通道路网络基本完善。通过各类报纸、网站、微信平台等发布全县特色景区、景点、自驾线路、旅游动态信息等，为域内外游客提供便捷高效的服务。《关于现代物流业发展的建议》，县政府制定了《喀左县促进物流业发展三年行动计划》，通过招商引资，兴建了承接冶金园区以装备制造为主的公营子物流园和承接农产品加工园区企业及全县农业产品为主的南哨物流园。朝阳宇通物流、绿港农产品交易中心、圣隆物流、菜鸟物流、农村淘宝等电商入驻喀左，实现物流公司与电子商务平台的融合对接。2018 年引进的移联网信发展新能源物流，购进新能源运输车辆 60 台，服务范围覆盖全县 190 个行政村，形成了村村通物流，有力推动了喀左县现代物流业加速发展。《关于保护传承弘扬喀左民族民俗文化的建议》，县委、县政府高度重视文化产业发展，加大少数民族文化保护、传承与发展工作力度。县文广局成立了非物质文化遗产办公室，出版了蒙古、汉双语版《喀左东蒙民间故事》，建立喀喇沁蒙古文书法培训基地，县广播电台开辟蒙古语新闻及蒙古语会话节目，县电视台开设蒙语频道，民族教育从幼儿园到高中形成了完整的教育体系。白音爱里村被省政府命名为“辽宁省民间文化艺术基地”。喀左县民族文化艺术传承中心被省民委命名为“辽宁省少数民族文化传承与保护基地”，设立“民族歌舞、马头琴、葫芦丝、四胡”等多个培训项目，培养500余名民族艺术人才。通过各项工作的开展，使喀左县民族文化工作在继承中保护，在保护中发展。

【凝心聚力】 密切与民主党派成员、无党派人士和侨界的沟通联系，尊重和保障他们在政协各种会议上发表意见的权利，配合省市政协开展无党派人士调研和视察工作，提出“加强无党派人士队伍建设、重视无党派人士年轻干部培养”等意见和建议并形成调研报告。积极探索新社会组织、新阶层人士参加政协协商活动的有效途径和方法，邀请他们参加政协组织的各项视察调研、协商议政、理论研讨等活动，发挥他们的重要作用。认真宣传贯彻党的民族宗教政策，学习掌握新修定的宗教事务条例，视察少数民族村经济发展情况，视察宗教同中华文化融合情况，密切与少数民族群众和信教群众的联系交流，协助党委政府做好新形势下的民族宗教工作，促进民族交往交流交融和宗教和睦。

【文史宣传】 为更好地发挥文史资料“存史、资政、团结、育人”的社会功能，把文史资料办出特色、办出影响、办出水平，持续加强了对史料的挖掘、整理和解读，编辑出版了《喀左文史资料》第五辑。喀左文史资料的影响日益扩大，已经成为喀左人知家乡、爱家乡和域外人士到喀左投资兴业、了解喀左的重要媒介与窗口。编纂出版了《喀左蒙古族百年实录》，充分反映喀左蒙古族人民与全县各族人民团结奋斗、建设美好家园的历史和自治县百年沧桑巨变。协助县委、县政府做好自治县成立60周年庆典活动，激励全县各族人民在中共喀左县委的领导下锐意进取、奋发有为。努力提升政协宣传工作水平，出版发行12期《喀左政协》报，在省市层面进一步扩大了影响。

【沟通与交流】 加强与省、市政协的上下联动，与其他县（市、区）政协的沟通联络，积极参加省市政协组织的考察学习交流活动，接待阜蒙、康平、鄂温克、杜尔伯特、土默特左旗政协等外阜政协组织到喀左县考察交流，组织政协委员赴雄安、龙城、阜蒙等政协学习考察和交流工作。加强与域外喀左籍各界人士联系沟通，加强人文交流，发挥政协联谊交往的优势，推介喀左良好的生态资源和投资环境，为服务喀左对外开放做出了积极努力。

【自身建设】 常委会主动适应新形势新要求，抓好政协自身建设，不断夯实基础、完善机制，形成履职合力。

大力加强委员队伍建设。按照习近平总书记关于提高“政治把握能力、调查研究能力、联系群众能力、合作共事能力”要求，着力提高政协委员思想政治素质和履行职责能力。针对换届后新任委员较多的实际，精心组织政协委员培训班，邀请省内知名专家授课，就政协章程、习近平新时期加强人民政协工作思想、政协委员履职基本知识和“三农”工作、乡村振兴发展与脱贫攻坚进行专题培训。编印《政协委员手册》等各类学习资料，拓宽委员视野，引领委员把握大局，深化委员对协商民主、人民政协性质地位作用和自身职责的认识。深入开展“五个一”活动，为委员履职搭建好平台和载体，调动委员工作积极性。组织委员参与自治县成立60周年庆典活动，增强委员的政治荣誉感；参加省、市政协庆祝改革开放40周年书画摄影作品展。加强委员的服务和日常管理，完善《政协委员管理办法》等一系列规章制度，健全相关机制，为委员履职奠定了良好的制度基础。强化乡镇政协联络委工作，依托乡镇政协联络委和委员工作室，有效组织委员开展各类履职活动。

重视发挥专委会和界别作用。探索创新界别活动方法，增进界别委员联络，推动跨界别交流，专委会基础作用和界别特色作用进一步发挥。经济工作委员会主动作为，研究推动纸塑包装产业发展工作。工商联界别创新扶贫模式，组织商会企业开展“众筹”种植扶贫，带动工商资本和信息下乡、带动贫困户增收。共青团界、妇联界和侨台界拟定界别活动计划，组织委员开展理论学习和调研，开展扶贫帮困和捐资助学活动。民族、宗教界组织委员开展特色民族文化建设和促进宗教和睦活动。充分发挥界别“横向独立性强，纵向专业性强，内部联系性强”的特点和优势。

持续加强机关建设。依托机关党支部，深入推进“两学一做”学习教育常态化制度化。深入贯彻落实中央八项规定精神，坚持不懈推进机关作风建设，驰而不息改进作风。围绕落实中央第六巡视组巡视整改意见，扎实做好整改工作。不断强化机关制度建设，修订完善了《机关管理办法》《车辆管理规定》等规章制度，形成了比较完备的机关制度体系。注重机关年轻干部的培养使用和多岗位锻炼，努力打造政治坚定、素质过硬、作风优良、奋发有为的政协干部队伍，不断提升服务委员的能力和水平。高度重视招商引资项目建设工作，领导带头外出招商推介项目，完成了县委、县政府部署的招商引资工作任务。

视察调研

【上级与域外政协调研视察活动】 2月26日，阜新蒙古族自治县政协主席李贵军，县委常委、常务副县长李进辉一行，到喀左县考察学习城市规划工作。

3月27日，市政协副主席李陌尘带领调研组到喀左县就“大众创业、万众创新”工作进行专题调研。

4月17日，市政协副主席许静率部分政协委员到喀左县调研文化产业发展工作。

4月19日，市政协副主席刘文军带领部分政协委员，到喀左县就少数民族地区差别化政策落实情况进行跟踪视察。

4月25日，省政协民族和宗教委员会主任梅冬带领调研组，到喀左县就实施乡村振兴战略进行调研。

4月25日，市政协副主席韩辉升一行到喀左县调研农产品加工园区工作。

5月8日，市政协主席、市委政法委书记刘朝震到喀左县，就推广农产品加工园区建设和发展工作进行调研。

5月24日，省政协文化和文史资料委员会主任王意恒一行到喀左县就文化产业、文博事业发展情况进行调研。

6月12日，康平县政协副主席葛峰率考察团到喀左县就健康扶贫工作进行专题学习考察。

9月14日，市政协主席刘朝震一行到喀左县就人才工作进行专题调研。

【县政协视察调研活动】 4月12日，县政协组织部分委员到朝阳喀左经济开发区、行政审批局、利州工业园区围绕营商环境建设情况进行调研。县政协主席冀雅军、副主席耿维义参加调研。

4月27日，县政协组织部分委员到南哨街道利州工业园区调研纸塑包装产业发展工作。县政协主席冀雅军、副主席王连庆参加调研活动。

5月30日，县政协组织部分政协委员调研全县乡村旅游发展工作。政协主席冀雅军、副主席邹本林参加调研。

5月31日，县政协组织部分委员视察全县水利灌溉及节水农业工作。县政协主席冀雅军、副主席邹本林参加视察活动。

6月21日，县政协副主席邹本林带领部分政协委员视察全县畜牧小区建设情况。

7月20日，县政协副主席邹本林带领部分政协委员视察全县宗教同中华文化融合情况。

8月29日，县政协主席冀雅军到基层党组织联络点水泉镇调研指导组织生活会。

9月11日，县政协副主席王连庆带领部分政协委员视察朝阳喀左经济开发区工作。

9月12日，县政协副主席邹本林带领部分政协委员视察全县标准化果园建设和优良品种培育情况。

9月20日，县政协副主席邹本林带领部分政协委员就喀左县开展构建多元化全民健身公共服务体系情况进行调研。

9月25—27日，县政协副主席马占国带领县政协委员办到南哨街道、南宫营子、中三家等乡镇和官大海管理区就乡镇联络委工作情况和委员工作室发挥作用情况进行调研。

10月12日，县政协副主席邹本林带领部分政协委员就少数民族村经济发展情况进行专题视察。

10月12日，县政协组织部分政协委员调研全县住建工作，政协副主席王连庆参加调研。

10月18日，县政协组织部分政协委员专题视察县基层医疗卫生服务质量情况。县政协副主席邹本林参加视察。

11月8日，县政协主席冀雅军、副主席马占国带领县政协委员办、办公室及部分政协委员赴市龙城区考察学习政协委员服务与管理工作。

【召开座谈会】 4月3日，县政协召开《喀左蒙古族百年实录》编审工作会议，会议由政协主席、《喀左蒙古族百年实录》主编冀雅军主持，编委会全体成员、部分老干部、相关部门负责人等33人参加会议。

4月18日，县政协召开《喀左文史资料》第五辑征编工作会议，《喀左文史资料》编委会全体人员、县内部分文史爱好者30余人参加了会议。会议由《喀左文史资料》主编冀雅军主持。

5月30日，县政协召开各乡镇联络委主任座谈会议。县政协副主席马占国参加会议并讲话。

6月13日，县政协召开优化营商环境主席专题协商会议。县政协主席冀雅军，常务副县长徐广强，县政协副主席马占国、邹本林、耿维义、王连庆出席会议。

7月18日，县政协召开加速推进纸塑包装产业专题协商会议。县政协主席冀雅军，副县长陈景泉，政协副主席马占国、王连庆出席会议。

8月20日，县政协召开学习习近平总书记关于加强和改进人民政协工作重要思想理论研讨会。市政协副主席韩辉升到会指导，县政协主席冀雅军主持并讲话，副主席马占国、邹本林、耿维义出席会议。

8月22日，县政协召开《喀左蒙古族百年实录》出版发行座谈会。县政协主席冀雅军，副主席马占国、邹本林、耿维义、王连庆出席座谈会。

10月25日，县政协召开“优先发展教育事业 努力办人民满意教育”专题协商会议。县政协党组副书记马占国、副主席邹本林出席会议，副县长陈彩霞应邀参加会议。

10月25日，县政协召开“推进健康喀左行动”协商座谈会议。副县长陈彩霞，政协副主席马占国、邹本林出席会议。

（县政协）

群众团体

喀左县总工会

【“两学一做”学习教育】 县总工会党组为牢固树立“四个意识”，坚决做到“两个维护”，自觉在思想上、政治上、行动上同以习近平同志为核心的党中央保持高度一致，深入开展“两学一做”学习教育。一年来组织全体党员系统深入学习习近平新时代中国特色社会主义思想和中共十九大以及十九届二中、三中全会精神，学习党章党规党纪，特别是重点学习了习近平总书记在中共中央政治局第七次、第八次集体学习时的讲话精神，学习习近平总书记关于扫黑除恶的重要指示精神，学习习近平总书记在辽宁考察和在深入推进东北振兴座谈会上的重要讲话精神，并请县委党校讲师进行详细辅导，学习新修订的《中国共产党纪律处分条例》《中国共产党支部工作条例》《中共朝阳市委关于进一步严肃机关工作纪律“十个严禁”的规定》等重要文件，并要求全体党员撰写学习笔记。通过组织演讲、征文、观看教育片、召开组织生活会等形式，开展“不忘初心 牢记使命”主题教育活动，切实落实主体责任。12月7日组织全体党员聚焦习总书记在辽宁考察时和在深入推进东北振兴座谈会上的重要讲话精神，紧密联系个人思想和工作生活实际，开展“解放思想推动喀左高质量发展工会干部怎么办大讨论”，党员领导干部与党员一起讨论交流，带头谈认识、讲体会，深刻认识到，作为一名工会党员干部，开展解放思想大讨论，要紧扣县委、县政府中心工作，找准工会工作的切入点、结合点、着力点，坚持问题导向，抓重点、补短板、强弱项，明确活动目标、细化活动内容，使解放思想的过程成为解决问题、推动工作、促进发展的过程。

中国工会第十七次全国代表大会10月26日在北京人民大会堂闭幕后，组织党员干部传达了会议精神，学习了王沪宁代表党中央作的题为《展示新时代我国工人阶级团结奋斗新风采》的致辞，王东明代表中华全国总工会第十六届执行委员会作的题为《以习近平新时代中国特色社会主义思想为指导 团结动员亿万职工为决胜全面建成小康社会 夺取新时代中国特色社会主义伟大胜利而奋斗》的报告，重温了辽宁省总工会“双服务”实施意见和10个三年工作方案。

【机关党的建设】 全力推进“机关建设提升年”。紧紧围绕强党建、抓改革、助振兴、优服务、转作风五大任务，以去“四化”、增“三性”为主线，以“六比一创”（比学习、比服务、比作风、比创新、比纪律、比贡献，创优秀文明机关）为载体，县总党组制定了《喀左县总工会“机关建设提升年”实施方案》，着力实施“六抓六提升”，即抓素质能力建设，提升干部队伍的战斗力；抓规章制度建设，提升机关工作的执行力；

抓基层党组织建设，提升党建工作的引领力；抓精神文明建设，提升机关的凝聚力；抓工作作风建设，提升干部队伍的履职力；抓工作纪律建设，提升干部职工的约束力。通过活动开展，助推了“两学一做”学习教育常态化，实现了机关工作作风和干部职工精神面貌的转变，党员干部积极参加中共十九大精神学习交流、党员进社区服务活动，认真遵守机关工作纪律和“十个严禁”规定，自觉履行党员的权利和义务，服务职工群众的水平有新提高。

全力推进“作风建设年”。为深入贯彻市委、县委关于加强干部作风建设的要求，制定《喀左县工会系统“作风建设年”活动实施方案》，并下发到全县各级工会，目的是重点解决工会干部存在的大局意识、服务意识、争先意识不强，工作标准不高、工作方式不活、工作纪律不严等问题，在职工中形成胸怀大局、心系职工、勤勉高效、担当务实、严格自律的工作作风，进一步保持和增强“政治性、先进性、群众性”，打造一支素质高、作风硬、敢担当、有作为的工会干部队伍。在活动开展过程中，积极选派基层工会干部参加上级工会组织的培训，县总干部下基层调研指导基层工会工作的开展，收到很好的效果。

【开展集中建会行动】 印发《喀左县总工会开展“新领域、新业态、新组织建会入会集中行动”实施方案》，明确任务目标、时间安排、主要措施和工作保障。经过一个月的集中建会行动，新增了朝阳铭泰钢架公司、辽宁腾龙水利设备有限公司、喀左中天建筑材料有限公司等13家基层工会，增添会员287人。根据省市总工会的要求，全力开展基层工会组织和工会会员实名制基础数据统计录入工作，制定实施方案，召开2次专题会议安排部署，完成520个基层工会66076名工会会员的统计录入工作。

【开展工匠评选活动】 开展首届“寻找喀左工匠”活动，通过制定方案、下发通知、组织报名、审核筛选、报纸公示等程序评选出10名首届“喀左工匠”，同时颁发喀左五一劳动奖章，10名首届“喀左工匠”提名奖获得者。选树朝阳飞马车辆设备股份公司自动化车间班长张志田、喀左县玉龙紫砂艺术品制造有限公司工艺美术师徐振海2人为“朝阳工匠”。

【困难职工帮扶】 实施助学帮扶。开展金秋助学活动，解决困难农民工子女上学难问题。2018年度助学救助27人，其中农民工子女助学8人。实施劳模帮扶。发挥劳模扶贫爱心团队示范引领作用。从劳模帮扶资金中出资1万元对公营子镇南山村建档立卡贫困户钱宝坤、钱富志两家的房屋进行修缮，帮扶大城子镇洞上村建档立卡贫困户沈广喜的养牛产业，出资3000元劳模帮扶资金帮助他新建饲料棚，解决了无处储存牛饲料的难题。开展“医疗救助”“金秋助学”“两节送温暖”等系列活动。2018年度生活救助35人、助学救助27人（农民工子女助学8人）、医疗救助11人，共计73人，央财省财资金464838元。7月对2017年在档207名困难职工发放央财帮扶资金1.3万元。夏季开展的“送清凉”活动为喀左县环卫工人送去万余元解暑降温物品，投资1.5万元为500名环卫工人订做反光标志马夹，出资10万元救助50名生活困难环卫工。加大对困难劳模的帮扶力度，通过走访调查、了解情况，出资5万元对胡万志、王彩莲等10名特困劳模实施救助；“五一”前安排对劳模进行健康体检，减免或报销省级以上特困劳模的体检费用；争取上级工会资金对因病致贫的困难劳模顾文轩、杨仔明进行了救助，帮助他们渡过了难关。驻村扶贫和结对扶贫。县总12名干部结对帮扶公营子镇南山村25户贫困户，累计捐助慰问金2.26万元，累计投入资金9万元实施文化广场建设、修路、维修引水管道等“民心工程”，9月走访25户贫困户并送去米面油；帮助发展葫芦、旱烟和杂粮种植，解决经济结构单一问题；与县水利局联系，克服重重困难打深井一眼，用于发展桃园产业；积极配合相关部门实施移民搬迁工程、引进光伏发电项目，贫困群众的生产生活条件得到较大改善。南山村建档立卡贫困户110户284口人已全部脱贫。创建农民工创业就业培训基地。创建喀左水泉润泽土地股份专业合作社、喀左双利生态旅游土地股份专业合作社、喀左六官营子镇钱道沟农作物种植土地股份专业合作社、勇伟胜蔬菜产销专业合作社4家农民工创业就业培训基地，以农村土地合作社为依托，结合当地特点，发挥当地优势发展经济。全年吸纳培训安置农民工300余人。

（总工会）

共青团喀左县委员会

【概　况】 2018年，团喀左县委深入学习贯彻落实习近平新时代中国特色社会主义思想和中共十九大精神，按照“凝聚青年、服务大局、当好桥梁、从严治团”四维格局来谋划和推进共青团工作，团结带领广大团员青年不忘初心，牢记使命，扎实工作，为加快建设新时代中国特色社会主义贡献青春力量。

【加强思想引领　弘扬正能量】 团喀左县委为强化思想政治引领，深入推进全面从严治团向纵深发展，着力保持和增强共青团工作的政治性、先进性、群众性，培养具有建设中国特色社会主义事业抱负的青年力量。

学习教育常态化制度化扎实推进。团喀左县委紧密围绕用习近平新时代中国特色社会主义思想武装全团，把深入学习宣传贯彻中共十九大精神作为首要政治任务和核心工作。2018年，团喀左县委通过举办理论学习组学习、研讨会等多种方式深入开展中共十九大精神、习近平在第十三届全国人民代表大会的重要讲话、团十八大精神、中央八项规定精神、十九届中央纪委二次全会会议精神等内容的学习，并依托“网上共青团”平台坚持线上线下学习相融合，构建全团学习体系，实施“青年大学习”行动，着力提升学习的常态化、制度化和实效化。为牢固树立“四个意识”，坚定“四个自信”，查找纠正“四风”，团喀左县委多次组织开展民主生活会和组织生活会，引导党员干部不忘初心、牢记使命。为进一步增强党性意识，增强党员的光荣感、使命感，进一步激发党员的先锋模范作用和工作热情，团喀左县委党支部在“七一”期间组织开展了“走进博物馆——知喀左·爱家乡”、观看“从湘江到遵义”情景话剧、召开党员大会等“七一”系列活动，并取得了良好的成效。

社会主义核心价值观引领不断加强。团喀左县委广泛开展多种形式的教育活动，开展“争做新时代向上向善好青年”“争做新时代好队员”等活动，并以青年学生为重点，发挥好共青团、少先队在思想建设中的作用；团结带领广大团员青年听党话、跟党走，坚定理想信念，志存高远，脚踏实地，勇做时代的弄潮儿。一是积极利用青少年空间，联系青少年，组织适合于青少年发展的多项活动。喀左二中团委召开“学习郭明义、做当代雷锋、奉献爱心、志愿服务”为主题的志愿服务活动，以雷锋精神为主线，了解郭明义事迹，号召全体团员做好榜样。南公营子九年一贯制学校开展了以学雷锋活动为主题的升旗仪式。二是以综治宣传月活动、禁毒宣传月、法治宣传月为契机，开展形式多样的法治宣传教育，充分利用宣传展板、发放宣传资料的方式，广泛开展各类法治宣传教育活动。中高考期间利用诚信高考、减压讲座及誓师大会等活动，引导学生们树立正确的考试观念，让他们能够轻松应对中高考。三是以“七一”建党97周年为契机，进一步激励团员学生的理想信念，激发青少年学生的历史责任感、使命感和荣誉感，从而更加坚信党的领导，引领青少年树立价值观。喀左四高中举办了以“迎七一·颂党恩”为主题的手抄报比赛活动，不仅丰富了校园文化生活，而且对同学们进行一次党性的洗礼，使他们更加懂得要珍惜现在的幸福生活，紧紧团结在党的周围，为实现中国梦而努力奋斗。四是深入开展反邪活动、“扫黑除恶”行动。团喀左县委严格落实中央、省委、市委、县委关于扫黑除恶工作部署和要求，结合工作实际，制定《共青团喀左县委员会关于开展扫黑除恶专项斗争工作方案》，并积极组织各学校开展“扫黑除恶”专项行动。喀左二中开展以“扫黑除恶”专项为主题的宣传活动，向全校教师下发“扫黑除恶”宣传材料，组织各班级召开主题班会课，对师生进行“扫黑除恶”专项斗争知识专题教育；通过家长微信群向家长宣传“扫黑除恶”相关微信链接、发放资料，让家长了解相关信息；在学校门口张贴“扫黑除恶”相关图片，向学校周边群众宣传“扫黑除恶”专项斗争内容，推进了学校平安校园建设的发展，为学生健康成长构建了良好环境。县第四初中借助喀左县创建无邪教示范县的契机，采取思想教育和文化活动并行，反邪教和树立正确人生观、世界观并行，突出重点，狠抓宣传，开展了百米长卷签字、演讲教育、读书征文、学生手抄报及主题班、团会等活动，定期开展反邪教主题升旗活动、观看反邪教视频活动，在假期开展“小手拉大手”致家长的一封信等活动，做到家校共建，扩大教育宣传覆盖面，取得了可喜的成效。

共青团喀左县第十八次代表大会

【共青团喀左县第十八次代表大会】 2018年11月26日，共青团喀左县第十八次代表大会在喀左县大成国际酒店隆重召开。县委书记吕树江，县人大常委会主任、县委常委、组织部部长陈孝政，县政协主席冀雅军，县委常委、县纪委书记、监委主任陈万增，县委常委、宣传部部长钱锋，团市委书记刘海云等领导出席会议并讲话，180名团代表参加了会议。县委书记吕树江在讲话中指出，此次团代会的召开，正值全县上下深入学习贯彻习近平总书记在辽宁考察时和在深入推进东北振兴座谈会上的重要讲话精神、推动喀左全面振兴、全方位振兴的关键时期，意义非常重大。团市委书记刘海云对喀左县共青团工作给予了充分肯定，并对全县各级团组织和广大青年提出了殷切希望。团县委书记杨诗健代表共青团喀左县第十七届委员会作工作报告。

【团县委召开十八届委员会第一次会议】 11月26日，团县委召开十八届委员会第一次会议，县委副书记李鸿雁出席会议。会议以投票方式选举了团县委常委、书记、副书记。新当选的团县委书记杨诗健作了表态发言。会上，李鸿雁对新当选的团县委班子、常委、委员表示祝贺并就今后工作提出了希望和要求。

【围绕特色，打造工作品牌】 2018年，团喀左县委紧密服务中心大局，突出工作特色，助力青年成长成才，持续推进青年思想引领有形化，充分发挥共青团职能作用，实现了共青团工作品牌新突破。

围绕“倾、颂、情、怀”做优团。倾力打造“青听”平台，积极运用网络新媒体传播青春正能量。自3月起，青听现已播出30多期，广大团员青年积极参与，取得了良好的社会反响；利用微信公众号播放安全生产公益宣传片，大力弘扬“生命至上、安全发展”的思想，推动社会生产和生活领域更加安全、健康、和谐的同时，也让喀左青年更有激情、更有朝气、更有活力。5月3日，喀左县金融团工委举办“诵中华经典 享书香诗韵”诗文诵读比赛，来自全县9家金融单位的19位选手参加此次比赛。6月8日，喀左县职业教育中心道德讲堂特别节目《传承经典 扬帆起航》第二季之“经典咏唱会”如期开讲，讲堂以同学们喜闻乐见的形式唱响经典，增强学生对传统文化的认同感，释放了满满的正能量，奏响了时代最强音。6月19日下午，喀左二中召开首届语文朗读大会，引导团干部和团员进一步坚定理想信念，让经典走进课堂、溢满校园。5月4日上午，由共青团喀左县委员会、县精神文明办、县教育局和县关工委联合主办2018年“践行青春誓言·立志扬帆远航”主题成人礼活动，活动仪式在喀左县蒙古族第四高级中学举行。县委常委、宣传部部长钱锋、相关单位负责人以及699名学生及家长参加。4月4日，喀左四高中组织学生代表前往乌兰山开展了“缅怀革命烈士，弘扬爱国情怀”清明祭扫活动。同学们向革命英雄纪念碑敬献了花篮，并在纪念碑前默哀，师生代表发言，最后在场学生集体宣誓。

围绕“清、净、优、美”做靓团。在第31个“6·26”国际禁毒日到来期间，喀左二中、三高中开展了以围绕“珍惜生命，远离毒品”为主题

喀左2018年18岁成人礼活动

的禁毒教育活动。通过禁毒系列活动的开展，使学生懂得毒品的危害，时刻提醒学生要热爱生活，珍惜生命，要遵纪守法，抵制诱惑，远离毒品，做一名合格中学生。此次活动有效地推进了禁毒工作的顺利开展，加大了对学生的毒品预防教育和宣传工作的力度。4月15日，团喀左县委参加“碧水蓝天·布袋行动”文明旅游环保公益活动，传递文明旅游、环保出行理念，引领广大群众关心投身环境保护，用实际行动推动环保、支持环保，共200余志愿者参加此次活动。5月6日，团喀左县委联合辽宁喀左锦银村镇银行、喀左公交公司团员青年开展“释放青春激情 追逐青春理想”五四青年行活动。5月25日团喀左县委全体党员干部参加“为健康出发，为喀左加油”徒步行主题党日活动，在运动中感受喀左绿色生态之美。并在徒步大会中，发出“毅起走，青年加油！”的口号，鼓励广大青年努力拼搏、奋斗，在徒步行中展现青年风采，共享一场文明与欢乐的盛宴，实现了净在靓团。为表彰先进，树立典型，团喀左县委、县教育局决定在五四期间组织开展“评优评先”活动，表彰了24个红旗团支部、24名优秀团队辅导员、44名喀左县优秀团员、31个少先队红旗中队、31名优秀中队辅导员及41名喀左县优秀少先队员。通过评选进一步激励全县各级团队组织和广大团员青年在团队建设和各项工作中再创佳绩，实现了优在靓团。4月20日，团喀左县委组织开展“2018年喀左县青少年共植青年林”活动，参加志愿者共计200余人，共完成植树1500棵，以实际行动为建设绿色喀左贡献力量。6月23日，团喀左县委全体在职党员参加双桥社区“在职党员进社区”义务服务日活动，参与了微心愿认领、捐资捐物、环境卫生等形式多样的义务服务，在社区建设中发挥先锋模范带头作用，充分发挥广大党员的先进性。9月29日，团喀左县委在职党员参加进社区志愿活动，在海纳御景小区内清理墙上、门上的小广告等，为小区的居民

们创造更加美好的居住环境，推动文明和谐幸福社区建设。一系列活动的开展，发挥了共青团组织生力军和突击队的作用，体现了“青春助力生态文明，青年建设美丽喀左”的美好愿望，激发了广大青年的责任感和使命感，实现了美在靓团。

围绕“系、国、建、梦”做红团。为丰富喀左籍大学生暑期生活，进一步了解县情、感知喀左近年来经济社会发生的巨大变化，增强青年大学生的地域归属感和荣誉感，激发莘莘学子热爱家乡、关注喀左的热忱，8月9—11日，团喀左县委携手县人才办、县委党校联合开展了2018年“心系家乡 爱我喀左”暑期社会实践活动，喀左籍大学生50余人参与其中。为期3天的活动，从喀左文化、团队熔炼、实地参观、创业分享会等多个方面展开，同学们饱含热情，积极参与，有激动、有感动、有触动。为庆祝改革开放四十周年，展示学校素质教育的优秀成果，丰富学生课余文化生活，营造和谐向上、健康文明的校园文化氛围和艺术教育环境，提升校园文化水平，9月30日下午，喀左县羊角沟中心小学举行了“七彩中国梦 悠悠爱国情”合唱比赛。10月13日是中国少年先锋队建队69周年纪念日，是中共十九大、团的十八大召开后第一个少先队建队纪念日。为深入贯彻落实习近平总书记“用实际行动把红色基因一代代传下去”，团喀左县委积极组织各小学开展一系列的建队日活动。其中公营子镇中心小学举行少先队员入队仪式，245名少年儿童在队旗前宣誓加入中国少年先锋队，成为光荣的少先队员。

2018年喀左县青少年共植青年林活动

【助力精准扶贫】 政策支持全贯彻。2月2—3日，团辽宁省委书记赵红巍到喀左县深入调研共青团助力脱贫攻坚工作时，为老爷庙镇北山村儿童服务站37名孩子发放壹基金冬季温暖包，参观了六官营子镇中心校，慰问了六官营子镇西南沟村贫困老人等，并于县人民会堂召开工作座谈会，详细了解了各级团委扶贫工作开展情况，并对做好共青团助力扶贫工作提出相关意见。2018年圆梦助学中，团喀左县委积极争取上级资金，最终为7名大学生争取到“国酒茅台”助学金3.5万元，为10名贫困学生争取到大连瓦房店对接助学金1万元，为4名大学生争取到“辽台走访”资助17100元；为60名学生争取到“E万行动”助学金42460元；并为4名学生争取到沈阳企业的资助。

结对帮扶全覆盖。2018年，团喀左县委在职人员实现“一对二”结对帮扶，与贫困户面对面交流，多次进行走访慰问，真正走进群众、贴近群众、了解群众，打好“百日攻坚战”，推进扶贫脱贫工作再上新台阶。做到“三知四清”的同时，鼓励他们要树立信心、乐观坚强、转变思想，充分激发自我活力，发挥自身优势，变“要我脱贫”为“我要脱贫”，实现从“输血”到“造血”的转变；要勇于面对眼前的困难，在党和政府的关心帮助下，想办法发展生产，争取早日脱贫。

县域资源全联结。2月9日上午，团喀左县委联合朝阳商业城超市时代店、喀左本地头条开展“慰问城市美容师 冬日送温暖”爱心活动，共为喀左县环卫工人送上600副冬季保暖手套、600支护手霜，为特困、贫困家庭捐助20袋面粉，慰问品总价值7800余元。2月13日上午，团喀左县委组织部分共青团界别政协委员带着大米、白面、食用油、衣物、学习用品及一些扶贫物资到南哨街道梁家营子村，提前向贫困户送上了春节的祝福和问候。4月1日，团喀左县委参加利州

2018 年团省委助力脱贫攻坚点亮行动

扶贫服务中心开展的助学金发放活动，并举行了“共青团志愿服务基地”授牌仪式。6 月 23 日，团喀左县委全体在职党员参加双桥社区“在职党员进社区”义务服务日活动，捐助了十套书包及学习用具等用于帮助社区需要的孩子们。6 月 29 日，喀左县农机局携手团喀左县委及中三家镇政府在中三家镇中心小学举行“平安农机进校园”活动，并为学生们捐赠了 600 本作业本、1000 多册科普知识手册、5 个篮球、5 个足球及 1 套农机用具。9 月 8 日，团喀左县委携手利州扶贫发展服务中心开展秋季助学金发放活动。此次 2018 年秋季助学金喀左站发放活动得到 179 名爱心捐赠人的支持，省内 30 余名捐赠人和志愿者代表，为喀左县共 295 名困境学生发放助学金，为 60 名小学生发放亲亲禾苗营养午餐费，其中小学生 149 人，初中生 90 人，高中生 46 人，款项总计 214900 元，并为小学生购买了爱心图书 603 册，帮助孩子更好地完成学业。10 月 17 日，团喀左县委携手县民宗局联合县第四医院到所帮扶的南哨街道梁家营子村开展“送医送药送政策送爱心”活动。不仅为南哨街道梁家营子村的群众带去了涉猎文学、科普等多类的书籍 500 多本以及手套、口罩、帽子等劳保用品 200 余套，而且第四医院的医生现场义诊，免费为群众开展了量血压、测血糖等常规检查及常见病的咨询诊断，为村民赠送相应的药品，提醒群众有病早治、无病防病，关注自身身体健康。

金融助力全方位。选派优秀金融机构青年干部挂职，助力打赢脱贫攻坚战。3 月 5 日，人民银行喀左县支行团支部组织青年志愿者前往喀左县老爷庙镇十八畲村小学开展“阳春送暖 关爱留守儿童”青年志愿者活动，为孩子们发放了书包、故事图书、作业本、铅笔彩笔等学习物品，并陪同孩子们一起画画，一起做游戏，并进行了一对一交流。5 月 5 日，团喀左县委联合辽宁喀左锦银村镇银行开展助学活动，走访 5 家贫困家庭，为孩子们购买了品牌书包、钢笔套装、铅笔、转笔刀、格尺等学习用品，并助资每人 200 元，共计 3000 元。汇聚爱，凝聚爱，为孩子撑起一片爱的天空。7 月 24 日，团喀左县委召开喀左县“银青携手 抱团共赢”银企银青对接会，以更好地将金融资源优势和团组织优势相结合，助力脱贫攻坚，推动青年创业就业，加强团的基层组织建设和基层工作，通过“三方长期战略合作”实现对接工作常态化运行，帮助众多小微企业和创业青年创新发展、做大做强。

【助力服务青年引领新发展】 团喀左县委始终坚持人才资源是第一资源的理念，紧紧抓住青年人才培养、凝聚、举荐、配置四个关键环节，力争打好“引得进、用得好、留得住”组合拳。一是加快发展基层团干部队伍建设。6 月 21—22 日，团喀左县委组织部分基层团干部参加朝阳团市委培训，不断提高共青团工作水平，为加快喀左振兴汇聚磅礴青春力量。二是积极助力青年就业创业工作。团喀左县委积极争取上级政策支持，大力推动创业扶持基金，支持创业青年发展。6 月 12 日，团喀左县委在县农村淘宝总部举办 2018 年乡村青年电商培训班，来自全县 24 个乡镇的 60 名创业青年参加了此次培训。9 月 8 日，团喀左县委在县委党校开展 2018 年辽宁省农村青年电商培训活动，各乡镇团书记、驻村第一书记、农村电商创业青年、新型农村合作社、种养殖大户等农村青年致富带头人100余人参加此次活动，培养了青年新农人电商思维，普及了农村电商基础知识，加速了喀左县农村电商发展历程。截至年底，在喀左金鼎紫砂文化产业研发有限公司、辽宁喀左锦银村镇银行等企业挂牌成立“青年就业创业见习基地”11个，在喀左县创业孵化基地创建“青年就业创业示范点”1个，为毕业归来的青年人才提供了更多就业创业的平台。

（陈　璐）

妇女联合会

【基本情况】 喀左县妇女联合会（简称县妇联）是喀左县妇女的群众组织，具有广泛的代表性、群众性和社会性。全县有城镇妇委会41个，乡（镇、街、区）妇委会组织23个，村级妇代会222个。县妇联机关下设办公室、组宣部、少儿权益部。2018年，喀左县妇联认真学习领会党中央对妇女工作的新要求，深刻贯彻落实习近平总书记系列批示指示精神，牢固树立服务大局、服务妇女意识，把联系和服务广大妇女作为生命线，坚持党建带妇建，努力建成可信赖依靠的温暖之家。

【政治理论学习】 一是注重党建理论知识的学习，坚持用习近平新时代中国特色社会主义思想武装头脑，指导工作，强执行，抓落实，牢固树立“四个意识”，严守政治纪律和政治规矩，增强“四个自信”，提高“四自能力”。始终坚持每周五组织一次党课学习，每月召开一次支委会，研究部署支部工作。二是积极组织开展党建活动。在“七一”前夕，开展纪念建党97周年“主题党日”活动，重温入党誓词，开展中共十九大精神和新党章知识答题活动。到龙凤山党员干部教育基地，听老党员上党课。走进喀左博物馆，了解家乡悠久的历史和灿烂的文化。这些活动的开展进一步提高了党员对党的认识，坚定了跟党走的信念。三是加强党内法规学习教育，严肃工作纪律，抓好“治庸治懒”专项整治活动。组织党员学习《中国共产党纪律处分条例》《关于贯彻执行中央八项规定精神的实施细则》和《习近平新时代中国特色社会主义思想三十讲》等，促使党员干部自觉遵守政治纪律和政治规矩。

【思想阵地建设】 县妇联认真履行政治责任，落实宣传思想工作，班子成员带头宣讲十九大，开展“党的十九大巾帼宣讲团百队千场”朝阳市喀左站巡讲巡演行动，成立县级巾帼宣讲团，组建23支乡镇巾帼巡讲巡演宣传队，全县共举办线上线下巡讲巡演活动35场，辐射覆盖妇女群众3400多名，营造了浓厚的学习宣传氛围，提高了妇联组织的政治站位。

【招商引资】 2018年，县妇联新引进项目3个，续建项目1个，总投资2000万元。其中新引进了建昌县徐杰服装加工厂总投资800万元，租用厂房两处1574平方米，安排妇女就业142人；新建朝阳味业食品有限公司总占地面积600平方米，总投资500万元；新建喀左县大城子镇快修汽车服务站项目，占地500平方米，投资500万元；续建项目景红钣金喷漆门市2018年扩大规模，继续投资200万元，用于场地购买和厂房建设。超额完成县委、县政府下达500万元项目建设和500万元招商引资任务。

【“乡村振兴巾帼行动”】 成立喀左县妇联思想政治引领“宣讲团”和“三农”服务科技“讲师团”。深入开展“一班两课两推进”活动，组织好一个培训班，讲好两节课，一节是宣传党的十九大，一节是科技致富技能知识，推进宣传思想政治进家庭，推进惠民政策致富知识进家庭，一共组织了11个班次。在“乡村振兴”活动中，县妇联下发了《2018年喀左县妇联“乡村振兴巾帼行动”实施方案》。在乡村振兴中，本着一乡一业、一村一品的特点，在全县抓了顾杖子、小城子等24个重点村，养牛、养猪，种植黑木耳、红树莓、冷棚西瓜、暖棚蔬菜、果园、酒高粱、花卉等小区35个，其中仅养牛小区14个、种植红树莓小区4个。

【技能培训】 2018年，县妇联根据妇女的现实需求，大力开展种植养殖、农村电商、手工编织、月嫂等适合妇女特点的培训。依托省级巾帼科技示范基地——喀左县阜丰种猪场，在羊角沟镇、甘招镇、平房子镇等7个乡镇举办养猪培训班，实名制培训妇女670人，在老爷庙、卧虎沟等乡镇举办科技培训班12期，培训人数618人，其中建档立卡户375人；举办手工编织和月嫂培训班各2期，共培训妇女405人。举办了喀左县农村电子商务培训班，全县个体工商户70余人参加培训学习。组织15名具有应用电子商务意向的女性参加市妇联组织的电子商务培训班。推荐北陶实业艾雅芝参加省妇联举办的“邮储银行杯”辽宁女性人才创新创业大赛，其参赛作品紫砂陶瓷工艺设计制作项目获得特色奖。

【妇女小额贷款】 2018年，全县发放妇女小额贷款970万元，其中，655万元用于131户妇女家庭发展养牛、养羊等养殖业，315万元用于63户妇女家庭发展暖棚等种植业。

【精准扶贫】 县妇联在落实辽宁省妇联单亲母亲致富工程中，对26户单亲贫困母亲启动了养殖业和种植业项目，及时发放项目资金每户2000元共计5.2万元，全部为建档立卡户；落实了朝阳市妇联单亲母亲致富工程，确定37名建档立卡贫困母亲为项目户，发放项目资金3.7万元扶持贫困妇女上项目；认真开展“两癌”检查救助工作，积极配合县妇幼保健所开展“两癌”检查的宣传工作，组织乡镇村妇联干部做好“两癌”患病妇女救助工作，确保无一例患病妇女漏报、瞒报等情况。2018年，新入库“两癌”患病贫困妇女38人。同时，在全国妇联及省妇联的大力支持下，为48名符合救助条件的妇女及时发放了48万元中央专项彩票公益金和省专项彩票公益金；认真做好定点结对帮扶脱贫工作，协调爱心人士为县妇联所包扶的顾杖子村44户建档立卡户送去44袋化肥，价值2640元。为59户建档立卡户送去米面油、衣物等日用品和养殖业书籍，价值8420元。为建档立卡户曹玉玲争取小额贷款5万元，为刘彩玲、吕桂凤等19名贫困母亲发放致富项目资金2.1万元。为所包扶的顾杖子村共投入资金8.294万元。为全县510名建档立卡贫困妇女上了安康保险，共计1.02万元。

【寻找“最美家庭”活动】 常态化开展寻找“最美家庭”活动，在“三八”节期间表彰了常积春等48户家庭“最美家庭”；表彰了姜桂富等23户家庭为“平安家庭”标兵户；表彰了江菲巾帼志愿服务先进个人。同时向市妇联推荐了张振贤等10户市级“最美家庭”，白瑞红等10人市级“慈母贤妻孝女”；韩彩莲等4户家庭荣获省级“最美家庭”和“慈母贤妻孝女”荣誉称号；截至年底，经层层推荐，组织把关，各乡镇街区向县妇联申报了58户“最美家庭”和68人“慈母贤妻孝女”。推荐了王玉华等5户“最美家庭”参加了县委宣传部组织的“最美喀左人”道德模范事迹报告会。

【省市妇女儿童之家建设项目】 在省发改委的重视下，为老爷庙镇建档立卡的北山村和坤都营子乡坤都村、上店村争取到3所省级留守妇女儿童之家建设项目，每所项目资金17万元（每个妇女儿童之家投资12万元，配备设备折合5万元），共计51万元；在山咀子镇山咀村建立市级妇女儿童之家1所，投资2万元。

【妇女儿童维权】 2018年接待妇女群众来信来访19例，结案率达到100%，对特殊案例陈淑荣进行了重点监护和心理疏导，并及时上报给政法委，避免了在十九大期间进京上访。接待了村妇代会主任落实待遇的信访案例7人，并做好心理疏导和稳定工作。大力开展反家庭暴力法宣传教育活动，全年共计开展法律法规宣传15场次，受益人数达4000余人。做好婚姻家庭纠纷排查化解工作，成立了婚姻家庭纠纷调解员队伍，聘请法律援助中心律师提供免费法律援助。充分利用省级妇女儿童维权服务示范站积极开展法律宣传活动，积极组织妇女参与普法活动；利用省级妇女儿童之家开展小候鸟图书角读书、“圆梦行动”、心理团训、庆祝“六一”儿童节、“12·4”国家宪法日普法宣传、敬老尊老、艾滋病宣传等系列活动。

【创建“平安家庭”】 在妇女儿童活动中心开展防范邪教进家庭宣传教育活动，有120余人参加；成立扫黑除恶工作领导小组，利用各种节日契机开展扫黑除恶宣传工作；积极开展“平安家庭”创建活动，年初下发了“平安家庭”创建工作实施方案，制定了考评标准，全县共计评选出二星级“平安家庭”247户，一星级“平安家庭”366户，与“平安家庭”示范户签订承诺书480份。

【“巾帼建功”活动】 突出文明岗示范作用，促进城镇妇女建功成才。进一步深化“巾帼建功”活动，积极开展创建“巾帼文明岗”，争当“巾帼建功标兵”竞赛活动。2018年，在羊角沟镇、兴隆庄镇行政便民服务大厅创建了“巾帼文明岗”，活动中还涌现出了一批立足本职工作，岗位成才、岗位创新、岗位奉献的新时代女性建功标兵4人。

（县妇女联合会）

科学技术协会

【“两学一做”学习教育】 以“两学一做”学习教育常态化制度化为抓手，强化领导，认真安排周密部署，确保党建工作取得实效。一是紧紧围绕“学党章党规、学系列讲话，做合格党员”这个主题，制订学习计划，抓好学习教育。二是围绕“两学一做”学习教育召开全面从严治党为主题的民主生活会和组织生活会。科协党组成员在民主生活会上，围绕全面从严治党内容对照自身开展了批评和自我批评，查找问题和不足，分析原因，制定整改措施。三是创新工作方式方法。为使党建工作大众化、普及化，通过网络微信等现代科技手段，利用手机电脑等多媒体平台推动党建工作深入开展，党组书记牵头建立了科协党建工作微信群，利用党建工作群安排部署工作及学习党建相关知识，有专人负责从网络等各种媒体上收集相关材料转发到微信群，供全体党员学习。全年在微信群推送相关信息40多条，方便了大家工作和学习。四是强化机关党支部建设。始终把机关党支部建设放在党建工作的首位，以机关党支部为依托开展各种党建活动，在机关支部的组织下，全体党员开展了在职党员进社区等系列党建活动，为胜利社区送去科普图书100多本，在胜利社区常青花园小区义务清扫垃圾1次。五是把党建工作和创建全国科普示范县、举办科技之冬及精准扶贫等工作结合起来，机关支部8名在职党员与所包扶贫困户15个贫困户结成了帮扶对子，全年多次到贫困户家走访，帮助其解决生产生活中遇到的困难，发展致富产业，为每户贫困户送物资送技术，所包扶贫困户已达到脱贫标准。

【科普工作】 全面贯彻落实《全民科学素质行动计划纲要》，提升全民科学素质水平。2018年围绕提升全民科学素质这一中心目标，组织各成员单位围绕各类主题活动，通过举办科技之冬、科技工作者、科普日等形式，开展贴近百姓，贴近生活，符合公众要求的科普主题宣传活动。组织县直有关部门到公营子镇开展了赶科普大集活动，县农业局等20家单位现场发放图书手册等宣传资料5000多份，县卫生学会现场义诊200多人次。市县新闻媒体对本次科普之冬活动进行了宣传报道。县农学会、畜牧学会等单位开展了送科技下乡等活动，全县23个乡镇开展了保护地、畜牧养殖技术培训，此次科普之冬活动共开展各类科普活动30余项，参与科技人员400多人，服务群众4500多人次。4月，组织20多名青年学生科普志愿者在利州街早市农贸市场开展科普宣传活动，发放宣传资料2000多份。5月30日，全国科技工作者日期间组织2名具有农业、畜牧专业高级职称科技工作者到所包扶的东哨镇3个贫困村入户开展保护地辣椒、家庭养牛技术培训，现场进行保护地种植、畜牧养殖技术指导，发放种植养殖图书50多册，免费为6户贫困户提供牛羊饲料添加剂、保护地用喷施肥及生态农药，价值1500多元。9月，在龙山社区组织开展了主题为“创新引领时代，智慧点亮生活”的科普日活动，共有13家县直单位参加了此次活动，活动现场为社区居民发放宣传图书等资料4万多份，县妇幼保健所为居民发放厨房围裙等生活用品300多件，现场为社区居民义诊100多人次，得到了社区群众的好评。

以科普示范县创建工作为契机，推进科普工作常态化。2018年，通过广播电视、网络、手机、报刊等媒体为平台，推进科普工作常态化，通过喀左小小网络科技有限公司指定微信“在喀左”公众平台发布科普信息，每月4条，已播出36期，每期点击量超过100多次。县电视台播放科普中国的科普宣传片，播出40多期，科普效果已初步显现。县科协利用手机微信建立科协科普微信群、科协工作群，定期推送科普知识，群成员包括县直各学会秘书长、各乡镇科协主席、企业科协负责人及科普视频服务站站长，现已发布科普信息300多条。全年建设科普中国APP平台喀左基站1处，分基站20处，注册科普员49人，分享文章5653篇，注册活跃榜、传播活跃榜均居全市前列。在科普进农村方面以科普惠农为目标，以惠农服务站建设工作为抓手，推进科普活动进农村。全年建设县级科普惠农服务站3家，分别为孙井元畜牧养殖科普惠农服务站、东哨镇烧锅杖子村科普惠农服务站、喀左县老爷庙镇永会土地科普惠农服务站。孙井元畜牧养殖科普惠农服务站站长孙井元常年到各乡镇为农民培训畜牧养殖技术，培训10多个乡镇30多个村，培训农民群众1000多人。东哨镇烧锅杖子村科普惠农服务站组织畜牧养殖、农业种植技术培训1次，培训农民70多人。老爷庙镇永会土地合作社科普惠农服务站为农民提供种子化肥等农业生产资料，年服务农户500多户。这3处服务站年服务农民2000多人，带动1500多户农民增收致富。

积极争取基层科普行动计划项目，以项目带动科普工作深入开展。2018年，向国家、省争取基层科普行动计划项目资金15万元，主要用于科普信息化、科技助力精准扶贫及科普示范社区建设。科技助力精准扶贫建设资金用于东哨镇科技助力精准扶贫建设，科普信息化建设资金用于县第三初级中学校园科普e站、县气象局气象科普馆、东哨镇烧锅杖子村科普惠农服务站及县科协科普信息化建设，科普示范社区资金用于南哨街道敖木伦社区、利州街道新华社区的示范建设。每个项目建设资金5万元。

大力开展农函大和少数民族科普培训工作。将农函大工作及少数民族科普工作及扶贫培训有机结合起来，全年农函大培训200多人次，在全县23个乡镇街区开展。

【协会工作】 2018年，协会工作以抓科技人才队伍为根本，始终为人才工作放在首位，按照县委人才工作考核指标为抓手，逐条分解任务指标，落实责任。喀左县经济开发区内的5个规模企业建立了企业科协联系人，方便了科协工作深入企业开展。全年组织企业人才及技术需求调研1次，调研企业13家，对企业技术及人才需求有了初步了解，将朝阳天合科技成果转化中心向企业推介。根据喀左县实际情况，经过与多部门沟通协商，在县气象局成立辽宁省气象学会工作服务站，县政府与省气象学会签订了合作协议，引进高层次气象专家6人，组织开展气象知识培训1次。

自然科学成果奖评选工作。全县共有5个学会1个乡镇部门16名科技工作者申报省市自然科学学术成果奖24项。其中省5项、市24项。共获市级奖励17篇。其中一等奖1篇，二等奖3篇，三等奖14篇。

讲比立项活动及金桥工程工作情况。2018年全县共完成讲比立项5项。在全县三个企业内完成，分别为鸿兴牧业：阳光猪舍项目、猪场粪污处理项目、气象与养猪研究项目，喀左华林节能窑炉有限公司完成的“新型节能窑炉”项目；喀左县金鼎紫陶文化产业研发有限公司完成的“纯天然原料紫砂研发”及“北陶艺术馆”项目。

青少年和“大手拉小手”活动情况。“大手拉小手”活动在各个中小学校举办，4月请省科技馆到喀左县开展科普大篷车进校园活动，科普大篷车走进了羊角沟中心小学和大营子中心小学，1000多名师生参观科普展品40多套，观看了无人机、机器人表演及球幕电影，开阔了师生眼界，取得了良好的科普效果。2名学生在本次活动举办的作文大赛中获奖，免费参加了省科技馆举办的夏令营活动。组织全县各个中小学参加辽宁省青少年科技创新大赛，喀左县第一高级中学3名学生申报的2个创新项目获省三等奖。

【组宣工作】 全年在国家级刊物发表信息文章3篇，省科协网站发表信息文章2篇，《朝阳日报》发表文章6篇，《喀左县报》4篇，向县委报送信息120篇。朝阳市电视台、《燕都晨报》对喀左县科普之冬赶大集活动进行了宣传报道，喀左县电视台、《喀左县报》对科普之冬、科普日活动进行及时宣传，喀左县电视台、《喀左县报》对3名荣获朝阳市第三届自然学科带头人称号的科技工作者全方位采访宣传，展示了科技工作者的风采。县科协向省推荐1名科技工作者参加省青年优秀科技工作者评选，推荐1部医学方面的专著参加省科协优秀出版物出版资助。县科协被县委、县政府评为全县定点帮扶先进单位。在市科协等5部门组织的朝阳市青少年科技大赛中，喀左县科协、喀左县教育局获优秀组织单位奖。

【扶贫与招商引资】 扶贫工作。按照县委安排，定点包扶村为东哨镇烧锅杖子村、车杖子村和东台子村，包扶贫困户15户。自包扶工作开展以来，已深入贫困户开展矿物质活动4次，投入帮扶资金6.3974万元，其中帮扶贫困户5.6484万元，帮助村党支部购买电脑、复印机、书橱等办公设备投入资金7490元，在村支部建立科普图书室一处，送去价值2000多元科普图书400多册。开展畜牧养殖、保护地种植等农业产业技术培训4次，培训贫困户200多户300多人，现场解答贫困户在农业生产中遇到的各种难题。另外，还聘请侯志明科普惠农服务站站长侯志明为技术负责人，全方位全天候为贫困提供技术服务，开展技术服务3次，为贫困户送去了优质的种子化肥农药等生产物资。招商引资工作。2018年，引进荣泰嘉美超市建设项目，项目总投资1500万元，其中，建筑投入200万元，设备投入200万元，前期投入550万元，商品及其他投入550万元。项目建成后运营良好。

（车秀清）

残疾人联合会

【脱贫攻坚】 2018年，全县共有建档立卡未脱贫残疾人1104户、1276人，占全县2715户、5861人建档立卡贫困人口的21%。县残联深入到全县所有贫困村、1276户建档立卡贫困残疾人家庭进行调查走访，因人因户多渠道、多层次开展扶贫。争取上级资金50.5万元，每户投入资金4000元购买基础母羊4只，扶持129户建档立卡贫困残疾人发展养殖业；聘请高级畜牧师和农技师，举办农村实用技术培训班7期（其中在县城举办2期，到村上培训5期），培训了291名农村建档立卡贫困残疾人；组织全体党员干部投身贫困户“一对一”帮扶工作，多次深入扶贫包扶村羊角沟镇老窝铺村和羊角沟村12户建档立卡贫困户家中，送去米、面等慰问品和慰问金3000元，并帮助其解决种子、化肥等春耕物资的需求，扶持5户发展养殖业，每户购买基础种羊4只，共计投入资金2万元。

【社会保障】 开展55—59周岁重度残疾人农村和城镇居民社会养老保险调查，做好发放生活补助相关工作；开展困难残疾人生活补贴和重度一、二级残疾人护理补贴审批工作，全年共审批3644名残疾人享受生活补贴，每人每月70元，6896名残疾人享受护理补贴，每人每月55元。2018年，享受民政部门低保保障的残疾人3664人；为258户建档立卡贫困残疾人进行危房改造。

【残疾人托养服务】 落实阳光家园计划，通过政府购买服务方式，全年投入资金24万元，以每人1500元资助标准，为160名重度肢体、智力、精神残疾人提供居家服务。

【开展残疾预防行动】 认真落实《残疾预防和残疾人康复条例》及省、市《残疾预防行动计划（2017—2020年）》，以多种形式开展爱眼日、爱耳日和“全国残疾预防日”活动，开展残疾预防及相关健康知识教育。

【精准康复服务】 会同县卫计局，依托各乡镇街区卫生院，对1364名贫困残疾人进行康复服务签约，为其提供因人制宜的功能训练、康复医疗、心理咨询、转诊转介等个性化康复服务，同时做好康复服务档案的健全完善和信息的数据库录入工作；落实专项资金4.3万元，县匹配资金6.7万元，共计投入资金11万元，救助贫困精神病患者200名免费服药，其中建档立卡户28名；通过政府购买的方式，投入资金22.9万元，对10名0—6周岁脑瘫儿童进行机构康复训练；邀请北京专家到喀左县开展脑瘫患儿公益义诊筛查活动，筛查患儿12名，对其中符合康复条件的给予了免费手术治疗或援助；依托县第四人民医院，提供补助资金5000元，对50名符合条件的成年肢体残疾人开展康复训练。

【残疾人辅助器具服务】 落实国家彩金和省彩项目，为各级各类残疾人适配辅助器具557人、557件（151人为建档立卡户），服务率达95.75%；省彩数据库录入460人，同步录入精准康复数据库，共计录入完成1154人；举办5期辅助器具知识培训班，培训人员200人次，发放辅具基础知识服务手册700余册。

【残疾人教育工作】 配合教育部门制定了喀左县第二期特殊教育提升计划实施方案，促进融合教育；落实未入学残疾儿童“一人一案”教育安置计划，共调查出未入学适龄残疾儿童73人，其中48名残疾程度较重的没有需求，为25名残疾儿童提供送教上门服务；加强扶残助学，对符合条件的残疾考生6名、贫困残疾人家庭子女考生47名和义务教育阶段残疾学生56名给予资助11.25万元。

【残疾人就业与培训】 大力开展残疾人职业技能培训，投入资金11万元，举办了30名学员参加的残疾人砂产品制作培训班、25名学员参加的残疾人电子商务培训班、3名盲人参加的盲人按摩培训班，190名建档立卡残疾人参加的农村种养殖技术培训班；积极鼓励和扶持残疾人自主创业，县残保金扶持建档立卡残疾人种养加114户，扶持资金41.65万元，省残保金扶持残疾人创业79户，扶持资金39.5万元，其中建档立卡贫困残疾人25户，同时投入资金7.7万元，建立了1所残疾人辅助性就业机构，安置6名残疾人就业；

依法推进残疾人按比例就业和集中就业，对2家企业进行残疾人就业保障金年审，残疾人求职登记、就业咨询30人，举办2场残疾人专场招聘会，全年共分散按比例安置残疾人就业5名，集中安置残疾人9名，残疾人个体创业79名，农村种养加就业114人。

【信访维权工作】 接待残疾人及其亲属来信1封，来访60多人次，电话咨询100余人次；举办残疾人法律知识培训班1期，发放宣传册500余册；与县法律援助中心密切配合，为6名残疾人提供律援助；对119名残疾人进行机动轮椅车燃油补贴重新认定和审核，以银行卡的形式为116名符合条件的残疾人发放补贴30160元。

【基础设施建设】 通过评估的方式，利用中央、省、市、县资金628742元，完成贫困残疾人家庭无障碍改造255户，其中建档立卡户182户，完成率是200户任务数的127.5%。启动残疾人托养中心和综合服务设施项目，年底已完成建设项目选址、土地预审、环评、可研性报告编制等工作。

【文体和信息宣传统计工作】 积极开展全国助残日活动，邀请县领导对敖木伦残疾人托养中心的残疾人和脑瘫儿童康复中心的残疾儿童以及2户建档立卡贫困残疾人家庭进行了走访慰问，在《喀左县报》、电视台上播发了专题节目，广泛宣传报道，助残日活动主题鲜明，内容丰富多彩；开展“残疾人文化进家庭五个一”活动；开展残疾人运动员选拔工作，有3名残疾人参加了省残疾人特奥会和省残运会，取得了特奥会篮球比赛团体第三名和短跑比赛第二名以及残运会飞镖比赛第三名的好成绩；根据全省统一安排部署，开展喀左县残疾人基本服务状况和需求信息数据动态更新工作，共调查残疾人12574人；大力加强各项业务工作的跟踪管理和信息统计工作，上报信息50多条，发表宣传残疾人事业的稿件10余篇，同时及时做好残疾人事业统计台账、年报和快报信息的汇总、录入、审核、上报工作。

【残疾人证办理工作】 全年共办理残疾人证1581人，其中，视力123人，听力304人，言语19人，肢体761人，智力102人，精神159人，多重113人。为无法外出前往定点医院接受残疾等级鉴定的人员提供“零距离”服务，会同县中心医院为160名残疾人上门办理了残疾人证。

【招商引资和项目建设】 领导带头外出招商，从河北保定引入默科恩塑胶新材料科技有限公司纸塑包装项目，总投资额6000万元，2018年投资额2900万元。此项目在利州工业园区落地生根。建设综合生产车间、原材料库、成品库合计面积2310平方米，办公室及其他附属设施面积486.24平方米。主要生产新型环保塑胶材料及制品、包装箱、成匹编带及印刷品等，残联圆满完成了县委、县政府部署的招商引资、项目建设任务。

【自身建设】 年初，重新调整配备了残疾人专职委员，同260名专职委员签订志愿服务协议书，组织100名专职委员参加了省残联组织的业务知识培训。专职委员工作补贴及时发放到位，上级财政拨款每人每月75元，每人每月配备75元，一次性发放。通过以会代训、举办培训班等形式，培训基层残疾人工作者300多人次，基层残联组织规范化建设达标率、村（社区）残疾人协会组建率、残协专职委员选配率均达到100%；5个残疾人专门协会积极开展适应本类别残疾人特殊需求与突出特点的专项活动，组织了到龙凤山风景区考察无障碍设施建设情况，组织盲人按摩师到残疾人托养中心义务为托养的残疾人做保健按摩服务，组织肢体残疾人到大营子谦朴食用菌合作社参观残疾人创业典型等活动；185名助残志愿者活动日趋活跃，为残疾人提供助耕助收、日间照料、信息咨询、心理支持等各种生产生活服务。

扎实推进“两学一做”学习教育常态化制度化，开展了“不忘初心、牢记使命”主题教育活动，“新时代辽宁精神”宣传落实活动，党风廉政警示教育月活动，“重实干、强执行、抓落实”专项行动，残疾人脱贫领域作风问题专项治理，“扫黑除恶”专项斗争宣传活动以及廉政风险防控工作、法律宣传教育工作等。党支部认真组织开展好三会一课以及“在职党员进社区”等活动，喀左县残联机关党风廉政建设、作风建设等都得到进一步深化和加强。

（残疾人联合会）

工商业者联合会

【“两学一做”学习教育】 一是抓好“两学一做”学习教育。把深入开展“两学一做”学习教育作为党建工作的中心任务抓落实，把周五下午定为机关党员学习日，坚持雷打不动，形成长效抓学习机制。落实党建主体责任。党组书记为第一责任人，分管领导为直接责任人，各部室各司其职，层层抓落实，形成了一级抓一级的良好学习氛围。创建标准化党员活动室，为了尽快建成标准化党员活动室，县工商联领导高度重视，多次召开会议研究，多方筹集资金2万余元用于购置活动室桌椅、书橱、电视等设施，健全了党支部职责、党员的义务、民主评议党员制度、党支部议事决策制度、党员民主生活会制度、“三会一课”制度、党费收缴制度和党员学习制度等各项制度。标准化党员活动室为县工商联“两学一做”学习教育常态化制度化开展提供了有力保障，成为了党员干部政治素质和业务能力提升的“加油站”，工商联党支部定期组织党员在活动室集中学习中共十九大报告、党章、党内法规等，定期进行交流和探讨，有效增强了党支部的凝聚力和战斗力，提高了党员干部的政治意识、大局意识、核心意识、看齐意识和履职能力；二是讨论和撰写笔记相结合。组织全体党员逐字逐句通读了《中国共产党章程》和《中国共产党廉洁自律准则》《中国共产党纪律处分条例》等，认真学习习近平总书记系列重要讲话，在学习过程中做好学习笔记，写好体会文章。以“讲政治、有信念”“讲规矩、有纪律”“讲道德、有品行”为主题开展学习大讨论；工商联党组书记、党组成员还积极带头轮回讲党课，做到真学真懂，武装全体党员政治头脑，做政治上明白人。三是各种活动寓于学教中。工商联机关党员干部踊跃参加“在职党员进社区”义务服务日活动，工商联全体党员干部到建设社区，在社区党组织书记带领下，走访部分困难党员，机关党员干部带去了慰问品，慰问困难党员。四是开好民主生活会和组织生活会。以“认真履行全面从严治党主体责任，切实加强党风廉政建设”为主题，组织开展了专题民主生活会，会上每名党员踊跃发言，纷纷表示要加强党性修养，牢固树立宗旨意识形成人人争做优秀共产党员的良好氛围。

【参政议政】 一是增进会企沟通，开展走访调研和会员专题活动。为加强与企业的沟通，更好地联系服务会员，制订了走访调研企业工作计划，先后到建设集团、红山化工等10多家企业走访调研，听取、收集企业意见建议，深入了解企业经营情况及存在的困难和问题，及时掌握企业、行业及产业发展现状，为县委、县政府当好参谋助手。二是大力发展会员和深入基层商会调研。以突出重点、有序结合为原则，坚持会员数量与质量并重，主动联系走访县内没有入会的企业，与企业家座谈交流做朋友，争取发展优质企业入会。工商联机关干部主动到商会走访调研，深入了解商会建设和发挥作用等工作情况，在加强联动、资源共享等方面达成共识。三是注重发挥广大会员、非公有制经济代表人士，特别是调动非公有制经济领域的政协委员、人大代表参政议政的积极性。在县人代会、政协会前，组织工商联界别中的人大代表和政协委员酝酿在两会期间提出高质量的议案提案，已经初步形成有价值性的意见和建议20多条，都事关全县经济社会发展。

四是创新履行职能方式，不断提高议政效果。先后4次到各基层商会召开会员企业座谈会、对话会，并请相关部门负责人参加，围绕改革发展稳定大局和民营经济发展态势，反映企业发展中的各种困难和问题，并提出企业的想法和建议，这些活动的举办不仅起到加强了解、沟通感情的作用，更使企业在发展中的许多重大问题和困难得到了及时有效的解决，从而有力地推动了民营经济快速健康发展。

【精准扶贫攻坚】 高度重视民企“帮村助户”工作，按照市委统战部、市工商联安排部署，按照县委的要求，坚持把开展此项工作作为推动脱贫攻坚的有力抓手，坚持从企业与贫困村的实际出发，统筹谋划、细化措施，注重发挥两个积极性，充分体现喀左特色，使企业参与脱贫攻坚工作稳步推进。一是强化组织领导。按照县委、县政府下发的《喀左县“百企联百村、同走致富路”精准脱贫实施方案》。成立了县委常委、统战部部长任组长、县工商联、县扶贫开发局等部门主要负责人为成员的企业“帮村助户”工作领导小组，制定了定期听取汇报、定期进行调度、定期协调推进的工作机制，为企业“帮村助户”工作扎实推进提供了强有力的组织保障。二是开展精准对接。按照“积极参与、主动作为、尽力而为、量力而行”的原则，向全县民营企业发出倡议书，动员全县民营企业积极参加“百企联百村、同走致富路”、助力脱贫攻坚伟大工程和光彩事业。在统战部的指导和牵头下，工商联根据情况变化，选择了97家企业帮扶46个贫困村，采取重点对接、自主对接、督促对接等不同形式，在对接过程中，边调研边座谈，结合企业和帮扶村的特点，共同研究工作思路，制定帮扶措施，为完成帮扶目标奠定了良好基础。为加快进度，开展了两次督查，并下发通报和工商联“百企联百村”工作简报，以督促后进，增强实效。三是多措并举，实施帮扶。以光伏产业拉动扶贫模式、实施龙头企业带动模式、特色种植产业带动全覆盖模式、技能培训就业智扶模式、捐资公益帮扶模式、共商共建绿色产品及小杂粮基地等不同形式，根据帮扶村的实际情况，动员会员企业、行业商会、合作社齐上阵，在项目扶贫、资金扶贫、就业扶贫、教育扶贫上广开渠道，各显身手。涌现出喀左建设集团、荣富陶瓷、闽龙陶瓷、南方商会、鹏达铸造集团、朝阳健源食用菌、大地农产品、绿港农业、茂源农业科技有限公司等一大批“百企联百村”扶贫先进典型企业。四是按照《关于在全县党员干部中对建档立卡贫困户落实帮扶责任人的通知》要求，工商联机关全体党员干部多次到自己所帮扶的贫困户家中，详细了解贫困原因，制定脱贫措施，并为每户根据不同情况多次资助物资、现金和米面油，解决贫困户现实的困难。

【招商引资和项目建设】 积极加强对外联络、为更好的引进人才、资金、企业打下坚实基础。引进高级专家20人落户冶金园区。缔结友好商会，6月1日，盘锦市大洼区委统战部副部长、工商联党组书记王政，区工商联主席、商会会长欧志强一行5人到喀左县考察走访，并与县工商联举行了商务考察座谈暨友好商会签约仪式。座谈会上，双方介绍了两地经济社会发展、非公经济发展情况，就如何加强两地商会建设，发挥两地优势、促进两地经济合作进行了深入探讨。11月23日，赤峰市翁牛特旗统战部副部长、工商联党组书记、工商联主席留占一行9人到喀左县考察飞地经济和部分企业，并与县工商联举行了友好商会签约仪式。

【对外联络工作】 一是完善法律维权服务中心服务职能，为企业提供全面法律服务，避免不必要的经济损失。喀左县工商联作为党和政府联系非公有制经济人士的桥梁和纽带，政府管理非公有制经济的助手，具有为非公制经济维权、协调、服务的职能。喀左县工商联维权中心成立以来，充分利用维权中心的作用，为企业提供法律精准服务。年初以来，维权中心的律师定期走进企业，帮助全县民营企业提升法律意识，建立完善的法律风险防范体系，树立依法经营的思维，帮助企业解决法律问题17件，为企业开展法律培训3次，依法依规企业做大做强，切实帮助企业遵纪守法，维护了企业的合法权益。二是切实提高对宣传和信息工作的认识，进一步增强做好信息工作的责任感和事业心，把宣传信息工作作为工商联服务立会和履职尽责的主要抓手。加强同新闻媒体的协调沟通，利用报纸、广播、电视等媒体宣传民营企业在社会主义市场经济中的重要作用和地位，一年来共传递各类信息100多条，通过报上有名、电视有影、电台有声的有效宣传，大大激发了企业家的创业精神，提升增强了企业发展信心和决心。三是加强教育培训。5月27日，县工商联组织县内20余名民营企业家到市委党校参加了市工商联举办的主题为“不忘初心、一起朝阳、振兴发展、共筑朝商”专题讲座。旨在深入贯彻落实中共十九大精神，推动“双招双引、服务民企”工作深入开展，提升民营企业家综合素质和经营管理水平，做大做强企业，为精准扶贫做出新贡献。

【机关自身建设】 一是坚持把加强领导班子建设作为首要任务的机关自身建设贯穿于各项工作的始终，有力推动了干部队伍建设、业务建设和机关建设，机关干部综合素质、工作质量和服务水平都有了明显提高。二是扎扎实实推进乡镇商会和行业商会组织建设工作，一年来在基层商会建设上，本着“团结起来、联合起来、活动起来、发展起来”的方针，各基层商会工作得到扎实有效开展。三是发展会员扩大队伍；工商联把发展会员作为一项重要工作日程，把那些经济实力强、观念新、热爱工商联事业的企业家吸收到会员队伍中来。2018年，发展高素质有爱心会员5名，全县会员已达到1194名。

（工商联）

消费者权益保护委员会

【概　述】 2018年，消协工作主要以宣传贯彻消费法、食品安全法、《辽宁省消费者权益保护条例》等法律法规。保障消费者合法权益，营造安全消费环境，提升消费者辨真识假能力和自我保护意识，结合中消协2018年“品质消费、美好生活”年主题，按照市局和县委、县政府的总体部署，努力营造安全放心的消费环境。3月初起，县市场监督管理局积极开展纪念“3·15”暨创建食品安全示范县主题宣传咨询活动。

【“3·15”活动】 一是强化组织领导，周密安排部署。成立组织，由政府副县长、县消费者保护委员会名誉会长陈景泉为组长，市场监督管理局局长、消费者保护委员会会长李海军为副组长，县卫计局、畜牧兽医局、环保局、物价局、公安局、市场监督管理局、朝阳日报社驻喀左记者站、县报社、县广播电视台、喀左移动、电信、联通等25家为成员单位的“3·15”活动领导小组，紧紧围绕贯彻落实中共十九大精神，明确活动目标，确定活动内容，落实各成员单位及各乡镇、社区主体责任，保障宣传活动安全有序进行，全力营造百姓学法、知法、懂法、用法的浓厚氛围，不断提高喀左县消费维权工作水平。二是丰富活动形式，拓展宣传层面。1. 开展主题宣传活动。3月15日，全县纪念“3·15”暨创建食品安全示范县宣传活动在财富领域购物广场举行，县人大副主席戴成启、副县长陈景泉、政协副主席马占国出席宣传活动。活动现场，县市场监督管理局、卫生计生局、畜牧局、环保局等17家单位，在财富领域购物广场主会场设立咨询台，开展消费维权、食品药品安全、特种设备安全等相关法律法规和食品安全示范县创建相关工作的宣传和咨询活动。现场设立专门展台，集中展示全县系列打假治劣行动中没收的假冒伪劣、超期变质、不符合安全标准的商品76种1000余件。执法人员在现场以实物向市民讲解辨别真假商品的常识，解答现场咨询，受理消费咨询和投诉举报。活动采用设置展板、宣传板和分发宣传单的形式向广大市民宣传真假货识别的知识，并特别设置了食品安全常识及示范县创建相关知识现场有奖问答环节，通过互动提高百姓食品安全辨别能力，受到消费者的普遍欢迎，活动现场气氛热烈。据统计，此次宣传活动共设置电子显示屏154处，摆放展板20块，悬挂宣传标语683条，沿街设立彩虹门37处，印发各类宣传材料3.5万份，现场接待咨询500余人次，并在全县各乡镇、市场设有消费维权咨询台46处，参与人数达3万人，通过宣传消费维权相关知识，提高市民维权意识。2. 录制电视访谈节目。3月14日，宣传活动开展期间，县市场监督管理局局长、消费者保护委员会会长李海军走进直播间，就“消费维权”话题接受了电视台记者专访。李海军回顾了2017年以来全县消费者权益保护工作取得的丰硕成果，介绍了“品质消费，美好生活”年主题内涵和2018年喀左县消费者权益保护工作重点，号召全县各行各业和广大消费者要加强自律，诚实守信，树立“品质消费”理念，自觉抵制假冒伪劣商品，共同维护消费者权益，携手营造“质量、安全、绿色、共享、公平、文明、理性”的“品质消费”环境。3. 组织假劣商品集中销毁行动。2月27日，喀左县市场监督管理局集中销毁了一批不合格商品。这次集中销毁的商品包括超过保质期的白象方便面700箱，假冒伪劣卫生巾386包，超过有效期的石膏80公斤等，总价值2万余元。销毁行动中，为防止商品重新流入生产流通领域，避免对环境造成污染，工作人员还对销毁物品进行分类处理，在垃圾填埋场对销毁物进行拆解、碾压、粉碎、深埋，确保环境不受二次污染。通过此次销毁行动，彰显了县市场监管部门严厉打击各类市场违法违规行为的信心和决心，有力净化了全县市场的公平竞争环境，保障了消费者和企业的合法权益。

【消费维权】 进一步完善投诉举报机制，畅通维权服务通道，成立应急处置队伍，按照安全第一、防范措施到位原则，将安全责任落实到各股室、各岗位和每一个人。车辆和人员待命，应对现场投诉处理工作。实行24小时值班制，做好“投诉、受理、处置、反馈”等工作，切实做到有诉必接，有报必查。2018年，共受理消费咨询285条、受理消费纠纷65件。挽回经济损失5.8万元。

（消费者协会）

法 治

政法委及综治

【概　述】 2018年，喀左县政法机关和广大政法干警忠诚履职、勇于担当，以辽宁省政法系统"1454"工作计划为遵循，以加强社会治安综合治理推进平安喀左建设为统领，以维护社会安全稳定为主线，紧紧围绕县委中心工作，扎实开展"四大专项行动"，统筹推进政法各项工作，确保全县社会大局持续安全稳定。

【维稳工作】 县委政法委按照省、市、县委的安排部署，超前谋划、及早动手，秉承"稳定是根本大局"的工作理念，牢牢守住"五个坚决防止"的工作底线，以"零容忍"的态度和"全覆盖"的举措，全力确保全县政治安全和社会安全。

全力做好重要时间节点维稳安保工作。在重要时间节点期间，坚持"两手抓，两手硬"的原则，即一手抓情报导控，一手抓问题导向，强化信息收集、研判、推送，突出解决实际问题，有效防范和化解涉稳案（事）件发生。圆满完成了全国"两会"、"青岛峰会"等重要时间节点的维稳安保工作。在全国"两会"、"八一"期间，坚持和发展"维稳安保研判会议指挥中心"机制，由县委政法委牵头，县维稳办、县公安局、县信访局参与，在县公安局集中办公的方式。该中心实行全天候运转，24小时工作制，共推送预警、核实轨迹207条，协查302人，起草工作方案、预案、研判报告和总结性材料50余份，新摸排下交包保87人，与驻京工作组相互推送信息200余条，为喀左县夺取"三个无"和"八个为零"的历史最好成绩奠定了坚实基础。积极参与县委组织的"扫黑除恶专项斗争"的督导检查，推动维稳工作全面开展。强力推进防范和处理邪教工作。将反邪教工作作为维护和保障政治安全的基础性工程常抓不懈，巩固和深化国家级"创建无邪教示范县"工作成果。3月30日，朝阳市维稳、防范办主任会议在喀左县召开，向全市介绍喀左县防范邪教工作经验。年初以来，共打击邪教分子16人，其中行政拘留5人，刑事拘留3人，训诫7人。开展警示教育活动26次，受众2万余人次。开展教育转化工作12次，教育转化3人；大力开展宣传活动，结合反邪教宣传月活动，共发放传单4万余份，悬挂宣传条幅46处，在县反邪教警示教育基地为中小学生宣传反邪教知识8场，受众5万余人。加强反宣品清缴工作，县防范办于8月集中开展反宣品专项治理活动，发动各乡镇街区、相关单位对社会面反宣品集中清缴。

持续深化社会稳定风险评估工作。按照上级要求，制定下发《喀左县开展"社会稳定风险评估攻坚年"活动实施方案》，扎实开展了7月稳评宣传月活动。创新活动载体，借龙凤山旅游文化艺术节之机，联合县有关部门及乡镇开展了集中宣传，收到较好的效果，推进了全县宣传月开展。创建稳评网上流转工作模式，全面深化稳评工作。同时着力对稳评工作存在的难点问题，务求突破瓶颈创新发展，进一步推动稳评工作扩面、提质、增效。年初以来共开展各类稳评项目114个，其中，准予实施110件，暂缓实施3件，不予实施1件，在稳评过程中，预防矛盾隐患56件，化解社会矛盾35件。

【扫黑除恶专项斗争】 全国扫黑除恶专项斗争启动以来，喀左县认真贯彻落实中央和省委、市委决策部署，紧盯“六个围绕”，通过领导重视、广泛宣传、线索摸排、突出重点几大抓手，取得了阶段性成效。

迅速提升政治站位。全县上下清醒地认识到，开展扫黑除恶专项斗争，是坚决同以习近平同志为核心的党中央保持高度一致的政治要求，是坚决落实中央部署和省委、市委工作安排的实际行动。

广泛宣传发动。在传统宣传方面，依托电视台、报刊、政府网站等新闻媒体播放扫黑除恶相关政策，在广场、集市、居民楼等人员密集区悬挂条幅、LED滚动播放、安装宣传板、设立宣传栏等提高宣传的覆盖面。

全面排查案件线索。全县扫黑除恶专项斗争领导小组各成员单位结合业务实际深入重点部位、重点行业，围绕本系统、本行业征集和发掘涉黑涉恶线索。各乡镇街区深入辖区村（社区）、敏感场所进行走访、暗访，线索摸排延伸至基层，23个乡镇街区、202个村（社区），重点单位全部设立扫黑除恶线索举报箱；纪委监委、组织部门围绕黑恶势力“保护伞”、基层党组织及村“两委”成员进行线索摸排；宣传部门围绕大力营造专项斗争舆论氛围开展正面宣传；排查采取滚动方式，排查结果层层把关、确认签字，倒逼责任落实。县扫黑办共收集线索114条（其中：中央第六巡视组转交2条、中央扫黑除恶第三督导组转交9条、市扫黑办转交30条、县扫黑办16条、县纪委监委7条、县委组织部5条、县公安局44条、县卫计局1条）。在全县倒排确定23个软弱涣散村党组织，调整软弱涣散村班子7个，调整村干部8人，其中村书记7人；排查村“两委”前科劣迹成员32人。

坚持依法严惩。县公安局刑侦牵头，联勤联动，全警参战。县人民检察院、县人民法院、县司法局等政法各部门各负其责、各司其职，形成了高效统一、快速处置、精准打击的工作氛围。截至年底，朝阳市公安局指定喀左管辖“5·18”专案，已查实涉嫌刑事案件20起，涉嫌10种犯罪（组织、领导黑社会性质组织罪、非法占用农用地罪、非法采矿罪、妨碍公务罪、寻衅滋事罪、破坏生产经营罪、聚众斗殴罪、强迫交易罪、虚开发票罪、逃税罪等），共刑事拘留32人，立网上逃犯1人，检察机关批准逮捕32人，刑拘待报捕0人。在侦办此案过程中，冻结犯罪嫌疑人银行存款62万元，扣押现金6.64万元，扣押车辆3台，查封房产48处，移送纪检监察机关线索10条。侦破1起涉恶类案件，并查破赌博治安案件1起，抓获嫌疑人3人。同时，深入推进严打整治，侦破1起涉恶类案件，并查破赌博治安案件1起，抓获嫌疑人3人。同时，深入推进严打整治，成功侦破公安部督办2018年“3·26”非法制造爆炸物案件，抓获犯罪嫌疑人5人，缴获非法制造炸药1.2吨；侦破“2018—284”部督毒品案件，抓获贩毒犯罪嫌疑人10人，缴获冰毒25公斤；侦破2起网络赌博犯罪案件，抓获违法犯罪嫌疑人40人，移送起诉12人，行政拘留28人。

通过以上宣传发动、系统摸排和日常掌握，喀左县至2019年底未发现黑势力存在，并将主攻方向放在治理社会乱象上，重点整治无理访、缠访、闹访、非访人员，对一些重点地区、重点行业、重点领域进行整治。

【平安喀左建设】 以“三个到位”推进平安建设深入开展。一是实行目标考核，督促检查到位。

在建立健全组织机构，完善领导体系基础上，始终将平安建设工作纳入干部考核、奖惩体系，纳入全县目标考核内容，与中心工作同安排、同部署、同检查、同考核。实行综治工作领导责任查究制，落实“一票否决制”，层层签订责任状，确保目标管理落实到人，既增强了领导干部的责任感和紧迫感，又为平安建设工作的健康开展和目标的全面实现提供了有力保障。二是纳入财政预算，经费保障到位。县委、县政府对工作经费保障方面给予高度重视，克服经济下行和财政收支压力，严格按照上级要求，将平安建设经费纳入财政预算，按时足额到位。平安辽宁信息系统账号运营费用足额按时缴纳，未发生因缴纳不及时而影响系统运转情况。精神障碍患者监护人以奖代补政策一季度落实10人，第二、三季度持续继续提升受奖覆盖面，第四季度完成审核奖补。三是营造浓厚氛围，宣传发动到位。积极开展综治宣传活动，在《民主与法制》《辽宁日报》《辽宁法制报》《朝阳日报》等中央级和省市主流媒体不间断刊登平安建设材料十余篇，在县广播电视台、《喀左县报》、政府网站等县内媒体开设专栏，提高了广大人民群众对平安建设的知晓率、参与率和满意度，营造了人人知道平安建设、人人参与平安建设的浓厚氛围。

以“三个全面”夯实平安建设基层基础。一是高点定位，全面升级治安防控体系建设。持续推进“六网覆盖、立体防控”社会治安防控体系建设新模式，积极打造治安防控体系升级版，县级综治中心与公安机关视频监控并网共享基础上，全县各乡镇街区、村（社区）主要路口均已建立视频探头。二是重拳出击，全面消除各类安全隐患。全国两会期间，启动新一轮精神障碍患者摸排工作，公安机关同时启动三级以上肇事肇祸精神障碍患者的梳理排查、更新入库工作。政法综治部门加强配合联动，集中开展寄递行业清理整顿、危爆物品清理、小餐桌及托管机构大检查等专项整治行动，有效清除了一大批社会治安毒瘤。三是全域覆盖，全面推进基层平安创建工作。紧紧围绕建设平安喀左目标，聚焦基层基础，全面推进基层平安创建工作深入开展。坚持应创尽创原则，创建平安县、平安乡镇（街区）等8个系列的“星级平安基层单位”创建活动。2018年，全县已有80%的乡镇、村（社区）、90%的企事业单位达到平安创建标准，真正实现了局部稳、全局安。

坚持创新引领，着力打造喀左平安建设升级版。一是把握矛盾发展规律，注重加强源头治理。喀左县持续通过抓早、抓小、抓苗头，依托矛盾纠纷排查化解“三个三”工作模式，积极开展矛盾纠纷排查化解专项行动，年初以来，全县排查矛盾纠纷287件，成功化解284件，化解率达98.9%。二是适应时代发展变化，加强综治中心建设。注重重心下移，着力解决社会治理“最后一公里”问题,2017年底，全县23个乡镇街区、202个村（社区）均已建成综治中心，2018年初，通过实地走访，围绕软件和硬件、服务和管理等方面，进一步指导综治中心规范化建设。在节约管理成本基础上，提高社会治理服务效率，有效夯实平安建设的基层基础。三是以目标考核为引领，推动各项重点工作。在建立健全组织机构，完善领导体系基础上，始终将平安建设工作纳入干部考核、奖惩体系，纳入全县目标考核内容，与中心工作同安排、同部署、同检查、同考核。实行综治工作领导责任查究制，落实“一票否决制”，层层签订责任状，确保目标管理落实到人，既增强了领导干部的责任感和紧迫感，又为平安建设工作的健康开展和目标的全面实现提供了有力保障。

以“三个必查”整体推进“涉法涉诉”案件规范办理。即：从信访材料中无法做出判断的，必须调案件诉讼卷和信访卷审查；书面审查无法查清问题的，必须实地走访调查；可能是错案或重大瑕疵案的，必须立案复查。2018年，全县共有交办案件110件，其中法院75件（中央巡视组交办6件，省政法委交办12件，省高院交办14件，省高院减存控增交办24件，联席会议交办19件），公安局29件（中央巡视组交办4件，省政法委交办8件，省公安厅交办11件，联席会议交办6件），检察院6件。重复交办30件，涉公安化解责任主体不在喀左县3件，实际全县案件总数为77件，其中法院50件，公安局21件，检察院6件。2018年，县政法各部门共化解息访49件，全县化解率为63.6%。其中，检察院共有6件，已化解6件，化解率100%；公安有21件，化解17件，化解率80.9%；法院共有50件，化解26件，化解率52%。中央巡视组交办案件10件（法院6件；公安4件，其中公安1件是通过信访局交办），已经全部化解，化解率100%。

【政法队伍建设】 深入开展“忠诚、干净、担当”主题实践活动，推进政法队伍思想政治建设，加强党对政法工作的绝对领导。健全落实各项教育培训制度，把主题实践活动与“两学一做”学习教育紧密结合，组织广大政法干警持续深入学习党的十九大精神、习近平总书记系列重要讲话精神，各部门提高政治站位，自觉把做好新形势下党的宣传思想工作作为对党绝对忠诚的现实检验。开展警示教育系列活动，通过召开警示教育大会、观看警示教育片、参观警示教育基地等多种形式，不断加强党性锻炼，坚定理想信念，严守廉洁自律各项规定，自觉筑牢拒腐防变思想长堤。通过开展先进典型宣传教育活动，让“忠诚、干净、担当”成为了广大政法干警的一种政治自觉、思想自觉、行动自觉和工作自觉。县委政法委按照“五个过硬”要求狠抓政法队伍建设，积极推动政法机构改革，进一步夯实基础。政法各部门在党委政府的坚强领导下，强化“四个意识”，坚定“四个自信”，不忘初心、牢记使命，大力加强思想政治建设，不断提高综合素质和履职能力，切实履行促一方发展，保一方平安的政治责任。

强力推进“规范司法行为、优化营商环境”专项活动。紧紧围绕社会各界反映强烈、制约喀左振兴发展的司法执法突出问题制定调查问卷，在县统计局、县经信局、县工商联协助下发放调查问卷803份，覆盖各乡镇街区、规模以上企业和县工商联254个成员单位，对存在问题认真梳理，客观分析原因，落实整改措施，政法各部门有针对性地分别制定了一系列便民利企的工作举措，有效提升了喀左县司法公信力和政法机关整体形象，为振兴发展营造良好的法治环境。

着力加强法学会建设。法学会各项工作进一步推进。县委高度重视，将法学会工作写入全县政法工作要点并在政法委员会议上立题研究，与其他政法工作同安排、同部署、同督查。全县23个乡镇街区法律顾问站全部建立，全县法学会会员突破600人，会员全部建立电子档案，实现档案管理信息化和动态化。县财政每年专项列支5万元专门经费，用于法学会工作开展，实现了喀左县法学会工作有人做事、有地方办事、有经费成事。县法学会专职副会长王玲被评为全省法学会优秀信息员，兴隆庄镇七家村法治信息员李宝江荣获“辽宁省功勋调解员”“工作满30年优秀人民调解员”光荣称号，为全县的法治信息员工作作出了表率。6月26日，省法学会副会长院国强到喀左县调研，对喀左县法学会工作给予了充分肯定。8月20日，举办全县基层法治信息员培训班。邀请市县两级专业法律工作者授课，授课内容结合实际，深入浅出，对基层工作人员今后的工作积极的指导作用。喀左县法学会组织全县法治信息员积极参与扫黑除恶专项行动。发动法治信息员进村入户，采取多种宣传形式，向群众详细宣传讲解开展扫黑除恶工作的重大意义，告知举报内容、方式和要求，让群众充分了解扫黑除恶的法律知识，并引导广大群众遵守法律法规，积极踊跃揭发检举黑恶势力违法犯罪线索。

（政法委）

法治政府建设

【概　况】 2018年，喀左县委注重加强法治政府建设，始终坚持提高政治站位，深入学习贯彻习近平法治思想，筑牢党对司法工作的绝对领导的根基，以实际行动彰显"两个维护"的政治自觉、思想自觉、行动自觉，切实扛起守护公平正义、司法为民的责任担当。持续坚持服务大局，忠实履行宪法法律赋予的职责，把司法工作置于全县改革发展大局中去谋划、去推进，为喀左县经济社会高质量发展创造良好的法治环境，提供有力的司法保障。始终坚持司法为民，牢固树立以人民为中心的发展理念，切实在维护民生权益上下功夫，有效保护了全县人民生命财产安全，不断提高提高司法为民的成效，得到了全县人民群众的充分肯定。

【队伍建设】 坚持全面从严治政、全面从严治院、全面从严治警，不断推进新时代政法队伍革命化、正规化、专业化、职业化建设，顺应广大群众对法治政府工作的新期待、新要求，进一步促进法治政府建设。

公　安

【维护全县社会大局稳定】 圆满完成了"两节两会"、青岛峰会、60周年县庆、N18216一级加强警卫任务、环湖自行车赛等重大活动和敏感节点安保任务，实现了万无一失。确保了党政机关、水电油气等关键部位和商场、超市、车站、学校等人员密集场所的绝对安全。60周年县庆安保期间，全局出动警力1000人次，巡逻警力500人次，县庆活动期间平安稳定。一是严密防范、严厉打击敌对势力和敌对分子破坏活动。对全县10个重点群体、82名群体骨干、70名个体访人员、27名肇事肇祸精神病人进行重点稳控。对邪教人员信息进行梳理更新，排查邪教人员956人，确定邪教三级以上重点人员41人，处理11人。完成宗教领域基础调查5次，专项调查4次，配合宗教部门取缔一起非法宗教活动，排查非法宗教场所14处。二是严密互联网监控工作。全年共检查网吧100余家次，对重点网站、重要信息系统备案1家，检查20余次，处罚15家次。向县委、县政府和上级公安机关报送舆情信息324篇，舆情导控21次，删除有害信息98条，通报异地有害信息60余条。对有害信息做到第一时间发现、封堵，落地查实。三是依法维护信访秩序。县局主要领导和其他班子成员共接访、下访29人次，主动化解信访案件，20件信访案件全部办结，实现了减存控增目标。排查涉公安访重点人13人，逐人建档，未出现上访滋事问题。接待并处置到县委、县政府上访事件共计107批次985人次，其中群体访56批次923人次。依法果断处置公营子铁路，白塔子盆窑食品厂、中三家保温材料厂，大营子碎石厂等招商引资企业矛盾纠纷，为全县基础设施建设和招商引资项目建设营造了良好的发展环境。

【创新完善社会治安防控体系】 进一步巩固和发展喀左县全国综治最高奖"长安杯"的建设成果，着力构建更高水平的平安喀左，提升社会治理整体水平。一是强化应急处置。完善1分钟、3分钟、8分钟处置圈和10分钟、20分钟环城封控圈，组建25个专业化常态化巡逻组，有警接警，无警巡逻，提高见警率、管事率，破获现行违法犯罪案件2起。全县设19个卡点，出动110名警力，投入"非洲猪瘟"防控攻坚战。二是打造"天网"即"雪亮"工程。2018年，新建高清视频点位500个，全县高清视频达5000多个，实现了视频监控全覆盖。三是创新社会治理工作。综治牵头，公安主抓，整合社会力量，采集各类信息，排查化解矛盾纠纷，稳控重点人群，构建共建共治共享的社会治理新格局。

【社会治安】 以扫黑除恶专项斗争为牵引，集中整治乱点乱象，重拳打击各类违法犯罪活动。突出打好政治安全、经济安全、社会稳定、公共安全领域“四大攻坚战”，全力做好扫黑除恶专项斗争、打击枪爆违法犯罪、严打暴恐专项工作，推进安商安民“平安整治行动”。截至10月底，立治安行政案件2124起，结案829起，行政拘留707人，罚款212人，拘留并处罚款186人；立刑事案件570起，破案229起，刑事拘留142人，取保111人，监视居住1人，报捕101人，移送起诉162人，抓获逃犯35人。严打涉毒违法犯罪，破获“4·17”部督贩毒案，抓获贩卖毒品犯罪嫌疑人10人，吸毒人员8人，缴获冰毒25公斤。共破获毒品刑事案件4起，抓获犯罪嫌疑人14人，抓获吸毒人员10人，强制戒毒2人，社区戒毒3人。严打击枪爆违法犯罪活动，破获“3·26”部督非法制造爆炸物案件，抓获犯罪嫌疑人5人，缴获爆炸物1.2吨。9月8日，抓获两名现行盗窃电动车、电瓶犯罪嫌疑人，查获被盗电动车2台，电瓶100余块，全县社会治安形势明显好转，群众安全感、获得感和满意度持续提升。

【扫黑除恶】 在县委、县政府和上级公安机关领导下，在县委政法委直接指挥下，充分发挥扫黑除恶专项斗争的主力军作用，全警参战，全力以赴，投入扫黑除恶专项斗争。县公安局成立扫黑除恶专项斗争领导小组和办公室，制定了扫黑除恶专项斗争实施方案，召开党委会议、党委（扩大）会议12次、推进会5次，抓落实，抓推进。组织全警学习扫黑除恶专项斗争有关知识，张贴《关于依法严厉打击黑恶势力违法犯罪的通告》2000份，印发宣传单10万余份，印发《喀左县人民政府关于群众举报黑恶势力犯罪奖励办法》800份，并在喀左电视台播放。向13万余户城乡居民发放致广大人民群众的一封信。悬挂横幅1126条，宣传板块97块，设立举报箱200个。在政府门户网站公开扫黑除恶24小时举报电话。与检察院、法院建立研判会商机制，召开会商会2次。获得涉黑涉恶线索83条，正在核查20条，已查结63条。侦办“5·18”专案（省厅挂牌督办案件，市局指定喀左县公安局管辖），由1名副局长带队，抽调20名警力侦办此案。截至10月底，侦破刑事案件20起，刑事拘留32人，立网上逃犯1人，批准逮捕32人，移送纪检监察机关线索10条。经深入摸排，10月16日在喀左县六官镇侦办一起涉恶案件，3名犯罪嫌疑人被刑事拘留。按照“有黑扫黑、无黑除恶、无恶治乱”的要求，实施延伸打击，集中整治乱点问题，侦破网络赌博犯罪案件3起，抓获违法犯罪嫌疑人40人，移送起诉12人，行政拘留28人。打击涉众型经济犯罪，破获传销案件1起，非法吸收公众存款案件1起，刑事拘留3人。整治矿山秩序，依法清理取缔2个“私挖乱采”黑矿点。

【公共安全监管】 坚决守住安全稳定底线，保安全、防隐患、控源头、查事故。一是狠抓道路交通安全管理。开展治理“黑车”、酒驾、校车违法行为、运输市场整治，客运安全年、安全生产百日行动、联合治超等专项行动16次，严查严处酒驾、涉牌涉证等严重交通违法行为，共查处各类交通违法行为47900起，拘留653人。二是强化消防安全管理。相继开展了夏季火灾防控、电气火灾、高层建筑、消防控制室、大型商业综合体等专项治理工作，扑救火灾524次，救助109次，救助群众81人，抢救财产260万元；检查各类场所4841家次，督促整改火灾隐患4766处，临时查封23家，责令“三停”19家，罚款2.33万元；推动重点单位落实“6+1”措施和微型消防站建设；以昌盛、建安2个社区为试点，开展“消防安全社区”创建活动，与街道、社区微型消防站联动演练9次，开展重点单位演练48次。

6月12日，在利州街道召开全县三级消防暨电动车规范管理现场会，推广电动车智能充电桩管理做法。三是强化场所和重点单位监管。检查歌厅73家次，足疗店、留宿性洗浴场所118家次，宾馆旅店440家次，检查废旧金属收购企业32家次，机动车修理企业75家次，印刷企业21家次，排查、整改安全隐患61处，处罚15家18人。开展内保单位安全检查320家次，当场整改24处。检查寄递物流企业60次，开展安保业务知识、反恐防暴技能培训4次，全县36家民营加油站全部安装散装汽油销售APP。四是强化整治枪爆违法犯罪。办理涉枪案件3起（其中刑事案件2起，行政案件1起），涉爆案件5起（均为刑事案件），采取强制措施7人，行政处罚1人，捣毁非法制造爆炸物窝点1处。年初以来，共收缴（含主动上交）枪支4支，子弹271发，炸药1200公斤，雷管10枚。

【优化营商环境】 成立了由主要领导任组长的打造最优发展环境领导小组，印发了5个总体方案和5个专项方案。公安行政服务分中心办理各项申请3万余件，车管所办理新车注册登记3652台，驾驶证6954本。摩托车带牌销售39台，办结率达到100%，群众零投诉。推出“六位一体”交通事故处理模式和微信平台处理交通违法新举措，共处理各类交通违法行为4600多起。加快“互联网＋公安”平台建设，户政、交警、出入境、消防、治安等15个警种261项公安业务全部上网，办理事项698件。一是对照省厅、市局发布的75项新举措及“最多跑一次”86项和“一次不用跑”11项事项清单（第一批）的通知，进一步完善公安服务经济社会发展新举措。开展“预约、错时、延时、上门”服务。二是开展“进企业、访民情、促发展”活动，县局班子成员和警种部门负责人深入企业走访调研，建立警种部门负责人、派出所负责人、派出所民警“三位一体”包扶企业机制，开展警企共建。三是在朝阳喀左经济技术开发区、南哨街道分别成立服务经济办公室、绿港蔬菜批发服务办公室，为企业提供“零距离”服务。9月29日，喀左雄安商会9名企业负责人到县公安局送锦旗，感谢公安局高效出警办案，维护企业合法权益。

【从严治党治警】 始终坚持党对公安工作的绝对领导，始终把全面从严治党治警摆在突出位置，牢记习总书记“四句话、十六字”总要求，组织民警、辅警认真学习和贯彻落实中共十九大精神和习近平新时代中国特色社会主义思想，落实“两学一做”学习教育常态化制度化，做到学以致用、覆盖全警。一是落实全面从严治党治警主体责任。县局两次召开全局党风廉政建设会议进行部署，印发了党委党风廉政建设和反腐倡廉工作责任分工，党风廉政建设年度工作重点等文件，党委理论中心组学习6次、县局党委会14次、班子民主生活会5次，举办学习贯彻中共十九大精神培训班，全局民警参加了培训。二是用制度管人管权管事。制定并完善了一系列规章制度，强化警种部门和派出所党建工作，着力解决主体责任履行不到位，“一岗双责”不落实，只抓业务、忽视党建，重工作、轻队伍管理的问题。制定了“三规则四制度”，即《党委会议事规则》《局班子议事规则》《局长办公会议事规则》《党委班子民主生活会制度》《党员领导干部双重组织生活制度》《党委理论中心组学习制度》《党风廉政建设工作制度》。制定并完善了《窗口单位服务规范》《民警考勤制度》《进一步规范会务办理和严肃会议纪律规定》，形成了务实、管用、长效的党建和队伍管理机制，在“重实干、强执行、抓落实”上动真章。三是发挥党员带头作用。发展入党积极分子12人、预备党员17人，党员转正16人。局班子成员带头到分管部门讲党课，“七一”前夕，组织在职党员进社区活动，发放宣传手册600份，解答群众咨询70多人次。在“5·18”专案组成立临时党支部，做到工作开展到哪里，党建就跟进到哪里。全局党员民警开展“警民一家亲”走访、“四个一”亲民、“政务公开日”等实践活动，走访群众3500余人次、企业48家、校园39所，向群众发放手册、宣传单4.5万份，接受群众咨询1万余人次。全警投入脱贫攻坚行动，包扶贫困户820户，民警为贫困户送去生产生活用品和慰问金。四是狠抓执法规范化建设。制定激励措施，5名民警通过国家统一司法考试。严格执行执法问题移交清单制度，每季度组织民警开展一次执法业务培训，提升执法能力。强化执法保障，及时更新更换计算机、打印机、扫描仪、执法记录仪等设备，按公安部“四个一律”标准，维护升级办案区设置。完善接处警、受立案、涉案财物管理等相关制度，有效解决了执法瑕疵问题。五是开展队伍纪律作风整顿。根据省厅、市局要求，分别于4月、8月、10月开展全局性纪律作风整顿，全警队伍面貌、纪律作风明显好转，工作效率明显提高。六是畅通监督渠道。截至10月底，办理民心网、市民投诉115件，接待群众来信来访、办理上级转送信访事项86件次，办结率达到100%。纪委督察部门发挥执纪监督职能作用，查处违规违纪人员5人，诫勉谈话3人，提醒谈话6人，通报批评9人次，书面检讨4人次。

2018年，全县公安工作和队伍建设取得了较好成绩。拘留所获评全国一级拘留所，荣记集体三等功；交警大队车管所获评全国一等县级车辆管理所、全省青年文明号、全省文明单位，全市“规范司法行为，优化营商环境”先进政法服务窗口单位；利州派出所获评全省人民满意政法单位、全市“人民在我心中”最佳警队；巡特警大队获评全市勤廉兼优政法单位；县局行政服务分中心获评全市最佳服务窗口；治安大队荣记集体三等功。此外，有8个所队、35名民警分别受到市、县表彰奖励。

（公安局）

检 察

【刑事检察】 坚持从严从快方针，严厉打击严重刑事犯罪。年初以来，共受理公安、监察委提请逮捕的案件136件203人，经审查，批准逮捕93件151人，决定逮捕2件4人；受理移送审查起诉案件239件392人，经审查，提起公诉187件223人。工作中，注重维护国家公共安全和社会安全，严厉打击涉黑涉恶犯罪等活动，加大打击严重刑事犯罪和侵犯民生犯罪的力度。坚持对重大案件提前介入，引导侦查取证，及时固定证据，提高办案效率。强化责任担当，扎实推进扫黑除恶专项斗争。按照中央和省、市、县委决策部署，迅速召开党组扩大会议，专题研究部署扫黑除恶专项斗争工作，要求全院干警主动扛起政治责任，迅速把思想和行动统一到扫黑除恶专项斗争中来，并就经费保障、办案队伍等作出统一安排，要求一切力量服从扫黑除恶办案需要。定期召开扫黑除恶领导小组会议，对相关部门工作进行调度，及时帮助解决办案中的困难和法律适用难题，有力地推动了扫黑除恶专项斗争的开展。受朝阳市人民检察院指定，朝阳市2起涉黑性质犯罪案件全部交由喀左县人民检察院办理。县人民检察院将这2起案件的办理工作当作重大政治任务，举全院之力，统一调配员额检察官、检察辅助人员，成立专案组，对涉黑涉恶案件及时介入侦查，指导固定证据。案件中，以北票张某某为首的黑社会性质组织犯罪案件已进入审查起诉阶段，凌源刘某某等5人具有黑社会性质犯罪案件已提起公诉。此外，喀左县席某某等3人具有涉恶性质的敲诈勒索案也已提起公诉。主动适应监察体制改革，履行反腐败工作职责。年初，市纪委监委、市人民检察院决定将市纪委监委查办的凌源市委原书记邹某某案件交由喀左县人民检察院审查起诉，在监察法未颁布、办案程序没有规定的情况下，院党组主动作为，带领办案干警立足检察职能，积极探索办案工作新模式，建立提前介入和提前了解案情工作机制，保证了纪委监委的留置措施和刑事强制措施的顺利衔接。2018 年，共受理市、县监察委移送案件 3 件 5 人，其中，法院已对提起公诉的凌源市委原书记邹某某贪污、受贿、滥用职权案做出一审有罪判决，这是全市第一起、全省第二起由检察机关受理并起诉的职务犯罪案件。凌钢集团张某等 3 人贪污、受贿、挪用公款、滥用职权案，县纪委监委查办的李某贪污案现已提起公诉。优化司法理念，切实维护市场经济秩序。深入贯彻落实高检院和辽宁省委关于服务非公有制经济发展的意见，在涉及民营企业的犯罪案件中做到依法办理的同时，秉持决不能因为办理一起案件而拖垮一个企业的理念，特别是在强制措施的使用上，除特别严重的犯罪外，一般采取取保候审，对于侦查机关查封、扣押的账户、财产是否合法进行监督，确保企业正常生产经营秩序。2018 年，县人民检察院对 2 起涉及民营企业人员的犯罪案件进行了从宽处理。深化社会治安综合治理，依法化解矛盾纠纷。进一步畅通控告申诉渠道，严格落实领导包案制度、检察长接待日制度和员额检察官接访制度，努力把问题解决在首办环节。全年共接待群众来信来访 85 件 121 人，无涉检信访积案，无进省进京访案件；对生活困难的被害人近亲属办理国家司法救助 2 件，向省人民检察院申请救助资金累计 23 万余元。落实全县涉法涉诉信访案件评查工作领导小组办公室职责，服务全县信访案件减存控增工作，参与巡视组交办的信访案件评查 2 件，政法委交办的涉法涉诉长期访案件评查 2 件，全部得到了有效化解。

【刑事诉讼监督】 深化刑事诉讼监督。依法加强对侦查机关的立案监督和侦查活动监督。2018 年，对应当立案而不立案、不应当立案而立案的，依法监督立案 1 件 1 人，撤案 2 件 2 人；对应当逮捕而未提请逮捕决定追加逮捕 9 人；对不应当追究刑事责任和证据不足的，决定不批准逮捕 20 人，不起诉 13 人。建议行政机关向公安机关移送应当立案侦查案件 2 件，公安机关已立案侦查并对 2 名犯罪嫌疑人采取了强制措施。落实检察长列席同级审判委员会制度，共列席县人民法院审判委员会会议 2 次，检察长就案件事实及证据、法律适用、社会效果等方面充分发表了公诉方意见，充分运用量刑建议权，确保审判机关量刑的统一、规范。深化刑罚执行与监管活动监督。对看守所羁押人员进行动态监督管理，全年无超期羁押情况发生。认真开展羁押必要性审查，年初以来，共提出变更强制措施建议 6 件 6 人，审查意见全部被办案机关、部门采纳。积极推进社区矫正执行监督，坚持定期核查和对重点人员随时抽查，对脱管、漏管情况进行了有效监管。2018 年，共监督执行机关提请收监执行社区矫正罪犯 2 名，运用执检子系统，纠正了一起跨省区的刑事执行违法违规案件。

【民事行政法律监督】 强化民事行政诉讼监督。为着力解决“重刑轻民”问题，院党组在全院范围内选配调整优秀检察官和辅助人员，切实加强民事行政检察部门办案力量，同时要求干警积极转变“坐等办案、等米下锅”的思维定势，变被动为主动，进一步强化法律监督意识，全年共受理民事行政检察监督案件 14 件，向审判机关和行政执法机关发出检察建议 14 件，全部被审判机关和行政执法机关采纳，实现了精准监督。落实行政检察改革部署，加强公益诉讼工作。始终将公益诉讼作为重点工作和“一把手”工程，成立公益诉讼领导小组，实行线索统一管理统一调配，强化领导督办领办作用。2018 年，围绕生态环境、食品药品安全、国有资产保护等重点领域摸排发现线索 65 件，立案 20 件，其中，向相关行政机关发出检察建议 14 件，向违法企业提出诉前检察建议 6 件。通过办案，督促恢复破坏的林地 19.6 亩，清理有毒矿渣 0.6 吨、路边垃圾 131.5 吨，督促8家违法企业及时进行了整改，消除了安全和污染隐患。

【自身建设】 坚持政治建检铸忠魂。全面落实新时代党的建设总要求，把政治建设摆在首位。深入学习贯彻习近平新时代中国特色社会主义思想，扎实开展“不忘初心，牢记使命”和“忠诚干净担当”主题教育活动，持续推进党员干警理想信念教育。以提升政治能力为重点加强领导班子自身建设，严格落实党组中心组学习和民主生活会制度，着力提升“关键少数”的政治觉悟和政治能力，打造对党忠诚、政治过硬的坚强领导核心。对照中央第六巡视组巡视反馈整改意见，先后召开两次民主生活会，深入查摆领导班子和自身存在的问题，深入开展批评与自我批评，同时在全院开展整治干部“不担当、不作为”“圈子文化”等专项整治行动。加强意识形态领域塑造和管理，将意识形态工作与检察业务工作同部署、同落实，压紧压实意识形态主体责任，筑牢干警对党忠诚之魂。全力抓好扶贫帮建工作，为帮扶的南公营子黄花店村出资安装广场照明灯、购买种子化肥、为村委会配置电脑和打印机，协调有关部门打机井、铺设灌溉管道、进行路面硬化、安装体育设施，将精准扶贫落到实处。坚持素质兴检强本领。以领导干部和员额检察官为重点，突出检察实务技能和执法办案规范化建设，通过开展业务骨干轮训、办案观摩、岗位练兵、案件评查等活动，干警的理论水平和实战能力不断提高，履职能力得到进一步提升。加强对执法规范执行情况的监督检查，依托统一业务应用系统，加强办案全流程监控，建立并逐步完善执法档案、执法过错责任追究等机制，实现了执法档案网上公开。工作中，注重培养能挑大梁、扛重担的青年办案能手、业务尖子，公诉部门1名员额检察官在朝阳市检察机关首届公诉人大赛中获得了“朝阳市十佳公诉人”称号。坚持作风强检炼品质。坚持以上率下，院领导以员额检察官身份带头办理重大疑难复杂案件，带头接待群众来访，全年共办理各类案件35件，接待群众来访39人次，发挥了领导干部的“头雁效应”。深入学习贯彻《关于新形势下党内政治生活的若干准则》和《中国共产党党内监督条例》，发挥好“关键少数”作用，坚持先学一步，深学一层，真正入脑入心入行。坚持从严治检不动摇，认真落实党风廉政建设责任制，采取检务督察、随机抽查等方式，严格规范执法行为，加强对自身执法活动的监督制约，防止检察权的滥用。加强对干警“八小时以外”的监督，引导检察人员守住做人做事、用权交友底线。

（检察院）

法 院

【审判执行工作】 全年受理案件5463件，结案5154件，综合结案率94.34%，法定期限内结案率100%。一是依法打击犯罪。受理刑事案件193件，审结183件，判处10年以上有期徒刑1人，3年以上10年以下有期徒刑7人。严厉打击危害公民人身、财产安全的强奸、诈骗等犯罪，形成强大震慑效应。坚持区别对待，对符合轻缓刑事政策的被告人依法从宽处罚，判处拘役、管制、单处罚金等刑罚32人。对污染环境、非法制造爆炸物等新出现的犯罪，以及利用互联网、微信、游戏场所实施传销、赌博等新型犯罪定罪量刑，审结此类案件9件16人。开展扫黑除恶专项斗争，认真规划，精心部署，全面排查案件线索，依法开展审判工作，切实增强群众安全感。二是加强民商事及行政审判。受理买卖、借款等商事案件1671件，审结1576件。审结涉企案件248件，涉案标的额1亿余元。受理婚姻家庭、权属等民事案件1503件，审结1432件。妥善处理农村土地承包权、经营权纠纷，审结涉农村土地纠纷案件159件。坚持合法性审查与社会矛盾化解并重，保障和促进行政机关依法行政，支持和引导群众通过法律途径解决纠纷，受理行政诉讼案件29件，审结25件。三是加强涉诉信访工作。落实信访矛盾减存控增三年攻坚计划，聚焦信访工作难题，合力攻坚化解，对穷尽法律救济途径的案件及时交地方政府稳控，效果明显。据统计，中央巡视组交办的7件、省政法委交办的12件、省人民法院交办14件和信访联席会议交办的19件信访案件，化解率分别为100%、50%、50%和63%，均已按要求完成减存任务，新访案件数量明显下降。四是如期打赢执行战役。开启“白加黑”“五加二”、节假日连续作战模式，全力开展执行“风暴”攻坚战、歼灭战。增加执行力量，增派2名法官助理、4名书记员、8名法警，借调公安局6名干警常驻执行局，执行工作实现法官、助理、书记员、辅警1∶1∶1∶2的人员配备。创新联动机制，接通公安专线，与不动产登记局、工商总局、银行、支付宝等联网，健全“总对总”网络查控系统，有效克服查人找物难题，同时创新司法拍卖模式，开展网拍工作，提高财产变现效率。强化执行威慑，向公安机关移送涉拒执犯罪案件11件，司法拘留149人，公布失信被执行人1197名，限制高消费2161人。2018年，共受理执行案件2067件，结案1938件，结案率93.76%，执行到位金额7100余万元。在最高法院设定的27项指标考核中均取得较好成绩，得到省人民法院的肯定。

【司法为民工作】 坚持践宗旨、重服务，满足群众多元司法需求。一是切实关注民生需求。设立法律援助工作站和人民调解工作室，为当事人解决纠纷提供便利。加强调解、协调等工作方法的灵活运用，调解及撤诉结案1463件，调撤率49.02%。发挥小额诉讼程序优势，审结小额诉讼民事案件240件，其中173件调解或撤诉，减轻了当事人诉累。妥善化解邻里纠纷，查明焦点，善加引导，增进理解互信，相邻关系类案件调撤率为45.1%。二是依法保护弱势群体。落实司法救助制度，为确有经济困难的当事人减、免、缓诉讼费50万余元。开启农民工诉讼维权绿色通道，共受理劳务合同纠纷276件，审结268件。落实“七五”普法工作，为社区妇女和在校学生讲授法治课，提升法律意识。三是进一步推进司法公开。在实现审判流程、执行信息、裁判文书公开的基础上，开启庭审网上直播，共直播案件79件，进一步提升司法透明度。裁判文书上网2750份，上网率82.66%。

【法院管理工作】 坚持规范化管理，推进各项工作协调稳健发展。一是落实司法改革部署。进一步推进人员分类管理，开展法官助理及书记员等级套改工作，任命法官助理28名、书记员2名。推进人民陪审员制度改革，与有关部门协调配合，做好人民陪审员的选任培训等工作。二是加强业务管理。制定业务工作目标，强化实时督导，凝聚工作动力。加强审限监管、案件督办、临限预警，严查延审、扣审、中止事由，杜绝案件超审限。适时调剂案件，优配任务，确保案件不积压。案件繁简分流，简案快审，提高审判工作效率。加强案件运行态势分析，及时调整工作部署，保证审执工作稳健运行。三是推进法院信息化建设。强化对司法公开的硬件支撑，利用大型LED屏及时公示开庭信息和失信被执行人信息。加强对执行指挥中心的深度应用，保障执行工作有序推进。继续抓好智慧法院建设，建成高清数字化法庭，确保审判工作向网络化、阳光化、智能化方向发展。抓好机关安保工作，将院内及派出法庭的监控设备全部更新为高清设备，实现了重点区域全覆盖。

【队伍建设】 坚持以人为本，提素质树形象。一是增强党性修养。以“不忘初心、牢记使命”主题教育和“两学一做”常态化制度化为抓手，推动全面从严治党工作有效落实。抓好党建，做好意识形态工作，引导干警提升“四个意识”，增强“四个自信”，坚定不移走中国特色社会主义道路。二是注重能力培养。规范图书借阅管理，丰富、更新学习资料，为干警学习提供条件。积极开展审委会集中学习和专题学习，依托个案研讨，对业务难点、重点问题专题研究，不断积累、丰富业务知识。积极组织干警开展业务学习和业务培训，促进干警工作能力提升。三是优化人才配置。为满足司法改革的现实需求和实现法院工作的长远发展，招录劳务派遣制书记员、速录员、辅警共34名，并依其专业特长编入相应工作团队，实现人尽其能，才尽其用。支持干警参加司法考试及在职学历教育，为干警自我提升提供便利、拓展空间。鼓励干警参加篮球比赛、徒步大赛等活动，丰富精神文化生活。四是加强作风建设。认真履行管党治党主体责任、监督责任和领导责任，全面落实党风廉政建设“一岗双责”。召开专题会议整治纪律作风，坚决杜绝“冷硬横推”“吃拿卡要”“庸懒散奢”等现象。严肃工作纪律和会风会纪，不定期检查庭审，让队伍时刻保持精气神。积极落实人大常委会决议，加强与人大代表、政协委员联络工作，邀请人大代表、政协委员旁听庭审、监督执行。落实司法民主，人民陪审员陪审案件率达到100%。

（周福乾）

司法行政

【法制宣传教育】 一是严格落实“谁执法谁普法”责任制。2018年4月2日，喀左县司法局制定并下发《喀左县司法行政系统落实“谁执法谁普法”普法责任制实施方案》的通知，加强系统内普法，在全县司法行政系统深入开展法治宣传教育和党内法规教育，开展以案释法，增强司法行政干警和法律服务工作者法治观念，提高法治素养和依法办事能力。研究制定《喀左县国家机关普法责任清单（第一批）》，明确国家机关普法任务、工作要求、普法责任，为各部门履行普法责任提供依据和遵循。下发《2018年喀左县法治宣传教育工作要点》，要求各部门、各单位制定本部门、本单位的法治宣传教育工作要点，明确全年重点普法工作任务和目标，为做好2018年法治宣传教育工作奠定基础。二是积极开展普法宣传活动。将《辽宁省优化营商环境条例》宣传纳入2018年度法治宣传教育工作的重要内容，继续在全县开展“助力振兴、服务民生、维护稳定”法治宣传活动。4月15日，喀左县法宣办下发《关于开展2018年全民国家安全教育日法治宣传活动的通知》，在全县范围内开展“4·15”全民国家安全教育日法治宣传活动，举办培训班30多期，设置宣传站点22个，出动宣传车13台，发放宣传资料1万余份。5月15日，司法局在天成广场前开展普法宣传活动，解答群众咨询37件，发放老年人权益保障法、公证法、法律援助条例等法律宣传单及宣传手册1700余份。6月1日，利用龙凤山庙会这一有利契机，司法局组织6个部门一行7人到龙凤山景区开展“法律进景区”宣传活动，现场为游客提供免费法律咨询服务，零距离开展法治宣讲、普法教育，活动发放各类普法宣传资料1000多份，解答法律咨询5人，营造法治旅游氛围。三是强化宪法学习宣传。县法宣办制定并下发了《2018年度学习宣传宪法工作实施方案》。6月23日，司法局组织机关在职党员在利州街道华仕小区开展“党员进社区”活动，发放宪法知识宣传单及知识手册近千册，解答法律咨询10人次。司法局开展“尊法学法守法用法”主题法治宣传实践活动，印发“宪法读本”5000余册，组织宪法学习宣传40余次。四是加大新媒体新技术运用。司法局积极探索新媒体普法新形式，在县电视台开设普法栏目（节目），播放普法公益广告，刊播法律知识，营造法治氛围。开通上线“喀左普法”微信公众号，运用文字、图片、视频等多种方式，推送新颁布的法律法规和热点法律动态，以案释法，宣传普法动态和法治创建工作情况。“喀左普法”微信公众号关注人数已达7898人，推送宪法学习知识3条，扫黑除恶相关知识5条，其他法律知识10余条，扩大普法覆盖面，营造良好法治氛围。五是加大法治宣传教育工作信息报送和案例报送。司法局积极向中国法制新闻网、《辽宁法制报》《朝阳日报》、中国喀左网站、《喀左县报》等报纸网络报送法治宣传信息；向“12348”中国法网报送法治宣传案例。2018年，报送信息144篇，报送案例17篇。

【社区矫正工作】 至2018年，全县累计接收社区服刑人员755人，解除矫正580人，现有175人。没有出现脱管漏管现象，未发生社区服刑人员重新违法犯罪。一是认真开展拟适用非监禁刑审前社会调查评估工作。2018年，喀左县接收本地和外埠法院委托评估调查共199件，全部按时办结，采信率达100%。二是完善接收交付流程。社区服刑人员凭判决书、执行通知书到司法局报到时，工作人员会对社区服刑人员的相关法律文书及材料进行严格的审查，认真核实社区服刑人员身份，及时采集社区服刑人员的指纹、头像，将其基本信息录入电子平台，将一式三份的报到证发给本人，责令其3日内到居住地司法所报到。社区服刑人员到司法所报到后，由司法所工作人员告知其相关权利和义务以及社区矫正相关规定，开展初次见面谈话教育，建立矫正对象的个人矫正档案。同时，司法所立即组织成立由司法所长任组长，由社区矫正助理员、所在村（社区）工作人员、志愿者、亲属为成员的矫正小组，并与司法所签订帮教协议。矫正小组成员带领社区服刑人员到管理教育中心报到，接受入矫宣告、教育。三是严格把控社区服刑人员请销假制度。加强对社区服刑人员的有效监管，落实社区服刑人员请销假制度，司法局下发喀司发〔2015〕16号文件，对社区服刑人员的请销假制度做了详尽的规定，包括允许请假的事由、不得请假的情形、请假审批程序、请假期限，以及销假制度。对违规批准外出的或发生社区服刑人员请假未经批准违规外出的，逐级追究责任，防止脱管、漏管、重新违法犯罪现象的发生。四是妥善安置、精心帮教释解人员，预防、减少刑事犯罪发生。全县5年内安置帮教人员1079人（刑释499人、解矫580人）。重点帮教对象180人，已全部衔接，衔接率达100%；一般帮教对象899人，衔接率达100%，帮教率达100%。就业安置率达到98%。重新违法犯罪率为零。

【基层司法所建设】 组织机构更加健全。各司法所大力加强调解组织建设，完成了对调委会的整顿和充实工作。到年底，全县已建各类调委会229个，其中乡镇（街道）人民调解委员会23个，村居人民调解委员202个，还针对医疗事故、交通事故等专业性较强的矛盾纠纷组成了行业性人民调解委员会。进一步规范基层法律服务工作圆满完成。2018年7月，司法局完成更换新的基层法律服务所正副本和法律服务工作者执业证工作，进一步规范基层法律服务工作。全县共有15个法律服务所，31名基层法律工作者。2018年基层司法所代理民事案件47件，代理非诉讼事务56件，参与人民调解91件，咨询和代书161件。

【调解网络化建设】 建立和完善“县、乡、村”三级矛盾纠纷排查调处组织机构，落实责任，建立零报告制度。建立公共法律服务中心和人民调解中心，并在全县23个乡镇建立了公共法律服务工作站，在202个村（社区）建立了公共法律服务工作室。2018年，共排查各类矛盾纠纷389件，调处389件，调处成功389件，调处成功率100%，排查纠纷144件，预防纠纷111件，做到了件件底数清、情况明。

【法律援助】 一如既往地开展法律援助，切实维护贫弱者的合法权益。2018年，喀左县法律援助中心共受理诉讼案件398件（民事377件，刑事

21 件，行政 0 件），涉及受援人 454 人，共为受援人挽回经济损失 248 万元。全县共解答法律咨询 748 人次，其中来电 43 人次，来访 695 人次，公众号咨询 10 人次，“12348”法律服务热线承担了绝大部分的电话法律咨询，群众咨询反映的问题主要涉及工伤、交通事故赔偿、债务纠纷、医疗纠纷、合同纠纷、伤害赔偿纠纷、婚姻家庭纠纷等方面，对刑事案件的程序、时限也有涉及。开展“携手互助，法律援助乡村行”专项活动。中心将其他专项活动与“携手互助，法律援助乡村行”专项活动相结合，充分发挥乡镇法律援助工作站、村（社区）法律援助联络点的宣传、咨询和转申请、初审职能，打破交通不便、行动不便障碍，实现法律援助“十分钟便民服务圈”。2018 年，中心受理未成年案件 8 件、妇女案件 55 件、残疾人案件 11 件、老年人案件 44 件。

2018 年，喀左县司法局与喀左县扶贫开发局联合下发《关于开展法律援助助力“精准扶贫”工作的通知》，将全县 2016—2020 年建档立卡贫困户纳入城乡困难群体法律援助服务对象范围，对本地建档立卡贫困户申请法律援助的，免于经济困难审查。对于符合法律援助范围条件的申请事项，免费提供法律援助。2018 年，喀左县司法局受理精准扶贫户法律援助案件 5 件，已全部结案，受援人对援助效果非常满意。

积极开展庭审旁听活动，旁听庭审 3 次，并认真填写庭审旁听监督考评表。

进一步狠抓法律援助工作站和业务规范化建设。2018 年 1 月，喀左县法律援助中心驻喀左县人民法院工作站挂牌成立。挂牌内容包括：驻人民法院的主要工作职责、轮值律师工作职责和制度、民事法律援助受案范围、刑事法律援助受案范围等。工作站将担负起解答法律咨询；引导和帮助犯罪嫌疑人、刑事被告人及其近亲属申请法律援助，转交申请材料；对刑讯逼供、非法取证情形代理申诉、控告；开展法治宣传教育活动等。

【公证法律服务】 2018 年，公证处共办结各类公证事项 1506 件。一是抓办证质量，以提高公证的公信力和影响力。严抓审批出证，出证审批都是由主任或副主任审批，不经审批原则不得出证。抓卷宗归档，严格按司法部公证卷宗归档办法执行，按季整理归档。积极组织卷宗质量互查、自查。对 2018 年以来办理的公证案卷进行检查，对存在的问题进行整改。二是抓宣传，求发展，扩大公证服务领域。2018 年，公证处向群众发放公证宣传资料 2000 多份，接待咨询人数近 420 人次。三是优化服务，开展便民利民活动。组织举办公证义务法律咨询活动，广泛宣讲公证法律制度意义和作用，向群众提供义务法律咨询，受到群众的欢迎。2018 年，为老、弱、病、残等弱势群体上门服务办理公证 35 件。

【司法队伍建设和党建工作】 抓好学习制度的落实，不断提高全局干警工作的积极性。坚持按照学习计划每周明确学习内容，并协同纪检组长形成周五学习制度，并将学习贯穿于活动的全过程，把学习的过程作为提高素质、转变作风、树立形象的过程。在此基础上，着重培养干警自我学习、自我改造、自我奋进的意识，变“要我提高”为“我要提高”。抓好干部管理制度的落实，干警的日常管理工作得到进一步规范。局党组本着“重教、严管、厚爱”的干部队伍管理方针，加大了对干警的教育、管理力度。抓好司法所的考核工作。做好党建工作。协助机关工委完成了积极分子转为预备党员的工作，同时按照省厅和市局的要求，完成了党建各项工作。

【扫黑除恶专项斗争】 健全组织领导。根据上级扫黑办工作指示，成立了以局长为组长，分工副局长为副组长，相关业务股室的股长为成员的扫黑除恶专项斗争工作领导小组，明确直接责任人，设立司法局扫黑除恶办公室，由专人负责扫黑办日常工作。

发动强大宣传攻势，营造浓厚法治氛围。主动抢抓扫黑除恶专项斗争有利时机，深入开展宣传活动。利用多媒体法制宣传车，聚焦重点时间、重点区域、重点人群，大力宣传区委区政府扫除黑恶势力的信心和决心，广泛宣传刑法、刑事诉讼法、治安管理处罚法等与深化扫黑除恶专项斗争密切相关法律法规。扶正祛邪，弘扬正气，努力营造扫黑除恶专项斗争的浓厚法治氛围。据统计，1—2月出动法制宣传车26台次。

汇聚一线调解资源，深入排查矛盾隐患。充分发挥人民调解“第一道防线”的作用，集中基层司法所、人民调解员资源，深化社会矛盾“一线调解法”，把矛盾纠纷化解在基层、消除在萌芽状态。聚焦矛盾纠纷易发、多发等行业领域，开展矛盾纠纷扫黑除恶“大排查、大调处”活动，加大对社会面涉黑涉恶高危人群、事项的摸排力度，及时发现并报告黑恶势力犯罪案件线索，进一步维护基层社会和谐稳定的大环境。

引导律师参与辩护，依法提供法律帮助。引导督促法律服务机构增强政治意识、大局意识和纪律意识，要求律师从维护社会稳定的高度，依法履行代理、辩护等职能，积极参与扫黑除恶专项斗争。引导律师树立正确的执业操守，忠诚履行职责使命，做到政治效果、社会效果和法律效果相统一。实行刑案辩护全覆盖，加强对刑事辩护工作的指导力度，对涉黑案件实行代理报告制度、集体讨论制度，切实掌握涉黑案件律师刑事辩护工作动态，提高刑事辩护的质量。

【招商引资和驻村帮扶工作】 招商引资工作成效显著。2018年，县政府下达招商引资任务500万元。实际招商引资额为1300万元，超额完成任务，被县委、县政府评为项目建设先进单位。驻村帮扶工作求真务实。驻村帮扶大营子乡金杖子村，2018年为该村办公资金解决资金2万元，全体机关干部为该村26户贫困户捐款5200元购买种子化肥。

（司法局）

军　事

人民武装

【概　况】2018年，人武部坚决贯彻省军区、军分区党委决策部署，坚持抓思想政治建设铸牢军魂、抓备战打赢提升遂行多样化任务能力、抓基层打基础、抓安全保稳定、抓风气树形象，锐意进取、大胆创新，圆满完成了上级赋予的各项任务，全面建设持续向好发展。

政治建设摆位突出，确保绝对忠诚。深入学习中共十九大会议精神，认真贯彻军委党建会议精神，坚持学深悟透、融会贯通、学以致用。扎实开展主题教育、党课教育和经常性思想教育，坚持领导干部上一线上讲台，党课亲自备课授课4次，国防教育课2次，强化了“四个意识”，保证了纯洁可靠。严格落实组织生活制度，发挥组织功能，部领导以普通党员身份参加党小组会带头开展批评与自我批评，确保人人都在组织监管之中。深入开展“三送三挂三帮三助”活动，持续搞好“八一”慰问退伍老军人、春节走访现役军人家庭“双百工程”，得到军地一致好评。有效管理退役士兵档案，积极配合地方采集退役军人信息，主动提供国家各项优惠政策，争取理解，未出现一起退役军人外出上访。全力以赴参加地方脱贫攻坚，直接投入8万元，协调资金200万元，对帮扶村实施产业扶贫，该村年人均增收2000元，市县两级分别在该村召开精准脱贫现场会，参观特色果园和土地合作社，年内整村脱贫通过第三方评估验收，经验做法中央媒体予以报道。军事训练中心聚焦，确保常备不懈。坚持以练兵备战为中心，往前赶、往深抓、往实落。组建应急行动军地联合指挥机构，分别组织“两项重点任务”预案审定和军地联演，通过随机拉动使得预案得到很好检验。深入调研论证、严密组织实施，完成民兵调整改革任务。主动破解民兵编组、训练、保障等难点问题，坚持“紧贴使命任务定布局，紧跟兵员流向建组织，紧靠装备优势编力量”，形成了一套切实管用的办法，省军区工作简报摘发有关做法。采取自主采购、向上请领、争取配发、预征预储等办法，配齐战备物资器材，先后两次组织基干民兵进行针对性训练，代表军分区接受省军区检验评估，综合考评位列全省第二。兵员征集创新不断，确保始终领先。兵役登记坚持以高中学校为阵地、以社会青年为补充，与征兵宣传、民兵整组、走访慰问、兑现优抚紧密结合，适龄青年兵役登记率在全省率先实现100%。针对驻地没有高校的实际，及早入手，争取主动，寒假组织大学生征兵宣传的做法被省军区转发。在全省首次尝试“先教育训练，后择优定兵”征集新模式，预定新兵役前教育训练经验在全省推广。征兵工作创新性做法得到省军区首长充分肯定，在全省征兵工作总结会议上作为唯一人武部介绍了经验。经过军地共同努力，完成新兵征集任务，实现了零举报、零违纪、零退兵，“五率”考评全市领先，连续三年受到省市表彰。基层建设规范有序，确保基础牢固。按照“三个一线”建设措施，制定《基层武装部规范化建设标准》《基干民兵规范化管理实施办法》《企业民兵组织规范化建设实施办法》，使民兵组织建设走上了制度化、规范化轨道。制定《基层武装部正规化建设与民兵整组工作检查验收细则》，列出建设标准，明确建设进度，部领导分片帮带、包干落实，年内基层武装部建设达标超过80%。半年县委议军会研究表彰党管武装好书记、武装工作先进单位和个人，年底军地联合对乡镇武装工作进行考核，优秀占到70%。廉政建设常态落实，确保风清气正。做到警示教育常敲打，不走过场、不流于形式，人人都参与，全员受教育。做到清理整治无死角，真查实改、列出清单、挂账销号、见底清零。做到紧盯敏感不放松，在经费使用、工程建设、兵员征集等问题上，按章办事、公开透明，无违规违纪问题发生，顺利通过上级经济责任审计。做到管理监督不失控，严格执行党风廉政建设各项规定，压实“两个责任”，党内监督和群众监督得到有效落实，民主测评满意度、优秀率100%。

（兰小兵）

【“两学一做”学习教育】 以习近平新时代中国特色社会主义思想为指导，认真学习《习近平谈治国理政》第一卷、第二卷和《习近平新时代中国特色社会主义思想学习纲要》《十九大代表风采录》和先进模范的典型事迹，认真学习省军区党委、军分区党委重大决策部署和重要会议精神，做到学思用贯通、知信行合一。集体学习研讨每月进行了1次，全年共进行了12天。党支部每月组织1次集体学习或集体讨论。每名党员结合自身制订自学计划，采用自学与集中学习相结合，文件学习与视频学习相结合，采取观看红色教育影片、廉政警示教育影片等，加强党员革命教育、党性教育。坚持把“两学一做”落实在日常工作和本职岗位，开展党员“亮身份、树形象、作表率”、围绕“传承红色基因、担当强军重任”主题，带头弘扬“奉献、友爱、互助、进步”的革命精神，充分展示共产党员的先进性。

（郭桂富）

【冬季训练】 在军分区机关的统一组织下，2月4日，现役干部带领部分专武干部及民兵到建平野营训练进场进行指挥所的开设。6日，在部长吴成勇、政委翟斌的带领下，10名部分专武干部及民兵摩托化行军120公里抵达宿营地域。下午，在军分区的统一导调下进行了指挥所演练，按照计划进行了战备等级转换和动员支前行动。晚上进行了夜间行军训练，徒步行军20公里。2月7日下午进行了野外识图用图训练，对确定站立点、按图行进等科目进行了训练。整个冬训组织严密、训练务实、保障到位、安全顺利，提高了组织指挥和遂行任务能力。

（兰小兵）

【民兵重点分队集训】 1月20日至2月1日，按照军分区开展年度全市重点民兵应急分队大集中训练通知精神，利用13天时间，组织全县重点民兵应急分队在建平县职教中心进行了军事训练。参训率达到了100%。依据民兵军事训练与考核大纲，在训练中，主要训练了队列、军事理论、灭火机的操作与使用、警棍盾牌的操作与使用等基本常识，交通管制、维护社会稳定等应急课目训练。通过考核，合格率达到100%。在训练中，坚持按纲施训、依法管理，坚持严格训练、严格要求，高标准、高质量完成了各项训练任务。

（兰小兵）

【民兵调整改革检验评估】 5月25日，省军区联合检验评估考核组对喀左县人民武装动员应急行动准备进行了检查验收。县人武部坚持扩缩结合、点面结合、主次结合，做到“巩固一个基础，推进两个拓展，加大三个比重”（巩固乡镇党政机关和企事业单位的组织基础；向新兴产业园区规模企业和集镇特色企业拓展，向退伍待业青年群体拓展；加大党政机关、行业系统、民营企业的编兵比重），重点民兵分队编组退伍军人达 100%，专业分队专业对口率达 80% 以上。在这次应急出动中，中途演练车辆出现故障，应急指挥中心能够及时调动车辆抢修小分队赶到现场进行抢修，并在规定的时间内全部赶到演练集结地，充分检验了喀左县民兵应急分队在处理突发事件的能力。通过对组织领导、组织建设、政治工作、军事训练、使用管理、方案计划等六个方面内容及进行千分制量化综合评定，全面验收民兵调整改革任务完成情况、评估应急出动能力。喀左县在最终评估验收量化中取得了 974 分，总排名全省第二的好成绩。

（兰小兵）

【新任职基层武装部长培训】 5 月 5—9 日，组织了一期新任职基层武装部长集训。基层武装部长是一线指挥员、民兵带头人，其个人能力素质直接影响武装建设质量。针对新任职武装部长存在的能力弱、素质缺、兵味淡等问题，精心设置了基本理论、基础技能和主责主业 3 个学训模块，采取理论课精品教学、业务课专长教学、指挥课专业教学等方式施训，全程军事化管理、连队化生活、开放式教学，持续强化兵味战味。“带着课题学，瞄着打仗练，人人争当改革强军奋进者、基层武装明白人”。参训人员围绕如何当好基层武装部部长、如何抓建民兵应急分队、如何推进练兵备战在基层落地等重难点课题，组织了 1 次大会集中研讨，人人交流真思想，寻找真对策；聚焦支援保障打赢、参加抢险救灾等新时代使命任务，个个参与应战应急行动指挥作业，一步一动研判情况、定下决心、指挥处置，实打实研练提高领兵遂行任务能力。学出真水平，练出战斗力，考出责任感。人武部按照平时量化、阶段验收、结业考核模式，认真组织各阶段考核测试，逐人逐项过关，考核情况作为地方考核干部基本依据之一，形成练兵备战争先创优鲜明导向。4 名新任职武装部长综合理论、应急情况处置、战斗体能测试优良率分别达三项 100%，顺利拿到上岗证。

（杨成印）

【预定新兵役前教育训练】 8 月 19—25 日，在喀左县素质教育实践学校组织预定新兵训练，实施军事化管理，对参加的预定新兵模拟建制连队，由县人武部选派 5 名优秀专武干部担任训练骨干，从优秀大学生新兵中择优遴选班长 8 人。扎实开展专题教育，广泛开展谈心谈话和丰富多彩的文化活动，实现了思想政治素质和参军爱武热情的提高。根据训练计划重点安排了单兵队列动作，并组织实施了体能训练，本着由易到难、由简到繁、循序渐进的原则，先后进行了立正、稍息、跨立、停止间转法，以及坐下、蹲下、起立、脱帽、戴帽、敬礼等内容的训练，没有丢项落项。役前训练是发现问题的最佳时机，坚持做到“工作早着手、情况早摸清、隐患早排查”。其间，10 人因身体原因，经随队医生检查和主检医生确认，不适合服役，最终予以劝退。5 人思想不稳定，无法适应军营生活，取消入伍资格，较好地排除了退兵隐患。

（兰小兵）

预定新兵进行军体拳合练

【兵役登记】 年初，全国征兵网开通后，县征兵办通过县电视台、声讯台、报纸、网站相继播发兵役登记消息，遍布全县所有村屯的259个气象广播喇叭每天早晚两次播报兵役登记法律规定和征兵政策信息，切实做到家喻户晓、人人皆知。县人武部专门组织基层专武干部进行网上兵役登记操作培训，喀左县地处辽西经济欠发达且驻地没有高校，适龄青年在外求学和务工占有很大比例，人户分离、在外不回的现象十分突出，给100%登记增加了很大难度。县人武部抓住学生寒假回家和外出务工人员春节返乡为契机，面对面、一对一地进行宣传发动，确保适龄青年网上登记人人知晓、一个不落。2月2日，县人武部在县人民会堂组织召开了大学生和外出务工人员兵役登记和征兵政策宣讲大会，县人武部部长吴成勇面对面解答相关政策问题。现场发放《兵役登记通告》和《征兵宣传单》共800余册，同时，坚持做到“四个结合”，即：兵役登记与征兵宣传相结合，把《兵役登记通告》和《征兵宣传单》发到每名适龄青年手中；兵役登记与兑现优抚相结合，组织县、乡、村三级春节前一并对120户军烈属和困难退伍军人进行走访慰问；兵役登记与民兵整组相结合，将适龄且政审合格人员择优纳入基干民兵应急分队；兵役登记与采集数据相结合，将此数据录入国防潜力数据库，为精准动员打下坚实基础，同时完成上级交办的退役士兵数据采集核实任务。“四个结合”打出了组合拳，提高了兵役登记效率，浓厚了征兵工作氛围。春节前，全部完成适龄青年兵役登记任务。

（杨成印）

【征兵工作】 1月中旬，印发适龄青年参加兵役登记通告，集中组织征兵宣传和兵役登记。提前4个月在全省率先完成适龄青年100%兵役登记任务。2月初，对返乡大学生专门组织征兵专场政策宣讲，经验做法被省军区电报转发，《国防报》予以报道。5月集中开展兵役登记证发放和征兵宣传进校园活动。6月下旬，召开征兵宣传工作启动仪式，征兵宣传工作全面展开，设置站点40个，宣传图板50块，出动装配扩音喇叭的宣传车23台，分发宣传单1万张，利用网络、板报、广播报纸等，广泛进行宣传。坚决落实高学历青年“四个优先”，即：优先预定兵员，优先确定去向，优先选择兵种，优先推荐使用。严格落实省市两级有关预定兵排序原则，大学生没定完，不考虑高中。共输送大学生兵员占年度任务数的90%，高出上级指令任务30个百分点，高标准完成了年度征集任务。

（兰小兵）

【退役军人信息采集】 11月1日，民政部门开始采集退伍军人信息，到人武部查询档案、证明身份的退伍军人增多，部长吴成勇、政委陈立辉碰头后，立即召开专题会议，进行部署分工、明确要求。抽调精干人员进行培训，熟悉相关业务。为配合民政部门做好信息采集工作，实行电话预约和排队领号的方式，设立等候区域、张贴办理流程。其间，免费复印退伍军人档案要件、身份证等；对档案遗失、退伍证丢失的“双无”人员，人武部派出核查组，实际走访调查取证，并调取同期入伍3人以上档案，主动联系，由他们共同证明军人身份。针对档案姓名与身份证同音不同字、年龄有出入、同名不同人的，协调公安户籍部门认真甄别，出具证明。在等候区内提供热水和姜汤，编印发放有关优抚待遇等政策宣传单，集中进行宣讲解读。详细记录老兵们的历史遗留问题和有关诉求，分门别类整理后提供给相关职级部门。档案不在人武部的退休或下岗人员，人武部指派专人耐心说明情况和原因，并陪同到相关局办解决问题。

（丰化德）

【精准扶贫】 人武部对脱贫攻坚这项战略部署十分重视。4月，召开党委会，研究如何推进项目尽快落地。前三季度，部领导牵头带全体党员干部3

次到对接的贫困户家庭进行走访慰问。7月初，部领导到帮扶的平房子镇小营村现场办公，研究产业扶贫特别是可持续增收项目，指导平房子镇小营子村重点抓了“300亩优质小麦”“300亩采摘观光园”两个扶贫项目，给该村合作社提供化肥、种子等费用4万元。仅优质小麦一项，每个贫困户增收500元。换茬轮作种植油葵和黄豆，每户又增收600元左右，加上土地租金每户年均增收超过2000元。增加旅游项目。年初，部领导多次到小营子村调研，协调交通局投入6万元，为他们通向AAAA级旅游景区浴龙谷的一个河道修建漫水桥，一方面解决了村民出行难题，极大方便了村民生产生活，另一方面为到景区拓展附加旅游项目增加了便利条件，为振兴乡村旅游，增加村民收入起到推进作用。漫水桥可以直通采摘观光果园。农户的果园收益主要在土地租金，每亩1100元。部里9名党员干部共结对帮扶贫困户18户，全年先后4次到结对贫困户入户走访帮助解决实际困难，并为每户送去了粮油等生活物资，年内帮扶贫困户全部通过第三方脱贫验收评估。

（杨成印）

人民防空

【行政审批工作】 按照省人防办下发的《关于实施防空地下室建设统一审批流程等有关事项的通知》（辽人防发〔2010〕10号）规定的缴纳防空地下室易地建设费许可流程进行防空地下室易地建设费行政审批，保障审批流程通畅。

【信息化建设】 根据国家人防办《信息化条件下人民防空预案管理规定》要求，集中人员和力量，继续抓好全县防空预案及区域协同预案的修订工作。圆满完成了2018年“9·18”警报鸣放任务。同时，加强人防专业队伍建设，完成人防专业队伍整组，使其达到专业化水平。

【宣传教育】 高度重视人防宣传教育工作，认真贯彻落实市人防办关于人防宣传教育工作的安排部署，采取多种宣传形式，不断加大人防宣传教育力度。充分利用5月12日国家防灾减灾日、5月15日“政务公开宣传日”和10月29日《中华人民共和国人民防空法》颁布纪念日等宣传契机，进行人防宣传，深入开展“五进”活动。

【机关建设】 按照“政治坚定，业务精湛，纪律严明，作风过硬，管理规范，服务优质，勤政高效，和谐文明”的标准，创建“准军事化”文明机关。积极参加省、市、县举办的各类培训，坚决杜绝不作为、工作失误、市民投诉等现象。防空办的易地建设费行政审批流程和举报电话等内容已经在政府网站上公开，随时接受群众的监督。

（防空办）

农　业

农业产业化

【农业产业化】 2018年新晋升省级龙头企业3家，市级龙头企业6家，全面完成了市政府的考评任务。全县围绕三大主导产业兴办的各类龙头企业已达99家，涉及蔬菜、畜牧业、林果业、粮食、食用菌、蜂产品和土特产品等。其中：省级农业产业化重点龙头企业14家，市级农业产业化重点龙头企业27家。出口创汇企业4家。这些龙头企业带动全县6万多农户从事养殖、种植和流通产业，有力地促进了农民增收。全县与龙头企业有连结关系的基地约13.5万亩，其中龙头企业直接参与生产经营的基地4.5万亩，有力地促进了农民增收。龙头企业有以下几个特点：一是龙头企业质量和实力不断提高。二是企业效益稳中有升。三是龙头企业与农户联结机制进一步加强。有力地促进了产业结构调整，带动了农民增加收入。全县约有75%的农户都加入到产业化事业中来，在龙头企业带动下，传统农业正在向现代农业迈进。在农产品出口工作上，经过龙头企业及时调整销售方式，产业办多次组织企业参加国家、省、市举办的农产品国际博览会和农产品出口对接洽谈会，帮助企业拓宽产品销售渠道。2018年，农产品出口额实现300万美元。

【休闲农业】 2018年，全县新建设具有一定规模的休闲农庄、采摘园和农家乐共15家，其中大营子、公营子、水泉、利州街道和白塔子的休闲农业建设较好，接待游客约20万人次。草场乡的云城山庄新晋升为4星级休闲农业旅游区。

【扶贫攻坚】 在扶贫攻坚方面，积极引导龙头企业参与全县的扶贫攻坚工作，引导企业尽量多与贫困户对接，增加农民收入。其中开河公司、雨润公司、大地公司和本色公司在发展生产基地方面，优先考虑贫困户，在产业扶贫方面做出了贡献。办公室全体工作人员按照县委、县政府要求，积极主动地与扶贫村共同研究脱贫致富措施，多次到所帮扶户家中，捐款捐物，扶持贫困户发展产业，并多方争取筹集资金，为部分贫困户解决了住房维修，购买生产工具等问题，使大部分被帮扶贫困户生产得到改善，收入大幅提升。

【项目建设】 2018年，引进振发光伏发电项目，完成了38处分布式扶贫电站的建设任务，完成投资2000万元。续建项目是朝阳翔云实业公司酱菜加工项目。2018年，完成了加工设备的安装和基础设施的建设，基本实现了5000万元投资目标。

【“一园一基地”建设】 “一园一基地”建设是市委、市政府2018年新提出的工作任务，是乡村振兴战略的重要组成部分。也是市政府农业农村工作考核的重要内容。2018年，喀左县申报了16个现代农业生产基地，3个现代农业产业园。

所有项目均做了五年发展规划，县政府专门成立了以县长为组长的领导小组，各乡镇也都成立了创建领导小组，为此项工作的推进提供了组织保障。县政府下发了扶持政策。计划到2020年，现代农业产业园和生产基地建设将初具规模，进一步促进乡村振兴事业的发展。

【党建和廉政建设】 加强机关自身建设，继续深入开展党的群众路线教育实践活动，精心组织全体党员干部投身于“两学一做”学习教育之中，紧紧围绕“为民、务实、清廉”主题，学习党章、十九大精神、习近平总书记系列讲话及党风廉政建设文件精神，高起点谋划、高标准推进各项工作，较好地实现了树立群众观点、弘扬优良作风、解决突出问题、保持清廉本色的目标要求。

强化党建基础工作，全力提升党员队伍素质。一是加强理论学习研讨。认真开好党组织民主生活会、党员大会和各种讨论交流活动。学习内容重点突出，领会精神深刻透彻，并努力做到学以致用，指导工作实践。二是加强学习型党组织建设。用制度来规范和推动学习活动有序开展，每次学习，每名党员都要有收获有心得。三是狠抓党风廉政建设不放松。抓制度建设，落实主体责任，构建惩治和预防腐败体系。四是加强组织领导，确保党建工作任务的有力落实。

建章立制，从严治党，不断夯实党建工作基础。一是建立科学民主决策制度。二是构建党建工作责任体系。三是推行目标量化管理，对常规工作、重点工作、创新工作和党建工作实行目标量化管理。

察民情，解难题，依靠服务群众来提升党建工作水平。一是强力推进服务型党组织建设，加强为龙头企业的服务力度。二是深入开展党员进社区服务活动，单位党员干部积极参与社区组织的党员志愿服务活动。三是深入开展联系和帮扶群众工作。

（农业产业化办公室）

种植业

【基本情况】 根据《喀左县人民政府办公室关于印发喀左县农村经济局主要职责内设机构和人员编制规定的通知》（喀政办发〔2017〕82号），设立喀左县农村经济局，机构规格为正科级，为县人民政府工作部门，加挂畜牧兽医局、动物卫生监督管理局、粮食局牌子。内设机构为办公室（挂计财股牌子）、农业股、农村能源办公室（副科级）。核定机关编制12名，其中行政编制11名、工勤编制1名；领导职数4名，其中局长（正科级）职数1名、副局长（副科级）职数3名、纪检组组长（副科级）职数1名，实有12人。下辖副科级事业单位2个，股级事业单位10个，核定编制123人，实有127人。派出机构——乡镇蔬菜站24个，保护地技术员84人。全系统有专业技术人员169人，其中，教授研究员级高级农艺师23名，高级农艺师33名，农艺师89名，初级及无职称人员24名。另有差额补贴事业单位职工36名。

【“两学一做”学习教育和精神文明建设】 制定计划，落实责任。坚持党对一切工作的领导。局党组制定党建工作要点，认真落实县委组织部、县直机关工委党建工作安排部署。党建工作责任到人，严格落实党组主体责任和纪检监督责任、班子成员“一岗双责”责任，支部书记党建第一责任人责任。狠抓学习，加强党的政治思想建设。始终把政治建设摆在首位，旗帜鲜明讲政治，坚决做到“两个维护”，确保中央和省市县委各项部署要求不折不扣贯彻落实。加强思想学习，狠抓“两学一做”学习教育常态化制度化工作，全局上下统一了思想、凝聚了共识、推进了工作。局党组理论学习中心组集中学习6次，各党支部组织集中学习18次、专题研讨3次。加强制度落实，认真开展组织活动。按照局《党支部工作制度》要求，认真落实“三会一课”制度，支部党员大会、支委会、党小组会经常召开，每季度组织一次党课，主要领导带头讲，分管领导、支部书记、支委积极主动讲。认真落实党日制度，每月25日为积极组织党务活动开展。6月23日，组织全体党员深入敖木仑社区，开展在职党员进社区活动。认真落实组织生活会制度和民主评议党员制度。认真落实党费收缴管理制度，各支部1月重新核算党员党费并及时收缴，做好收缴记录工作。以服务为宗旨，加强党的作风建设。围绕新时代农村振兴战略部署，结合全县农业农村工作实际，局党组以党建工作为统领，以“重实干、强执行、抓落实”为切入点，全面展开三项工作：一是落实新发展理念，大力进行国家可持续试验示范区项目建设；二是大力开展农技推广、土地确权、农村集体产权制度改革、新型职业农民培育等工作，积极推进农业供给侧改革，积极推进现代农业发展；三是大力抓好行业扶贫工作，根据县委确定的“3+n”扶贫模式，全局党员干部积极引导设施蔬菜、食用菌、花卉、杂粮杂豆等特色种植，推进全县行业扶贫工作开展，建立帮扶结对，组织104名党员干部包扶十二德堡镇泰沟村贫困户，巩固脱贫成果，帮扶十二德堡镇十二德堡村、土楼子村、河东村等贫困户，积极开展帮扶助贫活动开展。强化监督检查，加强党风廉政建设。加强督促检查，认真贯彻执行中央“八项规定”和反“四风”要求，认真贯彻中央和省市县纪委全会精神和准则、条例要求，严格执行市委机关工作纪律十条要求，“讲诚信、懂规矩、守纪律”，确保了全局风清气正的环境氛围和想事、干事、干成事的工作局面。

【国家农业可持续发展试验示范区建设】 喀左县自2017年10月19日成功申报第一批国家农业可持续发展试验示范区后，严格按照国家农业可持续发展试验示范区创建办公室（简称“国家创建办”）要求，积极开展工作，编制上报《辽宁省朝阳市喀左县农业绿色发展先行先试工作方案（2018—2020年）》，2018年5月通过审核，9月上报农林牧副渔等产业建设项目99项，总投资73亿多元，相关项目已经上报2019年国家预算库。

【脱贫攻坚】 行业扶贫。制定《喀左县农村经济局2017—2019年行业扶贫规划》，编制了《喀左县2018年产业扶贫实施方案》和《喀左县精准脱贫“百日攻坚行动”实施方案》。2018年，全县已销号村和预销号村86个，86个村集体经济收入实现1469.96万元；通过建设新型经济主体、加大培训、推进特色种植等，实现新型经济主体对所有拟脱贫村覆盖率100%，产业扶贫100%覆盖所有拟脱贫村，预脱贫村特色种植覆盖率100%。2018年，新型经济主体124个，培训贫困人口1500多人次，86个村每村都有集中连片50亩以上的特色种植地块，种植面积达到21385亩，23340人从中受益。驻村扶贫。驻村领导小组根据十二德堡镇太沟村的实际情况认真开展工作，实事求是，扎实推进，解决群众关心的大事难事，推进产业发展，认真组织局105名干部职工结对帮扶工作，稳固脱贫攻坚工作。

【招商引资工作和项目建设】 2018年，县项目办下达招商引资任务1000万元、固定资产投资2000万元；争取国家区域循环项目资金1500万元，由朝阳健源公司承建、总投资3200万元的中三家镇区域农业循环项目，投资2000万元的公营子开河农业项目基本建完。

【人才助力乡村振兴】 2018年，在乡村新建现代农业创业园5个。培育新型职业农民1800人、农民职业经理人90人、现代青年农场主11人、农村青年电商人才200人。培训农业产业化龙头企业管理人才180人、农村实用人才和农民技术员3500人、新型职业农民1.3万人。采取政府购买服务方式，每个涉农行政村配备1名从事农技推广、农产品质量安全监督和农技信息服务等农业技术员，2018年配备100个村、100名，完成50%。

【种植业生产】 农作物播种情况。全县种植业面积 74.77 万亩，其中粮食播种面积 65.5 万亩，谷物类 63.6 万亩（玉米 53 万亩，小麦 0.5 万亩，谷子 6 万亩，高粱 3 万亩，其他杂粮 1 万亩）；豆类 1.7 万亩（大豆 1.6 万亩，杂豆 0.1 万亩）；马铃薯 0.4 万亩，油料花生 0.2 万亩，蔬菜 6.6 万亩（设施蔬菜 3.1 万亩，露地蔬菜 3.5 万亩）；食用菌 0.1 万亩；瓜果类 0.7 万亩（西瓜 0.3 万亩，甜瓜 0.2 万亩，其他类 0.2 万亩），花卉 0.2 万亩；中药材 0.37 万亩；其他作物 1 万亩（青贮玉米 0.8 万亩，其他 0.2 万亩）。粮食作物生产情况。2018 年，全县粮食播种总面积 65.5 万亩，其中，玉米 53 万亩，比上年度减少 2 万亩，圆满完成市政府下达的调减 0.9 万亩玉米种植面积的任务指标；杂粮豆 12.5 万亩；全县粮食总产量达到 2.65 亿公斤，其中玉米总产量 2.5 亿公斤，杂粮豆总产量 0.15 亿公斤，超额完成了粮食产量考核指标。玉米、大豆生产者补贴面积核查工作。根据省财政厅、省农委印发的《关于做好 2018 年玉米和大豆生产者补贴政策落实工作的通知》（辽财经〔2018〕297 号）和朝阳市农委印发的《关于认真做好 2018 年玉米和大豆生产者补贴面积核查的通知》（朝农经发〔2018〕193 号）文件要求，全县进行了安排部署。经过审核汇总，全县玉米补贴总面积为 600306.46 亩，大豆补贴总面积为 1166.46 亩。耕地轮作工作。2018 年全县推广耕作轮作总面积为 3 万亩。政策性大田保险工作。经过努力，大田玉米投保 833336.6 亩，超额完成了市政府下达给喀左县的政策性大田保险任务。

【设施农业建设】 2018 年，全县新建冷棚 500.95 亩，其中集中连片 10 亩以上 185 栋（179.66 亩）、50 亩以上 143 栋（120.38 亩）；新建、旧改日光温室 361 亩，其中集中连片 10 亩以上 9 栋（10.85 亩）。在弃管闲置棚恢复生产方面，全县弃管闲置棚为 644 栋、488.86 亩，全部恢复生产。在日光温室保险理赔方面，会同保险公司及时对投保日光温室进行了查勘理赔，全县受灾日光温室墙体倒塌共计 18376 延长米、架子损毁 6200 排，共计出险件数 116 件、户数 168 户，理赔金额近 36.44 万元，全部恢复生产。“大棚房”清理整治方面，按照国家、省、市安排部署有序进行，相关数据已上报市农委。

【农业技术推广】 大田作物农业技术推广。重点实施了农技推广补助、玉米水肥一体化、加厚地膜示范推广、花生示范推广等国家、省市试验示范项目，示范推广面积 1 万亩。承担国家、省、市县农业试验 15 个、示范推广项目 17 项，引进玉米、谷子、高粱、棉花、花生、大豆、杂豆等农作物新品种 56 个，推广精量机械播种、玉米早熟密植增产、谷子覆膜滴灌、小麦复种等新技术，推广面积达到 4 万亩。设施农业技术推广。一是新品种示范推广方面，2017—2018 年试验番茄品种 25 个，茄子品种 10 个。2018 年推广番茄品种 5 个，苗木 300 多万株；黄瓜品种 10 多个；茄子新品种 2 个；推广尖椒品种 3 个。二是新技术应用方面，全县推广应用的实用技术共 50 多项，新技术应用率逐年增加。新品种、新技术的应用，使得在蔬菜市场价格低迷的情况下，每延长米效益都在 400 元左右，增产效果得以凸显。土肥技术推广。开展测土配方施肥基础工作和耕地质量调查监测与评价工作，采集检测土壤样品 300 个以上，安排田间试验 15 个。重点推广增施有机肥，应用缓控释炭基肥，一次性施肥免追肥等耕地质量提升和化肥减量增效技术，加快技术集成创新，扩大和提升测土配方施肥应用面积与质量。

强化耕地质量监测和等级评价工作。2018 年，建设耕地质量监测点 47 个（其中国家级耕地质量监测点 1 个），设施蔬菜有机肥替代化肥项目区耕地质量监测点 20 个；市级耕地质量监测点 20 个；耕地轮作项目区监测点 3 个，对照区 3 个。扩大测土配方施肥应用面积与质量。完善县域测土配方施肥信息系统及“12582”信息平台数据，积极开展测土配方施肥手机智能化服务。引进云天化智能微工厂项目，开展农业农资数据整合配套服务。全县估算推广测土配方施肥技术54.5万亩，测土配方施肥面积达到90%以上。

【植保技术推广】 农作物病虫草鼠发生防控。全县病虫草鼠发生148.47万亩，指导防控115.27万亩，挽回损失粮食14.15万吨。特别是二代黏虫大发生，县政府启动Ⅳ级响应，雇佣25架无人机作业10天，出动110架次，防控4万亩，防效83.13%。制作发布电视可视化预报11期、病虫情报30期（1800份）、病虫周报（农业部、省站）39次、手机短信30条。新型植保药械和农药推广。结合植保能力建设项目，积极推进施药器械的更新换代，加强植保部门与生产基地、企业和专业合作组织的合作，全县药械保有量中：手动喷雾器89980台；电动喷雾器86087台；机动喷雾喷粉机60台；动力液泵喷雾器120套；自走式喷杆喷雾机2台；烟雾机30台；诱虫灯（含杀虫灯、测报灯）1250台。通过这些新型植保机械的投入使用，大大提升了应对突发、暴发的病虫害防控能力，提高病虫害防治的效率、效能、效果和效益，使得农药利用率每年提高2%以上。农药使用减量工作。2018年，大力推广高效低毒、低残留农药品种，药剂有垄鑫、申嗪霉素、辣根素、乙基多杀、福气多、多抗霉素和微科生物生产的“可来沃”水溶肥等；推广的新药械有环保捕虫板（黄板、蓝板）、防虫网；新药械有热力烟雾机、太阳能杀虫灯、高杆电动喷雾器。据不完全统计，全县使用农药商品量达279.15吨（折百量为76.58吨）。

【农产品质量安全】 农产品质量安全监测。2018年，喀左县承担省内异地和本地农药残留定量检测任务130个蔬菜样品，省农科院检测中心为喀左县代检蔬菜样品109个。实验室资质认定。农产品质量检测实验室顺利通过市级质监部门评审，取得了计量认证书。第二次种植业污染源普查。严格按照省农委要求，于11月末完成省农委分配喀左县的106户种植业典型地块抽样调查、106户种植业典型地块抽样调查（肥料施用情况）、106户种植业典型地块抽样调查（农药施用情况）、100户地膜覆盖户入户调查、15家规模化经营户入户调查、5家农业合作社入户调查、完成30个地膜原位监测采集点采集任务指标。制定了《喀左县现代农业（暨有机农业、绿色农业）生产基地建设实施方案》。现有有机蔬菜5000亩、处在转换期杂粮5000亩。全年未发生农产品质量安全事故。

【农村经济管理】 农业共营制建设。全县累计注册农民土地股份专业合作社164家、农业综合服务超市6家、家庭农场65家，其中2018年注册66家、农业综合服务超市4家、家庭农场21家，同时规范土地股份专业合作社71家，使合作社规模达市级以上标准。农村土地确权登记。完成发包方、承包方调查表填制工作，审核公示工作基本结束，实测耕地面积828920.86亩，确认家庭承包地快数578758块、家庭承包耕地面积710229.31亩。数据库已于8月末通过农业农村部质检，确权发证率达到60%。农村土地流转。2018年全县土地流转面积共25.6万亩，比上年增加2.4万亩，流转去向为普通农户、合作社、企业和其他经营主体。完成了县级农村土地流转服务中心与24个农村土地流转服务中心建设，216个村都在村委会挂牌建立了土地流转服务站，实行县乡两级土地流转市场平台联网运行。农村综合产权交易市场建设。按照朝政办发〔2017〕136号文件要求，经政府常务会通过并下发了《喀左县政府办关于印发喀左县农村综合产权交易市场建设实施意见的通知》（喀政办发〔2018〕7号），按照《意见》要求，县农经局向县编委办提出了成立农村综合产权交易中心的请示，编委办正按相关政策文件要求审批中。产权交易依托土地流转服务中心以土地流转为主进行交易。农村集体产权制度改革试点。农村集体产权改革工作，涉及22个乡镇街道、216个记账村、10.37万户、35.68万人。试点村情况：5个试点村完成清产核资、成员身份界定、资产量化、股权设置工作。共界定经济组织成员7520人。非试点村情况：全县22个乡镇街道216个记账村，完成清产核资工作；核实集体土地总面积313.6万亩。资产账面总计43416.4万元，核实总计43063.1万元；负债和所有者权益账面总计：43416.4万元，核实总计43063.1万元。农村经济管理日常工作。完善农村集体“三资”监管。对未使用“三资”系统进行账务处理的、使用“三资”系统账务未结至2017年末的乡镇进行了督促；对用“三资”系统记账的村的资产负债表与收益及收益分配表进行审核，对不平衡的进行了指导；督促全县23个乡、镇、场、街道农经站按时记账、结账，为清产核资工作奠定基础。审计工作。完成公营子镇从家沟村、尤杖子乡三荒村2个村农民负担专项审计试点的审计工作。信访工作。共接待办理群众来信、来访15件、130人次，其中同县信访工作组联合办案1件65人次（公营子镇东垤卜），到局咨询19件、32人次。耕地地力保护补贴工作。2018年耕地地力保护补贴面积530113.83亩，享受补贴农户97186户，补贴标准为74.25元/亩，发放补贴资金39360951.88元，发放率达100%。

【农村能源建设】 制定《喀左县推进农作物秸秆综合利用实施方案》和《喀左县农村能源项目秸秆综合利用三年项目规划》，申报了省级秸秆综合利用示范县。全县年产各类秸秆54万吨，综合利用量达到47.14万吨（其中秸秆肥料化利用量3万吨；秸秆燃料化利用量30吨；秸秆饲料化利用量20.8万吨；综合秸秆基料化利用量2.1万吨，秸秆原料化利用量0.44万吨），综合利用率为87.3%，超额完成年度任务指标。为配合新农村建设，筹措资金在兴隆庄、十二德卜、水泉等乡镇建成6个灯光广场，安装太阳能路灯60盏，村基础设施得到加强，美化了村、镇环境。完成农村能源项目秸秆综合利用三年项目规划，并上报国家相关单位争取项目支持。

【农业科技培训】 全局系统各业务股站，结合自身业务和承担的各种农业试验示范推广项目，举办各种培训班256班次，培训县乡农技人员和农业科技带头人、科技示范户1.5万多人次，印发技术资料7万份，发放农业实用教材5000册；有效提升了农民的科技文化素质和学科技用科技能力。

【农业行政执法】 农经局承担着植物检疫和种子、农药、肥料市场监管等行政执法职能，起到为农业生产安全和农产品质量安全保驾护航的重要作用。种子市场及转基因玉米种子监管。结合春季种子市场检查工作，至年底，共出动执法人员170人次，出动检查车辆60余台次，共检查种子代理商13个，检查种子经营门市165个，检查农村集贸市场30个，检查蔬菜种子门市15家，发放宣传资料1万余份。检查中发现种子包装标签和农作物种子网上备案违规2起，已责令种子包装标签违规案立即返厂改正标签。经全面排查和转基因玉米种子检测，县域内未发现转基因玉米种植，即转基因玉米种子零种植。肥料市场监管。从3—4月集中时间，集中力量，对辖区内肥料企业及经销商进行专项整治行动。一查生产企业和市场流通肥料产品质量，对复混肥、有机肥、配方肥有效成分加大监测力度；二查上市肥料产品有无肥料登记证，杜绝无证生产和销售；三查登记证与产品是否相符，打击一证多用。共检查肥料经销网点146个，肥料生产企业2家，发放肥料监督检查通知书148份，发放安全生产相关的法律法规及真假肥料识别技术明白纸等宣传资料1000份，出动车辆42台次，出动执法人员125人次，严把肥料生产、销售和安全使用关，将“安全生产”工作深入到每名责任人的心中。农药市场监管。2017年10月至2018年10月，全面检查农药市场8次，共出动执法车47台次，执法人员260人次，检查农药经营门市553家次，花卉及无公害蔬菜生产基地2个次，城乡集贸市场10次，做到农药市场100%监管。在农药市场监管工作中，依法查处违规经营农药案件4起，全部为一般案件，共收缴罚没款1.9万元，依法没收涉案农药11.6公斤，货值1120元。植物检疫。（1）产地检疫。全县有18家蔬菜种苗繁育单位进行种苗繁育，总计219个品种、844.5亩，产量22040公斤，苗木16.5万株。按种子产地检疫要求，在种子生产的关键环节，分期进行产检，据统计全年共出动检查车辆21车次，出动检查人员126人次，对检查合格的品种，及时发给产检合格证，通过产检，喀左县所繁种子均未发现检疫对象。（2）调运检疫。对从县内调往外地的种子苗木，检疫人员依据有关规定认真查看产地检疫证编号、取样、镜检后对合格种子及时开具调运检疫证书。共开具蔬菜种子23个批次、171个品种，合计39.96万公斤，实现了外运种子、苗木无疫情。（3）市场检疫。种子市场检疫检查工作从3月12日开始至4月13日结束，历时25天，出动执法车25台次、执法人员150人次，检查全县种子经营门市、种子流动销售车203家次，农村集贸市场7个；检查玉米、高粱等大田作物种子品种为502个、蔬菜种子40个，总计88.09万公斤，其中携带调运检疫证书的有28批次、150个品种、126.43万公斤，无调运检疫证书的有149个品种、61.66万公斤，带证率30%。发现违法案件27起，其中当场处罚案件20起、一般案件7起，共收缴罚款人民币1.48万元。同时进行了蔬菜种子检疫带证情况随机抽查，发现蔬菜种子调运依然没有调运检疫证书，对此进行了警告和责令整改的处理。

【信息报送】 主要农产品价格。由专人及时向省农委业务部门和县政务公开办上报主要农产品价格。每周二、周四分两次上报喀左县主要农产品价格，为政府对主要农产品价格宏观调控提供可靠数据。农情信息。不定期报送动态信息，主要围绕设施农业建设，新农村建设、农业生产形势、科技推广、实用技术、农业产业化等农业即时信息。积极开展农业信息上报工作，扩大农情信息上报范围，在信息网络应用方面，抓有特色、有创新的示范户进行上报，提供优秀的典型材料。全年共上报信息550条，采纳495条。辽宁省农情信息调度系统月历报表。实施辽宁农业生产形式分析工作，包括3年内的粮食产量、面积、产值等。全年共报送月历报表232条。同时向辽宁金农网、喀左县政府网站上报各类信息。2018年，向辽宁金农网报送信息550多条，向县政府网站上传政务信息、网站信息各300余条，有力宣传了喀左农业，提升了农业部门的社会地位和影响力。

【事业单位改革】 根据《中共喀左县委办公室关于印发〈喀左县公益性事业单位优化整合方案〉的通知》（喀委发〔2018〕42号）文件精神，由县农村经济局牵头，按时完成喀左县现代农业发展服务中心成立的基础工作。

（农经局）

林　业

【概　况】 林业局是主管林业工作的县政府组成部门，局里设9个职能科室，还有县森林公安局、县青山局、楼子山自然保护区三个二级机构，下辖种苗站、森防站、7个国有场圃及23个林业工作站。2018年，全县林业工作以创建国家森林城市为目标，积极开展城乡大造林活动，圆满地完成了上级下达的各项工作任务。造林绿化、森林资源管护、精准扶贫、招商引资项目建设及林业产业开发等工作，都取得了较好的成绩。

【造林绿化】 2018年，全县共完成造林绿化26.7万亩，占18万亩任务的148%，其中完成人工造林11.7万亩、封山育林8万亩、飞播造林7万亩，完成义务植树130万株。造林绿化的重点是：通过在全县46个预脱贫村进行荒山造林，开展了所有贫困村灭荒工作；完成了23个扶贫标准化果园的栽植任务，超额完成了市里下达的20个扶贫果园建设任务；通过实施河滩用材林建设工程，完成近万亩迹地更新造林任务；高铁两翼绿化工程，已栽植面积6000亩，占1.2万亩任务的50%；美丽乡村建设共栽植绿化树种120余万株。

【森林资源管护】 森林防火工作依法从严管理，防控结合，全年未发生森林火灾，森林火灾面积控制在有林面积的0.9‰以内。森林公安局、稽查大队与青山稽查股联合执法，共查处行政违法案件40起，立刑事案件4起，涉案金额131万元，结案率均达到100%。全年调处林权纠纷26起，救助野生动物共8起。积极开展扫黑除恶专项行动，从严从快核查涉黑线索3条。依照国家林业局35号令，共办理依法征占林地37.5公顷。在按时完成全县森林资源变更工作的同时，努力做好全县的森林资源督查、自查工作，结合“百日攻坚”行动对变化图班涉及违法的行为进行逐一立案处理。全年森林保险面积1715625亩，通过了省林改处、市林改科的检查验收。全年共完成森林抚育3万亩，占3万亩任务的100%。森林病虫害成灾率控制在4.5‰以内，苗木产地检疫率达到98%以上。自然保护区完成了划界立标工作，共立界碑、界桩450块；设立保护区擎天柱宣传牌3块；完成了中央环境保护督察反馈意见整改任务。按公益林管理办法及上级要求，积极做好喀左县141.7万亩生态公益林的管理、监测和直补到户工作。全县28个管护大队490名公益林专职护林员、信息员、精准扶贫护林信息员，实施全天候、全方位的管护，形成县、乡、林场、村上下联动又相互协调一致的禁牧监管体系，有力保护了林业建设成果。

【招商引资项目建设】 2018年，林业局通过省林业厅向国家林业局争取了“重点防护林工程”等工程到位资金3800万元，占招商引资任务1000万元的380%。圆满完成县政府下达的2000万元项目建设任务指标。2018年，共完成山杏、扁杏、苹果、梨为主的经济林5.1万亩，占任务的102%，完成林下经济种植3.24万亩，占3万亩任务的1.08%。为促进林业产业发展，带动更多贫困户脱贫致富，积极组织引导农民发展林业专业合作社，至年底，全县共成立农民林业专业合作社77个，注册资金6291万元，涉及林农1351户。

【脱贫攻坚】 一是抓好行业扶贫。采用“村社合一”、大户承包等形式，新建23个扶贫示范果园，带动农户805户，其中贫困户354户、927人；从建档立卡贫困户中选聘扶贫护林信息员115人充实到护林队伍中，每个信息员年收入达到3000元；优先在46个贫困村安排造林、抚育、低产林改造，完成“灭荒工程”4.46万亩；投入40余万元，建立两处扶贫苗圃，共180亩，苗圃可以为172户贫困户、523名贫困人口每户每亩除获取1000元土地租金、400元左右分红外。还可获得一定的打工收入。该苗圃长期工达15人。二是抓好驻村扶贫工作。局党委派出精兵强将，长期吃住在东哨乡车杖子村，投资30多万元在驻村帮扶的车杖子村建设120亩扶贫苗圃；投资3万元为车杖子村绿化村部，栽植馒头柳600株；在特色种植方面，以租地形式建立南瓜和金鼎椒生产基地270亩；投资22万元为车杖子村建扶贫光伏发电项目一处。三是抓好结对扶贫工作。林业局62名局机关干部与车杖子108户、东哨和林家店13户贫困户结成帮扶对子。结对干部除在春节、端午节及中秋节等时间节点为贫困户送去钱物以外，还为贫困户送去养牛、养羊、南瓜和金鼎椒等致富项目。现养牛贫困户达85户，发展黄牛264头，养羊贫困户达3户，存栏数发展到60只，从事金鼎椒、南瓜项目的贫困户达18户。

（闫淑兰）

果 业

【果树栽植和扶贫果园建设】 2018年初，计划全县新栽果树5000亩，实际完成新建果园面积8635亩。其中，新栽植苹果栽植面积1642亩；新植梨栽植面积629亩；新栽葡萄134亩；新栽桃李杏面积5227亩；新栽植其他果树面积850亩；设施果树新植面积153亩；共栽植各种果树66万株。其中补植6.4万株。

2018年，为做好产业扶贫工作，抓好产业项目建设。果树总站全力配合项目实施部门积极进行指导和协助做好果园规划设计、新建果园整地、栽植、施肥、灌水及果树管理技术的指导培训，完成百亩以上新建果园28个。果树总站从果园规划设计、整地、栽植后管理等均有技术人员现场技术指导，包片、到园，特别是果树栽植后夏季修剪、防病、防虫等果树总站领导班子带领技术人员现场指挥、亲自动手，现场操作指导服务，同时，多次邀请中国果树所和辽宁省果树所专家到现场论证指导，解决技术难题，确保指导技术科学合理。2018年8月20日，验收合格为朝阳市扶贫标准化示范果园建设果园23个，其中，优秀果园9个，表彰果园6个。极大地巩固了喀左县扶贫工作。

【果园标准化建设】 大力推广果园标准化建设。实行业务干部包片的工作制度，技术干部深入各乡镇果园，大力推广现代果业发展管理技术，全县每个乡镇、街道完成标准果园建设1—3个，全县完成50个，并且每个果园建立健全标准园管理档案，大力推广应用综合丰产技术，限期达到丰产、稳产、优质、高效的目标。全县以绿色果品基地建设为平台，以果品质量安全为核心，以推广标准化技术为突破口，大力推广“大改形、强拉枝、巧施肥、无公害”四项关键技术，建设高标准示范园，带动生产技术升级。总站每年抓建标准果园50个，采取责任到人，分片包户到园。现在已建成标准化示范园0.3万亩，平均产量达到2吨/亩以上。低产果园改造。2018年，计划将全县果园推广辽宁省标准化果园管理技术，完成果园的增产、增效。依托果园标准化建设，以盛果期管理水平较高果园为主，推广土壤改良技术、树形改造等新技术进行果园改造，稳定产量、提高质量、增加效益。全年完成果园低产改造任务20个，达到标准化建设果园标准，优质果率达到80%以上。新品种引进。为使喀左县果业更加适应市场需求，加大了新品种引进力度，合理调整产业结构。品种引进过程中注重实施试验、示范、推广三步走。在巩固传统品种发展的同时，新引进岳华、岳冠、岳阳红、鸡心果、龙丰果等30多个优良品种落户于喀左。设施果树建设。设施果树生产可以迅速提升果业生产多元化；在稳步发展冷暖果品生产的同时，巩固原有设施小区建设，新发展设施小区卧虎沟设施葡萄、兴隆庄设施桃等设施果树小区建设，使果品品种比例趋于合理，实现果业生产多元化，果品周年供应市场。

【高标准新技术管理】 把狠抓全县果品生产放在农业工作的首位，大力挖掘各地优势，增强产业发展综合实力。在兴隆庄镇兴隆庄村、水泉花海、白塔子桃园等地建高标准优新品种示范园。采用宽行窄距的“墙”式结构建高标准果园；利用优质大苗建园；采用高纺锤形管理系统等新技术。大幅压缩幼树期，简化树形结构，快速收回成本。同时通过以上标准化管理技术推广，为省力化果园管理提供了经验和喀左现代果业发展。

【果业培训】 2018年，计划科技培训5000人次以上，以现代果树管理理念、栽培管理技术为主，果业科技培训效果显著，技术培训力度逐渐加大。2018年初，总站制订果业年科技培训计划，坚持组织科技人员深入基层到村、组、果园实地、合作社、农户中广泛开展果树栽植技术（浸根、沾药、覆膜）、成园果树精细修剪、花期冻害预防、拉枝、病虫害统防统治、果园管理等各类培训。全年开展集中、现场培训209场次，培训人次达到5200多人次。

【酸　枣】 酸枣是辽宁省西部朝阳地区重要的生态经济型资源植物，有12个优特种质。其中，药用资源4个，食用资源3个，药食兼用资源5个。酸枣属鼠李科的落叶灌木和小乔木，酸枣全身是宝，果肉中富含酸类、酯类、醛类挥发油，营养丰富，是加工保健食品级饮料的优质原料；酸枣仁富含皂苷和黄酮苷，养肝宁心，敛汗生津，是镇定安神良药；酸枣叶中蕴含对中枢神经有明显抑制作用的成分，对冠心病有较好的疗效。

喀左县属北温带大陆性季风气候，具有四季分明、雨热同季、昼夜温差大、光照时间长等气候特点，十分适合酸枣生长。喀左县境内在向阳干燥的山坡、丘陵、平原及路旁，酸枣林及酸枣丛几乎随处可见，酸枣资源丰富，具有可观的开发价值。

【自身建设】 抓班子建设。按照“四好”标准加强班子建设，首先围绕民主团结、决策机制，建立完善各种制度。抓职责职能履行和监督制约机制，班子分工明确，职责清楚，强化各自职责履行的同时，更注重党组班子协调、配合和沟通，形成合力。抓勤政廉洁和个人素质的提高。组织召开民主生活会外，还要求班子成员要不断地学习、实践和总结，在保持清正、廉洁中铸就自已的政治觉悟。签订党风廉政建设责任状。按照党风廉政建设“一岗双责”的要求，分别签订了站长与副站长，副站长与股、站、室负责人，各股、站、室负责人与站员之间的党风廉政建设责任状。制定了落实机关党建工作责任制的措施办法，履行党组书记“第一责任人”职责，统筹部署党建工作。

（果树总站）

水　利

【概　述】 喀左县水利局机关下设办公室、农水股、建设管理股、大禹杯办公室、计财股。局直属10个事业单位，水利服务站、水保局、水资源办公室、设计队、水库移民办公室、人畜饮水办公室、水政监察大队、水产站、水利工程质量监督站、瓦房店水库管理处。下属24个乡镇（街、区）水利服务站及5个企业单位，全系统共有职工185人。2018年，全县累计投入农建资金8500万元，人工150万个，车工4800台班，完成工程量1059万立方米。建设农村饮水安全工程16处，修筑河道堤防7.88公里，发展高效节水灌溉面积2.557万亩，治理水土流失面积22.5万亩。

【水利工程建设管理】 水泉电站除险加固工程。2018年，完成副坝干砌石护坡200立方米、反滤料200立方米，土工布800立方米，副坝贴坡排水干砌石150立方米、石笼海漫400立方米，完成工程投资51.3万元。上窝铺村山洪沟治理工程和龙凤山塘坝维修工程。新建排水沟138米，疏浚河道450米，完成河道清淤3240立方米，土方挖填1198立方米，石方221立方米。

【水土保持综合治理】 2018年，先后实施了农业综合开发水土保持项目小流域治理工程和省级水土保持工程小流域治理工程，共完成水土流失治理面积4.35万亩，投入资金1285万元。

【饮水安全“民生工程”】 饮水工程建设。2018年，建27处饮水安全工程，完成水源井26眼，旧井改造6眼，完成管理房20座，安装水泵44台套，安装微机25台，埋设输水管路101公里，解决了22个乡镇、22个贫困村，1685户、6438口人（其中贫困人口1021人），2056头大牲畜的饮水安全问题。水质检测。2018年，共完成了256处饮水工程水质检测，共检测412个水样，保障了全县农村饮水安全工程的正常运行。

【小型农田水利工程建设】 2018年，中央财政高效节水灌溉工程。涉及23个乡镇、街道81个行政村，共新建及维修改造水源井124眼，新建井房124座，配套提水设备124台套，埋设地埋管路188公里，效益面积23500亩。工程总投资2115万元。2018年，省小型农田水利工程。涉及8个乡镇10个行政村，维修改造水源井12眼，新建管理房12座，配套提水设备12台套，埋设PVC管路17.86公里，效益面积2070亩。农业水价综合改革试点工程。维修井房8座，改造水源井12眼，埋设PVC管路0.2公里，安装计量设施55台套，建设信息平台1处。水库移民后期扶持工程。2018年完成工程项目23处。其中路面硬化工程2处，长度5.6公里；文化活动室工程7处，建筑面积2270平方米；文化广场3处，面积5080平方米；人畜饮水工程4处，解决了686口人、380头大牲畜饮水困难问题；水利配套工程5处，增加水浇地面积820亩；中低产田改造工程1处，面积220亩；治河工程1处，长度955米。

【河长制工作】 一是完成河长制公示牌设立工作。3月9日，喀左县河长制办公室印发了《关于做好河长公示牌设立工作》的通知。截至4月末，全县河长制公示牌设立工作已全部完成，23个乡镇街区及瓦房店水库按着相关要求共设立279块河长公示牌，并已全部通过了市河长办验收；二是完成河长巡河工作。按照喀左县河长制相关制度的要求，各级河长严格落实河长巡河制度。其中，4月23、24日和11月8日县级总河长吕树江、刘敬华分别开展了巡河工作；4月24日至5月2日县级副总河长、河长分别开展了巡河工作；乡级总河长、河长130人共计巡河629次，村级河长232人，共计巡河1961次。

【水资源管理】 一是实行最严格的水资源管理制度，强化“三条红线”刚性约束，全年用水总量控制在8000万立方米以内，万元GPP用水量下降4%，农田灌溉水有效利用系数达到0.7，国家级重要水功能区水质达标率91%；二是积极开展机关单位和事业单位节水型单位创建工作，其中省级先进单位2个，县级先进单位20个；三是征收水资源费105万元。

【水　产】 一是2018年水产品总产量达到524吨，实现渔业经济总产值647万元，渔业经济增加值322万元；二是做好水产品质量安全和渔业生产安全监管工作，共抽检4次（包括省市），监测场所4家，抽检商品鱼11个样品，苗种5个样品，药残抽检合格率达到100%，检疫全部合格；三是加强渔业科技服务，全年现场培训14余次，集中培训1次，培训人员30余人次；四是做好苗种培育工作，共培育苗种3万余公斤；五是顺利完成渔业增殖放流工作，在喀左县瓦房店水库放流花白鲢12万尾（4375公斤），草鱼种2.6万尾（250公斤）；六是按时完成喀左县第一次海洋经济调查后期验收工作；七是大力开展渔业行政执法和业务宣传，利用“3·15”及重大节日活动，开展渔业行政执法和渔业业务知识宣传，共张贴宣传条幅60余条，发放宣传单1万余份，出动宣传车24台次，出动执法人员100余人次。

【乡镇水利服务站建设管理】 2018年，完成维修养护工程105处，其中，灌溉工程104处，水库工程1处，完成工程资金196万元。

【工程勘测设计】 全年共完成工程设计66项，为喀左县争取上级资金提供前期保障。

【水行政执法宣传】 以“世界水日”“中国水周”“科技宣传周”“法制宣传日”“政务公开日”为契机，大力宣传了《中华人民共和国水法》《取水许可和水资源费征收管理条例》、水土保持法等法律、法规，在全社会营造了较好的水法治氛围。

【防汛抗旱】 落实各项防汛措施，做到组织领导、物资、队伍“三到位”，防汛机构、预案、措施“三落实”；进一步明确了防汛指挥部成员单位和各乡镇政府的职责；编制完成了各类防洪应急预案、方案；积极执行行政首长负责制，对全县各乡镇河道险工险段、水库、重点水利工程与所在乡镇行政一把手签订防汛责任制。同时，又加强了防汛物资储备，确保了2018年汛期安全度汛。

（水利局）

凌河保护

【概　述】 凌河局于2011年1月成立，为县政府直属事业单位，内设6个股室，分别是办公室、水政监察股、规划建设股、环境监察股、生态治理股、景区管理股。下属事业单位2个，分别是喀左县凌河景区管理处和喀左县河道工程质量监督站。自成立以来，喀左县凌河局通过采取退田还河、采砂疏浚工程、重点湿地工程、环境整治工程、中小河流综合治理工程，强化部门行政执法职能等措施，取得了凌河治理保护和生态恢复的显著成效。经过多年努力，大凌河喀左段植被覆盖率明显提高，水质明显改善，全线达到了四类水质，沿岸乡镇村屯人民生活环境大为改观，大凌河喀左段102公里生态带已经形成，显现了较好的生态效益、社会效益和经济效益。

【退田还河生态封育】 2018年，省局下达喀左县退田还河任务18447亩，实际完成退田还河21898.375亩，其中在册封育面积数为21103.375亩，非在册795亩。超额完成了3451亩，发放退田还河资金1424.96万元，实现了全部封育，没有抢种、偷种现象的发生。退田还河档案清晰、完整，所有档案统一管理，由专职人员负责。达到了“户有协议，村有登记，乡有台账，县有档案，市有备案”的标准。

【重点工程建设】 大凌河南支城区段综合治理二期工程。该工程是喀左县一项生态治理重点工程，工程概算总投资2.7亿元。可新增水面60万平方米，湿地面积240万平方米，绿化面积50多万平方米，形成10公里河道生态长廊。2018年，主要完成了两部分工程。一是防洪工程，主要完成了新建左岸堤防7.86公里，石笼护岸3.3公里，新建穿堤涵闸8座，河道清淤7.6公里，河岸防护2.3公里，新建管理房8处。该工程已建设完成并完成单位（合同）验收工作。二是橡胶坝、船闸工程。主要完成了新建坝长342.4米橡胶坝一座，建50吨位、长120米船闸1座。新建面积375平方米码头1座，开挖航道2.7公里。双庙河综合治理工程。该工程总投资406.95万元，该工程主体工程已经建设完成。已完成全河段垃圾清运及石笼护岸。完成浆砌石护岸842米、围栏防护853米、涵闸1座，完成砂石路及农桥建设。渗津河河口段生态治理工程。该工程批复资金400.54万元。主要建设石笼护岸580米，河道清淤1000米，新建湿地9400平方米、荷花池2105平方米，植物绿化及其他工程。已完成石笼护岸、荷花池、木栈道工程。大凌河西支重点段生态治理一期工程。该工程总投资150.59万元，主要建设石笼护岸733米，河道疏浚450米，新建湿地2800平方米、跌水1座，植物绿化及其他工程。该工程已完成石笼护岸及跌水工程。

【环境监察】 完成3个断面和2个排污口的水量和水质监测及采集工作，水质均达到Ⅳ类以上标准。办结2起市局督办的河道内倾倒垃圾案件，关停排污口1个，联合执法关停水源区鱼塘22处。开展河道垃圾清理专项行动，共清理河道垃圾11.9万立方米。

【水政监察】 完成砂场审批8家，其中市管河流6家，县管河流2家，采砂3.6万立方米，收取采砂出让金额36万元。完成了河道日常巡查75次，累计出动执法车辆75台次，人员212人次，严厉打击涉河违法案件，宣传法律、法规。共及时制止各类河道违法案件6起。

【龙源湖景区管理】 栽植金叶榆、银杏等各类绿化树木3万株，在滨河路北岸新栽2公里路边花卉，修剪景区内各类绿化树木4万平方米，花草树木防治农害喷洒农药2万平方米。清理水面白色垃圾和水草共计2000多立方米。维修景区硬覆盖面积1300余平方米。维修7公里的岸线灯、景观灯，更换数码管1200余支，LED光源500个。完成音乐喷泉升级改造，并配合完成喀左县60周年县庆、徒步大赛等活动的开展。

【湿地景区管护】 全年做好第一湾景区、东哨湿地的日常管护工作。在第一湾景区栽植景观树紫叶稠李241株，侧柏1株，维修东哨湿地和第一湾景区木栈道55处及紧固连接螺栓并涂刷桐油，增设东哨湿地警示牌8面，在第一湾景区挂警示条幅20幅，清理第一湾景区广场淤泥600立方米，维修东哨湿地水毁工程1处，制止景区内违法违规行为151起。

【防　汛】 制定了相关防汛制度，各级责任分工明确，使防汛抗旱责任真正落到实处，防汛物资充分并进行登记和定期检查。加强了对橡胶坝各坝区的日常巡查，确保了安全度汛。

【扶　贫】 2018年2月，多方筹措资金6万多元，在为十二德堡镇白庙子村已新建办公用房的基础上，为村部购买了空调3套、办公桌椅4套、党员活动室桌椅40套、档案柜10个、床1个。4月又筹措资金3万元对村部进行了绿化，共栽植紫叶稠李67棵、水蜡树墙35米、云杉8棵。真正改善了贫困村的办公环境。

【党风廉政建设】 认真贯彻党风廉政建设责任制，强化学习，注重实效，以负责任的态度和务实的作风，扎实开展了反腐倡廉工作。建立并完善了党建工作制度10项，并得到了严格落实。全年召开党员大会2次，中心组学习12次，民主生活会3次，党课1次，领导班子成员以普通党员身份参加支部组织生活会2次，参加党员进社区活动3次。全年组织全局党员学习习总书记的系列重要讲话精神，学习了《关于新形势下党内政治生活的若干准则》《中共共产党党内监督条例》《中共中央关于加强党内法规制度建设的意见》和中央八项规定等党风廉政建设方面的法规和制度，为切实把党风廉政建设工作做实做细，局党建领导小组及时召开会议对各支部“两学一做”学习情况进行检查督促，并印制学习资料4套120本、廉政小册子50本发给每名党员。增强了党员干部廉洁从政意识，提高了党员干部遵纪守法的自觉性，使党风廉政建设和凌河治理中心工作同步进行、协调发展。

（凌河保护区管理局）

畜牧业

【畜牧业生产概况】 至年末，全县牛、猪、羊、禽存栏分别达到13.9万头、23.8万头、40.3万只、516万只，出栏分别达到13.3万头、44.1万头、41.2万只、1140万只。全县肉类总产量达9.68万吨，禽蛋产量5.68万吨。全县畜牧业产值实现29.7亿元，同比增长4%。

【标准化规模养殖场建设】 2018年，重点实施了畜禽规模养殖场建设项目，全县新建标准化规模养牛场12个。完成了4个规模化养牛场的肉牛标准化建设项目，完善了粪污处理、圈舍改造及水电路等配套设施。严格执行畜禽养殖禁养区、限养区、适养区划定方案，全县畜禽规模养殖场废弃物处理设施化率达到80%。做好了第二次污染源普查规模养殖户清查建档和入户清查工作。

【草原生态建设】 2018年，全县草原承包户总计14143户，草原承包面积91.6万亩，发放禁牧补助资金总计687万元，74万亩治理草原得到有效管护。完成600平方米草原防火物库建设，草原防火装备已经全部储备到位，可随时调用。草原火情监测站瞭望塔基础建设已经全部完成。

【动物防疫检疫监督】 全面落实动物防疫责任制，实现了各级政府对动物防疫工作负总责，严格执行各级政府保免疫密度，业务部门保免疫质量的工作原则，层层签订防疫目标责任状。完成了春秋两季动物集中免疫工作，全县牲畜和禽类应免疫率全部达到100%。平均免疫抗体保护率达到70%以上。同时，自8月3日开始，全县全面加强非洲猪瘟防控工作。经过全县上下的共同努力和部门联动，喀左县尚无非洲猪瘟疫情发生。严格规范动物检疫行为。按照检疫规程和有关制度实施检疫，进一步规范产地检疫工作，落实检疫申报制度，做到了规范出证。切实加强屠宰检疫管理，严格入场动物信息核查，落实屠宰检疫要求，2018年屠宰生猪36827头，确保屠宰检疫率为100%。尤其加强了经纪人监管，实施GPS车载定位系统流通环节全程监控。通过加大检查力度，保障了动物性食品安全。

【兽药饲料及畜产品安全监管】 以生猪、肉牛、肉羊为重点，在全县开展“瘦肉精”专项整治工作，查找养殖、收购贩运和屠宰等各个环节存在的隐患和漏洞，进一步强化了各环节的监督监管。2018年以来，在畜产品安全监察所和畜禽屠宰大队密切配合团结协作和共同努力下，没有发生畜产品安全事故发生，有效地保证了喀左县的肉食品安全。

【畜牧科技推广】 继续实施基层畜牧技术推广体系改革与建设项目，加强了对科技示范户的技术培训，截至10月中旬共开展培训32次，培训养殖场（户）1500多户，累计培训人数1.5万多人次，下发资料2万份。利用科技周、赶科普大集等形式现场咨询23次，咨询人数场5000人次。同时，积极联系县内各专业养殖协会、养殖场组织培训，及时将实用技术传授到养殖户手中。

【招商引资】 2018年，实施了标准化规模养殖场建设项目，投资3300万元。同时积极协助公营子镇引进宏发肉鸡养殖屠宰加工项目，计划总投资10亿元，年内宏发饲料厂基础建设基本完工，完成投资1亿元。

【畜牧产业扶贫】 年初以来，按照县委、县政府“3+N”脱贫攻坚总体安排，认真抓好畜牧养殖产业扶贫工作，最终达到带动贫困户增收、实现精准扶贫、精准脱贫的目的。一是建标准化扶贫养殖牛场助扶贫。全县共新建扶贫牛场14个，基建投资总额3914万元，增加肉牛饲养规模6200头，可使6200口贫困人口受益。二是种植粮饲兼用玉米助扶贫。围绕新建扶贫牛场的乡镇种植粮饲兼用玉米10616亩，每亩补助资金260元，直接扶持贫困人口2242人。三是继续加大驻村帮扶力度，投资10万元帮助卧虎沟乡九神庙村建设装机容量近75千瓦的光伏扶贫电站一处。

【存在问题】 一是资金投入不足，政策性投入很少，群众生产性资金严重不足，影响了群众大力发展畜牧业的积极性。二是优势主导产业地位不明显，畜牧业产业结构和产品结构不尽合理，生产环节难以与市场有效对接，难以取得更好的经济效益。三是畜牧产业化龙头企业规模较小，建设速度慢，能真正发挥产业化“龙头”作用的企业少。

（兰建宁）

农 机

【概 述】 2018年，县农机局围绕县委、县政府中心工作，以提高农机装备水平、农机合作社服务能力、强化农机示范区建设为重点，大力推广农机新技术，不断提高全县农机化水平，全力推进喀左县农业现代化进程。2018年，农机局内设5个股室，分别是人事股、办公室、计财股、综合股、管理股（行政审批股），在职职工11人；有农机推广站、农机监理所、农机校（农机质量监督管理站）3个直属事业单位，在职职工27人；全系统离退休人员41人。全县农机专业合作社29个，农机维修网点35个，农机大户53户，拥有拖拉机3441台，各种农具有3849台，农机总动力29万千瓦，农业机械总值3亿元，全县从事农机工作人员12130人，以县为核心，乡镇为骨干、村户为补充的农机服务体系网络进一步建立，服务领域进一步拓宽。农机合作社在农业生产中作用明显提高。保护性耕作得到大面积推广。玉米收获机械在全县得到全面推广，高粱、小麦、豆类综合收获机械在推广中受到欢迎。争取国家购机补贴资金850万元。全县农机综合机械化水平保持在78%的水平。

【农机工作】 2018年，全县农机化继续保持了较好的发展势头，全县农机总动力29万千瓦，农机总值3亿元。各类拖拉机3441台，各类配套农机具3849台；机耕面积完成62万亩任务，其中增加深松土地面积16万亩；机械收获面积35万亩；机播面积56万亩。农机经营服务总收入1.9亿元。完成农机购置补贴850万元。农机合作社29个。辖区内无农机重特大事故发生，农机“三率”达到93%。一是争取惠农资金提升农机化水平。争取并完成农机购补850万元，补贴2176户，带动农民投入2582万元，提高了农机化装备水平，从而大大加快了全县农业现代化发展进程；争取深松作业16万亩，补贴资金450万元，分布在全县23个乡镇，加深了土壤耕层，提高土壤通透性，增强土壤蓄水保墒和抗旱防老能力，有效地改善了土壤板结问题，起到农业生产节本增产效果。二是保护性耕作典型示范带动。农机局承担市级保护性耕作示范区2个，总面积200亩，分别是平房子镇小营村示范区和官大海示范区。为喀左地区推广保护性耕作积累了经验，带动了全县免耕播种、秸秆还田、秸秆打捆压块、玉米、高粱收获机具推广应用。三是农机培训扎实开展。全年召开县级现场培训会、工作推进会、演示会5次；组织各类培训4次，培训驾驶员360人、新型农民2000人、专业技术人员240人。农机安全生产扎实有效开展，举办安全培训12次，培训驾驶员1200人，农机持证率100%、挂牌率100%、检验率93%，实现全年无重大农机安全事故。全县农机总动力达29万千瓦。农机总值3亿元。拥有各种拖拉机3441台、各种配套机具3849台，农机经营总收入1.9亿元。

【行业扶贫】 三名驻村包扶工作队员和下派的第一书记认真履职尽责，推行“3+N”“党支部＋合作社＋贫困户”扶贫模式。光伏电站已并网发电，贫困户人均收入400元；2018年种植小麦150亩、酒高粱240亩、大豆530亩、油葵530亩、花生70亩、水稻240亩，高粱制种100亩，全部实现稳产高产增收，贫困户人均分红增收150元；养殖业、劳务输出使部分贫困户稳定增收。2018年，252户、684口建档立卡贫困户全部实现脱贫。村“党员＋合作社”扶贫得到市委肯定，小营村代表喀左县在市委组织部全市拉练现场会介绍经验，全县重点项目拉练小营村提供了300亩标准化果园和特色种植现场。农机局为合作社耕种收提供机械化服务，为群众节省资金20余万元，党员干部“一对一结对帮扶”5次入户慰问，为贫困户捐物资折款17500元。宏旭农机经销公司为小营合作社捐赠玉米脱粒机2台，折款3000余元。

【项目建设】 把项目建设作为工作重中之重，成立项目办。三次走出去，以商招商，以情招商，完成新建项目2个，金茂达新型材料有限公司纸塑包装生产项目，投资6000万元；公营子田园综合体项目，投资1000万元，年内投资200万元，完成垫整地400亩，种植苗圃300余亩；在谈项目一个，天津农机具加工项目，计划投资500万元。全年完成1000万元任务。

【党的建设】 落实基层党建工作责任，坚持书记抓、抓书记，压实主体责任，推进基层党组织全面进步全面过硬。加强组织建设，调整支部成员。农机系统4个支部27名党员，调整为2个支部。召开组织生活会2次，对照检查，认真开展批评和自我批评。“三会一课”制度得到全面落实，并常态化。请县党校老师时佳讲课一次，4名局领导各讲课二次。

（伞桂智）

气　象

【项目建设】 开展国家综合气象观测试验基地辐

射试验外场建设。争取中国气象局气象探测中心资金60万元开展太阳辐射比对实验室建设。同时积极做好太阳能资源观测，找出了分布式和集中式太阳能光伏发电最佳方位角和倾斜角，为太阳能光伏发电和精准扶贫提供了科学依据。开展标准化人工影响天气作业点建设。争取省气象局项目建设资金50万元，在坤都营子乡开展标准化作业点建设。开展了气象碘化银焰弹增雨雪技术试验，申请中国气象局气象科学研究院人工影响天气研究所对项目进行鉴定。

【气象监测预报预警】 进一步加强气象灾害监测工作，对全县38套区域自动气象站、18套农田小气候自动站进行升级改造，确保气象监测数据的稳定、准确。对全县45块气象电子显示屏、262套农村气象大喇叭进行跟踪维修、维护，确保气象预测、预报、预警信息能够及时传播，累计发布短时强降水预报27期，各类预警信号360期。在应对“7·24”台风“安比”过程中，做到监测准确、预报及时、服务到位，为领导部署防汛工作提供科学依据。

在做好气象灾害监测的同时，加强气象预测预报技术研究，努力提高预报准确率。2018年3月1日，喀左县气象台发布3—11月气候预测及农事建议，预报春季（3—5月）降水偏少，季降水量60毫米左右；春季气温偏高，季平均气温12℃。预报夏季（6—8月）降水正常，季降水量320毫米左右；夏季气温略高，季平均气温23.8℃。预报秋季降水略少，季降水量70毫米左右；季平均气温10.2℃左右。实况是：喀左县春季3—5月降水量62.5毫米，季平均气温12.1℃。夏季6—8月喀左县降水量317.6毫米，季平均气温23.8℃。秋季喀左县降水量41.6毫米，季平均气温8.9℃。8月30日至9月2日，为喀左县60周年县庆活动提供优质气象服务，得到县领导的一致好评。

【增雨防雹】 开展了地面人工影响天气作业人员技术培训，对全县21套增雨火箭架和38门“三七”高炮进行了自检和省局的年检，对作业点的防雷设施进行了常规防雷检测，确保做到安全作业。组织开展火箭增雨（雪）作业19点次，发射火箭弹99枚；气球焰弹增雨作业6次，施放气球携带碘化银焰弹584枚，累计增加降水量54.3毫米，全县增加降水1.21亿立方米。

【气象为农服务工作经验在全国推广】 智慧设施农业气象服务取得较好成效。开展的智慧设施农业气象服务平台与800多户农户实现手机对接，农民可以通过手机查看棚内小气候状况、县气象台发布的棚内小气候预报、灾害性天气微尺度警报、病虫害预报、作物发育期预报、加温补光预报、通风时间预报及日光温室防控技术服务等各类服务产品，为喀左县“农业绿色发展先行区”“国家农业可持续发展试验示范区”提供了便捷优质的气象服务。老爷庙镇下河套村大棚户张兆普（全县茄子大王）专程到县气象局送锦旗表示感谢，锦旗写道：“真真诚诚服务，实实在在惠民”。《喀左智慧设施农业气象关键技术及应用服务》在“2018年全国农业气象技术交流会”进行专题报告，并获2018年全国农业气象技术交流会优秀报告奖。喀左农业气象绿色防控技术在全国会议报告。喀左农业气象绿色防控技术经验在“中国气象服务协会气象装备委员会2018年学术交流会”“2018年度全国气象水文海洋仪器分会学术交流会”“全国2018年农业灾害风险管理与乡村振兴学术会议”交流报告。

【开展省气象学会专家服务站建设】 建立辽宁省气象学会专家服务站，引进气象行业人影、天气、气候、农业气象等方面专家人才，帮助喀左县开展气球焰弹增雨雪新技术研发推广，给予火箭弹、炮弹及人影作业装备技术等大力支持，科学开发空中云水资源，为喀左生态环境建设做好气象保障；针对设施蔬菜、水果、大宗农作物产业发展需求，开展设施蔬菜和杂粮作物及果树品种气候认证，打造品牌，提升农产品市场竞争力；

根据全国全域旅游示范区建设需要，开展全域旅游气候指标认证，进一步提升喀左旅游品牌形象；针对太阳能光伏发电、分布式光伏扶贫产业的需要，依托全国太阳能外场试验基地建设，协调国家、省气象科研院所专家提供太阳能光伏发电预报及综合气象服务技术，提高光伏发电企业（用户）效益；帮助开展标准化校园气象站和县气象科普馆建设，促进气象防灾减灾知识的宣传，提高群众防御气象灾害意识和能力。

【农业气象服务】 2018年，共开展农田调查308次，开展土壤墒情观测36次；制作日光温室精细化农用天气预报365期（包括棚内小气候预报、作物发育期预报、主要病虫发生气象等级预报、掀盖帘子时间预报、加温补光预报、通风时间预报、太阳辐射量预报、二氧化碳浓度预报、灾害性天气微尺度警报等），春耕春播期气象服务专报8期，秋收期专题气象服务10期，土壤水分监测公报19期，农业病虫发生气象预报20期，气象条件分析简报12期，蔬菜批发价格信息270期，其他决策气象服务产品80期；并及时通过手机短信、大喇叭、显示屏、微博、微信等发布。2018年6月下旬到7月上旬，喀左县遭受严重二代黏虫灾害。联合县植保站每天通过气象大喇叭、显示屏、手机短信发布了二代黏虫警报及防治期天气预报；针对无人机作业，开展了降水、相对湿度和风速风向等要素预报，取得较好防治效果，虫情得到有效控制。

（高　鹏　梁志兵）

工　业

工业综述

【概　况】 2018 年，喀左县工业经济运行速度实现稳步提升：1—12 月规模工业总产值完成 33.48 亿元，同比增长 25.8%；1—12 月规上工业增加值完成 6.76 亿元，同比增长 24.8%；1—12 月实缴税金完成 1.88 亿元，同比增长 66.9%；1—12 月全部工业用电量实现 9.93 亿千瓦时，同比增长 13%；1—12 月规企用电量实现 6.07 亿千瓦时，同比增长 14%。

【“飞地经济”】 把发展“飞地经济”作为经济工作的重中之重，将其纳入“重实干、强执行、抓落实”考评体系，通过组织推动、奖惩促动、平台拉动、招商牵动、环境带动等有效措施，狠抓落实，推动了全县“飞地经济”有力有序有效发展。截至 12 月末，共实施“飞地经济”项目 85 个，其中落地开工项目 30 个，总投资 46.3 亿元，已完成投资 23.8 亿元，列全市第一；签约项目 17 个，协议资金额 9.88 亿元；另有在谈项目 38 个。

【推进合资合作】 积极协调引导帮扶县域内老企业与省内外高科技企业开展合资合作，实施技术改造，提升老企业竞争力，加快企业转型升级，增强企业发展活力。截至年末，共实施辽宁红山化工与北方爆破科技公司合资合作年产 9000 吨现场混装炸药项目、朝阳飞马车辆设备股份公司与美国 KIC 公司合作研发生产 ADI 轮毂系列产品项目、辽宁海辰宠物食品有限公司与麦氏宠物食品有限公司合资合作宠物保健功能食品等合资合作项目 50 个。

【小微企业升规】 2018 年，市政府下达给喀左县“小升规”企业任务 5 户。年内已有喀左华电石料、辽宁海辰宠物、朝阳铭泰钢构、喀左富力达铸造、朝阳赫源陶瓷、喀左志远铸业 6 户企业进入“小升规”培育库，积极组织报批，完善上述企业财务报表，按时上报主要经济指标，以上 6 户重点培育企业已晋升为规模以上企业。

【争取政策资金支持】 一是为喀左鹏达铸造和喀左志远铸件两家企业组织材料向上申报省级企业技术中心企业，最终喀左鹏达铸造有限公司通过评审获得“省级企业技术中心”称号；二是为喀左富力达、朝阳华翔化工、辽宁宿盛实业、朝阳鑫绮调味品 4 家企业申报成为辽宁省中小微企业信用培育池建设企业；为辽宁红山化工股份有限公司和朝阳飞马车辆设备股份公司两家申报成为辽宁民营企业建立现代企业制度第三批示范企业。三是积极为符合条件企业申报电力直接交易市场准入，全年全县共新增直接交易准入用户 42 户，已全部参加电力直接交易。

【能源监管】 一是定期开展安全检查。严格对辽宁红山化工股份有限公司和喀左县民用爆破器材专卖有限责任公司两家民爆行业企业进行每月一次的全方位安全生产检查，切实做到横向到边，纵向到底，做到及时发现安全隐患，及时排除、及时整改。确保民爆企业不发生任何安全生产事故，确保社会和谐稳定。二是开展电力行政执法。联合县供电公司对全县辖区内的电力设施安全隐患进行彻底排查整治。与县供电公司对北公营子镇公营子村7户大棚户在220千伏高压线下建房的危害电力设施行为，下达了拆除通知；及时对电力安全进行季度检查。三是全面淘汰落后产能。积极与县政府蓝天办对县内10吨以下64台工业燃煤锅炉进行了成功拆除。

【信息化建设】 高度重视企业信息化建设，认真落实工控企业安全相关主体责任，组织信息安全自查，结合实际把信息安全基础工作和应急保障措施落到实处，高效有序推进信息工作顺利开展。同时，落实上级2018年两化融合评估诊断和对标引导工作文件精神，及时将符合条件的朝阳飞马车辆设备股份公司组织申报，经过审批朝阳飞马车辆设备股份公司被评为辽宁省两化融合贯标试点企业。此外，积极培育工业电子商务试点企业，以朝阳飞马集团、喀左天佑陶艺等两家工业企业为重点，大力推动规模以上工业企业积极应用各类电商平台，进一步提升规上企业电商应用率，实现线上线下两个市场的融合发展。

（毛忠诚）

城建　环保

住房和城乡建设

【概　况】 喀左县住房和城乡建设局，机构规格为正科级，为县政府工作部门。局机关内设综合办公室、法规股、建工股三个科室；下设房产管理处、房屋征收与补偿办公室、房地产开发管理办公室、建筑工程安全管理站、棚户区改造管理办公室、工程质量监督站、招标投标管理办公室、城市建设档案馆、喀左建设集团、宏宇建筑工程有限公司、辽宁和程建设项目管理有限公司朝阳分公司 11 个企事业单位。2018 年，县住建局坚持以习近平新时代中国特色社会主义思想为指导，深入贯彻中共十九大精神，以项目建设为重点，行业管理为抓手，主动适应新常态，积极抢抓新机遇，不断强化行业管理、着力抓好民生事业发展，全县住房和城乡建设工作取得明显成效。

【建筑市场协调发展】 2018 年，以解决建筑业发展不平衡不充分问题为目标，以深化建筑业改革为主线，以完善建筑市场监管体制机制为重点，优化企业营商环境，推进建筑业转型升级，全年完成建筑业产值 7.05 亿元，装配式建筑占比达到 4.1%，重点做了以下工作：一是严格执行法定建设程序。严格落实企业市场准入、直接发包项目班子审查、标前踏勘等制度。全年报建项目 38 项，建筑面积 62.6 万平方米，工程造价 6.5 亿元，工程报建率达 100%；施工合同备案 23 项，建筑面积 55.4 万平方米，合同金额 6.6 亿元，备案率达 100%。二是优化建筑业营商环境。加强建筑市场准入信息化管理，以建筑市场公共平台数据代替纸质材料，深入落实建筑领域“放管服”改革要求，优化施工合同备案流程，改为施工许可后置办理，简化资质许可前置要件，取消社保证明，切实提高办事效率，在招投标工作中，严格依法依规办事，规范操作、阳光运行，全年没有投诉案件发生，同时加强事中事后监管，做到简政放权、放管结合、优化服务。三是加强开发区建设项目管理。根据省、市文件精神，召开专题会议研究，对于开发区建设项目明确了县住建局作为建设行政主管部门进行业务指导与检查，开发区建设管理局作为其辖区建设行业管理部门实施日常监管。四是积极推动建筑业企业提质升级。2018 年，新成立资质企业 5 家，转移注册至喀左县企业 1 家，资质增项企业 4 家，喀左县建筑业企业资质种类更加丰富、结构趋于合理。本年度共协调企业人员培训 3 次，共培训施工管理人员和技术工人 100 余人次，组织装配式建筑技术培训 2 次，促进新型建筑技术应用，通过一系列举措，喀左县建筑业企业综合实力得到显著提升。五是深入推进建筑市场依法行政，打击建筑业内侵权行为。把农民工工资支付纳入建筑市场日常工作内容，严厉打击违法发包、转包、违法分包、挂靠等建筑市场违法违规行为，铲除欠薪行为滋生土壤，配合做好了省农民工工资支付抽查审计和省政府农民工工资支付工作专项督查的迎检工作，组织开展了农民工工资支付专项检查和住建领域欠薪欠债问题专项治理，对于拖欠隐患，早发现、早介入，有效防止大面积集中拖欠行为的发生，切实维护了农民工的合法权益和切身利益。六是加强事中事后监管。制定涉企执法检查计划，落实“双随机、一公开”制度，加强建筑市场违法违规行为查处力度，以建筑市场行为、项目班子履职、合同履行、中标结果一致性为检查内容，整合执法资源，实行联合执法机制，本年度实施多部门联合大检查1次，共检查13个建设项目，下发建筑市场整改通知单11份，开展住建领域扫黑除恶专项治理1次，下发整改通知单8份，对检查出的问题登记造册，督促相关责任主体限期整改，切实增强了企业守法意识，规范了建筑市场秩序。

【房地产业】 2018年，全县房地产开发面积72万平方米，完成年度任务的176.47%；全县销（预）售商品房面积29.2万平方米，完成年度任务的167.6%，排名全市第一。截至2018年底，全县商品房可售住宅库存19.83万平方米，住宅去化周期7.3个月，远低于省政府要求的住宅去化周期不超过22个月的指标任务。实现全县域商品房销售网签合同备案，网签系统实现全省联网。全年指导全县26家房地产企业完成资质年审工作。同时新成立房地产暂定资质企业2家。

【民生工程】 一是棚户区改造和房屋征收工作稳步推进。完成2018年省、市下达喀左县棚户区改造任务987户，征收房屋面积约8.9万平方米。涉及客运站南侧二期地块、腾龙北侧二期地块、橡胶厂周边、小河湾地块及公营子镇二区棚改项目5个地块。发放棚改资金1.6亿元，向上争取项目资金2891.7万元；二是住房保障工作有序展开。加强对保障性住房的日常监管，对入住保障性住房人员的家庭情况进行走访调查，对于转租和从事住房以外活动等不再符合入住条件的，及时进行清退收回。全年收回保障性住房30套，另购买保障性住房60套，共计90套已于2017年底全部分配入住。全年收缴租金95万元，发放租赁补贴30户，补贴资金3.6万元；三是物业管理工作日趋完善。规范物业管理模式，由县物业办全面监管转为街道属地化管理模式，县住建局负责行业管理。制定完善了全县住宅小区物业管理工作规划。协调法院采取督促程序（支付令）或简易程序，进一步抓实物业费催缴工作明确物业管理用于共用部位的清洁、照明等费用支出，按照居民生活用水、用电、用暖标准执行，降低物业管理成本。对物业企业严格实行物业服务内容公示制度，进一步规范物业企业行为，明确服务范围，接受居民监督。同时，广泛发动宣传。街道办事处、物业办采取发放公开信、召开座谈会等多种形式，引导广大居民增强社区共建意识，主动参与小区建设的配套设施维护，共同营造和谐健康的居住环境。

【行业监管】 一是从严落实工程质量监督。深入贯彻落实《建设工程质量管理条例》及《建设部5号令》等法规和工程建设强制性标准，以确保地基基础、主体结构工程质量和满足使用功能为目的，深化监督管理，加大监督检查力度，提高监管水平，保证全县建筑工程质量。全年受理监督的单位工程91项，建筑面积56万平方米；全年竣工验收交工的单位工程71项，建筑面积48万平方米，一次验收合格率达100%。抓地基基础和主体结构工程质量。对地基基础、主体结构施工重点环节进行重点抽查，主要检查工程行业档案资料、工程实体质量及五方责任单位主体质量行为并及时跟进工程质量监督档案工作，保证监督档案与工程施工进度同步。对检查中发现的问题绝不姑息，及时要求施工单位整改并复查整改结果。开展创优活动。积极开展工程创优活动，为全县建筑市场营造良好的营商环境，促进全县建设工程质量的提高。实体工程监督检测。贯彻落实新修订《混凝土结构工程施工质量验收规范》中新举措，实体检测中将砼强度检验、钢筋保护层厚度检测和砼结构实体位置与尺寸偏差的抽测作为重点抽测内容。对不合格部位下发工程质量整改通知单，要求施工单位鉴定检测并依据检测结果处理，从实体检测中杜绝质量隐患。继续开展现场建筑材料动态抽检工作，杜绝偷工减料降低工程质量标准的行为，现场动态抽检建筑材料 396 组，合格率 100%。工程质量综合评价。开展在建工程主体结构和竣工验收监督工程质量综合评价制度，评价制度贯穿于工程的主体结构验收监督、工程竣工验收监督和工程综合执法检查、专项检查、材料抽查等各个环节之中，对工程各责任单位主体质量行为起了很好的约束作用。工程竣工验收备案。加大工程竣工验收备案工作检查力度，提高工程竣工验收备案率，规范工程竣工验收备案工作行为，全年办理竣工验收备案手续的单位工程 62 项，建筑面积 48 万平方米，备案率 87%。工程质量执法检查。坚持开展工程质量综合执法检查和专项检查相结合的检查制度，强化工程质量监督管理，做到全面监管，突出重点，将工程质量监督检查覆盖到乡镇重点建设项目，全年开展工程质量集中和专项检查 5 次，其中集中检查 2 次，专项检查 3 次。下发工程质量整改通知单 13 份。

二是安全生产管理。2018 年，县住建局始终坚持“生命至上，安全第一”的思想，坚守“红线”、不碰底线，落实安全生产领域改革发展意见，坚决杜绝了安全事故的发生。全年共受理安全监督项目 33 项，监管面积 80.78 万平方米，共办理施工项目标准化考评 70 项。开展安全生产综合执法大检查 4 次；春季开（复）工、防扬尘、消防、防高温、重大节日等敏感时段等专项检查多次。五月由喀左县建筑工程公司在河畔新城施工现场开展了“火灾事故”“高处坠落”应急救援演练 2 次；并相继开展了“安全生产月”、安全生产“七进”等活动，宣传了安全生产知识和应急救援常识。全年共下发隐患整改通知单 63 份，停工整改通知单 3 份，查封在建单体工程 2 项，按照“四个清单”要求，隐患整改率达到百分之百，使危险源得到了有效的控制，保证了全年无责任事故的发生。在保证安全生产形势稳定的同时，争创了市级安全生产标准化项目 2 项；喀左县兴建房地产开发有限公司、喀左县建筑工程公司、喀左县宏宇建筑工程有限公司共 3 家企业被市住建局授予“安全生产先进单位”荣誉称号，县住建局也被市住建局评为安全生产目标管理考核先进单位。

【项目建设、扫黑除恶和向上争取资金】 一是项目建设。2018 年完成项目建设固定资产投资 3341 万元，完成全年任务的 167%。二是扫黑除恶工作广泛开展。为了更好地营造扫黑除恶专项斗争工作的开展环境，县住建局发挥行业优势，通过在建筑工地围挡、住宅小区悬挂宣传条幅和 LED 广告牌宣等形式，对扫黑除恶专项斗争工作进行了大力宣传。并按照上级要求对盘踞在建筑领域强揽工程、恶意竞标、阻挠施工、破坏经济秩序和在房屋征收、工程项目建设等过程中进行煽动闹事等黑恶势力进行排查，经排查，未发现涉黑涉恶线索。接到交办、转办件共 2 件，已全部答复。三是向上争取工作取得实效。全年累计向上争取资金 2891.7 万元。

（白卓远）

城市管理

【市政建设】 道路工程建设与维护。新建、翻建城市道路工程总长 3920.7 米，建设面积 70271.34 平方米。其中湖北路长 2065 米、45400 平方米，已建成通车；新华街南延长 770.49 米、12327.84 平方米，已完成道路基层建设；成都路长 555.25

米、7773.5平方米，已完成道路基层建设；古塔胡同长530米、4770平方米，已建成通车。铺设人行道方砖（水泥砖300×200）24365平方米。其他道路建设、维修共22339平方米，更换边石9285米，人行道方砖9824平方米，树坑条石2418块。地下管网建设所维护。新建排水管线8875米。其中，湖北路排水管线3442米，新华街雨污双排管线1550米，成都路雨污双排管线1006米，古塔胡同排水管线397米，龙南线排水管线2480米。年度内维修排水检查井533座，更换破损井盖353套。亮化工程建设与维护。完成了县政府大楼、体育局楼、香格里拉住宅楼、天城观等28幢楼宇LED灯带、洗墙灯、投光灯等安装；完成了城区四座桥梁3连串170串红灯笼的悬挂；完成了湖南、湖北路、龙凤大街及南、北出口450个灯笼、900个中国结的悬挂；完成了利州河6000米灯带安装，利州街沿街仿古建筑3连串88串西瓜灯等灯饰的悬挂。同时组织职工开展路灯漏电巡查，并实行夜间巡查制，针对市民来电来访的路灯故障及时维修。在亮化的工作中，保证了巡视到位率、设施完成率、整体亮灯率、维修及时率达到100%。

【园林绿化】 绿化工程。完成了双桥社区游园新建、乌兰山广场绿地改造、北出口三角地改造及街路、广场、游园树木补植工程。共栽植油松、五角枫等乔木2385株，榆叶梅、紫叶李等灌木13500余株，模纹8920平方米，游园、广场甬路铺设6775平方米。美化工程。完成了广场处花柱、花架、花钵摆放；完成了健康路、青年街150组防腐木花箱摆放；完成了南大桥、敖木伦大桥、北桥桥体立体花卉摆放；完成了南大桥桥头、孵化基地前、陶然新苑门前、乌兰山小游园等绿地各种草花栽植。栽植孔雀草、串红、万寿菊、矮牵牛、鸡冠花等10余个品种，达90万株花苗。对新华广场周边破损方砖进行更换并重新进行铺设，面积总计4847平方米。

【城市供水】 供水工程建设。1. 完成三小学及东山家属院拆迁改水工作；完成金鼎龙湾输水管道改造工程；完成大成国际、东鑫花园、一品城三期、在水一方等室外给水管道安装，并相继投入使用。2. 共完成供水主管网建设1914米。其中：新建清阳河畔至敖木伦老年公寓南花园至利州国际地段供水管726米，健康路与龙凤大街供水管道会接，形成环状供水管网；新建敖木伦街南侧（新水源—上海路）供水管道1188米。新水源建设。喀左县城区新水源工程，选址在南哨街道大凌河南支西岸地区，工程内容为：新建供水厂一座；在山咀子村、五道营子村、五家子村、白音爱里村地段建设四眼水源井，与新建供水厂配套，同时新建输水管道10公里，配水管网12公里，架设供电专线10公里；取水规模为日供水量0.75万吨；工程计划投资7600万元。此项工程正在办理前期手续，已完成水资源评估、取水许可批复、环境影响评价审批、项目建议书批复、选址意见书批复、节能评估和审查批复、水土保持审批、土地预审批复、社会稳定风险评估审批、可行性研究报告批复。正在办理现场征地前期手续工作。

【环境卫生】 新装修水冲公厕3座，改造公厕4座，维修公厕31座，改建旱厕3座，维修污水井51座，维修地坑54座；完成中转站维修，渗滤液调节池维修工程，累计完成投资118.24万元。购置分类垃圾桶150个、果皮箱100个，投资17.3万元。

【城市燃气】 积极与开发单位协商洽谈，推进了一品城、凌河郡、东鑫花园、博望B区、水木清华、古韵书香、在水一方、河畔新城小区的部分燃气设施安装。加快市场开发力度，年销售气量约350万立方米。继续进行市区中压主干管网的建设，不断拓展供气范围，完成3公里中压管网、5公里的低压管网建设。持续进行小区燃气建设及开栓通气工作，扩大燃气用户规模，对凌河郡、鑫海花园、古韵书香、康达小镇等小区完成开栓通气1500户，实际使用用户数增加600户。配合燃煤锅炉改造政策的推行，促进喀左城市环境改善，加大力度进行工商业用户的发展，实现了吧嗒乐食品公司、环宇包装公司、大成国际宾馆、凤颖公司等锅炉用户的施工，同时完成了龙源湖酒店、锦州银行、博宇半导体公司等10余户商业用户的发展，另外，开发了小平三期等5户工业用户。

【城市管理】 开展城区市容市貌专项整治。全年依法收缴各类屡教不改流动经营商贩的商品和经营工具1600余件次，依法处罚400余人次，使沿街流动商贩无证经营行为及商业网点门前秩序混乱问题得到了有效扼制，城区市容市貌现象得到了较大改善。广告牌匾的规范化整治。督促更新破旧牌匾300余块，清理流动牌匾200余块，先后拆除不规范及缺损、破旧等有碍市容的广告牌匾80多块，摘除市区沿街私自悬挂彩条、横幅160余条，从源头控制了私设、乱设不规范广告牌匾的行为，进一步规范了管理，有效地杜绝了乱设置户外广告现象的发生。车辆停放及交通秩序整治。联合公安、运管等部门开展了四轮电动车整治工作，同时依照交通严管街（青年大街）黑色路面禁止停放一切车辆，其他街路机动车辆在规定停车场（位）或沿右侧边石顺向停放；两轮摩托车、自行车到边石以上停车位有序停放的标准规范车辆停放秩序。建筑施工噪音及商业噪音整治。加大对建筑工地夜间施工噪音扰民行为和商业噪音扰民行为整治。年度依据居民投诉和电话举报共依法规范制止了河畔新城、在水一方、水木清华等多个建筑施工工地的夜间施工噪音扰民行为，规范制止了步行街、时代店、一品城商业街、新华早市、祥发小区等商业噪音扰民行为200余次（处），依法清理沿街商业门点经营助声的录音机、影碟机、音箱30余个，收缴流动商贩的高音喇叭20余个。早夜市管理。县执法大队共组织30多次专项整治行动，对污染路面、严重影响市容市貌、影响交通、违章占道经营的早夜市摊点进行取缔和规范，共取缔违章占道早夜市摊40余处，教育整改50余起，规范110余处，确保了早夜市的依法经营秩序。规划监察管理整治。坚持做到违法建设早发现、早制止、早处理，不断加大巡查力度，至10月中旬，共发现违法建筑280余处，1万多平方米，依法拆除200多处，使城乡规划法在潜移默化状态下逐渐走入边远郊区农户以及城市棚户区居民的心中。露天烧烤行为整治。专门成立了夜间烧烤值班队伍，由县公安部门配合，对城区内的露天烧烤摊进行集中整治，每天晚上坚持到凌晨1点多。在近6个月的整治中，共清理暂扣露天烧烤经营户占道灯箱60多个、桌椅板凳400张，清理占道经营200处。通过整治，有效地解决由露天烧烤产生的噪声污染和环境污染等问题。群众投诉和信访案件。在信访工作中，以维护诉求人的合法权益，提高信访工作群众满意度，及时解决群众的实际问题。年度，执法大队共处理群众投诉140余件，其中来信10余件，网上信访件120余件，来访30人次，均已及时处理，处理率为100%。其他城市管理工作。配合民政部门完成了殡葬市场的清理整治工作有效制止了在城市街道上抛撒纸钱、燃烧冥币、摆放祭品等封建迷信活动；配合公安部门完成了烟花爆竹市场管理及《朝阳市烟花爆竹燃放管理暂行规定》在喀左县贯彻落实的相关工作；完成了防汛值班及抢险救灾工作，并取得了突出成绩。

【城市防汛】 年初完成对城区排水系统进行彻底清淤，完善排水管道的防汛功能，保证设施齐全完好、正常运行。汛期前，就制定了具体可行的防汛措施，备足防汛物资。成立抗洪抢险组织，负责应对汛期的突发状况，做到遇到险情一呼即应；制定汛期24小时值班制度，确保汛期安全，保证了城区居民的生命财产安全。

【安全生产管理】 加强安全意识，强化安全教育，普及安全知识。无论是在基础设施建设还是各项城市管理过程中，始终贯彻“以人为本、安全第一”的原则，高度重视市政、园林、环卫、供水、供气等安全生产和管理工作。年度内共检查4次，下达5次隐患和问题清单，排查隐患16处，全部整改完毕，没有出现任何安全事故。

【驻村扶贫和结对帮扶】 驻村工作队在辘轳井村积极开展党建工作，同时投入5000元资金积极协助村委建设党员活动室，投入3000元购买电子显示屏。年初购买苗木550余棵，在入村道路两侧进行栽植。2018年，局机关党员干部对中三家镇辘轳井村17户和丛元号村13户建档立卡贫困户实行一对一结对帮扶，重点协助贫困村实施光伏发电、特色种植和畜牧养殖三大扶贫产业，党员干部捐赠现金及物资累计9000余元。

【党的建设】 加大了党建工作力度，在强化领导班子建设的同时，加大对基层党组织的建设和党员教育管理力度，深入开展党员干部“学党章党规、学系列讲话，做合格党员”学习教育活动，认真开展宗教、扫黑除恶专项整治活动，认真贯彻执行《中国共产党廉洁自律准则》、中央八项规定和《十个严禁》，加强党风廉政建设，认真落实党委的主体责任和纪委的监督责任，强化对党员干部的教育管理，增强拒腐防变意识和能力，在思想上筑起党风廉政建设防线和思想道德防线。加强社会治安综合治理和信访工作，强化信息、注重日常排查、热情接待上访，及时化解矛盾，有力维护了社会稳定。

（城管局）

城镇规划

【规划编制和规划设计】 调整县城总体规划，编制完成海绵城市规划设计导则和技术图集。为进一步加快城市建设步伐，完善城市功能，优化布局，对县城总体规划进行了调整。按照喀左县“重强抓”工作安排，为全面贯彻落实海绵城市理念，指导喀左县海绵城市建设，在海绵城市专项规划的基础上，编制完成了海绵城市规划设计导则和技术图集。加强控制性详细规划的编制。以城市总体规划为指导，坚持战略性、系统性、前瞻性、指导性以及特色化的规划编制理念，有效整合空间资源，提升区域功能形象，深入开展重点片区控规研究和编制，完成利州工业园区控规、京沈高铁控规、浴龙谷二期控规、三小学所属地块控规、学府一号等控制性详细规划16项，规划用地面积113.57公顷。提升城市发展质量，加强城市设计。完成中青旅文旅小镇、航天主题乐园、一品城三期、学府壹号、河畔花园等项目规划实施，规划完成商业及房地产开发项目建筑总面积51.9万平方米，规划完成工业项目建筑总面积4.2万平方米，规划完成公建项目2.9万平方米。提升县城景观绿化水平和居住生活环境，结合合龙源景区规划建设，打造大凌河十公里景观长廊、利州河两岸仿古风貌街区，建设新水源，完善排水系统，提高县城承载力。

【规划管理】 加强对划给县行政审批局各类职权项目的事中事后监管。建立协调配合机制，增强公共服务能力，避免监管和服务缺位、失位，确保工作连续性。全年审核建设项目选址6项，审核用地规划许可10项，审核工程规划许可16项，审核竣工核实许可7项。开辟审批“绿色通道”。经济开发区规划分局对重大工业项目和基础设施项目开辟规划审批“绿色通道”，有效缩短了审批时间，为项目建设快速推进提供保障。全年共核发建设项目选址意见书1项，核发建设用地规划许可证8项，核发建设工程规划许可证7项，规划与设计方案报批审查24项。强化批后管理，确保工程项目得到有效监督。为进一步提高规划的权威性，保证规划的严肃性，对规划实施的各个环节加大监督力度，进一步强化批后建设工程的监管力度，切实保证建设工程依规依法建设，有效维护城乡规划的权威性和严肃性。监察执法的重点放在建设红线、建筑物层数、间距、长度、高度等方面，对建设项目严格检测，保障项目严格依据建设工程审批的内容建设。

【**城乡规划**】 按照国家、省、市农村人居环境整治精神，结合全县实际，认真制定了《喀左县农村人居环境整治三年行动方案》。编制完成 12 个乡村规划，完成农村危房改造共计 1197 户（C 级 649 户，D 级 548 户），确保全县 46 个贫困村销号。

（规划局）

环境保护

【**整改中央环保督察案件**】 2017 年，中央环保督察期间，交办喀左县的 42 件信访举报案件，全部办结销号。督察反馈意见 23 项问题，全部整改到位并销号。2018 年，中央生态环保督察“回头看”期间，交办喀左县的环境信访举报案件 34 件，截至 12 月 15 日全部办结，办理结果上报市工作协调组得到认可。

【**污染减排**】 2018 年，全县落实污染减排项目 25 个，削减化学需氧量 546.2 吨，氨氮 54.88 吨，二氧化硫 850.04 吨，氮氧化物 180.42 吨，顺利完成朝阳市下达的年度减排任务。为全县项目建设和招商引资工作中的大项目落地，奠定了总量基础。

【**污染防治**】 一是全力打赢“蓝天保卫战”。2018 年，完成淘汰拆除 10 吨及以下燃煤锅炉 97 台，淘汰黄标车 293 辆；强化扬尘污染整治，对建筑工地、堆料场、原料散料运输车辆等扬尘污染实施了重点监管；实施了秋冬季大气污染强化治理和秸秆禁烧工作专项督查行动，全县环境空气质量继续保持稳定。二是打好“水污染防治攻坚战”。全面推行河长制和水质断面考核机制，深入推进全县河流流域综合整治；县城市污水处理厂（一期）提标改造工程和喀左经济开发区日处理 5000 吨污水处理厂，两项工程均已建设完成，投入运行；喀左县饮用水源地勘界立标工作已完成，设立宣传牌 5 个、交通警示牌 4 个、界标牌 3 个、理石界桩 49 个。同时制定了喀左县集中式饮用水水源地突发环境事件应急预案。2018 年，通过环境监测站 1 月、4 月、7 月、10 月的采样监测结果分析，喀左县集中式饮用水水源保护区内各项指标均达到了地下水质量标准Ⅲ类标准。三是打好“土污染防治攻坚战”。2018 年，全县重点工业企业核实和农用地土壤详查点位核定工作已完成，核查重点工业企业用地 94 家，核定农用地企业 109 家，详查点位 420 个。数据采集、上传工作已经完成，待国家审核。

【**创建生态乡村**】 2018 年，全县创建省级生态乡镇 1 个、省级生态村 2 个。实施农村环境综合整治村 17 个，项目 17 个（1 个生活污水集中收集处理、16 个生活垃圾分类减量），已全部通过验收；生态保护红线划定工作已完成，全县初步确定生态保护红线面积为 695.31 平方公里，占全县面积 31.09%。

【**执法监管**】 坚持依法行政，强化环境监管执法。组织开展了“工业污染源达标排放、环保大检查、采石场专项整治”等多项环保专项行动。共出动环境执法人员 387 人次，检查企业 118 家次，下达责令改正决定书 213 份，行政处罚 36 家，罚款 211.05 万元，关停企业 9 家。办理查封扣押案件 1 件，犯罪移交案件 1 件。同时对已办结的行政处罚案件均在喀左县政府网站进行了公开，并录入了全国环境行政处罚案件办理信息系统；落实环境监察网格化管理，对全县矿山洗选、钢铁加工、建材化工等重点行业企业，实施“双随机、一公开”监管模式，对重点污染源实施重点监控；持续开展涉危行业环境安全检查，对全县 18 家涉危企业，严格执行环境管理和危险废物转移联单制度，确保环境安全；完善了《喀左县重污染天气应急预案》《喀左县集中式饮用水源地突发环境事件应急预案》，强化应急管理，降低了环境污染事故风险。

【全国第二次污染源普查】 按照国家计划安排，2018 年 5 月 3 日，喀左县召开第二次全国污染源普查工作动员大会，正式启动普查工作。6 月 18 日，工业源、生活源锅炉、规模化畜禽养殖场、集中式污染治理设施、入河排污口的清查工作全部完成，并生成数据库上报到市污普办。数据采集和审核工作正有序进行中。

【创建生态文明】 开展“绿盾”2018 国家级自然保护区监督检查专项行动。每季对自然保护区进行一次例行监督检查，对发现的问题及时提出整改意见或立案处理。对在 2013 年 9 月至 2016 年 9 月环保部卫星遥感监测涉及辽宁楼子山国家级自然保护区人类活动变化 23 个问题进行整改。其中保护区存在历史遗留问题 11 个，违法违规问题 12 个。对楼子山省级自然保护区进行勘界立标，设立界碑 450 个。自然保护区成立 10 人组成的巡视队伍，配备巡视车 1 台，并建立了管理台账。

（包　敏）

邮电　交通　电业

邮　政

【概　况】 中国邮政集团公司辽宁省喀喇沁左翼蒙古族自治县分公司，下设综合办公室、市场营销部、金融业务部、渠道平台部、寄递事业部。县分公司下属邮政支局26处，共有职工187人。2018年喀左分公司按照《朝阳邮政2018年经营工作要点》，准确把握形势、坚定信心、迎难而上、快速行动，全面落实“一体两翼”经营发展战略，加快金融翼持续健康发展，提高寄递翼发展能力和效益，打造邮政农村电商主渠道地位，开创集邮与文化传媒发展新格局，深化邮政业务转型升级，较好地完成了市公司下达的任务指标，全年累计实现业务收入6144.98万元，同比增长7.89%；全年无重大安全生产责任事故和重大服务质量问题。

【邮政业务】 邮政基础性业务收入完成217.66万元，同比上升13.95%。其中，函件完成收入62.11万元；报刊实现收入109.88万元；集邮收入45.53万元；机要收入0.14元。寄递类业务收入完成148.93万元，同比上升6.77%。渠道平台完成668.69万元，同比上升37.47%。其中，增值业务44.24万元，分销624.45万元。邮政代理金融业务收入完成5045.9万元，同比增长5.4%。其中：储蓄利差收入3876.4万元；手续费收入184.58万元；中间业务收入790.85万元；汇兑收入1万元。2018年新增储蓄余额5308万元，余额规模达到26.28亿元；全年保险实际保费完成1.33亿元，标准保费1.89亿元。

【邮政通信】 县城设ATM自动取款机2台，CRS存取款一体机12台；农村ATM自动取款机10台，CRS存取款一体机5台；为所有农村投递员配备了电动三轮车，极大地提高了邮政服务能力，促进了业务快速发展。

（中国邮政集团公司喀左县分公司）

中国联通公司喀左分公司

【概　况】 中国联合网络通信有限公司喀左县分公司隶属于朝阳市联通分公司，有员工194人。下设办公室、建设维护中心、市场支撑中心，10个营销单元。开办的业务有固话、宽带、移动通信业务。固话、宽带全部实现光纤入户，可为用户提供300兆光宽带接入，极大地方便了用户。移动通信业务号段：186、185、176、175、166、156、155、130、131、132。端口接入能力21万户；基站569个（其中2G基站126个；3G基站297个；4G基站146个），其中具有移动宽带接入能力的基站443个（其中3G基站297个，4G基站146个），喀左联通的3G网络已经实现全县行政村的100%覆盖，4G网络已经实现了乡镇镇区的100%点覆盖，并覆盖了87个行政村，行政村覆盖率达到100%；宽带端口14.87万个，喀左联通的宽带网络已经实现全县行政村的100%覆盖。固话用户41663户，宽带35197户，移动电话79073户。

【经营工作】 2018年，喀左公司围绕宽带、融合、移网、冰激凌、2I地推等重点指标开展营销工作。全年实现出账收入6946万元，县域排名第2位，其中公众线出账收入5786万元；政企线出账收入1160万元。在重点业务发展上，2018年融合新增7907户，融合到达14342户，宽带业务新发展7347户，移网新发展26620户，联通电视新增6647户，冰激凌发展2584户，2I地推11147户。

【建设、维护工作】 2018年喀左县分公司紧紧围绕重点工作，聚焦公司重点业务，向用户要口碑，向网络要效益，重点推动客户感知提升工作，提升对市场、对客户服务的支撑能力。工程建设：累计完成基础建设投资2590万元，完成了本地网传输34个工程项目，新建驻地网工程和顺家园等5个小区，大客户项目工程新增光纤以太网35个，开通数字电路9条，完成30个政务外网、全县中小学教育VPN网、公安视频监控521个点位。基站建设：开通京沈高铁隧道室分基站8个、室外宏站36个，开通高铁沿线基站42个，完成8个基站扩容，布放光缆113公里。维护工作：完成光交接箱整治300个，线路过道加高44处，路改移21处；完成10个支局及接入网机房整治、ODF架接地安装66个、传输设备瘦身13台、OLT万兆上行改造12个、甘招、卧虎沟、尤杖子支局三相电改造，更换六官、卧虎沟、草场支局两组500AH蓄电池。

【党风廉政建设】 加强党风廉政建设，定期召开民主生活会；加强党建统领，抓党建促发展；深入开展反腐倡廉，坚持“三重一大”工作制度；认真推进“两学一做”学习教育常态化制度化；加强综合治理和软环境建设；加强企业文化建设，弘扬工匠精神，实实在在做事，构建积极向上、见贤思齐、风清气正的良好生态。

（中国联通喀左县分公司）

交　通

【概　况】 2018年，喀左交通全面完成了各项工作任务，交通“十三五规划”项目工程进展顺利，交通综合服务能力显著提高。全年交通运输基础设施建设总投资3.93亿元。县级以上公路工程建设项目有序开展，全面启动实施全长11.1公里凌兴线吉利生桥头至小城子段（产业大道）建设工程；完成省道宁孤线4.866公里道路和485.6米的牤牛河大桥工程；完成省道建三线大北段中修改造工程35.12公里；完成龙南线道路9.515公里路面工程；完成2.75公里七金线（高铁喀左站连接线）道路路面工程；完成建三线石桥子125.2米危桥改建工程；凌兴线完成67米的六官营子危桥改造工程；完成公营子新市镇3.6公里道路工程。农村公路建设工程完成355条线路676.2公里，桥梁工程95座2311.08延长米，完成乡级公路路面工程25.41公里，其中化十线旅游路14.1公里；畅返不畅工程11.31公里；完成村级公路295条路线512.85公里（包括村级及路网外公路及加宽改造工程），桥梁工程新改建桥梁2311.08延长米/95座，新建中桥1739.96延长米/35座；大中修工程总计完成13条线路65.4公里，其中大修工程3条路线共13.9公里，中修工程10条路线共51.5公里；完成扶贫公路37条线路97.6公里；完成提前启动工程21条线路34.5公里，桥梁10座123.88延长米。2018年农村公路建设总投资21871.82万元，其中省补资金20115.2万元，地方自筹资金1756.62万元。运输监管工作得到进一步强化，道路客货运输服务质量显著提升。加强综合协调工作，京沈客专正式建成营运、喀赤客专、锦承铁路电气化改造工程等国、省重点项目工程有序推进。

【公路养护】 公路养护工程始终坚持“建、养、管并重，畅、安、舒、美相统一”的原则，养护和管理均达到或超过市以上主管部门要求的标准，养护总体水平居省、市前列。县级以上公路完成路基整修工程239.095公里，整修边沟210公里，培路肩草线180公里，清运垃圾1万立方米；处理路面病害69563平方米；桥梁维修修复各类桥梁设施、标志260个，修复损坏钢护板248延长米，新安装钢护栏57延长米；完成修复水毁桥梁锥坡940平方米/8处，维修水毁挡墙144.9米/70米。完成绿化里程50.6公里，栽植乔木4539株，灌木4618株，完成草养路基202.52公里。农村公路全年进行两次全面整修，共清理边沟251公里，培路肩462公里，处置翻浆16处3150立方米，路况质量得到了全面提高。累计投资1885万元，恢复水毁土砂方98处1824立方米，新建防护墙26处18518立方米，石笼12处1824立方米，管涵25处315米，确保了公路安全畅通。农村公路绿化植树158.5公里，新植78.5公里13万株，补植80公里27.5万株。绿树成活率达到了87%，保存率达到了89.5%。农村公路完成标准路创建160公里，完成路基改造工程216公里，新建管涵工程48处520米。

【基础设施建设】 县级以上公路建设工程：凌兴线县城绕城路（产业大道）大凌河大桥建设工程，桥长390米，桥宽25米，引线工程1.9公里，8月28日开工，年内完成下部工程和桩梁改造；省道宁孤线4.866公里路面建设工程，含水泉大桥一座，桥梁长度485.6米，8月30日竣工；省道建三线大北段中修改造工程35.12公里，5月18日开工，8月28日竣工；龙南线道路工程，起点位于龙源湖文化广场，终点至南哨山口与建三线交界，路线长9.515公里，5月21日开工，10月30日竣工；七金线（高铁喀左站连接线）工程，路线起于建三线，止于喀左高铁车站，全长2.74公里，6月12日开工，9月30日竣工；建三线石桥子桥危桥改建工程，地点位于公营子镇石桥子，桥梁全长125.20米，6月15日开工，10月30日竣工；凌兴线六官营子危桥改造工程67米，6月15日开工，8月30日竣工；公营子新市镇工程3.6公里道路工程，8月30日完成。县级以上公路总投资1.75亿元，全部为省补资金，资金年内到位8143.8万元，资金到位率46.5%。

农村公路建设工程：2018年，喀左县农村公路建设工程完成355条线路676.2公里，桥梁工程95座2311.08延长米，大修工程3条线路13.9公里，中修工程10条线路51.5公里，其中新改建及加宽工程315条线路550.85公里；2019年，提前启动工程21条线路34.5公里，桥梁工程10座123.88公里，化十线旅游路工程14.1公里，畅返不畅工程5条线路11.31公里，扶贫公路37条线路97.6公里。2018年，农村公路建设总投资21871.82万元，其中省补资金20115.2万元，地方自筹1756.62万元。

【运输管理】 加大运输结构调整力度，保障运输稳定安全。2018年，全县“城乡公交一体化”比2010年实施前增加营运线路31条，营运车辆44台，站点197个，营运班次380个，其中新增纯电动新能源公交车30台，营运里程456公里。全县客运班车和公交车达到177台，营运线路127条，营运里程25500公里，行政村通车率达到100%，自然屯通公交车率达85%以上，受益人数达30余万人。“重实干、强执行、抓落实”专项行动。交通运输部门高度重视此项工作，成立专项领导小组，派专人负责，将各项工作落到实处。2018年，交通运输部门做好公交站点枢纽站的合理设置和城市公共交通发展计划编制规划，加强城市公交智能化管理，适时调整不合理公交站点，极大地改善了全县交通运输候乘条件。加大“扫黑除恶”力度，确保运输行业稳定。交通运输部门加大“扫黑除恶”工作力度，运输管理所和县交警大队、城管大队、交通派出所决定启动联合“扫黑除恶”机制，联合摸排线索、联合执法，资源共享，涉黑涉恶协同作战，积极配合公安机关等相关部门依法严厉打击全县道路运输领域黑恶势力违法犯罪的重点行为，为全县做好“扫黑除恶”、优化营商环境提供坚实的交通运输保障。加强客运站基础设施建设，保障旅客出行安全。交通部门在逐步完成原有客运站基础设施建设的同时，2018 年又争取专项投资逐步对这些农村客运站进行规规范改造。城市公交车停车场启动实施，新能源车充电桩等基础设施相继投入使用。严厉打击无证经营行为，稳定客运市场。2018 年，交通部门共检查车辆 760 多台次，查扣非法营运客运车辆 138 台，查处出租车违规运营 72 台次，非法营运车辆 33 台次，非法改装 33 台次，罚款 31 万元。净化了全县出租车市场，使喀左县客运市场沿着健康轨道发展。

【国家重点项目建设工程】 京沈客专各项建设工程全部完成，2018 年底通车运行。京沈客专工程喀左站首期工程完成 2.75 公里道路连接线和广场 1.5 万平方米停车场及站台工程硬化工程，正式开创了喀左县开通高铁运营的历史。喀赤客专工程和锦承铁路电气化扩能改造工程进展顺利。

【行政执法】 行政执法工作坚持贯彻“外树形象、文明执法，内强素质、争创一流”的基本方针，牢固树立人性化的执法理念，保持优良的执法整体水平，坚持以严格执法推动行业管理，以严格执法提高交通系统行业文明程度。在行政执法工作中，严格按照行政处罚法、行政许可法、《中华人民共和国道路运输条例》等法律法规，坚持做到“八个合法”，即主体合法、身份合法，权限合法、程序合法、依据合法、证据合法、决定合法、文书合法。

【荣　誉】 2018 年，喀左县交通局各项工作取得了丰硕的成果，获得了崇高的荣誉，受到了社会各界的好评。喀左县交通局被辽宁省评为 2015—2017 年度文明单位、被中共朝阳市委、朝阳市人民政府评为 2017 年度脱贫攻坚工作先进集体、被朝阳市政务公开办公室授予“政务公开先进单位”称号、被喀左县人民政府表彰为 2017 年度绩效考评工作先进单位，喀左县交通局党委被评为朝阳市先进党委。副局长张学军被评为 2016—2017 年度精神文明建设工作先进个人。纪检书记赵玉梅被评为 2016—2017 年度纪律审查工作先进工作者。

（何玉明）

供　电

【概　况】 2018 年，国网喀左县供电公司有员工 524 人（其中全民用工 141 人，农电工 249 人，劳务派遣 134 人），领导班子 6 人。下辖 13 个部室、26 个班组，经营区域覆盖喀左县全境，担负 20.89 万客户（城区 5.63 万户，农村 15.26 万户）的供电任务。2018 年，售电量完成 12.72 亿千瓦时。喀左县区域内有公司产权 220 千伏变电站 2 座、容量 720 兆伏安；66 千伏变电站 22 座、容量 921.1 兆伏安；10 千伏配电变压器 2005 台（2005 个台区），容量 169.783 兆伏安。220 千伏线路 4 条、147.17 公里；66 千伏线路 47 条、488.09 公里；10 千伏线路 103 条、1963.3 公里；0.4 千伏线路 3998.53 公里。

2018，县公司综合实力迅速提升，供电保障能力和优质服务水平全面加强，有效支持了喀左县经济发展，为全县加速振兴提供了坚强的动力支持。2018 年，售电量累计完成 127247 万千瓦时，同比增加 14371 万千瓦时，增长率为 12.73%；综合线损率累计完成 2.54%，同比下降 0.42%；售电平均单价累计完成 573.88 元 / 千千瓦时，同比下降 5.22 元 / 千千瓦时；电费回收率完成 100%。公司先后获得辽宁省公司先进单位、喀左县 2018 年度“项目建设突出贡献单位”和“脱贫攻坚工作先进单位”等荣誉称号。

【安全管理】实现作业现场安全闭环管理。层层落实安全生产责任，细化县公司《安全管理体系》，组织签订各层级安全生产责任状284份，领导班子包片参加班组安全活动102次，其中“案例式”班组安全活动11次/1882人。按照“47122”工作计划深入开展“六查六防”专项行动。深化实施作业现场“三关一卡一监控”模式，三级安全监察人员共对265个作业现场进行了全覆盖安全监察，对偏远作业现场进行视频监控19次，连续安全生产3378天。运维水平有效提升。安全顺利完成503项春、秋检作业，实施配电综合大检修3次，完成65基电杆防洪。开展“三级”监察性巡视、配电线路专项整治，10千伏线路故障跳闸率降低21.11%、配电线路“95598”故障修理次数降低35.65%，实现“双降”目标。完成喀左33个小区19条线路用户资产移交。应急处置能力强化。在保障全省推进“飞地经济”工作现场会等特殊时期23项保电任务中得到各级领导高度肯定。开展配网标准化抢修竞赛和应急抢修演练，提升员工标准化作业水平。修订地震灾害等7种应急预案和大面积停电处置方案。代表市公司迎接省公司应急能力评估，得到专家组的高度评价。

【电网建设】紧跟朝阳“飞地经济”发展步伐，高标准编制电网规划，梳理2019年农网改造升级储备项目202个。协调喀左县政府召开电网建设会议3次。加强工程前期管理，确保利州—宽邦500千伏线路工程、坤都66千伏变电站按期投运。加强农网工程安全、质量、进度管控，在落实三个项目部和农网办公一体化的基础上，以《喀左县公司农网工程管理考核实施细则》、“五卡”制、周例会制、配网工程手机APP等为抓手，从根本上提高农网工程建设质量，圆满完成了2018年农网改造升级工程、技改大修等工程。

【营销服务】夯实营销基础管理。实行线损管理全过程管控，扎实开展两级“三个一”分析，完成了2224个台区二次理论计算及289个损失异常台区的整改工作。利用制作纸巾盒、宣传短片等多种形式促使线上缴费率完成74.67%。深化“四级”表计巡视。深化执行“四级”表计巡视模式，共巡视各类用户22.94万户，发现并处理各类问题11921个。加强用电检查管理，实行业务部主任兼职用电检查员机制，全年共检查10千伏用户2122户，下发《用电检查结果通知书》350份，累计追补电量89.26万千瓦时。加强业扩管理。依托业扩联合作业分中心开启视频会议8次，组织园区工程协调会6次，解决用电难题15项，破解了10千伏喀端联线、喀巨线等八条线路建设问题。严把竣工验收关，累计受理新装、增容、装表临时用电申请共290份，净增用电容量100580千伏安。初步建立了“政府协商 集中签约”模式。12月13日，省公司优质服务、集体企业管理工作现场会在喀左召开。提升服务水平。班子成员分片深入17个营业厅，就窗口人员应知应会、规范服务、“办事难”“三公开”等情况进行督导。组织召开“案例式”投诉分析研讨会6次，针对14项问题展开讨论，增强了员工服务意识。历时一个半月对二级营业厅全面进行改造。集中对35名综合柜员进行应知应会等知识调考，在参加公司举办的营业厅规范服务竞赛中，荣获团体第二名和7名参赛选手均获得奖项的好成绩。

【企业管理】依法从严治企。牢固树立“四个意识”，严格执行中央八项规定，开展100道红线案例展示，认真履行“一岗双责”，细化主体和监督责任清单。强化监督执纪问责，在法定节假日等重要节点和敏感时间段，开展明察暗访7次。强化指标管控。不断深化运监平台指标管控作用，做好日稽查、周通报、月推进、季考评各环节管控，实施“三级”指标管控联动机制，密切关注各项指标趋势，压实责任，同业对标指标连续11个月位列市公司第一。深化绩效考核。以市公司三级绩效管理为指导，在业务部台区经理“6+3+1”绩效考核模式的基础上，部室、班组开展了“N+2”抢分制绩效管理，推动了职工工作积极性和工作质量的提升。打造全能型供电所。历经半年时间准备，举全局之力，在省市公司全力指导帮助、各单位协同配合下，公营子镇供电所软、硬件建设全方位得到提升，形成了“大公精营 共赢未来”为主题的全能型供电所建设体系，12 月 7 日，代表省公司接受了国网公司五星级供电所专家组的验收。

【夯实组织建设】 扎实开展“夯基础 求突破 勇争先”大讨论。制订了“12733”（即 1 个工作方案、2 个结合、7 个“一”专项工作、3 个清单和 3 个报告）大讨论实施推进计划，班子带头，全员参与，有效推进，针对征集到的 210 条问题的整改情况，形成了“三个报告”，固化大讨论成果，推动管理再提升。加强党建和党风廉政建设。紧密围绕“基层党支部建设年”活动，认真落实“三会一课”、规范“三本六盒一证”，完成 11 个党支部换届选举工作，深化开展“戴党徽、亮身份、做表率”主题活动。与 38 名部门、班组负责人签订党风廉政建设责任书，开展集体约谈、领导班子成员分管领域“一对一”廉政约谈。深化企业文化建设。逐步通过“朝阳电力 朝阳之光”依托下的企业文化阵地，打造“喀左电力 喀左活力”的专业化团队。开展“企业文化 +”活动，公营子镇供电所荣获省公司企业文化示范点荣誉称号。坚持履行社会责任，42 个扶贫光伏项目以最快的时间全部完成并网发电。强化职工队伍建设。以“班组长大讲堂”为载体，提升职工综合素质，组织各类培训 102 期 /3380 人次。开展“三创两出一转化”职工文体展示。坚持大学生轮岗机制，2 名大学生走上所长助理岗位。在公司组织的安规调考中，取得团体第一名 1 次，个人第一名 3 次。在参加公司青年创意大赛中，县公司金、银双奖收入囊中。

2018 年，在省公司 70 余家县公司中，率先建设运营数据监控平台、业扩联合作业分中心；实行“N+2”模式抢分制绩效考核管理经验在全省推广；农网工程率先实行“五卡”制，手机 APP 规范工程管理。副省长王明玉到五家村调研扶贫工作，石玉东董事长等 4 位省公司副总以上领导到县公司考察指导，阜新、辽阳等地市级公司学习指导 13 次，市公司领导及各县公司参观指导 28 次，各级领导对县公司工作给予充分肯定。

（国网喀左分公司）

贸 易

服务业

【概 况】 县服务业局机关内设机构6个：综合办公室、政策法规股（挂电子商务管理办公室牌子）、服务业股、市场管理股、统计股、生产资料流通股。下辖1个直属事业单位：商务综合行政执法大队。全系统共有人员21人。其中：局机关10人，商务综合行政执法大队8人，阳光工程2人，辽西北志愿者1人。2018年，全县社会消费品零售总额完成51.44亿元，同比增长6%；批发业销售额完成103.1亿元，增速2.67%；零售业销售额完成48.21亿元，增速4.43%；住宿业营业额完成0.44亿元，增速3.46%；餐饮业营业额完成2.61亿元，增速1.5%。全县实施服务业项目31个，总投资60亿元；全县各类商业网点达8324户，比2017年增加180户，服务业从业人员达9.9万人，电商交易额1.4亿元。

【电子商务】 电子商务工作走在全省前列。始终把“互联网+精准扶贫”作为工作重点，探索出“电商党建扶贫、电商公益扶贫、电商产业扶贫、电商物流扶贫、电商站点扶贫、电商助残扶贫、电商培训扶贫、电商消费扶贫”八大模式，得到省、市商务主管部门认可，2018年6月12日，辽宁省贫困县及革命老区电子商务精准扶贫现场会在喀左县召开，商务部、省商务厅、市商务局、新浪网、凤凰网、人民网等网站及《辽宁日报》《朝阳日报》也多次对喀左县电商工作予以宣传报道。截至年底，全县共有各类电子商务企业176家、全国性电商平台6家，531家村级电商服务站已经实现了全县23个乡镇190个行政村全覆盖。两个电子商务产业园入驻各类企业144家。电商协会会员单位增至100多家。2018年，开展各类电商人才培训班51期，培训电商人才4050人次。上行农产品八大类131个品种，带动就业9055人，带动2000人口脱贫。

【商贸流通体系建设】 一是完善城乡市场体系建设，协助有关部门做好马路市场整治工作。2018年，全县共有综合市场54个，全年市场交年易额达44.6亿元。二是继续开展“服务上水平、满意在喀左”活动，倡导绿色餐饮，发放“文明餐桌和优质服务”倡议书万余份，效果显著。三是继续做好“促消费、稳增长”工作。借助“消费促进月”及多种节庆开展活动。四是积极组织企业参加“辽宁老字号”“朝阳礼物”评选工作，喀左县“塔城陈醋”成功入选“辽宁老字号”。“朝阳大地”南瓜粉系列成功入选“朝阳礼物”。督导承担生活必需品和重点流通监测的企业做好市场监测工作，及时上报相关信息，认真研判县域市场状况，为上级部门提供翔实的数据基础。

【会展业、物流业】 以创品牌、创口碑为出发点，稳增长、促销费为切入点，出实招、见实效为立足点，全年组织50余家企业参加“中国天津投资贸易洽谈会”“朝阳—北京招商会展专场”和“辽宁特色产品采购订货会”等名牌展会。原生态会展、第七届中国·喀左紫砂艺术节、广场车展等也达到了很好的效果，全年各类展会会展额累计达2亿元。

2018年，喀左县的两个现代物流园区，物流公司及业户达到21家，快递公司16家。新能源物流车与县域原有电商平台、物流、快递企业相衔接，以班车的形式，每天定点到达指定村落，做到了全县村村通物流、取货不出门，彻底打通了农村物流的“最后一百米”；兴隆庄万佳农资物流、公营子宇通物流及绿港现代农业交易中心服务设施建设日益完善。

【成品油市场及再生资源管理】 全县43家加油站，截至2018年已改造31家，成品油经营许可证年检与更换工作及再生资源经营业户年检工作正常开展。

【招商引资】 2018年，重点围绕商务商贸、生态旅游、养生养老、紫陶文化等特色主导产业招商引资，主要领导及相关工作人员多次到北京、天津、河北等地参加专场招商会，全年共完成服务业项目31个，总投资60亿元。

【精准扶贫】 一是做好驻村扶贫工作。驻村工作队在甘招镇河沿村，结合实际情况，全力开展工作。二是抓好入户帮扶工作。全局在职党员干部在春节、春耕、秋收等重要阶段多次到帮扶的贫困户家中了解情况，为其解决生产生活中的困难，共送去价值1万元的慰问品。三是推进产业扶贫工作。制订行业扶贫计划，立足“互联网+农村+精准扶贫”，已在69个省级贫困村、17个市级贫困村设立了电商服务站，带动2000余贫困人口脱贫。

【行政执法】 2018年3月20日，喀左县商务综合行政执法大队成立，服务业局对酒类市场管理、成品油、再生资源、二手车市场等19项行政执法内容委托执法。成立以来，执法大队对酒类经营、二手车市场、单用途预付卡、成品油等业务进行了专项检查，全年共出动执法车辆200余台次，执法人员600多人次，检查1700业户，责令改正40多户。

【依法行政】 一是全力推进“双打”工作。认真贯彻落实全国打击侵权假冒工作电视电话会议精神，督促各成员单位及时网上上报数据，确保不迟报、不虚报、不瞒报，保障市场环境和社会环境稳步向好。二是抓好商贸流通行业安全生产，全年共开展大型专项检查4次，检查企业40多家次。三是加强综治维稳和信访工作，全力维护稳定局面，对历史遗留问题全力解决，维护两会两节期间社会稳定。四是认真开展扫黑除恶专项行动。全面清查商贸集市、批发市场等场所，严防存在欺行霸市、强买强卖的行霸、市霸等黑恶势力行为。

【党风廉政建设】 加强党组织建设。一是认真开展学习十九大精神、坚持做到“两学一做”学习教育常态化制度化。每周集中学习，定期开展专题讨论。二是坚持“三会一课”制度，保证组织的廉洁性、纪律性。三是开展党员评议活动。对照党员标准，按照个人自评、党员互评、民主测评、组织评定的程序，对党员进行评议。四是做好党费收缴管理工作。狠抓党风廉政建设，有效提高反腐倡廉能力。一是深入开展党风廉政建设和反腐败宣传教育工作。结合推进“两学一做”学习教育，不断提高党员干部自我净化、自我提高、自我完善的能力。二是全面落实从严治党主体责任。严格执行党员领导干部重大事项报告和年度廉政档案上报工作。三是层层签订廉政承诺书。四是加强机关效能建设。认真落实中央关于改进工作作风密切联系群众的“八项规定”，严肃工作纪律。

（服务业局）

供　销

【机构概况】 2018年，县供销社核定编制28人，实有人员17人，内设行政办公室、人事科、财务科、业务资产运营管理科、保卫监察科、招商引资办公室。2018年1—12月完成商品销售额2.3亿多元，农产品市场交易额完成4.8亿元，再生资源完成2005万元，分别占任务考核指标的101%；利润完成85万元，占任务考核指标的106%；消费品零售额完成1.6亿元，占任务考核指标的102%；新增农产品深加工龙头企业2个；农产品终端销售网点2个；农产品终端物流配送节点1个；县域农产品配送中心1个；升级改造基层社3个；恢复重建基层社1个；新增乡镇电商服务站2个；乡村电商服务点4个；庄稼医院1个；新领办创办专业合作社3个；农民专业合作社联合社1个；“五个一工程”对接服务项目任务指标1个；“三位一体”基层社建设试点1个，分别占任务指标的100%；圆满完成各项任务指标。

【供销社综合改革】 积极推进供销社综合改革工作。年初以来，严格按照《喀左县供销社综合改革方案》要求，切实遵循“改造自我，服务农民”的总体要求，全力抓好各项改革措施的贯彻落实。县政府非常重视供销社综合改革工作，将供销社综合改革工作纳入政府工作报告及《全县全面深化改革三年规划2018—2020年》62项改革之中。5月3日，分管副县长梁锴亲临果品公司、兴隆庄、官大海、南哨、六官营子供销社进行调研，对县供销社综合改革工作给予了充分肯定，对下一步工作提出了指导性意见。5月10日，辽宁省供销社副巡视员孙政、省社经济发展处处长单玉印、副处长王凯一行到喀左县，就县供销社综合改革工作开展调研，县政府副县长梁锴参加了座谈，并对供销社下步工作提出具体意见。6月1日，副县长梁锴带领县社一班人到辽宁省唯一的供销社综合改革试点单位朝阳县供销社进行了学习考察，学习朝阳县供销社深化供销社综合改革的经验。8月26日，省供销社党组书记、理事会主任肖涵、省社办公室主任张全毅、省社经济发展处处长单玉印一行到喀左县就供销社综合改革工作开展调研，并听取了副县长梁锴关于供销社综合改革及全县农业发展情况的汇报。

【为农服务】 基层社分类改造。加快恢复、重建，升级改造基层社的力度，强化基层社合作经济属性，改变农村基层社现状，完成升级改造基层社3个。2018年，通过积极争取，向县政府筹措资金20多万元对兴隆庄供销社中心社及院内农贸市场进行重点改造。改造后供销社及集贸市场，设立了农资超市、日用品超市、农副产品收购站、综合服务社，有效地提高了供销社形象，完善了服务功能。多元化盘活闲置资产，改造重组薄弱社，引能人入社。对薄弱社吸收社会资本，实行社会资本合作，进行重组。在认可供销社章程和为农服务的基础上，将其纳入供销社经营体系，携手打造为农服务新平台。对兴隆庄供销社半拉烧锅商店，引进社会能人付首超，投资1000万元对该房屋及院落进行维修改造，新建厂房及仓储房库5000平方米，烧酒窖20个，先进酿酒设备和罐装设备各一台套，深井一眼，新建砖混院墙90延长米，新安装电动门一个，平整院落2000平方米。改造后的新型基层社，面貌焕然一新，已然成为农民生产、生活的综合服务平台。截至目前，已全面完成恢复“三无社”的改造任务，实现了基层社在乡镇的全覆盖。

【社基一体化管理】 按照辽工发〔2018〕6号《关于深化基层供销合作社综合改革登记注册有关问题的通知》精神，副县长梁锴于6月25日组织召开了由县供销联社、县国有资产管理局和政府行政审批局等相关部门参加的政务协调会，采取以一个供销社为主体组建喀左县昌益供销合作社有限公司为总公司，再将各乡镇基层供销合作社、为农服务中心、综合服务社、庄稼医院、供销社农村产权交易中心注册在总公司名下，有效解决了供销社注册登记工作中涉及的集体资产划拨为国有资产的瓶颈问题，既保全了集体资产，又为顺利完成此项工作导出了新路，助推了为农服务平台搭建、农村综合服务体系建设的步伐。供销社的土地确权工作。根据《喀左县供销社综合改革实施方案》要求，开展土地确权工作，对确权过程中涉及的因历史遗留原始资料不全，但供销社长期使用、权属合法、界址清楚的现有土地和房屋依法确权，及时办理相关产权证书，确保供销社资产的完整性，防止集体资产流失。

【流通网络建设】 农资供应保障体系基本建成。为确保全县备耕生产农资供应，充分利用供销社系统网络，加大为“三农”服务工作力度。一是及早备足货源，储备各类化肥、农地膜、农药和农机具。二是稳定价格、保证供应、注重质量，让农民在供销社网点买到物美价廉的“放心肥”。三是提供优质服务。充分发挥供销系统农资配送中心、连锁店服务功能，实行电话预约、送货到家等便民措施。全年全系统销售各类化肥 4 万吨、农地膜 2 万吨、农药 50 吨、农机具 2 万台套，稳定价格、保证质量，采取电话预约、送货到家等便民措施，提高服务水平，解决群众“最后一公里”问题。培育壮大农产品加工龙头企业，做大做强喀左县绿港现代农业发展有限公司，加快推进绿港农副产品交易分市场建设步伐。以“市场 + 合作社 + 基地 + 农户 + 贫困户”的运营模式，发展农民专业合作社 22 家，持续带动 500 多户贫困人口脱贫。交易旺季时，每天进出市场交易车辆达 700 余台，交易人数达 7000 余人次，农产品交易量达 5 万多吨，交易额达到 2.3 亿元。日交易额达 400—500 万元，每天在市场打包、装卸的农民工近 500 人，人均每天收入 120 元，助农增收 240 万元，平均每户增收 1000 多元，与 5000 多名农户签订蔬菜保底价格收购合同，流转土地 1000 多亩，为贫困户脱贫找到一条稳定的脱贫新路。领办创办各类农民专业合作社，成立农民专业合作社联合社。依托老爷庙镇平房子村“两委”班子创办的喀左县合致土地股份专业合作社及喀左县展帮供销农民专业合作社联合社，通过土地流转的方式，采取“联合社 + 合作社 + 基地 + 农户 + 贫困户”的经营模式，与农民建立利益联结机制，充分发挥合作组织在龙头企业与农户之间的桥梁和纽带作用，实现了农业生产、农产品加工及流通的紧密联接，实现了村企农民的利益共享，推动了全县农业共赢制向前发展。加快农村电子商务步伐。绿港现代农业发展股份有限公司筹建了农业信息电子商务中心，下设 14 个实体店，设有土特产展示区、杂粮蔬菜包装区、农产品产业聚集区、线下网点交易区。截至 2018 年底，杂粮、木耳、蜂蜜和蘑菇等土特产品交易额达到了 500 万元，有效推动新型职业农民与互联网深度融合发展。

【为农服务体系建设】 根据《朝阳市供销社关于大力推进乡村振兴战略的实施意见》和《喀左县实施乡村振兴战略五年行动计划（2018—2020 年）》精神，培育新型农业经营主体，打造特色为农服务体系。重点抓好由供销社引领的青良农庄辽宁发展有限公司和风皇山庄的特色为农服务体系建设，为喀左县乡村振兴发展努力工作。青良农庄为服务体系建设。青良农庄辽宁有限公司，采取“公司 + 合作社”的经营模式，通过土地流转方式，开展订单农业，流转土地 531 亩，大力发展菊芋种植产业，种植户每亩增收在 600 元以上，带动 30 户贫困户脱贫。同时该公司在老爷庙镇平方子村北沟以每亩 500 元的价格流转土地 230 亩，发展山庄旅游产业，农庄规划设置精品果园、体验采摘、会议接待、民宿等四大区域，喀左县委、县政府对该项目给予资金和政策支持，每亩地补助资金 500 元，并配水、配电、通路，年内各项配套设施正在建设和完善中。风皇山庄为农服务体系建设。风皇山庄成立于 2017 年 7 月，坐落于大营子乡甜水沟村，占地 200 余亩，是一家以甘澍林果供销合作社为载体，让农民特别是贫困户充分参与，集收益、观光、研学、旅游为一体的特色企业。该山庄自运营以来，吸引外地游客1万多人次，主要接待大中城市学生的夏令营活动、各大院校师生写生、声乐对接活动、各地游客休闲度假活动，利润达20余万元，解决了当地30户农民工就业，带动3户贫困户脱贫，农民增收均在1万元以上。截至年底，山庄已累计投资500余万元，用于休闲小屋、林果种植和修建道路等各项基础设施建设，争取利用2—3年时间将其建设成为造福一方的特色旅游胜地。该山庄受到了县政府、县政协主要领导的关注，并多次到实地考察调研，提出指导性意见，为山庄生产、经营、发展起到了积极的宣传引导作用。

【招商引资及项目建设】 喀左县平房子镇绿港现代农产品交易市场建设项目。该项目由喀左县晟特有机农产品开发有限公司兴建。项目总投资10800.18万元，总建筑面积2.6万平方米，主要建设农产品交易区、农资产品交易区、农副产品交易区、精品加工区、农产品电子商务信息中心、仓储区、冷链区（恒温保鲜库、冷库）配套服务区。该项目已完成立项、可研，土地征收、规划、设计、环评、地勘等工作，由于拆迁补偿未达成一致意见，正在积极协调，争取明年开工建设并投入运营。通过县城区域交易分市场的建设，力争打造全方位、全覆盖的线下农产品交易运营体系，市场辐射全县及周边县市，进一步打造辽西地区最大的农产品交易市场。喀左县万佳物流农资配送中心续建项目。该项目由喀左县绿港现代农产品发展股份有限公司兴建。本项目总投资7955万元，建筑面积为2万平方米。从事农业生产资料的采购、农业生产的组织到农产品加工、储运、分销等，从生产地到消费地、生产者到消费者过程中所形成的物质产品流动。年内又投资4000万元，工程主体、室内装修、硬覆盖、绿化基本完成，设备购进已经预定，争取早日投产使用。老爷庙镇青良国际乡村文创旅游示范区建设项目。该项目由青良农庄辽宁有限公司投资兴建。项目总投资2000万元，占地200亩，集精品果园、休闲民宿、娱乐餐饮、艺展中心为一体的特色农庄产业。年内投资260万元，完成总体规划设计、土方平整、果树栽植、道路硬化、配水配电等第一期工作。喀左县兴隆庄镇富兴溪源酒坊，建于2018年9月，投资1000多万元改造维修装修房屋及院落，新建厂房及仓储房库5000平方米，烧酒窖20个，先进酿酒设备、罐装设备各一套，10月末投产运营，年产合格高质纯粮白酒1000吨，生产产品通过订单及电商平台销售，解决当地农民就业45人，带动贫困人口就业脱贫20人，拉动当地日用品消费5万元。中合生态农业产业示范园暨特色养殖小镇建设项目。本项目投资6亿元，拟先建设一个单元年出栏商品猪15万头的示范园区，5万吨饲料，5万吨生物有机肥。此项目环保方面可做到“零排放”，食品安全方面做到“三无”（无抗生素、无有害添加剂、无激素）。该项目中国供销集团已与中和生态科技有限公司签署协议，已报送总社中国惠农公司审批，年内投资20万元。

【精准扶贫】 按照县委、县政府要求，积极开展所包扶的官大海管理区西官分场脱贫攻坚“回头看”专项工作，通过对整村和每一户贫困户的“四查四看”，采取多种有效措施，核实了各项数据，真正做到了真脱贫。抓好产业扶贫。喀左县供销社协调喀左县合致土地股份专业合作社合作与北荒分场对接，抓好官大海农场北荒分场的菊芋种植产业，2018年试种菊芋11.5亩，实施订单农业，享受分红，确保贫困户利益不受损失。做好西官分场节水滴灌和光伏发电产业扶贫。在西官分场协调水利局新上节水滴灌100亩，投资3万元助力新建75千伏光伏发电站一处，巩固脱贫成果，实现助农和贫困户增收。协调交通部门完成西官、北荒和东官三个分场7.8公里的村级路硬化工程，方便百姓生产生活。

【党建工作】 按照县委组织部的部署和要求，结合系统的实际情况，深入贯彻落实中共十九大和十九届一次二次全会精神，巩固扩大践行党的群众路线教育成果，践行“三严三实”要求，紧紧围绕全县供销合作经济发展大局，以“围绕中心工作抓党建，抓好党建促发展”的思路，充分发挥党员的先锋模范作用。健全党建工作责任制。一级抓一级，层层抓落实。把每周五定为学习日，持之以恒地抓好学习教育，把讲诚信、懂规矩、守纪律作为重要导向，贯穿始终。加强党的组织制度建设。坚持“三会一课”制度，开展“红色”教育和“七一”主题教育活动。开展特色党日活动。县社党支部于4月21—22日和5月25日组织广大党员去丹东凤城市大梨树和喀左博物馆考察学习。通过党群活动，增强了县社党支部的凝聚力和战斗力。建章立制，积极推进党建工作。结合“两学一做”学习教育，进一步加强制度建设，增强制度执行的刚性约束，完善机关工作制度，结合实际建立完善了《财务管理制度》《资产管理制度》《采购制度》《机关纪律规定》《公务接待管理制度》《企业改制程序》等一系列内部管理制度，并认真组织实施，保证了资金合理使用和资产的完整性。狠抓党风廉政建设，努力形成为民、务实、清廉的作风。认真组织学习廉政准则和条例，把党的政治规矩和纪律印在心上，以过硬的纪律确保各项工作扎实推进，从思想上牢固筑起一道反腐倡廉的“堤坝”。加大了对“七五”普法、安全生产、信访、综合治理等工作的执行力度，始终保持居安思危、抓小抓早、主动作为的工作态度，全年没有发生集体上访及越级上访案件。抓好党建驻村工作，促进乡村振兴发展。一是选派优秀机关干部驻公营子镇东垤卜村任“第一书记”；二是开展基层调研，结合村实际，制订了《乡村振兴三年行动计划》；三是通过第一书记讲党课（2次），组织召开组织生活会（2次），提高农村党员队伍的思想政治素质和党组织的战斗堡垒作用；四是充分发挥党员领导干部组织、协调作用。与老百姓沟通协调，解决好村修路、建污水处理厂过程中的热点难点问题，促进农村和谐稳定。加强监事会、纪检监察工作，严格执行机关内控制度。将事权与监督权分置，做到社有资产有效的利用、监管。

（供销联社）

粮　食

【概　况】 粮食局内设办公室、粮食行业发展股、粮食流通监督检查股、粮油储备股、财务审计股5个股室，人员22名，其中领导干部3名。下辖一个事业单位：粮油检验监测站；三个直属企业：粮食国有资产经营有限公司、县地方储备粮有限公司、县国家粮食储备库。2018年，有粮食收购企业31户，收购玉米9.2万吨。

【粮食工作】 做好粮食安全省长责任制工作。对照粮食安全省长责任制考核内容，将县粮食局承担的9项重点考核事项的13个考核指标，制定落实举措，设定序时节点和完成标准，压实责任，按时完成考核。同时作为牵头单位，组织协调各责任部门和单位，综合全县自评情况，完成喀左县粮食安全省长责任制考核自评工作。

加强“两个安全”工作。进一步落实生产安全和储粮安全两个责任制，加强生产安全管理，在年初与粮食收储和生产企业签订责任状，强化部门监管责任和企业主体责任，克服麻痹思想，增强防范意识，确保不出现生产安全事故；加强储粮安全管理，对库存政策性粮食加强监督检查和监测，大力推行储粮精细化管理，严格落实责任，保障储粮安全。全年无各类事故发生。

保障国有资产安全。加强对粮食国有资产管理，落实管理责任，安排专人对2个国有粮食仓储企业和12个粮食租赁企业定期巡查，做好日常监管，确保国有资产不损毁、不流失，切实达到保值增值。

项目建设。一是加快推进“粮安工程”建设，重点抓好粮食检验监测体系提升项目和粮食产后服务体系项目建设，由国家财政投资300万元的粮食检验监测体系建设项目的各种检验监测设备已全部到位，待场所确定后，即可安装投入使用；地方储备粮有限公司开展的总投资422万元的粮食产后服务体系建设项目，在11月31日前完成全部工程，已通过市级有关部门验收，财政补贴资金211万元已到位。二是利用现有国有粮食仓储设施资源，扩展粮食仓储业服务范围，开展“五代”（代清理、代干燥、代储存、代加工、代销售）项目建设，提高全县粮食保质能力，增加农民收入。

贯彻落实《粮食流通管理条例》。一是牢固树立服务企业意识，为企业提供精准务实高效的服务，依法依规帮助企业解决问题，为企业排忧解难，助推企业更好更快发展。二是规范指导粮食市场行为，加强监督检查，严厉打击坑农害农行为，杜绝压等压价、“打白条”等坑农害农现象，切实维护好全县粮食市场健康有序运行。三是充分发挥农业合作社、粮食经纪人作用，及时提供粮食收购、销售和有关政策等信息，延伸服务链条，真正做到“藏粮于技、藏粮于民”，进而提高农民收入。

优化营商环境。认真落实《辽宁省优化营商环境条例》，大力打造“人人关心营商环境、人人维护营商环境”良好氛围。在健全完善工作制度和简化办事工作流程的基础上，做好社会宣传，对营商环境建设政策措施进行宣传解读，并健全常态化问需和帮办服务机制，营造粮食营商良好环境。

（粮食局）

对外经济贸易

【概　况】 对外贸易经济合作局（简称：外经贸局）是县政府的经济综合管理部门，主要职能包括：负责贯彻执行国家和省、市有关对外贸易、利用外资、对外经济技术合作、对外开放的方针政策和法律、法规。负责全县对外贸易、利用外资、对外经济技术合作和对外开放工作的调查研究，拟定中长期发展规划和年度计划。负责全县对外贸易行政管理，对全县外经外贸企业实行行业管理。负责组织实施和归口管理在国内外举办的各种贸易洽谈会、交易会和展销会。负责组织协调全县开展出口信用等工作。负责办理出国经贸团组报批工作。负责全县利用外资的组织与管理工作。负责全县外商投资企业的协调、服务和管理工作，监督外商投资企业执行有关法律、法规。负责全县对外经济技术协作、对外劳务合作、国际工程承包、国际经济援助、境外开办企业的申报和管理工作。负责组织开展国内外招商活动。负责全县招商引资工作的组织、综合、指导和协调工作。负责执行国家制定的对外贸易和国际经济合作领域电子商务相关标准和规则，研究推广各种贸易新方式，运用电子商务开拓国际市场。局内设6个股、室，即办公室、外商投资企业管理股、对外贸易管理股、综合信息股、招商办、项目服务办。下属3个单位，其中事业单位2个：对外经济技术协作中心、京津冀地区招商局。一个群团组织：县归国华侨联合会。2018年，全局共有职工21人。其中领导班子成员4人，侨联主席1人，职工16人。职工中正式职工11人，工勤岗1人，阳光工程聘用职位1人，大学生志愿者1人，借调2人。

【进口和出口】 2018年，市政府下达给喀左县的进、出口任务分别是200万元、5.9亿万元。截至11月末，进口完成904.29万元，完成市下达任务的452.15%。截至11月末，全县出口完成50603.87万元，完成市下达任务的85.77%。2018年，全县新增6家自营进出口权企业，分别为喀左北印纸塑包装有限公司、辽宁晟创贸易有限公司、辽宁众达精密机械有限公司、金社裕农朝阳食品有限公司、辽宁凡邦润滑油科技有限公司和辽宁东晟高新碳材有限公司。

【利用外资】 2018 年，市政府下达给喀左县的实际利用外资任务是 1000 万美元，截至 11 月末，全县完成实际利用外资 1477 万美元，已超额完成市政府下达任务的 147.7%。2018 年，在建设的外资企业有 2 个，一是朝阳通美晶体科技有限公司，注册资本为 2561 万美元，实际到位资金 1210 万美元；二是科勒迪（辽宁）轻工制品有限公司，注册资本为 267 万美元，实际到位资金 211 万美元。

【招商引资】 2018 年，县政府下达给外经贸局的招商引资任务为 5000 万元。参与或组织外出开展招商 19 次，洽谈项目 40 余个，并成功组织和参加了北京、上海、深圳等地招商推介会，接待京津冀地区、南方地区、东北地区等客商 40 余次、近 150 人客商到喀左县参观考察、洽谈。成功引进投资 12 亿元的雄安软塑包装产业园项目，年内标准化厂房已建设完成，部分企业已搬迁至新建厂房，其余企业也正在陆续搬迁之中；投资 8000 万元的朝阳鲁顺保温材料有限公司，年内项目主体已建设完毕等。县政府下达给京津冀地区招商局的招商引资任务为 3 亿元。全年落地开工项目：投资 10 亿元的京津冀转移孵化园项目、投资 5 亿元的通美晶体材料生产项目、投资 1 亿元的博宇新材料生产项目、天宇科技（朝阳）有限公司投资 8000 万元的天宇机器人项目等。

【脱贫攻坚】 按照《喀左县直驻村帮扶工作考核办法（试行）》的要求，局扶贫工作队长期都在扶贫村开展扶贫工作，局党组和全体职工每月至少一次到扶贫村开展扶贫和乡村振兴工作。局党组和扶贫村两委班子共同制定切实可行的具体措施，开展好“3+N”扶贫工作，为贫困户寻找致富门路。2018 年，全局职工为贫困户带去的农用物资、生活物品及慰问金等共计 2 万余元，在局办公经费紧张的情况下为扶贫村中三家村送去 1 万元，助于扶贫工作，为乡村振兴任台子村购买了 6000 元水泥，帮助村里修建广场。局党组及驻村工作队，协助村委会积极向上级部门争取资金 80 多万元，建设村部及其他附属设施，成立了绿野种植合作社、天穗土地股份合作社和天窗光伏发电合作社。年内，110 千瓦光伏发电站已经建设完毕，开始发电。同时，与阜新天宇公司签订了 493 亩酒高粱种植订单，多方为贫困户协调种子和化肥等农用物资，此一项可为贫困户每亩地增收 500—800 元，积极配合村委会做好扶贫档案整理工作。

（刘沂池）

烟　草

【概　况】 喀左县烟草专卖局（营销部）2018 年在岗职工 38 名，设立正股级部门 4 个：综合管理部（法规管理部）、专卖监督管理股、市场部、物流中转站。专卖监督管理股下设 3 个专卖市管中队（副股级）；市场部下设 3 个营销小组（副股级）；为满足消费者的需求，设“辽宁省烟草公司朝阳市公司卷烟零售总店喀左分店”1 个，其中合同工 1 人、劳务派遣 2 人。2018 年，喀左县烟草专卖局（营销部），深入学习贯彻中共十九大精神，以习近平新时代中国特色社会主义思想为指导，全面贯彻落实上级工作部署，紧紧围绕各项工作目标，狠抓党建、专卖管理、卷烟营销等工作，较好地完成了各项工作任务。全年向地方纳税 526 万元；实现卷烟销售 10342.08 箱；实现销售收入 21016.7 万元；查办各类违法违规案件 58 起，查获卷烟 3741 条，上缴财政罚没款 2.46 万元；开展扶贫攻坚工作，党员干部与贫困户建立“一对一”帮扶，积极开展水泉镇二道门村和马营子村定点扶贫工作，全年入户 288 户次，送去帮扶物资 1.2 万余元，帮助 36 户贫困户成功脱贫，较好地完成了各项工作任务，被县委、县政府授予“先锋企业”荣誉称号。

【卷烟营销】 全年销售卷烟10342.08箱，完成年度计划的99.58%，同比增加162.24箱，增幅1.59%；实现销售收入21016.7万元，完成年度计划的103.16%，同比增加179.65万元，增幅9.31%；销售一类会堂29.6箱，同比增加11.89箱，完成年计划的82.23%；销售二类会堂992.12箱，同比增加2.17箱，完成年计划的109%。实现单箱值20132.54元，同比增加1434.18元，增幅7.59%。全面了解市场现状，强化信息采集，掌握当下库存情况，积极寻找销售的新思路和新方法，一是以销售任务分解为立足点，任务明确，目标鲜明；二是以社会库存调查为切入点，信息采集，逐步实现数据营销；三是以客户服务为根本点，进一步发挥零售终端优势；四是以地产烟销售为关键点，发挥地产烟人民大会堂系列大品牌的主导力量；五是以网定、电子结算为着力点，创新营销模式，规避资金风险。通过努力，已实现百分之百网上订货、电子结算，有效避免现金结算给零售客户带来的资金风险，进一步保障零售客户资金安全，提升规范经营水平；六是以提升素质为基本点，探索队伍转型。开展学习培训，提升全体营销人员的思想服务意识、卷烟销售技能等水平，打造过硬队伍。

物流管理工作，实行准时制送货，积极探索柔性小配送，有效提高卷烟配送效率，实现了卷烟配送百分百入户，百分之百落地。全年共计入户6.2万余户次，安全配送卷烟10342.08箱。按照非法人独立实体运作要求，继续完成了配送费用单独核算、独立报账工作。积极开展线路优化工作，对不合理的线路及时进行优化。强化安全管理，确保人身、财产安全，全年车辆安全行驶零事故。积极探索物流外包工作新方法，形成了一整套相对完善的管理流程，实现了县局与外包公司的双管理，确保达到“三个百分之百”，为市局物流人员用工外包工作做了一些探索。

【专卖管理】 2018年，共查办各类违法违规案件58起，查获卷烟3741条，案值44.8万元，罚没款2.46万元。其中查获外渠道卷烟1197条，完成年度任务数1125条的106%；假冒卷烟419条，完成年度任务数175条的239%；串码卷烟1881条，完成年度任务数1750条的107%；走私烟243条，完成年度任务数125条的139%；全年全部超额完成任务。查获万元窝点案件18起，完成任务数18起的100%。特别是在10—11月，通过案件线索细心经营，在公安的配合下查办2起大型假烟窝点案件，案值分别为8.8万元和4.5万元，其中1起已移交公安部门作进一步审理，并刑拘1人。喀左县烟草专卖局现在网零售户1620户。全年共办理新增行政许可17户，停业3户，歇业130户，审批注销57户，恢复营业1户。制作各类行政许可卷宗1854本。同级监管工作落实到位。核查异常线索273条；开展营销行为监管、直营店监管各12次，配送专项检查93户次，实现了对“三员”的有效监管。

【基础管理】 不断规范财务管理，严格执行市局费用管理办法，对办公、水电、日杂等费用加强管理，细化考核，较好地控制了重点费用开支，各项费用支出均控制在预算定额之内。详细编制了《喀左县局2019年财务费用预算报告》，做到了编制有依据、全覆盖；高度重视安全管理，严格落实安全生产责任制，逐级签订《安全管理责任状》。组织开展了“安全生产月”和“11·9”消防日应急预案演练等系列活动。落实安全检查，对发现的21处安全隐患及时进行了整改；不断完善绩效管理体系，充分发挥绩效考核作用。不断提高法治工作水平，以“3·15”“5·15”“6·29”“12·4”及乡镇集市普法宣传等为契机，开展法律宣传活动，增强零售户的守法经营意识。组织开展案卷制作培训两次，共审核行政处罚案卷58本。不断提高机关管理水平，圆满完成“创新零售户电子档案管理模式”精益管理课题，并取得实效。开展了白塔子专卖稽查所装修、采购等8个“三项工作”项目。加强工会工作，组织开展乒乓球比赛、登山比赛等各项活动，有效提高服务职工的能力，充分保障员工权益；加强食堂管理，实行定点采购，有效发挥管委会职能；强化与地方政府沟通，积极完成各项任务；加强后勤保障工作，提高员工工作质量，抓好现场管理工作，维护卫生环境，使单位整洁有序。

【队伍建设】 坚持以人为本，有4名优秀员工走上中层管理岗位，起到了良好的导向作用。坚持中心组学习和党内生活制度，加强党风廉政建设，逐级签订了《党风廉政建设责任书》。扎实开展“432”品牌特色工程，进一步强化基层党支部建设，“星级党支部”创建工作取得实效，再次被市局（公司）党组评为“五星级先进党支部”。组织开展了“在职党员进社区”、重温入党誓词、学习中共十九大精神、创建稽查所党员活动室等活动，党员模范带头作用不断强化，荣获市局（公司）评选的先进党务工作者、先进共产党员各1人。积极转变工作作风，组织全员开展节约“一张纸、一度电、一滴油”活动，严禁工作期间玩手机、网上购物、工作时间饮酒等情况发生。深入开展了“一学二考三应用”活动，注重学习实效，共组织各类学习培训264次达528学时。贯彻信访条例，认真做好信访投诉工作。

【辽宁省烟草公司朝阳市公司卷烟零售总店喀左分店】 2018年，全年存货及购进23.54箱，销售卷烟21.58箱；销售收入101.07万元；毛利16.925万元。全年纳税1.08万元。

（张晓伟）

财政 税务

财 政

【概 况】2018年末，县财政局内设股室及所属事业单位12个（包括合署办公）。乡（镇、街道、管理区）财政所23个。全县财政系统在编在职职工162人，其中县局110人，乡镇52人。2018年，一般公共预算收入完成47497万元，同比增长19%，增加收入7717万元，排名位居全市前列，其中：税收收入完成36890万元，非税收入完成10607万元。按收入级次划分，县级完成32362万元，占全县收入的68.13%，乡级完成15135万元，占全县收入的31.87%。一般公共预算支出完成294262万元。

【财政管理】对5个国有林场和2个苗圃2017年财务收支情况进行监督检查，对5个单位滞留财政专项资金579万元进行跟踪问效，对2017年财政扶贫专项资金1651万元使用情况进行监督检查；全年受理送审工程项目132项，完成评审工程项目投资金额15959.15万元，审定金额12426.28万元，审减金额3532.86万元，审减率为22.1%；化解政府债务0.96亿元，超额完成任务指标，同时，偿还隐性债务本息1.6亿元；发放2018年玉米和大豆生产者补贴资金4960.6万元；争取破产企业移交社会职能资金145.3万元。完成5个投资项目；办理政府采购项目240个，节约资金535万元；完成招商引资任务1500万元。

【民生保障】企业职工基本养老保险、城乡居民基本养老保险、机关事业单位基本养老保险等9项民生资金得到有效保障，其中，企业职工基本养老保险基金收入完成30861万元，支出完成41571万元，筹措缺口资金10710万元，确保了企业养老金及时足额发放，维护了社会的和谐稳定；公教人员工资足额及时发放，全年工资性支出达11.2亿元；落实教育投入政策，足额拨付农村义务教育公用经费3088万元，统筹发放各类扶贫助学资金615.2万元，拨付各类教育扶贫资金727万元；大力推进城市基础设施项目建设，加快支出进度，严格按照项目进度拨款；持续加大对涉农民生工程、生产发展、深化农村改革、现代农业发展、农村基础设施建设、农村生态建设等各项民生事业的支持力度，全年共投入1.7亿元；完成39个村44个一事一议村内道路建设项目，新建水泥硬化路面122.7公里，申请奖补资金1000万元，建设文化广场10个，完成扶持村集体经济发展试点项目4个，通过以上工程项目，农民群众生产生活条件得到极大改善，村集体经济实力显著增强。

【体制改革】在税务、人民银行的密切配合下，在预算、社税、财源、办公室的共同努力下，完善县乡财政管理体制工作于2018年7月如期圆满完成，并走在了全市前列，多次在省、市体制改革工作会议上做经验介绍，受到省财政厅表扬。

改革期间，对全县企业的属地进行了重新确认，共制定下发各类配套文件16个，建立乡级金库23个，开展业务培训2次，召开专题会议10余次。通过完善县乡财政管理体制，进一步加快了“乡村振兴”步伐。各乡镇街区抓经济、上项目、促发展的积极性得到有效激发，23个乡镇街区全年入库税收实现1.5亿元，同比增长22%，有力地促进了县域经济的发展。

【基层党建】 按照全面从严治党总体部署，认真落实新时代党的建设总要求，深入推进“两学一做”学习教育制度化常态化，不断增强干部职工“四个意识”，以党建促工作开展。基层党建主体责任得到有效落实，局党组定期召开会议，听取党建工作汇报，研究部署全局党建工作。全年共召开专题民主生活会3次，开展党组理论中心组学习8次；“三会一课”、组织生活会等党内制度得到有效落实，各支部定期召开支部委员会、党小组会和党员大会，研究党建工作，开展民主评议，认真召开组织生活会和讲党课，各支部全年共召开专题组织生活会15次，开展支部书记、党员领导干部讲党课20次；扎实开展“两学一做”学习教育，年初，制定了“两学一做”学习教育制度化常态化实施方案，并按季度制订学习计划。一年里，邀请党校老师讲课3次，各支部共开展集中学习125次，开展党员固定活动日活动60次，观看“两学一做”教育影片4部，开展专题讨论20次，党员撰写发言材料300余篇。

【廉政建设】 以中央巡视反馈意见整改为载体，不断强化正风肃纪，持之以恒纠正“四风”，从严从实落实“两个责任”，稳步推进党风廉政建设和反腐败工作。年初，召开了财政系统党风廉政建设和反腐败工作会议，对2017年全县财政系统党风廉政建设和反腐败工作进行了总结，安排部署2018年工作任务，并按照“一岗双责”的要求，逐级签订《党风廉政建设责任状》，层层压实责任，切实增强全体干部职工的廉洁自律意识；做好全体财政干部职工反腐倡廉的教育、防范、督促等工作的同时，班子成员以身作则，恪守底线，不断提高自身拒腐防变的能力；制定下发了《关于进一步严肃机关工作纪律的通知》，完善了《喀左县财政局机关日常管理制度》；在日常工作中注重抓早抓小，坚持常提醒、常巡查、常警示，定期发布廉政提醒，开展监督检查，对发现的问题及时通报。全年共开展机关纪律大检查4次，发布廉政提醒8次，组织观看警示教育片2次，集中学习习近平总书记关于党风廉政建设和反腐败斗争的有关论述及《中国共产党党章》、新修订的《中国共产党纪律处分条例》等党纪条规10余次。

【脱贫攻坚】 在行业扶贫方面，全年共投入各类资金26331万元支持脱贫攻坚工作，占总资金的41%，其中县本级财力3384万元；一事一议村内道路建设项目、美丽乡村示范村项目、扶持村集体经济发展等项目全部安排在贫困村，项目资金达100%；在驻村帮扶方面，选派三名同志到村委会任职，帮助发展壮大村集体经济；成立了驻村工作队，一年里，帮助帮扶村发展大蒜、雪桃、林下种植、光伏发电以及特色养殖等产业，累计为贫困村养殖户、大蒜以及杂粮种植户争取到补贴资金34.2万元，为6户养牛贫困户争取金融养殖贷款18万元。为贫困村修建垃圾池16个，建大口径水井一眼，对建档立卡贫困户的126份档案进行了核对、补充和更正，共计整理完善档案1万多页，为贫困村销号工作打下了坚实基础；在结对帮扶方面，定期组织干部职工入户走访，了解贫困户生产生活情况，解决群众诉求。一年里，全局干部职工共为152户贫困户捐款捐物合计3.29万元，切实解决了贫困户的实际困难。

（财政局）

税　务

【概　况】 喀左县税务局前身为喀左县国家税务局

和喀左县地方税务局，成立于2018年7月。县局驻地喀左县大城子镇青年街59号，现有干部职工209名。县局现有13个内设机构、9个派出机构（其中4个税务所，5个税务分局）、2个事业单位。

【税　收】 喀左县税务局全口径收入完成65166万元，同比增长28.8%，增加收入14557万元。其中原国税部门完成42559万元，同比增长43.9%，增加收入12976万元；原地税部门完成22607万元，同比增长7.5%，增加收入1581万元。

全口径收入中，税收收入完成63403万元，其中国内增值税收入完成37040万元，同比增长56.0%，增加收入13301万元；国内消费税收入完成43万元，同比下降8.5%，减少收入4万元；企业所得税收入完成4541万元，同比下降15.3%，减少收入819万元；个人所得税收入完成3329万元，同比增长0.9%，增加收入28万元；车辆购置税收入完成3124万元，同比下降0.8%，减少收入24万元；资源税收入完成3350万元，同比增长15.6%，增加收入452万元；土地增值税收入完成426万元，同比下降31.6%，减少收入197万元；土地使用税收入完成2607万元，同比下降2%，减少收入54万元；房产税收入完成1605万元，同比增长8.4%，增加收入124万元；城市维护建设税收入完成1652万元，同比增长32.4%，增加收入404万元；耕地占用税收入完成1093万元，同比增长3.6%，增加收入38万元；契税收入完成2877万元，同比增长12.7%，增加收入323万元；环保税收入完成137万元，同期没有收入。

全口径收入中，中央级税收收入完成26434万元，同比增长30.2%，增加收入6130万元；一般公共预算收入完成38027万元，同比增长27.8%，增加收入8260万元，其中原国税完成一般公共预算收入19438万元，同比增加收入6535万元；原地税完成一般公共预算收入18589万元，同比增加收入1725万元。

【税收收入特点】 一是制造业税收收入大幅增长，增收过半。2018年制造业税收收入大幅增长，主要是汽车制造业收入9723万元（其中免抵调增值税收入7879万元），同比增加收入7544万元。采矿业受矿产证到期和铁精粉价格不理想等因素影响，主要铁精粉生产企业近两年大部分处于停产状态。二是增值税大幅增收，资源税收入略有增加。分税种上看，国内增值税收入逾千万税种均有所增长，国内增值税收入完成37040万元，同比增长56.0%，增加收入13301万元，国内增值税增收额占全口径收入增收额94.3%；资源税收入完成3350万元，同比增长15.6%，增加收入452万元，资源税增收额占全口径收入增收额3.2%。

【税收收入增减收因素分析】 采矿业本期入库9445万元，同比增加收入1781万元，主要受黑色金属矿税收收入影响。黑色金属矿采选业本期入库6293万元，同比增加收入1853万元。主要是喀左鑫兴矿业有限公司本期入库809万元，同比增加收入175万元；喀左县鑫煜丰铁选厂本期入库727万元，同比增加收入406万元；喀左县晟谷矿业有限公司本期入库968万元，同比增加收入481万元；喀左县旭日铁选厂本期入库739万元，同比增加收入514万元；喀左县集鑫铁选厂本期入库283万元，同比增加收入162万元；喀左县宏达铁选厂本期入库81万元，同比增加收入78万元。

制造业本期入库25357万元，同比增加收入11878万元。1. 化学原料和化学制品制造业本期入库1870万元，同比增加收入257万元。主要是辽宁红山化工股份有限公司本月入库1787万元，同比增加收入237万元。2. 黑色金属冶炼及压延加工业本期入库3271万元，同比增加收入260万元。主要是喀左宝昌铸件有限公司本期入库1496万元，同比增加收入1212万元；朝阳金旭锰业有限公司本期入库759万元，同比减少收入203万元；朝阳金河粉末冶金材料有限公司本期入库

817万元，同比减少收入384万元。3. 汽车业飞马集团三大户汽车业飞马集团三大户本期入库税收9323万元，同期入库1518万元，本期免抵调收入7879万元。具体情况如下：朝阳飞马车辆设备股份公司本期入库6760万元，同期入库923万元，本期免抵调增值税收入6393万元；朝阳飞马装备制造有限公司本期入库2253万元，同期入库66万元，本期免抵调增值税收入1383万元；朝阳飞马集团机械制造有限公司本期入库税收309万元，同期入库529万元，本期免抵调增值税收入102万元。

批发业和零售业本期入库5095万元，同比增加收入898万元。其中零售业本期入库1672万元，批发业本期入库3423万元。主要是朝阳飞马集团物资回收有限公司本月入库1840万元，同比增加收入901万元。

金融业本期入库4749万元，同比增加收入490万元。主要是辽宁喀左锦银村镇银行股份有限公司本月入库361万元，同比增加收入226万元；中国农业发展银行辽宁省喀左县支行本期入库267万元，同比增加收入94万元；中华联合财产保险股份有限公司朝阳市喀左支公司本期入库173万元；同比增加收入46万元；中国人寿保险股份有限公司喀喇沁左翼蒙古族自治县支公司本期入库300万元；同比增加收入157万元。

【税务机构改革】 坚持整体谋划、分段实施、多方协同、上下联动，以钉钉子精神抓好改革落地。一是县、乡两级新税务机构顺利挂牌。按照上级统一步调，充分做好挂牌前各项保障工作，7月20日，国家税务总局喀左县税务局及各派出机构挂牌成立，正式以新机构名义统一对外执法和服务。二是“三定”暂行规定稳妥落地。严格按照上级规定，结合喀左实际，10月底顺利完成“三定”落地，全县221名税务干部全部平稳安置到位，做到了机构整合有序、人员到岗到位、干部状态良好。三是积极推进各项税费业务调整。积极争取地方党政支持，联合财政、人社、社保、人行等部门，建立划转工作联动协作机制，抓好数据采集、信息比对、系统测试、业务培训等重点工作，2019年1月1日起承接城乡居民养老保险等征管职责。改革过程中，喀左县税务局严格落实“四个确保”，始终坚持“两不误、两促进”，积极推进一系列与机构改革同向而行的工作举措，确保干部队伍稳定、职责划转平稳、工作运转有序、社会效应良好。

【依法治税和风险管理】 全面推进依法行政，加强出口退税企业监管，规范重大案件审理，加大稽查打击力度，税收执法刚性得到彰显。全年共查处税收违法案件24件，查补入库税款1225万元，罚款18万元，滞纳金86万元。为堵塞税收漏洞，提升征管质效，积极开展税收风险管理工作。2018年，共通过风险管理系统派发税收风险排查任务71户次，全部圆满完成，入库税款1503.48万元，加收滞纳金户数35户，入库滞纳金20.25万元，弥补亏损0.45万元。为了减轻征纳双方的工作量，精心组织开展新网上办税厅推行工作，并取得了较好成绩。积极做好环境保护税征管和个人所得税改革工作。已向纳税人发放个人所得税改革宣传单2000余份，自然人扣缴客户端推广升级、自然人身份信息修正、手机APP安装注册等工作有序完成。

【优化税收营商环境】 坚持“改革未动，服务先行”，深入推进税收领域“放管服”改革，全面落实各项便民惠民利民举措，确保办税更高效、程序更规范、服务更贴心，办税便利化程度明显提升。持续将“便民办税春风行动”引向深入，开展了“两会代表话春风”“纳税人开放日”等春风活动。积极落实“最多跑一次”工作部署，拓展二维码应用，制作了7类61项涉税业务的二维码以及“最多跑一次”清单5类157项业务的二维码。加强纳税人辅导培训。以纳税人培训学校为平台，开展了所得税汇算清缴、小微企业税收优惠政策、深化增值税改革相关业务等培训辅导工作。加强实体纳税人学堂和网上纳税人学堂的互动，切实提高了培训实效。2018 年，举办了 12 期培训班，受训 2200 余人次。纳税信用管理不断完善。根据纳税信用等级实施分类管理，加强信用等级评定结果应用，对 A 级纳税人进行宣传激励，对 D 级的纳税人加强管理和监控。

【夯实业务运转管理基础】 根据机构改革实际，持续夯实税费管理基础，抓实机关工作衔接运转，有力增强了税费治理能力。一是征管基础继续强化。严格落实新机构设置，统筹完成办公场地配置、更新及搬迁工作；稳步开展县乡财政管理体制改革，制定了改革推进工作方案，成立了工作领导小组，明确工作思路，安排好各阶段任务和责任落实时间节点，按照方案确定的时间节点，逐项落实，乡级库已在 2018 年 7 月 1 日正式启用。二是机关运转保障逐步规范。扎实推进制度建设，不断完善运转机制，确保各项工作有章可循；全面完成税收规范性文件清理，确保新机构执法依据规范统一；加快推进信息系统优化整合，认真筹备金三系统并库，着力加强基础管理、协同治税和信息管税；改革期间，扎实做好资产盘点和划转，逐步夯实行政管理和后勤服务工作基础，为全局各项工作有序运转提供了强力支撑。

【干部队伍建设】 面对改革后队伍大、人员多的特征，加快推动改革由“事合”“人合”向“力合”“心合”递进，努力锻造一支政治坚定、业务精湛、作风优良、清正廉洁、团结和谐的税务干部队伍。一是坚持全面覆盖，深化教育培训。多形式、多渠道、多主体开展改革专题、业务融合、个税改革等培训，积极倡导全员参与、全员受训、全员提高；组织全体干部参与总局“四新”网络知识竞赛，并且有多名干部在竞赛中取得了优异成绩，受到了市局领导的一致表扬。二是坚持绩效导向，激发工作动能。2018 年，立足全员绩效管理目标，依托指标学习、意见征询、明确责任三步走模式，坚持“双轮驱动，双向融合”，将组织绩效任务与数字人事工作相互融合、相互促进、相互提高。明确各项指标的责任领导和责任制，把各项指标分岗到人，通过指标压实责任，以个人绩效“小轮”有力驱动组织绩效“大轮”。充分发挥了绩效驱动作用，成为推动改革落地的有力抓手，绩效成绩继续保持全市靠前位置。

【全面从严治党】 把全面加强党的领导贯穿工作始终，加快构建新机构“纵合横通强党建”格局，为税收事业发展提供坚强的政治、思想、组织和纪律保证。一是以政治建设定标领航。顺利完成县局党组改设党委，及时完善党委工作规则，坚决落实党委中心组学习制度，广泛开展学习调研活动，局领导班子按中心组学习制度每月集中学习 1 天以上，认真组织召开专题民主生活会，结合分管工作和自身实际，找问题差距，提出改进措施，开展了批评和自我批评，并集体研究解决一系列改革发展难题。二是以思想建设凝心聚力。把强化政治理论和业务知识学习放在强化党建工作的政治高度来认真对待，当作一项重要的政治任务狠抓严管，形成了制度化和常态化。设置党员活动室和道德讲堂，配齐学习资料，为各支部、各单位开展党员教育活动创造了条件。深入推进“互联网 + 党建”，运用网络加强基层党支部和党员教育管理；坚持问题导向，开展全方位思想动态调查，落实个别谈话要求，确保队伍思想稳定。三是以组织建设固本培元。全面完成机关党委、机关纪委、党支部改选增设和共青团、工会、妇联等群团组织建设，理顺党组织设置，配强党建工作力量，健全党建工作机制，为税务工作提供组织保障。四是以纪律建设保驾护航。坚持党要管党、从严治党，大力整治形式主义、官僚主义、享乐主义和奢靡之风。继续推行责任传导机制，推进“两个责任”全面落实；强化监督执纪问责，围绕重点领域、重点事项、重点环节，加大监督检查工作力度；着力加强廉政教育，深入开展主题警示教育活动，引导干部树立“四个意识”、坚定“四个自信”，不断推进机关作风转变；认真履行“三重一大”事项决策程序，县局领导班子成员带头执行公务用车和公务接待管理制度，全部按照要求执行办公用房标准。

（税务局）

金融业

中国人民银行喀左支行

【支持县域经济发展】 2018年，支行积极贯彻落实上级行及县委、县政府相关要求，将金融支持全域旅游和乡村振兴作为重点工作和品牌工程，切实形成引领和带动效应，以品牌促创新，以创新促发展，推动各项工作取得新突破，实现全面提升业绩水平的目标。

加强组织领导。支行成立以行长为组长的金融支持全域旅游工作领导小组和金融支持乡村振兴战略工作领导小组，坚持问题导向、统筹谋划，明确职责分工，突出工作重点。结合喀左县域实际，制定《喀左县金融支持全域旅游促进经济发展指导意见》和《金融支持乡村振兴工作实施方案》两份指导文件。

明确工作目标。根据喀左县发展状况，充分利用存款准备金、扶贫再贷款等货币政策工具，强化窗口指导，引导各金融机构加大对全域旅游、乡村振兴、脱贫攻坚、基础设施的信贷支持力度，倾斜支持重点旅游项目、紫砂陈醋杂粮等旅游相关传统产业、乡村旅游，推进农村产业融合发展，启动金融支持都市农业示范区，通过"一乡一业+信贷""一村一品+信贷"等模式的建设放大区域经济发展模式，逐步探索出一条"农业园区化、园区景区化、农旅一体化"具有喀左特色的现代农业之路。

重点举措。支行牵头成立政银农联合组织，主要协调支持项目，研究信贷担保方式，共同开展信用建设等事宜。整合全辖信贷资源，扩大融资渠道和方式，推动各银行业金融机构加大信贷投入力度，形成专业分工，并通过引进优质担保公司、开展创建金融安全区活动、创新信用宣传模式等方式，探索建立信贷资产保障平台，培育商业信用和社会信用，构建新型乡村模式。5月，支行配合县政府金融办、经信局召开了银企对接会，银行介绍自身的信贷产品，企业介绍信贷需求，帮助银行与企业实现对接，初步达成支持意向。7月，组织召开各金融机构品牌工程推进会，对金融支持全域旅游、乡村振兴、脱贫攻坚做出安排部署，提出明确要求。11月，成立工作督导组，对全县各金融机构支持全域旅游和乡村振兴工作进行了现场检查督导。

工作成果。2018年，全辖各银行业金融机构累计发放支持全域旅游项目贷款66544万元，年末余额43338万元。其中涉旅基础设施类49930万元，占比75%；紫砂陶瓷类10438万元，占比15.7%；文化娱乐类2726万元，4.1%；土特产纪念品类2450万元，占比3.7%；旅游景区类1000万元，占比1.5%。支持乡村振兴项目累放贷款69109万元，年末余额54374万元。其中乡村基础建设类31200万元，占比45.1%；农业发展及农产品贸易类19797万元，占比28.7%；新能源研究类 9000 万元，占比 13%；食品加工类 7239 万元，占比 10.5%；区域物流类 1379 万元，占比 2%；科技发展类 504 万元，占比 0.7%。

各类贷款数额较之前都有大幅度提高，各项目企业凭借银行资金注入扩大了生产规模，经济效益良好，暂无还款压力。并且在实现自身发展的同时，积极推动全域旅游、助力脱贫攻坚、推动乡村振兴，实现了经济效益和社会效益的双赢。

【全面从严管党治党】 坚持层层压实责任，着力夯实党建基础。支行党组始终把党建主体责任记在心上、扛在肩上、抓在手上、落实到行动上。一是强化组织领导。支行成立了以一把手为组长、党组成员为副组长、各部室负责人为成员的党建工作领导小组和党风廉政建设工作领导小组，定期召开专题会议和党风廉政建设工作会议，组织学习、传达党中央、上级行党委有关会议、文件精神，分析党建工作形势和党员队伍思想状况，研究部署党建工作。二是建立责任清单。支行制定了党建工作责任清单、党风廉政建设责任清单、意识形态工作责任清单，明确党组、纪检组、一把手、党组成员、支部书记、支部委员责任，使党建工作有规则、有计划、有部署、有记载、有总结、有报告，做到知责、明责、担责，层层压实责任，层层传导压力。三是完善党建制度。支行先后制定、修订、完善了《党组工作规则》《支部委员会议事规则》《“三会一课”制度》《组织生活会制度》《党内激励关怀帮扶制度》《党员密切联系群众制度》等 20 项党建工作制度，为规范党内政治生活提供了制度保障。

强化政治担当，着力加强政治建设。坚持高举中国特色社会主义伟大旗帜，切实增强“四个意识”，坚定“四个自信”，做到“两个坚决维护”“四个服从”，在思想上政治上行动上同习近平同志为核心的党中央保持高度一致，站稳政治立场。坚持民主集中制，强化党组集体领导，确保科学决策民主决策依法决策。

强化理论武装，着力加强思想建设。积极推进“两学一做”学习教育常态化制度化。制订党员学习教育计划，结合“三会一课”制度，按月、按季做出周密安排，认真组织学习中共十九大精神和党章、两准则三条例等党规党纪和宪法法律，用习近平新时代中国特色社会主义思想武装头脑、指导实践、推动工作。切实加强意识形态工作，牢牢把握意识形态工作领导权、主动性、话语权。增加党员活动室图书 500 多册，开辟了“两学一做”学习教育园地，编发党建信息摘编 12 期，引导干部职工进一步坚定理想信念，自觉践行社会主义核心价值观。坚持中心组学习制度，学以致用，尤其在党的十九大精神学习上把握好基础在学，关键在做，注重学懂、弄通、做实。2018 年，中心组集中学习 6 次，召开党员大会 4 次，支委会 12 次，党小组会 36 次，上党课 6 次，召开组织生活会 2 次。

强化组织功能，着力加强组织建设。以提升组织力为重点，按部室设置党小组，增强党组织的凝聚力战斗力创造力。坚持正确的选人用人导向，注重德才兼备，以德为先，按照干部选拔任用程序，提拔了 1 名中层干部。在发展党员工作中，坚持高标准严要求，按照组织程序，培养考察了 4 名入党积极分子。坚持走访慰问困难老干部，加强对老党员、生活困难党员的关怀帮助。

强化行风行貌，着力加强作风建设。认真落实中央八项规定精神，扎实开展“四风”问题、“七个有之”问题专项治理和排查职工非法集资，开展集中警示教育，持之以恒防止“四风”问题反弹。开展“三带一帮”“党员示范岗”等创建活动，在活动中凝聚人心、鼓舞士气、激发活力。组织开展“党员服务进社区”主题实践活动，宣传金融知识，走访慰问贫困户。在扶贫工作中班子成员带头下基层调研，帮助困难群众解决实际问题。向财税银行部门发出征求意见函 11 份，广泛征求服务对象的意见建议。进一步转变作风，班子成员下基层调研20余人次，撰写调研报告8篇，《金融时报》《东北金融》等刊发5篇。实行首问负责制、二次办结制，强化窗口服务，配合地方政府加强营商环境建设。坚持党务公开。

强化底线意识，着力加强纪律建设。班子成员带头遵守两准则三条例和人民银行正风肃纪“十条禁令”。纪检组在协助党组落实好主体责任的同时，认真履行监督责任，重点加强对党组落实党中央和上级行决策部署、执行民主集中制、落实中央八项规定精神等的监督检查，确保各项决策部署落实到位、决策科学严谨。利用“微信群”、宣传板报等形式，把握重大节日和关键时间节点，加强提示提醒。通过上廉政党课、学习案件通报、观看《马克思是对的》纪录片等，教育党员干部自觉遵守政治纪律和政治规矩。运用好监督执纪“四种形态”，尤其用好第一种形态，坚持抓早抓小，防微杜渐。运用好廉政风险监督管理系统，定期开展岗位（廉政）风险排查，梳理风险点，制定配套制度及时录入系统，加强日常管控。同时，加强对干部职工八小时以外行为管理和监督，组织纪检监察人员到法院开展员工涉刑涉诉行为排查。举办“倡廉咏廉践廉”书画摄影作品展，培育特色廉政文化。

【行业管理】 贯彻执行好稳健中性的货币政策，全力支持县域经济转型升级。运用好货币政策工具，发挥好政策工具的引领作用。充分发挥再贷款等货币政策工具在引导金融机构信贷投向和降低社会融资成本等方面的作用，坚持稳中求进的工作总基调和稳健中性的货币政策。截至2018年末，喀左县银行业金融机构人民币各项贷款余额976867万元，比年初增加95015万元；人民币各项存款余额1517136万元，比年初增加129914万元，其中人民币个人存款余额1308025万元，比年初增加150938万元。

切实做好金融精准扶贫工作。引导金融机构加大对产业扶贫的支持力度，加强对现代农业、新型农业经营主体、特色产业的信贷支持，带动了79户建档立卡贫困户脱贫致富，大大降低企业的融资成本，推动经济健康发展。扶贫再贷款到期已全部收回。

强化金融管理和风险防控，切实维护辖区金融稳定。强化风险监测、预警和处置机制，把防范和化解风险放在更加突出的位置，着力提升风险监测和预警能力。进一步完善银行业监测指标体系，加强数据变动的情况分析，积极参加中支组织的存款保险评级现场核查工作，加大对重点机构、重点行业的金融风险监测，高度警惕不良贷款、影子银行、互联网金融、房地产、政府融资平台等累积风险。密切关注金融风险舆情，捕捉金融风险信息。完善风险监测成果的反馈机制，做好对金融机构风险状况的反馈和上报工作。强化监管职能，规范金融秩序。强化监管意识，树立监管理念，以监管树权威，不断提高基层央行的影响力和话语权，使人民银行各项法规、政策和要求能坚决、准确、顺畅地传导到金融机构。强化重大事项和重要信息报告，提升报告的及时性和全面性。深入推进存款保险工作，完成投保机构存款保险评级和保费交纳工作。

优化金融服务，以服务树形象，为县域经济发展营造良好的金融环境。坚持依法行政和政务公开。及时报送人民银行政府信息公开情况统计报送系统年报。全年公示人民币结算账户核准事项1675笔。开展全员法律知识测试，干部职工法治精神和法律意识进一步提高。始终坚持学法与用法相结合，致力于提高领导干部职工的依法行政、依法决策、依法管理、依法办事的水平和遵纪守法的自觉性及依法维护自己合法权益的觉悟。组织宪法等法律知识培训3次，参加人数18人，执法人员培训1次，参加人数7人，行内电视电话会议培训1次，参加人数10人。组织开展执法证考试1次，组织全体人员开展“七五”普法考试1次。进乡村、进社区、进校园，“6·14”征信宣传日与市行开展联合宣传，利用“3·15”金融消费者权益日、“普及金融知识，守住‘钱袋子’”活动、9月金融知识普及月以及12月宪法宣传周等，开展金融法治宣传7次，发放宣传册4300余份，咨询人数400余人。金融知识法规宣传取得实效，得到县普法领导小组的肯定。对人民币鉴别仪执法检查进行了案卷评查。

深入推进金融宣传工作。完善“大宣教”体系，统筹规划金融宣传，促进金融机构创新工作理念和宣传方式，充分利用“立体宣传网络”平台和载体，全方位传导货币政策取向和宏观调控要求，多渠道传播金融知识，持续拓展金融宣传的广度、深度，扩大金融宣传的受众面和影响力。充分发挥人民银行综合协调作用，在“3·15”、“6·14”等重要活动时点和金融知识普及月，协调推动金融机构开展好主题金融宣传活动。充分调动金融机构的积极性，利用金融机构点多面广的优势，适时开展日常金融知识宣传。不断扩大金融宣传的覆盖面，进一步增强全社会金融意识。

提高调查统计水平，确保新统计制度落实到位。提升金融精准扶贫贷款和涉农贷款统计数据质量。召开经济金融运行分析会，加强经济金融形势分析与研判，提升宏观分析的层次和水平。发挥决策参谋作用。围绕推进地方经济发展和解决实际问题，积极开展调研。编发喀左金融信息9期、周报31期52条。其中，《金融时报》刊发2篇、《东北金融》刊发3篇。

深入推进人民币流通净化工程，加大残损人民币回收力度。指导金融机构做好现金全额清分工作，合理配备现金处理机具，不断提升外付现金质量。积极组织辖区金融机构集中开展宣传活动。通过“反假货币小超人”二维码答题进行宣传，答题人数1.2万多人，宣传效果明显。做好人民币再鉴定工作，收缴假人民币8.9万余元。再鉴定封包人民币6万多元。

强化征信管理和服务。为信用报告查询者提供查询服务，个人查询13804人次，企业查询206次。

加强支付管理和服务。全年ACS业务零差错。加强支付服务市场管理。推动银行机构改进个人银行账户服务，落实银行账户实名制，建立银行账户分类管理机制，核准基本存款账户开立940户，核准专用账户开户40户，核准基本账户销户309户，核准专用账户销户49户，有效规范了账户管理。

提升国库经理水平。加强国库风险防控，牢牢守住国库资金和系统运行安全的底线。加强了柜面监督管理，严格执行柜面监督制度，对预算收入、支出、退库、更正等各个环节进行把关，对国库收纳的各类会计凭证的真实性、有效性、合法性、合规性进行全面、细致的审查。全年共办理预算收入13万笔，金额147316万元，支出0.5万笔，金额385793万元，退库389笔，金额8416万元，更正调库1381笔，金额29910万元。核算无事故，资金无风险。喀左县24家乡镇国库成功运行，标志着顺利完成了省委、省政府《关于县乡财政管理体制改革》工作要求。

【群团建设】 群团合力共建，充分发挥工会、共青团平台作用。深入推进“学习型、民主型、进取型、关爱型、和谐型”职工之家建设，结合重大节日，开展好各类主题文化活动，寓教于乐、促进和谐、提振精神。继续推进青年岗位建功、青年讲堂、青年课题组等品牌活动，加强思想引领，促进青年成长成才、奋发有为。支行团支部3月5日开展看望留守儿童青年志愿者活动。5月3日支行团支部牵头辖内各金融机构举办了“诵中华经典 享书香诗韵”诗文诵读比赛等活动，进一步提升了喀左县辖区金融系统团组织的凝聚力和活力，团结和带领金融系统团员青年坚定理想信念，立足岗位推动行业发展，贯彻落实货币信贷政策，提升金融服务水平，树立了金融行业良好社会形象，促进辖区经济社会发展做出了积极贡献。

【内部管理】 深入推进文明单位创建。制定了《2018—2020年度文明单位创建规划》和《2018年文明单位创建工作实施方案》，加强宣传引导，充分调动全员参与创建的积极性和主动性，坚持打造一流班子、培养一流队伍、争创一流业绩，建设一流支行。做好文明单位系统资料收集、信息录入等基础工作，以扎实的创建过程完成了2015—2017年度总行级文明单位验收工作。深入开展“平安单位”创建活动。层层落实安全生产责任制，坚持定期分析上报安全状况，严格执行值班和安全管理各项制度。加强日常监督考核。注重安全意识教育，加大了人防、物防、技防投入，新设了访客一体机，参加了总行组织的保卫工作网络培训。认真做好金融消费者权益保护工作，受理投诉并达到结果令人满意。培训推进《金融消费者投诉统计分类及编码 银行业金融机构》行业标准应用工作。

【荣　誉】 支行先后成功申报荣获2015—2017年度分行级文明单位和总行级文明单位，在辽宁辖区县支行中仅此一家；支行工会工作成绩显著，荣获中华全国总工会模范职工小家称号；金融支持全域旅游工作取得明显效果，工作经验成果《绿水青山瓜果香——人行辽宁喀左县支行支持全域旅游助力乡村振兴》和《金融支持少数民族贫困地区发展全域旅游的探索》两篇文章被《金融时报》采用；党组书记、行长石宝臣荣获朝阳市公安局“先进个人”称号，副行长贺雪峰荣获朝阳市“财贸轻纺金融工会优秀工会工作者”称号，闫晓洁荣获沈阳分行“优秀共青团干部”称号，金鸽荣获朝阳中支“青年岗位建功标兵”称号；支行荣获“2018年度朝阳市金融书、报刊发行工作先进单位”称号。

（中国人民银行喀左支行）

中国农业银行喀左支行

【概　况】 农行喀左支行是隶属于中国农银行股份有限公司的县域分支机构，本级设有4个内设部门，基层营业机构4个，共有在职员工108人。2018年，喀左支行全面贯彻落实省市行工作会议精神，认真贯彻落实总行党委“六维方略”、省行“十六字方针”，坚持以党建工作统领全局，大力支持“三农”和县域经济，进一步夯实管理基础，筑牢风险底线，不断提升风险控制力、市场竞争力和价值创造力，转变作风，创新务实、攻坚克难，较好地完成了各项工作任务。2018年，全行各项存款持续增长。全行各项存款余额达到10.84亿元，时点较年初增长1.38亿元。其中：个人存款增长1.26亿元，日均增量8701万元，对公存款增长1264万元。资产业务得到有效发展。全行各项贷款余额达到80448万元，较年初净增5256万元。其中个人贷款余额69150万元，较年初增加9564万元；公司类贷款余额11298万元，较年初下降4308万元。三农三项贷款指标均超额完成计划，涉农贷款完成5673万元，三农贷款完成5256万元，农户贷款完成1464万元。盈利能力不断增强，实现营业收入2939万元，净利润1887万元，中间业务收入实现685万元。精细化管理成效凸显，喀左支行被评为“三化三达标”省级优秀支行，融兴支行被评为省级优秀网点，公营子支行被评为省级“三铁”单位。党建和队伍建设卓有成效。通过持续夯实党建工作基础，深入推进“两学一做”学习教育常态化制度化，共创党建共建促进业务经营，持续强化党建和作风建设，严格员工行为管理与排查，通过大力开展评先选优，树标杆、重引领，全行干部员工队伍更加优化，遵章守纪、争先创优意识进一步增强。

【业务发展举措】 结合实际，寻思路、想办法、谋发展。年初确定“全力推进负债业务；确保资产业务稳健发展；坚定不移推进客户建设；全力做大中间业务收入”的经营发展思路，并将“以客户为中心”贯穿于各项业务发展始终。认真贯彻落实上级行决策部署，确保传达到位、组织落实到位、监督执行到位。将各项工作详细分解落实到分管领导、部门、单位和个人，出台各种奖惩措施，充分发挥绩效考核的激励作用，调动全员积极性。加快政府增信扶贫贷款业务发展，积极探索和拓展家庭农场、种养大户、专业合作社以及个人助业、农村生产经营等业务的拓展。以“四点一线”为重点，以“产品带动”为龙头，成立专业营销团队，持续开展“走园区、进集群”活动。以“惠农通”工程提质增亮为主线，突出示范点建设，打造“八大平台”，开展“三项竞赛”活动，强化宣传培训，实现服务点行政村覆盖率和智付通服务点有效率两个100%。在推进自身有效发展的同时，有力地支持和促进了县域经济发展。

【班子建设】 始终坚持党委中心组学习，结合“两学一做”学教活动，认真学习党和国家方针政策、习近平同志系列讲话、上级行领导讲话和本行各项规章，钻研新业务、新知识，紧跟业务发展步伐，结合县域实际，研究寻找新业务突破口。在班子内部，严格执行民主集中制，明确党建和业务分工，加强团结协作，重大事项都经过班子集体精细研究、充分论证、民主决策。狠抓运营“一号任务”7项重点工作，深入落实省行“大保卫”工作部署，加强“三化三铁”“三化三达标”创建，强化运营、保卫、信访、保密、印章、舆情和员工行为管理各项工作，各类风险得到有效防控。坚持党要管党、从严治党方针，认真落实党风廉建“两个责任”，严格落实“三重一大”事项的公开、公示制度，自觉接受群众监督。按要求深入开展“两学一做”学习教育，严格执行规定动作，突出自选动作特色，开展批评与自我批评，深挖问题根源，抓铁有痕落实整改。严格执行中央八项规定、总行28条措施等规定，自觉把思想和行动统一到中央和上级行党委的部署、要求上来。以“四好”标准加强“四好”班子建设，在抓好本级班子建设的同时，将“四好”班子创建工作向基层延伸，全行各级班子战斗堡垒作用明显增强，班子成员理论水平、政治素质均得到大幅提升，党性修养进一步增强，作风建设进一步深化，为民、务实、清廉形象更加凸显。

【经营管理】 一是抓问题整改。对内外部监管检查和全年各类检查发现问题积极督导整改。二是强化“三大工程”建设，打造优秀团队。全面加强员工教育培训，加强考勤、日志和员工行为管理，截至12月末，从抽查情况来看，全体员工基本都在岗，因工或因私外出人员均已向部门经理告知或请假。基本上制止了迟到、早退现象，无旷工现象，考勤管理成效显著。三是不断加大行为排查和监督管理力度，建立科学规范的党政领导干部选拔任用制度，形成富有生机与活力、有利于优秀人才脱颖而出的选人用人机制，推进干部队伍的年轻化、知识化、专业化。2018年，喀左支行认真贯彻执行党的干部路线、方针、政策，规范干部选任。结合实际，报请市行批准，通过公开竞聘推荐，选拔2名青年英才副股级干部到网点挂职锻炼，并根据工作需要，在支行本级内设机构优化调整的工作中，结合喀左支行现股级干部具体情况，进行了优化调整。四是践行人本理念，激发队伍活力。大力推进“职工之家”“职工小家”建设，不断完善干部员工休闲、娱乐、健身设施，为员工创建愉快工作环境；把握时机，开展各种文体、竞赛活动，在帮助员工排解工作压力的同时，在市行组织的“三线一网格”和“员工违规行为处理办法”知识竞赛中取得了第二名的好成绩；严格筛选困难员工，有针对性落实帮扶政策，开展帮扶活动；加强大学生员工、后备干部的教育培养，为员工拓宽发展空间和进步渠道。认真开展评先选优工作，挖掘先进典型，强化示范引领，进一步激发了队伍活力，增强了凝聚力、向心力。五是抓安全保卫。保证人力、财力支持，全年安全保卫工作业绩突出。支行荣获省行级“三化三达标”优秀支行；融兴支行荣获省行级“三化三达标”优秀网点。六是持续推进“三化三铁”创建活动。2018年，公营子支行被评为省行“三铁”单位。

【安全管理】 根据业务发展需要，结合市行有关固化转型提升年的要求，向网点、前台部门选拔增配优秀员工和客户经理，为各项工作的顺利开展打好人力资源基础；着重抓好安全保卫和信访维稳工作。按照上级行的部署，结合实际，细化责任落实，加大检查、排查和投入力度，进一步加强软环境管控和有效治理，全面加强检查督导，强化制度执行。加强对协解人员、内退人员各种情况的排查，消除不稳定因素，有效保证了全行的安全稳定；通过加强思想政治教育、组织培训、开展劳动竞赛等各种措施内强素质、外树形象，打造核心竞争力。强化服务质量提升，持续推进“赢在大堂”战略，巩固和发扬文明优质服务导入成果，大力推行“首问负责制”和网点效能提升，全面提高文明优质服务水平；加强运营管理工作，夯实运营管理基础，促进运营管理工作上档次、上水平。从严要求，加强风险管控，严防各类风险，牢固树立“违规就是风险”的理念，全面加强风险管理。以“防盗抢、防事故、防诈骗”为重点，结合新形势，从严从细检查，严格落实整改，加强各类案件、事故、突发事件的防控，有效保证了全行安全稳健运行。

（张晓芳）

中国农业发展银行喀左支行

【概　况】 2018年，喀左县农发行坚持以党建为统领，以高质量快速发展为目标，全面抓好各项工作，全行经营管理取得新的成效。截至年末，喀左县支行贷款余额15.56亿元，较年初增加2.15亿元，增幅16.05%；存款余额2.68亿元，形成日均存款4.27亿元，同比减少1.39亿元，降幅24.53%；实现账面利润2690万元。

【聚焦主业】 一是严格以库存管理为核心，保质保量完成对6个库点，69778吨库存的异地监管任务，确保粮食安全。二是认真做好临储挂账贷款管理，于6月收回国家临储玉米挂账贷款2203.64万元，11月全额收取挂账前后形成的贷款利息13.95万元，临储贷款利息实现双结零。三是严格落实省市行秋粮收购会议工作要求，及时开展秋粮收购调研工作，并形成秋粮收购报告报送喀左县政府，为本年度秋粮收购工作的开展打下了良好基础。

【中长期项目贷款】 2018年，受财政部87号文影响，喀左县支行主要围绕中长期项目贷款开展工作。一是全力推动基础设施贷款业务高速发展，全年投放棚户区改造贷款2笔，金额3.12亿元。二是立足实际，严格存量贷款资金支付审批工作。全年累计支付信贷资金4.94亿元。喀左县支行贷款的投放支付，有效改善了喀左县域的城市面貌以及居住环境，也为喀左县路网、水网建设提供了充足的保证资金，通过稳定推动项目的顺利实施，得到了地方政府和项目单位的高度认可。年末，喀左县支行共有中长期贷款9笔，金额15.16亿元。三是稳中求进，持续抓好新项目营销工作。

【信贷基础管理】 一是依托省行持续开展的信贷队伍建设年活动，结合行内开展的师带徒教育活动，采取集中学习、项目地现场教学以及系统实践操作相结合的方法认真开展信贷辅导，提升信贷人员办贷管贷能力。二是严格贷款准入，从源头上把好贷款质量关。认真核实贷款基础材料，按时做好客户评级授信工作，全年共完成对11户企业的信用等级评定，完成对7

户企业的授信工作，核定授信额度15.91亿元。三是强化风险防控。认真落实上级行制定的风险防控措施，通过对现有贷款客户的总体监测，对各类贷款实行全流程监管，客户经理、主管行长及行长不定期进行实地察看，确保贷后检查不走过场，进一步夯实风险防控，保持“零不良”。四是严格中国农发重点建设基金的管理，确保了基金专款专用。五是进一步加强资金管理，合理测算资金头寸，及时上报大额汇划，尽量减少偏差率；细化统计工作，提高报表质量。六是信贷力量得到充实。到年末，信贷业务部共有7名员工，全行占比46.67%。

【财会管理】 一是严格企业对账管理。截至2018年末，喀左县支行存量结算账户94个，符合对账要求的46户企业，每月都能及时对账，全年客户对账率为100%。二是不断加强现金管理，明确经费大额支现、央行和同业款项支付的审批环节、流程控制，有效防范资金操作风险。三是执行查库制度，柜面主管每旬查库一次，主管行长每月查库一次，单位负责人定期或不定期查库，做好资产清查和管理，做到账实相符。四是切实履行反洗钱岗位职责，对反洗钱管理系统提取的交易补录、客户身份识别等按照规章制度及时处理。五是按照上级行关于决算报表编报要求认真做好会计决算报表的编制工作，及时上报各类决算报表、财务状况说明书及报表附注，真实、准确地反映喀左县支行2018年度的经营成果。六是加强依法纳税，确保合规经营。

【后勤保障和安全管理】 一是对收发文件认真审核，做到上下信息通畅。全年累计收文571篇，发文19篇，报送每日动态142期。二是制定印发考勤制度，建立登记簿，每月对员工出勤、请休假进行考核，加强员工日常管理。三是加强档案管理，努力提升档案服务水平。围绕全行业务经营，积极创新档案服务手段，不断提高档案规范化管理水平，档案管理达到总行二级。四是盘点资产。年末为加强行内固定资产管理，节约成本，提高工作效率，由办公室牵头，抽调会计、信贷各一人，加班加点对全行固定资产以及低值易耗品进行了全面盘点，更新资产标签。五是严格公车审批制度，加强车辆管理。严格按照上级行有关规定进行公车审批，规范公车使用范围，坚持“一车一卡，一车一档”。按月对驾驶员进行安全培训，保障车辆使用安全。六是安全防范能力进一步提高。全面落实安全保卫责任制，定期开展安全教育，全员签订安全保卫责任书，严格水、电、生物燃油管理，全年组织员工举行防暴、防火逃生、防抢应急演练3次，切实提高了员工的安全防范能力。全年安全保卫零事故，被市公安局授予“先进集体”称号。

【党的建设】 一是强化党建工作，突出思想建党。喀左县支行党支部全力做好学习贯彻中共十九大精神工作，把学习贯彻十九大精神作为首要政治任务抓实抓好，开展十九大精神专题学习，组织全体党员撰写心得体会。积极发挥党建引领作用，年初党支部制定了《喀左县支行党建工作计划》，规范入党工作流程。严格落实“三会一课”制度，按期制定中心组学习以及党员学习计划，按季开展党员积分管理工作，按照《党支部主题党日制度》（农发银党组〔2018〕59号）要求，按月组织党员、入党积极分子开展主题党日活动。全年党支部书记以及支部委员讲党课4次，中心组学习12次，党员学习31次，主题党日活动13次，通过开展一系列党建活动，切实增强了党组织的凝聚力与创造力，让全行党员更加懂得自己的权利义务，提升自身素质，进一步坚定自身理想信念，真正做到内化于心，外化于行。二是打造党建活动新阵地。为推动党建工作有序开展，进一步提升喀左县支行党建工作水平，创建了独立的党员活动室，配备党建文化背景墙，购买了党建书籍、党报党刊、学习桌椅等，为党建工作的顺利开展开辟了新的阵地，为党员的培训教育提供了新的平台。

【打造高素质职工队伍】 2018年，喀左县支行不断加强职工建设，党支部认真贯彻落实中央、总省行关于加强作风建设的要求，着力提高干部员工队伍素质，进一步改善服务质量，努力打造一支廉洁高效的工作团队。一是从严履职，不断加强党风廉政建设。严格落实党风廉政建设责任制，纪检委员每逢元旦、春节等重要节假日对全行人员进行廉洁提醒，坚决杜绝节日腐败；全员签订党风廉政建设责任书；制订廉政教育学习计划，按月开展党风廉政学习教育，不断提升党员干部廉洁自律，遵规守矩意识。12月，按照《关于落实总行警示教育暨扶贫领域问题整改视频会议部署开展对照检查工作的通知》要求，重点围绕解学智董事长讲话中提出的5个方面开展全员对照检查，剖析自身不足，提升综合素质，切实转变工作作风，将党风廉政工作不断推向纵深发展。二是加强培训，不断提高业务素质。为加快新员工培养，使其快速融入到岗位中，喀左县支行于9月开展了开展“师带徒”教育活动，业务骨干通过现场授课、一带一辅导等模式，为新员工详细讲解岗位所需的业务知识，营造以老带新、以新促老、相互促进、共同提高的良好学习氛围，全面提升喀左县支行员工的战斗力与凝聚力，促进喀左县支行健康、持续和谐发展。

（肖宇萌）

中国工商银行股份有限公司朝阳喀左支行

【概　况】 2018年，工商银行喀左支行全体员工积极拼搏、努力进取，严格执行“两个落实”，充分发扬“奋斗+落实”“创新+实干”的精神，认真贯彻落实总省市行经营战略调整的决策，与时俱进、开拓创新，在注重业务发展的同时，强调风险防范和内控管理，突出党建引领作用，倡导合规文化建设，使得支行的各项业务上了一个新台阶，创建行以来历史新高，各项业务指标稳健运营，取得了突出的经营业绩。全年实现拨备前利润3386万元，净利润2551万元。

【党建工作】 年初以来，按照省市行强化党建工作要求，推进党建工作与业务工作深度融合，充分发挥基层党组织战斗堡垒作用，切实增强党组织凝聚力、向心力和战斗力，创建党建园地，开展党员活动，发挥党员先锋模范带头作用。在支行建立党建园地开辟专属党员活动场所，开展党员引领全员增储、党员党日、党员扶贫等活动，强化责任意识，精心组织，以党建和业务共进为抓手，开展丰富多样的党建共建活动，将“党建搭台业务唱戏”党建共建活动作为一项常态化工作，不断创新活动内容，促进经营效益提升，截至12月末，实现拨备前利润3386万元，同比增幅22.5%，净利润2551万元，同比增幅21.5%。

【存储业务】 在全年的工作中，喀左行对标同业，围绕“打赢存款翻身仗，存量、增量争第一”工作目标，认真谋划、奋力推进，牢固树立储蓄存款核心地位。全行员工聚焦存款，强化保本理财、大额存单等存款产品销售，规划期次理财、私银产品时点转换，全力对接保险到期资金、策略引导现金类资产回流，依靠重点产品、项目营销吸揽了大量行外资金。同时支行多次召开营销表彰会，褒奖先进、鞭策后进，既提振士气、激发了热情，又传导压力、压实了责任。通过前三个季度的不懈努力，最终连续三个季度末力压同业，实现储蓄存款总量、增量双第一。

【营销业务】 年初以来，认真贯彻落实市行关于私人银行业务发展的工作要求，加大拓户力度，集中力量开展创新营销，加强对达标客户和潜力客户的精准营销，对客户实行名单制管理，保证每一位客户有专人管理和维护。并与网点人员一起认真分析客户的投资偏好，加强产品的配置力度。支行还一起与网点人员一同拜访和营销大客户、新客户，并广泛发动存量客户转介绍新客户，邀约支行私人银行客户参加各类活动，提升了喀左支行私银客户的忠诚度。

【内部管理与行风建设】 年初以来，支行在党风廉政建设和内控管理方面，一是严格落实“一岗双责”制度，将责任层层分解落实，要求各级管理人员对经营管理工作和内控案防工作同部署、同落实、同考核，要真正做到“两手抓、两手都要硬”；二是以“四风”问题专项整治活动为契机，通过自查自纠等形式，对“四风”问题进行整治，进一步提升全体员工的工作面貌；三是强化员工异常行为排查力度，通过家访、谈话谈心、系统排查、外围排查等形式将员工异常行为排查落到实处，贯穿到日常；四是加强员工内控合规和警示教育活动，进一步提升员工的合规意识，真正做到合规守责。2018年度，支行先后被评为省行级“先进集体”和“内控合规管理先进支行”称号，这是建行有史以来支行层面取得的最高殊荣。

（王　耀）

喀左信用联社

【概　况】 2018年，喀左信用联社立足当前经济金融形势和联社实际，思大局、观大势、谋方略，紧紧抓住县委、县政府将壮大民营经济和深入实施乡村振兴战略列为重点工作这一促进农村信用社改革再深化、质量再提高、业务再发展的难得机遇，坚守“支农支小”方向，牢牢把握“坚持从严治党”“坚持依法合规经营”两项原则，各项工作取得了长足发展。到年底，各项存款日均余额312841万元，较上年净增30464万元；各项贷款余额217783万元，当年累放82660万元。新发行金信卡16321张，手机银行注册签约客户9862户，短信签约客户11369户，金信一码付约客户6977户。

【储蓄业务】 一是实行绩效考核。建立有效的存款考核机制，深入落实全员营销、全员考核，全力提升存款工作效率。二是抓住优质客户。重点做好对公客户的对接工作，持续营销优质客户、行业大户。三是延续上年推行“步步高”存款产品，提高市场竞争力。四是强化优质文明服务，定期开展优质文明服务辅导。五是以星级网点创建为抓手，积极推进网点智能化升级，加强服务设施建设，优化服务环境，以此带动存款攀升。

【信贷业务】 2018年，喀左联社信贷投放全面对接乡村振兴战略，加强“三农”领域金融服务。一是继续推行“阳光”信贷服务，提高贷款业务办理透明度。二是优先支持农业农村，信贷重点支持现代种植业、农机装备、智能农业、生态环保等现代农业项目。三是由信贷支持生产领域向消费领域转变，大力支持民生工程、居民服务行业等消费类信贷业务，深入挖掘县域市场需求，侧重拓展第三产业相关金融产品。四是围绕当地重点产业和特色产业，深入实施“一社一品”战略工程，积极支持“一乡一业”“一村一品”特色优质农业发展，重点支持绿色农业、农村电商、休闲农业、乡村旅游等项目，支持特色乡镇建设，量身打造信贷产品和服务模式。五是继续推进“两权”抵押贷款业务，激发农村经济新活力。六是做实金融精准扶贫工作，推动普惠金融。

【拓展电子金融市场】 一是建立健全制度。先后印发了《喀左联社电子银行业务操作规程》《喀左联社电子金融业务检查处罚方案》等多项制度和管理办法，确保了电子银行业务合规发展。二是从严把握核算质量，以操作流程和规章制度约束各业务环节，同时建立了检查、通报、奖励、处罚等考核机制，切实防范资金风险。三是经常性地深入集镇、社区、乡村开展广泛宣传，使喀左联社电子银行业务家喻户晓、深入人心。四是扎实做好培训工作。陆续开展多项电子银行业务培训，使全体员工熟知电子银行业务知识、熟练操作，提高了业务办理和推广的质效。五是以正向激励为主，开展电子银行攻坚战。按攻坚战考核办法，实行按月统计评比、按月考核兑现，最大限度调动了全体员工开展电子银行业务的积极性。

【金融扶贫】 一是扎实开展消费者权益保护工作。建立健全消费者权益保护工作各项制度，在自主开展金融知识宣传的同时，多次与人民银行和银监部门联合开展宣传活动，提升金融消费者的权责意识和风险意识，构建和谐的金融消费环境，引导金融消费者依法合规、理性有序地维护自身权益。二是认真履行反洗钱工作职责，严格履行客户身份识别义务，进一步规范人民币流通管理和反假工作。三是本着“服务三农，诚信为先”的经营理念，精心组织，合理安排，克服困难，组织员工加班加点开展新农保等各类资金代发工作，及时准额地将各类补贴资金发放到农民手中，将党和政府的惠农政策送到千家万户，赢得了当地政府和广大客户的一致好评。四是全力推进金融扶贫。切实贯彻落实省政府、人民银行、省联社关于扶贫开发工作的通知要求，加快改革发展的同时不忘困难群众。进一步完善金融服务机制，调整信贷资产结构，采取差别化倾斜政策，加大重点贫困村金融资源投入，切实帮助县域贫困人口解决产业发展资金困难，为全县脱贫攻坚工作顺利完成提供金融支持。截至2018年末，金融扶贫贷款余额达7686万元，本年累放1425万元。同时认真开展结对扶贫。组织辖内38名党员干部经常性地深入山嘴子镇山嘴子村对76户贫困户进行一对一结队帮扶，累计赠送慰问品折合人民币3.4万元，赠送图书近千册，同时帮助贫困户参与光伏发电、畜牧养殖、双椒种植等致富项目，年度内76户贫困家庭全部实现了脱贫。

【安全管理】 一是深入开展案件风险防控。以责任制建设为总抓手，规范员工行为约束，落实自控、互控和监控措施，层层签订责任状、案件防控承诺书，联社与员工分别签订案件防控承诺书，形成了横向到边，纵向到底的案防网络体系。二是以警示教育活动、安全保卫工作例会、应急演练为载体，将安全保卫、防汛防火、防范暴力案件和责任事故当作头等大事来抓，确保安全运营。三是充分发挥法律合规部对全辖法律事务的指导、管理作用，不断加强法律合规专项管理，建立健全了各项管理制度，合规经营和依法决策水平进一步提高。四是加强意识形态引导和管控，保证党对各项工作的绝对领导。

（信用联社）

朝阳银行股份有限公司喀左支行

【概　况】 2018年，朝阳银行股份有限公司喀左支行（简称朝阳银行喀左支行）有干部职工103人，在岗91人，内退5人，退休7人，内设五部一室（综合办公室、公司业务部、个人业务部、运营管理部、风险管理部、营业部），下设六个二级支行和一个营业部。截至2018年12月末，一般性存款余额已达46.38亿元，较年初增加6.37亿元。贷款余额29.18亿元，较年初新增3.14亿元。

【“营销竞赛”活动】 自总行开展各分支行“营销竞赛”活动以来，喀左支行高度重视这项活动，按照总行会议精神和“营销竞赛”实施方案要求，狠抓落实，取得了骄人的成绩，在总行公布的五期竞赛排名通报中，喀左支行互联网银行营销和代发工资两项始终处于全系统前三名。

【存款业务】 截至12月末，新增存款县域占比54.25%，存款稳居县域同行业首位。采取措施，狠抓管理。一是加强优服管理。从规范员工行为入手，规范物品摆放，规范话术，提高柜面服务质量。二是加强大堂经理管理，促进业务发展。规范大堂经理营销话术和行为，一方面缓解等待办理业务客户的焦虑情绪，引导分流化解矛盾，另一方面有助于产品推广宣传工作。三是部室联动，取得佳绩。棚户区改造拆迁款由本行经办，既增加了对公存款也增加了储蓄存款，又为稳存增存奠定了坚实的基础。

【开展普惠金融工作】 喀左支行认真贯彻总行会议精神，结合五部委下发的《关于进一步深化小微企业金融服务的意见》，在普惠金融领域积极开展了以“三基三小”“三农”“三走进”为核心的普惠金融服务活动。重点支持了精密制造业、涉农加工业、批发零售业、居民服务业、文化教育等项目。全年共计发放4400多万元，截至12月末，普惠金融贷款余额达到28656万元。

【支持棚户区改造项目】 为帮助喀左县政府开展棚户改造一期项目，喀左支行先后投放了1.2亿元项目融资贷款。为旧城区和公营子镇改造提供了充分的资金支持，该项目涉及1380户，房屋总建筑面积126614.26平方米。

【助力“五个一工程”】 为持续支持地方经济和地方企业发展，同时进一步加快喀左“五个一工程”建设进度，有效破解中小企业融资难问题，喀左支行按着朝阳市委市政府扶持中小微企业发展政策对喀左县域内“五个一工程”项目进行了贷款扶持。2018年度为喀左县农产品加工园区、喀左县公营子新市镇、喀左县中心商贸聚集区、喀左县冶金铸造工业园区、喀左县旅游景区内56户企业办理了新增和续贷业务，累计投放贷款10.2亿元。投放的贷款帮助企业解决了建设资金问题，改善了企业营商环境，使企业经营发展又迈上了一个新的台阶。同时也是支行践行乡村振兴战略和支持全域旅游的一项新的举措。

（朝阳银行喀左支行）

中国人民财产保险股份有限公司喀左支公司

【概　况】 人保财险喀左支公司现有员工40人（其中HR人员27人），公司下设综合部、出单分部、理赔分部、农村保险事业部/农村普惠金融部、直销业务一部、直销业务二部、直销业务三部、直销业务四部、个代业务一部、个代业务二部、个代业务三部、公营子营销服务部。2018年，喀左支公司按照年初市公司全保会的部署与要求，扎实推进各项工作，形成心中有目标，眼中有市场，处处抓商机的良好局面。截至12月末，公司实现保费收入6561万元，业务增速11%，经营实现表结利润1372万元，缴纳地方税金567万元（代扣代缴车船税362万元，增值税123万元，其他税82万元）。其中：车险保费2406万元，增速8%；商非实现保费收入806万元，其中：企财险391万元同比增加195万元，增速49.9%，货运险保费1万元，同比减少3万元，增速-70%，责任险保费81万元，同比减少113万元，增速-139.5%，意健险保费333万元，同比增加270万元，增速81%；农险保费3349万元，同比增长414万元，增速12.4%。全年车险出险案件1910件，已结案件1721件，赔款1306万元；综治出险案件900件（合并案件），已结案件889件，赔款68万元；农房出险案件81件（合并案件），已结案件78件，赔款35万元；商非出险案件1051件，已结案件976件，赔款397万元；全年政策性保险赔款498.6万元（种植业、养殖业、大棚、林业）。全年赔款共计2304.6万元。

【车　险】 多措并举，打好车险保位战，抑制住了车险业务下滑，实现8%的增长。1.抓存量。为确保续保业务及时续保，公司按季、月将续保台账下发到每个业务员手中，细化分解保费目标，要求提前公关，由分管经理督促续保情况，减少业务流失。抓好车险续保基础工作，以存量建设为基础，积极引导员工在激烈的市场竞争面前，以大局为重，舍弃个人利益，突出个人贡献，积极宣传、发动、组织一系列车险促销活动，在提升品牌同时，促进了车险业务发展，取得了很好效果。继续加大邮政代理和交叉互动业务；加强与汽修厂合作，精准送修。2. 抓竞回。集中力量，全方位搜集车辆信息。年初，公司召开专题会议，成立组织，制定方案，对全县所有车辆信息进行全方位搜集，设立竞回奖励政策，不间断设立“一车一议”政策，调动员工的竞回车辆的积极性。3. 抓新车。加强与车商、大卖场合作。经理室亲自盯，对新车实行销售、保险一条龙服务；加大以资源换资源工作力度，把控新车保险市场，助力公司业务可持续发展。实现了主导新车市场的预期。

【商业非车险】 继续抓好农房保险工作。利用政策，充分与民政部门沟通，通过宣传、培训，使农房保险工作得到提质扩面。2018 年，农房保险投保 8 万户，保费收入 80 万元。继续抓好综治保险工作。2018 年，农村治安保险工作继续得到了政法委、综治办的重视与支持，实收保费 104 万元。抓学平险和校园方责任险。公司经理室充分利用上级公司给予的政策，开发公司在学校的每一块处女地，实现了学平险和校园方责任险重大突破，2018 年，学平险和校园方责任险实现保费 40 万元。

【农　险】 通过人保品牌优势，借助多年来与政府及相关职能部门的有效合作，喀左支公司得到了县委、县政府的重视和认可。2018 年，喀左县涉农保险业务均由本公司独家承保，保费突破 3000 万元大关。实现了承保宣传到位、协调督导到位、验标公示到位、理赔查勘到位、配套资金及早到位、合规发展贯彻到位。2018 年 3 月 1 日，喀左支公司与县畜牧局、财政局联合召开 2018 年度养殖业保险启动会，抢先抓早，提前部署，确保养殖业保险实现新突破。2018 年 5 月 8 日，喀左支公司与县政府办、农经局、财政局联合召开 2018 年度种植业玉米保险启动会，就玉米承保、理赔事宜进行宣导培训，并建立喀左县乡村振兴发展联合微信群，同时推广《人保 V 盟》的绑定，全力推进乡村振兴工作，助力公司业务转型发展。2018 年 7 月 17 日与喀左县人民政府签订了《战略合作协议书》。2018 年 11 月 7 日，与县政府、农经局密切合作，召开了全县日光温室大棚保险启动会。利用涉农保险的有利契机，全面做好车险、家财险等业务，尤其是进一步占领农村市场，提升农村市场占比

【服务能力建设】 2018 年，喀左出单分部、理赔分部基本解决了人员新、案件多、签单多、检查整改量大的挑战。

（人保财险喀左支公司）

中国人寿保险股份有限公司喀左支公司

【概　况】 中国人寿保险股份有限公司喀左县支公司是总部下设机构，经中国保险监督管理委员会核准业务范围涵盖人寿保险、健康保险、意外伤害保险等各类人身保险业务；人身保险的再保险业务；国家法律、法规允许的或国务院批准的资金运用业务；各类人身保险服务、咨询和代理业务；国家保险监管部门批准的其他业务。公司现有管理岗员工 20 人，营销员 379 名，设有个险销售部、团体业务部、银行保险部、综合管理部、客服中心 5 个部门，1 个城区营销部，10 个农村营销服务部，服务网络覆盖城乡。公司以支持地方经济建设、保障人民生活为己任，承担着全县 40 多万名客户的养老、意外、医疗等各种保障。2018 年，公司秉承“成人为已、成已达人”的核心理念，依法合规经营，以服务社会大众为己任，承担着全县众多客户的养老、意外、医疗等各种保障。业务规模占据全县寿险市场的半壁江山。公司连续多年被省政府授予“文明单位”“文明机关”称号，获得省消费者协会颁发的“诚信单位”“诚信维权单位”称号。通过对全市消费者满意度调查，公司成为唯一一家获得消费者评价满意的寿险公司。公司多次荣获

表彰。中国人寿喀左公司积极发挥央企的重要职能，在大力发展长期寿险业务的同时，承保了全县的全部政策性保险业务，包括农村小额保险、新农合大病补充、意外保险；城镇居民大病补充、意外保险；城镇职工大病、意外保险；学生保险、老年人意外、计生、低保救助等保险，以及企业年金业务，连年受到市、县政府和上级公司表彰。公司在促进经济发展、安定群众生产、服务客户中发挥了国有寿险公司应有的作用。截至2018年12月31日，公司共收入首年及续期保险费1.3314亿元，全年纳税102万多元；广招业务人员，为地方解决就业人数达379人；2018年，全年短险赔款358万元，长险赔款444万元；生存及满期给付2597万多元。职工大病赔付109次，赔款达128万元，居民大病赔付107次，赔款达36万元，城乡居民赔付1131人，赔款达705万元，为客户解除了后顾之忧，为人民生活增加了幸福指数。

【个　险】 个险渠道作为主渠道，为进一步发挥核心渠道作用，一是以“创费、创标、创收”为年度发展目标，借助省、市公司全年的增员政策，抓好增员工作，提高月均增员率，在承担大量清虚工作的同时，狠抓人力育成工作和参会管理，充分利用新基本法上线时机，加大“利益”驱动力度，夯实了队伍基础、逐渐做实人力，提高产能。二是加强职场建设，推进营销职场标准化建设工作，持续推进标建功能组的落地生根，促进营销主管独立自主经营，落实个险渠道“331”组织架构推广，做实岗对组对接，狠抓基础管理，逐步推进个险向制度经营型转变。

【团　险】 团险渠道提前一个季度完成全年指标。年初班子对团险渠道明确提出，加大传统险业务规模，实现团险多创费，为改善公司经济效益做贡献的经营理念。首先，统筹做好大短险业务发展。打破渠道壁垒，将大短险以展作为“一把手工程”，突出团险主力军的作用，形成个险、银保协作作战的态势。二是在巩固原有渠道业务、存量业务的基础上，进行深层次挖潜。优化险种结构，进一步做大老龄、学平、工会、计生和法人客户等重要传统渠道业务。同时，努力拓展新兴市场，开发新的业务，新增了公共场所、乘意等业务，通过对新业务的开拓，占领了团险市场，也锻炼了团险综拓和协管员队伍。三是主动加强与政府、人社局、医保局和农合办的沟通，不断提高政策性业务的含金量。2018年，扶贫业务有了新突破，实现保费7万多元，为全县参保职工和居民送去温暖，实现让百姓满意、政府放心、公司受益的经营目标。

【银保业务】 银保渠道由于代理渠道受限，公司经理室紧密关注银保业务发展动态，提出“在维护好渠道的同时，要不遗余力地做大做强自营业务”的工作方针，从年初开始，银保就和个险同一平台操作，从启动、销售险种、培训等都统一口径、统一标准和统一操作，为全年期交保费跃上新台阶提供了技术支持，实现了管理理念创新。

【后援服务】 严格执行上级公司的各种考核制度，在财务管理、业务管理、客户服务和综合管理等方面做了大量细致的工作。综合管理部严格执行费用支出，算好每一笔账，特别是销售费用支出，严把审核关。加强各项成本控制，勤俭节约，秉承开源节流，提高经济效益，切实保障员工利益，从小事抓起，一点一滴，从源头上保证经营成果。客服中心是公司的服务窗口和对外窗口，一年来克服人手少、业务量大等不利因素，不断提高服务水平，加班加点，随销售部门节点守候，做到了随叫随到。通过配备理赔专员和加大理赔专车的投入，提高了查勘频率，尽可能做到第一现场查勘，及时掌握第一手资料，在努力做好业务管理工作的同时，也细致入微地做好了客服工作。

【风险防范】 防范经营风险是公司发展的生命

线，班子带头树立风险意识、坚持依法合规，起到表率作用。严格执行经理岗“十做”和“十不做”，认真履行与市公司签订的党风廉政责任状的要求，践行廉政准则。在外部监管和内部管控不断趋紧，高压态势下，各部门依法合规经营，守住底线，不触碰高压线，为了保住公司来之不易的经营成果，自觉地做好自查自纠工作。

（中国人寿喀左县支公司）

经济综合管理

市场监督管理

【商事制度改革】“双随机、一公开”监管深入推进。将此项改革工作列入政府绩效考核，加强督查检查和业务指导，确保全面均衡推进，不留死角。同时，积极推进“双随机、一公开”，对市场监管领域的抽查事项进行梳理、分析，并对全县市场主体年报情况开展定向和不定向抽查，及时将抽查情况和查处结果向社会公开。截至2018年底，已开展“双随机”检查事项14项，检查企业92家次。

企业信用监管机制不断健全。一是企业年报和信息公示工作有序推进，通过多种形式加强企业年报公示的行政指导，强化企业诚信守法意识，全县企业、个体工商户、农民专业合作社年报率分别达到92.2%、87.6%和90.3%，分别比去年提高4%、0.3%和6%。二是涉企信息归集共享工作扎实推进，归集公示涉企信息152014条，其中行政许可信息134927条，行政处罚信息300条，黑名单信息313条。三是联合惩戒工作不断深化，6月底，对未按照期限公示年度报告或未按规定期限公示有关信息的84户企业、70户农民专业合作社录入异常名录，对2537户个体工商进行异常标记，信用约束效果初步突显。

中介服务清理规范有效实施。召开推进会议，反复征求意见，制定形成公布《喀左县行政审批中介服务事项清单》，涉及的行政审批事项48项、中介服务事项56项，涉及行政审批部门7个、进一步切断了中介服务利益链条，促进行政审批增速提效，营造了宽松便捷的准入环境。

积极引导，企业融资难题得到进一步解决。认真落实朝阳市市场监督管理局、中国邮政储蓄银行朝阳市分行开展战略合作实施“百亿送贷行动”工作部署，密切协同配合，强化组织领导，建立工作机制，采取积极措施，推动“百亿送贷行动”在全县全面启动。多次召开银企恳谈会、对接会、金融业务培训会，积极开展宣传推介活动，力促有贷款意愿的小微企业与邮行的信贷产品对接，提供多层次的信贷服务。截至年底，发放宣传册130册，发放宣传卡130张，举办恳谈会、产品推介会3次，参与企业、市场、个体工商户120余户，累计投放贷款总额1147万元，惠及个体工商户7户、小微企业1户。

质量先行，品牌发展战略得到进一步强化。2018年，全县新申请省名牌产品1件，全县累计拥有国家地理标志产品2个，国家地理标志证明商标2个，辽宁省名牌产品7个，辽宁省著名商标12个，朝阳市名牌产品13个，朝阳市著名商标13个。辽宁省地方标准《地理标志产品——喀左紫砂》成功通过专家评审，作为推荐性地方标准予以公布。喀左紫砂文化产业园区“辽宁省紫陶文化旅游产业知名品牌创建示范区”顺利通过验收，成为喀左县首个通过验收的省级知名品牌创建示范区。在6月召开的朝阳市质量大会上，喀左县作为唯一的县区级代表在会上做了经营交流发言，介绍了喀左县质量强县工作的做法和主要成果，展示了喀左县积极构建大质量工作格局、依托质量强县打造品质喀左的决心。

股所联动，"个转企"工作得到进一步推进。分解任务指标，下发"个转企"工作意见和加快推进"个转企"工作的绩效考评实施方案，建立"个转企"培育库201户，引导转企培育库141户，制定"个转企"台账201户，在全市范围内率先完成转企升级目标任务，完成转企升级96户，完成率107%。

【整顿和规范市场经济秩序】 重点领域专项治理。组织开展节日期间安全生产、食品、保健食品欺诈和虚假宣传、春秋季学校食堂（托幼机构）及其周边、防控非洲猪瘟疫情、药品流通领域非法渠道购销药品、重点行业领域特种设备等专项整治35项，圆满完成中高考、县庆、飞地经济现场会等7项重点活动餐饮服务保障工作，共检查各类食品药品生产经营单位、特种设备使用单位7000余户次，查办食品药品案件328件，移交公安机关案件1件，有力震慑了各类违法违规行为。

三个安全宣传报道。以"3·15""3·31"、食品安全宣传周、安全生产月、安全用药月、电梯安全宣传周等活动为载体，广泛深入开展进校园、进社区、进农户、进企业的"四进"宣传活动，累计发放各类宣传资料7万份，宣传品4万余份，参与人数超过2万人，同时积极利用新媒体平台"喀左县食品安全示范县建设"官方微信公众号持续推送食品安全知识及示范县创建相关内容，增强了群众参与三个安全监督的积极性，提高了自我保护意识及示范城市创建的认知度。

落实环保督察意见。一方面及时将2014年以来新注册10蒸吨以下燃煤锅炉共计22台办理注销手续。另一方面，责令相关单位停止使用上述燃煤锅炉，并按照规定采取消除使用功能、进行改造、更换为燃油、燃气、用电锅炉等方式进行整改措施。全县相关的22台锅炉已全面完成禁煤整改。4月13日，辽宁省食品药品监督管理局党组书记、局长董理到喀左调研督导食品安全监管工作，对喀左县基层所建设和食品安全监管工作取得的成效表示高度认可。8月21日，市政府食安委工作会议暨全市食品安全工作现场会在喀左县召开。市食安委副主任、副市长张东群，市市场监督管理局主要负责人、各县市区分管领导及相关人员出席会议，副县长陈景泉代表喀左县向与会单位推广介绍了食品安全监管喀左经验，得到了各县市区的一致好评。

市场监管执法。一是竞争执法工作不断深化。对县内5处有奖销售情况进行规范管理，停止6户商户销售侵犯注册商标专用权商品，对涉嫌侵权的5个单位进行了检查，对培训讲课行为进行监督管理，参与听课3次，有效震慑了虚假宣传行为。二是商标管理和保护工作持续推进。深入走访园区企业，分别在"五个一工程"园区设立商标品牌标准化工作联络站，协助企业办理商标相关事务。2018年，全县引导新注册各类商标30件，其中农产品商标6件，全县累计各类注册商标总量达573件，其中农产品商标196件。持续推进打击商标侵权溯源专项行动，梳理侵权线索6条，查处商标侵权案件2件，查处制假售假黑窝点1处，查扣天之蓝、国窖1573、海之蓝等6种高档白酒共计303瓶，价值超过11万元。三是商品交易市场规范管理不断加强。组织开展元旦春节市场、烟花爆竹市场、农村集贸市场环境、春运市场、高考市场等治理行动9项，持续开展"红盾护农"行动，检查农资经营户438户，检查农资市场43个，签订农资商品质量承诺书318份，发布农资消费警示500份，抽检肥料10批次，责令整改问题业户4户。四是合同监管进一步加强。积极推进"守合同重信用"公示和

"合同帮农"，新创市级守重企业2户，帮助涉农企业规范合同245份，指导农民订立合同1360份，指导纠正涉嫌违法违规格式条款11条，办理涉农动产抵押登记8份，融资金额4390万元。五是网络市场监管取得新成效。统一部署2018网络市场监管专项行动，核实网络经营主体96户，核实入库网络经营主体网站43个，线上线下核查网站270户，责令整改网络订餐平台2个，查处网络合同纠纷案件1件。六是广告监管不断强化。深入整治虚假违法广告和互联网广告，监测各类媒体广告1936条次，排查违法线索16条，查处违法广告案件3件。七是打击传销行动成效显著。继续巩固打传工作格局，保持高压态势，落实防控措施，加大宣传力度，营造良好氛围，建立志愿者队伍12个，开展宣传14次，设置宣传板报68次，发放宣传材料2万份，实地听课3次，协助公安经侦部门打垮1处资本运作经营场所。

扫黑除恶专项治理扎实有效。加大宣传力度，开展多种形式的宣传，引导市场业主和经营单位认真搞好自查自纠，积极排查市场中可能存在的问题。结合各类市场检查，认真摸排辖区内市场中可能存在的黑恶势力，加大对商场、超市、集贸市场哄抬物价、强买强卖、欺行霸市、不正当竞争、垄断经营及制售假冒伪劣商品等行为的检查力度，重点查处无照经营，侵害消费者权益的违法行为。共排查重点场所132处，走访排查人员6412人次，查处无证无照经营户27户，受理扫黑办移交疑似涉黑涉恶案件2起，经查，1件市场开办单位出租场地造成市场占道经营问题经调查处理完毕，另1起无照从事施工的工程队正在立案调查处理中。

消费维权效能不断提升。加强消费维权体系向一体化建设，加强对消费维权工作的培训和检查督导力度，建立"12315""五进"消费维权服务站25个。2018年，回复各类投资咨询986人次，受理投诉举报及消费纠纷案件214件，案件回复率和满意率均为100%，为消费者挽回经济损失33.8万元，有效把矛盾化解在基层，维护了社会的和谐稳定。

法治市监建设日趋规范。出台《喀左县市场监督管理局行政处罚案件审理规定》《喀左县市场监督管理局规范行政处罚自由裁量权适用规则》《喀左县市场监督管理局行政执法责任制》《喀左县市场监督管理局案件审理委员会议事规则》等系列制度，成立案件审理委员会，规范办案环节，确保案件办理合法合规。2018年，共组织案审委集体审理案件9次，审理案件26件，备案一般行政处罚82件，累计培训人数超过754人次，有效推进行政执法工作顺利展开。

【作风建设和廉政建设】 全面加强思想政治建设。坚持把加强思想政治建设放在党的建设首位，深入推进"两学一做"学习教育常态化制度化，班子成员能够牢固树立"四个意识"，不断强化"四个自信"，严格遵守党的政治纪律和政治规矩，带头落实联系指导基层党建工作制度、推动"三单三制"、双重组织生活、党建督查制度等的有效执行，全系统党建重点工作得到全面有效落实。

全面落实"两个责任"。坚持压力传导，层层签订《党风廉政建设责任书》，完善考核措施与监督，形成党组书记亲自抓、分管领导具体抓、职能部门督促抓，一级抓一级、层层抓落实的工作格局。编制《中共喀左县市场监督管理局党组班子落实党风廉政建设主体责任清单》，由党组书记审核把关、"签字背书"。一年分别4次听取"两个责任"落实情况汇报，分析评估并研究解决重点难点问题。落实党组书记第一责任人责任，坚持思想上重视、精力上投入、工作上抓实、落实上求效，对全面从严治党工作逢会必讲，结合警示教育为系统干部职工讲廉政党课，通过经常性谈心谈话的方式对班子成员和中层干部落实管党治党责任进行强调提醒。强化党组班子成员

“一岗双责”，党组班子成员经常性深入所联系的基层所和分管股室，针对党建责任落实、日常工作开展情况进行督查检查和指导推动，定期向党组书记汇报分管领域全面从严治党情况，努力做到工作管到哪里、党建责任就延伸到哪里。

持续强化作风建设。深入贯彻习近平总书记关于进一步纠正“四风”的重要指示精神，自觉抵制“四风”反弹，对发现的“四风”问题，及时予以教育处理。对照“四讲四有”和“忠诚、干净、担当”的要求，认真开展警示教育，使广大党员干部筑牢拒腐防变的思想防线。开展“重实干、强执行、抓落实”和解决“办事难”专项行动，以“重强抓”和解决“办事难”问题为抓手，解决干部职工事业心和责任心不强、办事拖拉效率低下、机关“中梗阻”等问题，加强机关工作纪律，严格落实考勤制度、请销假制度、外出公示牌制度和办公室工作制度，提升服务群众工作能力水平，营造“应办、速办、能办、即办”的工作氛围。2018 年，对机关各部门的工作纪律及有关制度执行情况进行督察 6 次，明察暗访 9 次，召开警示大会 2 次，通报批评 3 人，全局干部职工纪律作风和精神面貌有了很大改善。

（市场监督管理局）

审　计

【基本概况】 喀左县审计局始建于 1984 年，隶属于喀左县人民政府，受本机人民政府与朝阳市审计局的双重领导。根据《喀左县审计局主要职责内设机构和人员编制规定》（喀政办发〔2017〕89 号）文件内容，县审计局核定行政编制 18 名，工勤编制 1 名，下属核定事业编制 15 名。实有职工 38 人。下设 7 股室和 1 事业单位，即办公室、经济责任审计室（副科级）、财政金融审计股、科教文卫审计股（挂行政政法审计股的牌子）、农业审计股、经贸审计股审计股、投资审计股、政府投资项目审计中心（副科级事业单位）。主要职能是负责对全县财政收支、领导干部经济责任审计、政府投资项目竣工预（结）算和法律、法规、规章规定属于审计监督范围的财政收支的真实、合法和效益进行审计监督，保障喀左县经济和社会健康发展。2018 年，县审计局始终坚持围绕中心、服务大局，按照“评价总体、揭露问题、规范管理、推动改革、提高绩效、维护安全”的审计思路，认真履行审计监督职责，着力促发展、促改革，为加快县域经济发展、改革振兴、社会稳定做出贡献。

【审计工作】 2018 年，喀左县审计局紧紧围绕上级审计机关和全县工作中心，以“三严三实”优良作风高质量地开展各项审计工作。年初计划完成审计项目 41 项，12 月经县政府批准，调整审计项目为 57 项，实际完成 60 项，其中审计调查 4 项、县本级预算执行审计 1 项、财政财务收支审计 14 项、专项审计 4 项、投资审计 22 项、经济责任审计 10 项、配合上级审计 5 项；通过审计，查出违规和管理不规范问题金额 18.15 亿元；审计促进整改落实资金 993 万元，其中上缴财政 54 万元、归还原渠道资金 24 万元、调账处理金额 64 万元；审减工程造价 1013 万元，审减率 18%；出具审计报告 59 份，发现审计问题 70 个，提出审计建议 73 条；撰写审计信息 51 篇，被上级采用审计信息 12 篇。

【精准扶贫】 积极开展驻村工作队、驻村“第一书记”和结对帮扶工作。组织全体帮扶人员到结对帮扶困难户家庭进行帮扶，并为 52 户贫困户送上慰问金及物品价值共计 4 万元；同时，协调资金 194 万元，为甘招镇金沟梁村修建油路 3.2 公里；打自来水井 1 眼，铺设管路 4800 米；打建灌溉井两眼，覆盖农田 300 亩；配备 8000 瓦光伏发电设备；硬覆盖活动广场 1 个、安置路灯 10 盏；并为四个贫困村的 30 户残疾贫困户家庭给予养殖、生产机器和无障碍改造等残疾救助，有效地解决了贫困户实际问题，增加了经济收入。被中共喀左县县委、县政府授予“2018年度精准扶贫工作驻村扶贫先进工作队”荣誉称号。

【督促整改落实工作】 根据《朝阳市审计局关于进一步督促被审计单位整改落实审计发现问题的工作方案》要求，对2014—2017年所发出的审计报告中反映的问题，逐条逐项进行了对照检查，对落实不到位、整改不彻底的，特别是“部分完成”和“未完成”的，于2018年4月10—30日，对被审计单位再次进行了督促整改落实，以确保督促整改问题见底，长效机制建立。截至年底，针对197份审计报告中发现的705个问题进行督促整改，被审单位完成整改问题683个，未完成整改问题22个。

【党风廉政建设】 开展“纪律作风专项整治月”活动，重新完善机关考勤和请销假制度，进行定期、不定期开展督促检查，使机关日常工作更加系统规范；认真落实“三重一大”的规定，凡重大事项、重要人事任免、重大经费开支和涉及群众切身利益的事项，坚持集体研究决定，做到科学决策、民主决策；结合机关效能建设，认真落实岗位目标责任制，促进机关作风的进一步好转；认真执行机关经费开支、车辆管理、公务接待等制度，进一步强化机关管理和规范了审计工作，为推进党风廉政建设，防范审计风险，起到了积极的作用。

【“两学一做”主题教育】 制定“两学一做”专题教育实施方案，召开局领导班子“两学一做”专题民主生活会，继续深化“四风”整治，推进作风建设。结合“两学一做”组织全体在职党员进入建设社区开展“在职党员进社区”活动，并为建设社区捐赠爱心款3000元，以支持建设社区的日常工作和各项活动的开展。组织全体党员赴爱国主义教育基地——喀左县博物馆和喀左县东山嘴红山文化遗址进行参观。加强教育引导，提高拒腐防变免疫力，树立“四个意识”，严守政治纪律，始终把反腐倡廉教育纳入宣传教育工作的总体部署，加强统一领导，坚持集中学习制度，组织全局党员干部深入学习《关于新形势下党内政治生活的若干准则》《中国共产党党内监督条例》《中共中央关于加强党内法规制度建设的意见》等，引导党员干部牢固树立法纪观念和自律意识，落实全面从严治党和中央八项规定精神。以典型案例教育审计干部，通过观看廉政教育片和以真实的腐败案例开展警示教育。

【项目建设】 全力开展全局招商、全员引项目工作，明确招商引资项目责任分工，成立了以局一把手为招商引项目推进组组长，分管局长为副组长，其他班子成员、各股股长为成员的招商引项目推进组。2018年引进金矿倾斜井项目，实际完成投入资金600万元。

【基本经验】 1.坚持审计创新，不断提升审计工作效率。一是创新组织方式。在总结以往全局机关集中所有力量进行单一项目审计经验的基础上，实行统筹业务股室跨分管范围、扁平化管理、小分队审计的新型组织方式，科学调配审计力量、全面提升审计人员综合素质。二是推广审计送达方式。为避免送达审计的缺点，将送达审计与现场审计、审计调查等审计方式有机结合，做好审前调查、审计进点会，进一步提高审计质量，保证了审计监督的独立性。三是创新审计技术。加大数据采集和分析力度，探索审计运用数据技术的途径，有效提高了审计质量和效率。2.加强审计队伍建设，机关作风和效能建设扎实推进。坚持以品德为核心、作风为基础、能力为重点、业绩为导向，积极创新“严、导、育、助、强”五位一体培养模式，为审计干部成长提供广阔的空间与舞台。

（审计局）

国土资源管理

【基本情况】 喀左县国土资源局共有在职职工

113人，中共党员97人，具有大专以上学历人员有113人，局机关行政编制10名，具有中级职称人员40人，高级职称10人，局党组由3人组成，内设20个股室，8个国土资源所。2018年，县国土资源局荣获中共喀左县委、县政府授予的2018年度绩效考评工作“红旗单位”，2018年度项目建设工作先进单位、项目建设突出贡献单位。

【完善规划调整】 在全域永久基本农田划定成果的基础上，同步完成全县规划调整完善工作，共调入允许建设区面积860公顷。完成《喀左县土地利用总体规划》县乡两级规划的文本编制及数据库建库的上报工作。县乡两级规划已经顺利实施。完成矿产资源规划和《喀左县土地整治规划》的编制和上报工作。

【满足供地需求】 一是积极落实用地政策，结合全县土地市场供应能力和经济社会发展用地需求，2018年，共出让国有建设用的使用权46宗，供地面积97.6637公顷。其中挂牌出让38宗，面积88.0023公顷，收缴成交价款30588万元，上缴财政政府纯收益18267.4275万元。行政划拨供地8宗，供地面积9.6613公顷。实行房地产市场调控的差异化供地政策，积极推进城镇低效用地在开发利用，有效地保证了喀左县城市发展和项目建设用地。二是实行房地产市场调控的差异化供地政策。3月31日前，完成了喀左县住房用地供地计划制订（喀国土资发〔2018〕21号）；6月30日前，完成了喀左县住宅用地基准地价制定并备案；9月30日前，完成了喀左县住宅用地3年（2018—2020年）滚动计划编制（喀国土资发〔2018〕42号）；年底前，全县住宅用地计划执行率为38%。三是推进城镇低效地再开发利用。3月31日前，完成盘活存量低效用地占供应总量的100%；6月30日前，已完成喀左县基准地价备案；9月30日前，总结了喀左县盘活存量低效用地的做法、经验并上报；年底前，完成盘活存量低效用地占供应总量的100%。圆满完成了市考县指标任务。

【用地与农宅报批】 为做好土地要素保障，积极跑市进省，批回19个批次，面积132.937公顷。还有17个批次和3个单选项目正在组卷。必须在12月底前征回，面积在80公顷左右。各乡镇农宅踏勘20余户，各国土资源所已完成组卷报批工作。临时用地组卷40宗，已审批4宗。临时用地到期复垦已经验收4宗。设施农用地备案外业踏查20宗，其中对符合条件的15宗设施农用地已上报省厅备案系统。

【土地整治】 针对2013年等11个项目进行了审计。对2014年和2015年6个土地整理项目进行了验收。对中央投资的农业绿色发展先行先试28个土地整治项目进行了可研、设计和立项。对朝阳市下达“十三五”期间高标准基本农田国土整治任务（2.6万亩）进行了设计和立项。

【基本农田和耕地保护】 喀左县全域耕地保有量57800公顷，永久基本农田原有面积42940公顷，这次基本农田调整后，将农田中的非耕地块调出，并结合遥感影像及实际情况逐个地块标注出原因，在调出不符合划定基本农田地块后，又补入相应面积，现全域永久基本农田面积45002公顷，比任务指标多29.16公顷。新建永久基本农田保护标志牌49个，界桩680个，已完工且全部验收合格。县政府与各乡镇（场、街道）签订了2018年度耕地与永久基本农田保护目标责任书46份，各乡镇（场、街道）与所在村民委员会签订耕地和基本农田保护工作责任状570份。新建永久基本农田保护标志牌49个，界桩680个，已完工且全部验收合格。

【执法监察】 一是将卫片执法作为常态工作来抓，充分利用卫星遥感影像、卫星测量定位等技术，逐步形成“天上看、地上查、网上管”的立体执法监察模式，以卫片监测结果为依据，开展排查通报等工作。2018年，喀左县收到国土部下发的年度卫片执法检查工作图斑共计226个，经核实违法图斑20个，面积115.4亩，其中耕地16.5亩；计入比例违法图斑18个，面积106亩，其中耕地16.4亩；国家重点项目（高铁）图斑24个，面积721.5亩，违法用地全部立案查处，现已全部结案。二是落实用地全程监管制度，确保及时发现和制止各类土地违法行为。全年下达责令停止违法行为通知书109件，立案查处案件41件。三是加大矿山违法案件查处力度，开展了矿山清理整顿专项行动，对有证矿山的越界开采、越层开采、超占开采等违法行为依法查处，加大矿山巡查力度，针对无证开采等违法开采行为坚决做到及时发现、及时制止、及时查处。四是按时完成国家督察沈阳局国土资源基础资料报备工作。五是加强对化石产地的动态巡查和检查工作。

【矿区生态和地质环境整治】 深入贯彻中发〔2016〕7号文件精神，落实“四个着力”部署，牢固树立“绿水青山就是金山银山”的生态理念，国土资源局认真、全面、彻底地对全县矿区生态和地质环境情况进行排查，形成了“不再欠新账，加快还旧账”的矿山地质环境恢复和综合治理的新局面。圆满完成了辽宁省国土资源厅下达2018年度生产矿山地质环境治理和土地复垦任务，分别是：朝阳新华钼业有限公司治理面积99.5亩和喀左县鑫兴矿业有限公司治理面积262.5亩，共计362亩。圆满完成了“重强抓”和市考县任务指标。

【闲置农房和宅基地调查】 为推动农村全面进步、农民全面发展。在严格控制新增宅基地的同时解决好农村闲置房屋和宅基地问题，缓解用地矛盾，保护耕地资源。国土资源局统筹推进农村闲置农房和宅基地等集体建设用地调查摸底工作。深入到各乡镇村逐一查清闲置的农房、宅基地、学校及乡镇村办企业。9月末已完成了全县闲置农房和宅基地的调查摸底工作，圆满完成了“重强抓”和市考县任务指标。

【推进各类保护区矿业权退出】 为推动喀左县矿产资源开发与生态保护协调发展，国土资源局坚决扛起生态环境保护的政治责任，主动作为、积极稳妥推进全县各级各类保护区矿业权依法有序退出。经全面认真彻底的排查，喀左县不存在保护区设置矿业权的情况。圆满完成了“重强抓”和市考县任务指标。

【化石保护管理】 一是加强对化石产地的动态巡查和检查工作，截至2018年9月末，共发现违法盗挖化石案件3起，查处3起。打击盗挖化石分子6人，行政拘留6人，扣押摩托车3台，面包车2台，没收化石标本10块。对38处重点化石产地进行了排查，对10处盗坑及时进行了回填。完成了重点化石登记上报，产地警示牌粉刷，化石产地保护率达到85%以上，打击盗挖化石案件100%，化石产地盗坑回填100%。5月，迎接省厅化石局，对重点化石产地的检查，受到了省化石局领导的好评，并奖励保护化石产地突出奖8万元。二是完成了“喀左中国暴龙”剖面馆展陈设计、暴龙馆剖面馆防水工程设计、主馆设计和剖面馆防水工程。三是年初完成了对化石市场进行了2018年年检工作。并对20家经营化石的业主，进行业务培训4次。

【土地例行督察】 国家土地督察沈阳局对喀左县开展了土地例行督察工作，并提出了全县在土地管理和利用中存在的12个方面问题。国土资源局对所涉及的耕地减少及违法违规用地查处整改问题、部分设施农用地违法违规占用基本农田问题、设施农业非农化问题、未批先用问题、未供即用问题、违法用地未查处到位即补办用地手续问题中，全部予以立案查处，做到了罚款到位、拆除或没收建筑物到位、处理人到位。同时，对所涉及的其他问题，积极和相关部门沟通协调，抽出专门人员，对所有资料整理汇总装订成册，做好督察整改验收的内业资料。

【地灾防治】 高度重视地质灾害防治工作，制定了巡查、防治、应急方案，成立了地质灾害应急救援指挥部并做到了值班值宿，加强对地质灾害巡查、排查工作，与乡、镇（场）政府签订《地质灾害防治责任状》，把地质灾害隐患点的监测和防治任务落实到乡（镇）、村、小组，分别给重点灾害点制作发放300余份防灾工作明白卡和防灾避险明白卡，各类宣传资料5000多份，要求各国土资源所对70处地质灾害隐患点每周必须巡查2次，特殊天气增加巡查次数，将巡查报告和影像资料上报局地质灾害防治工作领导小组。确保喀左县地质灾害防治工作落到实处。

【不动产登记】 进一步优化办事流程、缩短办事时限，提升办事效率。喀左县国土资源局不动产登记中心2018年共办理各类不动产登记业务10753宗，发放不动产登记证书4628本，发放不动产登记证明6125本。日平均处理业务量41宗，日接待办事群众100余人次。

【信访工作】 按照依法行政，热情服务的要求，分类处理信访投诉，规范处理来信来访。尤其是在征占地过程中，耐心细致做群众思想工作，确保无一例因征地引发群体性上访事件发生。截至10月初，接待群众来访40件50多人次，已解决38件，剩余2件属于历史遗留问题；完成市局转办信访三件，调查并已经答复完毕；信访网上答复6件；办理省民心网投诉及咨询件14件，件件进行了电话回访，尽量达到让投诉人满意。

【脱贫攻坚、扫黑除恶和宗教事务】 一是成立了《喀左县国土资源局扫黑除恶专项斗争工作领导小组》，制定了《喀左县国土资源局开展扫黑除恶专项斗争的实施方案》，明确了职责任务，细化了任务分工，层层落实责任，将扫黑除恶工作抓实抓细。二是喀左县国土资源局驻村帮扶洼子店村，全村381户、1256人，有建档立卡户91户、286人，全局97名职工结对帮扶坤都营子贫困户173户，该村已于2017年脱贫。其中养殖户有76户，占总贫困户的40%。共有牛150头，主要以繁育母牛为主，羊213只，驴12头，实现种植、养殖、光伏三大产业全覆盖。三是党组召开全体职工会议学习落实宗教事务条例，2次集中学习落实全国宗教工作会议精神。四是全年2次召开专题党组会议研究部署意识形态工作，成立领导组织，制定相应的方案和实施意见，并指定专人负责此项工作，以意识形态工作引领各项工作全面健康发展。五是认真组织学习《地方党政领导干部安全生产责任制规定》，党组将安全生产纳入党组重要议事日程，专题研究安全生产的监督管理和网络化建设工作，将安全生产工作责任制落到实处。

【干部队伍建设】 加强理论学习，着力提升整体素质。认真学习贯彻落实习近平新时代中国特色社会主义思想和中共十九大精神。一是发挥局党组理论中心组学习的作用。把学教活动同贯彻县委、县政府重大决策部署结合起来，在思想上、政治上、行动上与党中央保持高度一致，落实《中国共产党党委（党组）理论学习中心组学习规则》及省委实施办法，加强和改进机关党组理论学习中心组学习，全年共组织党组理论中心组学习11次，先后以“抓意识形态”“安全生产”“扫黑除恶”等为主题召开专题民主生活会4次、学习研讨会6次。做到有内容、有笔记、有心得。二是2月26日起，集中利用正月这个特殊时期，班子成员用一周的时间轮流带头为全体职工讲党课，集中学习了习近平总书记系列重要讲话精神和《习近平谈治国理政》、学习新党章和各项党规党纪、学习中共十九大精神，并做到了每人一份学习资料，每人一本学习笔记，每人都撰写了学习体会文章和观后感。三是落实要求，大力推进“两学一做”学习教育常态化制度化。5月下旬，召开继续推进“两学一做”学习教育常态化制度化动员大会，安排学习教育工作。建立班子成员联系支部责任制，督导检查各项工作落实。加强学习，认真执行周五下午学习制度，通过集中学和自学的方式，把“两学一做”规定的学习内容组织学习到位。

树立“四个意识”，注重维护整体形象。坚决贯彻落实中央及省、市、县委的一系列决策部署，牢固树立“四个意识”。严格执行党内政治生活纪律，坚决贯彻民主集中制，发扬民主，坚持集体决策，自觉执行党组工作条例和党内政治生活若干准则，自觉遵守领导干部廉洁从政若干准则。一是高度重视党风廉政建设工作，能够认真履行全面从严治党主体责任，严格按照“抓班子、带队伍、强素质、树形象”的整体思路，层层压实责任，步步紧抓落实，以此推动全局全面从严治党主体责任的落实，进一步推动全县国土资源管理工作更好地服务全县经济发展大局。二是通过强化思想政治建设，进一步增强“四个意识”、坚定“四个自信”；三是通过严明政治纪律和政治规矩，规范党内政治生活，坚决做到“两个维护”；四是通过坚持不懈地转变工作作风，持之以恒落实“八项规定”精神和纠正“四风”问题。年初以来共召开3次党风廉政建设专题党组会，让全面从严治党真正落到实处。全面加强党风廉政建设责任制，建立落实全面从严治党主体责任工作台账31本，签订《落实全面从严治党责任书》31份。在节假日等重要节点提前发送廉政提醒4次，实行党员干部婚丧喜庆备案制度，签订党员干部不违反规定举办“升学宴”廉政承诺书4份。

坚决抓好整改落实工作。中央巡视组反馈意见后，局党组随即召开专题党组会，学习传达习近平总书记关于巡视工作的重要讲话精神，对整改工作进行研究部署。要求各股室、队、所、事业单位把思想和行动统一到习近平总书记关于巡视工作的重要讲话精神上来，统一到抓好整改落实的各项要求上来，把巡视整改作为一项重要政治任务，以高度的责任感和使命感，不折不扣地抓好整改落实工作。针对巡视反馈意见，局党组认真讨论研究，逐一梳理指出的问题，逐一提出具体整改措施，形成了《喀左县国土资源局关于中央第六巡视组巡视反馈意见的整改方案》，明确了每项整改任务的牵头和协助领导、部门、责任股室和整改时限，要求深刻剖析产生问题的原因，逐一抓好整改落实工作。

扎实开展党建和党支部规范化建设工作。制订了《2018年喀左县国土资源局党建工作计划》《2018年党建工作要点》，并下发到各党支部。按照县委组织部开展两学一做学习教育安排，安排组织学习了《习近平谈治国理政》第二卷内容。各党支部相继召开党员大会，开展主题“重实干、强执行、抓落实”的专题研讨会和“扫黑除恶”专项斗争专题研讨会。按照五星级党支部标准，对照“组织健全、制度完善、运行规范、活动经常、档案齐备、作用突出”的标准，局党总支分组对12个党支部的党建落实情况进行检查评比，综合进行一次评估，将每一项工作都落实到位，使星级党支部创建工作再上新台阶。积极参加县直机关工委组织的县庆徒步大赛，积极落实“党员进社区”活动等。在“七一”当天组织了重温入党誓词、参观博物馆和职工拔河比赛等纪念建党97周年系列活动。

（国土资源局）

安全生产监督管理

【概　况】 2018年，县安监局真贯彻落实中共十九大精神和党中央、国务院和省委、省政府、市委、市政府的安全生产方面决策部署，全面贯彻落实习近平总书记对安全生产工作的重要指示批示“发展决不能以牺牲人的生命为代价”这条不可逾越的红线，坚持以人民为中心，牢固树立安全发展理念，弘扬生命至上、安全第一的思想，全面开展“重实干、强执行、抓落实”专项行动，积极推进安全生产领域改革，不断完善安全生产责任体系，扎实构建安全生产长效机制，持续强化安全生产依法治理，狠抓各项重点工作落实，确保了全县安全生产形势的总体稳定。

【安全生产工作】 强化安全生产工作部署。2018年，组织召开全县安全生产工作会议4次，安委会及扩大会议、专题会议3次，现场办公会议2次，及时传达中央、省、市领导的讲话精神和上级会议精神，对全年及重点时段安全生产工作进行安排部署。

不断完善落实安全生产责任制。一是强化党委政府领导责任。在县委、县政府主要负责人担任安全生产委员会主任的基础上，根据《地方党政领导干部安全生产责任制规定》和《辽宁省地方党政领导干部安全生产责任制实施细则》的要求，由县委常委、常务副县长分管安全生产工作，确保各项安全生产工作落实、落深、落细。二是压实安全生产责任。县政府与24个乡镇、街、区，34个行业部门签订安全生产目标管理责任书；各乡镇、街、区、部门与所辖生产经营单位和下属科所站队院校签订安全生产责任书。县委、县政府将安全生产考核纳入全县综合绩效考核办法中，实行警示约谈、“一票否决”等制度。三是及时传达贯彻落实上级要求。省委、省政府印发了《关于进一步强化落实安全生产监管责任的意见》《关于进一步强化落实企业安全生产主体责任的意见》后，立即从网上全文下载，予以转发，并提出了具体的落实措施，强化部门监管责任和持续推动企业落实全员安全生产责任制。全县非煤矿山、危化品生产经营单位和金属冶炼等高危行业企业已与4月底前完成了全员安全生产责任制落实工作，其他行业领域企业正在进行落实全员安全生产责任制工作。

积极推动安全生产领域改革。根据中央、省、市关于推进安全生产领域改革发展的意见，结合全县实际，在征求各乡镇、街、区，各部门意见建议的基础上，制定印发了全县安全生产领域改革发展实施细则，制定了重点工程项目任务分解表，各乡镇和部门履职尽责，各项工作任务有序开展。

加大重点行业领域专项整治力度。根据省、市的部署，印发了《全县集中开展重点行业领域安全生产专项整治行动工作方案》，集中开展了学校安全、消防安全、建筑施工、交通运输、非煤矿山、危险化学品等行业领域的专项整治，深入开展事故隐患排查治理专项行动。非煤矿山方面：检查企业132家次，查出隐患395条，整改380条，整改率96.2%，剩余的隐患正按计划进行整改。危化品方面：检查企业109家次，查出隐患39条，全部整改。冶金铸造方面：检查企业52家次，查出隐患154条，已到整改期限的153条隐患整改完毕。

着力推进双重预防机制建设。按照省安委会的部署，积极推进双重预防机制建设。一是制定喀左县安全风险管控与隐患排查治理双重预防机制建设实施方案。二是确定南哨街道、中三家镇、市场监督管理局、朝阳新华钼业有限公司、港华燃气有限公司等作为全县双重预防机制试点单位。三是组织重点乡镇、重点行业安全监管干部、重点企业主要负责人、技术负责人安全管理人员参加上级有关部门开展的双重预防机制建设相关知识培训。四是全县38家危化品生产经营单位初步开展了双重预防机制建设工作。朝阳新华钼业有限公司正在对矿井进行风险评估，中三家镇对境内尾矿库的8个头顶库进行评估、评价，确定风险等级，落实防范措施，完成了金属、非金属矿山整顿提升工作。

进一步夯实安全生产基础。一是组织举办了“安全生产月”“安全生产喀左行”、安全生产“七进”等宣传教育活动，提升了全民安全素质。二是强化队伍建设，尽管今年是机构改革之年，县主要领导逢会必讲，无论怎么改，安全生产工作只能加强，不会削弱，给广大安全监管干部吃了定心丸，做到了队伍不乱、人心不散、干劲不减，保持安全监管队伍人员的稳定。三是落实“三级教育”制度和特种作业人员持证上岗制度。2018年以来，组织开办企业负责人、安全管理人员和特种作业人员培训班4期、10个班次，培训各类人员1300余人，有效提高了企业安全管理水平和从业人员安全技能；组织各乡镇、各部门安全管理人员进行“双重预防机制”“网格化”专题培训。四是在财力非常紧张的情况下，不但保证了执法工作经费、车辆、装备等满足执法工作需要，还通过竞标的方式，聘请专家提供技术支撑，为全县非煤矿山、金属冶炼等高危行业企业“把脉会诊”，水泥行业企业对防护设施进行了技术改造，极大提高了企业安全管理水平。

（李树恒）

发展与改革

【计划规划编制和经济形势分析】 一是根据全县经济社会发展实际，按期做好年度计划的编制下达工作。在认真征求各方面意见的基础上，根据县第十六届人大常委会第四次会议审议通过的《关于调整2018年国民经济和社会发展计划部分指标的报告》，制订并下达了《喀左县2018年国民经济和社会发展计划》，为各级领导决策提供了指导性依据。二是认真做好全县国民经济与社会发展运行形势的监测及分析工作。坚持深入基层进行调查研究，及时了解和掌握全县一、二、三产业经济运行状况，深入做好经济与社会发展的季度形势分析工作，并针对制约经济发展的突出矛盾和经济运行中的问题，及时提出意见和建议。重点完成了《喀左县2018年上半年国民经济和社会发展计划执行情况报告》和各月及季度经济运行分析报告。

【协调配合工作】 做好《喀左县推进县域经济发展全面建成小康社会三年行动计划》的编制工作。按照辽委办发〔2017〕59号文件精神以及县委县政府工作安排，《喀左县推进县域经济发展全面建成小康社会三年行动计划》已编制完成。协调配合抓好产业平台建设，助力县域经济发展。到2018年底，经济开发区已入驻企业233家（含规上企业35家），其中装备制造类41家、陶瓷建材类52家，基本形成以装备制造、陶瓷建材为主的特色主导产业集群。同时，规划建设4平方公里“飞地经济”核心区，着力打造纸塑包装、装备制造两大主导产业；农产品加工园区已经建成了“一纵六横”的道路交通网，完全能够满足入园企业的需求。积极争取国省政策扶持，推进项目实施。积极围绕辽发改农经〔2018〕712号县域经济发展扶持政策，进行项目审查筛选、提出贴息项目资金安排意见，并建立健全本地贴息项目管理制度，为项目预申报做好准备。

【产业调整及老工业基地振兴工作】 一是加快推进产业调整。坚持主动承接“京津冀”地区产业转移，积极引导企业加大高端产品研发创新力度，帮助企业争取资金、技术等合作扶持，推进战略性新兴产业发展；二是狠抓突破辽西北战略实施。按照辽委办发〔2017〕68号文件精神，一方面按照县委、县政府工作安排，建立组织，编制《喀左县加快实施突破辽西北发展三年攻坚计划》，明确总体要求和攻坚目标，落实责任单位和时间进度要求，同时提出了三个方面8项保证措施，确保各项任务完成。另一方面，严格按照文件精神，积极储备和筛选项目。其间，共包装储备基本建设项目9个，总投资12.36亿元，财政资金项目70个，总投资100.19亿元。2018年获得省本级资金支持的园区基础设施项目1个，争取省本级投资2100万元，投资计划已下达；上报2018年第一批辽西北财政资金项目11个，已完成省市组织的专家评审，资金申请计划已报送省市发改委。三是加大高新技术企业培育力度。一方面，在招商引资项目建设过程中，重点引进高新技术企业。另一方面，加大对高新技术企业的政策扶持。在建项目中，经济开发区的通美晶体科技公司投资5亿元建设年产150吨砷化镓晶体、25吨锗晶体、12吨磷化铟晶体半导体材料项目，博宇半导体科技有限公司投资5000万元建设年产2万只PBN产品项目均属于高新技术企业项目。

【经济体制改革】 一是扎实做好公务用车制度改革工作。局党组严格按照省市县工作要求，在逐步完善工作方案的同时，及时发现并沟通解决改革过程中出现的新问题、新情况，推进了全县公务用车制度改革工作的平稳有序进行；完成了事业单位公务用车制度改革的摸底调查，牵头启动事业单位及国企的公务用车制度改革工作。二是认真推进经营性事业单位转企改制组建企业集团工作。按照县委、县政府工作安排，牵头制定并上报了《喀左县经营性事业单位转企改制组建企业集团方案》和《喀左县组建县属企业集团涉及的事业单位转企改制工作流程》。依据具体时间节点，逐步推进相关工作。三是巩固淘汰落后产能和清理"地条钢"成果，推进钢铁行业改造升级。按照国家、省、市相关要求，坚决落实"三去一降一补"五大任务，全县共淘汰落后钢铁产能50万吨、煤矿产能9万吨、"地条钢"违法产能5000吨。为保证喀左县淘汰落后产能不再死灰复燃及不再出现"地条钢"违法生产行为，会同相关部门对县域内钢铁、煤炭、水泥等产业企业进行排查梳理，多次到相关企业开展监督检查，对县域内具有中频炉等冶炼能力的企业作为重点监管对象，监控企业用电量，同时进行不定期检查、抽查。

【实施重点项目】 落实项目管家制度，协调解决项目建设中遇到的实际问题。按照"一个项目、一家企业、一名领导、一支队伍"的要求，为全县39个重点项目建立了"1+1+N"（1名项目管家+1名企业联系人+N个行政职能部门联系人）的项目管家制度，项目管家能够在第一时间掌握项目动态，了解项目建设过程中遇到的问题和企业诉求，建立项目服务日志和解决问题台账，及时报送并协调行政职能部门予以解决，为促进项目建设进程发挥了重要作用。以市政府考核指标为抓手，落实重点项目建设。年初以来，重点项目建设办公室狠抓市政府下达给喀左县新建亿元以上项目13个，续建27个的指标不放松，坚持主动作为，积极协调解决困难和问题，加强督导。截至年底，全县共完成亿元以上新建项目16个，完成全年任务的123.1%，续建项目29个，完成全年任务的107.4%。根据政府工作报告分解任务，推进重点项目实施。按照政府工作报告分解任务，项目办在加快推进全县5000万元以上项目、经济开发区、利州工业园区亿元以上项目实施的同时，通力协调配合相关部门加快通美晶体等项目建设进度。强化监管职能落实。在逐步深化行政审批制度改革的同时，主动将工作重点向强化事中事后监管转移。针对不同项目存在的不同问题均采取下达整改通知单、沟通协调等方式予以解决或推进，为实现国家资金安全有效并在促进县域经济发展中发挥重要作用提供保障。做好省重大项目库的建设。按照省市要求，主动加强与统计局相关股室的联系，不断加强项目调度，确保辽宁省重大项目库与统计库保持一致。截至9月，全县在建项目入库88个（发生投资77个），总投资130.3亿元，截至9月末累计完成投资29.9亿元。项目储备工作。结合全县发展实际，深入研究国家产业政策及投资方向，积极做好项目储备工作。2018年，喀左县上报市发改委申请2019年中央预算内资金项目共计13个，总投资3.54亿元。

【争取项目投资】 牵头做好全县向上争取工作的调度及督导。年初以来，按照县委、县政府的工作安排，紧紧围绕贯彻落实中央7号文件、国务院62号文件精神，多次开展调度工作，并要求各有关单位主动与业务部门对接，及时掌握政策做好项目储备包装，全力争取资金、争取项目。2018年，全县全口径向上争取资金26.86亿元。

积极协调相关部门围绕国省投资方向，包装储备项目，为2019年向上争取资金做好准备。密切关注国省政策导向，提前策划和制定争取方案，围绕产业发展、基础设施、社会事业、生态环境建设等诸多方面，精心包装储备一批向上争取重点项目，统筹推进向上争取工作。截至9月末，争取省以上项目投资12686万元。其中：中央预算内投资9080万元，省本级投资3788万元，全年争取达到13615万元。重点项目包括：基础设施建设项目2个，争取省以上投资1306万元，其中，中央预算内投资1106万元，省本级投资200万元。重点用于农网改造升级、南哨紫陶产业特色小镇基础设施建设等项目的实施；农业及农村经济项目6个，争取省以上投资3049万元，其中，中央预算内投资2939万元，省本级投资110万元。重点用于喀左县新增千亿斤粮食产能规划田间工程、以工代赈、“三北”防护林五期工程等项目的建设；社会事业项目9个，争取省以上投资6516万元，其中，中央预算内投资5130万元，省本级投资886万元。重点用于喀左县老爷庙中心敬老院、喀左县草场中心小学、喀左县公营子镇初级中学、喀左县蒙古族高级中学古塔分校综合教学楼、留守妇女儿童之家等项目的建设；辽西北扶持开发项目1个，争取省本级投资2100万元。用于朝阳市喀左经济技术开发区道路雨污排水工程项目的建设。

【精准扶贫及精准脱贫工作】 一是做好省发改委扶贫联络工作。按照年初省发改委主任帮扶喀左的具体安排，在县主要领导的带领下，积极跟进年初确定需要省发改委帮助解决的重点项目。大部分项目的投资已及时足额到位，其余部分在年底前陆续下达。同时，协助省发改委做好驻村帮扶工作。二是抓好光伏扶贫工作。一方面，完成了2017年36个光伏扶贫电站的并网发电；另一方面，积极推进2018年42个扶贫电站的建设。喇嘛沟村电站的回购已基本完成，二道门子村等28个电站已并网发电；化金沟村等11个电站已建设完成；南沟门村等2个电站仍在建设中。上述电站全部并网后，喀左县86个贫困村将实现村级扶贫电站全覆盖。三是抓好结对帮扶工作。全局干部职工严格按照扶贫工作要求，坚持与结对帮扶困难户时时保持联系，并自筹资金定期深入贫困户家中，力所能及地帮助解决生产生活中的实际问题。国庆、中秋期间，又带着局党组提出的具体问题，深入所结对帮扶的贫困户家中，进行走访慰问，掌握情况、解决问题，推动结对帮扶工作的深入开展。四是驻村帮扶工作。局党组高度重视驻村扶贫工作，驻村工作人员立足本部门职能，突出重点、精心谋划，围绕贫困户对接、脱贫质量回头看、解决实际困难等重点任务，强化政策扶持和资金帮助，扎实开展精准扶贫工作，得到了组织及当地群众的认可。2018年，筹集资金2万元用于广场修复和道路建设。

【招商引资】 2018年，承担县里招商引资和项目建设任务各5000万元。全年共实施项目5个，其中新建2个，续建3个。完成投资6000万元，完成任务的120%。新建项目包括：振发公司建设村级光伏电站项目，总投资2000万元，完成投资2000万元，其中发改局500万元；经济开发区雨污排水项目，总投资14179万元，完成投资3000万元，其中发改局2000万元。续建项目包括：铭盛保温材料年产5万吨岩棉项目，总投资23800万元，2017年完成投资7062万元，2018年完成投资6000万元，其中发改局2000万元；公营子污水处理厂项目，总投资3608万元，2017年完成投资1744万元，2018年完成投资1900万元，其中发改局500万元；大凌河南支综合治理项目，总投资20358万元，2017年完成投资7350万元，2018年完成投资6000万元，其中发改局1000万元。

【专项工程实施与管理】 一是强化财政预算内以工代赈项目的管理与实施。2017年下达投资计划，2018年建设施工的投资194.4万元的喀左县利州街道碾子沟村村部至小碾子沟组乡村道路工程、投资39.6万元的喀左县羊角沟镇东沟村乡村道路工程，以及2018年投资建设的喀左县水泉镇老杖子村乡村道路工程均在6月29日全部通过县级验收，项目建成后，切实解决了百姓出行难的问题。二是加强新增千亿斤粮食项目的管理与实施。2017年新增粮食生产能力规划田间工程建设项目的建设地点落实在羊角沟镇贝子沟村等5个村。新建高产稳产粮田0.5万亩，贫困村实施高标准农田占全部实施面积的27.8%。项目新打机电井25眼，新铺管灌46.135公里，平整土地1220亩，机耕路改造9.3公里，新架高压线路2.635公里，新架低压线路3.774公里，新增变压器8台，中央投资600万元，省配套25万元。预计年增加经济效益120万元，项目区年人均增收243.51元；农田水分利用率提高15%；肥料利用率提高10个百分点；中等旱灾年份粮食减产风险控制在8%以下。2018年，新增粮食生产能力规划田间工程的建设地点落实在喀左县南公营子镇，计划新建高产、稳产粮田0.5万亩，其中涉及建档立卡贫困户239户609人。项目新打农用井29眼，架设高压线路4.1公里，低压线路5.5公里，机耕路改造6.76公里及土地平整。该项目建成后，预计农民新增纯收入为33.25万元，项目实施区域直接受益农业人口2800人，人均年增加纯收入118.75元。项目的建设，可辐射带动本地区标准粮田的建设，促进当地畜牧业和饲料加工业的快速发展，增加农村劳动力的就业机会，促进农村剩余劳动力的合理转移，推动农业产业结构的调整。

【优化营商环境】 牵头做好政务信息资源目录编制工作。根据省市文件精神，结合全县工作实际牵头制定了《喀左县政务信息资源目录编制工作方案》，明确了梳理对象、梳理范围，为优质高效完成梳理工作奠定了基础，在全县各单位的密切配合下，梳理工作第一稿已经完成，共71单位，上报信息928条，已上报至省、市，并顺利实现了对接。牵头做好电子政务外网接入工作。按照市县“一网、一门、一次”工作的相关要求，牵头负责全县电子政务外网的接入工作。经过深入沟通交流，在严格依据文件规定，紧密结合喀左工作实际，并充分发挥借鉴其他县区经验做法的基础上，各项工作正按规定时间节点有序推进。做好本部门政务服务事项梳理工作。为进一步做好政务服务事项规范管理，推进网上办理进程，按照政务公开办的要求，已在规定的时间内，完成了发改局5项政务服务事项的信息录入。做好营商环境问题整改工作。按照《喀左县2018年优化营商环境专项整治行动实施方案》要求，紧紧围绕整治内容，认真梳理整改问题，并制定切实可行的整改措施，明确了整改成果和完成时限，为积极构建“亲”“清”新型政商关系，建设服务型机关，促进喀左振兴发展发挥了重要作用。

【生态文明及环境保护】 积极做好固定资产投资项目节能审查工作。节能审查文件作为项目审批、核准或备案开工建设的前置性条件以及项目设计、施工和竣工验收的重要依据，在进行节能审查过程中严格按照规定执行。截至年底，共办理节能审查10项，同时依据辽宁省固定资产投资项目节能审查实施意见，加强了对节能审查意见落实情况的监管。积极做好碳排放权交易体系企业核查工作。2018年即将启动全国碳排放权交易工作，根据市发改委关于辽宁省碳排放权交易工作的部署，组织开展了碳排放权交易体系企业核查，确定了喀左县拟纳入全国碳排放权交易体系的企业名单并上报省发改委。积极推进生态文明建设相关工作。依据朝阳市加快推进生态文明建设相关要求，编制下达了《喀左县加快推进生态文明建设实施方案》《喀左县“十三五”煤炭消费总量控制工作实施方案》《喀左县2018年燃煤总量控制目标任务》，同时，配合县环保局完成了环保督查销号工作。进一步加强散煤治理及管控工作。按照市、县政府工作安排，成立了喀左县散煤治理及管控工作领导小组，制定了《喀左县规范散煤治理及管控工作实施方案》，明确了牵头部门和配合单位，为开展散煤治理及管控工作提供组织保证和工作遵循。各责任部门依据各自职责，有序推进各项治理及管控工作。

【所属事业单位各项工作】 项目办工作。项目办在局党组的直接带领下，始终把推进项目实施作为各项工作的重中之重，以“五个一工程”为载体，以京津冀招商为重点，积极采取有效措施，不断创新工作方法，加强组织领导，强化要素保障，为全县项目建设取得新进展做出了积极贡献。新能源办工作。根据县委、县政府工作安排部署，新能源办代表发改局承担喀左县光伏扶贫工作领导小组办公室的全部职能，全程监督管理光伏扶贫项目的实施，及时协调解决项目实施过程中遇到的难题，确保了项目顺利推进，并取得一定成效。散装水泥办公室工作。散装水泥办加大宣传力度，积极推广使用散装水泥和预拌混凝土，全县全年共推广使用散装水泥9万吨，预拌混凝土、混凝土产量达25万立方米。黄金公司工作。按照县政府工作要求，按期完成了黄金公司的相关业务。

【自身建设】 以推进“两学一做”学习教育常态化制度化为契机，强化党风廉政建设主体责任和监督责任落实，通过深入学习，深刻对比，认真总结，积极整改，使机关工作作风进一步改善，党员干部的整体素质进一步提高，模范带头作用进一步发挥，使基层党组织的建设进一步加强，凝聚力战斗力显著提升，促进了全局各项工作的有序开展。全年未发现各类违规违纪现象。

（发改局）

统　计

【内设机构和主要职能】 根据业务需要以及政府的文件精神，内设7个机构，分别是：农业股、工业基建股、商贸劳资股、法规教育股、综合股、固定资产投资股（2010年经编办批准成立）、和数据股（2010年经编办批准成立）。主要负责全县农业、工业、基本建设、劳动工资、交通运输；物资、出口供货、财贸、科技教育等统计专业的统计月报、季报、半年报及年度报表工作。2002年，经县编委批准，成立喀左县城市经济调查队，隶属县统计局，主要职责是城市经济情况调查方案设计，网络样本的建立，资料的收集、整理和开发利用。为加强全县统计普查工作，编委同意在2005年12月成立喀左县统计普查中心，隶属统计局，负责全县各项周期性普查方案的设计以及资料的编印、应用与维护。2008年5月，成立喀左县服务业调查队，隶属县统计局，负责全县服务业统计数据的调查、搜集、审核、汇总、处理工作。

【年报和常规报表】 县统计局坚持以做实数据为核心，严格执行国家统计报表制度，加大基层统计业务指导和督促检查力度，切实抓好各项统计数据的采集、审核、上报工作。各专业人员严格执行上级确定的统计数据质量评估标准和技术规范，对基层上报的月、季报表认真审核评估，并及时向县委、县政府呈报各项经济指标完成情况和全县经济运行统计分析报告。年末，全县地区生产总值（GDP）完成99亿元，同比增长6.5%（全市增速第一）。其中：一产完成30.6亿元，同比增长3.9%；二产完成23亿元，同比增长9.6%；三产完成45.4亿元，同比增长7.4%。固定资产完成38.9亿元，同比下降1.9%；社会消费品零售总额完成51.4亿元，同比增长6%；规上工业增加值增速为15.6%。

在常规统计报表工作中，抓协调、勤查询、勤指导，按时高质量完成了农业、工业、能源、固定资产投资、劳资商贸、科技、服务业等各项报表任务。完成了2017年全县经济社会发展统计资料的编制工作，发布了统计公报，提高了统计资料利用效率。

在统全统细经济数据的同时，充分发挥统计信息的咨询和预判作用，及时为县委、县政府和相关部门提供经济运行信息，为全县经济社会各项事业发展献谋献策。截至10月底，局内各股室根据全县经济发展情况认真撰写了《统计工作信息》、工作建议140篇，提出合理的意见和建议6篇，得到了县委、县政府的高度重视，并在实际工作中贯彻落实，取得了良好的效果。

【政治理论业务学习】 为全面提升领导干部的政治素质和业务水平，深入开展各项学习活动。通过学习，加强了全体机关干部自身建设，打造了一支“团结、廉洁、创新、实干”统计工作队伍。一是抓好“两学一做”学习教育常态化制度化。统计局党组坚持把思想政治建设摆在工作首位，专门制定了学习方案、学习计划。坚持抓好每周五的政治理论学习，认真贯彻习近平总书记系列讲话精神特别是关于基层党建的批示指示，用党章党纪规范局机关全体党员干部行为，努力实现基层党建工作全面进步、全面过硬，统计干部队伍的政治觉悟和业务能力得到全面提高。二是多措并举，党建工作迈上新台阶。统计局党组坚持把党建学习教育融入日常、抓在经常，采取多种措施推进学习教育活动。除了组织常规的中心组学习、党员集中学习外，还组织广大党员充分利用“党员之家”微信群和已关注的“辽宁先锋”等微信公众号等多种新形式进行学习，经常组织党建工作专题讨论；开展了“庆七一”遵党章、学党章、讲党章知识竞赛活动；组织全体机关干部开展《走进博物馆——知喀左·爱家乡》主题党日活动，增强了建设美丽新喀左的信心和决心；组织机关干部到辽沈战役纪念馆开展了“迎七一红色之旅”活动。通过各种方式的学习教育，进一步加强了党员干部理想信念教育、党风廉政教育和革命教育，达到了深学深悟、入脑入心、学以致用的效果。三是规范管理，党支部建设不断加强。局机关党支部坚持“三会一课”制度。截至9月末，共召开支部委员会3次；召开党小组会议9次、党员大会3次；开展集中学习24次；组织上了党课4次；召开民主生活会1次；组织生活会3次。机关党员每月有计划开展党员活动日活动，经常开展谈心谈话活动和党员进社区活动。机关党支部按照组织健全、制度完善、运行规范、活动经常、档案齐备、作用突出的要求参与了“星级党支部”创建活动。四是提高认识，重视人才工作。坚持党管人才原则，一方面，注重培养使用好人才，加强理想信念教育和业务知识培训，全面提高现有人才的政治素质和业务素质；另一方面，合理使用人才，使各方面人才各得其所、各展其长，成为统计各项工作的骨干力量。

【初步形成协作联动机制】 按照上级部门要求，成立了喀左县统计工作协调领导小组，下发了《喀左县人民政府办公室关于印发喀左县加强协作联动提高统计数据真实性工作方案的通知》，进一步提高了统计数据真实性，建立健全政府综合统计体系，实行县政府统一领导下的统计工作部门分工负责制，加强部门协作，为构筑大统计格局奠定了坚实基础，统计工作逐步走上了规范化轨道。

【统计法治宣传和执法检查】 深入学习了习近平总书记等中央领导同志关于统计工作的重要指示批示精神，贯彻落实了《中华人民共和国统计法》《中华人民共和国统计法实施条例》和中央意见、办法、规定等文件精神。印制发放了《朝阳市领导干部统计法律宣传手册》300册。10月12日，县政府第十六届十四次常务会上集中组织学习习近平总书记等中央领导同志关于统计工作的重要指示批示精神和中央意见、办法、规定等文件精神。在党校秋季全县乡科级干部培训班首次增设了统计法制教育培训课程，使参训党员领导干部在今后依法依规开展统计工作有了遵循。利用报刊电视网络进行广泛宣传统计法，刊登了《坚守统计法律底线—统计法律法规知识解答》，开展了喀左县“营销环境在线访谈”直播间活动，就相关内容进行讲解。充分利用“5·15”政务公开日、“9·20”中国统计开放日、“12·4”国家宪法日系列宣传活动和“12·8”统计法颁布纪念日等重要时点开展普法。先后设立了统计法规宣传站4处、挂出宣传条幅5幅、印发放《中华人民共和国统计法》知识问答宣传单、《“5·15”政务公开日统计法律知识问答》宣传单5000余份、张贴宣传标语口号15条。多次举办统计助理和相关企业统计人员学习贯彻统计法、统计法实施条例、意见、办法、规定的主要精神及相关业务知识的培训班，培训人数达200余人次，发放统计法、统计法实施条例合订本宣传册500余册。积极开展2018年度统计数据质量专项检查行动，共检查“四上”企业111家，为统计工作创造良好的法治保障。严格执行执法责任制，规范行政执法程序、购置配备执法记录仪2部、录音笔1支，实现了行政执法行为的全过程留痕和可回溯管理。

【落实脱贫攻坚帮扶措施】 成立由局长担任组长的“喀左县统计局2018年度脱贫攻坚工作领导小组”，制定《喀左县统计局2018年精准扶贫精准脱贫工作实施方案》《喀左县统计局驻村扶贫工作实施方案》《喀左县统计局结对扶贫工作实施方案》，全方位落实帮扶工作责任。抓好帮扶工作调研。局主要领导及班子成员先后6次进入帮扶村和结对帮扶村调研，了解掌握帮扶工作中存在的困难和问题，为做好精准帮扶工作奠定了基础。局党组选派单位年轻骨干担任六官营子镇西南沟第一书记，为该村提供驻村工作经费，捐赠了电脑、打印机等办公设备，整修了村部办公场所，接通了互联网。落实人员责任到位。驻村工作队定期开展驻村帮扶工作，充分发挥扶贫工作堡垒作用，六官营子镇龙王庙村的扶贫档案进一步完善，光伏发电、畜牧养殖等扶贫项目进展顺利，为脱贫村继续致富提供了项目支撑。光伏发电项目5月18日并网，日均发电400多千瓦时，去税收入近1.3万元，年底可实现收入3万元，享受政府电价补贴3万元。派驻六官营子镇西南沟村的第一书记到岗履职尽责，全脱产协助镇村开展工作，得到广大村民的认可和镇村领导肯定。局机关党员干部职工开展4次帮扶活动，全部建档立卡户家中都贴上帮扶责任卡。在继续保持与已脱贫户的联系、及时开展“回头看”、防止二次返贫的同时，及时与未脱贫户进行对接，送去现金、大米、面粉、食用油等生活用品价值1万余元。

【第四次全国经济普查工作】 根据《全国经济普查条例》规定，2018年第四次全国经济普查工作前期清查摸底工作有序进行。截至10月16日，全县共动员普查人员400余人，核查法人和产业活动单位4160户，个体户15683户，为经济普查的顺利开展奠定了基础。

（统计局）

科技　教育

科学技术

【“大学进园区”工作】 深入贯彻落实创新驱动发展战略和省、市人才工作部署，在市科技局地正确领导和大力支持下，统一思想、科学谋划、强化统筹、压实责任、狠抓落实，瞄准产业升级引大学，盯住企业转型招人才，积极搭建县、校、企科技合作平台，持续深化产学研科技合作，不断推动科技成果转移转化，扎实有效开展大学进园区工程。截至年底，共实现新增25所大学及联盟同企业签署校企科技合作协议并开展科技合作，新增与大学、科研院所开展合作企业26家，13所大学与县政府签订战略合作协议，共有5个省级产业联盟同县、企开展了合作，引进蒋临石教授等专家团队27个、专家团队人数191人，转移转化大学、科研院所科技成果24项，新增高新技术企业4家，新增注册科技型中小企业16家。农业园区获批省农业科技园区，经济技术开发区晋升省级高新技术园区已完成各项申报工作，成功获批国家创新县，此项殊荣全省唯一。企业新增专利申请126项，其中发明专利35项。成立了“辽宁紫陶产业技术创新战略联盟”1个，成立了化工产业、食品产业省级研究院2个，成立了食品产业成果转化中心4个。

【完成的市政府主要考核指标】 发明专利申请量任务指标40项，实际完成申请35项；有效发明专利拥有量指标45项，实际完成51项；申报高新技术企业任务指标4家，共申报4家；技术合同交易额任务指标6300万元，完成交易额6900万元。

【重点工作亮点】 按照省、市防震减灾工作的总体要求，认真履职尽责，全面完成了喀左县防震减灾工作任务，喀左县地震办荣获辽宁省市县防震减灾法制工作“优秀单位”和地震应急救援工作“优秀单位”称号，县第三初级中学荣获了辽宁省“防震减灾科普示范学校”称号。

（科技局）

教　育

【概　况】 喀左县现有各级各类学校53所，其中：普通高中4所，初中5所，九年一贯制学校2所，素质教育实践学校1所，小学36所（另有教学点88个），局直幼儿园3所，职教中心1所，教师进修学校1所。全县中小学在校生41655人，其中，小学在校生20644人，初中在校生11148人，高中在校生8615人，职业高中1248人；全县现有在岗教职工5151人，其中，幼儿园教师133人，小学教师2099人，初中教师1399人，高中教师923人（职业中专133人，师校71人，机关53人）。全县各级各类学校校舍建筑总面积623368平方米，其中，职业中专学校校舍建筑面积24500平方米，高中校舍建筑面积118177平方米，初中校舍建筑面积140209平方米，九年一贯制学校校舍建筑面积15771平方米，小学校舍建筑面积235151平方米，特殊教育3840平方米，幼儿园校舍建筑面积85773平方米。

【学前教育】 喀左县现有幼儿园（班）总数163所，其中：教育办园3所，乡镇、场、街道中心幼儿园21所，乡镇村办幼儿园3所，幼儿班55所，民办幼儿园有证33所，无证民办幼儿园48所。163所幼儿园（班）中，五星级园3所（喀左县幼儿园、喀左县蒙古族幼儿园、喀左县新城蒙古族幼儿园）、三星级15所、二星级幼儿园30所、一星级幼儿园10所；所有乡镇中心园均为标准化中心幼儿园（21所），全县3—5周岁入园儿童总数9201人，其中：0—3周岁以下入园人数406人；3周岁入园人数1839人，4周岁入园人数3039人；5周岁入园人数3917人，学前三年毛入园率为72.8%。全县3—5周岁适龄儿童12640人。全县共有学前专任教师892人，公办412人，民办480人，在编专任教师365人；园长和专任教师中，本科218人，专科414人，中专242人，其中具有学前教师资格证268人。学前教育快速发展。一是办学条件得到改善。异址新建喀左县蒙古族幼儿园，占地面积4142平方米，校舍建筑面积6030平方米。投入建设资金3000万元，楼房主体和室内装修已经完工。分别投资20万元、30万元、40万元改扩建中三家中心幼儿园、卧虎沟中心幼儿园、水泉二道门村幼儿园，并顺利通过了考核验收；投资60万元完成了新城蒙幼安吉游戏建设工程。二是组织开展星级园评比活动。组织专家组评比星级幼儿园23所。其中，1星级幼儿园5所，2星级幼儿园10所，3星级幼儿园6所，2所幼儿园通过3星级幼儿园复检。到年底，全县共有星级园58所。三是开展普惠性幼儿园认定审核工作。2018年，县教育局与财政局对全县提出申请的普惠性幼儿园联合开展了认定审核检查工作，全县21所民办普惠性幼儿园通过了市教育局、财政局审核批准。四是开展学前教师培训工作。2018年3月22日，在蒙初中举行了“辽宁省教育厅学前教育送教下乡喀左县专场培训”，辽宁省9位知名的学前教育专家做了专题性的培训，共有774名学前教师参加培训。带领全县乡镇小学校长和幼儿园园长到赤峰市实验幼儿园考察学习先进的保育教育理念、环境创设、幼儿游戏的研发等，进一步提高了喀左县幼教队伍的专业水平和幼儿园办园管理水平。五是推荐了3名教师参加朝阳市学前名师优秀课评选。六是重新调整制定了“喀左县学前教育第三期行动计划项目表”，从新建、改扩建、办园设备购置、普惠性幼儿园评比、学前支教五个方面进行了科学调整，为以后学前教育发展提供科学依据，学前教育项目建设规划更具可操作性。七是对镇内民办幼儿园开展了安全隐患排查检查工作，进一步规范民办幼儿园的办学行为。八是完成了喀左县幼儿园自制玩教具展评工作，全县共参展作品61件，评选出一等奖6名，并推荐参加朝阳市优秀自制玩教具展评活动，其中3件获朝阳市一等奖，在参加全省评选中，县幼儿园杨柳老师的《百变机器人》获省一等奖，10月31日代表辽宁省参加第六届全国自制玩教具展评，获得国家三等奖。

【九年义务教育】 一是全县义务教育阶段学校坚持深化课堂教学改革。坚持语文主题学习，认真执行《辽宁省全面深化义务教育课程改革的指导意见》和《辽宁省义务教育课程设置方案》开全学科，开足课时。二是顺利完成了中考工作。公平、公正、公开地完成了初升高3198名学生的报名审核、考场编排、组织考试、网络阅卷、成绩统计、中考录取工作，得到了学校、家长和考生的肯定和认可。圆满完成了初升高3198名学生体育考试、理化实验加试工作。组织喀左县2018年普通高中招收体育特长生考试工作，为四所高中招录体育特长生70名。三是完成了对小学六年级3730名毕业班学生的质量检测；及时召开了小学、初中和高中质量分析会议，分析问题，查找原因，取长补短，对症下药，培优补差，守正创新。

【高中教育】 坚持内涵发展、特色发展的办学思想，加强高中办学管理。一是顺利完成了高中学业水平考试工作。全县2018年学业水平考试报名人数共3321人，其中高二考生2802人，高三在校生补考519人。二是顺利完成了全国普通高考的组织工作。为保证高考的顺利实施，县委、县政府多次召开协调会议，教育局考前两次组织培训会，严肃考风考纪。各高中积极做好考前各项准备工作，加强学生的诚信考试教育，使高考顺利进行。完成了高考考生及中职升高职考生的网上报名、网上缴费、报名资格审核及信息采集、确认等工作。2018年，全县普通高考报名总人数为3208人，高职院校单招录取368人，参加普通高校考试的考生数为2840人。其中，报考文史一类的考生669人，文史双语考生232人，报考理工一类考生1327人，理工双语考生612人。2018年，高考成绩实现历史突破，其中全县超600分130人，10人考入清华北大，一高中孙佳琦同学以711分获得辽宁省理科第一名，一高中杜赛楠同学以658分获得省文科第二名、朝阳市文科第一名，在朝阳市处于领先位置。同时，在高考前期，相继完成了196名艺术类考生和95名体育类考生的专业课加试的组织实施工作、3208名普通考生体检工作、280名教育部农村专项计划考生的报名资格审核工作（认定273人合格）、1839名考生的外语口语加试的组织实施工作。完成了418名成人考试报名资格的审核及网上信息采集等工作。整个高考过程实现了“公正、公平，安全平稳”的目标。

【民族教育】 民族教育稳步推进。一是继续深入贯彻落实民族教育政策，对落实《喀左县教育局关于加快发展民族教育和民族团结教育的实施意见》文件做了安排。二是深入基层学校听课、导课，开展教学研究。并评选了蒙古语文、民族团结教育学科优秀课21节。三是组织参与了河北省蒙高中与县蒙高中、建昌县蒙高中缔结“手拉手”协作学校签约活动。四是启动全县蒙语文青年教师培训工程，先后召开2次教学研讨会；培训马头琴教师200人次，蒙语文书法培训500人次；组织170名小学民教主任及教师参加了小学蒙古语文教师教材教法培训、省汉语文作文培养课题开题培训；12名民族学校副校长、主任参加了省教育厅组织的辽宁省双语学校管理者培训；12名幼儿园教师参加了辽宁省基教中心在阜新组织的幼儿园教师培训；全年有7人获得朝阳市“蒙语文骨干教师”称号。五是组织参加了辽宁省蒙语文教师（从学前到高中全学段蒙文教师）基本功大赛、县庆蒙文书法展和八省区蒙语文书法展、朝阳市中学生听写大赛、市校园文化艺术展演、辽宁省第九届民运会等活动，并取得优异成绩。其中在辽宁省第九届民运会上喀左县选手取得了2金4银8铜的优异成绩；在朝阳市中学生听写大赛中，四初中获初中组团体第一名，蒙高中获高中组团体第二名，教育局获最佳组织奖；在省汉语文教师素养大赛中，五小学武兵获小学组第一名，一高中孟凡颖获高中组第二名；11月16日成功举办了全县小学生蒙语文讲故事比赛，评出一等奖2名，二等奖4名，三等奖6名，优秀奖11名。六是顺利通过了辽宁省教育厅、省民宗局和省教育督导室开展的辽宁省少数民族教育专项督导检查，并受到好评。七是蒙高中被省教育厅评为“辽宁省少数民族双语教师研训基地”，南哨中心小学被评为朝阳市民族团结教育示范校，推荐南公营子蒙古族九年一贯制学校为辽宁省民族团结教育示范基地。八是教育局组建了民教活动室。九是对全县民族团结及民族教育工作进行了调研，为下一步民族教育工作积极向上发展奠定了基础。

【素质教育】 提升德育工作实效。加强了对德育资源的梳理与整合，探索中小学德育一体化工作思路，有效衔接中小学德育体系。强化传统文化教育，推进全县国学教育发展，大力开展国学经典诵读，汉字书写，打造书香校园。做细、做实“三爱三节”教育实践活动。扎实推进社会主义核心价值观教育进校园活动，做好未成年人思想道德实践活动。开展读书征文、志愿者服务、文明礼仪等活动，助力喀左县文明城市创建，结合重要时间节点开展了“我的中国梦”主题教育实践活动。联合县关工委到13所学校做“学雷锋 让雷锋精神扎根校园”专题报告会，师生参与人数达8000余人。在镇内五所小学开展了“五爱”主题教育活动，组织了“书香五爱导航程 书香伴我行”宣讲活动，参与人数达5000余人。开展了“传承红色基因 做时代新人”专题报告活动。邀请朝阳市家庭教育巡讲团到蒙小学和五小学做公益巡讲，家长受益面达1500人。

进一步深化了中小学生养成教育。全县各学校以《中小学生守则》为抓手，继续坚持“低起点严要求，小步子快节奏，多活动求变化，快反馈勤矫正”的工作思路，突出抓小、抓细、抓实。突出活动育人，养成“六好”习惯，培养合格现代公民。学生从小处、细处理解做人的道理，逐步摆脱了不良习惯，呈现出自信、乐观、有礼貌的良好形象。

加强社团建设，丰富学生文体生活。各学校结合本校实际，开齐开足音体美和心理健康等课程，深入开展了“阳光体育”运动。强化学生社团的管理和指导，规范中小学生课外文体社团的建设、组织和管理，提升了社团育人的实效性，促进了学生全面发展。组织了全县中小学生参加第十九届中小学生电脑制作大赛、辽宁省2018年中小学师生书法篆刻展示交流活动、辽宁省第七届“华育杯”中小学生好作文网络征集展评活动、2018年朝阳市中小学校园心理剧展评活动、推荐100名中小学生参加辽宁省教育厅办公室开展的最美孝心少年大型公益活动。组织了全县中小学生“红旗飘飘 引我成长”主题演讲比赛，县二中、蒙初中、中三家小学、第五小学获得中学和小学组第一名，并代表全县参加市里比赛。召开了喀左县中小学生田径运动会，组织开展了喀左县“初中生篮球赛”“中小学生乒乓球比赛”。举办了喀左县中小学幼儿园校园文化艺术节。参加了朝阳市高中生运动会，四高中荣获团体总分第一名。组织参加了朝阳市高中组“三好杯”篮球赛，县蒙高中荣获重点高中组第一名，四高中获得普通高中第三名。在辽宁省第十三届全运会上，喀左县第四高中8名运动员代表朝阳市参赛，荣获3枚金牌、1枚银牌、3枚铜牌的好成绩。三高中、甘招镇中心小学、老爷庙镇中心小学顺利通过2018年全国校园足球特色学校的审核。开展了2017—2018年度省级三好学生、优秀团员、优秀学生干部和优秀团干部评选活动。

组织县城五所小学1400多名五年级师生参加了素质教育实践活动。

组织学生体质健康检查工作。对县城内14所学校学生进行了身体健康体检；对全县初一、高一共6689名学生进行了结核防疫菌素注射；教育局会同市场监督管理局和卫生监督局分别于3月和9月对全县34所学校（园）43个学生食堂进行了两次督导检查，确保了学校食堂食品安全，保障了广大师生的身心健康。

加强心理健康教育。按照教育部《中小学健康教育指导纲要》，进一步加强了学校健康教育工作。通过开展心理咨询、心理调查、心理健康课、学科教学、班团队会、升旗仪式、专题讲座、板报宣传等方式，进一步培养了学生的健康意识与公共卫生意识，掌握了健康知识和技能，促进了学生养成健康的行为习惯和生活方式。

【职业教育与成人教育】 职业教育进一步加强。一是专业结构进一步优化。根据喀左县经济社会发展需求和生源、师资、就业等实际，确定并全力打造紫砂陶艺、学前教育、信息技术、汽车工程、加工制造五个骨干专业，其中，学前教育、汽车工程专业具备了省级示范专业标准，紫砂陶艺专业成为喀左紫砂产业园区技术人才培训基地，数控、机电技术、电子商务专业规模不断扩大。二是召开了职专招生推进会议，明确了具体的招生和管理办法，全年招生538人。培养全日制职业中专毕业生415人。三是培训社会实践教师100人，组织县职教中心培训“普惠制”“阳光工程”及设施农业技术人员3000余人次。组织并完成了贫困家庭劳动力技能培训500人的任务。四是2017年国家开放大学铸造学院铸造专业落户职教中心，同年招生43人，2019年毕业。在朝阳市第八届中等职业学校技能大赛上，取得了好成绩。其中教师获二等奖2人，学生获一等奖1人、二等奖2人、三等奖4人、优秀奖4人。县职教中心获优秀组织奖。

【民办教育】 民办教育进一步规范。组织有关人员对无证违法办学机构进行了排查，清理无证办学机构22所，其中4所具有办学条件的机构补办了办学许可证，18所不具备条件的办学机构被查封取缔。取消了2所违法违规办学机构的办学许可证。召开了全县职业与民办教育工作会议，表彰了15所民办教育工作先进集体。

【依法治教】 一是推进依法治校进程。认真贯彻义务教育法和《国家中长期教育改革和发展纲要》，加大了教育执法力度，增强了依法治教、依法治校的意识。积极开展政务和校务公开，结合“政务公开日”活动，组织部分学校走上街头，向群众进行了教育法律、法规、学校管理等方面的宣传，人民群众对教育的满意度不断提高。二是加强学校的财务监管和各类投诉案件处理工作，确保了学校规范运行，有序发展。为加强中小学财务管理工作，规范学校财务行为，计财股对各教育阶段学校财务进行了审计，并将发现的财务问题及时与学校进行了沟通。通过对财务审计工作的开展，各学校对财务管理工作引起了高度重视，多数学校账簿清晰，记账准确无误，无违规违纪行为；全年接到省政府民心网和县信访局、县纪委监委、县政法委等各级领导批转案件共64件次，办结63件次，群众满意率100%。三是修订了2018年初中升学招生方案，进一步规范招生行为。按照辽宁省教育厅和朝阳市教育局《关于做好2018年中小学招生工作和初中毕业升学考试的通知》的有关要求，结合全县教育工作实际，重新修订了初中升学招生方案，进一步满足了广大学生和家长的意愿。全县五所高中严格按照新修订的招生方案规范招生，整个招生录取过程完全公开、公正、透明，中考成绩和中考名次向社会公开，录取工作严格按照中考成绩和名次录取。教育局进一步做好监督管理，严禁违规招生行为发生，切实保证了教育公平、公正、协调均衡。

【党建工作】 全系统以“党建引领促教育、教书育人当先锋”为载体，以落实党建工作责任制为抓手，运用“党建+”思维统筹推进党的思想、组织、作风、反腐倡廉和制度建设，为办人民满意教育提供坚强的政治保证。一年来，认真学习贯彻落实中共十九大精神、习近平新时代中国特色社会主义思想和中共喀左县第十四届二次党代会的决议、决定，坚持把党的路线、方针、政策落到实处。继续抓好“两学一做”学习教育，落实好“三会一课”制度。2018年，局党委理论学习中心组集中学习8次，局机关党支部集中整治学习24次，党员自学24次以上。各基层学校党组织也都按照要求，认真开展了政治学习。先后组织了以“新时代、新思想、新作为”等为主题的专题研讨4次，“认真履行全面从严治党主体责任切实加强党风廉政建设”专题民主生活会2次。开展了以“捐资助学”“家访日”“一对一帮扶”等为主题的党日活动。严格按照换届选举程序完成了84个党组织的换届选举工作。开展了在职党员进社区活动2次。各学校均配备了1—2名专（兼）职党务工作人员，负责党建工作的具体开展，做好活动记录，保存好影像资料等实现党建工作痕迹化管理。2018年6月，完成了全县中小学党组织关系调整工作，全县21个乡镇的22所中小学的党组织关系调整到教育局党委，教育局党委由1200余名党员增加到1900余名，局党委积极探索新形势下党员管理模式，开展了教师党员实施分类管理工作。组织了党支部（总支）书记专题培训，强化党建第一责任人职责，推动党建各项工作的落实。召开了2018年全县教育系统党风廉政建设会议，坚定不移地落实了“两个责任”，认真履行了“一岗双责”，进一步完善了“一把手”亲自抓、分管领导具体抓的领导体制和工作机制，形成了一级抓一级、一级对一级负责、一层一层抓落实的责任体系。全系统党员领导干部认真遵守《中国共产党廉洁自律准则》，自觉遵守廉洁从政规定和中央八项规定，严格执行财经制度和纪律，规范管理人事、招生、工程招标、教辅资料征订等事项，对教育三乱、教师责任心不强等师德师风问题进行了有效治理，全县教育环境风清气正。

【教育督导】 客观公正地做好2018年度教育评估结果的汇总工作，优胜单位在年初教育工作会议上予以表彰。做好2019年度教育评估方案的修订工作，会同普教股、人事股、体卫艺股、招生办、职教股，对2019年的教育评估方案进行了修改，经局党委会和局务会讨论通过后下发到各学校。全面实施素质教育，深入全县中小学及职教中心指导工作。完成学期初开学工作督导检查。完成县政府对乡镇政府教育工作的考评工作。

【义务教育发展基本均衡县创建工作】 3月28日，以辽宁省教育厅督导处（评估处）处长王长勤为组长的县域义务教育均衡发展工作督导复查评估组在市政府教育督导室主任李淑惠的陪同下，对喀左县义务教育发展基本均衡县国检反馈意见整改情况进行督导复查。省督导复查组听取了喀左县关于义务教育均衡发展整改工作进展情况汇报，深入公营子初中、公营子中心小学、县第三小学、县第三初中进行了实地检查，督导复查组组长王长勤对喀左县整改工作给予充分肯定，并对县区域内教育资源规划布局、城乡一体化发展、标准化学校建设，教师队伍建设等方面提出了具体意见和建议。刘县长表示喀左县深刻领会，认真贯彻落实省督导组的指导意见，狠抓整改落实，补齐教育工作短板，持续巩固、扩大义务教育均衡发展成果，力争义务教育在“基本均衡”的基础上加速向“优质均衡”迈进。同时，按照2017年教育部依据国务院督导委员会办公室印发的关于《幼儿园办园行为督导评估办法》，全县144所幼儿园全部完成了系统自评工作。10月完成了县级督评和市级复评工作。

【基础建设】 校舍建设项目有序推进。一是完成了2018年第一批26所学校600万元的校舍维修改造项目，并于10月底前验收完毕。二是2018年第二批34所学校400万元的校舍维修改造项目已完成26所，其他8所学校项目将于明年5月中旬完工。三是基本完成了2018年薄弱学校改造项目。2018年，薄弱学校改造项目共计6个，总建筑面积5080平方米，投资865万元。其中，4个厕所项目及草场东汤小学教室已经竣工验收，并投入使用。山嘴子中心小学食堂项目已经完工，并投入使用，教学楼项目主体已经完工。四是三个教育现代化推进工程逐步推进，总建筑面积22250平方米，运动场地建设17600平方米，总投资5300万元。其中，喀左一中教学综合楼建筑面积为16850平方米，投资3750万元，已开工建设。公营子初中综合楼建筑面积3000平方米，运动场建筑面积9600平方米，投资830万元，已开工建设。草场中心小学教学楼建筑面积2400平方米，运动场建筑面积8000平方米，投资720万元，桩基工程已经结束。

设施设备不断改善。一是完成了2017年全面改造薄弱学校第一批86万元和第三批1553万元的设施设备安装、调试、培训工作，完成了南公营子蒙古族九年一贯制学校、官大海九年一贯制学校、公营子初中的数字化地理教室安装调试工作。至此，全县所有初中数字地理教室配备工作全面完成。二是完成高考监控、屏蔽设备维修维护7.1万元招标采购安装工作，完成标准化考场改造18万元设备采购安装工作，完成7个教学点“班班通”25.5万元设备招标采购安装工作。与县联通公司协调对全县72所学校进行教育专网改造。三是完成教育精准扶贫相关工作，对扶贫相关学校调拨计算机、多媒体等教育信息化设备55件套。四是投资35万元完成教育局网络中心建设。全县各校现代化教育装备水平和教师现代化教育教学能力进一步提升。

【脱贫攻坚】 扎实开展贫困家庭学生扶贫工作。一是强化精准识别。对全县建档立卡学生精准识别，全县建档立卡贫困户在校学生（在园儿童）动态调整为2896人。其中学前201人，小学1286人，初中779人，高中538人，中职学校92人。重新梳理了建档立卡贫困户学生档案，按照“年度、教育阶段将建档立卡贫困户家庭学生单独建档，一生一档，学生资助实际工作与纸质档案和电子档案相互统一、同步建立、建档立卡贫困户学生档案资料齐全”的要求，全部完成了建档工作。二是制定了教育扶贫12条举措，保证了对全县建档立卡贫困户家庭学生就学实行全免费、贫困村学校办学条件改善全覆盖、中职建档立卡户家庭学生全就业。三是精准资助。发放春季各类补助资金329.33万元，其中：高中助学金129.4万元，资助学生1294人，免学费资金26.49万元，减免学费学生488人。职业高中免学费资金137.1万元，减免学费学生1371人，中职助学金资金9.7万元，资助学生97人。学前助学金资金26.64万元，资助幼儿444人。为2579名大学生办理生源地助学贷款1575万元。2018年秋季学期开始，全县2896名建档立卡学生享受免费就读资金719万元。

积极配合利州扶贫发展服务中心开展扶贫助学工作。2018年，利州扶贫发展服务中心为老爷庙中心小学捐赠图书3000册，价值金额6万元；发放春季、秋季助学金40万元；实施了为卧虎沟中心小学等5所学校共1727名学生提供每天“一颗鸡蛋”加餐项目，价值金额22.6万元；为大营子乡中心小学等九所小学的60名贫困孩子捐助爱心午餐资金3.78万元；为坤都中心小学等8所学校捐赠音乐教室设备80万元，为蒙小学等11所小学捐赠净水设备20台80万元；启动儿童洗手计划项目，为老爷庙中心小学等13所学校捐赠110台洗手台16.5万元。截至年底，利州扶贫发展服务中心为全县各学校共捐赠设备等资金共249万元。朝阳金达集团为喀左40名考上一本大学学生发放16.3万元的励志奖学金。

【驻村帮扶工作】 教育局驻村扶贫工作队继续开展对老爷庙镇杨树底下村的帮扶工作。一是协助村党支部发展杨树底下村林果经济。二是继续改善杨树底下村小学办学条件。在2017年为杨树底下村投资27.7万元进行改善办学条件的基础上，2018年，联系壹基金为杨树底下村小学学前班投入3000元桌椅。三是教育局全体机关干部与老爷庙杨树底下村33户贫困户全部进行对接，并多次深入帮扶对象家中了解生活生产情况，为帮扶对象提高家庭经济收入出谋划策，出资帮助帮扶对象解决生产生活中的困难问题。

【教师队伍建设】 加强教师队伍建设。利用2017—2018年寒假期间，对全县中小学、幼儿园教师进行了全员培训；确定市级“十三五”第二批骨干教师148人。其中小学71人，初中40人，高中37人；推荐朝阳市中小学德育名师23名，其中4人确定为市级德育名师培养对象；举办教师培训班27个，参加培训4559人，乡村教师培训班27个，参加培训2558人。组织中小学教师参加国培2人，省培92人，市培532人；组织“十三五”县级骨干教师第一期班（学前、小学教师），参培教师489人；组织85人参加了朝阳市首期特岗教师和中青年骨干教师培训；2018年1月，从农村小学为县城小学选拔教师22人；2018年5月，从全县初中、小学为县职教中心选拔教师12人；招考特岗教师96人，其中农村小学85名，农村初中5名，素质教育实践学校6名。并组织了24学时的岗前培训，全部到岗；为高中招考教师19名；对2014年以前未聘任的高级教师和2017年评审通过的高级教师和一级教师全部聘任并兑现工资。完成校长和教师交流工作，喀左县符合交流条件的教师共312人，交流57人，交流校长4人，完成要求的各项交流指标。开展名师工作室建设，组织送教下乡，名师工作室引领示范作用凸显。尤其是马晓飞、姚立军两个名师工作室具有品牌和示范意义。

加强干部队伍建设。2018年，调整、选拔任用学校中层以上干部57人；举办校长培训班3次，参加培训159人；选拔3名学校中层干部参加辽宁省“加强师德师风建设做新时代党和人民满意的好老师”网络培训；根据辽宁省教育厅关于选拔拔尖人才的通知精神，喀左县选拔3名省级专家型校长、3名省骨干校长、3名省名师、3名省学科带头人、7名省骨干教师上报省里参加评选；选派3名专职书记参加了全市中小学党组织书记域外高级研修班学习；组织中小学校长31人参加凌源“名校长工程”专题培训；组织中小学“校长论坛”，撰写文章38篇，参加市级论坛获二等奖2人，三等奖2人；组织县域内校长培训实地考察（第四小学），郭子岩校长做了“特色学校建设理论与实践”专题培训。

教科研工作成效显著。在全县中小学幼儿园全面启动“鸿基工程”，开启了全县中小学科科搞科研、人人搞科研的新局面。2018年，师校研训员听课1860多节，组织教学研讨会、经验交流会39次以上；在一师一优课活动中，上传课例总数、课堂实录总数均居全市第一，共获部级优秀课4节、省级优秀课18节，其中喀左县小学音乐欣赏教学《聆听环境的构建》于2018年11月5日在国家教育资源公共平台在线直播；在朝阳市中小学教师素质提升工程大赛中，喀左县274名参赛教师，24名教师获一等奖，56名教师获二等奖，79名教师获三等奖。小学组荣获了全市团体一等奖；在朝阳市中小学班主任素质提升大赛中，喀左县48名参赛教师中2人获一等奖，4人获二等奖，8人获三等奖。初中组和一高中分别获团体二等奖。小学语文、英语、音乐学科首次在全省教师基本功大赛中获得第一名的好成绩；在全省“大美辽宁”写生活动中，全市共有10人获得一等奖，其中喀左县独占4人。成功承办了1次辽宁省学前教育生活活动现场教研会、2次朝阳市学前教育现场会、1次小学数学沉浸式教研阶段性总结观摩会。完成了全县实验教学说课活动，共55名教师参加比赛，评出16件优秀作品参加市实验说课比赛，取得一等奖7名，二等奖7名，三等奖2名。同时，参加省教育厅举办的比赛，获得一等奖3名，二等奖3名，三等奖2名。三小学李海宽老师代表辽宁省参加第六届全国中小学实验教学说课活动获得国家银奖，同时获得“实验教学能手”称号。

组织推荐了18名优秀教育工作者、师德标兵、优秀教师参加市政府教师节表彰；完成县委、县政府第34个教师节表彰安排的各项工作，表彰名校长10人，优秀教师60人，优秀教育工作者20人，师德标兵10人，共100人。

【安全工作】 牢固树立“安全不保何谈教育”的思想观念，时刻绷紧安全之弦，认真细致做好学校安全工作。一是认真部署督导检查学校安全工作。及时收发制发文件通知，不定期组织召开安全工作会议，传达上级指示精神，认真部署学校安全工作。收发制发处理文件 38 份，组织进行综合性检查 4 次。针对消防、交通、校车及扫黑除恶等专项检查 5 次。2018 年，共排查一般事故隐患 85 处，整改 82 处，未整改的也都做了整改计划，累计投入整改资金 85.98 万元。认真做好安全月报工作。及时处理临时性和偶发性安全问题，认真接待化解涉及学校安全矛盾纠纷事件，处理学校及家长、校车纠纷 8 人次。二是全面开展校园安全教育、整治活动。根据省市县安全生产电视电话会议精神，全面推进安全生产“七进”活动，制定了《喀左县教育系统安全生产“进校园”活动实施方案》和《喀左县教育系统安全生产月实施方案》，积极开展校园专项治理行动，各校通过悬挂宣传条幅、标语、观看《生命不能重来》《应急 30 秒》等视频教育学生珍惜生命，远离危险。2018 年教育局安全股 2 次安全宣传活动走上街头，设立安全咨询台，发放安全宣传单等宣传资料千余份。联系配合消防、交警等到校开展消防、交通安全知识以及法制讲座 20 余场。通过与公安合作，解决全县重点学校门前防护栏 246 个，学校门前监控点位已全部同公安联网。同时，认真组织学校开展“一月一主题”安全教育活动，全县教育系统开展应急演练共 416 次，学生通过演练掌握了必要的应急避险知识和逃生自救能力。全县有 4 所学校获得了市县级防灾减灾科普示范校。结合“6・26”第 31 个世界禁毒日认真开展禁毒教育，并优选 4 个初中生录制了禁毒演讲视频，参加了省市禁毒宣传教育演讲比赛，1 人获评市优秀禁毒工作者，3 人获评禁毒工作优秀辅导员。对夏季安全和汛期工作进行了严密部署和检查，通过各种平台和“给家长的一封信”等形式对学生加强安全教育，确保学生生命安全。全面开展了普法教育，公安、司法等部门走进校园，特别是蒙高中举行的法制副校长聘请仪式，聘请法制副校长进校宣讲。加大对学生遵规守纪、遵纪守法、交通安全、卫生防疫安全等方面的教育，向全体师生大力宣传安全防范知识。全县学校安全形势和谐稳定。

【荣　誉】 2018 年，教育局获得了“全国义务教育发展基本均衡县”“喀左县绩效考评工作红旗单位”“喀左县五星级党支部”“喀左县食品安全工作先进单位”“喀左县关心下一代工作先进集体”“喀左县行业扶贫先进集体”“喀左县 2018 年职工乒乓球比赛女子团体亚军”“朝阳市青少年科技创新大赛优秀组织单位”“朝阳市中小学生‘红旗飘飘引我成长’主题教育读书活动先进集体”、喀左县“先进党委”、辽宁省第七届蒙古语文教师基本功大赛“最佳组织奖”等荣誉称号。

（王树光）

关心下一代工作

【学习贯彻党的十九大精神】 年初以来，按照市关工委的部署，把学习贯彻中共十九大精神，当作当前和今后一个时期各级关工委组织和广大“五老”人员的首要政治任务和头等大事来抓，确保中共十九大精神在全县关心下一代工作中落地见效。

坚持关工委领导班子带头学。全县各级关工委领导班子，采取多种形式，深入学习领会中共十九大精神和习近平总书记关于关心下一代工作的重要论述、重要指示，提高政治站位，牢固树立“四个意识”，切实增强“四个自信”，坚决维护习近平总书记的核心地位，坚决维护党中央的权威和集中统一领导。把思想和行动统一到党中央的要求上来，统一到市关工委的工作部署上来；深刻领会习近平新时代中国特色社会主义思想的精神实质和丰富内涵；深刻领会中共十九大对关心下一代工作的新要求。坚持服务青少年的正确方向，时刻牢记关工委组织的初心和使命，推动关心下一代工作实现新发展。

组织“五老”骨干集中学。县关工委于4月25日，在县委党校三楼会议室举办了学习贯彻中共十九大精神和习近平总书记“8·25”重要指示培训班。县关工委全体驻会成员，24个乡镇、街区、10个县直单位的关工委常务副主任、报告团团长，县城14所学校关工委常务副主任，利州、大城子、南哨三个街道的村（社区）关工委常务副主任及县关工委6个团的团长、副团长，共120多人参加了培训学习。培训班上，聘请县委党校讲师于捷为参培人员作了题为《砥砺前行，开启新征程》的辅导报告，全体参培人员加深了对十九大精神和习近平“8·25”重要指示的理解，为基层关工委学习贯彻中共十九大精神培训了骨干。

组织广大“五老”普遍学。县关工委培训班后，各乡镇、街区关工委面向本辖区关工委组织和“五老”人员认真宣讲十九大精神，举办各类专题培训班49批次，参培人数2900多人。通过培训，广大“五老”人员深受启发和教育，进一步统一了思想，坚定了信心，激发了工作热情。

理论联系实际，认真解决突出问题。通过学习十九大精神和习近平总书记“8·25”重要指示统一了广大“五老”思想，解决了部分关工委负责人工作不主动、不作为、不扎实的问题，进一步坚定了做好关工委工作的决心和信心。普遍增强了五个意识：一是适应新时代关心下一代工作的新形势、新要求，进一步增强了工作责任意识；二是充分认识“五老”人员的作用和优势，明确关心下一代工作的主体力量，进一步增强了“五老”主体意识；三是坚持实践观点，进一步增强了活动载体意识；四是进一步增强了协调配合意识；五是坚持党的领导，依靠党的领导，进一步增强了争取领导意识。

【青少年思想道德建设】 2018年，县关工委按照中省市关工委的部署，把以传承红色基因、争做时代新人为重点的主题教育活动作为全县关心下一代工作的核心任务和灵魂工程、基础工程、生命工程来抓，取得了明显成效。

精心安排，搞好宣传发动，营造声势和氛围。在3月23日召开的全县关心下一代工作会议上，县关工委对加强青少年思想道德建设，深入开展“双学”（学雷锋、学郭明义）、“双创”（创建共青团“英雄团队”、少先队“英雄中队”）、“两史”（党史、国史）、“三家”（家庭家教家风）、“五爱”（爱祖国、爱人民、爱劳动、爱科学、爱社会主义）系列主题教育活动做出了明确部署，并以计划列表的形式把相关活动内容分解到有关月，明确了责任领导和责任人员。市关工委〔2018〕7号《关于深入开展“传承红色基因、争做时代新人”主题教育活动的通知》下发后，县关工委及时召开专题会议，学习、领会通知精神，研究贯彻落实措施，下发了县关工委〔2018〕6号文件，将上级关工委文件精神迅速传达到基层，并对全县“传承红色基因、争做时代新人”的主题教育活动做出了安排和部署，要求基层关工委把“传承红色基因、争做时代新人”主题教育活动贯穿于青少年思想道德建设的全过程。

坚持以教育为重点，学校为主战场，积极开展了以“传承红色基因、争做时代新人”为重点的主题教育活动。教育系统各级关工委从中、小学生青少年实际出发，认真制订活动计划、实施方案、路线图、时间表。坚持以学雷锋纪念日、“五一”“五四”“六一”“七一”、抗战胜利纪念日等重要纪念日和重大节日为节点，通过召开主题校会、班会、团队会、座谈会、国旗下讲话、校园广播、张贴标语、办墙报板报、图片展览、征文评选、读红书、唱红歌、看红色电影、讲红色故事、中小学生“红旗飘飘，引我成长”演讲活动、全国五好小公民读书活动、“诵读经典美文，弘扬民族精神”“五爱导航程，书香伴我行”“凝聚中国梦，传承民族魂”“墨香书法展”等内容丰富多彩、形式多种多样的传承红色基因，争做时代新人和“双学”“双创”“两史”“三家”“五爱”等系列主题教育活动。活动中，各级关工委共开展五老宣讲活动40场次，举办了“传承红色基因、争做时代新人”等各类启动仪式24场次，参观革命遗迹25次，举办夏令营和社会实践活动33次，收到主题征文7548篇。3万多名中小学生在潜移默化的主题教育活动中，对红色基因内化于心、外化于行，激励他们树立了远大理想，励志听党话、跟党走，做德智体美劳全面发展的时代新人。

搜集红色资源，建立红色教育基地。全县共建立乌兰山烈士纪念塔、东山烈士陵园、甘招镇醒世碑、平房子镇山弯村、九佛堂村辽沈战役牺牲烈士墓、南公营子镇李崑山抗日英雄烈士墓、县博物馆等红色资源15处，建立校园红色文化走廊40多处，利用这些红色资源，深入开展爱国主义教育，教育引导青少年当好红色基因的传承者、实践者，听党话、跟党走，立志担当民族复兴大任。南公营子九年一贯制学校利用校园内现存的古建筑（普宁寺）创建了传承红色基因争做时代新人教育基地，基地内设置5个展览馆，即抗日战争纪念馆、喀左历史展览馆、蒙古族民俗展览馆、校史展览馆和东仓书画苑。在喀左抗日战争纪念馆内展出的东北抗日英雄、辽宁抗日英雄、朝阳抗日英雄和喀左抗日英雄乃至南公营子的抗日英雄，教育学生时刻不忘当年日本帝国主义对家乡的侵略罪行，牢记喀左县各族人民团结一致，抗击侵华日军的光荣历史，增强了师生民族团结进步意识，培养了学生爱祖国、爱人民、爱劳动、爱科学、爱社会主义情感，坚定了青少年传承红色基因，争做时代新人的理想信念。

认真开展了“传承红色基因、争做时代新人”主题教育主场宣讲活动。从7月5日开始，县关工委责成一名领导带领县关工委“五老”宣讲教育报告团相继深入到南公营子镇九年一贯制学校、管大海九年一贯制学校、老爷庙镇中心小学、甘招镇中心小学四所学校开展了四次有声势、有规模、有影响的“传承红色基因、争做时代新人”主题教育主场活动报告会。县委宣传部原副部长、县委党史办原副主任、县关工委宣讲团副团长毛立志分别为这四所学校的中、小学生作了题为《传承红色基因，向着中国梦奋进》主场宣讲报告。毛立志在报告中，从“什么是红色基因”“为什么要传承红色基因”“怎样传承红色基因”三个方面阐述了红色基因的深刻内涵和深远意义，以及要传承的红色基因具体内容和基本方法。

县关工委“五老”宣传教育报告团充分发挥作用，在学雷锋、继承革命传统主题教育活动中开展了大型宣讲活动。4月3日，县关工委协同县第二初级中学关工委、团委在喀左县爱国主义教育基地——乌兰山革命烈士纪念碑前举行了纪念革命先烈活动。二中共青团员代表、少先队员代表、教师代表共200余人参加了活动。此次清明节纪念活动，使广大青年学生心灵和思想上受到了一次深刻的革命传统教育和爱国主义教育，进一步引导和激发了青少年热爱祖国、热爱人民、热爱中国共产党的情感，增强了同学们励志好好学习，不负先烈和祖国的厚望，弘扬民族精神，争当时代新人，圆我中华民族伟大复兴的中国梦的坚定信念。4月16日，县关工委宣教团在喀左五小举行了学雷锋主题教育报告会。该校三年级组400多师生听取了县一中退休教师、县关工委宣讲团成员史书卿老师“让雷锋精神扎根校园”的宣讲报告。报告中，史老师结合当前国际国内形势和自己的亲身经历给学生讲解了当代雷锋精神的实质，诠释了雷锋精神的内涵。并启发同学们学雷锋要从小做起、从身边做起、从点点滴滴做起。400多名师生听取报告后深受启发和鼓舞，纷纷表示，要争做新时代雷锋式的好少年，让雷锋精神扎根校园，代代流传。

积极开展法制教育，努力增强青少年学生

法治意识。一是充分发挥课堂教育的主渠道作用，对学生进行法制宣传教育。利用“思想政治”“品德与社会”“道德与法治”等课程，对学生直接进行法律法规的教育；通过文学作品塑造的生动形象，感染学生，对学生进行法制宣传教育；通过历史、体育与健康等课程渗透思想品德和法制教育。二是组织同学们观看直观的图像，听取生动的讲解，再经过教师的引导，学到了在书本上和生活中无法学到的知识，拓宽了学生视野，提高了他们的法律素养。三是举办普法活动，全县有五老法治副校长23人，帮教青少年335人，开展普法活动36场，举行《中华人民共和国未成年人保护法》《中华人民共和国预防未成年人犯罪法》等法制知识讲座，受教育人数达万人以上，使青少年学生普遍增强了学法、懂法、守法意识，对预防青少年犯罪起到了积极的作用。

【“五老”帮青致富活动】 开展“五老”帮青致富活动对于助力实施脱贫攻坚战略和乡村振兴战略具有重要意义。2018年，按照市关工委的部署，在认真总结前五年“五老”帮青致富活动的基础上，把“五老”帮青致富活动作为农村关心下一代工作的重中之重和主要品牌项目进行安排和部署，以更大的决心和力度，加以实施和推进。

大力加强“五老”帮扶团组织建设，做实帮扶人和帮扶对象。全县组建“五老”帮扶团组织233个，其中，县级3个，乡镇、街区24个，村级206个。动员1766名“五老”参加了新一轮“五老”帮青致富活动，共帮扶返乡青年2085名。其中，参加接续帮扶“五老”1119名，接续帮扶返乡青年1412名；有647名“五老”新结对帮扶返乡青年673名。

明确帮扶方式、帮扶内容和帮扶目标。在帮扶方式上，一方面，组织“五老”人员对返乡青年实行一对一、一对多、多对一的结对帮扶方式，积极开展产业帮扶、劳务帮扶、智力帮扶、保障性帮扶，大力支持返乡青年走上适合自身优势的就业创业之路。另一方面，注重通过“五老”创办领办或帮助返乡青年创办领办新型农村经营主体，充分利用各种专业合作社、专业联合体、就业培训基地等多种形式，容纳、吸引和带动更多返乡青年就业创业。在帮扶内容上，确定了“帮立志”“帮出谋”“帮技术”“帮信息”“帮立项”五个方面的帮扶内容。在帮扶目标上，做到“五确定”，即确定帮扶主体、确定帮扶对象、确定帮扶计划、确定帮扶措施、确定帮扶项目。在项目实施中，对重点人、重点项目，县乡、村联动支持，协同作战，形成合力。

加强培训，强化科技支撑。注重发挥县关工委三个行业“五老”科技帮扶团的专业技术优势，对返乡青年大力开展科技培训和产业帮扶。年内，县关工委三个行业“五老”科技帮扶团深入乡镇、村组举办养殖、种植、果业科技培训班60多班次，参训返乡青年人员2280多人次，深入基层现场指导200多人次，利用微信、微博、网站、手机开展技术咨询，答疑解难1500多人次，为返乡青年就业创业提供了强有力的技术支撑。

加强领导，建立工作协调机制和推进机制。坚持一级抓一级，一级做给一级看，一级带领一级干。县关工委领导注重检查、督促、调研、指导，经常深入基层、深入现场，抓重点乡镇、重点项目，咬住目标不放松，帮助解决实际问题和具体困难，定期分析和总结工作，做到具体抓、经常抓、坚持不懈抓。工作中既注意发挥“五老”个人的积极性，又注重积极争取妇联、财政、农业农经、劳动就业、扶贫开发等相关部门的支持、帮助和配合，经常同这些部门沟通情况，了解相关信息，取得支持，协调关系，从而建立了相对稳定的工作协调机制。县关工委于10月10日召开了67人参加的新一轮农村“帮青致富”工作经验交流会。会上有6个“五老”帮扶团集体典型、11名“五老”帮扶典型和10名返乡青年创业典型共27个典型作了经验介绍。此次会议收到了相互学习，交流经验，取长补短，共同提高的效果，对全县帮青致富工作中向深层次发展起到了再鼓劲、再发动、再推进的作用。

坚持标准，实行规范化、动态化管理。从组织建设、结对情况、帮扶内容到实际成果，形成完整的档案资料。县、乡镇、街区逐步建立健全了四个帮青致富工作信息库，即帮扶主体信息库、已经帮扶的返乡青年信息库、正在帮扶的返乡青年信息库、计划帮扶返乡青年信息库。

坚持不懈抓典型，用典型推动面上工作。县乡两级关工委在典型培育上持续开展“四个一”“五个二”活动，使帮青致富活动的老典型不断升华，新典型不断涌现，推动了帮青致富活动蓬勃开展。涌现出县关工委畜牧“五老”科技帮扶团团长孙井元帮助草场乡郭彩店村二组返乡青年霍东阁创办“原生态养鸡场”项目、公营子镇公营子村常务副主任庞伯伦帮返乡青年牛海舰创办“喀左县鑫兴蔬菜产销专业合作社”、县经济开发区协同朝阳飞马集团关工委创办的返乡青年“就业基地”集团式帮扶项目等诸多先进典型事迹。

【关爱帮扶青少年工作】 坚持围绕中心，服务大局的工作方针，主动把关工委帮贫解困工作融入到县委县政府精准扶贫、精准脱贫工作大局当中，把关爱帮扶青少年作为落实中共十九大精神的重要举措进行安排和部署，并抓好落实，努力推动全县关爱帮扶工作取得更大成效。

积极推进“五老”实名结对帮扶“五生”活动深入开展。全县各级关工委组织动员870多名“五老”人员，采取一对一、一对多、多对一的帮扶“五生”867名。对“五生”特别是留守儿童和困境儿童进行心理关爱和物质帮扶，为困境青少年提供学习和生活上的帮助，切实帮助他们解决生活、学习等方面遇到的实际困难。初步统计，全县乡镇、街区、村（社区）层面济困助学，资助财物总价值7.361万元，资助困境青少年197人。教育局所属各级各类学校对2896名建档立卡户贫困学生，实行“零负担入学”，共减免费用348万元。

充分发挥“县祥华未成年人关爱中心”关爱平台作用，努力打造青少年特困群体公益服务工作品牌。县关工委充分发挥县祥华未成年人关爱中心平台作用，共联系争取广东、北京、浙江等地爱心人士捐资助学、扶贫帮困资金和物品总价值59.119万元，开展青少年特困群体公益服务大型活动8次，受资助贫困学生951名。1月上旬，县祥华未成年人关爱中心联系广东省一正传统文化教育基金会走访慰问喀左县贫困学生家庭250户，为每户捐赠米、面、油等价值260元的生活慰问品，为210名贫困学生家庭老人每人捐赠合作医疗保险费152元。1月27日，县关工委、县祥华未成年人关爱中心联系北京等地爱心人士到喀左县开展献爱心活动。现场一对一认领救助贫困学生24名，每人受资助金额1000元；为340名贫困学生家庭老人每人捐赠合作医疗保险费152元；现场走访慰问贫困学生家庭22户，为每户捐赠米、面、油、肉、粉条等价值400余元的生活慰问品。3月1—15日，县关工委、县祥华未成年人关爱中心在南哨街道中心小学、县第二初级中学、县蒙古族高中古塔分校、县蒙古族高中卓南分校相继举行了四次捐资助学活动，前后共为208名中小学贫困生每人发放助学金500元，发放助学金总额10.4万元。同时对接联系爱心人士一对一资助大、中、小学生73名，发放爱心助学资金16.08万元。“六一”儿童节期间，县关工委领导带队，组织县祥华未成年人关爱中心积极开展慰问偏远山区学校少年儿童活动。5月29日和30日，县关工委、县祥华未成年人关爱中心一行5人相继到喀左县偏远山区的卧虎沟乡中心小学、南公营子镇白草沟小学、羊角沟镇下稠沟小学看望和慰问那里的少年儿童、留守儿童和残疾儿童，并在这三所学校分别举行了“2018年‘六一’儿童节扶贫帮困物品发放仪式”，共捐助少年儿童440名，发放捐赠礼物总价值近2.4万元。9月14日，县祥华未成年人关爱中心联系广东省一正传统文化教育基金会，为喀左县二小学捐赠了217套学生桌、椅和部分教学器械，总价值3.0148万元。使该校一年级组的小学生使用的破旧桌凳全部更新，进一步改善了该校的办学条件。9月15日，县关工委、县祥华未成年人关爱中心，举行了2018年秋季爱心助学资金发放仪式，共发放爱心助学资金11.5万元，230名贫困学生每人得到500元的资助。

【基层关工委建设】 着力加强组织建设。按省、市关工委要求，认真解决乡镇、街道和社区关工委常务副主任兼职的问题，着力配齐配强乡镇和社区关工委常务副主任。2018年，全县各乡镇、街区、县直关工委层面已配备专职常务副主任23名，占总数的67.7%，村、社区关工委层面专职常务副主任比例达到50%。着力加强“五老”骨干队伍建设。动员、发动更多的“五老”参与到关心下一代工作，为促进青少年健康成长贡献更大力量。全县已有3760名“五老”人员参加到关心下一代工作中，其中参加“五老”帮青致富活动的骨干有1766名，参加关爱帮扶“五生”活动的“五老”骨干有870名。同时，不断调整充实“六个团”组织力量，大力支持和鼓励“六个团”组织开展活动，把“五老”骨干凝聚起来，更好发挥他们的独特优势和特殊作用。着力加强关工委工作基础建设。按照“五好”基层关工委创建活动目标要求，大力加强基层关工委基础建设，实现常态化、长效化。乡镇、街区和县直关工委层面全部达到了“十有”要求，村、社区关工委层面达到“十有”要求的占90%以上。着力转变工作作风和工作指导方式。高度重视各级关工委班子的政治建设、思想建设、制度建设和作风建设，年内，县关工委领导在4—7月、9—11月，深入基层开展调研活动7次。其中，开展“五老”帮青致富工作、“传承红色基因、争做时代新人”主题教育、社区关工委工作组织建设、青少年健康发展中的重点难点问题、“三家”建设、创办“父母大学”情况等专题调研6次，年终全面调研1次，通过调研活动，对关工委重点工作进行有效指导和推进，盯人、盯事、盯结果。

【宣传工作】 3月23日，中国关工委召开宣传工作电视电话会议后，特别是市关工委〔2018〕4号文件《朝阳市关工委关于进一步加强关心下一代宣传工作的通知》下发后，县关工委认真学习、深刻领会文件精神实质，统一思想，提高认识，把关工委宣传报道工作摆上更加突出位置，纳入关工委工作的重要组成部分来抓，研究制定可行措施，对关工委宣传报道工作进行再部署、再推进。一是加强宣传报道队伍建设，对县关工委宣传报道团进行巩固充实，建立了5人组成宣传报道队伍；要求乡镇、街区和县直关工委普遍建立3—5人的宣传报道团组织，要求村、社区、学校关工委组织要设1—2名宣传报道员；二是扩大政治影响，县关工委主动争取县委宣传部支持，转发了中共朝阳市委宣传部《关于做好关心下一代宣传报道工作的通知》，把关工委宣传工作融入党的大宣传工作之中；三是突出政治引领，坚持把宣传贯彻习近平新时代中国特色社会主义思想贯穿到工作的全过程，明确重点，突出抓好中共十九大精神的学习宣传，加强建党97周年、改革开放40周年、自治县成立60周年的宣传，加强传承红色基因争做时代新人的主题教育的宣传，加强“五老”帮青致富活动和关爱帮扶青少年活动的宣传。四是积极开展向上宣传，2018年内，县关工委宣传报道团在县以上新闻媒体共发表稿件110余篇，其中在《中国火炬》上发表稿件3篇，《辽宁省关心下一代工作群》发表10篇、《朝阳日报》发表8篇、《朝阳关心下一代》发表34篇；五是认真搞好向下宣传，努力办好《喀左关心下一代工作动态》简报，刊发各类工作信息40多条，认真搞好《中国火炬》征订工作，2019征订《中国火炬》157份，并精心编辑了62300多字的《关心下一代工作怎么做》小册子，全书共分五个部分内容：习近平总书记8.25指示和十九大报告关于青年的论述；省、市、县委文件；领导讲话；基层关工委应知应会的基础知识；基层关工委及“五老”先进典型经验。《关心下一代工作怎么做》已印刷出版1000册下发到全县308个基层关工委。在市关工委2019年工作会议上，喀左县的《大力加强关工委宣传报道工作，努力提升关心下一代工作影响力》作为会议典型经验材料下发到各县市区关工委。

【存在的问题】 一是在领导班子建设上，部分乡镇的关工委常务副主任还是兼职，且变动频繁，常务副主任变动一次，关工委的工作受冲击一次；二是在队伍建设上，“五老”资源相对匮乏，农村有很多“五老”人员到外地投靠子女，或进城陪读，少数村关工委有名无实，“五老”发挥作用不够突出，工作效果不够明显，相当一些基层关工委的组织力还不强；三是“传承红色基因，争做时代新人”主题教育活动深度不够，特色不明显；四是“五老”帮青致富活动还很不平衡，有的地方还有明显差距。五是推进新时代关心下一代事业创新发展的思路不宽办法不多。

（关工委）

文化　卫生

文化广播电影电视

【概　况】 喀左县文化广播电影电视局于2012年7月由原文化局、广播电影电视局合并成立，共有在职职工243名，党员139名。下设党群工作部、行政办公室、文化艺术股、广播电视股4个股室。下辖文化广电综合执法大队、剧目创作室、文化馆、图书馆、博物馆、文物管理所、天成观管理所、青少年文化活动中心、电视转播台、民族文化艺术传承中心、有线电视台、新华书店和19个乡镇广电站。文化广电综合执法大队主要负责文化娱乐场所、网吧、出版物市场、新闻出版、文物、广电设施的管理和稽查，打击非法经营活动，保证正常经营秩序。博物馆主要负责各类文物的保管、陈列和展览，开设了历史综合展、民族民俗展、青铜器展、佛教展、非遗展、紫陶展6个展室，已全部免费对外开放，每年接待人员都在5万人次以上。图书馆主要负责图书的借览、流通、阅览等，开设了图书阅览室、电子阅览室、盲文阅览室、蒙文阅览室、少儿阅览室5个阅览室，藏书8.5万册，年接待读者4.8万人次以上，已全部免费向公众开放。文化馆主要负责全县群众文化工作的组织、辅导和培训，组织开展了全县12个社区的文艺会演，非物质文化遗产的保护和传承，皮影和评剧的会演展演、大型文化活动的组织等，为全县群众性文化活动的开展发挥了重要作用。青少年文化活动中心主要负责青少年校外文化活动的辅导、培训和组织，开设了舞蹈、声乐、器乐、马头琴等培训班，全部免费向青少年开放，培养了大量青少年艺术人才。民族文化艺术传承中心主要负责全县公益性和经营性演出，每年向公众演出都在100场以上。有线电视台主要负责全县有线电视的安装、维护，为全县提供了优质的数字电视服务。乡镇广电站主要负责本区域内的有线电视安装维护，已全部实现了“户户通”目标，通过了省局验收。

【春节文化活动】 春节期间，举办了丰富多彩的文化活动。秧歌会演。为了丰富和活跃广大市民节日文化生活，打造节庆文化品牌，集中展示多姿多彩的传统民间艺术和近年来喀左县文化建设的丰硕成果，激发广大群众热爱喀左、建设喀左

的热情，为喀左又好又快发展营造积极向上的文化氛围，举办了喀左县2018年“利州之春”民族民间秧歌会演活动，参演的21支秧歌队分为高跷和地秧歌，参演人员达到1600多人，观众达到万余人。乡镇业余剧团会演。由文广局主办、文化馆和乡镇承办的乡镇业余剧团会演在天成广场举办官大海管理区、六官营子镇、平房子镇、草场乡、兴隆庄镇、白塔子、大城子街道、白塔子镇8个乡镇的15个业余剧团参加了展演，共演出了30场，演出剧目有：《乾坤带》《三元及第》《卷席筒》《嫁婆婆》等。“师古问今”金鼎书画院书画作品展。老年乐皮影展演和皮影电视展演。东山嘴遗址展示馆展览、古树名木图片展览、博物馆综合展，为广大市民带去古文明和现代文明结合的展览。弘扬传统文化、创建现代文明国学讲座。九曲黄河灯会。官大海“九曲黄河灯会”是朝阳市宝贵的非物质文化遗产，每年能到官大海跑黄河的达5万多人次，包括来自北京、大连、沈阳等地游客。民族文化艺术传承中心送戏下乡活动。改革开放题材影片汇映。为了丰富春节文化活动，倡导全民读书，建设学习型喀左，新华书店举办“新正书市”让利销售活动。此外，还举办了省非遗活动进农家活动、惠民图书进农家活动、少儿经典图书阅读活动月等活动。发放宣传图册约2万册，摆放流动展板100余块。

【送文化下乡】 积极开展送文化下乡等活动，进一步扩大了进乡镇、进校园、进军营、进社区、进机关“五进”覆盖面。民族文化艺术传承中心送戏下乡80场。图书馆开展惠民图书“七进”活动24次，编发农村科技信息小报12期发行8000份。文化馆开展非遗进校园、进农村等活动。电影管理部组织安排农村电影放映2437场。

【群众文化活动】 城乡群众文化活动开展丰富，组织了“利州之春”春节系列活动和“利州之夏”广场演出等大型系列文艺演出活动；举办第七届剧目创作大赛；开展优秀剧目乡镇巡演；开展第四届“书香喀左 全民阅读”系列活动；积极配合县委、县政府做好60周年县庆等重大节日期间文化艺术活动和大型文艺演出；组织“文化惠民”活动，开展各类具有民族特色、本土特色文艺演出活动，把十九大精神融入文艺作品、文化活动中，通过文艺演出这种喜闻乐见的形式，广泛开展宣传，让十九大精神深入人心。

【文化产业】 高度重视文化产业建设，按照市、县下达的任务指标，狠抓落实，全县的文化产业取得了较为理想的成绩。一是按照市委、市政府关于承接京津冀产业转移的要求，围绕喀左县招商引资工作，在省文化厅和市文广新局的帮助和协调下，县利州工业园区获批成立辽宁省印刷包装产业基地，使喀左县文化产业又填新动力；二是组织高品宝砂紫陶艺术研发有限公司等文化企业参加了在沈阳举办的“第七届辽宁工艺精品文化节”沈阳国际展，参展作品百余种，200余件，受到了省厅领导的高度赞誉。东北文化产业博览交易会，销售338件，销售额6.59万元。

【文化遗产保护】 文物保护工作方面。《东山嘴遗址保护规划》进行了两次省专家论证，已上报辽宁省文物局，等待国家文物局的审批意见；充实普宁寺维修工程甲方工程程序档案，做好了2019年竣工验收（初验）准备工作；完成了福寿寺、双大庙等共计6座古建筑的抢救性测绘工作；省级文保单位守性寺南山门玉皇阁维修工程进行了终验工作通过验收；配合县规划部门对大城子塔和守性寺的保护范围及建设控制地带进行重新划定，等待省政府批准；完成各级文保单位安全责任书签订工作，春秋两季的单独执法巡查2次，配合市文物局执法巡查2次，与县消防大队联合市文物局进行2次消防安全大检查，确保文物安全；完成审批局委托的15处文物调查勘探业务，配合建设项目进行了36处考古调查。非遗保护工作方面。开展4个市级非遗项目申报省级的准备工作；完成了国家级非物质文化遗产项目《喀左·东蒙民间故事》13—24卷的录入、编辑、校对等工作，于县庆期间与读者见面，为县庆献礼；开展文化“五进”活动，开展非遗进农村、进校园等活动，将背歌、皮影、民间故事、蒙古象棋等非遗项目以演出、互动等形式搬到百姓面前，传承文化遗产，弘扬民族艺术。

【有线电视工作】 服务质量不断提升。通过制度要求和严格落实，系统各部门人员接待群众和上门服务时服务态度不断提升，保证了用户的满意度。广播电视播出安全。严格落实安全播出工作的各项规章制度，强化广播电视节目的安全播出和优质播出，做好重要会议、重要活动和重大节日的安全播出工作，无安全事故发生。设备维修维护由专人负责，定期维护，把播出故障隐患消除在播出前，全年对安全工作做到常抓不懈，确保播出零事故。网络建设。2018年开展县城有线电视入户安装、迁移1140余户，替换老旧线路3000余米，改造和新铺设地下管线1400余米。开展有线电视网络维护和售后维修工作，共计维修维护3300余户，出动维修人员8000余人次，确保了用户及时收看到电视节目。各乡镇广电站认真开展线路维护、入户维修等工作，有效地保证了电视信号安全稳定。

【全民阅读活动】 认真组织了第四届“书香喀左”全民阅读活动，举办了由文化站长和社区图书管理员、图书馆员参加的移动图书馆培训班，进行了图书推介等工作；编发《书香喀左，全民阅读》简报12期；在第四小学举办“快乐阅读，茁壮成长”系列阅读活动，全校3000名师生参加；在公营子中心小学举办了经典诗文诵读大赛，师生们表演诵读了《少年中国说》《我的梦中国梦》等经典诗文；做好六大平台“书香喀左”全民阅读读书宣传工作，协调有关单位，利用电视、报纸期刊、新华书店、图书馆、网络平台、书屋平台做好阅读推介工作，形成浓郁的书香氛围。

【文广市场管理】 维护文化市场稳定，着力开展文化市场监管。重点加强了对网络经营场所的治理整顿，检查网络经营场所134家次，查处违规网吧11家；整顿出版物市场经营行为，检查出版物经营场所72家次，印刷企业80家次，收缴盗版书籍和盗版教辅材料186本；规范歌舞娱乐场所和游戏娱乐场所经营秩序，检查娱乐场所135家次；加大演出市场的监管，加强对演出单位资格、演出节目和演出人员的审查。惩处广电违法行为，整顿广电市场秩序。对擅自从事信息网络传播视听节目业务和擅自从事互联网视听节目服务的违法行为进行了查处，收缴移动魔百盒8个，维护广电市场正常秩序；配合市文广新局传媒科、科技科和无线电管理委员会拆除非法电台1个；开展无“小耳朵”社区创建工作，开展宣传和说服教育工作，拆除非法安装的地面卫星接收器。对非法从事“小耳朵”生产、经营的由工商部门依法予以取缔和查处，收缴小锅面9个，接收机10个，遥控器18个，高频头2个，有效地震慑了非法经营行为。积极开展“扫黄打非”专项治理和进基层工作。开展政治性有害出版物专项行动，坚决打击政治性非法出版物和有害信息；开展“清源2018”专项行动，严控销售有害出版物；开展校园周边环境治理活动“护苗2018”专项行动，严厉打击销售非法有害少儿出版物及传播有害信息的违法行为；开展网络淫秽色情信息专项治理“净网2018”行动，严厉打击利用电子产品预装、复制、传播淫秽色情信息等行为；进一步深入推进“扫黄打非”进基层工作，推荐大城子街道龙山社区作为国家级“扫黄打非”进基层示范点。完成中、高考期间校园周边环境治理工作。结合中、高考禁噪工作，围绕校园周边文化环境开展中、高考专项检查2次，考试期间进行静音巡查，确保中、高考期间，广大学子有一个良好安静的学习考试环境。开展扫黑除恶专项斗争工作，对所管辖的文化市场经营场所的扫黑除恶专项斗争宣传工作进一步推进，使扫黑除恶专项斗争宣传工作走进社区、走上街头，利用播放LED滚动屏字幕、宣传条幅、开办扫黑除恶专项斗争宣传点等。把群众举报奖惩办法和致全市城乡广大市民的一封公开信送到文化业户手中，将扫黑除恶专项斗争明白卡发放到单位干部职工手中，利用单位电子屏幕滚动播出宣传口号。

【艺术创作、展览和演出】 文艺创作。举办第七届剧目创作大赛，将围绕“精准扶贫、精准脱贫”的喀左县原创剧目《一户不落》搬上舞台，在乡镇开展巡演；民族文化艺术传承中心加大了精品创作力度，歌曲《喀左欢迎您》、快板书《塞外明珠放异彩》、音诗画《吉祥喀左赞》等作品，进一步讴歌了喀左县近年来的喜人变化，国庆期间组织拍摄的国家民委主办“中华儿女共同唱响《我和我的祖国》”双语演唱视频在中国民族报社新媒体部及中国民族宗教网网站首页悬挂。艺术展览。文化馆开展了第二届蒙文书法展、金鼎书画院迎春书画展、建党97周年喀左首届硬笔书法展和喀左县成立60周年书画展等；博物馆在固定展馆开放的基础上开展“流动博物馆”进学校、进社区主题宣讲展览活动，在龙山社区举办文化惠民——流动博物馆进社区宣传活动，在建安社区开展东山嘴红山文化祭祀遗址主题宣传展览及知识竞赛活动，在县第五小学和第四小学开展“走入博物馆了解喀左历史与文化”主题宣讲展览活动；图书馆以蒙文书法基地为平台，征集蒙古文书法作品，于县庆期间已进行了展览，建立蒙文书法长廊，长年举办学员书法展览。文艺演出。民族文化艺术传承中心举办参与了朝阳市2018年军地迎春茶话会演出、“辉煌喀左60年”庆祝自治县成立60周年专场文艺晚会、国家民委主办“中华儿女共同唱响《我和我的祖国》”系列活动等大型演出30余场；文化馆开展背歌、皮影等非遗展演活动，参加朝阳第十七届凌河之夏演出以及喀左“利州之夏”文艺晚会等演出活动；青少年文化活动中心开展进农村慰问演出，参加辽宁省四宝文化艺术品展览会演出、参加东北国际茶文化博览会演出等演出活动展。这些活动既配合了形势和任务的需要，也丰富繁荣了全县文化生活，加强了文化交流，取得了良好的经济效益和社会效益。

【行业扶贫】 综合文化站建设：全县共有23个综合文化站，其中有7个乡镇（街区）综合文化站与政府所在地行政村（社区）综合文化服务中心共建共享。利州街道综合文化站是2018年新建设的，与双桥社区建在一处。所有综合文化站面积都达到300平方米以上，符合国家建设标准。综合文化站配备了基本设施，有供图书阅览、教育培训、开展文化体育活动的场所，有专兼职管理人员，能够正常开展各项文化活动，组织各项培训，已全部向群众免费开放。村级综合性文化服务中心和文体广场建设：2018年村级综合性文化服务中心新建了10个，所有行政村都设置了符合标准的文化四室，配备了基本的文体设备和器材。文体广场新建了12个，全部达到了800平方米以上，广场上安装了健身器材和灯光，可以满足群众开展健身娱乐活动的需要。2018年的46个预脱贫销号村已全部建有综合性文化服务中心，面积均在90平方米以上。多功能活动室、图书室、电子阅览室、体育健身室“四室”健全。广播电视村村通：文广局自筹资金8万元，铺设了白塔子至西大杖子村的广播电视线路。至此，全县所有行政村都通上了有线电视，达到了广播电视网络全覆盖。

【结对扶贫、驻村扶贫】 认真贯彻落实喀左县2018年脱贫攻坚工作会议精神。全系统174名职工对兴隆庄镇268户建党立卡贫困户和水泉镇80户建档立卡结成帮扶对子，全年组织协调完成了5次全体职工入户结队帮扶工作。驻村工作队和村两委班子成员一起，对贫困户的致贫原因进行了认真分析，因人因户因村施策，制定了具体的帮扶措施：为宣家村修建村级公路0.8公里，解决宣家村群众出行难问题；在村部前建设一座60平方米卫生室，解决了该村群众就近看病难问题；积极争取上级党委政府和县有关部门的支持，在宣家村村部建设44.2千瓦光伏电站一座，已并网发电；发挥行业优势，组织文化下乡使群众不出家门就能够欣赏到喜闻乐见的歌舞节目，丰富群众的业余文化生活；投资2.5万元加强了宣家村文化室建设；向上争取资金5万元新建文化广场一处；发展主导产业酒高粱100亩，建设养牛小区一处，羊场一个，使每户都有一个稳定脱贫项目。

【荣　誉】 文广局综合执法大队认真履行职责，强化文化广电市场监管，组织开展专项行动，有效规范了文化广电市场秩序，于2018年3月，被中共辽宁省委宣传部、辽宁省文化厅、辽宁省新闻出版广电局授予“2016—2017年度全省群众文化工作暨服务农民、服务基层文化建设文化市场管理和‘扫黄打非’机构先进集体”称号；文广局电影管理积极提高电影放映员的专业素质能力，完善各项工作制度，购进群众喜闻乐见的影片，年年能超额完成省市下达给喀左县的电影放映任务。于2018年3月，被中共辽宁省委宣传部、辽宁省文化厅、辽宁省新闻出版广电局授予“2016—2017年度全省群众文化工作暨服务农民、服务基层文化建设农村电影放映工作先进集体”称号。喀左县博物馆圆满完成第一次全国可移动文物普查登记相关工作，于2018年8月被朝阳市文广新局授予“第一次全国可移动文物普查先进集体”荣誉称号。

（文化广播电影电视局）

广播电视台

【广播电视宣传工作】 广播节目以打造精品栏目为宗旨，不断丰富直播节目的形式和内容。与营商局合办的《营商环境在线访谈》，全年共有30家上线单位走进直播间，与群众交流，直接解答群众的提问，进一步加强了喀左县软环境建设工作。《喀左车友会》紧贴本地汽车消费环境车坛最新动态、介绍汽车维修保养、装饰美容、车友交流，探讨汽车文化、引导汽车消费。全年播出130期。《音乐下午茶》是一个与听众互动的介绍新歌、老歌和心情音乐的节目，舒缓了现代人的生活压力。全年播出150期。《因为健康》是全新打造的一档健康直播栏目，全年播出150期。《汇生活》是一档和广大听众生活息息相关的生活服务类节目，旨在帮助广大受众了解更多的生活常识，新鲜美食，以及帮助解决听众在日常生活中遇到的问题，提升生活品质，全年共播出160期。除了直播节目外，电台丰富录播节目内容，认真做好《喀左新闻》节目播出以及各类宣传工作，播出了“喀左风光展”“县庆专题”“喀左县扫黑除恶奖励办法”等各类专题。《美文“晓”说》节目以传递正能量、弘扬真善美为宗旨，让受众在文字间聆听心语、感悟生活。全年共播出38期。继续做好《空中书场》《评书欣赏》《有声小说》三档评书类节目制作播出工作，满足多层次听众的需求。2018年各播出268期。录播栏目《阳光哆来咪》把受众人群定位在儿童和妈妈群体，主要内容是讲述孩子们喜爱的古今中外故事，答疑解惑，填补了县电视台少儿广播类节目的空白。全年播出45期。《时政讲堂》节目坚持正确的舆论导向，紧贴时政潮流，把握时政脉络，全年共播出40期，及时更新公益广告，按照国家省市要求，确保公益广告播出时长占到全天时常10%。全年共播出公益广告32条，播出3300多次，在广播节目完成制作播出的基础上，照上级规定，确保了《新闻联播》及中央台《蒙语新闻》节目的转播工作。

电视节目按着上级新闻宣传要点和重点的要求，组织内容进行及时有效的宣传报道，2018年，《喀左新闻》栏目共播出148期，播出新闻1120条，采编播发《一周要闻》48期，重要新闻230条，上送朝阳台播发稿件160篇，超额完成了年初制定的目标任务。电视节目内容从不同角度和侧面，对全县党的建设，“五个一工程”建设，“飞地经济”进展，基层各单位工作动态，增加农民收入等方面进行了重点报道。对县里的重大工程、重点项目，扫黑除恶专项斗争进行了跟踪报道，为配合全县各项工作的开展创造了良好的舆论环境。围绕县委、县政府各阶段的重点工作，适时开办专题栏目，进行了系列报道。开办了《重实干、强执行、抓落实》《吹响脱贫攻坚冲锋号》《盛世新喀左、辉煌六十年》《扫黑除恶进行时》《乡镇传报》《新时代、新作为、新篇章》《党建风采》《思想政治工作在基层》8个专题栏目。专题栏目中的内容从工业、农业，对外开放，精神文明建设等十几个层面，对喀左县取得的巨大成就做了全面、重点报道，收到了良好社会效果。2018年，新开办的电视栏目《大美利州》共播出25期，传承了民族文化，展示了喀左形象；《榜样在身边》栏目不仅较好丰富了电视荧屏，更掀起了喀左人民向榜样学习、争做榜样的热潮。

【职工队伍建设】 广播电视台为加强职工队伍建设，根据中央、省、市、县加强和改进工作作风的有关规定，制定和完善了《喀左县广播电视台机关管理规定》，全面明确了广播电视台目标管理责任制考核办法，建立了组织协调机制，实行一级对一级负责，层层落实任务目标岗位责任制，明确岗位要求和考核办法，强化了对全体干部职工的纪律约束。在提高全台干部职工素质上，开展了新闻工作者职业道德和职业纪律教育活动，采取“走出去，请进来”的方式加强新闻职业技能培训，邀请上级台记者、编辑、主持人和制作人员讲授新闻宣传、采编播制等专业知识和专业技能，同时选派人员到上级台等学习考察。台里定期开展专业技能研讨会、新闻作品赏析会，谈问题、找差距，逐步提高从业人员的专业技能。为了提高新闻记者的实战能力，把广播中心和新闻中心的记者进行了整合，对摄像机、非编、车辆等设备进行统一调配使用，优化组合，保证了采、编、播、制人员都有亲自实践的机会。2018年，实现了一组记者采访，统一编排录制，资源共享，广播、电视分别播出的工作方式。通过强化管理、培训和研讨，干部职工队伍整体素质有了明显提升。

【党支部建设】 2018年是中共十九大开局之年，紧紧围绕学习宣传贯彻十九大精神和习近平总书记系列重要讲话精神，把推进“两学一做”学习教育常态化制度化作为不断加强党的思想政治建设的有效途径来抓，紧密结合实际，坚持学思践悟、学做结合、知行合一，确保党员党性坚强、发挥模范作用，严格按照“两学一做”学习教育常态化制度化日程安排学习内容，台班子带头垂范，严格党的组织生活，认真执行《关于新形势下党内政治生活的若干准则》及县委《关于严格党的组织生活制度的实施意见》，坚持“三会一课”民主生活会和组织生活会等制度，定期讲党课，定期组织中心学习组学习，定期进行专题研讨，确保了“两学一做”学习教育落到实处。认真开展喀左县广播电视台纪念建党97周年“不忘初心，讴歌党恩”主题活动、主题党日和在职党员进社区活动，全台党员，干部职工。全台党员干部积极响应号召，踊跃捐款捐物，认领微心愿。严格执行中央八项规定和省市县廉洁自律有关规定，为圆满完成全县宣传工作提供了坚强组织保证，为县广播电视事业发展提供了强大动力。

【广告业务】 广告经营是一项长久的创收渠道，在广告经营中，严格制作和审查每一条广告，按照广告法和上级主管部门的要求播出广告。2018年，完成广告创收40万元，实现了经济效益与社会效益的统一。通过积极努力，争取到省新闻出版广电局资金100万元。用于数字广播设备、电视台制作网、虚拟演播室等设备购置和工程改造。为更好开展广播电视新闻宣传工作奠定了基础。

【职工文化生活】 把丰富职工文化生活当作凝心聚力的重要抓手，“三八”节组织女同志观看励志影片《厉害了——我的国》；开展了“走进博物馆——知喀左、爱家乡”主题党日活动；开展了纪念建党97周年“不忘初心，讴歌党恩”主题活动；积极参加环湖徒步大赛、环湖自行车大赛，并在环湖徒步大赛中获得了优秀组织奖。活动的开展，增进了干部职工的归属感，为凝心聚力干好本职工作起到了积极的推动作用。

【扶贫帮困】 多次到结对帮扶户家中走访慰问。提振他们摆脱贫困的信心，为他们出实招、办实事。力所能及地帮助贫困户解决生产生活中的难题。为贫困户送去米、面、油、衣物以及慰问金，折算人民币约3.2万元。

（广播电视台）

文 联

【文艺作品】 县文联充分发挥联系广大文艺工作者的桥梁和纽带作用，加强对基层创作人员的培训和辅导，强化和所属各协会的联系，为广大文艺工作者开展艺术创作交流搭建平台，调动了文艺工作者的创作热情，提高了作者思想素质和创作能力，涌现出许多优秀文艺骨干，创作出一批讴歌新时代、群众喜闻乐见的优秀作品，在国家和省市取得了可喜的成绩。2018年，杨景坤记录编辑的记录文联重组以来开展主要活动的《艺路留踪》一书出版。张日新的长篇小说《花雾村》、侯宝信摄影作品集《岁月留痕》，以及《利州文学》县庆征文征联大赛获奖作品专号出版。在中宣部宣教局主办的“最美中国人”各族群众笑脸照片征集展示活动中，牛树海的四幅作品均获优秀奖；在上海老西门第十三届迎春全国征联大赛中，喀左作者倪土获一等奖；李凭在全国第五届“四堂”杯书法大展和辽宁省第五届兰亭奖中分别获一等奖。全年有100人次在各类全国、省市文艺展赛中入展获奖。

【文艺活动】 县文联结合自身特点，以践行社会主义核心价值观，坚持文艺工作“二为”方向和“双百”方针为导向，开展多项活动。2018年，喀喇沁蒙古文书法基地在楼图书馆举行开班仪式，邀请书法家齐作声到喀左做讲学，前往大营子神仙谷旅游生态农庄参加喀左、建平、凌源三地艺术家雅集笔会活动、喀左县首届统一规格硬笔书法展等20余项活动，成立朝阳市硬笔书法协会喀左分会，南公营子九年一贯制学校举办朝阳市“诗词教育基地”授匾仪式。9月，为配合县庆60周年庆祝活动，文联承担了诗词楹联、散文和摄影3个全国大赛和蒙汉文书法及美术等4个县级展览活动，“辉煌喀左60年”美术书法摄影三联展在腾龙农村淘宝一楼大厅开展。

【践行文艺为民宗旨】 县文联认真发挥职能作用，践行文艺为人民的宗旨，积极组织作者参加文化下乡活动，为相关单位、学校和城乡群众送去精神食粮。新年到来之际，文联组织书法楹联作者举办喀左县2018年书法精英贺春笔会，暨为南哨当地街道、单位、村部等送春联活动。县摄影家协会、书法家协会骨干和县医院大夫、农业技术推广站专家前往南哨、官大海农场开展“情系三农，走进农家”活动，不仅为老百姓义务照全家福，书写大红对联，还为百姓义诊、传授农业科学技术，受到农场领导和广大村民高度评价。

为隆重纪念“5·23”文艺座谈会讲话，文联组织音乐家协会、马头琴学会骨干，在青少年文化活动中心、文化馆配合下，在白音爱里村开展“文艺志愿者到人民中去”义务演出活动。书法家协会、美术家协会骨干前往公营子初中，对书法美术生进行面对面辅导。

【横向交流和协会组织工作】 在工作中，加强与兄弟县市横向联系，互相学习，实行走出去请进来，加强组织建设和协会建设，加强机关党建工作，文联组织机关干部观看十九大开幕式，认真听取了习总书记工作报告，畅谈学习体会；党组书记、主席杨景坤为单位职工讲党课，有效地提高了职工思想政治素质。建平县文联到喀左考察文联工作和喀左紫砂情况。杨景坤到市里参加楹联采风笔会，被县委宣传部授予“优秀群众文化工作者”称号。李凭参加省文联学习十九大精神培训班。

【招商引资和扶贫帮困工作】 县文联始终把招商引资工作作为本年度工作的重中之重，力争彻底改变文联在此工作中的被动局面。在百日脱贫攻坚工作中，文联领导相当重视，起草了“县文联一对二帮扶责任制”，明确了帮扶工作具体责任和要求，及时具体传达县里“精准脱贫百日攻坚”动员大会精神，同时提出了走访调查、组织捐助、出谋划策三大任务，成立了文联扶贫攻坚工作领导小组。及时前往山嘴子镇河南村、李连杖子村与贫困户对接，每月都安排时间到所包扶的贫困户家中，了解家庭生活情况，因病返贫病者的病情和治疗情况，为他们出主意想办法，解决实际困难，力争早日脱贫。开展捐助活动，摄影家协会、县书法家协会和金鼎书画院也组织了为贫困户捐款活动，共捐款1.5万元，分别送到文联所包扶贫困户手中，作为他们的脱贫和治病资金。文联发文表彰并授予“百日脱贫攻坚”先进集体称号。

（文联）

新闻报刊

【概　况】《喀左县报》是辽宁省两家县级党报之一。喀左县报社是喀左县委直属的科级事业单位，坐落在利州街道团结路2号，2018年有在职职工18名，设有6部2室，分别是蒙文部、经济新闻部、政法新闻部、文化新闻部、发行部、广告部、办公室和微机室。报纸为四开四版，每周出版三期，分为三个汉文版和一个蒙文版，年发行量6000份，达到了进机关、进乡镇、进学校、进社区、进农村的覆盖面。2018年，《喀左县报》共出版报纸147期，共发表各类文章5000余篇，文字近300万字，广告年收入10万余元。

【宣传报道】 2018年，报社全体干部职工牢固树立政治意识、大局意识、核心意识、看齐意识，贯彻“三贴近”要求，唱响主旋律，打好主动仗，积极创新新闻宣传的观念、内容、形式、方法和手段，增强“经营报纸”意识，进一步整合挖掘新闻资源，加强基层党组织建设、队伍建设和精神文明建设。

围绕中心，开展重大主题宣传报道。2018年，县报社在报纸宣传中，始终坚持正确的政治方向，把握正确的舆论导向，贴近实际、贴近生活、贴近群众，围绕县委、县政府中心工作，传达政策，反馈民情，努力发挥报纸的桥梁纽带作用，为促进全县经济又好又快发展、树立喀左发展新形象做出了应有贡献。作为县委机关报，县报社在增强宣传报道的针对性、提高可读性、巩固服务性上狠下功夫，结合“飞地经济”、项目建设招商引资、“五个一工程”、城市建设等一系列事关喀左发展的工作，加大报道力度，灵活快捷地传递信息，在全县上下营造了良好的发展氛围。

重点、深度、系列报道组织策划到位。深度报道是一种多角度、多侧面、全方位的“立体报道”方式，对新闻记者采写提出了更高要求。2018年，县报社紧紧围绕脱贫攻坚中心工作，开展政策宣传、挖掘典型经验和感人事迹，采取深度、系列报道等多种形式，反映喀左县脱贫攻坚工作成效，奏响了脱贫攻坚强音，为实现喀左县决胜全面建成小康社会提供了强有力的思想保障和舆论支持。同时，县报社还积极鼓励记者采写深度报道，在时间、人力上给予一定支持，并鼓励记者多向上级新闻单位投稿。2018 年，采写的脱贫攻坚、民生、教育等 20 多篇稿件在《朝阳日报》显著位置刊登，很好地宣传了喀左县各项事业取得的突出成绩。

更新栏目、完善版面，强化报纸的服务功能。《喀左县报》离基层近、离群众近、离实际生活近。在宣传民生服务方面，县报社从倾听群众呼声入手，较多地增加和基层百姓生活密切联系的稿件和专栏，陆续开设了《精准扶贫、合力攻坚》《扫黑除恶》《重实干、强执行、抓落实》《优化营商环境》《整改进行时》等专栏，进一步强化报纸的服务功能，努力实践好服务群众的理念。

深入开展“走基层、转作风、改文风”活动，增强新闻宣传的指导性、实用性和感染力。本着服务百姓和民生的宗旨，县报社积极贯彻落实辽宁省新闻出版局转发的《关于在新闻出版系统深入持久开展“走基层、转作风、改文风”活动的通知》精神，开展了记者“走基层”活动，县报社充分利用这次活动的有利契机，挖掘出了很多乡镇、部门在各方面的好资源，写出了很多优秀稿件。

为民服务，充分发挥报纸的新闻舆论监督作用。在紧密配合县委、县政府中心工作，做好重大主题宣传报道的同时，县报社还通过关注民生，反映与百姓生活息息相关的内容，充分发挥媒体引导、推动、监督作用，用民生报道架起市民与政府部门之间的沟通桥梁。县报社利用报纸第一版的《快语》《社会视窗》栏目，对社会上出现的不良行为予以曝光，督促有关单位和个人遵守社会公德，共同提高文明素质。

丰富蒙文版栏目，实用性、可读性、地方特色不断增强。《喀左县报》的蒙古文版，主要是用蒙古语文宣传党的民族政策、喀左县经济社会发展情况、喀左县的各方面新闻报道。为了贯彻落实党的民族政策，进一步贯彻执行《蒙古语文工作条例》，普及蒙古语言文字，县报社继续办好“蒙语会话讲座”栏目。“蒙古语会话讲座”栏目已经成为各族人民之间相互学习、相互帮助，并肩建设自治县的桥梁和纽带，对增强民族团结，促进各民族之间的思想、文化、经济方面的交流与发展具有重要意义。另外，县报蒙古文版还开辟了“致富信息”“民族团结进步”“理论学习”“医疗保健”“小笑话”“东蒙民间故事”等栏目，受到读者的好评。

【自身建设】 加强领导班子建设。报社班子加强中心组学习，班子成员每月至少进行一次集中学习，完善民主生活会制度，大力倡导敬业奉献精神和真抓实干的作风，健全完善了社长、总编带队采写重大新闻报道制度。班子成员还率先垂范，切实加强廉政勤政教育，认真落实报社党风廉政建设责任制，确保不发生任何违法违纪事件。加强骨干人才锻炼培养。继续深入开展“走转改”活动，按照制度化、常态化的要求，切实抓好干部职工的政治和采编业务学习，以培养名记者、名编辑为目标，有重点地对骨干和有发展潜力的年轻人才加大培养力度，努力提高队伍的政治业务整体素质。加强内部管理和考核。进一步完善了报社采编、财务管理、公务用车等制度，修订完善了《喀左县报社班子成员集中学习制度》《喀左县报社财务管理制度》《喀左县报社公务用车制度》等现有制度，形成了以制度来规范约束管理的机制。同时，县报社还健全完善了绩效考核制度，鼓励采编人员多出作品，多出精品。加强作风建设。为进一步改进报社机关作风、提高机关效能，2018 年，县报社继续加强作风建设，安装了签到机，实行上下班签到制度，严肃工作纪律等。

【党建工作】 紧紧围绕总体工作思路，深化思想工作，转变机关作风，加强党建工作，树立党员干部良好形象。为提高报社党员素质，加强理想信念教育，按照报社党组统一安排，将每星期四定为学习日，结合“两学一做”学习教育，开展相关学习。完成了对十九大报告、习近平总书记在中共十九届二中全会上的讲话、中央一号文件、《习近平谈治国理政》第二卷、《中华人民共和国监察法》等的学习。在整个学习过程中，除全体党员参加外，还组织入党积极分子参加学习。同时，认真落实“三会一课”制度、民主评议党员制度等党内生活制度，对入党积极分子进行经常性教育，进一步做好培养教育考察工作。

【脱贫攻坚】 2018 年，县报社的包扶村是中三家镇辘轳井村和拦沟村，全体在职职工每人包扶两户，一户已脱贫贫困户、一户未脱贫贫困户。2018 年 2 月，全体职工到辘轳井村和拦沟村为已脱贫贫困户送去了面和油，为未脱贫贫困户送去了米和面，并了解两户的基本情况；4 月，全体职工到辘轳井村和拦沟村深入了解已脱贫、未脱贫贫困户情况，帮助他们规划脱贫思路和脱贫措施；7 月，县报社全体职工再次来到辘轳井村和拦沟村，为包扶户粘贴建档立卡户明白卡，进一步了解脱贫的相关情况；9 月，报社全体职工为两个村的已脱贫、未脱贫贫困户送去现金，助力贫困户脱贫；11 月，为两个村的已脱贫、未脱贫贫困户送去面、油、肉等。

【排版印刷与发行】 2018 年，在报纸排版方面，为提高排版质量，县报社先后更新了排版计算机和打印设备，排版质量和效率显著提高。印刷方面，继续采取网络传输版样，在朝阳日报印刷厂印刷的办法，保证了报纸的印刷质量、清晰度和印刷实效。2018 年，《喀左县报》继续采用一四版彩版印刷，大大提高了报纸的美观度。发行方面，与县邮政局签订发行协议，邮政局做到县城报纸当天投递，乡镇报纸第二天投递。

（李　颖）

档案·史志工作

【“两学一做”学习教育】 局党组组织干部职工系统地学习了习近平总书记新时代中国特色社会主义思想和中共十九大精神、习近平总书记系列讲话，学习了《关于新形势下党内政治生活的若干准则》《中国共产党党内监督条例》《中共中央关于加强党内法规制度建设的意见》《中国共产党纪律处分条例》、宗教条例等法规。并定时开展专题学习研讨。坚持周一上午学习制度，雷打不动，使“两学一做”学习教育常态化制度化。通过学习提高了干部职工的政治觉悟，统一了思想，坚定了党员干部严守政治纪律和政治规矩的自觉性、增强了“四个意识”“两个维护”的自觉性，增强了核心意识，坚定了“听党的话、跟党走”的政治意识，筑牢了反腐防腐防线。

【领导班子建设】 加强理论中心组学习、不断提高班子成员理论素养。一年来理论中心组学习 8 次，扩大学习 25 次，系统学习了中共十九大精神、习总书记系列讲话和党规党纪、法规制度，使领导班子政治素养和理论水平得到提高。加强民主集中制度建设。充分发扬民主、重大问题决策前，充分与班子成员沟通、让班子成员充分发表意见、认真听取大家意见，在充分讨论基础上达成共识，形成决策。决策进程充分发扬民主，任何事情公开透明，使班子成员明理、明事，心静、心顺、干净、担当，想事、干事、成事。党风廉政建设。一是认真落实县委党风廉政建设会议精神和工作安排部署，认真落实从严治党和党风廉政建设主体责任和“一岗双责”，制定了《县档案局 2018 年党风廉政建设和反腐败工作要点》，成立了县档案局党风廉政建设工作领导小组，并层层签订党风廉政目标责任书，把党风廉政建设和反腐败工作责任扛在肩上，落实在工作中，使党风廉政建设这根弦时刻绷紧。二是认真执行中央八项规定。严格按照党政机关办公用房标准，按照各级别干部的办公用房面积标准，严格开展办公用房清理工作；严格执行县委、县政府的有关公务用车管理规定，加强公车管理使用；严格控制公务活动支出，加强公务接待，差旅费资金审核；严格控制会议、文件数量逐步实现无纸化办公；紧盯节庆假日，严管酒局、牌局、婚丧嫁娶等问题，严管变异“四风”新问题，切实防止不正之风回潮。三是坚持廉政警示教育，增强自律意识。局党组坚持开展经常性的廉洁自律和警示教育。结合“两学一做”学习教育的开展，把反腐倡廉作为单位学习、宣传的重要内容，组织党员干部学习《中国共产党章程》《中国共产党廉洁自律准则》《中国共产党纪律处分条例》《关于新形势下党内政治生活的若干准则》《中国共产党党内监督条例》等党内法规。组织党员和干部职工收看《榜样》《永远在路上》《厉害了！我的国》《忏悔录》《不忘初心 警钟长鸣》等录像片和警示教育片，进一步提高了全体党员干部对党的纪律、观念的认识，增强了廉洁自律的自觉性。

【扶贫工作】 全局把扶贫工作摆在重要工作日程，全年共入户 7 次，给贫困户解决实际问题，拉近与贫困户感情，帮助贫困户搞卫生、做家务、农活，真正把贫困户当亲人，鼓起贫困户脱贫信心，得到贫困户认可。送物资、资金折合人民币 1 万多元。

【机关文化建设】 年初以来，局党组把机关文化建设作为一项重要工作来抓，以此推动学习型机关建设，把机关干部分成四个组，在周一固定学习日上启动“机关文化建设活动”。机关文化创建活动以“分享一篇好文章”“爱书、读书、用书”活动为载体，每周一与大家共同分享一篇充满正能量的文章，调动了大家读书学习的积极性。

认真开展“重实干、强执行、抓落实”和“转作风、树形象、专项治理”等专项工作。以优化营商环境，优化干部作风，密切联系党群、干群关系为核心，重点整治“门难进”问题、“庸懒散”问题、服务态度问题、办事效率问题、便民服务问题、审批和执法问题、信息公开问题，最大限度精简办事程序，减少办事环节，缩短办理时限，改进服务方式，全面落实“马上就办”“最多跑一次”等要求，狠抓业务指导和档案查询利用工作，使档案利用率及大提高，也树立了档案部门良好的社会形象，得到社会认可。

【业务培训与档案指导服务】 为推进全县村级档案规范化管理，上半年举办了村级档案规范化管理培训班；为推进全县土地确权颁证档案管理，下半年举办了土地确权颁证档案管理培训班。同时，业务指导人员又多次下到乡镇和行业部门进行指导，为推进扶贫档案工作和土地确权档案工作提供了技术指导；指导了人社系统 3 家单位民生档案管理实现了规范化、标准化、现代化，达到并巩固了省级先进单位标准；对全县公安系统 9 个派出所档案工作进行指导，推进了公安系统档案工作整体上档次、上水平；对残联、工会、工商局、工商联、东哨镇等 30 多个单位进行业务指导，使基层档案管理规范化水平进一步得到提高。

【档案接收和查询服务】 2018 年，档案馆按计划接收了文书档案 3532 件、专门档案 54 卷（2260 件），其中：房产档案 54 卷、公证档案 2154 件、死亡干部档案 106 件；婚姻登记档案（2003—2017 年）61678 件、病例档案（2007—2015 年）21306 件接收进馆，丰富了馆藏档案资源，改善了馆藏结构。

民生档案进馆后，档案查询量大大增加，特别是婚姻档案和医保档案查询量大增。2018 年，县委开展规范性文件清理工作，涉及 58 家单位，659 份文件查询复印。管理股人员少、工作量大，工作人员在较短时间内完成查询工作，得到各查询单位和社会各界的好评，对外树立了良好形象。

【档案执法检查与宣传】 档案局以“6·9”国际档案日、“9·5”档案法颁布纪念日为载体，组织全县上下开展了宣传活动开展了国际档案日宣传活动，提高了社会档案意识。开展了执法检查活动。对喀左县部分县直单位、乡镇、园区共30个立档单位的档案工作组织领导、人员配备、档案归档、规章制度、利用情况进行了专项检查，通过检查发现纠正了档案工作中存在的问题和不足，提出整改意见，为全县档案工作逐步走上标准化、规范化轨道打下了良好基础。

【民族档案抢救取得新进展】 由于历史原因，喀左县清史档案大部分在内蒙古档案管存放，给利用工作带来诸多不便。为解决这一问题，3月，档案局与内蒙古档案局充分沟通协商，达成资源共享协议，计划利用3年时间实现内蒙古和喀左两馆之间实现民族档案资源两局资源共享、共同研究开发清史档案。2018年，已带回喀左县清史档案190卷目录及1万多件目录的光盘。

【史志工作】 按照县委要求，如期在自治县成立六十周年之际高质量完成了党史二卷出版发行工作。一年一鉴是2017年人代会确定的工作目标，为完成这一目标，克服人员少、任务重、资金少的困难，积极组织征稿核稿、排版、核对，按期出版发行了《喀左年鉴（2018）》，实现了一年一鉴工作目标。按朝阳市档案局要求，认真做好《朝阳市档案志（1959—2016）》喀左部分志稿资料的编写报送工作。重点完成1959—2016年间喀左局馆历史沿革、大事记、机构编制、档案馆室建设与改造、档案业务指导、档案鉴定与开放、档案展览及爱国主义基地建设等内容，真实地记录反映了喀左县档案事业发展变化过程和取得的成绩。按朝阳市史志办要求，完成了《朝阳市改革开放四十年》一书中《喀左改革开放四十年》综述编写工作，完成了《辽宁古塔志》一书中《喀左古塔志》部分征集编写工作。

在完成业务工作同时，出色完成了县委县政府交办的各项工作，项目建设完成500万元，在档案查询中发现会议记录不规范问题，及时向县委提出加强党委（党组）会议记录管理的建议，得到县委认可，批转至各单位执行，为提高档案安全，协调县机关事务管理局对楼顶进行了防水处理。

（董玉妹）

卫生与计划生育

【健康扶贫】 年初以来，为做好健康扶贫工作，卫计局党委高度重视、切实加强组织领导，严格按照市、县脱贫攻坚的工作部署，狠抓工作落实，精准实施“三个一批”和“六个一工程”，切实减轻了贫困人口就医负担，有力缓解了因病致贫、因病返贫现象，为贫困人口如期脱贫提供了坚实的健康保障。贫困人口参合率、签约率均达到100%。2018年，全县建档立卡贫困人口全部参加新型农村合作医疗，参合率达到100%。贫困人口健康卡（健康扶贫手册）建卡率达到100%；贫困人口健康档案建档率达到100%；组建家庭医生服务团队208个，为每个建档立卡贫困户提供基本公共卫生服务和基础医疗卫生服务，其中贫困人口签约率100%，并按照协议提供服务，贫困人口进行了包括B超、血常规、尿常规、肝功能、肾功能、心电图、血脂、血糖等项目的健康体检。贫困村卫生室管理更加规范。全县86个贫困村都有卫生室（除兴隆庄镇兴隆庄村、草场乡于村按政策规定属乡镇卫生院所在地没有卫生室外），严格按照标准四室分开，并设有明显标识。2018年，喀左县卫计局为各村卫生室制作更换了统一样式的牌匾，并不断完善卫生室基础设施、增添设备，使贫困村卫生室全面入驻并使用，为群众开展基本医疗服务提供了良好的保障。兜底保障政策全面落实。喀左县贫困

省脱贫攻坚检查组对喀左县健康扶贫工作进行检查评估

人口定点医疗机构是县中心医院。为了提升优质服务水平，县中心医院通过增设醒目标识、增加导诊人员，设置绿色通道等方式，为贫困人口提供了更加优质的服务。2018 年，全县共补偿贫困人口兜底报销患者 4287 人次，医药发生总额 4280.67 万元。开展免费送药活动，健康扶贫政策知晓率大大提高。为全县 4178 位高血压患者、796 位糖尿病患者发放各类药物 60 余万元；加大对乡村卫生计生干部健康扶贫政策的培训力度，免费向贫困人口发放健康扶贫资料包 1 万余个，切实提高了贫困人口政策的知晓率。

【医药卫生体制改革】 逐步建立现代医院管理制度。全面落实省市《关于建立现代医院管理制度实施方案》，制定出台了建立现代医院管理制度，全面完成公立医院综合改革效果评价工作。按病种收、付费改革、深化医保支付方式改革正在稳步推进；严格控制公立医院医疗费用不合理增长行为，制定下发相关文件，门诊患者、住院患者次均诊疗费用增长率均控制在 10% 以下，药占比 35.8%，较上年同期 41.3% 下降 5.5 个百分点，百元医疗收入（不含药品收入）消耗的卫生材费 18.8 元，控制在目标范围内。继续推进乡村卫生服务一体化管理工作。通过“六统一、两独立”的一体化管理方式，逐步推进村卫生室标准化建设，加强村卫生室规划建设、人员、业务、药械、财务、绩效考核统一管理。全县每个行政村均设置了村卫生室，卫生室内部格局符合医疗机构设置标准，根据村人口数量配备 1—2 名乡村医生从事日常工作，从业人员执业资质合格，2018 年为 157 所村卫生室制作更换了统一样式的牌匾，同时在兴隆庄镇宣家村和南哨街道化金沟村新建了 2 所标准化卫生室。基本药物制度建设更加完善。加强公立医院药物管理，全县基层医疗卫生机构全部实施基本药物制度，完成网上采购使用率不低于 60%，二级医院不低于 35% 的指标；规范药品网上集中采购，严格执行药品采购“两票”制，落实医用耗材、大型医疗设备也集中采购政策。建立健全综合监管制度。建立了结构合理、职责明确、运行高效、监管有力、特色鲜明的综合监管体系，以蓝盾系列为主线开展专项监督检查和整治行动。2018 年，全县检查公共场所 590 户、医疗机构 721 户、学校及托幼机构 84 户、生活饮用水 304 户、餐饮具集中消毒单位 1 户，共检查业户 1700 户。

【卫生医疗服务体系建设】 全县的基层卫生服务体系更加完善。各基层卫生服务机构都按标准配齐了相应的医疗和公共卫生服务设备，能够较好的开展诊疗，以及承担基本公共卫生服务和健康扶贫等任务。社区卫生服务中心 2 个，标准化建设达标率 100%。乡镇卫生院 21 个，标准化建设达标率 100%。村卫生室 419 所，标准化建设达标率 100%。继续加强基础设施建设。利用乡镇卫生院标准化建设以奖代补三年滚动计划的政策，2018 年，新建甘招乡镇卫生院 1 所，维修十二德堡镇、坤都乡卫生院 2 所，甘招镇卫生院楼房建设的项目主体已封顶。加大标准化医疗器械采购力度，经过努力，争取到省以奖代补资金 659 万元为全县 21 家卫生院配备了 DR、彩超、全自动生化分析仪等设备，逐步实现了设备标准化。

【公共卫生服务】 加强重大疾病综合防治工作。

推进国家免疫规划疫苗乡镇集中接种工作。全县乡镇集中接种单位共20家，覆盖率达95%。全县无甲类传染病病例发生，未发生脊髓灰质炎病例；加强艾滋病管理和随访工作；免费检查97例结核病患者，其中阳性患者16例，检测率18.39%。加强对流感、手足口、布病、麻疹、疟疾等重点传染病疫情防控。对重性精神病患者管理率达到100%。开展慢性病防治教育工作，倡导健康生活方式，推进了癌症、高血压、糖尿病等慢性病规范治疗和管理；完成农村生活饮用水水质卫生监测工作。加强卫生应急能力建设。加强卫生应急预案体系建设；健全完善卫生应急处置等多项工作制度；“5·12”期间组织开展防灾减灾活动60多场，参与人数达500多人；深入推进全民卫生应急自救互救工程，开展群众自救互救知识与技能培训4次，培训人数达1500人，发放培训手册500本。卫生和妇幼健康服务水平显著提升。加强孕产妇与新生儿危重症救治能力建设工作，健全危重孕产妇和新生儿治疗和转会诊预案、全县转会诊网络，保障绿色通道的畅通；加强母婴保健管理工作。孕产妇管理率达98%，系统管理率达90%以上，2018年无孕产妇死亡发生；0—6周岁儿童保健管理率为90%以上，5周岁以下儿童死亡率为4.32‰，婴儿死亡率为2.47‰，出生缺陷发生率为134.56/万，系统管理率为96.24%。新生儿访视率和产后访视率达到100%。继续开展免费孕优检查和“两癌”筛查工作。2018年，完成孕优检查人数900对，免费计划生育技术服务覆盖率达到100%。做好农村待孕妇女增补叶酸工作，完成率达100%。

【医疗服务能力建设】 提升医疗服务质量和水平。各医疗机构实施了“一站式”服务和导医服务，优化医疗服务流程。制定优质护理管理制度。三家二级医院与喀左县骨科医院、康宁医院已建立“三调解一保险”制度体系，参加了医疗责任保险。各医疗机构不断完善制度，加强重点部门的管理，规范医疗行为，提高医疗安全质量，确保医疗安全。加强全科医生队伍建设工作，完成农村订单定向学生免费培养工作。根据《2018年度辽宁省农村订单定向医学生免费培养工作实施方案的通知》精神，完成定向就业招生人数2人，已完成录取工作；朝阳市卫校定向招生12人；完成2010级学生住医师规范化培训工作。已注册全科医生49人，达到每万人口1.4人，参加全科医生转岗培训16人。加强中医药项目建设，基层中医药服务能力逐步提高。全县6个中医馆建设已完成，全县有12个乡镇卫生院、1个社会卫生服务中心、中医院治未病科、蒙医院名老中医药工作室项目在建设中；全县具备中医药服务能力的社区卫生服务中心达到100%、乡镇卫生院达到100%、村卫生室达到71%。县级综合医院设有标准化中医科、中药房，妇幼保健机构能够提供中医药服务。

【计划生育】 认真落实全面两孩政策，兑现各项奖励扶助政策。2018年全县共出生2277人，办理一孩生育登记845对，办理二孩生育登记1044对，多孩生育登记53对。认真落实计划生育家庭各项奖励扶助政策。2018年，奖励扶助对象11118人，特别扶助对象580人，新增奖扶2052人，特扶对象69人，发放扶助金1067.3万元，特扶金325.9万元；养老扶助资金76万元；落实农村独生子女享受初升高加5分政策，全年审核434名；全年享受独生子女父母奖励费14632人，父母退休补助费1132人，发放资金91万元；县计生协会发放公益金10万元。扎实推进医养结合和流动人口服务工作。做好县级医疗机构与养老机构签约服务，将计划生育特扶家庭纳入签约范畴，签约率达100%；认真开展关怀关爱留守儿童工作，对全县213名特困留守儿童进行免费体检等关怀关爱活动。

【党建工作】 高度重视党的建设工作，切实把从严治党要求贯穿卫生计生工作各个领域，全面落实党委主体责任和纪委监督责任，强化“四个意识”，做好党风廉政建设和营商环境建设和群众诉求等项工作，全面加强医德医风建设，为全县卫计系统营造了一个良好的政治生态环境。2018年，处理民心网诉求41件，获5星好评31件，解决市民投诉件14件，获得满意8件。

【其他各项工作】 驻村帮扶效果显著。2018年，喀左县卫计局党委高度重视驻村帮扶工作，主要领导、分管领导和驻村工作队多次下乡调研，了解帮扶村实际情况，争取14万元资金为十二德堡镇梨树沟村新建1个2000平方米的文化广场，安装路灯35盏，同时还帮助维修村卫生室，切实提高了当地村民的生活质量和健康水平，受到帮扶村村民的一致好评。积极开展社会救助活动。开展“博爱进万家”和“红十字送光明”活动，为全县贫困家庭发放慰问物资、为白内障患者进行免费手术等。做好信访和安全生产工作。落实市、县信访矛盾减存控增三年攻坚工作计划，认真开展信访排查，积极化解积案收效明显。2018年化解省级积案1件，接待来访30人次，全年未发生越级上访事件；做好卫计系统安全生产检查工作；全面部署落实扫黑除恶工作等。全面加强宣传环境建设。投资10万元完成从南大桥—龙源湖景区健康步道工作任务；开展健康中国行活动，新增设十二德堡镇医院、四初中和双桥社区为喀左县市级健康教育示范基地；全面完成卫生计生宣传通讯报道任务。服务“五个一”平台工作扎实推进。喀左县卫计局加强领导、创新思路、明确责任分工，确保服务五个一平台工作扎实推进。6月中旬完成了与“五个一”平台的对接、调研和方案制定等任务，并按照方案要求组织开展相关活动。一是开展送健康进园区活动。8月7日，联合市卫计委到喀左县冶金工业园区的荣福陶瓷有限公司开展“健康进园区”活动，县中心医院5位专家为职工进行义诊；县红十字会工作人员开展互救能力培训，手把手指导员工们心肺复苏操作；朝阳市、喀左县疾控中心开展职业病预防宣传等活动。二是开展健康大讲堂活动。为企业从业人员开展传染病防治、公共场所卫生等知识的健康大讲堂，提高从业人员的卫生健康常识；三是开展蒙医药特色进景区活动。结合蒙医药特色优势，利用蒙医院技术和服务项目，将蒙医药浴、蒙医特色诊疗等技术融入旅游产业文化中，发展健康旅游产业，实现经济效益和社会效益双提高的工作目标。

（卫计局）

爱国卫生运动

【农村户改厕】 根据喀政办传（2018）13号“重实干、强执行、抓落实”的通知中第102项指标要求，建立了任务台账、信息报送、月调度、督查考核机制。转发了全国爱卫办关于进一步推进农村户改厕建设的通知和2018年农村改厕工作方案的通知。政府办下发了喀左县进一步加快农村改厕工作实施意见的通知。对全县农村改厕和沿河厕所、公厕进行了摸底调查。爱卫办积极向上争取改厕资金94万元在公营子镇东垤卜村采取招投标形式新建350座省级示范厕所。通过县政府配套5万元、棚户区改造、房地产开发、农户新建房等共完成4180座农村无害化卫生厕所。

【卫生创建工作】 根据朝爱卫办发〔2018〕2号文件要求，全县申报36个卫生创建单位：其中国家卫生镇1个；省级卫生镇4个、省级卫生村3个、省级卫生单位1个、省级卫生社区2个、省级卫生小区1个；市级卫生镇1个、市卫生村9个、市级卫生单位1个、市级卫生社区2个、市级卫生小区1个、县级卫生村10个。省市已检查验收完毕。

【城乡环境卫生整治】 根据朝爱卫委〔2018〕1号关于开展第30个爱国卫生月活动的通知要求，制定下发《喀左县爱卫会关于开展第30个爱国卫生月活动的通知》，和喀爱卫字〔2018〕14号关于迎县庆开展城乡环境卫生整治活动的通知，明确各部门责任分工。组织20个单位在天成广场开展以“关注小环境·共享大健康”为主题的现场活动，共设置展台18个，咨询台2处，立展板20块，悬挂横幅18条，向过往群众发放爱国卫生宣传册2万份；县人大、政府、政协主要领导参加了此次活动，会后现场解决4个群众提出的环境卫生热点难点问题。全县各单位各乡镇出动人力4万人次，各种车辆958台次，清理垃圾、残土2.5万吨，清理违建、乱搭建、违贴广告889处，清理卫生死角525处，清理污水928立方米，清理铁路（公里）87234平方米，清理绿地21530平方米，清理沟渠51.31公里；开展宣传活动67次，开展群众健身活动71次，开展专家讲座5场，受教育人数9万余人；各单位办黑板报、健康专栏190期，悬挂宣传条幅150条，印发宣传资料121140份，制作宣传展板100块，在新闻媒体发布信息5条，受理来信来访1件。全县完成190个行动村的综合整治工作，新闻媒体全程跟踪报道。在开展活动过程中，爱卫办与政府督查室、规划局、环保局、财政局对全县23个乡镇场，36个村环境卫生整治效果进行了督导检查验收。

【健康喀左工作】 县委、县政府制定下发了《喀左县健康县城实施方案》，明确目标，分解任务，并在全县广泛开展，喀左县城首批获评省级健康县城，公营子镇被评为省健康镇，公营子镇东垤卜村被评为省健康村。

【病媒生物防制】 爱卫办下发了关于病媒生物防制工作的通知，县政府投入8万元病媒生物防制资金。购置灭鼠毒饵站1000个，鼠药160袋。蟑螂药70箱，粘鼠板66箱。在全县集中统一时间发放。

【农村改水】 截至2018年底，全县共建543处农村饮水工程，解决了23个乡镇街道，175个村，612个屯，集中供水人口为21.6455万人（农村人口为30.16万人，喀左县统计局年鉴数据），集中供水率为比例为71.77%。

【爱国卫生监督执法】 爱卫办委托县卫生监督局对全县范围内美容美发场所、旅店、宾馆、公共浴室、商场超市、车站等公共场所及农村生活饮用水进行爱国卫生监督整治工作。全县公共场所底数562户，检查公共场所453户，覆盖率80.6%。其中美发场所275户、美容场所63户、住宿场所31户、洗浴场所32户、大型商场9户、候车室1户、人民会堂1户，网吧18户，书店6户，歌厅17户。对监督检查的401户美容美发场所、住宿场所、洗浴场所全部进行量化分级管理。制作监督文书800余份。

（张晓艳）

体　育

【全民健身运动】 为了更好地构建体育健身网络，发挥各协会主力军作用，按照上级文件要求，对体育社会组织进行规范化管理。围绕全民健身增强协会活力，先后审批成立了武术协会、博傲跆拳道俱乐部和晨曦羽毛球俱乐部等。群众体育工作如火如荼，体育比赛接连不断，分别举办了2018年朝阳首届“塔城陈醋杯”大众跆拳道邀请赛、喀左县迎县庆“商业城杯”羽毛球友谊赛、业余乒乓球赛、全县职工乒乓球赛、科级领导培训班体育活动、环湖自行车赛、县直机关“党员日”徒步走等。

2018年是自治县成立60周年，体育局承担县庆活动期间篮球赛、健身操舞、跆拳道、万人环湖徒步大赛、博克和押加六项体育比赛，以“盛事新喀左、辉煌六十年”为主题，围绕注重突出民族特色和社会轰动效应，作了全面详尽安排。按照时间节点，确保了所承办的体育活动全部圆满完成，六项比赛共有6000多名县内外爱好者报名参赛，观看群众达3万余人。

【竞技体育】 竞技体育水平是一个地区综合实力的

标志。县体育局承担着组织参加上级重大赛事和培养输送体育后备人才的重要职责。致力于扩大训练项目，突出重点项目，补充短缺项目，加大了选材、训练和输送力度，在训人数已达60余人，向市级体育学校输送12人。2018年，喀左县籍运动员在全国比赛中再创佳绩。宫学书在全国柔道锦标赛上获女子柔道57公斤级冠军。祁其格代表辽宁省体育职业技术学院参加全国大学生柔道锦标赛获得女子48公斤级比赛冠军。到2018年底，喀左县籍运动员共摘得世界冠军5个、洲际冠军4个、全国冠军34个、辽宁省冠军103个。

由于喀左县竞技体育成绩突出，且为省传统体育项目训练基地，多次代表市参加辽宁省少数民族运动会并取得了优异的成绩，2018年代表朝阳市参加辽宁省第九届少数民族运动会共获得2金3银8铜，实现了历史性突破，并获得体育道德风尚奖，获得代表辽宁省参加2019年在河南郑州举行的第十一届全国少数民族传统体育项目运动会民族式摔跤单项比赛的资格。

【体育基础设施建设】 为了完善体育场功能，提升体育中心档次，最大限度满足群众健身需求，经县政府同意在田径场西侧，建设了单侧风雨看台，此项目是中央储备项目，工程已经竣工，交付使用。另外，体育局积极运作喀左县体育局全民健身活动中心项目，此项目在体育中心院内，规划用地1625平方米，总建筑面积2053.4平方米，建成后对外向市民开放，可以进行羽毛球、乒乓球、排球、台球、毽球、室内足球和器械健身等，形成一馆多用。该建设项目是“十三五”中央储备项目，总投资600万元，其中争取中央资金480万元，省级资金100万元，现前期工作已基本完成。

【驻村扶贫、结对帮扶】 2018年是全县村销号年，局领导高度重视，多次召开会议研究，驻村工作队认真执行上级部署，经常入村进户商讨产业扶贫项目和贫困户生产生活情况。为了达到稳定脱贫，村重点项目一是进一步加大光伏发电产业项目，占地6亩多地，年收入7万—8万元，重点解决低保户脱贫。二是落实特色种植产业项目，成立利民农作物种植土地股份专业合作社，通过土地流转形式，带动贫困户参与，发展300多亩酒高粱种植，亩产600多公斤，保护价收购，年终分红。三是联系建昌客商建设酒厂，该酒厂占地10亩，建成后日产可达750公斤。四是为了加强政策扶持力度，积极协调县妇联，为其争取2万元资金，用于建设“妇女儿童之家”。高度重视结对帮扶工作，全体干部职工先后四次深入贫困户家中走访、慰问，了解基本生产生活情况，并为贫困户送去慰问金、慰问品，折合人民币1万多元。

【招商引资】 通过喀左宏光搏击俱乐部校长与江浙客商联系，拟在兴隆庄头道洼建设宏光武术学校，该校占地150亩，总投资3.5亿元，分别建设综合训练楼1.3万平方米；标准化运动场，包括塑胶跑道和人造草皮足球场；建设1000平方米学生餐厅；学生公寓、教学楼、办公楼、实验室和学术交流中心。学校主要以学为主，以武为辅，面向全国招生。

（体育局）

旅　游

【概　况】 喀左县旅游局成立于2002年6月，2015年11月撤销喀左县旅游局，组建喀左县旅游产业发展局，根据《关于调整喀左县旅游产业发展工作机构的通知》（喀编发〔2015〕55号）文件，机构规格为正科级，为县政府直属事业单位。旅游产业发展局下设综合办公室、项目开发股、宣传联络股和行业管理股，主要职能包括监督实施旅游业的法规、规章及标准；协调各项旅游相关政策措施的落实，特别是假日旅游、旅游安全、旅游紧急救援等工作，保证旅游活动的正常运行；组织喀左县旅游整体形象的对外宣传和推广活动，组织指导重要旅游产品的开发包装工作；培育和完善县域旅游市场，监督、检查旅游市场秩序和服务质量，受理旅游者投诉，维护旅游者合法权益；组织旅游资源的普查工作，指导重点旅游区域的规划开发建设，组织旅游统计工作；组织指导旅游教育、培训工作等。下设喀左县旅游服务中心（副科级）、喀左县旅游质量监督管理所（股级）两个事业单位。2018年，县旅发局以创建国家全域旅游示范区为统领，以项目建设、完善配套、拓展市场、综合监管为路径，统筹推动全县旅游工作。东山嘴祭坛景区、润泽旅游景区、东蒙博物馆晋升为国家AAA级旅游景区；三川天佑喀左系列紫砂茶具获得了“中国旅游商品”称号；北陶紫砂壶荣获“2018年中国旅游商品大赛”参赛奖；大成国际温泉酒店被辽宁省旅游饭店业协会授予“2017年度辽宁省旅游饭店业最佳商务酒店”荣誉称号，旅游产业呈现持续加快发展的良好势头。2018年，全县旅游综合收入31.51亿元，同比增长20.08%，接待国内游客395.72万人次，同比增长20.8%，入境游客0.398万人次，同比增长3.5%，

【完善全域旅游配套】 一是强化旅游项目建设。2018年，全县重点项目完成投资3.42亿元。龙凤山森林公园生态扶贫果园建设项目栽植果树5万株，完成投资1500万元；浴龙谷温泉度假区室外水乐园完成投资1.25亿元；浴龙谷温泉度假区二期农业观光园项目，完成稻田画、荷花池、小型动物园、果园、花海等生态景观，投资1.73亿元；凌河十公里景观廊道项目已具备通车能力，完成投资670万元；青旅文化旅游产业小镇核心起步区项目完成投资2100万元，建设完成喀左旅游文化展示中心；白龙大峡谷项目完成投资200万元。二是加强招商引资工作。辽宁旅游投资集团已多次到喀左县踏查旅游资源，计划开发凌河第一湾项目，同时已委托上海同砚规划建筑有限公司制定项目策划，景区战略协议已拟定。喀左利州古城项目已于9月26日与亿居国际企业管理集团有限公司签订意向协议，预计开发用地600亩，用于建设仿古商业街等内容。白音爱里民族村马厂沟新建龙熙嘉源项目已落地施工完成投资2800万元；金秋老年公寓、云水山庄、风皇山庄等乡村旅游点纷纷落地完工。三是助推景区品牌建设。指导东山嘴祭坛、润泽旅游景区、东蒙博物馆、官大海民族村寨、白龙大峡谷景区申报国家AAA级旅游景区；指导浴龙谷温泉度假区申报省级旅游度假区；对A级景区进行多次集中管理检查。四是推进乡村旅游发展。喀左润泽旅游景区新增征地200余亩，除种植花海外，增加果园、蔬菜认养、杂粮种植等项目；白塔子洞子沟葡萄采摘基地新增面积500余亩，增加苹果、大枣、酸枣等采摘品种；大营子乡风皇山庄、筑诚山庄、兴隆庄云水山庄、南公营子镇雨沐休闲农庄、老爷庙青良农庄等多个庄园类乡村旅游项目建设落地。五是继续推进“厕所革命”。2018年，全县建设旅游厕所17座，已全部完工。六是积极向上争取政策支持。以喀左县全域旅游示范区为单位申报《2018年旅游发展基金补助地方项目》，已通过文化和旅游部、财政司审核，获得奖励资金300万元（辽财指经〔2018〕442号）。同时，密切关注国省政策导向，提前组织项目单位策划和准备申报文本。已组织浴龙谷温泉度假区、青旅文化旅游产业小镇、云城山庄等企业、项目向上申报《关于征求文化旅游提升工程实施方案中期调整意见的通知》（旅规财函〔2018〕22号）、《关于组织推荐金融支持旅游扶贫重点项目的通知》（旅办发〔2018〕66号）、《省发改委 省财政厅关于印发加快突破辽西北发展项目和资金管理暂行办法的通知》（辽发改地区〔2018〕306号）、《关于做好2018年旅游发展基金补助地方项目申报工作的通知》（财办文〔2018〕32号）。乡村旅游目项贷款贴息、旅游厕所专项补助等政策扶持，获得2017年度旅游厕所专项补贴4.5万元。

【旅游营销】 积极开拓客源市场。赴北京、天津、赤峰、松原等地进行旅游专项推介30余次，并赴阜蒙县参加辽冀蒙旅游区域联盟大会做精彩推荐，宣传品发放40万余份。与北京中安正和集团、北京康辉旅行社、北京妙康旅游俱乐部、辽河油田等旅游企业达成区域合作协议，定期输送旅游团队，已输送游客10万余人次，引客入喀成效显著。更新制作旅游宣传品。编辑、设计印制新版旅游宣传品，向县域内外各景区、展会、宾馆、旅游企业发放；加大对旅游乡镇的宣传促销力度，为重点旅游乡镇制作多种旅游宣传品。编辑、设计印制2018新版导游图4万份、喀左优秀导游词集锦4000份，拍摄制作2018版“全景喀左 全域旅游”宣传片2部，印制光盘2000份，制作“花开四季、漫游喀左”“赏花胜地、多彩梨乡”旅游宣传折页4万份，为各乡村旅游点制作宣传彩旗3000面，大小宣传展板120块。扩大媒体宣传渠道。巩固传统媒体宣传渠道，积极投稿《中国旅游报》《辽宁日报》《辽宁职工报》《朝阳广播电视报》《燕都晨报》《喀左县报》等，已刊文章60余篇，并于《辽宁日报》刊登专版。与省级媒体《游客杂志》《北京假日自助游》杂志合作，刊载专题15期。电视媒体方面，辽宁电视台拍摄喀左旅游专题、涉旅专题片3部。强化网络媒体宣传力度，与“乐途旅游网”建立战略合作，在乐途网站首页、发现频道、官方微博、微信进行喀左旅游宣传推介；与游客网、假日自助游、辽宁旅游网、朝阳旅游网、喀左旅游网等各级媒体合作，进行全方位宣传；做好“辽宁旅游”“朝阳旅游发展委员会”“朝阳旅游”“发现朝阳”“喀左新闻”“喀左在线”等微信号投稿工作，宣传推介喀左县旅游资源；与“辽宁旅游”“喀左小小”“喀左优选”微信平台建立合作关系，发布文章80余篇；建立专属微信平台，并做好各项旅游咨询、攻略、景区简介等的发布工作，已发布文章40余篇。

【优化全域旅游服务】 做好旅游安全工作，提高行业管理水平。认真学习贯彻上级部门关于安全生产工作的一系列重要指示精神，严格按照“四个清单”要求，进一步加大旅游安全管理和监督检查力度，深入、彻底排查治理各类隐患和不安全因素，严防重特大旅游安全责任事故的发生。制定旅游突发事故应急预案和汛期安全生产预案。为确保旅游业的安全，年初旅游企业签订安全生产责任书，明确企业主体责任，确保责任落实到位，同时对旅游企业负责人和安全员进行安全知识考试，并积极参加上级部门组织的2018年景区风险保障与发展论坛。深入企业，开展全面细致的拉网式排查，全年累计安全检查100余次，对检查出的隐患和问题，限期整改，并认真做好问题隐患整改复核和“回头看”工作，有效地保障全县旅游行业安全、平稳、有序。

多措并举、优化旅游市场营商环境。认真编制行政执法年度计划表和便民利企具体措施，积极开展旅游企业“双随机一公开”专项执法检查，重点检查旅行社营业部的户外广告、宣传册和报价单、超范围经营等资料的规范情况。认真梳理权责清单、制作权责清单流程图，上报县政务公开办公室和县编委办等相关部门。积极开展“5·15”政务公开日活动。强化旅游执法软硬件建设，提升旅游投诉处理质量和效果，开展专项整治活动。深化软环境执法大检查，强化民心网、全国旅游监管服务平台和人间正道网登录值守工作，认真做好安全生产、普法、信访、应急、综治等部门的信息报送工作和节假日旅游信息统计报送工作。对所有星级饭店进行复核，进一步规范标准、提升服务质量。加大投诉处理工作力度，对旅游投诉案件及时办理，切实保护旅游者和经营者的合法权益。运用服务平台、微博、热线电话、咨询中心等多样化手段，提高旅游投诉的结案率、满意率。应用全国旅游监管服务平台，加强对旅行社营业部导游人员日常监管，保障导游人员合法劳动权益。

开展旅游宗教大检查，规范旅游景区内的宗教场所。为营造旅游业宗教和睦、社会和谐的良好局面，对所有景区内的宗教场所进行走访调查，重点对AAAA级旅游景区龙凤山、龙源旅游区，AAA级旅游景区云城山庄，AA级旅游景区官大海民族村寨等存在宗教场所的景区进行检查。景区内未发现收取高价门票的宗教场所，未发现有假僧假道等现象。

深入开展扫黑除恶专项斗争，确保全县旅游发展平稳有序。综合运用多种手段发现和预防黑恶势力违法犯罪苗头。调动旅游执法人员，调查涉旅行业有无“黑车”“黑导”“黑店”“黑社”以及强迫游客购物、欺客宰客等违法行为，寻找黑恶势力犯罪线索。通过摸底调查27家涉旅企业、悬挂宣传条幅40幅、LED电子屏幕24小时滚动播放等形式，全方位、无盲点深入宣传扫黑除恶专项斗争，营造良好社会治安气氛。

【脱贫攻坚】 大力开展行业扶贫。重点培育平房子镇、卧虎沟乡2个特色旅游产业小镇，南哨街道化金沟村、尤杖子乡尤杖子村、兴隆庄镇头道洼村3个特色旅游专业村，大力发展乡村旅游。协调龙凤山、龙源旅游区、浴龙谷温泉度假区、敖木伦湿地等景区，为建档立卡贫困户提供就业岗位。强化驻村扶贫。以化金沟“野花谷”为旅游品牌进行策划包装，通过报纸、网络、杂志等媒体平台进行宣传，帮助他们制作多个赏花基地指示牌安装在道路沿途，积极联系体育局为其解决村部小广场健身器材。开展结对帮扶。针对结对帮扶的26户贫困户，局机关党员干部多次到帮扶的贫困户家进行走访慰问，为他们送扶贫救济金、春联、棉衣、米、面、油、药品、牛奶、八宝粥、火腿肠等生活用品和种子、化肥等春耕用品，合计2万余元。

【人才队伍建设】 组织相关人员参加《导游管理办法》培训班、与县职业高中领导洽谈对接，开设旅游相关专业。与渤海大学旅游学院签订战略协议，从规划和人才等方面予以合作。以“两个责任”作杠杆，以“两学一做”贯穿始终，积极打造履职尽责的旅游干部队伍。多次召开全局干部职工廉政建设工作会，引导党员干部廉洁自律；积极开展“两学一做”学习教育，坚持“三会一课”，定期开展“主题党日”活动，使之常态化和制度化。加强机关建设，持续抓好党建、党风廉政、信访、保密、档案、精准扶贫等工作，围绕县委、县政府中心工作，组织开展实践调研活动。2018年，共吸收正式党员2名。按标准建设了1个规范化党员活动室，配备了资料橱、宣传栏等。

（旅游产业发展局）

龙源旅游区管理

【概　况】 2018年，龙源旅游区管理处围绕县委、县政府中心工作，以“全景喀左、全域旅游”工作目标为指导，对景区提质扩容、提档升级，攻坚克难，奋勇争先。2018年，共接待游客78.6万人次，综合收入7.68亿元，实现经济社会跨越式发展。

【党建工作】 以党建为龙头，加强党员队伍管理。管理处党组2018年新发展党员2名；集中开展党员教育培训10次；组织观看纪录片《我是党员》《榜样》和《十九大开幕式》，撰写心得体会文章25篇。完善内部管理制度，严肃党内政治生活。坚持党组书记带头讲党课、开展谈心谈话、以普通党员身份参加所在党支部组织生活会等各项制度，全年组织开展了4期党组书记讲党课，2期“两学一做”专题讨论。以服务为目标，积极开展党员活动，先后组织全体党员去老爷庙中心敬老院开展“送温暖、献爱心”活动；赴丹东大梨树学习毛丰美“干”字精神；走进建设社区，走访慰问贫困户，宣讲旅游知识、发放扇子及各类宣传品；积极参与“为健康出发、为喀左加油”徒步行主题党日活动；开展党员带头，干部积极参与的每月“读书会”活动，弘扬正能量，激发党员干部积极向上的工作热情。

【项目建设】 新建完工项目：湖北路道路排水工程，道路翻建长度2065米，面积45400平方米，新建直径1500毫米钢筋混凝土排水管道1450米，总投资1151万元；龙源湖水幕音乐喷泉改造升级项目，总投资400万元；长度300米的人工湖景观桥改造升级项目，总投资600万元。在建项目：计划投资2.5亿元的龙熙嘉园项目已完成投资1500万元。续建项目：青旅文化旅游产业小镇项目，养生养老地产和商业街正在建设中；大凌河十里景观廊道项目公路及各景点树木栽植已完成，河道坝体桥梁正在建设中，2018年，完成全部投资5亿元；总投资5000万元的蒙古大营项目正在建设中，现已完成投资1000万元；喀左中国暴龙地质公园一期工程，剖面馆主体工程已经完工。

【扶贫工作】 2018年，龙源旅游区管理处作为定点扶贫单位，分别与喀左县白塔子镇郭台子村16户贫困户、盆窑村2户贫困户结成帮扶对子，管理处每名有编制的工作人员负责帮扶2户。在管理处党组的安排部署下，全体工作人员积极走访入户，为贫困户带去了包括现金、食品等慰问品，与此同时，通过走访慰问活动，详细了解他们的家庭基本情况，包括收入、病残、急需解决的问题等，积极为他们出谋划策，争取让他们早日摆脱贫困。2018年，龙源旅游区管理处走访慰问贫困户共4次，共为贫困户带去现金和物资折合人民币10800元。

【景区宣传】 通过报纸、电视、微信、宣传画册等方式，开展系统的、连续的宣传促销活动，举办各类节庆赛事活动，招揽外地游客，提高景区知名度和美誉度。成功举办第三届龙源旅游区旅游文化节，端午节承办“龙源杯”环湖自行车邀请赛、协办环湖徒步大赛、第七届“紫陶文化艺术节”等活动，其中“龙源杯”环湖自行车邀请赛将文化节推向高潮，给旅游文化节画上了浓重墨彩的一笔。景区制作720度卫星全境视频，通过网络、微信进行宣传，研究策划微电影剧本，制作体现景区文化的扇子、帽子、笑脸胸标等旅游纪念品。大力宣传并开展扫黑除恶专项整治行动。

【增强游客中心职能】 本年度游客中心共接待团队230个，接待人数达到2万人次，其中公务接待5000人次，社团接待1.5万人次。（导游赴工业园区接待团队8个，共计300余人次）。域外游客以北京、天津、沈阳、葫芦岛等地居多。游客中心对讲解员进行了全面的培训，切实提高讲解员的讲解能力、服务质量和综合素质，佩戴笑脸胸标，提供微笑服务。拓展周边200公里半径内的旅游市场，与北京、天津、沈阳、赤峰、葫芦岛等地的旅行社紧密合作，调动旅行社组团的积极性，吸引大批游客到喀左。购物中心引进了紫砂豆芽罐、高品质陈醋、烤鸭蛋等新开发的喀左特产，注册了淘宝店铺，走向线下+线上双营销模式。2018年，共接待游客78.6万人次，综合收入7.68亿元。

（龙源旅游区管理处）

社会生活

劳动和社会保障

【就业创业】 认真落实促进就业各项政策，帮助失业人员和就业困难人员实现就业。全县城镇新增就业2058人，失业人员再就业2653人；城镇登记失业率为2.66%，低于控制标准1.84个百分点；离校未就业高校毕业生就业率达到94.35%。发放创业担保贷款768万元。继续发挥好创业创新孵化基地作用，全年新增入孵项目51个，孵化成长为企业25家。扶持创业带头人94人，带动510人实现就业。

【行业扶贫】 充分发挥人社系统行业优势，通过组织就业扶贫专场招聘会、开发公益岗安置、政府购买服务、企业扶贫工厂吸纳就业等形式帮助597名建档立卡贫困劳动力实现就业，事业单位招聘159名建档立卡贫困家庭毕业生将于近日上岗。全年开展精准扶贫职业技能培训班13期，培训520人，有233人获得职业资格证书。为符合条件的贫困人口代缴城乡居民基本养老保险费，贫困人口参保率达到99.6%，超过省规定标准9.6个百分点，年满60周岁贫困人口全部享受城乡居民基本养老保险待遇。

【人才工作】 全年新增专业技术人才476人，引进高层次人才89名，引进域外专家团队19个。组织27个专家团队与项目对接，千名专家进园区进企业工作几年来始终排在全市前列。开展企业技能人才培养工作，全年培养133人，其中技师级高技能人才10人。开展了“喀左优秀专家”和“喀左工匠”评选活动。

【社会保险】 2018年，全县城镇职工、机关事业单位退休人员和城乡居民养老保险待遇均按时足额发放，较上年分别提高了5.9%、4.5%和27%。全县城镇职工基本养老保险扩面新增参保1018人，参保总人数达到47594人，享受退休待遇15525人；城乡居民基本养老保险参保20万人，享受待遇59631人。深入推进建筑工程领域按项目参加工伤保险政策落实，大力扩展建筑企业工伤保险参保覆盖面，工伤保险参保扩面达21247人，为市下达任务指标的132.79%，超任务指标5000余人。机关事业单位养老保险制度改革稳步推进，养老保险金全部实现社会化发放，养老保险费征缴流程进一步规范。启用了人脸识别领取待遇资格认证系统，群众可就近到乡镇街区劳动保障大厅自助认证，或下载手机APP足不出户在家完成认证，该系统受到群众的广泛欢迎，全年有8万人使用该系统完成认证，占认证总数的76.8%。

【劳动保障监察执法】 扎实开展依法用工、依法维权宣传和劳动保障监察执法，全年共开展专项执法检查3次，检查用人单位569家，及时纠正各类违法行为。以维护农民工劳动报酬权益为重点，以春节前为关键时间节点，全力以赴做好农民工欠薪投诉受理、核实、立案、处理工作，全年共受理农民工欠薪投诉83件，为农民工发放拖欠工资1508万元，维护了农民工权益，维护了社会稳定，全县未发生去市以上讨薪信访案件，未发生恶性讨薪事件。喀左县农民工工资治欠保支工作在全市各县（市）区中处于领先水平。

（郭　宇）

民　政

【概　况】 喀左县民政局是县政府主管社会行政事务的一个职能部门，承担着全县的自然灾害核查上报、城乡最低生活保障、城乡困难群众重大疾病意外灾害救助、救灾救济、社会福利、双拥、优抚、退役士兵安置、基层政权建设、区划地名管理、社团登记、民办非企业单位监管、老龄工作、婚姻登记、殡葬管理服务等职能。2018年，民政局坚持“以民为本、为民解困、为民服务”为宗旨，紧紧围绕脱贫攻坚目标任务，凝心聚力、开拓创新、依法行政、廉洁自律，民政整体建设有了较大进展，取得了良好效果。在全县绩效考评中被评为先进单位、脱贫攻坚工作先进单位。

【最低生活保障】 坚持做到应保尽保。2018年，全县共有城市低保1119户，2115人，共发放低保金及电价补贴922.25万元。有农村低保5645户，11096人，共发放低保资金及电价补贴2300万元。有农村五保供养对象1991人，发放特困供养资金及电价补贴1037万元。不断提高最低生活保障标准。从2018年7月1日起，全县城市最低生活保障标准由每人每月444元提高到每人每月498元。全县农村居民最低生活保障标准由每人每年3720元提高到每人每年4176元。农村低收入家庭保障标准按照低保标准的1.3倍执行，提高后现行标准为5436元。分散五保供养标准由每人每年4836元提高到每人每年5436元，集中五保供养人员按每人每年6528元执行。扎实做好节日救助工作。为使困难群众过好春节，节前对1432户城镇低保困难户进行了粮油救助，另外对96户患重大疾病和生活特别困难的给予了资金救助。对农村300户低保家庭、100户五保家庭进行了救助走访，送去粮油、肉和300—500元的现金，合计共投入资金79.5万元。

【老龄及残疾人权益保障】 老龄工作坚持“党政主导、社会参与、全民关怀”的老龄工作方针，始终把“五个老有”作为最终工作目标，开拓创新，锐意进取，探索出一条符合本地实情的新路子，取得了好的成果。2018年，为全县80周岁及以上高龄老人发放高龄补贴共计544.97万元。积极推进“关爱老年人健康工程”，为特困老年人1493人办理了老年人意外伤害保险，投入资金29860元。2018年，获得了全国“老龄系统先进集体”荣誉称号；认真贯彻落实省、市“残疾人两项补贴”文件精神，发放2017年度“残疾人两项补贴”资金736.4万元，发放2018年“残疾人两项补贴”737万元。为保障全县残疾人的合法权益做出了积极的贡献。

【脱贫攻坚】 实现兜底保障。根据《朝阳市人民政府办公室关于提高城乡最低生活保障和农村特困人员救助供养标准的通知》（朝政办发〔2018〕99号）文件要求，2018年农村低保标准由2017年3720元提高到4176元，增幅12%。已超出贫困线3442元的734元；建立“救急难”制度。加大对因病、因残、因灾等原因致贫农村贫困对象的救助力度，全年共救助农村贫困对象359户，发放临时救助资金60.67万元。根据《朝阳市人民政府办公室关于印发朝阳市应届考入普通高校家庭经济困难学生救助实施细则的通知》（朝政办发〔2016〕96号）要求，对低保户和低保边缘户家庭学生考入本科院校学生每人一次救助4000元，考入专科院校学生每人一次性救助3000元，共发放救助资金6.5万元；开展全兜底核查。2018年10月1—31日，民政局对全县23个乡（镇）街现有低保户和2018未脱贫建档立卡贫困户进行全兜底核查，市民政局提供的2018年喀左县未脱贫的建档立卡贫困户是2898户6380人，已经兜底保障的2139户4310人，综合兜底率67.6%，全市排名第三。经综合评估，喀左县最低生活保障制度覆盖符合条件建档立卡贫困人口的比例达到100%，符合贫困县退出标准。

【双拥优抚安置工作】 春节、“八一”期间对县内外驻军官兵和重点优抚对象进行走访慰问，投入资金20.88万元。完成了优抚对象定期生活补助标准提标工作，发放提标资金39.9万元。发放优抚对象定期补助资金和住院药费补助金1094.2万元。完成2017年符合政府安置条件的转业士兵安置工作。发放2017年退役士兵一次性经济补助。完成对2018年秋季退役士兵接收和档案审核工作。组织召开了退役士兵技能培训和就业创业推荐会议，进一步拓宽退役士兵就业机会和渠道。根据国务院办公厅要求，从2018年11月28日开始在全县全面开展退役军人和其他优抚对象信息采集工作。

【社会事务管理】 基层政权工作。为改善基层社区办公条件，积极向上争取省级福彩帮建资金75万元，用于建设公营子镇中兴社区、甘招镇羊草沟门村办公用房，2018年已全部投入使用。积极落实扫黑除恶专项斗争要求，深入开展基层组织排查工作。区划地名工作。进一步完善国家地名普查办反馈数据整改工作，先后完成3000余条的修改，增补影像资料400余条。完成《中华人民共和国地名词典》喀左部分84条词条的编纂上报工作。社会组织工作。贯彻落实省、市关于开展社会组织清理规范专项整治工作要求，从5月24日至8月15日对全县54家社会组织进行清理规范，注销11家，注销占比20%。6月组织成立了中共喀左县社会组织委员会，保证社会组织发展的正确方向，激发社会组织活力。做好农村留守儿童救助动态管理，发放孤儿生活补贴51.5万元。为精简退职人员发放精简退职老人优待金52万元。婚姻登记站认真贯彻执行（朝委办发〔2018〕23号）文件精神，实行双休日无休服务，方便群众办事，登记合格率100%。自2017年度国家确定为全国殡葬改革试点县以来，按照国家、省、市要求，积极推进全国殡葬改革试点工作，制定实施方案和工作计划，并强力组织实施，完成殡葬的清理整治工作任务，完成殡仪馆环保焚烧炉改造任务。殡仪馆保持火化率100%。救助站共救助385人，城市环境进一步净化，全面推进喀左县社会救助工作深入开展。

【项目建设】 如期完成平房子中心敬老院新建养员楼项目建设工作，工程总投资2300万元。完成了东哨、兴隆庄中心敬老院消防改造储水池的建设工程和老爷庙、六官营子中心敬老院的房屋维修工程。推进老爷庙中心敬老院新建养员楼项目成功落地，项目投资预计1950万元。

【队伍建设】 认真贯彻执行中央的“八项规定”和省、市、县委的实施细则，坚决抵制“四风”问题，按照“用制度规范行为、按制度办事、靠制度管人”的要求，进一步健全完善了《干部职工学习制度》《机关事务管理制度》《信访接待制度》《廉政制度》等，健全用制规范干部职工行为，靠制度管人管事。强化敬业奋斗意识，进一

喀左县平房子中心敬老院新建养员楼建设项目

步激发了全体干部职工的工作热情和动力，使干部职工作风得到进一步转变，联系群众、服务群众，自觉奉献意识进一步增强。扎实开展“两学一做”学习教育常态化制度化工作，组织党员干部职工学习习近平总书记系列重要讲话和中央八项规定和省市县委实施细则，贯彻落实好全面从严管党治党各项工作任务。全面把握十九大赋予的历史使命和根本任务，牢固树立“四个意识”，坚定“四个自信”，深入开展“转变作风、服务群众”主题教育实践活动，围绕“讲诚信、懂规矩、守纪律”进行专题研讨，教育引导广大党员做到政治合格、执行纪律合格、品德合格、发挥作用合格，党员干部职工整体素质得到了全面提高；坚持做好统筹兼顾，在突出抓好民生保障工作的同时，认真抓好社会治安综合治理、信访、安全、档案、保密、统计等工作，全面推动民政事业的健康发展。

（付立峰）

乡镇场街园区简介

坤都营子乡

【概　况】坤都营子乡位于喀左县西南部，距离县城17公里，东邻南哨镇，南与平房子镇相连，西与凌源市四官营子镇乌兰白镇接壤，北至国营管大海农场边界，乡政府驻地坤都营子村。全乡地势西南高、东北低，平均海拔450米左右，年均降水量491.5毫米左右。辖区总面积67.46平方公里，耕地面积23107亩；共有6个行政村，46个村民组，3228户，11700口人，其中党员515名；蒙古族人口1398人，其他民族26人。乡内设职能部门有：党委办、政府办、人大办、综治办、武装部、妇联团委、财政所、民政办、农经站、文化广播站、蔬菜站、统计、交通、安检站、项目办、林业站、水保站、社保服务站、农业农机站、计生办、司法所、动监所、防疫站等。

【农　业】种植业。通过党支部带动、合作社引领等方式，农民种植玉米以外农作物的积极性进一步提高，种植高粱、杂粮、中草药、地瓜等农作物5000余亩。2018年，全乡保护地2364亩，农业大棚705栋，新增旧改棚6个，新建冷棚15个，分类推进废弃棚改造工作。设施农业技术培训面百分之百，生产温室参加保险比率100%，棚内作物以黄瓜为主，钱杖子村大棚以韭菜套豆角为主。设施农业蔬菜年产量1950万吨，保护地产业成为农民稳定增收的重要保障。生产条件持续优化，深松整地5000亩，实施节水滴灌1500亩。农村改革深入推进，创建专业合作社24家。新增土地股份合作社、家庭农场各1个，流转土地面积8480亩；农村土地确权登记、农村集体产权制度改革工作顺利推进。畜牧业：按照全县畜牧业发展思路，结合本乡实际情况，坚持现代畜牧业发展理念，积极抓好养殖业建设，大力推广"规模饲养、统一管理"的养殖建设模式。建设标准化畜牧小区1个。林果业：全年造林4750亩，其中，经济林2150亩，其他造林2600亩。春季河滩造林3200亩，退化林修复1700亩，森林覆盖率进一步提高。秋季造林1550亩，成活率达到90%以上，完成义务植树6.3万株。严格执行秸秆禁烧、护林防火和封山禁牧工作，未发生重大森林火灾。"河长制"全面落实。强化乡村联动和责任落实，推动绿色发展、生态环保理念见诸行动。

【项目建设】以经济建设为中心，以项目建设和招商引资为突破，不断创新招商引资方式，着力在引进投资规模大、牵动力强的大企业、大项目上实现重大突破。依托丰富的页岩、石材、矿泉水资源，继续做大做强建筑材料和矿泉饮品产业。大力发展太阳能光伏、风力发电等新能源产业。2018年，在波太沟村新建新型保温建材项目，项目投资8000万元，占地30亩，以生产新型保温材料、门芯为主，预计年产值达5000万元、利税达300万元，已完成厂房建设、设备安装等工作，即将建成投产。完成坤都66千伏变电站收尾工作，按期投入运行。

【飞地经济】 向利州工业园区引进豆芽菜生产项目，计划投资5195万元，占地18亩，预计可实现日产豆芽菜60吨、年销售收入5000万元、利税可达400万元，正在进行场地平整工作。

【优化营商环境】 深入开展营商环境专项整治工作，围绕简政放权、政务服务、政商交往、干部作风等领域细化整治任务34项，办事流程进一步精简，办事效率进一步提升，发展环境进一步优化。

【脱贫攻坚】 按照“3+N”产业覆盖、政策叠加的精准脱贫思路聚力攻坚，以“党支部 + 经济实体 + 贫困户”的模式，带动2018年脱贫户59户129人实现人均增收1600元。成功申请金融养牛扶贫贷款202万元，带动百余位贫困群众实现增收。在排杖子村新建75千瓦村级光伏电站，于2018年11月并网发电；洼子店村光伏电站实现了第一期分红，86户贫困户每户得到400元。严把质量关，维修C级危房9户，翻建D级危房15户。积极争取上级政策支持，提供公益性岗位11个。健康扶贫、教育扶贫等扶贫举措形成叠加效应，困难群众负担进一步减轻。综合文化服务中心和文化广场实现全覆盖，人畜饮水安全实现全保障，水泥路面实现村村通，贫困户脱贫成效更加巩固。经过努力，贫困人口全部脱贫、贫困村全部销号。

【基础设施建设】 实施道路硬化25.9公里，补齐制约经济发展的交通短板。栽植风景树7000余株，绿化道路7公里。在坤都营子村开展美丽乡村建设，新建文化广场2300平方米，建设排水沟610延长米，新建路灯14基、垃圾池12个、垃圾箱5个。完成张家窑村老旧村部翻建工作。在县水利局的大力支持下，完成房申村老旧村部翻建并新建文化广场1900平方米。在张家窑村、上店村新建自来水管路3处，解决了200余户近千人的饮水安全问题。

【驻村帮扶工作】 脱贫攻坚驻村干部立足实际，主动作为，勇于担当，充分发挥派出单位的资源优势，积极争取政策支持，积极参与乡村各项工作，成为了乡村振兴的智囊团与生力军。在省委党校的关心和支持下，省委党校驻村工作队为帮扶村积极联络有机蔬菜基地项目和文冠果项目，帮助贫困户稳定脱贫、增加贫困村集体收入；为帮扶村捐赠价值4万余元的电脑、投影仪等办公设备以及党建图版；为新建村部协调价值2万余元的办公桌椅。在县国土资源局的关心和支持下，县国土资源局选派干部和驻村工作队为帮扶村争取“一事一议”项目，硬化街巷道路6.8公里，修建桥梁1座；落实近万元资金，完善贫困户档案和村级档案；通过结对帮扶，为贫困户捐款捐物价值1万余元。在省发改委的关心和支持下，省发改委选派干部争取道路硬化、妇女儿童之家、上店村村部翻建、安全饮水、水库移民后期扶持、凌河西支河道治理、秸秆直燃型锅炉及收储中心试点7个项目；同时协调企业为妇女儿童之家项目捐资捐物价值40万元，协调伊利集团为学生、老师、老党员、军烈家属以及高龄老人捐赠奶制品价值15万元。县委党校、县档案局及其选派干部也对脱贫攻坚和乡村振兴等工作给予了大力支持。

【社会管理】 深入推进信访矛盾“减存控增”，化解省级信访案件1件、县级信访案件3件，超额完成年度计划。集中开展扫黑除恶专项斗争，坚持宣传、排查和依法严惩并重，出动宣传车50台次，张贴标语条幅100余条，发放宣传单3000余张。“七五”普法深入实施，村民法律意识不断提高，全乡法治氛围更加浓厚。全面落实党的民族宗教政策，依法加强对宗教事务的管理，民族宗教领域和谐稳定。全力做好非洲猪瘟防控工作。压实安全责任，安全生产、食品药品安全、校园安全、交通安全形势稳定，无重大安全事故发生。

【党建工作】 以“四个坚持”为抓手，夯实基层基础，全面落实基层党建工作。一是始终把理论学习摆在首位，常态化制度化开展“两学一做”学习教育，深学笃用习近平新时代中国特色社会主义思想以及总书记在辽宁考察时和在深入推进东北振兴座谈会上的重要讲话精神，带头深入支部宣讲，组织各类研讨会、讲座、宣讲43次。二是全面加强阵地建设，完成张家窑村、房申村村部翻建工作，新建文化广场2个共4200平方米。大力推进党支部规范化建设，特别是加强机关党建工作，严格落实“三会一课”、党日等8项组织生活制度，班子成员自觉参加双重组织生活。严标准高要求抓好发展党员工作，发展预备党员12人、转正12人。选拔培养27位村级后备干部，为乡村振兴储备优秀人才。三是坚持党建统领，着力打好“攻坚战”。选派干部、驻村工作队作用充分发挥，成为了基层党建、乡村振兴、脱贫攻坚的生力军，侯全生同志在全市选派干部考核中名列前茅。通过“党支部+经济实体+贫困户”的模式，2018年，脱贫户实现增收1600元。扎实推进“村社合一”发展模式，4个村党支部领办合作社，各村年收入全部超过2万元，3个村收入超过5万元，波太沟村收入达到13万元。扫黑除恶专项斗争扎实推进，营造安全稳定的社会环境。

（聂　伟）

卧虎沟乡

【概　况】 卧虎沟乡位于喀左县北部，乡政府距喀左县城14公里，全乡总面积102平方公里，耕地面积22450亩，辖7个行政村，57个居民组，2948户，9176口人，劳动力总数5416人。2018年，按照经济发展新常态的目标要求，高起点谋划，高标准完成全面各项任务目标。全乡国民生产总值实现13.67亿元，比上年增长6%；工业固定资产新增1.68亿元，比上年增长6%；公共财政预算收入实现887万元，比上年增长6%；农村人均纯收入实现1.52万元，比上年增长6%。各项社会事业与经济建设协调发展，同步提高。

【项目建设】 振兴农业综合体项目。该项目由四部分组成：一是休闲养老养生和采摘体验项目，地点选在四家子村，计划占地2000亩；二是蒙古族民俗体验园项目，地点选在高铁站北侧，计划占地1500亩；三是卧虎岭景区（二杖子原始森林观光休闲区、水泉沟农耕文化体验区、普善寺佛教朝拜区）建设项目；四是高效农业发展项目，在七个行政村适合地块发展杂粮、葡萄、山枣、红树莓、中华虫草参等品种。投资方委托沈阳大学进行项目总体规划设计。2018年，项目的第一部分已经启动实施，围绕四家子村的庙台山实施占地2000亩的采摘园建设。为了配合该项目建设先期完成了几项基础性工作：市旅发局已经批准卧虎岭旅游景区为国家AA级旅游景区；注册完成一家国有旅游公司；已经完成了景区—天秀山核心区主干路17.6公里的路面硬化，卧虎岭景区至六官镇白龙大峡谷旅游观光道路卧虎沟段7.3公里山路路基改造（路基改造投资近40万元）工作已经完成，正进行路面硬化。

“飞地经济”。2018年，在河北三河洽谈引进朝阳兴锐工程设备、朝阳三宏机械制造和朝阳拓力矿山设备3个项目于5月签约落户在开发区，并于当月开工建设。3个项目建设全部进入收尾阶段，11月末完成设备安装调试工作，12月底前试生产。

续建项目和在谈项目。一是续建项目2个。喀左集观紫砂技术研发有限公司2018年投资200万元，新建缩式窑3个30立方米；喀左晋承紫陶有限公司投资300万元，新建缩式窑5个50立方米。二是在谈项目2个。河北三河的监狱防盗门生产加工项目；白云石加工腻子粉项目。

【脱贫攻坚】 全乡有3个省级贫困村，1个市级

卧虎沟乡九神庙村扶贫牛场

乡村干部走访慰问贫困户

贫困村，2016 年、2017 年顾杖子、九神庙两个省级贫困村销号。2018 年二杖子村（省级深度贫困村）、卧虎沟村 2 个村销号，预脱贫户 114 户，预脱贫人口 229 口人。根据县委统一的部署，对照贫困退出“六八五”标准，着力实施“3+N”产业，采取有力措施，推动产业和政策落地。

落实三大扶贫产业。一是光伏产业全覆盖。全乡规划 4 个村级扶贫电站，已经完成两个电站并网；2018 年新建的两个电站即将并网，这项产业可实现贫困户人均获益 260 元。二是特色种植产业全覆盖。在 4 个村种植饲粮玉米 3116 亩、种植“燕谷 18（谷子）”310 亩，贫困户人均实现 2 亩饲粮玉米或 1 亩谷子，这项产业贫困户人均能实现 500 多元的收入。三是特色养殖产业全覆盖。在贫困户中通过贫困户自养、扶贫贷养牛、扶贫牛场、扶贫羊和扶贫鸡发放等方式，在 314 户建档立卡贫困户中发展养牛户 132 户、大户养牛带贫困户 5 户、养羊户 93 户，养鸡项目每组 30 只已经发到贫困户 128 组惠及 78 户 128 口人，贫困户养殖项目实现全覆盖。四是扶贫牛场项目。项目建设在九神庙村，占地 20 亩，育肥牛 400 头，10 月开始装牛，这项产业可实现贫困户人均获益 240 元。五是扶贫果园项目。项目建设在卧虎沟村，项目占地 110 亩，已完成投资 400 万元，新建冷棚 52 栋，定植 3.7 万株鲜食葡萄（品种为巨峰和夏黑），棚体采用钢结构、设计跨度 9 米三层覆膜技术，是集壮大集体经济和扶贫一体项目，项目达产后每年可为村集体增加收入 14 万元。六是红树莓、芍药、虫草参示范园。项目建设在二杖子和四家子村，总占地面积 133 亩，其中：红树莓 70 亩、芍药 50 亩、虫草参 13 亩，这个项目主要是在产业结构调整中起到示范引领作用。

N 项政策落实情况。一是道路硬化。2018 年，完成 7.3 公里路面硬化，实现贫困村主线路硬化 100%。二是健康扶贫。村级卫生室使用率 100%，贫困户参合率 100%。三是教育扶贫。实现控辍保学目标，高职院校教育补贴落实到位。四是危房改造。2016—2018 年三年完成危房改造任务 142 栋，其中：D 级危房 86 户、C 级危房 56 户。五是饮水安全保障到位。

【造林绿化和护林防火】 2018 年，全年造林任务是 4800 亩。春季造林，完成 3400 亩，主要围绕高铁“京沈”“赤喀”线路两翼，栽植柏树、文冠果、山杏、扁杏，今年春季造林采用放保水剂的方法植树造林，极大地提高了成活率。在护林防火中，实行全天候防火，通过乡村干部包山头包地块包责任区、护林护草员常年巡逻巡防、派出所教育和打击并举等措施，初步形成上下齐抓共管格局。

【党建工作】 坚持把政治建设摆在首位，提升党员干部的素质和能力。坚决把维护党的领导核心作为组织建设的第一任务，确保党组织和党员牢固树立“四个意识”“四个自信”。推进“两学一做”学习教育常态化制度化，以习近平新时代中国特色社会主义思想为指导，把学习习近平新时代中国特色社会主义思想和中共十九大精神作为“两学一做”学习教育的首要内容，扎实开展“不忘初心、牢记使命”主题教育，制订学习计划，组织党员深入学、持续学、跟进学，注重学习的针对性、实效性。

党支部和党员队伍建设。强化“书记抓、抓书记”的主体责任，加强党员干部队伍建设，深入实施“领头雁”工程。继续实施“规范化建设年”活动，着力整顿软弱涣散基层党组织。加强党风廉政建设和宣传思想文化工作，持之以恒地贯彻落实中央八项规定和省市县委相关规定，严格落实“一岗双责”，推进作风建设纵深发展。乡党委定期对意识形态工作进行专题安排部署，召开意识形态领域分析研判会，加强舆论管控，筑牢意识形态“主阵地”。

以“党建”统领全局，推进各项工作扎实有效地开展。牢固树立“围绕经济抓党建、抓好党建促发展”的工作思路，做好“党建+扶贫”“党建+产业结构调整”“党建+乡村振兴”“党建+信访维稳”等工程。压实乡党委在脱贫攻坚一线的责任，深化党建统领脱贫攻坚工作，以“党支部+经济实体+贫困户”模式，发展饲粮玉米、燕谷18、红树莓、光伏电站、扶贫牛场、扶贫果园等产业，以此不断壮大村集体经济，力争年收入2万元以上村实现全覆盖。

卧虎沟乡四家子新村部

不断强化阵地建设，为乡村振兴提供场所保障。2018年投资近180万元，完成二杖子、九神庙、四家子3所村部建设，每个村部400平方米；投资65万元完成二杖子、四家子3个文化广场建设。

（卧虎沟乡）

大营子乡

【概　况】 喀左县大营子乡位于县城西20公里处，地理位置优越，交通便捷，省道“兴凌线”贯穿全境。基础设施完善，矿产资源丰富。2018年，乡党委、政府深入学习贯彻中共十九大和习近平总书记系列重要讲话精神，紧紧围绕县委、县政府年度目标和各项决策部署，积极推进全乡经济和社会各项事业全面发展。一般公共财政预算收入完成1324万元，招商引资完成2.85亿元，固定资产投资入统1.1亿元，建档立卡贫困户人均收入超过3442元，全乡各项事业稳步推进，经济建设呈现较快增长的良好态势。

【农业主导产业】 不断加大对农业基础设施建设的投入力度和服务水平，进一步加快农业产业结构调整步伐。保护地产业坚持“巩固、提高、发展”的原则不动摇，在扩充总量的同时抓好旧棚改造，完善低效益棚和弃荒棚，引进新品种，保护地效益明显提高。畜牧业生产规模继续扩大，重点抓好养牛业发展，畜牧产业成为农民增收的主导产业，全力做好畜牧防疫、检疫及“非洲猪瘟”防控工作，确保畜牧业健康发展。林业完成新栽树1000亩、经济林300亩、高铁两侧600亩，加强封山禁牧护林防火工作；食用菌产业规模不断扩大，主栽黑木耳，利用这一特色产业带动贫困户脱贫，助力脱贫攻坚，成为大营子招牌产业。

【项目建设和招商引资】 坚持“工业强乡、项目支撑”战略不动摇，把项目建设和招商引资作为各项工作的首要任务来抓。发挥资源优势，采取有效措施，全年实施项目4个，其中：新建项目2个（瑞信年产2万吨氧化钙项目、岚峰年产3万吨冶金白灰技术改造项目）；续建项目2个（德隆年产100万吨高钙石灰项目、宏泰碎石加工项目）。另外，抓好盘活现有企业的经济运行，初步形成了以碎石加工、冶金白灰、汽车零部件加工的产业集群，有效地稳定财源建设。

【脱贫攻坚】 依托三大产业全覆盖及N项扶持措施，每户保证至少有3个脱贫项目，省级贫困村（金杖子村、衣杖子村、大营子村）和市级贫困村（甜水沟村）年底全部实现销号。在特色种植方面，“谦朴食用菌土地股份合作社”带动74户152人、酒高粱种植带动贫困户22户38人，所带动的贫困人口年度内可增收1100元。在特色养殖方面，鼓励有养殖能力的贫困户35户86人发展养殖，每人补助产业扶持资金600元；无养殖能力的户将产业扶持资金投入到“筑诚农博”养殖场为其代养肉牛，可使61户104人年度内增收720元。在光伏发电方面，四个贫困村的光伏扶贫电站全部并网发电，带动2018年所有脱贫人口，人均增收500元。在危房改造方面，为建档立卡贫困户危房翻建12户、维修17户，为脱贫攻坚工作打牢了基础。

【乡村建设】 研究制定了“2018—2022年乡村振兴五年规划”，建立健全保洁队伍，域内企业集资购买了清扫车，负责整个乡级公路清扫，各村民组也修建了垃圾池，垃圾由保洁队及时清运，极大地改变了村屯的卫生状况，通过广大干部群众的共同努力，力争乡村基础设施完善、农村环境卫生改变、乡风文明提高。积极协调争取资金，投资450万元对大南线4.2公里、火土线3.3公里、乔窑线3.5公里进行水泥硬化，对8公里河衣线进行绿化；砌路基防护墙450延长米，建桥11座105延长米，“一事一议”硬化道路7公里，大营子村内巷道6公里，群众出行和生活环境明显改善。为解决人畜饮水困难问题，水利设施完成3处，铺设管路约3000延长米。对林杖子村、甜水沟村文化广场、文化书屋附属设施进行了完善；以环境综合整治为契机，对全乡30公里河道进行清理，极大地改善了农村环境，改善了人居生活条件。

【和谐社会和其他各项事业建设】 高度重视信访工作，变上访为下访，积极主动介入，全力抓好平安建设。创新工作机制，狠抓制度建设，落实责任，本着“小事不出村，大事不出乡”的原则，将矛盾纠纷化解在萌芽、化解在基层，建立健全矛盾纠纷调解奖励机制和月例会制度，全年未发生到市到省进京访。坚持党政同责，一岗双责，认真落实安全生产责任，各行业安全生产意识明显提升，全年未发生安全生产事故。教育教学质量不断提高。对小学资源进行整合，师资力量得到加强，教学环境大幅提升，尊师重教氛围浓厚，素质教育得到加强，在综合考评中位次居全县前列。农村低保户185户344人、五保户68户73人及优抚人员111人应保尽保，资金及时发放，全力实施大病救助、临时救助、五保集中供养，为80周岁、90周岁高龄老人发放高龄补贴，所有低保户全部纳入了新型农村合作医疗，让他们居有所安，穿有所暖，吃有所饱，病有所医。文化、有线电视全面发展，丰富了群众的业余文化生活；新型农村合作医疗和新型农民社会养老保险参合、参保率分别达到92%、90%，建档立卡贫困户新农合参保率100%，民生保障更加有力。乡党委、政府以“全域旅游 全景喀左”为契机，大力发展乡村旅游产业，多方筹措资金对梨花胜地景区的总体环境和道路进行集中清理和整修，积极改善乡村旅游的基础设施建设，成功举办了“花香四季 漫游喀左”2018第二届喀左全域赏花节暨大营子乡第七届梨花节，影响力和知名度进一步提升。老干部、关心下一代、民族宗教、工会、科技、共青团、妇联等工作都取得明显进步，为全乡经济社会发展起到积极的促进作用。

【基层党建工作】 坚持每月召开一次抓党建促发展专题会议，总结本月的工作情况，讨论布置下个月的重点工作；每月召开两次以上党委会议专题讨论党建重点工作；每年至少召开三次党建工作大会。广大党员干部深入学习贯彻习近平新时代中国特色社会主义思想，扎实开展“两学一做”学习教育，重点通过“干部培训学、主题党课学、拓展形式学”等形式提高党员干部的学习效果。全年各支部专题学习累计46次，参加学习党员2060人次。新发展党员7名，培养积极分子38名。在纪念建党97周年之际，集中开展了“不忘初心，牢记使命”、素质能力提升工程系列培训、党支部书记带头讲党课等一系列活动。成功打造“梨花节”“谦朴食用菌合作社”“溥成尖椒制种基地”“风皇山庄”等独具特色的党建品牌。

（大营子乡）

草场乡

【概　况】 草场乡位于喀左县东南部，距离县城15公里。全乡总面积61.62平方公里，辖5个行政村，33个村民组，总人口8362人。乡机关共有行政编制21名，事业编制25名，设党政综合办公室、财政所、农业（农机、蔬菜）服务站、林果服务站、水利服务站、计生服务站、项目办、统计办、劳动保障办、文化广播电视服务站、社会事务服务站、动物检疫监督所等机构。2018年，全乡社会总产值实现1.8亿元，财政一般预算收入实现230万元，农民人均可支配收入11000元。

【脱贫攻坚】 全力以赴打好脱贫攻坚战，按照县委、县政府“3+N”产业叠加扶贫工作模式，对照贫困户退出年人均收入稳定超过全省脱贫标准和实现“两不愁、三保障”总体目标，2018年10月底达到脱贫摘帽标准，提前完成年度脱贫任务。大力发展光伏产业。郭彩店村100千瓦光伏扶贫电站、于村75千瓦光伏扶贫电站、南沟门村75千瓦光伏扶贫电站均已并网发电，收益所得约为2.35万元，发电所得收益全部用于本村建档立卡贫困户增收。继续发展特色种植产业，户均增收350余元；持续发展特色养殖产业。预脱贫村建档立卡户通过种植、养殖和光伏产业，人均收入已超过国家脱贫标准。完成危房改造C级维修26户，D级翻建11户。开工率100%，竣工率100%。

【项目建设】 2018年推进落地、洽谈飞地经济项目7个：一是喀左巨东铸工计划总投资2.7亿元，年产6万吨铸件及机械加工项目；二是洽谈项目6个，投资3000万元的哈尔滨航天科技喀左加工中心项目；承德双丰钒钛集团及天津金升集团洽谈钒钛磁铁制品深加工项目；沈阳金诚科技有限公司牡丹和野樱莓种植深加工项目；唐山客商洽谈房车、自驾车营地项目等。景区升级项目1个：云城山庄生态休闲旅游项目成功晋级国家AAA级旅游景区；续建项目5个：投资1.2亿元的超远调味品生产项目、投资2100万元的年出栏4000头的浩繁生猪养殖建设项目、投资2000万元的1万吨的民晟农业机械配件技术改造项目、投资9800万元的中惠有机生物菌肥项目和喀左荣达商砼混凝土项目。

【平安建设】 全面推进平安草场建设工作，维护社会和谐稳定，加强基层综治队伍建设，狠抓安全生产，严格落实安全生产“党政同责、一岗双责”责任制，加强道路交通、非煤矿山、学校、消防等重点领域安全生产监督管理，并取得了较好成效，全乡未发生较大以上安全事故；全力开展扫黑除恶专项斗争工作。领导小组成员深入各村，听民怨、听民声，发动群众积极参与扫黑除恶斗争。

【基层组织建设】 加强思想建设，坚持和强化落实“三会一课”等制度，重点加强基层党组织书记、机关党员干部、党员队伍建设。通过坚持乡党委例会、中心组学习、“两学一做”学习教育等各种形式不断增强党组织凝聚力；深化党建统领脱贫攻坚。根据脱贫攻坚“党支部＋经济实体＋贫困户”模式的意见，以村党组织为主体，领办创办经济实体，积极发展特色产业，实现产业带扶贫、扶贫促产业双赢目标。通过配强班子、整合资源、拓展思路等措施，使5个行政村集体收入在2万元的基础上，到年末实现稳中有升，5万元以上的村达到3个，10万元以上达到2个。

【优化农业产业结构】 坚持推进农业结构调整，三大产业结构不断优化，发展实施设施农业，鼓励种植经济作物，提高村民收入。2018年，围绕农田灌溉和保护地配水打井4眼，发展节水滴灌田730亩，新增冷棚13栋，面积14亩，暖棚8栋，面积7.6亩；进一步培育和发展规模养殖户，新增存栏10头以上的养牛大户12户，存栏30只以上的养羊大户7户；大力实施造林绿化工程，努力改善人居生态环境。全年已落实造林地4365亩；严抓森林草原防火工作，加强防火宣传教育，完善应急预案及隐患排查机制，全年无重大森林草原火灾发生。开展玉米、大豆生产面积核查，发放补贴143万余元。

【民生工程】 扎实推进社会保障体系建设，认真解决民生热点难点问题，着力解决困难群众的生活问题。贫困救助方面。全乡落实农村低保127户263人、城市低保5户11人、特困人员48户52人。加强文体教育事业，全乡文化“四室”健全，健身器材配备齐全，农村书屋，藏书1.4万册。加强生态环境整治，积极创建农村环境整治示范村，对全乡生活垃圾进行全面清理，清运生活垃圾约370吨，新修建垃圾池40个，清理“三沟”5000延长米；贯彻执行“河长制”，强化了对汤上河的管理和保护，严格按照河长制要求开展巡河工作。加强医疗卫生事业，乡、村两级医疗卫生基础设施和诊疗环境明显改善，全年免费送医、义诊4次，全乡新农合参合7130人，参合率达99.6%。村民健康档案逐步建立完成，城乡医疗服务水平不断提高，突发疾病和疫情、传染病控制体系进一步健全。全乡劳动转移就业490余人，新增雁归人员就业创业80余人，确保劳动力信息采集覆盖100%，信息质量达90%以上。

（草场乡）

尤杖子乡

【概　况】 尤杖子乡位于喀左县东部，距县城25公里。东邻葫芦岛市建昌县，西连老爷庙镇，南接十二德堡镇、北与羊角沟镇接壤，面积58.1平方公里，有耕地18816亩。下辖5个行政村，53个村民组，10459口人。乡政府内设职能部门有：党委办、政府办、人大办、综治办、武装部、妇联、共青团、财政所、民政办、扶贫办、计生办、农经站、农业站、林果站、文化广播站、安监站、司法所、劳动保障所、新农合、水利服务站、退役军人服务站等。2018年，全乡生产总值18975万元，全社会固定资产投资完成11367万元；完成税收40.42万元；农民人均纯收入9787元。

【招商引资和“飞地经济”】 2018年“飞地经济”全市第一。新引进飞地项目2个：朝阳通美晶体科技有限公司电子半导体材料项目，该项目落户在经济开发区，占地面积138亩，计划投资5亿元，已经完成投资4793万元，厂房建设基本完成，投产达产后可实现税收8000万元；博宇（朝阳）半导体科技有限公司生产半导体项目，该项目坐落在喀左县经济开发区，占地面积52.36亩，计划投资1.5亿元，已完成投资5023万元，年可实现税收1650万元；飞地项目规模大、前景好，工作得到了县委、县政府的肯定和表扬。

【环境治理】 争取农村公路新改建工程，对全乡街巷道路进行硬化，通过“一事一议”项目，争取资金110万元，对尤杖子村、后钢沟村实行巷道街路硬化5.7公里，通过农村“四好”公路建设项目，投资4278万元，新修水泥道路136.9公里，新建便民桥25座，实现了乡村道路全覆盖。通村、通组、通养殖小区、通果园、通企业，路网的全覆盖，给百姓出行和村民生活带来了极大便利。完成路树栽植6.25公里，完成尤谷线路边景点绿化2处，共计栽植各类树木花草1.25万株。新建垃圾池29个，清理路边垃圾、河道垃圾10公里，投资10万元新建后钢沟村西梁组广场1500平方米，改建后钢沟文化广场1760平方米。乡村环境得到极大改善，美丽乡村建设成果丰硕。

【脱贫攻坚】 按照县委、县政府提出的“3+N”产业帮扶计划，新建喀左东跃农业有限公司年存栏600头肉牛养殖项目，占地30亩，主要饲养西门塔尔肉牛，年出栏肉牛1200头，带动全乡贫困户人均增收390元；新建光伏扶贫电站，总投资150万元，占地面积8亩，总装机容量200千瓦，7月正式并网发电，试运行阶段第一个季度，实现全乡贫困户分红每人5元；发展冷棚辣椒制种项目，利用大坝村冷棚种植经验丰富、技术成熟的优势，投资20万元，新建标准化冷棚17栋，占地20亩。该项目带动全乡2018年预脱贫户32户、91口人，实现人均增收1091元。新建标准化扶贫果园300亩，种植桃树2.5万株，果园套种绿豆。通过土地流转、雇用贫困劳动力等方式带动贫困户72户235口人增收。此外，各村结合实际发展树莓种植、粮饲玉米、酒高粱、大豆、谷子、红塔辣椒、小额贷款养牛等种养殖项目，带动贫困户增收，取得了显著成效。乡党委政府坚持扶真贫、真扶贫原则，依据“两不愁、三保障”标准对全乡建档立卡户进行精准识别，新纳入5户12口人。同时，加大扶贫力度，围绕“五个一批”突出产业扶贫、健康扶贫、教育扶贫、政策兜底等帮扶措施，圆满完成了2018年32户91口人的脱贫任务，实现了贫困村摘帽。发放危房改造资金24万元，完成危房改造8户；发放房屋维修资金1.5万元，对全乡3户危房进行维修改造。

【农业产业】 加快农业产业调整，农业基础设施越发完善，各类经济作物种植面积不断扩大，全年完成生态治理3000亩，土地深松3000亩，铺设管线30公里，新打灌溉井18眼；新建暖棚6栋，冷棚17栋，完成旧棚恢复40栋，农民土地收益率逐年提高；完成荒山河滩造林2800亩，在龙凤山景区栽植各类树木8.2万株。严控非洲猪瘟疫情，按照省市县关于非洲猪瘟的预防要求，成立非洲猪瘟防控工作领导小组，制定防控预案，强化对全乡生猪养殖户的疫情监控，在尤谷线设立疫情检查站，坚决制止猪肉制品的跨县运输和销售。

【社会事业】 计生卫生服务水平不断提高，村级卫生室建设有序推进，出生人口性别比更加平衡；低保覆盖面不断扩大新增低保户9户，发放临时救助资金1.75万元；新型农村合作医疗和综治保险参保率逐年提高。

【基层党建】 严格履行从严治党新要求。一是“两学一做”学习教育常态化制度化。深入学习中共十九大精神，充分利用远程教育终端和农民讲习所开展党员先进性教育和培训，全年开展“党员活动日”和各类学习培训活动16次，提升了党员素质，提高了广大党员干部的思想政治觉悟，做到了将党章党规内化于心、外化于行；做到了为党分忧、为国尽责、为民奉献。二是不断夯实基层基础。按照“三会一课”制度要求，抓好党员干部的教育管理，强化村级组织阵地建设，积极培养发展年轻党员，吸收一批能人加入“两委”班子，增强基层党组织战斗力。三是惩腐治贪与拒腐防变并重，加强党风廉政建设，驰而不息地抓“四风”，干部作风明显加强。四是认真落实中央巡视整改任务。乡党委高度重视整改工作，先后多次召开党委会、机关干部大会研究整改工作，成立了整改落实领导小组，制定了整改方案，建立了整改工作台账，明确了责任人、责任部门、责任主体，按要求，按时间节点认真整改，逐条落实。

（尤杖子乡）

平房子镇

【概　况】 喀左县平房子镇位于喀左县城南25公里，地处低山丘陵地区，总面积133平方公里，辖13个行政村，89个村民组，总人口2.66万人，耕地面积6.81万亩。2018年，平房子镇党委、政府团结带领全镇人民，全面贯彻中共十九大精神，牢固树立“创新、协调、绿色、开放、共享”的发展理念,，积极适应经济发展新常态，坚持稳中求进总基调，以决胜脱贫攻坚为统领，砥砺前行、团结拼搏，实现了各项工作健康发展。2018年，平房子镇被中共喀左县委员会、喀左县人民政府评为绩效考评红旗单位、引进飞地项目奖、食品安全工作先进单位。

【项目建设】 2018年，实施项目5个，累计完成固定资产投资25180万元，上报进入统计系统数据为1.1亿元。积极推进浴龙谷温泉旅游度假村投资1.85亿元的室外水上乐园项目，7月28日开业。启动度假村游乐场建设项目和三台村绿港蔬菜批发市场建设项目。

“飞地经济”实现突破，河北三河长城公司橡胶制品项目，签订落户开发区协议，该项目计划投资5亿元，年产值3亿元，年上缴税金3000万元。在谈的有河北衡水橡胶制品厂项目、工业气体生产项目、有色金属熔炼项目、山东润兴生物质热电项目、杭萧钢构与开发区铭泰钢构合作建设装配式建筑产业基地项目等。

【农业经济】 农业共营制建设稳步发展，成立土地股份合作社11家。流转土地3000多亩，种植酒高粱、中草药、小麦、高粱制种等作物，玉米播种面积46500亩，占总播种面积的67%，农业产业结构调整初见成效。在保护地产业上，以“提质、增效、扩容”为主线，持续推广新品种、新技术，发挥典型示范小区带动作用，保护地产业得以巩固提高。全年新建暖棚27栋，冷棚44栋。畜禽产业以合作社为依托，大力发展黄牛养殖，新建周杖子存栏400头养牛场一处。不断强化畜禽防疫及畜产品安全，特别是周边地区发生非洲猪瘟疫情以来，严格按照上级要求，采取广泛宣传、周密排查、强化消毒、严密防控等积极措施，保障畜牧业健康发展。

持续改善农业生产条件。完成4000亩高标准农田建设工程。积极推进农业机械化，科学改良土壤培肥地力，春季免耕播种2500亩，深松土地2.3万亩。农村土地确权颁证、集体产权制度改革作为深化农村改革的基础性工作，严格按照县理规定的时间表、线路图强力推进。土地确权稳步进行，积极配合技术公司完成阶段性工作。农村集体产权制度改革按照要求完成了清产核资工作。

【宜居乡村建设】 按照“绿水青山就是金山银山”的绿色发展理念，常年不懈地开展植树造林、荒山绿化、环境整治、护林防火和秸秆禁燃等工作，努力打造秀美家园。大力开展植树造林，春夏秋三季围绕旅游景区、荒山荒沟、采伐迹地、公路两侧、凌河沿岸、村前庄后造林5000多亩。推进山湾子寒富士苹果示范园建设，完成果品套袋600万个，注册“为远”牌商标，新建黄道营子、小营村两处553亩标准化果园，并完成水利配套工程。大力推进农村环境综合整治工作，启用南片乡镇垃圾填埋场，镇集中治理与各村常年清理相结合，对全镇进行了四次集中整治。积极推行河长制，建立完善河长制相关制度和考核办法，设立公示牌24块，制定全镇12条大小河流保护及治理方案，开展河道垃圾清理专项行动和河长巡河行动。

【脱贫攻坚】 把脱贫攻坚作为首位民生工程和重

大政治任务，进一步完善精准扶贫、精准脱贫工作机制，举全镇之力，集全镇之智，全面决战决胜脱贫攻坚。坚持贫困退出标准，严格执行退出程序，完成268户616人贫困人口退出，双庙、旧烧锅、马家窝铺、周杖子四个村销号。全镇有2户3人返贫，贫困发生率为0.01%。

大力实施扶贫产业稳脱贫。强力推进县委、县政府确定的“3+N”产业扶贫模式，全年累计实施扶贫产业项目29个，实现了“三大产业”全覆盖，确保每个贫困户都有稳定扶持的产业项目。实施光伏发电产业扶贫。完善马家窝铺村（90.75千瓦）、双庙村（84.7千瓦）村级光伏电站，于5月中旬并网发电，旧烧锅村、周杖子村、小营村新建村级光伏扶贫电站3个，装机总容量218.7千瓦（每个72.9千瓦），于9月末并网发电，发电收益关联全镇所有贫困户，并制定了光伏电站资金管理办法和分配方案。实施特色种植产业扶贫。小营村继续巩固贫困村贫困人口脱贫成果。由村党支部牵头组建的土地股份专业合作社流转土地2000亩，种植大豆、油料瓜子、有机水稻、免耕玉米、小麦等作物，除带动本村贫困户257户700人，同时带动镇域内其他村贫困户73户161人。马家窝铺村、双庙村、旧烧锅村、周杖子村分别建土地股份专业合作社，流转土地788亩，种植酒高粱、谷子、辣椒制种等，带动贫困户202户506人。非贫困村山湾子村、黄道营子、九佛堂村共流转土地880亩，种植酒高粱，带动贫困户56户130人；三台村由绿豊餐饮生态园带动贫困户19户44人。实施畜牧养殖产业扶贫。周杖子村新建养殖农场一处，占地30亩，计划养牛存栏400头，带动贫困户88户186人（本村贫困户34户60人，镇域其他村54户126人）；马家窝铺村和双庙村依托养殖合作社带动贫困户发展自家庭院养殖，带动贫困户232户养牛666头，养羊650只；由大户带动29户养牛15头。平房子村和山湾子村由养殖合作社带动贫困户39户82人。旧烧锅村建设溜达鸡养殖基地，投放鸡雏1300只，预计增加收入6.2万元。金融扶持16户贷款发展养殖业，共计贷款47万元。政策兜底防返贫。就业扶贫措施落实，公益性岗位安置29人，通过宣传动员、技能培训、推荐介绍等途径解决100余人到浴龙谷温泉度假村打工就业，双庙村箱包扶贫加工厂解决26人就业。教育扶贫措施落实，全镇享受教育扶持政策在校建档立卡贫困学生279人（学前教育、小学、初中、高中学生），享受中职及以上学历建档立卡贫困大学生累计167人次，同时，全镇没有因贫辍学学生。健康扶贫措施落实，建档立卡贫困人口扶贫保险每人报销100元，低保户新农合全报销，低保户以外贫困人口新农合每人补助30元，使所有贫困户实现县内和定点医院住院治疗全报销，全年累计医疗救助371人，报销金额257万元。保障住房扶贫。2018年，维修C级危房49户，户均补助5000元，翻建D级危房46户，每户扶持3万元。低保兜底措施落实，对建档立卡353户755人纳入低保兜底。“百企联百村，同走致富路”结对企业帮扶累计资金投入72万多元。

【社会维稳】 自觉把开展扫黑除恶专项斗争作为重大政治任务，从强化组织领导、加强学习、广泛宣传和深入摸排等方面深入开展，抓紧抓实，取得阶段性成效。加强民主法制和矛盾纠纷排查化解工作，坚持稳定压倒一切的理念，构筑“组、村、镇”三道防线，以网格化模式实行扁平化管理，全力维护社会稳定，保障人民群众安居乐业。加强安全生产，夯实企业主体责任和政府的监管责任，强化安全基础建设，加强监督检查，依法有效治理。食品安全方面，从源头管控，把住农产品生产关、运输关、检验检疫关，加强经营环节监管和农村集体聚餐监管，严厉打击无证生产和制售假冒食品的违法行为。交通、供电、农机、矿山企业等行业和领域安全生产形势持续保持稳定。

【民生事业】 紧紧抓住财政奖补等政策的落实，双庙村新建文化广场2000平方米，硬化周杖子、旧烧锅、双庙村街巷路9.36公里。新建硬化、路面拓宽20.24公里，周杖子修建村桥2座，七马线加宽工程竣工，旧红线、绿丰生态园道路硬化，北洞漫水桥通车，改善了群众出行条件。社会保障工作有序开展，新型农村合作医疗和农村社会养老保险工作稳步推进。

（平房子镇）

山嘴子镇

【概　况】 山嘴子镇地处喀左县西南部，东南与建昌县接壤，西北与凌源市相邻。境内魏塔线铁路贯穿东西，长达15.3公里。桃山线公路贯穿东西，长达12.5公里。北有渗津河，常年流水不断。铁路以南，群山起伏，苍松翠柏四季常青，自然环境优美。全镇总面积96平方公里，耕地面积25200亩，总人口2.01万人，其中农业人口1.9万人。辖区8个行政村，79个村民组。2018年，山嘴子镇党委、政府认真贯彻中共十九大会议精神，认真实施“十三五”规划及县农村各项工作会议精神，紧紧围绕县委提出的工作目标，深入推进“以项目建设为中心，以脱贫攻坚、壮大农村集体经济和农业可持续发展为重点，以综合治理和计划生育工作为保障”的发展思路，加快推进县委确定的项目建设、三大产业建设、特色小城镇建设等，并积极开展以“学党章、学系列讲话和做合格党员”为主题的党的“两学一做”学习教育实践，团结带领全镇干部群众，解放思想、抢抓机遇，集中精力保稳定、惠民生、促发展，全面完成了年初制定的目标任务，全镇保持了社会大局稳定和经济持续快速健康发展。2018年，实现农村人均收入9100元。全镇完成固定资产投资6000万元，完成财政一般预算收入22万元，其中，地税4万元，国税18万元，各项经济指标运行良好。

【招商引资和项目建设】 按照县委、县政府的安排部署，瞄准京津冀招商，全力做好招商引资及项目建设工作。坚持“走出去”与“请进来”并举，“全民招商、以情招商”并重。全年，共进京招商17次，镇村两级干部提供招商信息60条。将投资150万元的302千瓦分布式光伏发电项目于6月30日并网发电。大力发展生态养殖项目，投资3亿元的中合新农业科技有限公司落户山嘴子镇海岛营子村、投资3000万元的喀左县荣泽牧业有限公司肉牛饲养项目已建成饲养，投资1.5亿元的辽宁君波建筑工程有限公司候车厅项目已落户山嘴子镇，投资1200万元的喀左县山嘴子镇玻璃丝场玻璃丝生产线项目已建成投产。落实“飞地项目”2个，投资6000万元的辽宁辉建道路设施有限公司落户利州工业园区，投资1亿元的鑫达铸业有限公司入驻喀左经济开发区。项目建设的蓬勃开展及企业的不断壮大，为镇域经济的持续发展注入了强大的动力支撑。

【农　业】 产业结构调整不断深化。种植业调减玉米种植面积2000亩，落实蔬菜制种面积500亩、酒高粱种植面积100亩、饲粮玉米种植面积2000亩。保护地新建冷棚6栋，改造旧棚8栋，蔬菜大棚总数达到700余个，设施蔬菜总产量近20万公斤；畜牧业新建畜禽标准化小区1个，发展养殖大户161户，“牛、羊、禽”存出栏量年均增长2%，畜禽防疫实现全覆盖；大力开展造林绿化，造林总面积5000亩，其中，荒山造林1000亩，河滩造林3000亩，退耕、退坡还林1000亩，发展经济林3000亩。草原沙化治理47957亩，围栏封育26472亩，争取国家草原生态补贴资金139万元，森林草原防火工作成效显著。农业生产条件不断改善，农建工程新打机电井8眼，新增管道3600米，新增灌溉面积4000亩，维修灌溉工程10处，巩固灌溉面积4000余亩。修造田间作业水泥路3条，累计1500延长

山嘴子镇大阳山首届秋季采摘节启动仪式

米。农村各项改革深入开展。土地确权登记 5400 户，确权面积 29500 亩。农业共营制新增农业专业合作社 2 个，家庭农场 3 个，土地流转面积达到 6400 亩，农业产业化、组织化、规模化水平不断提高。惠农政策全面落实。惠农资金实现一卡发放，玉米种植补贴及农机购置、良种推广等农资综合补贴累计发放 170 万元。积极推行大田玉米和大棚蔬菜政策性保险，农业抗风险能力显著增强。积极推进电子商务进农村，新增电商淘宝店 2 家，全镇个体工商业户达到 627 家，从业人员近 2000 人。

【生态旅游】 充分挖掘资源，加大宣传力度，乡村旅游开发取得新进展。大阳山旅游采摘项目前景可观，开展网上、微信等平台加强宣传，多渠道招商，为尽快把资源优势转化为经济优势奠定基础。

【乡村建设】 大力推进美丽乡村、宜居乡村建设，突出以道路交通为主的基础设施建设，累计投入资金 1300 万元，完成玉养线、黄玉线、桃小线、金鸡线、玉 11.1 公里的村村通道路硬化项目。彻底解决了群众出行难、物资运输难、产业发展难问题。“一事一议”财政转移支付资金 350 万元，村内道路硬化 6.3 公里，人居生活环境不断改善。深入开展镇村卫生环境整治，投入资金 90 余万元，新建垃圾池 10 个、垃圾填埋场 1 个，组建保洁队伍 6 个，清理主街道 16 条，修排水沟 3000 米，“三边”“三堆”现象得到有效治理，镇村面貌焕然一新，群众生活条件得到明显改善。

【林业生态建设】 加大植树造林力度，全年共完成造林 5000 多亩，荒山造林 2900 多亩，河滩造林 1500 亩，经济林 600 亩。做好森林防火工作，设立器材库，配备扑火设施设备，增配 50 把打火把、20 把铁锹、10 个灭火器、200 箱灭火弹。并与各村签订责任状。大力查处野外用火、破坏森林资源的打击力度，全年共查处 3 起，行政处罚 3 人，为保护青山绿水，优化发展环境打下了坚实基础。

【牲畜养殖】 开展 1 期畜牧业培训班，培训人次达到 90 人次。畜禽养殖形成了以大棚牧业、程新牧业和荣泽牧业为龙头，以海岛营子村为依托发展肉牛养殖产业。连小区、带贫困户、带大户、大户带村庄的发展模式，推广科学养殖，实行舍饲圈养，2018 年全镇约出栏肉牛 4000 多头。按时完成草原生态补偿款的发放工作。同时努力抓好春季、秋季牲畜疫病防治及生猪出栏检疫等工作。

【脱贫攻坚】 积极围绕“3+N”模式，推行产业扶贫、项目到户。其中，光伏产业带动金杖子村、鲤莲杖子村、山嘴子村三个贫困村 91 户，215 人实现脱贫。特色种植业酒高粱、中草药保证 37 户，127 口人收入稳定。特色养殖业为 8 户建档立卡贫困户协调发放养牛贷款 40 万元。同时从医疗、教育、住房等方面入手，着力减轻贫困户负担。“雨露计划”资助贫困学生 15 人，捐资近 5 万元。贫困户安居工程危房改造新建房屋 32 户，维修 5 户。2018 年，全镇建档立卡贫困户 753 户 1961 人中，已有 721 户 1830 人实现脱贫目标，黄家店村、鲤莲杖子村、山嘴子村、金杖子村已按照“十有”标准，实现整村脱贫销号。

【社会保障】 农村低保、五保实现动态管理，保障标准全面提高。累计发放低保金450万元，发放五保金132万元。政策范围内救助重大疾病患者20人次，救助资金5.3万元。临时救助150人次，救助资金21.7万元。新农保扩面超额完成上级下达任务。新农合参合率达到70%以上。加强就业技能培训，全镇年均劳务输出稳定在7000人次以上。

【社会事业】 统筹教育资源，加大公共投入力度，新建标准化教学楼1栋，新建标准化幼儿园1所，教育运行质量和整体办学效能不断提高。农村文化设施建设得到加强，新建文化书屋6所，数字电视整转安装1100户。完善公共卫生服务体系，完成7个村的标准卫生室建设，医疗设施进一步更新，服务水平得到大幅提升。计生工作水平不断提高，4个村级服务室配置得以规范，各项奖励政策全面落实，累计发放奖扶资金95.2万元、独生子女费22.7万元。双拥优抚工作深入开展。此外，老龄、气象、武装、通讯、应急管理及群团等工作都取得了新突破。

【平安建设】 牢固树立抓稳定就是抓发展的思想，深化社会治安综合治理体系，努力构建镇、村、组三级维稳网络，镇政府成立维稳中心和独立行使职能的综治办，配备专职人员，建立健全档案、台账管理。投资7000余元建立8个村级工作站，治安协管员队伍达到130人，强化治安技防设施建设，全镇79个村民组网格化管理、扁平化服务覆盖率达到100%。丰富平安建设载体，大力开展“平安文明家庭”“平安村屯”创建活动，试点村山嘴子803户家庭有341户被评为平安之家，群众安全意识不断增强。

坚持“三属”原则，建立健全“综治、信访、司法、调解”四位一体工作机制，综合开展法律援助、司法调解、社区矫正，强化矛盾纠纷排查、案件化解、人员稳控工作力度。累计提供法律咨询80余人次，办理各类法律援助案件5件。全镇30名社区矫正对象重新犯罪率为零。矛盾纠纷调处120多件，调处率达96%，到镇上访率逐年降低，治安、刑事案件同比大幅下降。深入开展专项集中整治活动，行业监管和企业主体责任，整顿非煤矿山安全生产，加大食品药品质量监督检查力度，坚持护林防火包保制度。辖区内没有发生过重特大安全事故，全国“两会”、十九大安保及G20峰会等重要节点时期社会大局稳定，为地区经济社会发展提供了良好的外部环境，人民群众的安全感和满意度不断提升。

【政府自身建设】 打造学习型政府。按照“以学促工，学以致用”的原则，充分利用党委中心组学习，周一例会及各种会议等载体，加强政治理论、法律法规、文件精神的学习，同时，深入开展“两学一做”等专题教育，干部队伍作风建设切实转变，为民服务能力不断增强。打造效能型政府。坚持以执行力作为政府的生命力，加大制度约束力度和行政问责力度，出台机关管理规定、请销假等制度，整治庸、懒、散，杜绝消极应付、推诿扯皮等问题，镇、村行政服务机构各类事项按期办结率达到100%。打造法治型政府。坚持民主决策，重要人事调整、重大资金使用等问题全部提交党委会议讨论。工程招投标、土地出让、政府采购等行为严格履行法定程序，廉政风险防控体系进一步完善，风清气正、干事创业的良好政府形象进一步树立。

（山嘴子镇）

南公营子镇

【党建工作】 抓学习、建载体，全面加强党员教育管理。深入推进“两学一做”学习教育常态化制度化工作，组织各党支部和广大党员通过以会代学、远程电教、新时代党员群众讲习所、结对帮学、上党课、开展专题研讨等渠道，持续深入学习习近平新时代中国特色社会主义思想、习近平总书记关于扫黑除恶的重要指示精神，习近平总书记在辽宁考察时和在深入推进东北振兴座谈会上的重要讲话精神，牢固树立“四个意识”，坚决做到“两个维护”，自觉在思想上政治上行动上同以习近平同志为核心的党中央保持高度一致。教育引导广大党员做讲政治、有信念，讲规矩、有纪律，讲道德、有品行，讲奉献、有作为的合格党员。截至2018年底，全镇共成立14个新时代党员群众讲习所、开展“两学一做”专题学习会议15次，专题党课6次，中心组学习10次，专题研讨4次，每名党员记录学习笔记1万字以上、撰写心得体会2篇。

夯基础、促规范，不断加强基层组织建设。坚持以“组织健全、制度完善、运行规范、活动经常、档案齐备、作用突出”为标准，大力开展基层组织规范化建设工作，全镇13个村党支部规范化建设水平和质量不断提升。各支部基础设施建设进一步完善，各村文化四室配备齐全，魏家庄村新建300平方米综合文化服务中心投入使用，在南村、李杖子村新建村文化广场共2处。

抓学习、建机制，倾力打造优秀党员干部队伍。建立和完善村干部、农民致富能手、村级后备干部等信息库，推行入党积极分子“双重培养考察”机制，努力把党员培养成能人、把能人培养成党员、把党员能人培养成村干部、把优秀村干部培养成村书记，不断优化党员干部队伍。全年共发展党员14名、培养入党积极分子16名。实行党支部方阵化管理，将农村党支部分为三类方阵，按照一类抓巩固、二类抓提升、三类抓整改的原则，实行日常考核、评议考核、现场考核、年终考核“四考核”机制，考核结果与村两委干部工资、评先选优挂钩。

讲规矩、守纪律，从严治党扎实推进。全面加强党的领导和党的建设，推动党员遵守党章，增强政治意识、大局意识、核心意识、看齐意识，严明党的政治纪律和政治规矩，严格落实管党治党政治责任。重新制定《南公营子镇机关干部管理制度》，下大力气整治庸、懒、散等作风问题，坚决惩戒干部不作为、不履责、不担当的行为。严格贯彻落实中央“八项规定”精神，持之以恒纠正“四风”。加强“三资”管理，推进阳光村务，坚持依法依规依策办事，理顺财务、事务、党务关系。加强警示教育，组织党员干部学习《中国共产党廉洁自律准则》和《中国共产党纪律处分条例》，引导党员干部对党纪、国法树立敬畏意识。坚持把纪律和规矩挺在前面，加大对重点领域执纪问责力度，坚决查处侵害群众利益不正之风和腐败问题。全年共发现问题线索16件，初核12件，立案7件，给予党纪处分9人。

【招商引资】 坚持将项目建设和招商引资工作作为全镇经济工作“天字号”工程，积极拓宽招商渠道，持续优化营商环境，相继出台优惠政策，为企业提供优质服务，努力破解项目建设发展难题。深入落实“走出去、请进来”战略，不断加大项目建设招商引资工作力度，多次到长三角、京津冀等地招商。华电炉料有限公司，实施扩产改造后，新建窑炉1座，产能扩大一倍，产品质量得到提升，符合环保要求，产品主要销往唐山等地钢铁企业，企业呈现购销两旺态势，成为镇税收收入重点贡献企业。大三家雨沐休闲农庄是采摘、休闲、民俗文化展示于一体的农业观光旅游项目，由瓜果采摘区、休闲娱乐区、花海观赏区等部分组成。采摘区高标准温湿智能可控暖棚内草莓、樱桃已经生产。两家村扶贫养牛农场，占地30亩，存栏量400头，已建设完毕，并完成对外发包，年租金27.2万元。中天建筑材料项目，在原来老式窑的基础上，又新建设隧道窑1座，年生产页岩砖可达3500万块。闲置厂区盘活成效明显，朝阳顺良洪源废料资源综合利用有限公司年处理8万吨钢铁厂固废及年产4.6万吨矿棉保温材料项目审批手续已经办理完毕，年底开工建设；百盛有机肥有限公司已与投资方达成合作协议，注资3000万元，扩大生产规模；西村陶瓷厂已与有关投资人达成合作意向。另外，白草沟工业园区已被批准晋升三类工业园区，并正式更名为隆泰工业园区。

【财税工作】 在财税工作方面，始终按照“既要保运转又要促发展”的原则，努力培植税源，加强税收征管，严控各项经费支出。截至10月底，全镇两税收入完成367万元，完成全年任务的130.1%，同比增长37%。其中，国税收入261万元，完成比例为143.4%；地税106万元，完成比例为107%。2018年，已圆满完成县委、县政府下达的一般预算收入指标，并实现全镇财政收入稳步增长。

【文化旅游】 按照县委、县政府提出的“全域旅游、全景喀左”发展战略，立足资源优势，积极发展以“五府五庙”、李杖子水库、九泉莲花山和乡村休闲旅游为重点的旅游业。经县旅发局帮助联系专业机构和人员，《“禅意山水，蒙满古韵”喀左南公营子镇旅游总体规划》（初稿）已于2月形成，并以此为主题在5月31日的纪念成吉思汗诞辰856周年活动上进行了座谈研讨、包装推介。

【农　业】 大力发展现代农业。2018年，在巩固发展保护地冷、暖棚的基础上，广泛开展特色种植和农业共营制工作，以中草药、酒高粱、冷棚双椒为主的特色种植产业已初具规模。2018年，大三家村新建旧改棚4栋，四道营子村新建暖棚1栋。2018年，全镇实际玉米调减面积达712亩，药材种植面积2768亩，花生种植面积165亩，农业产业结构进一步优化。积极落实完成大田玉米保险政策5.36万亩，农民抵御自然灾害能力不断增强。全年新增土地股份合作社1家。畜牧产业呈现新发展理念。2018年，全镇按照“区域化布局、专业化生产、集约化养殖、社会化服务、产业化经营”的发展理念，大力发展现代畜牧业，春秋防疫、草原管护、畜产品检疫及非洲猪瘟疫情防控工作推进有条不紊。2018年，生猪饲养量存栏1.46万头，牛存栏量0.36万头，养存栏量0.98万头，建设标准化养牛场1处，发展养殖大户21户成立养殖专业合作社2家。在非洲猪瘟防控期间，设立临时检查站2处，公安、动监等工作人员24小时值守，防止疫情扩散蔓延。林业工作迈上新台阶。在林业工作中，全镇紧紧抓住省、市政策倾斜林业工作的契机，积极按照上级林业主管部门要求，进一步强化领导，落实责任，不断改进工作方法，加大工作力度，积极实施科技兴林，依法造林，大力护林，超额完成了县下达的林业任务指标，推动了全镇林业工作再上新台阶。全年共完成造林面积4016.3亩，其中三北造林2125.8亩，退化林修复1890.5亩，在大三家村和小店村打造500亩以上造林精品工程2处。

【脱贫攻坚】 按照县委、县政府和镇党委关于脱贫攻坚工作的部署要求，坚持输血与造血并重，扶贫与扶志结合，大力推行“3+N”模式，实现多种扶贫政策相互叠加，深入实施“四大产业”“五大工程”，坚持问题导向，强化责任落实，积极开展建档立卡贫困户动态调整、“回头看”和精准脱贫等工作。通过产业发展、教育扶持、医疗救助、住房改善等措施帮扶，2018年底，完成村、南村、魏家庄村贫困户253户558人脱贫销号工作。着重发展光伏产业。2018年，继南村建成全市首家村级光伏电站后，又分别在黄花店村、魏家庄村、南汤村、东村、七间房村和两家村建设村级光伏扶贫电站6座。全镇现有村级光伏扶贫电站7座，总装机容量385千瓦，辐射带动全镇所有贫困户。全镇所有村级光伏扶贫电站均已实现并网发电，运转正常。大力推广特色产业种植。镇政府通过返租倒包形式租用土地，设立特色种植产业扶贫基地，种植中草药、酒高粱、粮饲玉米和裸地尖椒。中草药种植采取“党支部＋合作社＋基地＋贫困户”模式运营，实行统一采购、统一耕种、统一管理、统一销售。按贫困人口数进行保底分红，人均增收1000元以上。全镇已实现贫困人口特色种植产业全覆盖。鼓励发展畜牧养牛产业。通过成立合作社、发展养殖大户、协调养殖贷款等方式大力发展畜牧养牛产业。对拥有养殖项目的贫困户，予以资金扶持；对于没有养殖项目和无养殖能力的贫困户，实行合作社带动，进行保底分红；对有贷款需求的贫困户，帮助协调金融养牛贷款，全镇共有34户贫困户享受金融养牛贷款政策。2018年，新建标准化养牛农场1处，存栏400头，年租金收入27.2万元，全部用于贫困户分红，户均增收300元左右。扎实推进危房改造工作。将贫困户危房改造工作作为精准扶贫的一项重要措施抓实抓好。全年共有危房改造任务123户，其中C级危房101户、D级危房22户，已全部改造完毕，并通过相关部门验收。综合运用多种扶贫政策。2018年，全镇所有贫困在校生均享受教育扶贫政策，对全日制普通高等院校建档立卡贫困户家庭学生，每人每年发放助学金1500元。全镇“十三五”期间所有贫困户全部纳入健康扶贫范围，实施先诊疗后结算、“一站式”服务、医疗机构兜底的医疗保障政策，贫困人口就医定点医院按照新农合、大病保险、民政救助、新农合二次补充和医院减免费用的次序实施贫困人口住院兜底报销。全镇共开展农用实用技术培训180人，创业培训45人，中式面点培训146人。在建档立卡贫困人口中，共安置护林信息员11人、护草员2人、护河员2人、环境卫生公益岗8人、村级保洁员15人。全镇所有低保贫困人员均享受低保、扶贫双重政策，脱贫不脱政策。贫困村脱贫销号工作进展顺利。对照“一超两不愁三保障”和“一率四有三通”标准，贫困人口和贫困村退出工作严格按照相关程序和步骤进行。东村、南村和魏家庄村，在贫困发生率、安全饮水、村集体经济收入和新型农业经营主体、村级卫生室、综合性文化服务中心、沥青（水泥）路面、住房安全比率、新农合参合率等方面均达到退出标准。所有贫困村均实现生活用电、广播电视和网络宽带全覆盖，扶贫产业覆盖全体贫困户。11月底，顺利通过省脱贫成效第三方评估验收，脱贫攻坚工作得到检查组及县委、县政府的充分肯定和一致好评。

【社会事业】 基础设施建设。围绕“六化”“五个一”建设标准，认真抓好小城镇建设和管理，对供电、供热、供水管路进行检查维修，对政府办公楼进行了维修，生产生活垃圾及时清运。2018年，魏家庄村新建300平方米综合文化服务中心投入使用；在南村、李杖子村新建村文化广场2处；通过移民安置为魏家庄村修便民桥4座，新建人畜安全饮水工程1处，通过移民安置为南村解决3.09公里巷道硬化，西村水毁工程（方塘维修）1处，实施高效农田建设5000亩；道路硬化23.7公里，新建桥梁8座、344延长米；东村、南村、西村等8个村实施农村环境卫生综合整治项目。社会管理。坚持将维稳工作列入重要议事日程，积极探索维稳工作新思路新方法，紧密结合自身实际，以“治乱”为主，以化解信访积案为重点，深入推进信访矛盾减存控增和扫黑除恶专项斗争工作，全力维护社会和谐稳定。坚持以关注民生为根本、以事要解决为核心，综合运用经济、政治、法律、行政等各种手段，使一批案情复杂、久拖未决的信访积案得到了有效解决。截至年底，全镇共已化解信访积案9件，其中省交办的减存控增案件全部办结，调处矛盾调解纠纷39起，落实精神障碍患者、邪教人员管控措施23人，接待法律援助咨询41人次。文化教育事业迅速发展。积极组织开展丰富多彩的文化活动，全年共开展送文化下乡、文艺会演、广场舞比赛等各类大型活动10余次，并成功举办纪念成吉思汗诞辰856周年系列活动，起到了加强联系、对外宣传推介作用。教育工作持续巩固，全面落实科教兴镇和人才强镇战略，不断深化教育改革，全面推进素质教育，加强教师队伍建设，提高办学质量和效益。镇中心幼儿园新建3000平方米教学楼已投入使用。社会保障落到实处。坚持以“应保尽保、应退尽退”的动态管理制度开展低保、五保工作，做到进出有序、公平公正。全镇所有低保户、五保户补助资金均及时、足额发放到户。2018年，全镇城乡居民养老保险缴费人数共8047人，基础养老金提高到108元/月，新农合参保率达到99.64%。全镇社会保障和公共服务水平不断提高，人民群众幸福感和满意度明显提升。

（南公营子镇）

白塔子镇

【概　况】 白塔子镇位于喀左县最南端，东南分别与南公营子镇、建昌县相接；西北分别与山嘴子镇、平房子镇相毗邻。总面积120平方公里，有耕地50730亩，13个行政村，127个村民组，总人口28605人，总户数8861户。境内土壤肥沃，交通便利，物产丰富，是投资发展的好地方。2018年，白塔子镇工作在县综合位次考评中位列二级次乡镇第二名，“飞地经济”、项目建设、扶贫工作也都被评为优秀和先进。两税超额完成任务，各项工作进展取得了较好的成绩。

【项目建设】 全镇共完成招商引资1.4亿元，完成固定资产投资2000万元。白塔子三道营子小灵山旅游开发；喀左余祥大牲畜交易市场；喀圣养牛项目；引进公营子工业园区辽宁鑫宇达成机电设备生产加工、唐山大隆机械有限公司，圆满完成县委、县政府交付的任务。这些项目均已启动运营。

【脱贫攻坚】 全镇共四个省级贫困村，一个市级贫困村。全镇建档立卡精准识别户915户2250人。2018年有74户155人。党委政府通过多种举措，多方面整合力量在扶贫人口脱贫上和贫困村销号工作上取得了优异的成效。综合贫困发生率指标情况。截至2018年末，全部贫困人口实现脱贫，贫困发生率为0。保障贫困户住房安全。全镇所有贫困户危房险房都得到维修和翻建，共263户，其中C级105户，D级158户，危房安全比率100%。开展产业扶贫。2018年，发展了合作社带动养鸡和蔬菜制种项目。同时发展了金融贷款养牛项目，新建光伏扶贫电站四处，总装机容量423千瓦，其中装机容量75千瓦3处，198千瓦1处。教育扶贫。全镇贫困人口中适龄学生全部接受九年义务教育；在校学生均得到教育扶持。健康扶贫。全镇所有贫困人口2246人均参加新农合，13个村级卫生室达到验收标准。交通扶贫。全镇所有13个行政村均通水泥硬化路面。基层综合性文化服务中心建设。全镇所有13行政村均有综合性文化活动中心及文化活动广场，并配备健身器材。农村安全饮水。全镇贫困人口均实现饮水安全。贫困人口就业及参加城乡居民养老保险。举办农业实用技术培训班。有劳动能力的，均实现了外出务工就业和本地就业及产业经营。所有适龄贫困人口均参加养老保险。农村低保兜底保障。精准扶贫人口中有低保人口336户588人，所有贫困人口均实现了应保尽保，低保兜底。

【旅游开发】 2018年，镇党委、政府科学规划，加大旅游投入力度，栽植风景树3万余株，栽植向日葵、万寿菊、百日菊400余亩。围绕进入白塔子境内投入资金30万元设置旅游导向图、观景台和各类指示牌及景点展示图版等上百处。新开上山人行观光小路27公里，建停车场6处，占地3000平方米的交易大厅1处，建民族风情敖包5个，购置垃圾箱20个，水冲公厕2个，新开设农家院餐馆7个。同时新增葡萄栽植面积500亩，建设50亩的育苗基地2处，整修方塘2座、修建桥梁1座，完成了洞子沟水果交易大厅的配水、配电、亮化、公厕、停车场等设施，累计投入资金3500万元。通过组织外出考察，结合自身发展各村旅游产业。结合三道营子村民族特点，以传承民族文化，推进林果业发展，实现生态观光旅游和自由采摘为主题打造美景之乡。围绕蒙古族特色文化和山顶千年古松的神奇底蕴，结合国家少数民族特色村寨政策，建设敖包文化园，成功举办了正月十五敖包文化节；围绕绿色果蔬采摘、万寿菊花海观赏和蒙古大营游玩，于6月15日举办成吉思汗像揭牌仪式。通过两次活动吸引镇、县域外采摘、观光、休闲、娱乐游客近3万人次。在于杖子村以洞子沟葡萄熟了为主题，成功举办第二届采摘节，采摘节吸引数万人到此采摘游玩，葡萄种植户户均增收1500元。

【村屯路建设】 2018年，协调上级部门共硬化道路18.5公里，其中一事一议财政奖补村内道路建设5公里，杨杖子村和郭台子村以工代赈道路各2.5公里，安装安全防护护栏2.6公里，交通道路涉及9个村，修建桥梁14座，公路绿化24公里，栽种风景树5000株、花卉31公里。

【民生工程】 新型农村合作医疗参保199726人，参合率99.6%，社会保险完成信息录入人数10350人，个体工商户自由职业者缴纳社会保险69人，保障水平逐年提高，大病再保险等政策逐渐达到全覆盖，实现真正意义上的病有所医和保障到位。新型农村养老保险在全镇全面开展，60周岁以上的老年人逐渐完善养老保障。

【电子商务】 镇党委政府高度重视电子商务尤其是农村淘宝工作，并将此项工作与党建、扶贫工作相结合，在已开设的7个村级服务站的基础上，注入党建资金25万元，在其余6个村以党支部领办创办的形式建立农村淘宝网店，打造党支部便民服务点，成立白塔子镇电商党支部。白塔子镇2018年成为喀左县乃至辽宁省首家村淘服务站全覆盖的乡镇，成功举办全省电商扶贫现场会，各市县领导参观考察，将全县村淘及电子商务工作推向新的高度。

电商扶贫现场会

【救灾救济工作】 低保工作在严格程序、严格审批、严格公示、严格跟踪访查的同时，在镇村两级干部的共同努力下，全面实现应保尽保，确保不错批、不漏批。2018年，新审批散居五保户10户，集中供养8人，低保户71户。各项优抚款项及时准确发放，临时救济工作及时、量化、监管到位。用心关心关注老年人，及时新报80周岁高龄补贴58人，90周岁高龄补贴9人。关心残疾人家庭生活，发放护理补贴484人30万元，发放生活补助189人23万元，发放残疾人器具累计167件。为老年人上意外伤害保险981人。

【医疗卫生教育事业】 全镇共有食品经营单位96家，获证的83家，实现了定期检查与随机抽查相结合、自我检查与上级技术鉴定相结合，有力保障了食品安全，保障食品生产、加工、销售、餐饮服务等环节不出问题。在全镇实现了幼教、小学教育的集中化，实现了教育资源空前优化。

【农村环境整治】 广泛宣传、落实秸秆禁烧工作，通过督查检查，减少大规模焚烧秸秆现象。监督安平公司，及时开展环境整治工作，对村边、路边、河边的“三边”整治，清理675吨，投资60余万元；对粪堆、柴堆、垃圾堆的“三堆”整治，清理210个，投资18.8万元。实施村屯环境综合整治和“六化五个一”工程。在村屯公路两侧栽植风景树、花卉 3 万多株。设立垃圾池 208 个和垃圾填埋场，定期清运垃圾。

【基层党建】 全镇共有党员 1132 人，其中机关企业 130 人，农村党员 1002 人。均已纳入全国党员数据，实现数清、人清。2018 年，新发展党员 13 名，年龄均在 35 周岁以下，大专文凭 9 名，培养积极分子 96 名。年龄、文化均得到调整和控制。2018 年，镇党委不断加强自身建设，加强党员干部的学习。执行民主生活会制度，开展批评与自我批评，寻求共同进步。通过考察、观摩、自学、短期培训、以会代训等形式提升干部素质。全年共培训 56 学时，平均每周一次。全镇党支部共召开党员大会 44 次，举行主题党日活动 102 次，通过建立微信、QQ 群平台，加强党支部工作联系和外流党员管理和学习。加强学习培训，深化"两学一做"学习教育常态化制度化。加强基层党建工作，在产业调整上帮助找项目、建合作社、种万寿菊、酒高粱、药材生产、发挥示范带头引领作用，逐步实现一村一品、一村一策，实现农民增收，壮大集体经济。

（白塔子镇）

十二德堡镇

【概　况】 十二德堡镇位于辽宁省喀左县东南部，距县城 25 公里，南与葫芦岛市建昌县接壤，东临尤杖子乡，西、北靠老爷庙镇。全镇总面积 106 平方公里，5207 户，总人口 19225 人，下辖 13 个村，88 个村民组，耕地面积 3330 公顷，有林地面积 4676 公顷，保护地 734 亩。全镇下辖 18 个党支部，共有党员 857 名。镇内设办公室、扶贫办、农业站、农机站、蔬菜站、项目办、安监站、交通办、文化站、综治办、广播站、民政办、计生办、动监所、社保所、司法所、林果站、农经站、财政所、水利站 20 个部门。2018 年，镇党委政府坚持以习近平新时代中国特色社会主义思想为指导，坚持以"工业强镇、产业富民、解决民生、维护稳定"的总体发展思路，全年实现公共财政收入 592 万元，全年实现地区生产总值 6.69 亿元，人均收入达到 12552 元。

【党建工作】 坚持"围绕经济抓党建，抓好党建促发展"的工作思路，坚持抓好镇党委自身建设，发挥党建统领作用，不断强化基层战斗堡垒作用。加大基层活动场所建设，投资 70 万元为喇嘛沟村新建村支部办公楼，面积 316 平方米；投资 12 万元为乱泥塘子村部进行了整体维修，并新购置了办公桌椅；投资 50 万元在喇嘛沟、和尚沟、梨树沟村新建三处文化广场，面积均超过 1500 平方米，安装了路灯及相应的体育器材，极大地改善了基层活动场所环境和条件。深入开展了"两学一做"学习教育，为每名党员发放党章、《中国共产党廉洁自律准则》《中国共产党纪律处分条例》等党内法律法规，通过党委理论中心组带头学及组织机关干部集中学习与自学相结合的方式，使每一名党员的党性得到了锻炼。2018 年，上派驻村干部 11 名，为各村实现振兴发展起到了极大的促进作用。不断加强镇、村班子队伍建设，注重村干部培训，强化干部素质，增强队伍战斗力。全年新发展党员 15 人，其中 35 周岁以下 3 人，40 周岁以下 7 人。全镇各村都由两委班子成员牵头成立了土地合作社，吸纳贫困户种植粮饲玉米、杂粮、中草药等，通过土地入股及分红等方式，带动贫困户实现脱贫。

【脱贫攻坚】 全镇上下紧紧抓住"3+N"产业扶贫模式开展脱贫攻坚。光伏发电。5 个村级光伏扶贫电站全部正常并网发电，总装机 534 千瓦，每年可产生经济效益 50 万元，按每人每年 500 元增收计算，可以带动 1000 人稳定脱贫。5 个村级电站均正常运转。全年实现收益 23 万元。特色种植。全镇种植粮饲玉米 2000 亩，贫困人口人均种植 1.5 亩，人均增收 400 元；各村土地股份合作社种植谷子、高粱等杂粮 1000 亩，人均增收100元。同时，全镇新种植中草药120亩，技术成熟后，下一步将在全镇进行推广；在和尚沟和神仙沟村新建两处标准化果园，吸纳建档立卡户以土地、劳动力等形式入股，参与果园利益分配，以补充特色种植扶贫产业模式单一的问题。畜牧养殖。主要采取贫困户自贷自养、大户带动和扶贫农场带动贫困户脱贫的三种模式。2018年，全镇有35户贫困户贷款到位94万元，购牛72头。全镇危房改造总共78户，其中C级45户，D级33户，使得贫困户安居。健康扶贫。全镇建档立卡户全部参加新型合作医疗。全年教育扶贫33人，发放教育补助资金4.95万元。

【项目建设】 积极采取各项有力措施，不断加大对项目建设招商引资及“飞地经济”的工作力度，通过全力引进新项目，努力接长加粗原有项目产业链条，使之达到一个崭新的水平。全年新建4个项目、续建2个项目。朝阳金旭锰业有限公司硅锰复合用料（高钙石）生产项目。总投资1.3亿元，规划占地15亩，总建筑面积为3000平方米。一期工程主要建设原料烧结加工车间1座、400平方米石灰窑1座、成品库1座、环保除尘设备1套及其他配套设施；二期工程将进一步扩大生产线。喀左县荣兴牧业有限公司年出栏400头牛养殖项目。该项目投资1000万元，企业占地20亩，建筑面积4500平方米，建设内容包括牛舍，门卫，消毒室，饲草、饲料库及饲料加工间，污水处理池，青贮壕，粪便堆积场等。其中，牛舍2栋，每栋占地面积1440平方米。整体工程已经完工，已经装牛120头。雅奇泳装项目。兴城雅奇泳装公司成立于1993年，从事泳装生产，设计团队人员达50余人，是葫芦岛市泳装出口量排名第一的企业，年产600万件左右，产值1.5亿元，主要销往意大利、法国、巴西、美国、俄罗斯等地。该项目由雅奇泳装投资，建设地点位于怀杖子村，占地面积300平方米，计划投资1200万元，投入设备100台套。已经安装设备50台套，有员工30人，其中，建档立卡贫困户6人，人均工资达2500—3000元，企业正常运行，态势良好。年产7000吨水晶粉项目。该项目建设于大城子街道，投资4000万元，年产7000吨水晶粉。项目已正式投产。喀左县亿丰再生资源利用有限公司环保除尘及续建项目。续建厂房1座、新上压机1台套、环保设备2台套，总投资2000万元，已建设完成。朝阳圣峰电力铸造有限公司改扩建项目。续建四个生产车间，总投资1000万元，已建设完成。

【农业经济】 积极推进农业共营制改革，实现全镇各村土地股份专业合作社全覆盖；切实做好土地确权工作，加快土地流转，实现土地种植向集约化、规模化经营，提高农村土地单位产值，促进农民增收。强化产业结构调整，2018年，全镇有9个村推广种植粮饲玉米2000亩，杂粮近1000亩，其中谷子700亩，正在申报“一村一品”的土楼子村瑞泰土地股份专业合作社种植优质谷子400亩，收获谷子1.5万公斤；白庙子村士杰农作物种植土地股份专业合作社入社成员达279人，入社面积276.5亩，其中，发展粮饲玉米130亩，在去年种植药材桔梗11.5亩和黄芩8.5亩的基础上，继续发展中草药柴胡、沙参35亩，两个品种长势良好。抓好保护地提质增效工作，通过政策扶持、技术培训、市场引导等方式对镇域内保护地进行改造，全镇现有冷暖棚508栋，占地面积734亩，其中冷棚304栋，占地300亩，日光温室204栋，占地434亩，全年完成新建及旧改冷棚17栋。加强造林和封山育林工作，全力做好春季、雨季和秋季造林，完成春季造林1300亩，雨季造林400亩，广场绿化面积8000平方米，抓好护林防火和封山禁牧工作，提高森林覆盖率。扩大林果业规模，新栽果树400亩，完成果树套袋30万个，实现经济效益和环境效益双赢。

【社会事业】 通过上级扶持、政策引导、政府帮助、村民自筹等方式，加大村与村、组与组之间公路维修改造工作。全年硬化道路 17.9 公里；加宽 3.3 公里；新建桥梁 8 座 110 延长米，另有 2 座 36 延长米已经完成招投标。其中新硬化乱泥塘子村 6 公里、宽 5 米，桥梁 8 座，110 延长米；白庙子村 4.5 公里，桥梁 1 座 18 延长米；河东村 1 公里，桥梁 1 座，18 延长米；土楼子 1 公里。喇嘛沟村 0.2 公里，和尚沟村 0.5 公里；太沟村路面加宽 3.3 公里；怀杖子 5.7 公里，已经完工，还有 4 公里正在启动中。社会保障体系逐步健全。全镇共转移就业 4400 人；普惠制远程教育培训劳动力 100 人，其中建档立卡贫困户 66 人；安置建档立卡贫困劳动力公益岗位 19 人，为失业劳动力办理失业证 66 人；完成社会养老保险扩面 17 人。新农保工作进展明显，参保缴费人数达到 6035 人，完成新农保生存认证工作，为 281 人办理满 60 周岁退休。全年新增低保 33 户 95 人，新增五保 10 户 11 人，完成农房保险 2780 户，按时完成了老军人认证工作，做到了“以人为本，为民解困，为民服务”。计生服务质量显著提高，自全面二孩政策实施以来，累计办理免费一、二孩生育登记 432 例；全年出生 166 人，男婴 103 人，女婴 63 人，政策内 161 人，其中一孩出生 53 人，二孩出生 99 人，多孩出生 9 人。免费计划生育基本服务覆盖率达到 100%，为 16 例农村独生子女家庭落实中考加分；新增 40 人享受奖励扶助，有 288 人享受奖励扶助。全镇各村实现标准化卫生室全覆盖。

水利工程建设不断加强。按照“绿水青山就是金山银山”的发展要求，严格落实河长制工作，制定河长制工作实施方案及编制下发 10 平方公里以下 20 条河流一河一策治理及管理保护方案，埋设河长制公示牌 16 个；新打大口井 1 眼，井房 1 座，完成高效配水工程 300 亩，新埋设地埋输水管路 1800 米；维修机电井 7 眼，地埋输水管路 310 米，水泵 7 台，井房 1 座；维修自来水 6 处；同时，对河道垃圾进行集中清理累计清理垃圾近千立方米，保证了河道环境卫生和汛期洪水排泄通畅。

大力发展文化事业。积极组织开展各项文化活动，7 月 1 日，在集市举办了以“深刻贯彻十九大精神、始终坚定不移跟党走”为主题的庆祝建党 97 周年文化演出；充分发挥综合文化站、农村文化书屋作用，并配有相应的体育活动器材，极大丰富了群众的业余文化生活；寻找“最美家庭”，创建“平安家庭”，树立邻里榜样，维护社会稳定。广播事业取得新进步，全面完成月视费收缴任务。13 个村 60 余自然屯 2570 户有线电视信号运转良好，2018 年新发展 41 户，对于近两年来 300 多户到期不缴费的用户，通过上门做工作，动员恢复收看 110 户。放映电影 120 场。

【扫黑除恶】 认真贯彻落实习近平总书记关于扫黑除恶专项斗争工作的重要指示精神和中央、省、市部署要求，在落实减存控增工作的基础上，创新工作机制，在全镇范围内迅速推动扫黑除恶专项行动深入开展，全力维护社会治安大局稳定。全镇坚决把扫黑除恶专项斗争作为当前一项重大政治任务，成立了领导小组，制定了《十二德堡镇扫黑除恶专项斗争实施方案》，明确了工作重点和具体措施，定期召开扫黑除恶工作调度会议，实地了解工作动态，解决问题，切实推进扫黑除恶专项斗争有序开展。各部门以各行业领域为单位开展线索深挖摸排，做到不漏企业、不漏单位、不漏人；经常开展矛盾纠纷大排查，做到“小事不出组、大事不出村、重大事件不出镇”，力争将矛盾消灭在萌芽，使问题解决在基层，全年调处矛盾纠纷 34 起，一些历史遗留难题得以解决，切实筑牢维护社会稳定的第一道防线，提高维护社会稳定的能力和水平。

（十二德堡镇）

老爷庙镇

【概　况】 老爷庙镇政府位于喀左县城东南 13

公里处，地理位置优越，交通便利，225省道和拟建兴凌高速穿境而过，距首都北京、省会沈阳均为400公里，距锦州港200公里，距离喀左县城14公里。全镇区域面积131平方公里，全镇13个村，其中10个行政村，编外3个村，全镇总人口23141人，117个居民组，6489户，其中少数民族人口5130人，农业人口22645人，全镇耕地面积5.5万亩，其中水浇地约为1万亩，是一处典型的农业乡镇。2018年，全镇主要经济指标实现跨越式发展，全镇社会总产值实现4.45亿元，农业总产值实现3.4亿元，第三产业实现5200万元。财政收入达到1986万元，其中国税完成53万元，地税完成62万元。2018年人均收入达10458元。

【基层党建】 严格党建考核制度。年初，镇党委根据省市县的文件精神，结合实际，制定了《老爷庙镇2018年党建考核细则》，大幅提高了基层党建在千分考核中的权重。

继续完善村级组织活动场所建设。在完成10个行政村达标的基础上，进一步多方争取资金和赢得帮扶部门的支持，投资35万元为自然村窑洞子翻新了村部、完善了文化广场建设和办公设施，彻底结束了该村多年无办公房舍的历史。同时，协调市国税局，投资10万余元对果木树村的村部和文化广场进一步装修和完善，使其达到省级建设标准化。另外，政府投资约为8万元，在广场硬化、体育健身器材和书籍等方面给予完善，使全镇所有的村级组织都达到了标准化建设要求。

继续抓好活动的开展和档案管理，推行标准化办公。继续推进“两学一做”学习教育的开展，严肃“三会一课”、民主生活会和组织生活会制度，采取因势利导、灵活多变的方式，增强基层党员服务农村、服务弱势群众、助力脱贫攻坚，达到了对基层党员的管理、教育和提高的目的。同时，进一步对村级档案实施标准化管理，监督村上收集规范好各项活动开展记录和资料，健全村级党组织工作档案、党员档案、活动记录、两委会议记录等各项软件，使其达到了目标要求。

加大制度的规范和执行，强化组织纪律监察。重新修正了机关管理12项规章制度，从上班作息时间、请销假制度、早晚签到、办公物资管理、公车管理等多方面加强制度规范和管理。加大对村级党员干部的培训教育力度，集中培训基层党组织书记16次，培训党员78次，党员干部受教育面达到98%以上。窗口单位和服务行业党员全部挂牌上岗，践行履职承诺，较好地发挥了先锋模范作用。加大村级财务监管力度，加大对村会计的培训力度，严肃财经管理，认真落实“四议一审两公开”等民主管理制度，加强了村务监督委员会建设。

【脱贫攻坚】 全镇共有建档立卡贫困户850户、2239人，其中低保贫困户311户，738人；一般贫困户539户，1501人。2018年，全镇有138户，313人脱贫任务，2个脱贫村，市级贫困村奈木皋村和省级贫困村平房子村。为圆满完成任务目标，结合县里“685”脱贫标准，按照“三+N”模式，整合社会各种帮扶资源，制定切实可行的脱贫措施，举全镇之力坚决打赢脱贫攻坚战。

党员干部思想认识到位。年初以来，镇党委先后召开21次党委扩大会议，对扶贫攻坚有关指示精神进行深入的学习和探讨，并进行了全面安排部署。扶贫攻坚领导小组相继召开了12次镇村干部扶贫专题大会，落实主体责任，制定帮扶措施，为全镇实施精准扶贫工作明确指导思想、目标任务、工作重点和政策保障。组织班子和村级干部到周边先进乡镇考察学习，学习借鉴他们精准扶贫工作的成功经验和做法，分析在精准扶贫方面存在的差距，进一步明确主攻方向。实施脱贫攻坚镇村干部主体责任考核机制。制定《脱贫攻坚工作手册》，把全镇扶贫总体情况、扶贫政策解读和每名干部的帮扶对接人的详细情况登记在册，做到全员通晓明白。每名镇村干部负责3—4户贫困户，每名班子成员负责监管10名左右的镇村干部，从上而下对每项工作的实际开展情况进行有效监管。

推进措施项目落实到位。结合每个村的自然条件，采取“宜农、宜养、宜果、宜光”发展措施，分别做实做好，实现了三大产业全覆盖，筑牢脱贫基础。发展畜牧养殖产业，重点发展养牛项目，利用金融贷款发展养牛项目，全镇申请贷款总额660万元。其中大户带动40户，贷款356万元，带动180名贫困人口；自贷自养105户，贷款275万元；父子带动12户，贷款25万元。建扶贫养牛农场，在北山村成立可饲养400头肉牛的扶贫养牛农场一处，可带动370名贫困人口，年均增收500元左右。大力发展特色种植产业。按照“六位一体”模式，“五统一”标准，成立合作社，发展特色产业种植基地四处：平房子村合致土地股份合作社，种植菊芋531亩，带动贫困户31户95人；奈木皋村新办合作社，种植小米、花生共258亩，贫困户以600元项目到户资金入股，覆盖所有预脱贫人口，每亩纯收入1200元左右；果木树村种植金莲花、百合、高钙果108亩，打造老爷庙镇中草药生态休闲农业扶贫基地，带动果木树村、下河套村和北山村贫困人口受益；窑洞子村种植酒高粱55亩，带动北山村贫困人口受益。同时，还有6个其他专业合作社，重点发展酒高粱、树胶、红薯、小杂粮、大蒜和龙园秋李等产业种植约为1480余亩，通过合作社模式，实现了全镇贫困人口全覆盖。发展扶贫果园，在平房子村回民沟等地新发展扶贫果园5个，共计710亩。建光伏发电产业，已在下河套、乌太沟、奈木皋村建村级光伏发电370千瓦，全部并网发电；在平房子村建立75千瓦光伏电站，已并网发电。

“N”项政策叠加服务。一是抓好基础设施扶贫建设。以销号村为重点，突出抓好道路扶贫，为扶贫牛场和标准化扶贫果园硬化道路21公里。在诚发集团的鼎力支持下，为奈木皋村新建村部220平方米，文化活动广场1200平方米；在县水利局的帮扶下，为窑洞子村新建村部200平方米和1000平方米休闲广场，解决该自然村多年无办公场所的问题。同时，在市国税局的赞助下，为果木树健全办公附属设施，打造省级标准化党建示范村。二是抓好贫困户建房工作。截至年底，全部完成了县里下达的翻建和维修任务，保障贫困户的安全住房。三是抓好健康扶贫政策落实。贫困人口全部纳入健康政策范围，全部纳入新农合，实现贫困人就医有保障、医疗费用零负担。四是抓好教育精准扶贫政策的落实，确保符合条件的贫困学生享受政策补助支持。五是抓好贫困劳动力技能培训和就业。针对贫困户开展职业技能培训，以就业为向导，提高培训的针对性和有效性，全年完成劳动力培训110人。引进劳动密集型企业拉动贫困人口就业。兴城泳装企业成功落户，带动贫困人口就业12人，每人月收入2000元左右。

【项目建设】 把项目建设和招商引资工作摆在以此为大、唯此为先的位置。2018年，镇任务1亿元，截至年底完成固定资产投资9765万元，占任务总数的97.65%。严格按照县委、县政府的指示精神，把“飞地经济”作为壮大政府财力、服务民生的重要引擎全力抓好。为广泛征集信息资源，采取逐级分解任务，层层传导压力，以项目论奖惩，以项目论英雄激励机制。重点利用国家津京冀战略转移的有利时机，广泛挖掘人脉资源，力争在项目建设和招商引资工作上取得突破性进展。在项目引进上主攻三个方向：一是围绕镇内资源上项目，如紫砂建材、农畜产品深加工、旅游商贸等项目。二是围绕县政府七大重点产业向园区引项目。三是以国家振兴东北老工业基地政策为契机，围绕京津冀产业转移引项目。2018年新建项目2个，续建项目3个，在谈项目

2个。新建项目：1.辽宁东晟石墨电极项目。该项目为中外合资项目，总投资5亿元，年产2.4万吨直径600毫米以上超高功率石墨电极。已落户经济园区，占地160亩，总建筑面积8.7万平方米，包括焙烧、煅烧、石墨化压型车间的生产区域、办公区域和公寓区，项目预计投资5亿元。项目达产后，可实现年销售收入7亿元，税收4800万元，解决劳动力就业300人。该项目4月完成场评，预计2019年9月达产。2.老爷庙镇北山村肉牛标准化养殖场项目。该项目是由喀左彤兴生态牧业有限公司承建，预计年出栏400头肉牛，年内已经建造牛舍4565平方米，购进肉牛110头，相关办公用房正在建设之中。续建项目：1.老爷庙镇集中供热项目。该项目总投资1500万元，总建筑面积600平方米，铺设管道4.5公里，购进设备5台（套），购置相关辅助设备和完成供水供电等附属设施。2.青良国际乡村文旅项目。该项目是充分利用镇内少数民族回族特色村寨、万亩杏林自然风光、朝阳寺、蒙古族文化风情街、蝴蝶谷和特色种植等景物特点，倾情打造为观光、采摘、民宿为一体的生态体验园。3.喀左县北山生活垃圾卫生填埋场项目。该项目现在进入后期工程建设阶段，占地面积93333.8平方米，总库容130万立方米，服务半径为16.1公里，日处理能力125吨。在谈项目2个：1.河北廊坊食品塑料包装盒项目。该项目预计投资3000万元。2.大连韩伟集团800万只蛋鸡养殖项目。该项目预计投资4亿元，已经完成选址工作。

【美丽乡村建设】 坚持“城乡统筹、一体发展”思路，以小城镇建设、新农村建设为重点，升级发展模式，加快城乡发展推进美丽乡村建设进程。做好规划，突出特色。围绕现有小城镇建设的规模，进一步做好小城镇的规划修编工作。结合镇里财力人力，按照计划稳步推进实施，实现小城镇的提档升级和完善。按照“六化五个一”要求完善城镇功能。抓好现有商住楼工程的收尾工作，加强城镇的管理。沿路重新栽植风景树5000株，加大河道治理工程，实现河坝护坡和生态蓄水，打造沿河景观带。实现小城镇垃圾日清日洁，保证了小城镇的美化净化。打造环境优美村镇。以“乡村文明”示范工程为抓手，加大农村环境的整治力度。重点沿公路村屯向内地辐射，清理边沟和村屯垃圾6200余立方米，柴草垛110多垛，疏通流水路线，美化农村环境。农村路网建设得到加强。完成路基改造15.7公里，完成硬化的路段有肖河线、十于线、东炮线、兴隆沟线等共计约21公里。这些路段的完成使镇内的公路网格化建设日臻完善，极大便利了群众的出行。

【特色旅游产业】 旅游产业，主要是借助青良国际文旅，结合镇境内少数民族回族特色村寨、万亩杏林自然风光、朝阳寺、蒙古族文化风情街、蝴蝶谷和特色种植等景物特点，倾情打造为观光、采摘、民宿为一体的生态体验园，年内一期工程占地200亩，栽植各种适合采摘的水果品种七八种之多。杨树下村蝴蝶谷果园的面积不断扩大，新栽植龙园秋李350亩。

【农　业】 按照要求，认真做好土地确权等常规工作，在稳定现有作物种植的基础上，不断探讨组建新型农业合作组织，鼓励特色作物的种植与发展，大力推进农业产业结构的科学深入发展，新成立农业专业合作社13家，成为新的带头致富组织。大田玉米和现有暖棚收益良好。完成大田保险收缴4.1万亩，亩产平均600公斤。全镇现有生产的暖棚792栋，黄瓜栽植成为了主导作物，栽植495栋，约占全镇总棚数的三分之二以上，茄子为156栋，西瓜78栋，剩余的棚栽植的主要有尖椒、青椒和油瓜等，绝大多数的棚都已定植完毕。春季完成2600亩的荒山、荒坡造林任务，长势良好，成活率90%以上。新栽植苹果树、李子、梨树共计510亩，山杏近4000亩，秋季计划栽植山杏和棉槐2700亩，地块定在奈木皋、北山、果木树和安德营子村。护林防火常抓不懈，与各村鉴定护林防火责任状，实施镇村干部分区域监管制度，责任到人，时刻做到防火警钟长鸣。全力为农业、果业和人畜用水提供保障，为节水滴灌工程新打井 21 眼，维修 2 眼，保证 2600 亩大田旱季用水。为果园新打井配套 1 眼，维修 2 眼，为果园用水提供保障。维修 2 处人畜饮水工程，保证山区居民的饮水安全。认真履行河长制，加强河道的日常巡逻和监管，保证河道安全畅通和卫生环境的清理。认真抓好畜牧日常工作，完成春秋两季防疫工作，“四率”达标 100%；认真做好贫困户的养牛培训，不断加强养殖户的技术指导，全镇肉牛存栏量逐步上升，成为喀左县养牛重镇。积极做好“非洲猪瘟”防控工作，落实领导责任，层层传导压力，确保辖区内无有隐患。

【社会各项事业】 坚持与人民群众共享发展成果，不断提升民生福祉的理念，结合实际，不断加大民生基础设施的投入，创新社会服务管理，为广大群众提供优质便捷的服务。

民政工作程序规范，保障作用凸显。坚持专款专用，足额发放各类救济对象的生活补助，做到了应保尽保。认真抓好五保户入住敬老院工作，实现老有所养，加强对社会精神病患者的监护，2 名重症精神病患者就医治疗，杜绝了社会隐患。做好留守儿童关爱工作，加强残联老龄工作，高龄补贴全部统计发放到位。

计划生育工作稳步推进。抓好普查普透工作和优生优育宣传和孕优检查，通过组织宣传活动，发放宣传单，悬挂条幅等，有效的宣传了计划生育政策和生殖健康知识，为广大育龄群众提供优质服务。加大对空巢老人、留守儿童和女孩的关心爱护，为他们及时送去慰问物资。

安全生产工作常抓不懈。大力实施“生产安全月”活动，对镇内企业、机关、学校、村屯进行了安全隐患排查，全面落实安全生产责任制。

民生事业不断推进。加大村屯道路的硬化整修工作得到彻底加强，全镇公路硬化网基本形成，积极争取资金和“一事一议”等政策和社会扶持，硬化道路 21 公里，路基改造 15.7 公里，新建桥梁 5 处。新建村部 2 处，新建文化广场 3 处，进一步推进了基层村级组织的标准化建设。

其他各项事业平稳发展。加强精神文明建设，大力弘扬社会主义核心价值观，倡导尊老爱幼健康向上的生活方式，着力提高居民文明素质，激发干事激情，营造良好氛围。加大社会治安综合治理力度，将此列为千分制考核的第一项目标，实施镇村干部全员抓信访、全员抓纠纷的网格化维稳机制，大力宣传扫黑除恶活动，有效地维护了全镇的稳定与发展。文化体育工作持续发展，积极组队参加东片乡镇篮球大赛和县徒步大赛，并取得较好成绩。积极扩大有线电视入户率，2678 户实现数字电视，超额完成公益电影放映 120 场。武装、共青团、妇联、统计、养老保险和合作医疗等部门工作全面完成任务目标。

（老爷庙镇）

东哨镇

【概　况】 东哨镇位于喀左县城东部。距离县城 10.8 公里。大凌河沿岸，是一个半平原半山区农业乡镇。全镇面积 82.16 平方公里，耕地面积 28820 亩。总人口 16604 人。有蒙古、回、朝鲜族 3 个少数民族共 2701 人，占总人口的 15.86%。机构设置有党政综合办公室、农业农机服务站、社会管理办公室、社会治安综合治理办公室、社会事务服务所、农业技术综合服务站、林果服务站、文化综合服务站、卫生与计划生育服务站、蔬菜站、动物卫生监督所、财政所、劳动保障所、妇联、共青团。镇机关行政编制 26 人、事业编制 27 人；东哨镇所辖 9 个行政村 72 个村民组、14 个党支部。

2018 年，东哨镇党委紧密团结并带领全镇各党组织和广大党员干部群众，抢抓机遇、攻坚克难，按照“项目兴镇、扶贫惠民、农旅结合、乡村振兴”工作思路，狠抓党的建设、项目建设、脱贫攻坚、社会事业、民主法治等重点工作，较好地完成了年初确定的各项目标任务，党的建设和社会发展取得了一定成绩。全镇社会总产值实现5.2亿元，比上年增长9.2%，其中一产总产值实现2.69亿元，二、三产总产值实现2.51亿元，分别比上年增长7.9%和15%。农民人均纯收入实现13337元，比上年增加15%。社会和谐稳定、人民群众幸福感明显提高。

【党建工作】 深入学习贯彻习近平新时代中国特色社会主义思想，推进“两学一做”学习教育常态化制度化。一年来，镇党委严格按照省委“1571”党建总思路和市委“七个一”党建发展思路，开展党委理论中心组学习10次，重点学习传达习近平总书记在全国组织工作会议和在东北考察时和深入推进东北振兴座谈会上的重要讲话精神，贯彻落实“四个着力”和“三个推进”，确保在思想上、政治上和行动上同以习近平同志为核心的党中央保持高度一致。开设讲习所和远程教育站点各10个，推进习近平新时代中国特色社会主义思想走进基层、走进群众，不断增进党员和群众的政治认同、理论认同和实践认同。推进抓党建促脱贫攻坚、促乡村振兴。调整村级党组织书记2人，村级党组织带头人队伍整体优化提升；吸纳选派干部10人，帮助群众办实事、解难事达70余件，发挥了选派干部在基层治理中的作用；实现村集体经济全部达标，9个行政村年收入均达到2万元以上，5万元以上的村达到77%，推动发展壮大村级集体经济；大力推进“党支部+经济实体+贫困户”模式，全镇4个贫困村合作社实现全覆盖，党建统领脱贫攻坚成效显著。严格党的组织生活制度，持续推进党支部规范化建设。全面执行“三会一课”、民主生活会和组织生活会、谈心谈话、民主评议党员等8项组织生活制度，抓好学习管理、主题设计、档案管理和村级党支部规范化建设，新修建文化广场一处，党建制度全部上墙，党支部规范化建设初步达标。运用信息技术，大力加强党员队伍建设，推动基层党建创新发展。大力推广运用“互联网+党建”的做法，抓好辽沈智慧党建云平台和全国党员管理信息系统配套对接工作，开通党支部账号13个，新发展录入党员15名，党员管理、党组织关系转接工作首度实现智能化、便利化。坚持全面从严治党，为全面建成小康提供坚强政治保障。严格落实党建主体责任，深入推进“两学一做”学习教育常态化制度化，按照“七个一”党建工作思路，抓基层、抓基础、抓基本，严肃党内政治生活，坚持正确用人标准，强化干部日常监管，设立村级监督员9个，纪委监委工作有序推开，党风廉政建设“两个责任”全面落实，纪律检查和执纪监督进一步加强，党员干部纪律作风明显好转。

【招商引资和项目建设】 坚持抓好项目建设，攒足发展后劲。举全镇之力推进项目建设，全面动员，压力传导，紧紧依托“五个一”平台积极引进项目。立足域内，新建了敖木伦旅游大桥1座、改扩建蒙古包7座、新建蒙古包2座、新建东蒙地区民俗文化生活展示馆和喀左县莲洋旅游休闲项目。立足域外，引资兴建了高档壁纸生产项目，项目一期设备已调试完毕。利用东哨在“全景喀左、全域旅游”中的资源优势，接长旅游项目链条，打造“龙源湖—丽洲庄园—莲洋景区—激情漂流—凌河第一湾”旅游路线，完善了配套项目工程建设，使之成为喀左旅游的靓丽风景线。

【脱贫攻坚】 全镇共有建档立卡贫困户555户1572人。其中，2015年脱贫166户534人；2016年脱贫100户285人；2017年脱贫201户493人；2018年脱贫88户260人。坚持“五级书记抓扶贫”的总体要求，积极推进“3+N”产业覆盖、政策叠加扶贫模式，将贫困户全部带动进来，实现全面脱贫。坚持以党建促扶贫为抓手，加大脱贫攻坚推进力度，全面完成脱贫工作目标。

特色种植。东台子村实施“党支部＋合作社＋贫困户”的帮扶模式，发展冷棚800亩，其中升级改造417栋，每棚收入在8000—12000元。在东台子投资50万元新建200吨保鲜库1座，延长蔬菜保鲜产业链条，可增加村集体收入5万元以上；发展裸地红椒600亩，分布在5个行政村，采取统一供苗、统一滴灌、统一指导、统一销售模式，按去年试种产量，每亩可产红椒300—400公斤，按保护价每公斤8元回收，亩纯收入可达750元以上；车杖子村投资20万元新建扶贫苗圃120亩，苗木总值秋季可达87万元，当年可创收13万元以上；扶贫果园2处：车杖子村康泰沟果园350亩，林下套种南瓜130亩，青沙子村新发展扶贫果园300亩（200亩韩富+100亩龙元秋李），林下套种红椒50亩。

畜牧养殖。在小马架子新建年存栏400头肉牛养殖项目，总投资630万元，其中，基础设施投资200万元，养年及流动资金430万元。已购入牛158头，实行档案化管理，带动全镇555户1572口人。东台子村、西烧锅杖子村、车杖子村及青沙子村贫困户以庭院养殖为主，发展养牛3411头，养羊3105只，养殖牛羊致富带头人150多人。

光伏产业。积极争取帮扶单位及社会各界投资，充分利用荒山、荒坡等地，因地制宜开展集中式光伏发电扶贫产业项目，东哨镇现有光伏4处，以青沙子村、车杖子村联村198千瓦光伏电站带动青沙子村及车杖子村两村全部建档立卡户282户778人，以东台子村75千瓦光伏电站带动东台子村全部建档立卡户155户499人，以西烧锅杖子村75千瓦光伏电站带动西烧锅杖子村全部建档立卡户39户77人，以西烧锅杖子村198千瓦光伏电站带动全镇非贫困村建档立卡户79户218人。

N项政策叠加。危房改造。共计为建档立卡户翻建危房86户，维修危房45户，受益人口349人，基本解决贫困户基本住房安全问题。健康扶贫。全镇建档立卡人口新农合参合率达到100%，2018年东哨镇建档立卡户县域内外住院患者共计163人次，总花费144.4万元，共计报销金额达134.68万元，报销比例达93%以上；非住院患者分情况采用不同方式进行救助，报销比例达90%以上。教育扶贫。认真落实教育扶持政策，落实雨露计划49人，受益人口183人，此外，东台子村及西烧锅杖子村驻村帮扶单位朝阳市民委连续三年为两村因学致贫家庭组织“五教同行”捐款活动，每名学生2000元，共计68名学生享受；特别捐款每生5000元，2名学生享受；就业扶贫。全镇自行安置的公益岗共计34人，受益人口110人，月工资350元，已发放10月工资共计11.9万元；平均发放426户，受益人口1197人，发放资金共计11.97万元。政策兜底。2018年为低保户、五保户发放最低生活保障金142万元，确保政策兜底一户不落。

【设施农业】 坚持完善农业发展体系，想方设法促生产。2018年，引进西葫芦新品种2.5万粒，黄瓜新品种引进8.5万株，番茄3.5万株粒，农作物新品种、新技术的不断推广运用，使得农村经济效益倍增；协调租赁600延长米暖棚，圆满完成红干椒产业410亩栽植面积20万株育苗工作，成苗率达80%以上。加大生态环境保护力度，2018年春季造林603亩、雨季造林120亩、河滩林补植297亩，超额完成造林任务。畜牧业健康快速发展，注重发展养殖大户，扩大养殖规模，在卧龙泉村、西烧锅杖子村发展基层体系建设科技示范户10户，为农户提供养殖培训10余次。继续开展基础母牛扩群增量项目，为农户提供培训并发放补贴，促进了畜牧业快速健康有序发展。严格排查镇域范围内生猪养殖户，实行日巡察、24小时值班制度，严格防控非洲猪瘟。坚持完善农业基础条件，促进农民增收。通过4000亩土地整理项目和7000亩亿斤粮食项目及水利节水增粮项目，水利基础设施得到彻底改善，改变雨养农业的历史，为农业生产提供有力保障。新打维修机电井共计59眼，新铺设管路6000延长米，新修农田作业道水泥路7.6公里，使全镇水浇地面积达到80%，保障农户在大旱之年实现了高产、稳产，得到了全镇群众的称赞和拥护。坚持发展农业共营制，开创现代农业新局面。充分发挥小马架子村“露丰养牛专业合作社”的作用，带动产业结构调整。为加快农业产业化进程奠定了良好基础。喀左县东哨露丰养牛专业合作社主要以养殖和繁育肉牛为主。该合作社入股社员22户，厂区占地28亩，实行工厂化养殖，投资530万元，已购入牛160头，2018年可回收畜牧滚动发展资金20万元及回收10万元利息，带动89户259人。

【人居环境建设】 充分利用“一事一议”、美丽乡村建设，积极争取上级包扶等多种渠道筹措资金，进行新农村建设和小城镇建设。2018年，新建林家店村文化广场一处，面积1600平方米；通过“一事一议”财政补贴工程和上级包扶，共完成道路硬化12.8公里；修大中小桥梁6座。通过不同途径筹集资金，在主要街路维修安装路灯71盏。在青沙子村、卧龙泉村和西烧锅杖子村重点进行环境卫生整治工作，不断加大环境整治力度，清“三边”、治“三堆”，全镇形成了环境整治常态化，人居环境得到明显改善。

【社会各项事业】 民生保障能力持续增强。坚定不移地加大民生投入，经济社会发展成果实现人人共享。2018年，为低保户、五保户发放最低生活保障金达142万元。加强对留守儿童的信息管理，定期为他们举办关爱身心健康等活动。新农合、新农保工作运行良好，参保率分别达到90%和95%以上，农民病有所医、老有所养的目标初步实现。卫计工作服务职能不断提升，2018年，放奖扶金47万余元、特别扶助金9万余元、独生子女奖励费5万元。普惠制劳动力转移培训水平不断提升，为2700余人提供职业培训，劳务输出4000余人。科教兴镇战略得到充分发挥，东哨镇蒙古族中心小学师资力量不断充实，教学水平不断提高。文化广播事业稳步发展，数字信号转换工作全面完成，保证用户收看质量；广泛开展文化活动，成功举办“非遗进校园”、迎“七一”书画展，积极组织广场舞活动，极大程度丰富了农民的文化生活。

（东哨镇）

羊角沟镇

【概　况】 羊角沟镇位于喀左县东部山区，距县城26公里，全镇下辖13个行政村，共120个村民组，总人口1.82万人。有丰富的矿产资源：辉绿岩理石、白垩矿、黄铁矿、紫砂岩矿等；天然旅游资源：凌河第一湾、楼子山、铁沟里、卧佛山等多处风景区；土特产资源：小米、榛子、核桃。羊角沟镇素有“旅游之乡”“长寿之乡”的美称。2018年，镇党委政府进一步统一思想，转变工作作风，圆满完成了全年工作任务目标，取得了效绩考评“红旗单位”称号，获得了项目建设“先进单位”称号。2018年各项经济指标稳中有升，全年实现一般公共预算收入165万元，完成固定资产投资1.05亿元，人均收入达到9700元。

【项目建设】 2018年，新建项目6个，续建项目5个，在谈项目2个，其中“飞地经济”运作项目1个。新建项目。一是朝阳新起点生物质科技有限公司年产8万吨生物质成型燃料项目。该项目建设在喀左县天盛工业园区，占地面积23.2亩，项目总投资3200万元，已完成投资100万元。二是辽宁腾龙水利设备有限公司农业智能化控制系统技术研发项目。该项目建设在喀左县天盛工业园区，计划征地20亩，总建筑面积

1.1 平方米，项目总投资 3110 万元，已完成投资 100 万元。三是喀左牧丰农业科技有限公司机械加工项目，该项目建设在羊角沟镇十八台村，占地面积 10 亩，项目总投资 580 万元。四是上窝铺村、贝子沟村 75KWP 光伏电站项目，建设地点为上窝铺村、贝子沟村，项目总投资 105 万元。五是喀左绿鑫家庭农场项目，该项目建设在羊角沟烧锅杖子村，占地面积 70 亩，项目总投资 200 万元，发展采摘农业，建设高标准大棚 9 栋，已建设并投入使用。六是喀左翔翼新能源开发有限公司分散式风电项目，在大黄杖子村、羊角沟村、烧锅杖子村建设 GW140/2500 千瓦风力发电机组 4 台，占地面积 1600 平方米，总投资 8000 万元，该项目建成后，预计年营业额 1500 万元，上缴利税 300 万元。续建项目。一是喀左鑫博铁合金有限公司年产 5 万吨铸造件项目，项目建设地点在喀左县天盛工业园区，占地面积 70 亩，项目总投资 8000 万元，已投资 1500 万元，年销售收入 2.2 亿元，利税 370 万元。二是喀左裕农养牛专业合作社年存栏 800 头肉牛项目，该项目建设在羊角沟镇十八台村，占地面积 25 亩，项目总投资 1500 万元。三是辽宁野风文化旅游产业有限公司旅游民宿客舍项目，该项目建设在羊角沟镇上窝铺村，占地面积 18 亩，建设旅游民宿项目，项目总投资 8000 万元。四是朝阳雨润农田喷灌设备有限公司年产 500 台智能喷灌机项目，该项目建设在喀左县天盛工业园区，占地面积 20 亩，项目总投资 5000 万元，新建生产车间、办公用房 7000 平方米。五是喀左腾龙机械制造有限公司年产 100 台圆形喷灌机项目，该项目建设在喀左县天盛工业园区，占地面积 15 亩，项目总投资 950 万元，已投资 150 万元，建设办公楼 1000 平方米，生产车间 1400 平方米，职工宿舍及库房 1000 平方米。在谈项目。一是拟引入南哨工业园区投资 5000 万元富氢饮水机项目。二是辽宁旅游投资集团凌河第一湾综合开发项目。该项目拟投资 1 亿元。

【农业基础设施建设】 努力发展现代农业，巩固蔬菜大棚 860 栋，完成旧棚改造 15 栋，新建冷棚 15 栋，秸秆反应堆推广 60 余栋，引进新品种及应用新技术 20 余项。完成耕地轮作 1500 亩，完成大地保险 4.1 万亩。完成十八台、东沟、贝子沟等节水灌溉工程，新打深井 44 眼，铺设管道 4.3 万米；完成大黄杖子村小台子、贝子沟上干沟等贫困村饮水帮扶工作，新增自来水饮用 89 户，埋设管道 4000 米；完成十八台水土保持工程 600 亩；完成河道护岸工程 1 处。河长制工作有序推进，制作河长制标识牌 14 个，发放宣传资料 2000 份，开展河道整治、清洁工作，确保河道畅通、环境优美。造林绿化，森林覆盖持续增长，完成人工造林 4750 亩，其他造林 1900 亩，义务植树 5 万株，完成上窝铺村扶贫果园 150 亩。护林防火力度不断加大，全年未发生较大火情。"一事一议"道路硬化大黄杖子村 4 公里。新建桥梁 4 座。完成东沟、老窝铺、朱杖子、崔杖子、羊角沟、十八台、下稠沟、贝子沟、大黄杖子、烧锅杖子村水泥路面硬化 56 公里。畜牧业稳步发展，猪存栏 25250 头、牛存栏 17412 头、羊存栏 19937 头、禽类存栏 94348 只，动物防疫率 100%。做好非洲猪瘟防控工作，排查全镇养殖大户和散户 228 户，设立非洲猪瘟检查站 1 处。

【社会事业】 推进社会事业全面发展，新纳低保 47 户，办理 80 周岁以上老年补贴 20 人，完成老年人意外保险 1100 人，严格执行殡葬管理规定，火化率 100%；新农合参合率 99.6%，完成扶贫资金发放 1123 人、33690 元，贫困人口参合率 100%；完成城乡居民养老保险 4100 人，参保率 100%，完成城乡居民养老保险认证 3214 人；完成域外成功人士信息采集录入 202 人，完成劳务输出 3000 人，吸引和鼓励返乡创业人员 202 人，发展创业带头人 2 人，为贫困人口安排就业岗位 6 个；全年翻建房屋 110 户，维修房屋 118 户；

文化广播事业不断发展。完成13个村文化书屋建档上册工作，全年放映电影156场，完成数字电视线路改造3850米，架设主干电缆2300米；安装健身器材38套，路灯220盏，设置垃圾池30个，建垃圾处理厂1处；农用机械年检率96%，购机补贴按时发放；教育、卫生、体育等各项社会事业不断取得新进步。新农村建设持续推进，镇村面貌焕然一新。健全完善监管机制，全力保障食品药品安全。强化安全生产“一岗双责”，加大各领域综合整治，有效遏制重特大事故发生。全年全镇共排查调处各类矛盾纠纷28起，调解结案率100%，全年无重大治安案件和刑事案件发生，确保了群众安居乐业、社会和谐稳定。

【脱贫攻坚】 严格按照“两公示一公告”程序，做到公平、公正、精准确定建档立卡户。遵循动态管理，随时消除漏评和错退的现象。通过数据筛选，信息比对，“回头看”及自然增减等工作，按照规定程序办理，做到“应纳尽纳，应退尽退，进退有序”，有效地杜绝了漏评和错退现象发生。按照县委、县政府提出的“3+N”模式，精准实施产业全覆盖，壮大村级集体经济，实现贫困户稳定增收、分红，全面改善贫困村的生产生活条件。养牛产业。申请扶贫资金690万元，建成三大扶贫牛场，存栏量1200头，三大牛场每年上交资金70万元，用于全镇建档立卡户分红；牛场无偿提供母牛赊给贫困户饲养，收益后归还本金或牛即可。另外为贫困户协调两年无息贷款，共120户600万元，用于家庭养殖；对无劳动能力贫困户采取大户带动模式，为养牛大户协调扶贫贷款110万元，带动贫困户50人，每人每年可分600元。光伏产业。已实现全镇五个贫困村光伏电站全覆盖，总量421千瓦。在没有得到国家补贴的情况下实现收益11.4万元，年发电收益45万元，用于全镇建档立卡户分红。2018年为全镇建档立卡户每人分红400—600元，已于11月初发放完毕。特色种植产业。大黄杖子村支部投资90万元，流转土地30亩，栽植黑木耳20万棒，每亩收益1万元；在十八台村流转土地980亩，种植谷子、黄豆、粮饲玉米、酒高粱，每亩收益1000—2000元；在贝子沟村种植150亩中药材铁骑和板蓝根，每亩收益2000元；东沟村酒高粱180亩，每亩收益1500元；在上窝铺村建成150亩扶贫果园1处。

（羊角沟镇）

兴隆庄镇

【基层党建】 镇党委始终坚持党要管党、从严治党，班子成员以身作则、以上率下，狠抓关键环节，严纪律、立规矩、正风气，加大矛盾纠纷和信访案件调处力度，为经济社会发展提供坚实保障。强化自身建设。以“两学一做”学习教育常态化制度化为抓手，经常性开展批评与自我批评，领导班子的凝聚力和战斗力进一步提高。各基层党组织和广大党员不断强化“四个意识”，同心同向、同力同为的政治氛围已经形成。基层党组织标准化建设不断加强，村级组织活动场所日益完善。全年累计投资147万元，新建头道洼村党群服务中心500平方米、海岱营子村群众文化活动场所1500平方米，宣家村800平方米。维修二布尺村文化广场1800平方米。截至年底，全镇11个村，有10个村的活动场所和群众文化广场得到建设和维修。强化制度建设。镇党委把制度建设放在重要位置，健全完善了领导干部和机关干部、村干部管理的各项制度规定，对已定制度坚决执行，让镇村干部明白守纪律讲规矩的重要性和严肃性，强化了干部遵规守纪的自觉性。落实工作目标责任制，对工作指标分解，层层签订目标责任状，细化到项，责任到人，严格奖惩，做到工作有计划、有安排、有检查、有考评，人人肩上有指标，实实在在抓落实。坚持不懈抓作风建设。党委坚持把作风建设贯穿于日常工作中，坚持经常抓、深入抓、持久抓，在坚持中深化，在深化中坚持，始终把服务群众、造福百姓作为最大责任，说实话，办实事，求实效，一步一个脚印地推进工作，一件件解决群众普遍关心的实际问题，工作作风得以不断改进和加强。勇于担负起维护和谐稳定第一责任。综合运用各种手段，坚持“书记抓、负总责”，共调处各类矛盾纠纷30起，“减存控增”工作成效显著，实现了社会的和谐稳定。加强扫黑除恶专项斗争力度，通过大喇叭、宣传车和明白卡等进行宣传，共宣挂条幅54幅，发放宣传单1.2万份，做到家喻户晓。各村设立举报箱、公布举报方式和奖励办法等多种渠道，彻底消除黑恶势力滋生的土壤。2018年全镇扫黑除恶工作走在了全县的前列。

【项目建设】 坚持把项目建设招商引资作为“天字号”工程不动摇，紧盯“京津冀”产业转移重点不放松，培植项目、引进项目，在项目数量、体量、质量上都取得了新突破。全年实施重点续建项目3个，兴隆庄农资物流配送中心（万家物流），总投资7955万元。云水山庄建设项目，总投资5000万元。金秋度假园项目总投资3600万元。在谈“飞地经济”项目4个，其中在建项目1个，再谈项目2个，签约项目1个。通过项目建设、招商引资，实现农业总产值3.5亿元。工业总产值1.2亿元。固定资产总投资完成1.1亿元，财政一般预算收入实现202万元。全镇经济综合实力不断加强，人民群众的生活水平得到普遍提高，各项工作取得显著成绩，经济社会发展动力与活力不断彰显。高铁拆迁顺利完成前期工作，拆迁平整2万多平方米场地，保证了高铁按期通车。

【基础设施建设】 小城镇建设扎实稳步推进，宜居乡村建设成效显著。2018年，按照“全域旅游、全景喀左”发展理念，着力打造“生态景观和谐、人居环境优美”的宜居乡村。加强农村道路建设。以环境整治和基础设施建设为重点，改善自然生态景观，增加人民群众的幸福指数。按照县委会议安排，进行了农村公路建设需求和专项调查，全年共修建乡道20.3公里，完成“一事一议”工程永益当与宣家公路3公里，建设桥梁3座。加大宜居乡村建设。加强环境卫生整治，强化“三边”治理、规范“三堆”摆放。对村边、路边、河边的垃圾做到日产日清，加强对生产、建筑垃圾乱堆乱放治理，有效地遏制了乱堆乱放现象发生，保证了环境整洁。分别在头道洼村、兴隆庄村新规划了美丽乡村一条街，镇村面貌发生明显变化。依托“绿水青山”优化生态环境，旅游产业逐步发展。通过对大凌河沿线的保护与改善、加强沿线道路建设、绿化亮化和净化建设等措施，生态环境得到了明显改善。依托大凌河自然景观，红山文化人文景观，全面推进旅游业发展，东山咀红山文化遗址本体保护工程及展示馆已全面建成，同时相继引入云水山庄、金秋老年公寓两个旅游产业项目，助推了兴隆庄旅游业快速发展。凭借蒙古族聚居区为资源，以采摘园、观光园为突破，在头道洼村新建了赛图生态园即蒙古包特色餐饮1处，在二布尺民族村建设敖包文化园1处，半拉烧锅村苹果采摘园、二布尺葡萄采摘项目。投资285万元的污水处理厂工程，将对全镇生活污水进行无害化处理，入户管路安装已基本完成；推行垃圾分类减量、资源节约利用，头道洼、兴隆庄2个村实行垃圾“五指分类法”试点，已经取得阶段性成果。

【农　业】 结构调整不断优化，产业优势日益增强。围绕农业供给侧结构性改革，农业产业化水平不断提升，农业基础条件不断完善，农业共营制稳步推进，完善标准化土地共营制合作社14个，流转土地2.09万亩，全镇大田玉米3.3万亩，其中，节水滴灌1.2万亩，杂粮0.5万亩。种植业、养殖业大场大户不断涌现，完善标准化养殖小区2个，新增养殖大户35户。设施农业、畜牧业、林果业三大主导产业不断发展壮大，成为农业经济发展和农民增收致富的重要支撑。全镇新发展甜菜500亩，苹果采摘园200亩。

【脱贫攻坚】 坚决扛起脱贫攻坚主体责任，按照县委“3+N”扶贫模式，通过推动光伏发电产业、特色种植产业以及畜牧养殖产业，4处光伏电站全部并网发电，覆盖带动全镇贫困村所有贫困户、贫困人口实现增收。同时坚持“扶智”和“扶志”并举，提升贫困户脱贫的内生动力。民生投入持续加大，新建桥梁5座，硬化道路16公里，为节水滴灌工程新打井22眼，维修6眼，保证3000亩大田旱季用水，地埋管路8.6公里，地下网管6430公里。为兴隆庄村扶贫果园新打井配套1眼，维修2眼，为果园用水提供保障。维修2处人畜饮水工程，已完成农村无害化厕所37个，人民生活安居乐业、群众获得感显著提升。

（兴隆庄镇）

甘招镇

【概　况】 2018年，甘招镇党委政府坚定信心，转变作风，务实奋进，经济建设和各项社会事业取得了明显成效，全镇国民生产总值达到2亿元；财政一般预算收入425万元；固定资产投资累计达到1.2亿元；农民人均收入9500元。全镇个体私营经济、第三产业快速发展，基础设施建设和工农业生产都实现了卓有成效的突破。

【农　业】 当好群众的参谋，适时调整产业结构，西赤赤合作社种植金塔辣椒240亩。河沿村，章营子村等种植酒高粱500亩。配合西赤赤村完成节水滴灌2600亩。全镇遴选科技示范户50户，示范合作社，家庭农场20个。辐射带动周边农户，转变思想，应用新技术新品种，增产增收。完成轮作面积1300亩，改变种植结构，养地增收。宣传转基因种子和食品的危害，杜绝转基因制种，甘招镇转基因制种面积为零。继续加大实施品种优良化、舍饲规范化、喂养科学化、免疫常规化力度，加速推进小区建设和总量扩张，形成并建立了建小区、抓大户、带散户、增总量的畜牧业发展有效机制。全镇畜禽标准化规模养殖率、畜牧产业化率分别超过70%和50%；在抓重点养殖总量扩张的同时，落实各项措施，有效防控了全镇重大动物疫病的发生和流行，确保全镇畜产品安全。农业专业合作社的作用得到充分发挥，蔬菜新技术、新品种引进推广力度不断加大。大力开展废弃棚及低效棚改造，不断提高蔬菜大棚经济效益。2018年，共完成了新建旧改棚42栋，3700延长米。

【农　机】 推广新技术，在沟门村组免耕播种400多亩，节本增效，节约成本4万元。全镇90%的大田应用机械播种，约3万亩；机械收获1500亩。全镇检审农用四轮车辆52台。宣传安全生产条例，杜绝安全隐患。农机购置补贴工作，补贴机具49户，66台套，补贴资金595700元，群众得到了实惠。增加了甘招镇的农机保有量。

【林果业】 镇政府组建专业化造林队伍，提高造林质量。春季完成造林1519亩，公路绿化14.6公里，其中耕地造林795亩，荒山造林300亩，采伐迹地造林424亩，公路绿化植树9850株，具体情况如下：在章吉营子村章吉营子后耕地造林栽植龙源秋李135亩，雪桃砧木京桃50亩，大道村南梁耕地造林山楂120亩，龙源秋李160亩，西赤里赤村一组西坡补植苹果210亩，羊草沟门村河滩栽植苹果120亩，公路绿化14.6公里，其中甘七线8.1公里，栽植紫叶李1500株、馒头柳1850株，小甘线6.5公里，栽植火炬6500株，林台栽植棉槐4.5万株，在河沿村进行荒山造林刺槐、棉槐300亩，在甘招村、羊草沟门村、宋家店村、东赤里赤村、河沿村进行采伐迹地恢复，栽植杨树424亩，机关干部、驻村书记义务植树2000株。为了尽快完成造林工作，出动钩机4台，工作15个日夜，每天出动水车6台，机井泵3台，专业队3支150人，各种苗木长势良好。强化封山禁牧，严禁野外用火，加强护林队伍建设，杜绝了各类火灾隐患。按照上级指示精神，根据公益林分布特点，管护难易程度等因素，确定护林员8人，信息员5人，精准扶贫护林员5人，实行联防联管，林业站对护林员、信息员定期业务培训，不定期查岗，做到岗有人查、林有人护。

【社会各项事业】 全镇实施安全饮水项目11个村，占有率75%以上；路基改造23.56公里，公路通行能力得到了较大提高。全面加强社会保障体系建设，全镇参保7652人；新农合完成缴费11983人，参保率95.9%；按时、准确的完成了49268亩的大田保险的征收、上缴工作。抓好平安保险、养老保险、大棚保险等工作，全面加强农村社会保障体系建设。文化卫生事业全面发展，爱国卫生运动蓬勃开展，农村改厕12处；加强完善了各村农家书屋的管理工作，时刻保持书屋的卫生与整齐，每周定时向群众开放，并做好登记、借阅工作，充分发挥了农家书屋的作用。加强和谐农村建设，抓好应急预案，建立和完善应急管理体制，强化安全生产管理，大力开展平安乡创建工作，以“平安家庭，无暴力家庭”为载体，扼制刑事案件，防范治安案件，构建平安网络。认真开展矛盾纠纷排查化解、信访案件调处、重点时期维稳等工作。2018年，共成功调解矛盾纠纷32起，化解信访案件7件。并采取有效措施，未发生一起进京上访和影响社会稳定事件。

【脱贫攻坚】 按照县委、县政府的安排和部署，紧紧围绕“3+N”扶贫模式，认真谋划扶贫产业项目，采取“六位一体”扶贫方式进行脱贫。特色种植。在西赤里赤村流转土地240亩，建立扶贫种植基地，与辽宁金社裕农供销集团有限公司合作栽植金塔辣椒，该项目年纯利润在40万元左右。金塔辣椒基地经过专业人员管理，生长情况良好，达到了预期的效果。与南哨鑫琦调味品厂合作在甘招村种植白菜和萝卜，为企业提供种植基地，合作社将提取收益的20%让贫困户受益。同时在县畜牧局的大力支持下在河沿村、东赤里赤村、羊草沟门种植1000亩饲粮玉米，该项目纯利润在20万元左右。畜牧养殖。在畜牧局的大力支持下，在三家村建设养牛农场一个，该项目总投资282万元，厂区占地总面积25亩，其中建筑总面积5000平方米，计划同期养殖育肥牛400头，年出栏肉牛800头。该项目于5月12日招标结束，按照计划建设进度，牛场主体建设完毕，该项目已投产，投产后可带动贫困户，使贫困户增加收入，进而成为贫困户的稳定增收渠道。光伏发电。去年在大道村小学院内建设的装机容量为200千瓦的光伏电站，今年3月已并网发电。另外在王营子村、三家村、西赤里赤村三个村分别建设75千瓦的分布式扶贫电站。以上光伏电站均已并网发电，并网发电的收入已达到9万元。扶贫果园。甘招镇章吉营子村特色扶贫果园流转土地385亩，栽植三年生苹果200亩，李子135亩，京桃50亩。果园现行以土地地租收益和贫困户务工的模式助推脱贫，三年盛果期后合作社还将以利润分红和贫困户务工的模式进行分配资金，成为全镇建档立卡贫困户的长效增收项目，进而巩固脱贫成果。其他方面：在全面推进光伏发电产业、特色种植产业的基础上，充分发挥政策的叠加效应，继续做好危房改造、健康扶贫、教育扶贫、低保兜底和技能培训，抓好硬件设施建设，不断加大帮扶力度，确保脱贫攻坚工作的开展。通过以上措施，经过全镇上下以及帮扶单位的共同努力，实现了贫困村顺利销号，脱贫户收入稳定超过现行国家扶贫标准，实现稳定脱贫。

【项目建设】 始终把打造一流营商环境作为工作重点，从细节入手，从企业切身需要入手，下大力气解决企业“办事难”问题，不断提升服务水平，有效减少办事环节，责成专人为企业“跑腿”，提高办事效率，最大限度地为企业提供“零距离”“全方位”和“一站式”服务，加快企业投资落地步伐。甘招镇引进飞地项目1个，朝阳庆钢新材料有限公司落户公营子镇工业园区，总投资8900万元，占地20亩，年产2000顿新材料钢纤维。项目达成后，可实现年销售收入9500万元，税收500万元，解决劳动力就业80人。厂房正在进行钢结构安装，预计2019年1月试生产。新建项目：北塑塑料资源综合利用有限公司是利用原龙鸟集团闲置厂房从河北雄安引进来的一家塑料相关制品企业。2018年镇责成专门工作人员全力以赴帮着跑手续，从开始的厂区租赁、项目立项手续、经营执照办理到生产、生活配套用电办理，用时1个月，为企业解决了后顾之忧，极大提高了企业项目落地效率，经过不懈努力，缩短了办事流程，得到了企业的认可与好评。该企业已正式开工生产，年生产PVC粉2000吨，实现销售收入1500万元，实现利税60万元。喀左县公路工程公司在章吉营子村投资5000万元建拌合站1处，项目总建筑面积6600平方米，预计年产水泥稳定土10万立方米，水泥预制品1万吨。另有投资额为2000万元的民营搅拌站也落户该村，附属配套建设已基本完成。续建项目：喀左电力水泥杆厂为适应企业发展及市场经济发展的需要，扩建55亩作为成品存放场地，在省里已通过土地征用审批，并已投入建设使用。洽谈项目有王营子村的风电项目和利州园区的紫砂外墙保温材料项目。

【扫黑除恶】 甘招镇党委、政府高度重视扫黑除恶工作，自扫黑除恶专项斗争开展以来，制定下发了甘招镇《关于开展扫黑除恶专项斗争的实施方案》《关于调整甘招镇扫黑除恶专项斗争领导小组的通知》《关于进一步开展好扫黑除恶专项斗争的通知》《甘招镇扫黑除恶专项斗争工作领导小组工作规则》《甘招镇扫黑除恶专项斗争有关工作制度》等有关文件制度，成立了以党委书记、镇长为组长，综治办、派出所、司法所、纪检、组织、宣传等相关部门负责人为成员的扫黑除恶专项斗争工作领导小组，同时各村也成立了以村书记、主任为组长，治保主任为副组长，委员和村民组长为成员的扫黑除恶领导小组。全年共举办大型培训班四次，参加人员全体机关干部、村两委成员、村民组长、中心户长，培训知识从习近平总书记关于扫黑除恶专项斗争重要指示精神到省市县领导讲话批示、扫黑除恶专项斗争应知应会知识，真正做到了知识人人皆知、入脑入心、真知真会、培训到位。同时，全镇成立了13个扫黑除恶专项斗争宣讲团，结合辽宁省扫黑除恶专项斗争明白卡的发放，宣讲团采用各村集中、入户宣讲的方式，围绕辽宁省扫黑除恶专项斗争明白卡的内容进行宣讲，让扫黑除恶专项斗争进一步向纵深推进，让明白卡内容家喻户晓。全年镇镇村两级开展宣讲共13次，入户2987多户，参与人次9124余次，张贴宣传标语、悬挂条幅70条，固定标语13处，户外大型彩绘图版4处，发放宣传单8000余份，发放朝阳市扫黑办致全市城乡广大市民的一封公开信5000余份，发放辽宁省扫黑除恶专项斗争明白卡3100余份，出动宣传车25台次，发放民意调查问卷300余份，在全镇各村显著位置及时张贴扫黑除恶公告和奖励办法，设置举报箱13个。同时，建立综治维稳防范群，定期发布扫黑除恶工作信息，有微信群13个，总人数达到220余人，使扫黑除恶工作全民参与，家喻户晓，人人皆知。镇内未发现有黑恶势力的存在，在排查过程中发现辖区内13件矛盾纠纷全部化解。

【政府自身建设】 全面推行政府目标管理，狠抓政府自身建设，深入开展了“两学一做”学习教育，严格执行中央八项规定，加强机关廉政建设，全面落实廉政建设责任制，完善行风建设监督评议机制，全面清理整顿超标准办公用房，严格控制公务用车、公务接待经费使用。充分发挥工会、共青团、妇联、民兵等群团组织联系群众的桥梁纽带作用。

（甘招镇）

水泉镇

【概　况】 2018年，水泉镇第二届人民政府坚持以习近平新时代中国特色社会主义思想为指导，全面贯彻中共十九大和习近平系列重要讲话精神，积极面对经济发展进入新常态等一系列深刻变化，坚持稳中求进总基调，紧紧围绕“工业强镇、产业富镇、旅游兴镇、平安稳镇”工作思路，以发展设施农业、增加农民收入，加强基础建设、改善人居环境，关注民本民生、建设和谐水泉为重点，锐意进取，攻坚克难，强化措施，狠抓落实，通过镇村干部群众的共同努力，较好完成了预期目标，经济社会迈出了扎实有力的一步，呈现稳中有进的良好态势。全镇完成公共财政预算收入738万元，完成任务的138.98%，超额完成财税任务指标。

【党建工作】 镇党委结合实际，把党的建设摆在首要位置，采取有力措施，狠抓党委自身建设、干部队伍建设和基层党支部规范化建设，为全镇经济社会提供强有力的组织保障。一是压责任，推动从严治党落地生根。始终把政治建设摆在首位，不断用习近平新时代中国特色社会主义思想武装头脑、指导实践、推动工作。全年主持召开党建专题会议12次，组织党委中心组学习14次，带头讲党课3次，带领班子成员深入党建工作联系点24次，组织学习《中国共产党支部工作条例（试行）》13次，解决实际问题56件。年初与各党支部签订党建责任状，将党建工作逐层压实，形成了上下联动的责任落实机制，推动党建工作有效执行。二是创载体，推动基层党建提档升级。深入推进“两学一做”学习教育、“三会一课”、民主生活会常态化，通过开办党员夜校、建立微信交流平台等多种形式，在镇村宣传中共十九大精神、新时代辽宁精神47次。制作宣传图板76块，新建文化大舞台2处、文化广场3处、文化墙2500延长米。在全镇创新开展“乡村振兴、党员先行”活动，通过“十带头”、争做“十种人”等举措，激发党员的身份意识和责任意识，帮助贫困户出谋划策，转变致富思路，拓宽增收渠道，充分发挥了党员的先锋模范作用。三是解难点，推动集体经济快速发展。带领村书记到山东考察村集体经济产业项目，积极探索发展村集体经济的新思路、新办法，坚持“一村一策、一村一品”，充分利用闲置土地、旅游资源和交通优势等，通过领办合作社、发展旅游业、建设村级光伏电站等系列举措，打造村集体经济品牌。水泉村的润泽花海年接待游客2.8万人，实现村集体经济收入47.6万元，润泽旅游景区被评为AAA级旅游景区。全镇7个行政村集体经济全部达到5万元以上，其中10万元以上的村5个。四是抓落实，推动脱贫攻坚质效双赢。相继开展脱贫质量“回头看”“百日攻坚”“五个走遍”等系列活动，助推责任落实、政策落地、举措到位。持续扩大“3+N”扶贫效果，全镇20个土地股份合作社流转土地种植酒高粱1300亩、中药材570亩、杂粮350亩、蔬菜200亩、观赏花卉200亩，建设村级光伏电站6处958千瓦，贫困户畜牧自养代养全覆盖，三大产业覆盖所有贫困户。全省“五个一批”精准扶贫现场会在水泉镇南亮子村成功召开；润泽花海农旅模式得到省委书记陈求发的肯定；马营子村代表喀左县顺利通过省第三方评估验收；水泉村代表喀左县迎接水利和交通部门行业扶贫验收。五是转作风，推动干部队伍全面过硬。落实班子成员包村“责任田”，每月定期到包扶村组调研，督查包村领导包保责任。切实加强“第一书记”管理，工作上严格要求，生活中体贴关心，增强“第一书记”工作热情，促进贫困村和软弱涣散党组织按时按质提档升级。狠抓镇村干部队伍建设，教育引导党员干部牢固树立“务实重干、担当奉献”精神，主动投身到“急难险重”工作一线，着力打造一支勇于担当、善于干事、作风过硬的基层干部队伍。2018年，水泉村党支部书记当选为全国人大代表，南亮子村党支部书记当选为县人大常委。

【项目建设】 不断强化招商意识，创新招商方式，着力提升招商引资实效。新建项目3个：老杖子村光伏扶贫电站项目；南亮子大桥和梁香线南亮子大桥项目；喀左鑫田铸件厂年产1万吨铸件及机械加工件项目。续建项目2个：水泉润泽花海扩建和餐饮娱乐项目；宁孤线及水泉小城镇改造项目。“飞地经济”项目3个：泰克美生物科技有限公司生物肥料项目；森川喀左生态有限公司洗化用品生产项目和鑫焱森科技有限公司年产5万台管道疏通机项目。签约项目2个：朝阳成美生态农业项目；喀左县绿港现代农业发展有限公司水泉镇现代农产品交易市场项目。在谈项目4个：北京客商投资的凌河第一湾民宿村落项目；北京华钢联科技有限公司的CSU新型冷球团生产项目；天津客商投资的花海民宿项目；江苏客商投资的塑料颗粒生产线项目。

2018年，“飞地经济”工作得到省市县的认可，多次代表喀左县向全省各地介绍经验。全镇3个“飞地经济”项目全部达产后，实现税收4350万元，按照县乡财政体制改革的税收分成政策，镇可增加一般预算收入1400万元。截至11月末，完成一般预算收入702万元。“飞地经济”的实施，强有力地保证了镇财政刚性支出。

【农业产业】 着力落实中央惠农政策，农村各项事业取得较好发展。2018年，完成土地确权5.2万亩；核实玉米补贴3.5万亩；征缴大田保险4.2万亩；落实设施农业大棚70栋；完成高标准农田建设3000亩；维修和新打机电井10眼，铺设管道8500米；新建人畜饮水工程3处维修4处；注册土地股份合作社16个、家庭农场9家，流转土地2600亩；完成造林4000亩；免费机防二代棉铃虫4100亩；新建护岸300米；建设标准化果园2处；新建农村文化广场3处，新建文化大舞台2处；通过驻村帮扶、“一事一议”等项目，累计投入项目资金3492万元，修建桥梁4座1084米，硬化巷道28.82公里，其余主干路27.776公里，全镇道路交通里程148.3公里，内联外通、四通八达的交通格局基本形成。

2018年，省道宁孤线工程的实施将水泉村困扰多年的排水问题彻底解决，水泉镇小城镇形象得到大幅提升。通过惠农政策的全面争取和落实，充分调动了农民生产的积极性，全镇农业和农村经济稳步发展，农民收入稳步增长。

【宜居乡村建设】 按照“全域旅游、全景喀左”发展理念，把旅游和宜居乡村建设结合起来，着力打造“生态景观和谐、人居环境优美”宜居乡村示范村，以环境整治和基础设施建设为重点，改善自然生态景观，增加人民群众的幸福指数。在全镇试点开展垃圾减量分类处理示范村建设，购置保洁车辆7台，为农户免费发放减量分类垃圾桶5000对，为每村配送垃圾清运车辆1台，并统一安排秸秆、粪堆和柴草堆存放点，使村庄达到干净整治，生态宜居，保证了环境整洁，镇村面貌发生明显变化。以采摘园、观光园为突破，扩建润泽花海旅游景区500亩，打造六大项目区域，即花海观光区、蔬菜认养区、精品果园区、特色杂粮区、餐饮娱乐区、光伏发电区，年接待游客2.8万人，实现旅游收入34万元。2018年，润泽旅游景区被评为AAA级旅游景区。

【旅游开发】 年初以来，围绕县委、县政府“乡村振兴”和“全域旅游”的发展思路，水泉润泽土地股份合作社实施“党支部+合作社+贫困户”的扶贫模式，制定了把村庄变成景区、把果园变成花园、把村民变成股民的“三变”发展思路，流转土地500亩，建设了六大功能区。一是花海观光区。种植马鞭草、金鱼草等26种观赏花卉200亩，建设游客中心、风车、秋千、观景平台等附属设施。二是精品果园区。栽植多年生苹果、李子、杏和桃四大类100亩，同时发展林下经济，套种药材60亩。三是特色杂粮区。种植无公害定单杂粮130亩，其中，高粱制种80亩，无公害谷子50亩。四是餐饮娱乐区。建设餐饮服务厅、特色产品销售厅，配套动感VR地带、戏水鱼池、海洋球等儿童娱乐项目。五是光伏发电区。建设日光追踪式村级光伏电站150千瓦，已有75千瓦并网发电，还有75千瓦办理并网手续。六是蔬菜认养区。开展夏季认养和冬季认养两种。夏季认养每份30平方米，种植黄瓜、豆角等10余种蔬菜，供菜时间6个月。同时建设高标准日光温室7栋，发展蓝莓采摘和冬季有机蔬菜认养项目。以上项目的实施，全力推进了我镇农业产业化和规模化，为农业增效、农民增收奠定了坚实基础，推动了乡村旅游和产业融合发展。

【脱贫攻坚】 按照县委“3+N”产业叠加扶贫模式和“六位一体”工作要求，镇党委、政府积极谋划，主动作为，因地制宜、因村施策，合理摆布脱贫项目，为贫困户脱贫奠定了坚实的基础。2018年全镇累计落实光伏发电958千瓦；种植酒高粱1300亩；种植杂粮350亩；种植中药材570亩；贫困户畜牧自养代养全覆盖；危房改造D级44户C级43户，坚持“两线合一”，全年审批低保37户75人，救济灾民962户2048人；同时不断增强扶贫对象的“造血功能”，通过金融贷款养牛项目、住房扶贫、医疗扶贫、保险扶贫、教育扶贫、文化扶贫等项目，确保贫困户稳定脱贫。2018年，全镇218户451名贫困人口实现了村摘帽、户脱贫。全省“五个一批”精准扶贫工作现场会在镇南亮子村召开；润泽花海农旅模式得到省委书记陈求发的肯定；代表喀左县顺利完成省第三方验收评估组抽样验收评估工作，得到了领导高度认可和一致好评。

（水泉镇）

中三家镇

【概　况】 中三家镇位于朝阳、喀左、建平三县交界处，喀左县的北部，西与建平县、东与朝阳县接壤，南与公营子镇相邻。全镇总面积174平方公里，其中耕地面积3.5万亩。辖7个行政村，2个办事处，72个村民组，总人口1.5万人，其中农业人口1.3万人。全年地区生产总值实现20.2亿元，同比增长37%，其中工业产值15.2亿元；财政一般预算收入实现4650万元，完成全年任务数的149%；完成固定资产投资2.6亿元，入统1.08亿元。

【项目建设】 镇党委、镇政府坚持“工业强镇”的目标不动摇，面向全中国、主攻“京津冀”，紧盯有实力、有技术、绿色环保的企业和项目，一方面围绕镇域内新上项目和现有企业转型升级，另一方面及时更新观念，抢抓县乡财税体制改革的有利契机，大力发展“飞地经济”，招商引资、项目建设取得了实质性的进展，为镇域经济发展提供了强有力的保障。新建、续建项目。牢固树立新发展理念，坚持绿水青山就是金山银山、冰天雪地也是金山银山的发展理念，着力引进科技含量高无污染的企业，为企业落户全流程提供“项目管家”“保姆式”服务。年初以来新建项目7个，续建项目8个，完成招商引资2.6亿元，固定资产投资入统1.08亿元。停产企业重焕生机。受经济下行影响，镇党委政府全力抓好经济运行，助推企业开拓市场，主动对接，内引外联，接长、接粗产业链条，盘活现有存量资源。通过对接新客商，引进新技术，对原有企业开展技术改造升级。新增规模企业2家，先后盘活4家停产企业，带来了显著的社会效益和经济效益。“飞地经济”。抢抓县乡财税体制改革的有利契机，2018年镇主要领导及相关人员全年外出招商10余次，洽谈项目15个，完成签约落地“飞地经济”项目3个，有意向签约项目3个，在谈项目9个。其中落地朝阳喀左经济技术开发区（飞地园区）2个：总投资1.3亿元的朝阳容鑫泰环保设备有限公司和总投资1.1亿元的朝阳正隆机械制造有限公司，2个项目已开工建设。落地飞地产业园南区（利州园区）1个，总投资3800万元的辽宁朝贺食品有限公司，该项目实现了当年签约、当年落地、当年达产。

【脱贫攻坚】 坚持把脱贫攻坚工作作为首要的政治任务和最大的民生工程来抓，以“两包”为抓手，认真落实“六个精准”和“五个一批”的要求，按照“685”退出标准和全县“3+N”产业扶贫叠加模式要求，深入分析致贫原因、充分发挥自身优势、积极落实产业政策，因户施策、因人施策，以特色种植、畜牧养殖、光伏发电、劳动力就业为主导，其他N项政策叠加式精准扶贫模式，举全镇之力打赢脱贫攻坚战。2018年全镇461户1159名贫困人口全部稳定脱贫退出，3个省级贫困村如期销号。

特色养殖产业。新建标准化扶贫牛场1处，总投资272万元，每年收取承包费34.6万元，按贫困户困难程度使全镇所有建档立卡人口分别获得338元和252元的牛场分红；域内泽牧园农场、牧源养殖合作社和鼎鑫牧业养殖场吸纳本地建档立卡贫困户38户77人，将到户项目资金入股牛场，11月末人均增收300元；为14户贫困户申请养殖贷款42万元，养牛42头；利用扶贫项目资金发展持续性较强的庭院养殖涉及280户635人。

光伏产业：全镇共建设扶贫光伏电站四座，其中，2018年新建岳台子村75千瓦光伏电站1处，实现了所有建档立卡贫困户全覆盖，4座电站全部并网发电后总功率265千瓦，预计年均发电总量37.4万千瓦时，2018年实行收益差别化扶持，共发放光伏扶贫资金48731元。

特色种植产业：针对全镇水浇地不足坡耕地多的特点，主要发展以酒高粱和红谷为代表的特色杂粮产业和扶贫果园建设。通过“党支部＋合作社＋贫困户”扶贫模式，覆盖345户850人，成立党支部领办种植土地股份合作社11个，利用项目到户资金统一购买种子化肥、统一技术指导、统一销售，共发展杂粮种植1355亩，平均每亩地收益在800元左右；采取“党支部＋经济实体＋贫困户”的扶贫模式，发展扶贫果园2处，辘轳井村果园380亩，带动12户34人，丛元号村果园150亩，带动9户12人，贫困户通过参与劳动力就业和土地流转分红的方式增加收入，累计发放工资23655元，同时将财政配套的水电路网及果园配套资金作为村集体股份，以分红的形式不断壮大村集体经济。

劳动力就业扶贫：镇党委倡导、政府搭台，从全镇挑选13家经济效益好、社会责任感强的企业同全镇7个村2个办事处结对子，积极参与到脱贫攻坚和乡村振兴上来，全年累计投入40万元参与综合文化活动中心建设、人畜饮水工程、为群众发放米面油等生活必需品。通过对所有建档立卡贫困户进行调查摸底，对有劳动能力人口进行登记，通过镇村多方协调域内外企业和提供公益性岗位等措施，有就业意向的286名贫困人口全部实现就业，每月平均工资收入在2000元以上。

政策保障。危房改造，完成C级危房维修9户，D级危房翻建19户；教育扶贫，共有86人次享受到雨露计划，资金12.9万元；民政政策兜底扶贫：积极开展建档立卡与低保兜底两线合一工作，新纳入低保户68户127人，认真做好五保供养、生产救灾以及社会救助工作，保证各类补助、补贴资金足额发放到位，累计发放低保金89.8万元，五保金34.3万元，政府投入8万元对83户建档立卡贫困户和贫困边缘户门窗、被褥等生活必需品进行统一更换；医疗扶贫：医疗扶贫全覆盖，定点医院免费治疗政策全落实，镇村对贫困户实施签约服务，家庭医生全覆盖，定期为贫困户进行诊疗服务，并为患有高血压、糖尿病的贫困户定期免费提供国家基础药物；结对帮扶：市县下派驻村第一书记7名，分别联系到村，聚焦基层党建、脱贫攻坚、产业发展，扎根农村，深入一线，为各村发展把脉定向，积极发挥原单位优势争取优惠政策，解决实际问题。全镇57名干部职工与189户贫困户家庭建立了结对包扶关系，定期到户走访，了解脱贫情况，帮助解决生产生活中的难题，帮助他们树立脱贫致富的信心和志气。

【安全生产】坚持安全生产是底线，社会稳定是红线不动摇。认真贯彻落实省市县各级党委政府的工作部署，始终坚持“安全第一、预防为主、综合治理”的总方针，以全面落实企业的安全生产主体责任为核心，全面推进企业安全生产标准化建设为重点。全年召开全镇安全生产大会4次，部门专题会议18次，深入开展“安全生产月”“百日安全大检查”“打非治违”等活动，针对季节特点和工作重点每季度对域内企业开展一次安全生产大检查，及时发现问题隐患，对检查不合格的部分矿井下达了停产通知和整改通知书，同时积极做好尾矿库安全度汛工作，汛期到来前，重点对尾矿库的排洪道、防洪物资、值班值宿、应急预案等做了重点检查，对存在安全隐患的9座尾矿库下达了责令整改通知书，确保了尾矿库平稳度汛。

【信访工作】积极开展信访矛盾“减存控增”专项治理活动。坚持每季度一次大排查、每月一次小排查、每半月一次调度的工作机制，及时发现信访隐患，对群众反映热点问题，及时调处，特事特办，就地化解，控制新增上访事件发生。严格落实矛盾纠纷排查主体责任，坚持排查制度，建立镇、村两级矛盾纠纷排查组织，充分发挥基层网格信息员作用，把矛盾化解在基层。省交办8起“减存控增”案件，权属中三家镇的4起已经全部化解，7月代表朝阳市迎接省信访局检查指导“减存控增”工作，得到了省市领导的充分肯定。

【扫黑除恶】大力营造扫黑除恶舆论氛围，动员广大群众共同参与，打一场“扫黑除恶”的人民战争。先后印制扫黑除恶宣传单8000份；制作悬挂宣传条幅200幅1200延长米；设立钢质固定扫黑除恶宣传标语牌12处14块；发放朝阳市“致全市城乡广大市民的一封公开信”4500份；利用民间演出组织集中开展扫黑除恶专项斗争宣传活动。

【优化农业产业结构】坚持以农业增效、农民增收为核心，不断优化产业结构，提升农产品质量和科技含量，增加农民手中土地的效益，努力处理好资本与农业、农民、农村三个方面的关系，大力构建“一村一策、一村一品”产业格局，2018年，拦沟村、豆腐房村被评为朝阳市“一村一品”示范村，丰源林果有限公司被评为朝阳市现代农业基地。推进农业产业转型发展。以继续巩固提升脱贫攻坚产业质量和效益为抓手，抢抓喀左县农业可持续发展示范县的机遇，一是积极鼓励各类新型农业经营主体发展，全镇现有种植土地合作社18个，养殖土地股份专业合作社8个，家庭农场4个，农机专业合作社2个。二是调减玉米种植面积3500多亩，杂粮种植面积达到1.2万亩，发放种植结构调整、玉米大豆种植补贴、土地轮作补贴合计232万元。发展保护地。根据市场导向和科技的推广和使用，加强对暖棚的技术指导和培训。加大对棚户的技术指导，按照市场需求，积极调整作物品种栽植。新建冷棚6栋，暖棚7栋，弃荒棚恢复15栋，复耕21栋，推广番茄新品种6个，新技术23项，新机械1种（激光植物生长灯），实验“盟军菌剂”“蚯蚓有机肥”等四项新技术，逐步扩展推广。2018年，被评为“2018年辽宁省平安农机示范乡镇”。林果、水利、畜牧业齐头并进。积极响应喀左县“创建森林城市”的号召，大力开展“大造林”工程，完成各类造林工程4800亩，其中荒山造林3994亩，标准化扶贫果园530亩，矿山植被恢复400亩。拦沟到国家沟8.6公里旅游观光大道进行栽植绿化，在道路两侧栽植景观树种13700余棵，绿化的同时也带动了旅游产业的发展。畜牧业工作长足发展，养牛、养羊业逐渐扩大，发展养殖大户5户，新建畜牧小区2处，畜牧免疫率、抗体检测率均达到100%，收缴畜牧养殖保险11万元，在防控非洲猪瘟工作中，镇政府严格执行上级部门的各项工作部署，积极做好物资准备、舆论宣传和布控工作，全镇无一例疫情发生。加大水利工作的开展，全力为农业、果业和人畜用水提供保障，其中新建农田水利工程5处，铺设管线8800米，新建人畜饮水工程2处，铺设管线6500延长米，养殖场配水3处，4800亩高标准农田配水工程全面启动。

【各项社会事业】 按照乡村振兴战略的总体要求，坚持"以人民为中心"发展思想，打造宜居宜业环境，着力提升人民的幸福感和获得感。基础民生工程日益完善。坚持把财政支出的重点向民生工程倾斜，逐年加大道路、水利等民生工程方面的投入力度，同时积极争取村级公益事业"一事一议"财政奖补资金、文化广场建设资金、扶贫资金和社会力量的支持，2018年共完成域内5条线路，45.9公里的养护工作，路基改造14.83公里，水泥道路硬化8公里，新建桥梁4座；清除河道垃圾近2.5万立方米。积极开展全国卫生镇创建工作，新、改建水冲卫生公厕4个，新购置密闭垃圾箱30个，粉刷垃圾池30个，清理垃圾9万立方米，清理"三堆"100多处，铺设彩砖1000平方米，新铺设地下管网1500延长米，路边栽植绿化树木1400棵，维修路灯40盏，安装高杆灯一处，安装灯箱100余个，结合小长皋河治理工程，铺设甬路600米，栽植看桃树500余株、糖槭树200余株、紫叶李500余株、其他绿化树墙带将近300米，种植花卉1000余平方米，在对广场进行美化、绿化、亮化的同时，设置多处宣传展板，以宣传社会主义核心价值观、新时代辽宁精神、中华优秀传统文化为主要内容，镇区内基础设施不断完善，绿化、美化、亮化水平不断提升，进一步提高了城镇品位，巩固了绿化成果。

精神文明建设。紧紧围绕学习宣传贯彻中共十九大精神这条主线，以培育和践行社会主义核心价值观和宣传弘扬新时代辽宁精神为根本，以文明村镇创建活动为载体，从软件和硬件两个方面着手深化农村思想整治工作建设，不断擦亮"全国文明镇"招牌。在积极开展文明家庭评选、志愿服务、移风易俗等农村乡风文明创建主题活动的同时，不断加强思想政治宣传阵地建设，充分发挥文化广场、道德讲堂、宣传栏的引领作用，让"人居环境美起来、乡风民风好起来、文化生活优起来、人民生活富起来"。丛元号村建设120平方米村史馆，将农耕文化、社会发展、好人榜、善行义举榜等先进事迹集中进行展示，旨在传播社会主义核心价值观等正能量，起到教育和引导群众树立正确的道德观、价值观作用。

社会保障体系巩固完善。严格规范补贴类民生工程资金发放，扎实开展新型劳动保障和农村养老保险工作，实施低保扩面提标，城乡低保标准提高12.3%，完成残疾人家庭无障碍改造22户，发放残疾人补贴10.6万元，高领补贴18.2万元，优抚对象慰问金68.8万元，孤儿补贴11.3万元，发放奖特扶75万元，民生保障措施全面落实。

社会事业蓬勃发展。大力整合教育资源，加大教育基建投入，稳步改善教育教学环境，义务教育入学率达到100%，辍学率为零；规范文化广播电视的运营管理，扩大数字电视覆盖面，有线电视新加光点3处新架设光纤3500米；完善农家书屋建设，努力提高全民素质。全面加强统计、科技、交通、宗教、气象等工作，共青团、妇联、武装等作用有效发挥，社会各项事业和谐发展。

（中三家镇）

公营子镇

【三个重大突破】 为旗誓夺争一流，整体工作取得重大突破。2018年，主要经济指标继续在全县保持前列。全镇地区生产总值实现24.5亿元，较2017年增长13.95%，高于全县7.45个百分点。财政一般预算收入完成1631万元，较2017年增长17%。固定资产投资完成1.66亿元，城乡居民可支配收入实现12845元。全县绩效考评位列一类5个乡镇街一级次，被县委、县政府授予“红旗单位”称号。全县年末绩效考核指标共72个，各站办所在5个一类乡镇街评比中位列第一的有33个，占总考核指标的46%。抢抓机遇谋发展，项目建设取得重大突破。全镇实施宏发饲料加工、鑫达复合板、环辉塑料制品、顺安燃气加气站、牤牛河流域高标准农田建设、朝阳开河现代农业二期等10个项目，其中“飞地经济”项目2个，年末县验收确认投资1.66亿元。特别是签约投资10亿元、占地400多亩的宏发项目，在招商引资规模、体量上实现历史重大突破。营商环境更加优化，建立项目“管家”制度，推行项目代办代理服务，“亲”“清”政商关系更加明确。全力做好开发区征地、拆迁、基础设施互联互通等工作，产城融合更加紧密。项目建设和“飞地经济”工作分别被县委、县政府授予“先进单位”称号。凝心聚力搞建设，新市镇建设取得重大突破。重点实施了8个新市镇建设项目：牤牛河城镇中心景观带绿化美化、滨河南北路拓宽改造工程、污水处理厂建设、新华钼矿“三供一业”改造、棚改农村集中居住社区建设、棚户区改造工程、美丽乡村建设以及乐寿古村落建设等工程项目全部竣工使用。东垤卜、南山、桥子三个村成功创建省级生态村，镇成功创建“省级生态镇”，垃圾“五指分类法”试点取得阶段性成果。城乡面貌持续改观，城镇品位持续提升，人居条件持续改善。新市镇建设工作全市年终绩效考评名列第一，市委评价公营子在五个新市镇中综合实力第一。

【四个全面提升】 坚定不移调结构，发展质量全面提升。以调结构、转方式、增效益为主攻方向，狠抓主导产业升级，推进共营制发展示范，加速一、三产业融合，着力发展现代农业。全年新建冷棚101栋77亩，旧改暖棚34栋44亩，药材种植500亩，发展树莓280亩，完成大田玉米保险55161亩，大田玉米减种15678亩，新增土地流转面积1198亩。土地确权和清产核资工作基本完成。新建合作社3家、完善标准化土地股份制合作社10家、家庭农场2个，农业共营制经济不断壮大。全年完成造林4000亩，无森林火灾发生，封山禁牧工作多次通过省市县验收并受到好评。完善标准化养殖小区2个，新增养殖大户35户，动物强制防疫达到四个100%。认真落实河长制，清除河道垃圾5500立方米，河道疏浚7公里，设立河长制标识牌29处。全镇个体工商业迅速崛起，2018年发展个体工商户230家，达到2600余家，三产产值实现14.5亿元，三产占总产值64.4%，一跃成为镇内第一大产业。

不遗余力促攻坚，脱贫成效全面提升。按照市委脱贫攻坚十大举措和县委、县政府“3+N”扶贫模式部署要求，紧密结合镇情实际，抓实产业，精准发力，实现产业全面覆盖。新建光伏扶贫电站3处，装机容量210千瓦；建设雪桃基地2处650亩。建设南山村、公营子村综合文化服务中心2处840平方米，硬化贫困村道路16.5公里，实施危房改造96户，其中翻建37户，贫困户住房条件显著改善。南山、三官庙、公营子村共计178户417人实现稳定脱贫。

统筹兼顾谋民生，群众获得感全面提升。综治维稳工作取得实效，全镇化解积案10件，调处矛盾纠纷28件，社区矫正11人，安置帮教25人。“两癌”患病贫困妇女救助4人，发放农村妇女小额贷款25万元。新修桥梁13座，道路21公里，农村改厕350个，维修村级卫生室4个，治理高标准农田4000亩。全镇低保金、扶贫救济款、耕地地力补贴、公益林直补、草原生态奖补发放始终保持零差错，新农合、新农保、治安保险参保率均达98%以上，低保扩面新增76户135人，社会保障能力稳步提升。此外，卫计、民族、教育、广播电视等各项事业都取得了新进步。

转变观念优作风，政府形象全面提升。深入开展“两学一做”学习教育实践，实施干部素质提升工程，干部队伍整体素质进一步提高，机关作风建设切实加强，“四风”问题得到有力整治。全年累计公开各类信息100余条，办结群众投诉12件，政务、村务公开、民众诉求办理工作得到上级部门的充分肯定。严格执行有关党风政纪，“干部清正、政府清廉、政治清明”良好氛围已经形成。

（公营子镇）

六官营子镇

【概　况】 六官营子镇位于辽宁省喀左县西部，距县城11公里。坐落于美丽的大凌河西支小凌河畔，巍峨耸立的努儿虎山脉脚下，西与凌源市毗邻，北与建平县接壤。全镇总面积129平方公里，有7个行政村：东前沟村、后坟村、西南沟村、哈叭气村、六官营子村、梅素奋村、化石沟村，12250口人。“兴凌线”省级公路贯穿全境，“叶大线”“六上线”公路纵横交错，交通便利，四通八达。境内山清水秀，土地肥沃，是一个有多民族聚居的少数民族乡镇。六官营子镇社会稳定，社会治安综合治理连续多年受到市县的表彰。

【农　业】 六官营子镇党委、政府始终坚持调整农业产业结构的富民思路不动摇，突出农业“三大板块”，带动农民大力发展高效农业、生态农业等优势产业，实现农业增效，农民增收。截至年底，完成旧棚改造17栋，新建冷棚43栋；发放暖棚技术明白纸4000余份，技术书籍300余本；完成农产品安全监测样品700个。此外，六官营子镇保护地多元化发展模式初步显现，由传统的家庭种植向合作社大规模集中管理转型，产品由蔬菜种植、制种向草莓、水果柿子、樱桃等休闲、采摘方向拓展。畜牧业工作以建设养殖场、培育养殖大户为重点，2018年新建规模化养牛场1处，发展100头以上养猪大户30户。积极开展了防疫灭病工作，着重加强了非洲猪瘟防控，完成了免疫率、耳标佩戴率、免疫卡发放率、台账填写率4个100%的要求。累计完成造林4072亩，造林成活率、保存率达到80%以上；护林防火、封山禁牧、秸秆禁烧等工作扎实开展。农业基础设施持续改善，新打机电井13眼，铺设管路21810米；维修饮水工程15处，维修管路200延长米。

扎实做好农村土地确权和农村集体产权制度改革工作，积极推进农业共营制新型经营体系建设，大力培育建设土地股份专业合作社。2018年，新建土地股份专业合作社1家，家庭农场1家。全镇21家合作社经营范围涉及畜禽养殖、蔬菜种植、食用菌养殖、农机服务、林果业服务、水产养殖等多个行业，实现了全镇各村特色产业全覆盖。

【旅游开发】 六官营子镇党委、政府按照县委、县政府强力推进旅游产业的总体要求，紧紧围绕建设“旅游强镇”的目标，结合镇域旅游资源实际，围绕重点旅游项目，打造了三条旅游带，即六官营子村至化石沟集观光、休闲于一体的特色旅游带、东前沟经后坟至官大海民族民俗特色旅游带和六官营子村至瓦房店水库集休闲、度假垂

在建中的白龙大峡谷

钓于一体的休闲度假旅游带。三条旅游带上旅游产品的开发和旅游周边产业的发展已初具雏形。各景点也相继投入资金提升旅游产品质量和宣传推介力度。

【项目建设和招商引资】 坚持把项目建设作为重中之重，持续优化营商环境，全力以赴抓好项目建设、招商引资和规模企业培育工作，全年实现项目建设投资1亿元，完成招商引资1亿元。2018年新建项目2个，一是喀左厚源冶金炉料有限公司，年产10万吨生石灰生产线项目，预计2019年上半年投产；二是喀左县六官营子镇晟宏家庭农场肉牛繁育及养殖建设项目现已投入运营。续建项目1个，白龙大峡谷生态养老基地项目，2018年完成禅跃楼、大殿、办公区等建筑的内外装饰，书卷墙、景区山门、停车场、道路、绿化等附属设施建设，计划2019年完成国家AAA级旅游景区创建，“五一”向游客正式开放。技改项目1个，喀左益华铸钢厂铸造生产线技改项目有序推进。

【脱贫攻坚】 六官营子镇始终坚持把扶贫攻坚工作摆到最大政治责任的战略高度，重点突出光伏发电、特色种植、畜牧养殖“三大产业”，夯实增收基础。瞄准改善居住条件、饮水条件、教育、医疗服务、基础设施、落实低保兜底等民生工程，不断补短板巩固脱贫成效，明确了脱贫攻坚的主攻方向和着力重点。2018年，全镇完成脱贫任务139户261人，其中化石沟村68户115人整村脱贫销号。实现了全镇贫困村和建档立卡户全部脱贫摘帽。光伏产业。2018年，在化石沟村新建1座75千瓦光伏发电站，全镇共建设光伏电站4座，总装机量375千瓦，已全部并网发电，已累计发电近16万千瓦时，已根据光伏电站收益分配方案将已到账收益分配到贫困户手中，实现了光伏扶贫全覆盖。特色种植产业。全镇共流转土地480亩，带动贫困户225户。其中，化石沟村的喀左县百富农作物种植土地股份专业合作社，流转土地80亩种植酒高粱，贫困户以特色种植扶贫资金入股，按照保底分红的方式，年底按照纯收益的10%进行分红，人均获得收益920元，带动68户111人增收。利用深度贫困村项目支持资金，在化石沟村建设年酿酒60吨的酒作坊。已收到承租方保证金2万元，按照利益分配方案，化石沟村建档立卡户2018年人均增收100元。养牛产业。全镇新发展贫困户自贷自养14户41人，贷款41万元，已全部发放到位；新发展养牛大户4户，协调贷款40万元，带动建档立卡户20人；建设扶贫牛场一处，该牛场由晟宏家庭农场租养，按照扶贫牛场资金分配方案，将全镇建档立卡户大病（特困）户和一般贫困户划分，实施扶贫资金带动，资金已经发放到户，实现了全镇畜牧养殖全覆盖。

此外，六官营子镇主动对接帮扶单位，结合驻村工作队、下派第一书记、帮扶企业和上级主管部门的职能优势，争取项目和资金支持，进一步夯实贫困村基础设施建设，壮大村集体经济收入。2018年，完成危房改造58户（C级危房25户、D级危房33户）。新打井5眼，安装自来水87户，贫困户住房、饮水安全得到保障。发放“雨露计划”教育补贴28人，医疗保障率达到100%。在脱贫村、脱贫人口“回头看”工作中，对上级部门督导检查中发现的问题，立行立改，确保脱贫攻坚工作精准扎实。

扶贫项目——光伏发电

【宜居乡村建设】 六官营子镇党委、政府抢抓中央和省市县委、政府实施乡村振兴战略的有利契机，着力抓重点、补短板、强弱项，乡村振兴的基础全面夯实，产业美、生态美、乡风美、和谐美、生活美的“五美”乡村新风貌初步显现。全年新建文化广场4处、改建1处，面积达6000多平方米，配备健身器材52件，篮球架3套，极大地丰富了全镇各村人民的业余文化生活。完成道路硬化21.24公里，完成西南沟村主干道柏油路面硬化3.5公里，完成东前沟村硬化路面拓宽2.5公里。同时，深入推进农村环境“三大革命”，扎实开展“三线三边”和农村环境卫生综合整治工作，完成东前沟村农村环境综合整治示范村建设工作。村容村貌发生了明显变化，人居环境明显改善。

钱道沟农作物种植土地股份专业合作社

新时代村民业余文化生活

【党建工作】 六官营子镇党委在推进经济社会发展的过程中，始终高度重视政府自身建设，坚持依法、公正、廉洁用权，尽心竭力，夙夜在公。扎实开展“两学一做”学习教育，严格执行中央“八项规定”，落实权利清单，实行镇务、村务公开，自觉接受人大和各界监督，政府的执行力、服务力和公信力得到切实提升。认真落实党风廉政建设主体责任，强化“一岗双责”，深入推进反腐倡廉建设。做到心中有党、心中有民、心中有责、心中有戒，始终保持反腐败斗争高压态势。同时把讲诚信、懂规矩、守纪律摆在重要位置，弘扬正能量，营造风清气正的环境，做到干部清正、政府清廉、政治清明。

【社会事业】 统揽全局、均衡发力，在着重抓好重点工作的同时，扎实做好各项常规工作，社会各项事业取得了新的进展。社会保障工作稳步推进，全镇2187人参加社会养老保险，262人参加职工养老保险，参保率95%以上；完成劳务输出3552人；开展技能培训102人。民政工作扎实开展，完成229户低保户68户五保户的信息核查工作，累计发放低保金71.1万元、五保金36.5万元，发放临时救助金34.8万元，弱势群体的利益得到保护。残疾人、优抚和老龄等重点工作得到有效开展。惠农补贴资金发放及时、数据准确。通过“一卡通”发放资金492万元，受益人9651人次。计划生育工作一类乡镇水平得到巩固和提升，独生子女父母奖励费落实率为100%，免费为2300余名育龄妇女进行了服务，妇检率93.31%。

（六官营子镇）

大城子街道办事处

【概　况】 大城子街道位于喀左县核心位置，南临南哨街道，西与六官镇毗邻，东与利州街道接壤。下辖5个社区、5个村，是社区、村于一体的复合型街道。辖区面积46平方公里，总户数为17073户，48897人，91个网格，99个治安巡逻队，其中，非农业人口43580人，农业人口5460

人。是全县政治、经济、文化、交通、通讯中心。2018年，街道社会总产值实现24.7亿元。其中农业总产值1.9亿元，工业总产值8亿元，第三产业总产值14.8亿元。财政一般预算收入实现2027万元。

【项目建设】 坚持以项目建设为抓手，把项目建设摆在唯此为大、唯此为重、唯此为先的位置，围绕“五个一工程”，主攻京津冀招商引资，重点引进科技含量高、市场前景好、经济效益高、能增加税收、带动就业的好项目。2018年街道项目建设任务为1.5亿元，共实施项目16个，其中：新建喀左公交新能源停车场及充电站、金钰铸造、阀门铸件及旅游服务业等10个项目；续建金牛机电设备有限公司智能输配电设备及配件、鹏达铸造限公司新建年产50万件碳纤维热塑性复合材料新能源汽车零部件、兴建文化广场、房地产等6个项目。同时注重“飞地经济”发展，实施了金钰铸造和阀门铸件两个“飞地项目”。

【农　业】 完成冷棚建设7栋，新建旧改温室12栋，相关补贴已经发放到位；玉米大豆生产补贴录入校对共完成7932.97亩；玉米大田保险完成12804亩；设施农业保险11776.6延长米。

保护地建设

【扶贫工作】 街道有省级贫困村1个小双庙村（2016年已摘帽），市级贫困村1个洞上村（2018年摘帽），有建档立卡贫困户132户，建档立卡贫困人口315人，已全部脱贫。2018年，街道脱贫攻坚工作按照县委、县政府“3+N”产业叠加扶贫工作模式要求，重点实施光伏电站、特色种植、特色养殖等产业，利用城郊优势，积极推动企业打工，巩固脱贫成果。

光伏电站。街道把村级光伏电站作为脱贫攻坚的重点产业，实施全覆盖，先后建成小双庙村90.5千瓦、洞上村75千瓦两个村级光伏电站，成为建档立卡户增收的保底项目。特色种植。一是冷暖棚发展，在小城子村、洞上村，重点发展西瓜，独创了三茬西瓜一茬菜的高效生产模式，带动了建档立卡户增收。二是大枣产业，洞上大枣采摘园700多亩，带动建档立卡户5户12人。三是引用“党支部+经济实体+贫困户”模式，在洞上村成立宜园农作物股份专业合作社，流转土地203亩，主要种植泡椒、马铃薯、红薯、宝塔菜、豇豆等农作物，带动建档立卡户8户、18口人增收。特色养殖。街道建档立卡户中养牛户34户89人，养牛103头。养羊户16户32人，养羊145只，成为建档立卡户的稳定增收渠道。企业打工。街道地处城乡接合部，有45人在周边企业和建筑工地打工，为建档立卡户提供了创收渠道。改善基础设施。完成小双庙村1组、2组平整土地500亩，机电井1处，完成配套水利设施200亩，其余300亩水利配套施争取年内完成。秋季准备在三、四、五组，再平整土地600亩，为了巩固饮水安全，在小双庙村新打生活饮用水井1眼，新修水泥路面2.2公里，不断改善小双庙村生产生活条件。危房翻建和维修。完成C级危房维修16户，D级危房翻建20户，其中，2018年实施C级危房维修5户，D级危房翻建5户。

各项民生工程扎实推进，争取水利资金，实施土地平整1000余亩，实施小双庙河盛家窝铺段河道治理工程；硬化村级路面13.5公里，整修路面11.2公里，不断改善农村的生产生活条件。

【综治维稳】 大城子街道牢固树立发展是第一要务，稳定是第一责任，自觉强化责任意识，突出责任担当，做到守土有责、守土负责、守土尽责。加强领导，成立组织。召开专题会议，由党工委副书记牵头，综治、司法、派出所等相关部门负责人组成工作组，进行全面安排部署。排查隐患，化解矛盾。工作组深入各村、各社区，对辖区内存在的矛盾和问题，进行认真排查，有什么问题就解决什么问题，不躲不推、主动作为，履职尽责，全力化解。对待遗留问题，想方设法息纷止争；对待可能出现的新问题认真对待，积极化解。强化措施，落实责任。一是强化社会治安立体化防控体系，积极推进网格化管理和扁平化服务，整合社会力量，强化基层基础，以派出所和社区（驻村）民警为主导，围绕实有人口管理、基础信息采集、重要线索收集、矛盾纠纷调解开展工作，形成“党政牵头，公安主导、社会协同、公众参与”的社会治安管理新格局。二是落实包保责任制。对县以上交办的10件和排查出来的各类问题，实施五位一体包保责任制，积极维护社会稳定。

【城镇化建设】 推进中村改造、创建智慧城市，一是抓住棚户区改造机遇，在县房屋征收领导小组的全力支持下，完成225户棚户区改造，解决了多年信访问题，汛期前实施拆迁，同时完成桥南中医院前11户扫尾工作。积极配合“创城”工作，创新城市管理，强化公共服务，重点难点是老旧小区物业管理，打造高标准平安社区、和谐社区、文明社区和智慧城市，让名片变名牌。同时，在服务业多元化促进传统服务业转型升级和大力发展现代服务业上下功夫，依托阿里巴巴农村淘宝喀左运营中心，扩大影响力，增强辐射力，提高拉动力，开辟喀左电子商务新时代。二是利用区位优势重点抓好康复养护中心、娱乐中心、老年公寓等重点项目，着力打造健康养生养老基地，全力构建休闲、购物、养生、旅游、度假、娱乐为一体的服务集聚区。三是建设新业态，大力发展金融、保险、总部经济、中介服务、医疗、科普等新兴业态，繁荣城乡经济。

城市绿化。城区实施了龙华街绿化，栽植金叶榆、榆叶梅、紫叶李1100株，在各小区绿化栽植各类风景树3600株，在高新技术产业园山边栽植爬山虎1万株；洞上旅游专业村绿化，春季完成荒山造林410亩，经济林造林392亩，对通往毗卢寺的4公里景区路进行风景树绿化，补植金叶榆、榆叶梅和复叶槭1500株，打造旅游景观路，同时，加快洞上南沟大枣园开发，打造大枣采摘园。

【党建工作】 以党建工作统揽全局，强化党建责任，狠抓任务落实，为各项工作扎实落实提供坚强保障。党组织建设稳固加强，凝聚力、战斗力得到提升。2018年，通过跟踪培养、选择性培养，吸纳了17名新党员，其中包括致富能手、公益性事业爱好者、技术人员等，大大加强了党组织服务发展的能力；狠抓作风转变，大力开展党员群众互助活动。通过“一对一”或“一对多”形式，扎实开展结对帮扶活动。街道党工委将党风廉政建设纳入年度目标管理，建立了党风廉政建设目标责任制，签署了党风廉政建设目标责任状，组织开展了党风廉政建设活动，有效改进了干部作风、规范了行政行为、强化了效能建设。

（大城子街道）

南哨街道办事处

【概　况】 南哨街道利州工业园区地处县城南郊，是蒙古族集居的少数民族聚居区。街道办事处所在地距县城7公里。省道207线纵贯南北，大凌河穿境而过。这里交通便利、土地平整、山川秀美、草茂林丰，境内蕴藏着陶土、紫砂土、石灰石、煤炭、锰铁等储量丰富、质量上乘的矿产资源。辖区总面积56平方公里，其中耕地面积1.38万亩，林地面积3.47万亩，草原面积1.43万亩下辖7个行政村，47个村民组，1个社区，5个居民组；5605户（含非农业1545户），17608人（含非农业3021口人），其中少数民族1470户，6214口人，农村劳动力6182人。2018年，街道园区实现社会总产值7.6亿元，其中农业1.8亿元，工业5.1亿元，三产服务业0.7亿元；完成“两税”、公共财政预算收入833万元，农民人均收入18100元。2018年以来，南哨街道党工委、办事处坚持以贯彻落实中共十九大新思想为统领，全面贯彻落实县十四届一次、二次党代会和县十六届人大一次会议精神，加强党的建设，大力脱贫攻坚，重实干、强执行、抓落实，统筹抓好招商引资项目建设、“飞地经济”、安全生产、乡村振兴、综治信访减存控增、扫黑除恶、民族宗教及各项民生事业，实现了经济社会和谐健康发展。

【项目建设】 全年实施新建项目9个。分别是：投资5000万元的龙熙嘉源旅游项目，投资1.04亿元朝阳泽利食品有限公司的年产5000吨葵花油、1万吨葵花仁项目，投资3000万元的朝阳河湾66万千伏输变电工程项目，投资5000万元朝阳博垚陶瓷制品有限公司的日产5000套陶瓷花盆生产项目，投资5亿元的十公里凌河旅游景观廊道项目，投资200万元喀左兴富光伏发电有限公司的光伏发电项目，投资200万元喀左金映万家新能源有限公司的光伏发电项目，投资200万元喀左县晶中生新能源有限公司的光伏发电项目和投资5000万元喀左玉龙紫砂艺术品制作有限公司的玉龙紫砂涂料项目；实施续建项目4个，分别是总投资3641万元喀左县连春食用菌有限公司的食用菌深加工项目，投资8000万元喀左源味世家食品有限公司的产品研发中心项目，投资10.5亿元中青旅（喀左）文化旅游发展有限公司的旅游产业项目，投资12亿元的工业地产建设项目。

【飞地经济】 街道积极对接、承接引入项目，引进4个“飞地项目”：投资1亿元的朝阳泽利食品有限公司年产5000吨葵花油、1万吨葵花仁项目；投资3000万元的朝阳博垚陶瓷制品有限公司骨质瓷生产项目；投资12亿元的河北雄安纸塑包装产业集群项目；投资10.5亿元中青旅辽宁公司的中青旅（喀左）文化旅游发展有限公司项目。

在年末综合位次考评中，南哨街道招商引资项目建设排名全县第二，“飞地经济”工作位居全市第二名，被评为绩效考评工作先进单位。南哨街道喜韵酒店被评为2018年度服务业先进企业，辽宁海辰宠物食品有限公司实现了小升规，并晋升为省级重点龙头企业，朝阳翔云实业有限公司、朝阳泽利食品有限公司晋升为市级重点龙头企业。

【财税征缴工作】 按照省、市、县委关于深化财政体制改革的工作要求，将之作为落实习近平总书记关于东北振兴、辽宁振兴发展一系列重要指示精神的具体行动，成立了改革完善财政管理体制和发展“飞地经济”工作领导小组，加强组织领导力度，细化工作措施，明确工作目标，抓好“飞地经济”，发展壮大财源，圆满完成了两税征缴任务，全年财政收入达到833万元，财政体制改革工作成效明显。

【脱贫攻坚】 2018年，南哨街道预脱贫的贫困户71户134人，整村销号为梁家营子村、化金沟村。在实现“3+N”叠加式扶贫产业全覆盖基础上，实施紫砂产业扶贫、就业扶贫，实行政府公益性岗位安置、成立保洁队、技能培训就业三大兜底，确保全街道2018年精准扶贫、精准脱贫工作稳步推进，搞好精准识别，完善档案管理，对所有建档立卡贫困户档案进行重新整理，街道和村级档案实行专屋专柜专人管理，实现所有建档立卡贫困户稳定增收脱贫，并为巩固脱贫攻坚成果奠定了坚实保障。

【信访工作】 认真完成信访减存控增案件。省交办南哨街道信访减存控增案件6件，县本级交办减存控增5件，按照上级会议文件精神，主要领导亲自部署、亲自研究、亲自协调、亲自督办基础上，建立了分层落实责任制，做到职责清晰、任务明确。积极动员组织相关部门人员进村入户，进行全面深入排查摸底，了解群众情绪，及时掌握信息，动用各种力量化解矛盾。经过一年努力，所有交办案件全部息访。扎实推进综治信访常规工作。按照县里会议和文件精神，明确全年的信访工作目标，纳入2018年千分考核责任状，与各项重点工作同安排、同检查、同考核、同奖惩。确保政治稳定、社会安定。法治政府建设。深入开展社会矛盾纠纷排查化解工作，扎实开展平安、法治南哨创建活动，保障了两会、国庆等重要节点和重大节日均无进京及上省、市、县上访事件发生，为扫黑除恶深入开展营造了良好的社会环境。

【安全生产】 按照县委、县政府和县安监局要求落实安全生产各项责任，加大培训力度、宣传教育、检查整改力度，实行定期检查与不定期检查相结合，发现问题及时采取措施，强化整改。对恒基水泥、叭嗒乐豆和污水处理厂存在的问题实现了整改销号，对域内8家非煤矿山企业予以关停，对4家企业燃煤锅炉责令整改，17家予以拆除。不断加大安全生产监督管理和宣传力度，全年召开安全生产专题会议13次，严格落实企业主体责任，与49家企业签订责任状，签状率100%；认真抓好企业安全生产检查和重点隐患的排查整治，年内全街无安全生产事故发生。认真做好全国第二次污染源普查工作，确保生态安全。

【宜居乡村建设】 加大基础设施改造力度，加强农村环境卫生专项整治，改善群众生产生活条件，推进美丽乡村建设系列工程：完成化金沟村3.65公里一事一议道路硬化工程；完成南窑村3.3公里、卢家沟村1.8公里、化金沟村1公里村屯主干路硬化工程，在白音爱里村对一组至五组历史文化长廊进行了进一步修缮；在卢家沟村喇嘛沟实施2.67公里路基改造工程；新购置了垃圾清运车，各村成立保洁队，巩固了环境整治成果。

【生态文明建设】 街道分三个季度完成造林任务4000亩：春季完成造林1800亩，其中荒山造林900亩，南窑小台湾，浴龙谷风景区附近造油松林，被列为县里重点工程，成活率达到95%以上，景观大道两侧绿化树木造林和河滩采伐迹地造林300亩，园区绿化、村屯、四旁绿化植树6.6万株，折合600亩；雨季完成造林200亩；秋季荒山造林2000亩。街道林业站对每个造林地块都严格按着技术要求标准指导监督造林施工，严把造林整地关、苗木质量关、造林技术关，确保造林质量，做到栽一块成活一块。

【农业综合开发】 加大人畜饮水工程实施力度，维修人畜饮水管路多处，更换维修水泵2台。为助力农业综合开发项目稳步推进，水利技术服务站在年内新建饮水工程1处，新打深井8眼，新建井房7座，开挖输水管路、安装输水管1.24万延长米，架设安装配电设备（电缆线）500余米；新增管灌农田680余亩，农业发展基础进一步夯实。

【社会事业】 整合各方力量和社会资源，加大组织力度、宣传力度和工作力度，文化强街工作取得新进展，武装工作在全县取得骄人战绩，超额完成人武部下达的征兵任务；整合后的卫计站在做好育龄妇女优生优育、提供技能培训的同时，在环境卫生整治和新农合等方面都发挥了重要作用；民族团结进一步巩固，依法治教能力进一步增强；统战事业进一步发展，人大、政协、关工委职能作用充分有效发挥；文教卫生条件进一步改善，村村都有标准化卫生室、教育教学水平不断提升；社会劳动保障在组织劳动力技能培训、引导就业方面能力大大增强，民政与扶贫办通力合作，在脱贫攻坚工作中充分发挥了桥梁、基石等诸多作用。畜牧站高质量完成口蹄疫、猪瘟、小反刍、布病和禽流感免疫工作，全年免疫达四个100%，抗体检测全部达标。完成了23149亩草原围栏管护维修，畜产品安全工作保障有力，非洲猪瘟防控工作扎实有效，农技推广示范工作提质升级，动物卫生监督全程全方位，街道各职能站办和各村、各单位“马上办”各项规章制度得到严格落实，以严的作风和实的作为践行“重实干、强执行、抓落实”任务要求，为辖区居民谋求更大的福祉。民生事业不断改善，人民群众的幸福感进一步提升。

【党建工作】 抓学习促能力提升。广泛开展党员干部大学习促使思想大解放、能力大提升、认识大深入、本领大增强，以习总书记中国特色社会主义新思想引领全街广大党员干部群众踏上新征程；把“两学一做”学习教育常态化制度化纳入千分考核责任状重点内容，增加考核权重，加强跟踪检查、确保工作实效；邀请县领导和党校讲师授课，增强党员干部的政治敏锐性；认真组织学习了《中国共产党支部工作条例》（试行），为全面提高新时代党支部建设提供强有力制度保障。抓整治促思想转变。领导班子组织召开了四次民主生活会：围绕“认真学习领会习近平新时代中国特色社会主义思想，坚定维护以习近平同志为核心的党中央权威和集中统一领导，全面贯彻落实中共十九大各项决策部署”开展批评与自我批评；“认真履行全面从严治党主体责任，切实加强党风廉政建设”专题民主生活会；“以案促改”专题民主生活会，分析实质、查摆问题，开展批评和自我批评。抓督导促制度落实。建立健全党建工作责任制，严格执行党建工作联系点制度，严格履行并落实“一岗双责”责任，加强对分管联系点党建工作的指导、督促工作。切实把提高“三会一课”质量作为提升党的基层组织建设的一项重要的基础工作，抓实抓好。抓整合促区域并进。在街道组建大工委，三川、绿港、总校和兴建混凝土搅拌站四个党支部负责人被聘任为街道党工委兼职委员；在社区成立了大党委，蒙初中、交警大队、巡特警大队、新城社区卫生院四位所在支部的党支部（副）书记或委员通过票决成为社区党委的兼职委员，大工委与大党委的组建实现了委员在代表层面上的扩大，进而增强了功能整合与互促，有效提高了城市党建的科学化水平。抓引领促非公党建。指导三川集团党支部开展“三结合”，使企业党建和发展生产同促进共发展，2018 年支部书记被推荐为朝阳市基层先进党务工作者。抓基础促载体见成效。在全街实施“六个一”工程，引导各村党支部不断加强阵地场所建设和规范化建设：在山嘴村打造一处精神文明主题文化广场，建造乡村文化大舞台；在化金沟村建造一面廉政文化教育为主的文化宣传墙，绘制了廉政文化、脱贫攻坚等宣传墙并建造了建造乡村文化大舞台；开展“争先锋、践初心”活动（试点），助推党员发挥先锋模范作用；建造白音爱里党建民俗文化村；发挥能人返乡作用，采取“党支部＋返乡能人＋旅游合作社”形式促进富民强村；建造梁家营子村党建促脱贫培训基地，促进特色产业发展。抓选派干部作用发挥促乡村振兴发展。在生活、办公等方面安置好市、县两级驻村第一书记和工作队的同时，发挥他们的优势，让他们在带动脱贫攻坚、提升党建科学化水平、发展壮大各村的村集体经济、实现乡村振兴等方面成为所在村与其本单位的桥梁和纽带和提升信息化、科学化水平的领跑者、带路人。

（南哨街道）

利州街道办事处

【项目建设】 利州街道始终坚持把项目建设和招商引资列为工作的重中之重，以招商引资和项目开发为中心，以项目建设和管理为重点，以优化项目投资环境为基础，以为项目服务为己任，突出抓好了招商引资。截至年底已落地项目 8 个，总投资 2.85 亿万元，分别是生猪屠宰、名都小荷塘、蓝海湾洗浴、大连服装加工、喀左县糖尿病医院、精英国际双语幼儿园、东鑫国际酒店、恒泰汽车检测线。签约的“飞地项目”3 个，总投资 1.4 亿万元，分别是浙江高泉特投资的酿造白酒项目、喀左冰泉饮料有限公司、朝阳高生机械有限公司五金工具及配件生产项目。2018 年，全年财税预算收入 1010 万元。

【精准扶贫】 利州街道省级贫困村为碾子沟村，已实现全面脱贫。脱贫攻坚主要任务是巩固提高脱贫攻坚成果。2018 年重点抓了以下三项工作：一是开展“3+N”扶贫。三大产业分别是光伏产业、特色种植产业、金融养牛产业。“N”项措施方面分别是危房改造扶贫、健康扶贫、教育扶贫、基础设施建设方面和政策兜底扶贫。积极开展扶贫结对子工作，共帮扶 164 户，特别是对有病人口家庭、因学致贫家庭实行了重点倾斜。二是开展脱贫质量“回头看”完善贫困人口精准识别。成立了脱贫质量“回头看”领导小组。4 月上旬，对脱贫户进行了核查，没有一户返贫。三是脱贫攻坚“百日行动”情况。利州街道于 6 月 7 日召开了党工委会议，成立了工作实施组和工作督查组，并成立了脱贫攻坚“百日行动”领导小组。抽调 20 多名机关干部对贫困户、村和街道档案进行了整理，得到了扶贫局高度评价。

脱贫质量“回头看”

【党建工作】 认真落实“三会一课”、组织生活会等八项制度。基层党组织和党员认真学习习近平新时代中国特色社会主义思想和中共十九大精神、实行了街道“大工委”和社区“大党委”，构建区域化党建格局。树立社区党建品牌，双桥社区打造“红色堡垒工程”、建安社区打造“创业型服务党组织建设”、新华社区打造“功能型党支部”、古塔社区打造“雷锋志愿服务社区”，实现了“一社区一品牌”，双桥社区 1118 平方米和新华社区 1008 平方米活动场所建立了街道党群服务中心。开通街道智慧平台，居民通过关注微信公众号，能快捷地了解街道工作、在线查询、提出诉求建议等，均取得了一定实效。

【扫黑除恶】 利州街道召开工作会议，认真部署，快速行动、严密摸排黑恶势力线索、开展扫黑除恶专项斗争宣传，悬挂横幅，发放宣传单、宣传手册等多种形式，做到户均一张，家喻户晓，人人皆知。

【农业农村工作】 林果业。全年共完成造林 4300 亩，春季造林 2200 亩，造林地点是碾子沟村打草沟和孙家沟高铁两侧绿化荒山造林和碾子沟村退化林修复工程；雨季造林 100 亩；秋季计划在碾子沟村造林 2000 亩。公益林直补。全年发放公益林补偿资金 279511.5 万元。为确保资金按时足额发放，街道认真把好审核关，确保公益林直补资金到户，做到工作户名、统计表、直补面积、到户资金“四个一致”，现已圆满完成了此项工作任务。水利工作。完成碾子沟村移民大田灌溉工程一处，铺设管路 3000 米；碾子沟农田灌溉工程维修管路 800 米；河湾农田灌溉工程维修水泵一台套，管路 200 米；东村果树灌溉工程两处，铺设管路 3400 米；共修建井房四座；河湾村人畜饮水工程一处，解决了 160 户，540 口人吃水问题。村级集体经济。五个村的集体经济都在 10 万元以上，东村达到 30 万元以上。各村在发展集体经济方面各有特色，小河湾村建立了光伏电站项目和服装厂租用门市房，拉动农民就业。东村采摘园实行了“支部 + 公司”“支部 + 合作社”管理经营模式。红石砬村继续推进“绿色蔬菜体验园”，对外承包菜园获得集体收入。北村在建新办公楼时，在办公楼两侧建

2000多平方米的门市房，对外出租。

【民生服务】 社区服务。服务居民3731人次，组织居民健康体检3498人次，开展为民代办服务854人次。各社区筹集爱心资金12582元，物品10379件。全年开展爱心捐助活动58次。认领微心愿158个，折合物资9490元。全年爱心驿站救助居民1483人次。农村社会救助。现有农村低保户67户135人，对碾子沟村60户建档立卡户进行低保救助申报，申报工作正在进行当中。城镇救助和保障工作。共有城镇低保户523户1232口人；低保边缘户162户316口人；新审批低保户35户86人；低保户中共有19户解决廉租房。劳动保障工作。圆满完成县里下达的30户的交纳养老保险工作。恢复劳动保障专用局域网并安装摄像设备，对辖区企业离、退休人员及遗嘱3000余人进行养老金资格认证。物业工作。进一步规范了物业服务工作，理顺层层负责的关系，明确工作目标、开展好物业服务工作。在抓好绿化、净化的同时，狠抓了小区亮化工作，确保所有小区均完成亮化工作。

（利州街道办事处）

官大海农场

【概　况】 官大海管理区总占地面积17.6平方公里，其中耕地面积6400亩，林地2200亩。下辖4个分场、12个作业组。全场共1010户、3474口人，其中，具有农工身份的2422人，已退休农工864人。全年实现社会总产值15471万元。其中农业总产值8488万元，实现粮食总产2660吨，其中：玉米2380吨，小麦165吨。发放粮食补贴资金337786元。涉及农户858户。实现人均收入15000元。财政收入实现37万元。

【项目建设】 年初以来，官大海管理区不断加大招商引资政策力度，明确责任人，洽谈实施项目12个，其中重点推进6个项目。1—10月，招商引资，项目建设工作完成固定资产投资500万元，占全县第16名，是官大海管理区多年来项目建设工作最高名次。洽谈“飞地经济”项目5个。一是河南安阳昌鑫合金项目。项目投资3000万元，主要产品是铸造用金属、球化剂、硅铁、锰铁、钢厂用各种合金。二是大连环嘉集团塑料制品生产项目。总投资2亿元，占地300亩，打造高标准塑料制品生产项目。三是中核集团地热资源综合开发项目。四是河北客商冶金铸造项目。由河北客商投资1000万元，建设管道阀门铸造项目。五是内蒙光碳核肥项目。房地产开发项目。利用城建招商工作优势，争取到江西客商，投资2.8亿元，建设总建筑面积10万平方米的“学府壹号”房地产小区项目。项目已经完成备案，土地已经摘牌，完成固定资产投资500万元。田园综合体项目。争取本地在外客商回家创业。总投资2000万元，建设集生猪养殖、高标准采摘观光园、小麦深加工、垂钓园和私人聚会于一体的田园综合体项目，项目已经盘活闲置多年的养殖场一处，完成100亩的采摘园用地流转。

【农业经济】 全面完成2018年农产品检测工作，检测结果全部合格，有效地保障了广大群众“舌尖上的安全”。2018年旧改棚3栋，合计208延长米；弃管闲置棚恢复利用9栋，5.2亩。复耕28栋，16.45亩。圆满完成春、秋两季动物防疫工作，做到四个100%，全年农场各分场牛存栏538头，羊存栏1875只，猪存栏2255头，禽62020只。自9月以来，防控非洲猪瘟30余次，发放宣传卡100余张，同时成立了防控排查队，不定期加强排查养殖户，坚决打好此次攻坚战。春季、雨季完成造林379亩，义务栽植杨树1万株，秋季造林50亩。加强封山禁牧护林草原防火，配齐配强护林员和护草员，加大护林防火设备投入力度，层层落实防火责任，发放宣传单并与农户签订了防火承诺书，实行领导包村、管理区村干部包组包山头，重点时段护林员、护草员增加山林巡查次数，有效降低了森林草原火灾隐患。农田水利新打井6眼，新建3座井房，铺设地埋输水管道500延长米，铺设地面管路600延长米；维修水泵2台，维修供水微机2台，维修井房6座；新建饮水工程1处，新打井1眼，建井房1座，铺设管路5000米，解决了10户群众的饮水困难问题。全年土地流转600亩，新建土地股份合作社1家，共达5家；耕地确权面积达到6000亩。大田玉米保险投保面积6063亩，使广大玉米种植户减少了种植风险，对符合补贴标准的玉米生产者通过"一卡通"进行补贴发放。推广机翻、机播、机收农机一体化工作，完成耕地深松工程。畜牧产业发展势头强劲。积极抓好养殖小区建设。在远离村庄、河流等处合理规划大力推广"规模饲养、统一管理"的小区建设模式。畜牧饲养量达到：牛出栏708头，存栏2224头，羊出栏3140只，存栏3125头，生猪出栏9280头，存栏7913头；家禽出栏55.17万只，存栏7.02万只。实现畜牧业总产值3024万元。特别是泓源牧业猪业养殖园区，充分发挥区域饲养、气候等多方优势，园区占地50亩，规划修建办公区、生产区、饲养储备区，在建围墙2000平方米，建设储水窖一座的基础上又完善管道、电力增增容等配套设施，引进加系种猪300多头。

【新农村建设】 村屯公路建设，水泥硬化公路7.6公里，投资266万元。在北荒和西官、前坟投资80万元，开展穿衣戴帽工程建设101户，修建民族特色桥1座。公路绿化工程，为给民族村寨景区增光添彩，农场投资20万元对景区附近的主要公路进行绿化栽植风景树1万余株，为当地发展旅游创造良好的人文环境。维修公路边沟，围绕西官分场新农村建设，投资2万元，维修公路边沟500米，为农工出行、污水排放、环境保持奠定坚实基础。全面开展农村环境卫生整治和宜居乡村建设工作。结合喀县争创省级生态县创建工作和农场争创国家级"美丽农场"工作，坚持在全场范围内开展"五清五改一绿"活动，农场开展村容村貌整治活动，有领导专门负责，制定实施方案，并以示范村为重点，在全场范围内全面展开。全年完成"一池三改"120户。全场新增设公共垃圾池13处，全场共出动人工5000人次，车工300车次，共清理生产生活垃圾4340吨，清理违章建筑12处，清柴垛445垛，清理路障29处，绿化植树2.3万株，进一步改善了农村人居环境，使村庄变得更美、更净、更亮。以丰富群众的业余文化生活为落脚点，深入开展农民素质培训工程。场里帮助各村完善了农民文化活动室、图书室、阅览室，开展新型农民培训21次，受培训达800人次。

【小城镇建设】 在大力发展项目建设和农村主导产业开发的同时，高度重视小城镇建设，按照"统一规划、合理布局、综合开发、配套建设"的总体思路，围绕"六化""五个一"建设标准，认真搞好小城镇的规划、建设和管理，不断完善小城镇功能，切实改善场区人居环境，使小城镇建设得以扎实推进。到年底，农场所在地主要街路全部实现硬化，硬化面积达到2000平方米；在农场中心街路两侧已安装太阳能路灯45盏，在农场中心街路两侧、东官分场路边共栽植风景树800株；在场内主要路口设置固定垃圾箱13个，建设垃圾填埋场一处，配备流动式垃圾车2台，成立1支环卫队伍，招聘清洁工人6人，负责日常环境卫生清理；在街中心明显位置处设立了固定广告宣传栏，加强非法张贴小广告的治理，积极营造蒙古族文化的浓厚氛围；加强对各商业网点门牌匾的管理，使其规格样式无破损、陈旧、统一美化。

【信访工作】 高度重视信访工作，变上访为下访，积极主动介入，创新工作机制，狠抓制度建设，落实责任，本着"小事不出村，大事不出乡"的原则，将矛盾纠纷化解在萌芽、化解在基层，建立健全调解奖励机制和月例会，全年调解矛盾纠纷33起，协助各村处理矛盾纠纷21起，2018年，未发生到市进省进京访。

【“两学一做”学习教育】 按照中央要求和省、市、县委统一部署，坚持一丝不苟抓学习、创新载体搞活动，扎扎实实搞研讨整改，使党员干部素质得到提升、重点工作得以突破、村情民风实现转变。不断壮大村集体经济收入，始终坚持“四议一审两公开”机制，定期用宣传橱窗公开党务、村务、财务，接受广大群众监督。将推进惠民实事作为加强基层组织建设的落脚点，扎实推进惠民实事工程，不断凝聚人心，增强了班子的战斗力。以习近平新时代中国特色社会主义思想为指导，深入学习贯彻中共十九大和十九届一中、二中全会精神，开展“两学一做”学习教育和“重实干、强执行、抓落实”专题警示教育活动。遵守议事规则，行政决策制度科学、程序规范、民主高效。自觉接受人大监督，主动接受社会公众监督，严格落实依法行政责任制，规范行政程序和行政行为，严格按照政府权力清单依法行政。政务公开、政府信息公开全面深化。加强党风廉政建设，严厉查处违纪违法案件，涉农领域、扶贫领域问题专项整治收到实效。严格执行行政机关公车、公务接待制度，“三公”经费持续下降。深入开展扫黑除恶专项斗争，班子成员加强政治理论学习，同时加大宣传力度，新建文化广场1个，制作6米宣传板1个，宣传栏10个，粉刷固定宣传墙8个，悬挂条幅42条，发放明白卡800余份，达到家喻户晓，人人皆知。

【脱贫攻坚】 官大海管理区有一个省级贫困村，即西官分场，共有建档立卡贫困户53户185名建档立卡贫困人口。2015年完成脱贫26户89人；2016年完成脱贫27户96人。两年全部脱贫摘帽，西官分场于2016年底销号，现处于巩固脱贫成果阶段。一是“3+N”产业叠加扶贫。2018年，在贫困村西官分场建设75千瓦村级电站，已完成选址、备案，待全县统一招投标。预计建成并网发电后月均收入1.5万元。同时，扶持贫困户发展设施蔬菜提质增效28户、发展畜牧养牛养羊户21户，有效巩固了脱贫成果，通过“回头看”，所有脱贫户无一户返贫。二是危房翻建和维修。在上级政策支持下，官大海危房改造工作开展较早。近年来，通过危房改造工程，完成危房维修和翻建851户，其中建档立卡贫困户危房维修和翻建53户。三是脱贫成效“回头看”。县脱贫质量回头看专题会议召开之后，管理区迅速行动，召开专题会议进行安排落实。成立组织，并在县扶贫局的指导帮助下对包村领导、包村干部和村两委班子成员进行培训。通过走访入户，对贫困户进行收入计算，确定无返贫户，自查出1户4人不符合建档立卡条件，已上报扶贫局备案，将按照程序对其进行清退和纳入处理。同时，按照完善贫困人口精准识别工作的要求，通过走访排查，召开村民代表大会，对档外贫困人口进行评议。由于近年来扶贫成效稳定，没有新增档外贫困人口。四是扶贫档案整理。农场2016年底建档立卡户全部脱贫，贫困村摘帽，由于当时对档案要求不是很严格，档案存在较大差异。2018年，抽调专门人员，组成档案整理工作组，按照县扶贫局统一制定的扶贫档案目录，统一标准，对2015—2017年脱贫档案进行全面梳理。对建档立卡贫困户的档案进行全方位完善，统计客观真实、数据翔实，得到县扶贫局工作人员的充分认可，是全县为数不多完成档案整理工作的乡镇之一。

【社会事业】 在卫生健康方面，认真贯彻落实中央决定精神，不断强化领导机制和加强基层队伍建设，积极开展人口计生服务。全场已婚有偶育龄夫妇571对，采取各种措施531人，人口出生率9.96‰，自然增长率4.48‰，计划生育率97.14%，出生人口35人，性别比100∶106；民政工作，新办理农村低保1户4人，共有农村低保对象7户21人，五保户4户，临时救助23户；在教育方面，全面落实科教兴场和人才强场战略，不断深化教育改革，狠抓质量提高，着力推进素质教育，认真完成了“双高普九”工作任务。升入高中23人，其中重点高中10人，在全县跃居首位。在卫生方面，紧紧围绕除四害、农村改水、改厕、创卫、健康教育等中心内容，强化组织领导、制定方案、明确专人具体负责，使农场整体爱国卫生水平再上新台阶；水利建设方面，全年在西官分场实施人畜解困工程1处；在东官分场实施安全饮水工程一处；交通建设方面，完成道路绿化5公里，完成公路建设8.3公里，同时抓好公路养护。社会保障方面，全年完成劳务输出625人，其中有组织输出625人；开展农村劳动力转移培训42人；技能鉴定完成26人，鉴定率达100%；办理养老保险728人，年发放养老金920元。广播文化：播放电影下乡完成48场次；完成全场数字电视缴费任务。开展中小型群众文化活动12次；抓好农家书屋的管理和使用；加大农场域内寺庙、古树等文物的监管保护修缮和文化市场的管理。

【民俗村寨旅游】 依托西官渔场做足“水”文章。加大了对农场旅游资源特别是西官渔场的宣传力度和招商引资力度，春季与北京青山国旅投资管理有限公司取得了联系，已签订意向投资协议。该公司计划利用5年时间，投资1.5亿元，对西官渔场和山体进行整体打造。2017年农场组成8人的写作班子，历经一年的时间，定稿印刷并出版了《塞外明珠——官大海》一书，对农场的蒙古族历史和文化进行了系统的搜集和整理，对发展民族村寨旅游起到了很好的推动作用。

（孙大军）

喀左经济开发区

【概　况】 朝阳喀左经济开发区于2015年1月成立，2016年4月晋升为省级经济开发区。开发区地处辽冀蒙三省交会地带，位于辽宁省喀左县最北部，规划区面积22.34平方公里，开发区核心区面积5.48平方公里、高新区核心区面积1.73平方公里。开发区主要分为冶金铸锻、装备制造、陶瓷建材、信息半导体新材料、汽车轻量化等主导产业功能区。至2018年底，开发区入驻企业74家（含规上企业5家），其中装备制造类36家、陶瓷建材类17家，基本形成了以装备制造、陶瓷建材为主的特色主导产业集群。2018年，全年入统项目34个，其中新建入统项目18个，续建入统项目16个，完成入统固定资产投资，10.48亿元。2018年，实际利用外资1637万美元，出口创汇695.84万元，工业总产值5.35亿元。2018年中共辽宁省委授予全省先进党组织，省总工会授予辽宁五一劳动奖状；中共朝阳市委、市政府先后授予招商引资先进园区、文明单位标兵、平安朝阳建设等先进单位；2018年全市经济开发区综合位次考评第一名。

【围绕京津冀招商】 紧紧抓住京沈高铁即将开通和京津冀地区产业转移两大战略机遇，坚定不移主攻京津冀抓招商、上项目。一是聚焦靶心，紧盯有实力、有技术、绿色环保和愿意“真金白银”投入的企业和项目，集中优势兵力瞄准北京高新技术开发区、通州区和天津宝坻、津南及河北雄安、廊坊、三河等地开展定点招商。二是形成合力，建立领导班子成员直接抓主导产业招商体制，围绕开发区主导产业组建招商队伍，集中优势兵力，对京津冀地区开展精准招商。

【围绕产业集群引项目】 开发区紧紧围绕产业结构升级，坚持发展以装备制造业为龙头的主导产业，积极培育信息半导体新材料等战略性新兴产业，构建现代产业体系，利用技术创新和规模效应形成新的竞争优势。一是以朝阳通美晶体科技有限公司为龙头，通过以商招商，围绕产业链上下衔接，相继引进博宇半导体等4家高新技术产业项目，形成了信息半导体新材料产业园。二是以天津小站镇阀门企业为龙头，积极对接东大站、营盘圈两村生产阀门企业，签约6家企业入驻，逐步打造阀门产业园。三是以河北三河长城橡胶为龙头，带动关联企业入驻，建设高端橡胶制品产业园。已签订三河市长城橡胶有限公司总部迁至开发区框架合作协议，投资5亿元，占地200亩。同时，该企业将帮助开发区引进关联生产企业，形成高端橡胶制品产业链条。四是以北京亚新科汽车销售公司为龙头，围绕重卡汽车零部件生产项目开展招商，努力打造中国最大重卡汽车生产配件基地，建设汽车轻量化产业园。

【承接“飞地”项目】 主动把开发区作为承接“飞地”项目的载体，围绕省政府“飞地经济”决策部署做足“承接”文章。采取“园中园”模式，在开发区规划建设2平方公里“飞地经济”产业园，大力推进“产业园”路网建设、电力增容、排水管网等基础设施配套建设，完全满足项目建设需求，为广泛承接乡镇“飞地”项目做足准备。始终为“飞地”项目提供优质服务。对于各乡镇街区引进的“意向”项目，开发区充分发挥专业优势，第一时间指派专人跟踪、接洽，切实提高项目成功率。对引入开发区的“飞地”项目，开发区从手续办理、征地拆迁到项目开工建设提供全方位服务。2018年“飞地经济”签约落地项目14个。9月13日省政府在喀左召开全省“飞地经济”现场会，现场会后全省各地及内蒙古赤峰等地党政领导3000余人到开发区调研考察。

【项目要素保障】 2018年，开发区土地储备面积1030亩，土地出让面积806.5亩。新建朝阳恒安重工有限公司66千伏变电所1座；开发区8条线路全部纳入电力项目包工程，其中北京博宇、通美晶体、凤颖人造板项目电力专线已架设。投资2150万元修建排污管道1.8万米。采取“管委会+企业”模式，围绕企业和项目“拎包入住”标准，新建15万平方米标准化厂房。规划、国土、环保、安监等派驻分局服务能力水平不断提升。

【产业转型升级】 加快推进转型升级。积极鼓励机械加工等老企业对外合资合作，实施扩能改造、转型升级，支持科技型、创新型企业加速成长，实施飞马智能化生产车间改造等技改项目，不断提升装备制造产业水平。深化产学研合作。积极引导科研院所、大专院校入驻开发区，加快建设产学研基地项目，加速科技创新成果转化。朝阳飞马车辆设备股份公司与沈阳工业大学签订校企装备制造产业联盟合作协议。加大现有企业晋升高新技术企业力度，积极引进高新技术产业项目，助推创建省级高新技术产业开发区进程。在2017年引进北京通美、北京博宇、天津众达等高新技术产业项目基础上，2018年又成功引进南京金美镓业、北京荣鑫泰、北京锑化镓、天津华顺通、天津莱斯特5个高新技术产业项目。盘活僵尸企业。通过转向经营、嫁接重组等方式，引导停产企业重新启动或嫁接改造生成新项目，西姆莱斯、四通铸业、鑫达铸业3家企业摆脱困境，实现了质量和效益“双提升”。

【基层非公党建】 全面落实管党治党主体责任，健全完善党工委各项规章制度，定期召开党工委会议，研究部署党建工作，严格党内政治生活和组织生活。健全完善科级以上党员领导干部非公党建工作指导员、深入非公企业开展“一走访三推动”活动等制度，聚焦党建根基，提升“两个覆盖”率。坚持党建统领，突出抓好非公党建和“双强六好”党组织创建和党支部规范化建设。坚持党管人才，认真实施“双招双引”工程和大学进园区工程，着力抓好企业人才引进工作。认真抓好中央巡视整改工作和营商环境建设，着力营造良好政治生态和一流营商环境。

（喀左经济开发区）

龙凤山旅游景区

【项目建设】 全年实施项目4个。景区节点绿化工程项目。按照环保督察整改要求，结合景区春季绿化做好植被恢复工作，实施天心湖广场、龙文化广场至天心湖坡道、景区牌楼至停车场沿路三大节点绿化项目，完成投资1000万元。共栽植棉槐、松树、新疆杨、柳树等5万株，花灌木0.3万株，宿根花卉1800平方米，播种草花4200平方米，建草坪7000平方米。认真做好景区绿化项目养护工作，巩固好绿化成果。生态扶贫果园项目。投资1000万元建桃园400亩，共栽植艳红、柏山水蜜、天王桃、喀左雪蜜等各类桃树3.5万余株。基础设施改造提升项目。投资150万元，实施天心湖改造和10公里游步道维修工程；投资200万元，实施景区停车场地下雨污排水工程和停车场铺装工程；投资30万元，实施游客中心广场地面改造工程。拓展训练基地项目。投资30万元在景区内建立拓展训练基地1个。

【市场营销和对外合资合作】 4月20—21日，在赤峰成功举办“魅力喀左，醉美龙凤山”旅游推介会，邀请赤峰市旅发委相关领导和70余家旅行社参会。与赤峰阳光之旅旅行社有限公司签订赤峰地区门票总代理合作协议。现场发放旅游宣传册、喀左特产等2000余份。赤峰电视台、喀左电视台、网络媒体等对本次推介会进行转播。通过推介，有效吸引赤峰及周边地区游客到景区旅游观光。同时，景区还积极通过电话、网络等方式，与北京、天津、秦皇岛、沈阳、大连、锦州、盘锦等地旅行社加强沟通合作。在“五一”假期，吸引包括锦州、盘锦、赤峰、北京、天津等域外游客万余人到景区观光旅游。6月，启动龙凤山旅游景区第六届文化旅游节，进一步提升景区对外影响力。7月，通过沟通联系，吸引辽河油田职工300余人到喀左县旅游。加大招商引资力度，积极推进景区合资合作步伐。

第六届文化旅游节开幕式

【景区运营和管理】 认真抓好景区运营管理工作，强化服务意识，不断提升服务质量。认真抓好安全生产工作，定期开展安全生产自查，及时排除安全隐患，全年无重大安全事故发生。7月28日，按照县委、县政府要求，景区关园，进行环保整改，停止收取门票及其他一切经营性活动。截至7月末，景区共接待域内外游客7万余人，实现旅游收入160多万元。闭园整改期间，认真抓好景区日常管理和护林防火工作，维护景区良好形象。

【党建和扶贫】 认真开展“两学一做”学习教育，组织景区党员干部认真学习贯彻党章、《中国共产党廉洁自律准则》《中国共产党纪律处分条例》等党规党纪，认真学习贯彻习近平总书记在辽宁考察时和深入推进东北振兴座谈会上的重要讲话精神。全年发展预备党员1名、入党积极分子3名。认真落实精准扶贫工作要求，组织党员干部开展好结对帮扶工作，帮助解决生产生活中的实际问题。全年为贫困户送去米面油及慰问金累计达4000余元。

【环保督察整改】 按照环保督察整改要求，对天心湖进行回填土方，栽植景观树木。对涉及整改的4个问题，全部及时整改到位，实现验收销号。

【机构改革】 按照2018年6月26日《中共朝阳市委办公室关于印发〈全市园（景）区机构改革方案〉的通知》（朝委办发〔2018〕64号），撤销喀左县龙凤山旅游景区管委会，成立喀左县龙凤山景区管理处。

（张　新）

利州中心商贸集聚区

【项目建设和招商引资】 2018年，集聚区内限上企业17家，1—11月服务业销售总额7.11亿元，从业人员1622人。年初以来，集聚区实施固定资产投资1000万元以上项目19个，预计总投资30.82亿元。其中，10亿元以上项目1个、1亿—5亿元项目8个、5000万—1亿元项目4个、1000万—5000万元项目6个。其中，新建项目14个，续建项目5个。招商引资效果明显，集聚区始终坚持“走出去”，紧紧围绕传统服务业转型升级、休闲旅游养生养老、紫砂文化产业等方面，不断面向京津冀地区进行主题招商、定点招商、以商招商、以情招商，积极做好与各地客商有效衔接。截至年底，集聚区先后赴北京、天津、沈阳、大连、长春、长沙等地开展招商引资12次，引入20多批次客商到喀左县考察。其中，学府壹号房地产开发、嘉佩乐连锁宾馆、华住连锁酒店、丹东白酒生产企业异地搬迁等一批项目已相继落地开工。

【基础保障】 一是融资平台作用明显。年初以来，集聚区通过喀左致元建设服务有限公司包装棚户区改造项目，向中国农业发展银行、朝阳银行进行融资5.64亿元。其中，中国农业发展银行已到位资金3.12亿元，朝阳银行已到位资金2.52亿元；二是基础设施不断完善。年初以来，集聚区积极与凌河局、交通局、城管局等相关部门进行对接，积极完善集聚区内基础设施建设。截至年底，共投入基础设施建设资金2.59亿元，主要用于大凌河南支城区段综合治理二期工程、城市道路及排水工程、城市燃气管网工程、大凌河景观桥加宽改造工程、城市绿化亮化美化工程、城市供热管网改造及换热站工程以及城市网络和电力等基础设施建设工程。

【积极向上争取资金】 年初以来，集聚区多次与县发改委、经信局等部门对接，积极为集聚区内企业争取上级资金支持。截至年底，集聚区共有2个项目向省争取支持资金1344万元。其中，朝阳市喀左县蒙古族高级中心古塔分校综合教学楼建设项目向上争取资金1144万元；喀左县南哨街道紫陶小镇基础设施建设项目向上争取资金200万元。

【亮点工程】 集聚区紧紧围绕“一区、一湖、一都”规划布局，积极发展特色产业集群，不断打造亮点工程。新老城区传统服务业转型升级实现新突破。集聚区积极打造了财富领域商业街、利州古城仿古一条街、壹品城江南小街等特色街区。目前，财富领域商业街进驻商户100余家；利州古城仿古一条街进驻商户120余家；壹品城江南小街挂牌营业商户90余家，夜市摊位达200多家；积极引导新老城区发展了特色餐饮、连锁宾馆酒店等项目。嘉佩乐连锁宾馆、华驿连锁宾馆入驻喀左；特色餐饮、零售行业基本实现了“互联网+购物”“互联网+餐饮”等服务。生态旅游、养老养生产业提质增效实现新突破。以国家AAAA级龙源旅游区、国家AAAA级浴龙谷温泉度假区为主线，积极推动了青旅（喀左）文化旅游产业小镇、养生养老地产、浴龙谷二期工程等项目建设。7月28日，浴龙谷温泉度假区二期工程正式营业；10月14日，在凌河文化园，成功举办了第三届旅游文化暨2018辽宁·喀左“龙源杯”自行车环湖邀请赛。紫砂文化产业发展壮大实现新突破。多措并举，强力推进紫砂文化产业快速发展。一是带领紫砂企业“走出去”，拓宽了销售渠道。先后带领紫砂企业参加了第八届中国“辽宁四宝”文化艺术品博览会暨特色文化产业成果展和2018第九届东北（沈阳）国际茶文化博览会。二是做好校企对接，提升企业整体水平。喀左天佑陶艺有限责任公司与沈阳建筑大学签订了辽宁紫陶产业技术创新战略联盟协议和技术研发合作协议；喀左高品宝砂有限公司与大连工业大学签订了战略合作协议。三是成功举办了中国·喀左第七届紫陶文化艺术节。本届艺术节由中国陶瓷工业协会和喀左县人民政府联合举办，设置了“喀左紫砂·宝贝计划”大型宣传活动、中国（喀左）第七届紫陶文化艺术节龙源杯全国紫陶技艺大赛、中国·喀左第七届紫陶文化艺术节开幕式、喀左紫砂文化产业发展论坛等活动内容。其中，龙源杯全国紫陶技艺大赛有江苏宜兴、广西钦州、湖南望城、重庆荣昌、江西景德镇等十大陶瓷产区108名选手报名，包含喀左县选手56名。在最后评出的获奖作品37件中，喀左县有18件作品获奖。其中，获得金奖2名、银奖6名、铜奖10名。高铁商务区发展实现新突破。集聚区不断完善高铁商务区内基础设施保障。截至年底，高铁站建设、乘降广场和高铁连接线等工程已全部竣工，投入运营。

（利州中心商贸集聚区）

先进录

先进集体

国家和各部门授予

第五届全国文明单位（中央文明委）

喀左县气象局

2018 年度全国“安康杯竞赛优胜班组”（全国总工会）

喀左建设集团项目经理部

2018 年度全国“模范职工之家”（国总工会）

朝阳飞马车辆设备股份公司

市委市政府授予

朝阳市“2016—2017 年度文明单位”（中共朝阳市委员会、朝阳市人民政府）。

外经贸局

2018 年度朝阳市“飞地经济”工作标兵单位（中共朝阳市委员会、朝阳市人民政府）。

南哨街道

2018 年度发展飞地经济先进乡镇（中共朝阳市委员会、朝阳市人民政府）。

卧虎沟乡

老爷庙镇

2018 年度扶贫工作先进单位（中共朝阳市委员会、朝阳市人民政府）。

卧虎沟乡

南哨街道

先进人物

刘秀娟　女，中共党员，1968 年 9 月出生，1989 年 7 月参加工作，大学学历，水泉镇党委书记。她以踏实无华的工作作风，无私奉献的人格魅力，以单位为家、以百姓为友，抓紧每一天，干好每件事，走实每一步，克服种种困难，“飞地经济”、脱贫攻坚、乡村振兴、信访、财政体制改革等各项工作成效显著，为当地经济社会发展倾注了一腔热血。2018 年被全国妇联授予“全国巾帼建功标兵”荣誉称号。

多年来，她立足本职，尽职尽责，全力做好水泉镇的各项工作。在引进项目上，仅 2018 年新建项目 3 个，续建项目 4 个，引进“飞地经济”3 个，有效增加了全镇财税收入，为财政体制改革奠定了坚实基础。在信访上，严格执行信访接待日制度，认真落实“五级书记抓信访”和“减存控增”工作责任，做到有访必接，随接随办。在脱贫攻坚上，严格按照县委、县政府“3+N”产业叠加模式，投入 80% 以上精力抓产业、抓项目，让所有贫困户实现扶贫产业项目全覆盖，带动全镇 218 户 451 人全部脱贫。2018 年 5 月，全省“五个一批”精准扶贫现场会在水泉镇南亮子村召开；11 月，水泉镇代表喀左县迎接省第三方评估验收，均得到上级领导一致好评和认可。在乡村振兴上，因地制宜、因村施策，鼓励村党支部领办合作社，实施酿酒、药材种植、酒高粱种植、光伏、冷棚葡萄、育苗基地等项目，实现了规模经营，全镇36个合作社、9个家庭农场累计流转土地1.2万亩，乡村振兴迈出新步伐。水泉润泽土地股份专业合作社“农旅结合”模式得到省市领导认可，省委书记陈求发和市委书记塞彪亲自到现场考察参观，并在省市推广。在改善民生上，不断改善种植条件，2018年完成土地整理3000亩，新打机电井18眼，维修12眼，新建人畜饮水工程3处，解决了1500人饮水难问题；协调1000多万元新修村内道路29公里，协调3000多万元完成“宁孤线”改造和“化十线”提级，真正打通服务群众“最后一公里”。

积极做好龙凤山景区管理的各项工作。在项目建设上，龙凤山旅游景区全年实施项目4个：一是投资1000万元的天心湖广场、龙文化广场至天心湖坡道、景区牌楼至停车场沿路三大节点绿化项目，栽植花草树木6万余株；二是投资1000万元新建400亩桃园，栽植艳红、柏山水蜜、天王桃、喀左雪蜜等各类桃树3.5万余株；三是投资1000万元建设游客中心和电子监控系统，健全完善景区管理服务体系；四是投资200万元建设生态综合停车场一处，解决景区停车场地排水问题。在市场营销和对外合资合作上，主动拓展域外市场，积极寻求与域外客商开展合资合作项目。进一步加大招商引资力度，积极与多家公司洽谈，推进景区合资合作步伐。在景区运营管理上，积极学习借鉴大景区的管理经验，不断强化服务意识，不断规范景区运营管理，提高服务质量。7月末，景区开始闭园整改，突出抓好环保督察意见整改落实，涉及的4个问题全部整改完毕。

徐广强 男、汉族，1968年11月出生，1988年7月参加工作，1991年7月加入中国共产党，朝阳第一师范学院教育学专业毕业，2001年9月毕业于辽宁省委党校经济信息管理专业。现任喀左县委常委、常务副县长、朝阳喀左经济开发区党工委副书记、管委会常务副主任。徐广强自担任朝阳喀左经济开发区常务副主任以来，共实施招商引资项目71个，其中新建项目38个、续建项目33个，完成固定资产投资21.94亿元，占全县固定资产投资70%以上。为尽快形成招商实效，他认真负责，身先士卒，亲自跑外考察项目、拜访客商，累计外出重点招商20余次，每个月拿出三分之一的时间奔波在外招商，积极奔赴京津冀、山西、深圳等地，特别是重点在北京高新技术开发区、通州区和天津宝坻及河北雄安、廊坊、三河等地开展定点招商，瞄准重点行业、重点企业，主动出击，寻求合作。同时，多次跑省、市国土部门争取用地指标，切实保障项目用地；多方筹措资金14.6亿元，大力推进开发区路网建设、电力增容、排水管网等基础设施配套建设，将开发区打造成高标准投资园区。吸引了一大批科技含量高、生态环保、产业链完备的项目落户喀左经济开发区，为喀左经济开发区项目建设和招商引资做出了巨大贡献。2018年在“飞地经济”工作中表现突出，被朝阳市委、朝阳市人民政府授予三等功。

赵宏伟 男，汉族，1969年12月出生，1990年8月参加工作，1990年6月加入中国共产党，省委党校大学学历，朝阳喀左经济开发区党工委委员、管委会副主任。赵宏伟在招商引资工作中始终坚持以项目建设为中心，以市委提出的“161”工程为总抓手，大力实施“走出去，请进来”招商战略，凭着多年招商工作的经验，认真分析京津冀地区产业转移现状，结合喀左经济开发区产业定位，以装备制造业和高新技术产业为突破口，充分挖掘开发区的区位交通、产业发展、政策扶持、投资环境等四大优势，主攻京津冀，克服任何困难，发现项目线索就盯住不放，直至签约落地。仅2018年外出招商次数达30余次，到开发区考察洽谈人员达600余人，开发区新签约项目达33个，初步形成了五大产业集群：一是以朝阳通美晶体为龙头的信息半导体新材料产业集群；二是以北京亚新科、飞马集团为龙头的汽车轻量化产业集群；三是以辽宁华顺通为龙头的阀门产业集群；四是以辽宁长城橡胶为龙头的高端橡胶制品产业集群；五是以辽宁瑞元表面处理为基础、以辽宁科勒迪为龙头的轻工制品产业集群。在具体招商引资工作中，他做到了“五个注重、实现了四个转变”：一是注重环保，二是注重税收，三是注重科技，四是注重传统产业提质升级和对外合资合作，五是注重产学研和人才引进。经过不懈努力，开发区实现了“四个转变”：由单一项目落地到集群式项目落地转变；由税收低向税收高项目转变；由科技含量低向科技含量高项目转变；产品由“傻大黑粗”向“专精特新”转变。2018年，被朝阳市委、市政府评为招商引资先进个人；2018年，因在“飞地经济”工作中表现突出，被朝阳市委、市政府授予三等功。

陈忠利 男，1970年5月出生，蒙古族，中共党员，大学学历，1991年8月参加工作。现任喀左县县委常委、中三家镇党委书记。2018年先后被评为朝阳市优秀共产党员、朝阳市“飞地经济”先进个人、朝阳市脱贫攻坚先进个人。多年来，他以身作则，抓班子、带队伍，不断提高执政水平。深入推进“两学一做”学习教育常态化制度化，不断抓实党员教育工作。全面落实新时代党的建设总要求，补短板、促规范，充分发挥基层党组织的战斗堡垒作用。不断完善村级组织和活动场所建设，村集体经济不断壮大。狠抓“飞地经济”，为乡村振兴夯实经济基础，先后制定了全镇招商手册，设立了招商奖励制度，将“飞地经济”和项目建设的工作成效作为考核干部、评先选优的重要依据。2018年，签约落地“飞地经济”项目6个，其中3个项目实现当年开工建设，9月全省“飞地经济”现场会作为代表，在大会做了经验介绍。同时主动对接，内引外联，充分做好域内企业与外地大企业的合资合作，接长、接粗产业链条，盘活现有存量资源。通过对接新客商，引进新技术，对原有企业开展技术改造升级，先后盘活4家僵尸企业，带来了显著的社会效益和经济效益。全年一般公共预算收入实现4761万元，同比增长53%，被评为朝阳市发展飞地经济标兵乡镇、“县乡财政管理体制改革标兵乡镇”。

抓产业发展，全力打赢脱贫攻坚。认真贯彻落实习近平总书记关于脱贫攻坚的重要战略思想和中央关于打赢脱贫攻坚战的决定，认真落实“六个精准”和“五个一批”的要求，按照“685”退出标准和全县“3+N”产业扶贫叠加模式要求，结合每户实际，深入分析致贫原因、积极落实产业政策，因户施策、因人施策，以畜牧养殖、光伏发电、特色种植、劳动力就业等为主导，其他N项政策叠加式精准扶贫模式，实现“三大产业”全覆盖。利用全县养殖牛场项目资金272万元新建扶贫牛场1处，新建岳台子村75千瓦光伏电站一处，发展杂粮种植1355亩，发展扶贫果园2处，总面积530亩。政策保障全面落实，通过镇村多方协调域内外企业和提供公益性岗位等措施，共有286名贫困人口实现就业，累计253人次接受免费住院治疗，各村卫生所医生与贫困户签约，成为家庭医生，定期为贫困户进行诊疗服务，全镇新农合参合率达到100%。同时积极开展全国卫生镇创建工作，新、改建水冲卫生公厕4个，新购置密闭垃圾箱80个，粉刷垃圾池60个，清理垃圾20万立方米。2018年，实现了全镇461户1159名贫困人口全部稳定脱贫退出和3个省级贫困村如期销号目标。

宋良军 男，蒙古族，1968年5月出生，1990年9月参加工作，1994年7月入党，大学本科学历，2016年1月任白塔子镇党委书记，两年多来，他始终牢记党的宗旨，讲诚信、懂规矩、守纪律；

以提升自我、做表率、讲党性影响大家；他工作勤奋、积极为群众好事、办实事，努力学习先进，发掘本地优势，先后建成了辐射辽、冀、蒙地区最大的大牲畜交易市场；于杖子村葡萄、大枣采摘旅游基地；三道营子村文化、果业旅游基地；实现省首家全镇各村淘宝店全覆盖等影响白塔子镇发展的大事。在他的影响下，全镇干部热情高涨，在项目建设、飞地经济、扶贫等多项工作中都取得了优异的成绩。2018年，宋良军被中共朝阳市委、市政府授予“优秀共产党员”荣誉称号。

刘文杰 男，汉族，1975年7月出生，大学学历，高级教师，承担小学语文、数学教学工作及班主任工作。在22年的从教生涯中，时时以一个优秀教师的标准严格要求自己，踏踏实实教书育人，认认真真做好班主任工作。曾获得过多种奖励，得到了各级领导的认可与好评。2018年，被朝阳市政府授予朝阳市优秀教师。

袁　杰 女，汉族，1983年9月出生，大学本科学历，喀左县大营子乡中心小学一名普通的农村教师，2002年参加工作，一直担任中、高年级语文、数学、科学等教学工作和班主任工作。从教十六年来，始终工作在教学第一线，凭着对教育事业的强烈职责感，把她的愿望和抱负全部都倾注在所热爱的教育事业上。2018年，被朝阳市政府授予朝阳市优秀教师。

杨玉秋 女，蒙古族，1978年7月出生，本科学历，水泉镇中心小学教师。自工作以来一直担任班主任工作。工作中默默无闻，任劳任怨，踏实认真，方法得当，得到学生和校领导的一致好评。担任班主任期间，善于组织和管理学生，关注孩子的心理，营造宽松和谐的成长氛围，善于做后进生的转化工作。2016年，在“一师一优课”中取得省级优秀课，2017年，被评为县级优秀班主任，2018年，被朝阳市政府授予先进教师。

崔春枝 女，蒙古族，1981年2月1日出生，中共党员，大学本科学历，中三家镇中心小学教师。崔春枝担任四年三班班主任，同时执教音乐、科学学科。2001年参加工作以来，一直奋战在教学第一线，凭着一腔矢志不渝的信念和热情，把对党教育事业的忠诚之心和对教育工作的热爱之情，全部熔铸在事业中，兢兢业业，勤勤恳恳，把爱心奉献给所有的孩子。认真学习，努力提高自身素质和职业道德，出色地完成教育教学工作任务，先后获得“十二五”期间市级骨干班主任、县级优秀班主任、教学能手等荣誉，她所带的班级也被评为县级三好班级。2018年9月，被朝阳市政府授予“师德标兵”荣誉称号。

陶维国 男，汉族，1960年10月出生，大学学历，现任喀左县第一高级中学总务主任。后勤工作是一项默默无闻、需要无私奉献的职业，但是对于一所学校，却起着举足轻重的作用，这项工作，直接影响着学校教育教学工作能否顺利进行。陶维国自1984年5月后，一直在学校后勤工作，先后担任出纳、会计、副主任、主任等工作，始终坚守着这一事业，与时俱进，不断追求创新，把枯燥无味的岗位打造成鲜活生动的服务窗口，使后勤工作成为学校的新亮点，确保学校各项工作的顺利进行。2018年被辽宁省朝阳市政府授予朝阳市优秀教育工作者。

王子龙 男，汉族，1969年5月出生，中共党员，大学学历，喀左县第一高级中学政教主任。自从参加工作以来，任语文教师，多年担任班主任工作。2017—2018学年度担任高三（15）班班主任、语文课教师。二十多年的时间里，他全面贯彻党的教育方针，忠于党和人民的教育事业，模范履行教师职责，有强烈的事业心和责任感，爱岗敬业，热爱学生，为人师表，乐于奉献，有良好的职业道德；他孜孜不倦的工作态度，灵活创新的教学方法，丰硕的教学业绩给大家留下了深刻的印象，在工作中严格要求自己，得到了学生家长、上级领导和广大教师的一致认可。2018年，被辽宁省朝阳市政府授予朝阳市优秀教师。

陈　亮　男，蒙古族，1987年10月出生，2010年7月参加工作，2013年7月入党。2010年7月，就职于大连金州建筑工程有限公司，担任工程测量员。2011年1月起，工作于山嘴子镇人民政府，2012年10月，任办公室主任兼行政秘书、人大秘书。2016年1月起，担任喀左县利州中心商贸集聚区管理委员会规划建设办公室主任。他始终把共产党员“五带头”作为工作的标准，时刻践行着共产党员全心全意为人民服务的宗旨，在学习、工作和社会生活中发挥先锋模范作用，曾荣获“2016年度朝阳市青年岗位标兵”荣誉称号。他以饱满的工作热情、扎实的工作作风、优异的工作成绩，赢得了同事群众的普遍好评。2018年，被中共朝阳市委授予“优秀共产党员”荣誉称号。

廉清玖　男，蒙古族，1972年12月出生，1995年参加工作，1997年7月入党，大专学历，现任喀左县市政管理处党组书记、处长。作为一名共产党员，他始终以优秀共产党员的标准要求自己，处处发挥党员先进模范作用，恪尽职守，无私奉献，爱岗敬业，任劳任怨，以身作则，以自己的言行诠释了共产党员的先锋模范作用。作为单位一把手，认真履职，尽心尽力，以高度的事业心和责任感做好本职工作。自参加工作以来，始终做到工作严谨、态度端正、求真务实。作为领导的好助手，工程施工的带头人，他心中时刻装着群众的利益，凡是市政基础设施建设和管理方面的事情，事无巨细都耐心细致的处理，直到群众满意为止。五年来新建与改造道路长9.4公里，面积达16.4万平方米；新建与改造排水35.7公里，新安路灯311基。维修道路5万平方米；维修排水管线1.5万米，更换检查井、雨水井4000多座；维修路灯达1万次，更换节能灯及灯座1.5万个，更换电缆2万米。2018年，被中共朝阳市委授予“朝阳市优秀共产党员”荣誉称号。

杨明会　男，46岁，中共党员，研究生学历，高级工程师，喀左县水利勘测设计队队长。杨明会立场坚定，思想进步，积极拥护党的领导，积极参与党组织的各项活动，坚决服从组织安排，时时事事起模范带头作用。他始终把学习放在重要位置，认真学习政治理论，刻苦钻研业务知识，在努力提高自身综合素质上下功夫。先后编制了水泵扬程计算小程序、饮水工程水力计算小程序和饮水工程效益分析小程序。这些小程序的运用，提高了工作效率，计算的准确率也达到了100%。在工作中兢兢业业，始终严格要求自己，以高度的责任感、使命感和工作热情，带领队员们积极负责完成设计工作。尤其是在2017年喀左县河长制的“一河一策”的编制中，带领着队友们起早贪黑，历经3个月，行程800多公里，顺利完成全县63条县级河流的“一河一策”编制任务。2018年，被中共朝阳市委授予“朝阳市优秀共产党员”荣誉称号。

喀左县成立60周年庆祝活动专辑

丰富多彩的庆祝活动

8月31日19:20—19:50，在人民会堂二楼大厅举办辉煌成就展；8月31日20:00—21:30，在喀左人民会堂举行迎宾文艺晚会；9月1日7:00—11:00，在凌河文化广场举行喀左县成立60周年庆祝大会暨中央民族歌舞团“中华民族一家亲”送戏下乡慰问演出；9月1日14:00—15:00，在县城主要街路举办民生工程暨城市建设观展；9月1日15:00—18:00，在北方紫陶之都举办紫陶艺术节；9月1日19:30—21:30，在凌河文化广场举办民族歌舞精品会演；9月2—5日6:00—11:30，在凌河文化广场、人民广场开展系列群众性文化体育活动；9月2日14:30—18:00，在县内各景区开展旅游推介活动。

辉煌喀左六十年

核心提示

这是一片古老而神奇的土地，一亿两千万年前，“喀左中国暴龙”在这里仰天长啸，纵横四方；15万年前，鸽子洞人在这里点燃篝火，升腾起早期人类文明的缕缕曙光；5000多年前，在东山嘴发现的被誉为“东方维纳斯”的孕妇陶像，昭示着红山文化在这里繁衍，中华民族有文字记载的历史由此向前推进1000年；大量出土的商周时期珍品青铜器让这里成为“金鼎之地”而声名远扬；古孤竹国伯夷、叔齐互让王位的人间佳话，诉说着这里的仁爱、崇敬和善良；“喀喇沁”所含有的“保卫、看守”之意，告诉人们这里曾是兵家必争之地；世界上最大的蒙古族族谱《乌梁哈济勒玛后裔族谱》证实着这里曾经的繁华……沧海桑田，岁月留香，这片土地上的人们生生不息，不断创造、书写着华美画卷和厚重史书。这里就是被誉为“塞外明珠”的喀喇沁左翼蒙古族自治县。

喀喇沁左翼蒙古族自治县，简称喀左县，地处辽宁省西部，辽、冀、内蒙古交界地带。总面积2238平方公里，全县辖24个乡、镇、街、区，共有190个行政村和12个社区。总人口43万，少数民族人口以蒙古族为多，共有9万人，占总人口的21%。喀左县历史悠久，民族文化源远流长。商代为孤竹国地，西汉时置县。1635年，置喀喇沁左翼旗。1946年8月，成立喀喇沁左旗人民政府。1958年4月1日，经国务院第58次常务会议批准，喀喇沁左翼蒙古族自治县正式成立。

在中国共产党的光辉指引下，在国家、省、市的正确领导下，在民族政策的大力扶持下，喀左县各族人民勠力同心、披荆斩棘，如今已走过了60载辉煌历程。60年凌霜傲雪、初心不改；60载艰苦创业，春华秋实。特别是改革开放40年来，喀左历届领导班子一届接一届，一张蓝图绘到底，撸起袖子加油干，带领全县人民，用聪明才智和辛勤汗水，把曾经贫穷落后的故土建设成繁荣美丽的家园。先后获得“全国民族团结进步县”“国家卫生县城”“国家园林县城”“全国文明县城”“全国平安建设‘长安杯’”等“国字号”殊荣，可谓鲜花和掌声相伴，荣誉与牌匾竞辉。

工业篇

项目兴，喀左兴；奋斗成就梦想，实干托起希望。近年来，喀左坚持“工业强县、项目支撑”，筑巢引凤，借风扬帆，招商引资项目建设卓有成效。

全县上下达成一致共识，形成一股劲，拧成一股绳，坚持把项目建设摆在唯此为大、唯此为重、唯此为先的突出位置，宵衣旰食抓项目，殚精竭虑谋发展，依托喀左经济开发区，重点发展装备制造、紫陶建材等主导产业，一大批项目在全县落地生根，开花结果，为县域经济振兴发展注入新的强劲动力。近五年，全县共实施固定资产投资500万元以上工业项目220个，完成固定资产投资116亿元。通过项目建设，飞马集团、红山化工、金河粉末等老企业得到发展壮大；通过项目建设，闽龙陶瓷、荣富陶瓷、鹏达集团等支柱企业不断涌现；通过项目建设，科技型、创新型企业加速成长，转型升级步伐明显加快。

经过多年努力，喀左经济开发区不断完善基础设施建设，水、电、路、通信一应俱全。6条64公里完整的道路骨架、日供水3万立方米凌河引水工程、日处理5000立方米污水处理厂、日处理130吨垃圾处理厂、220千伏变电站、完善的省级研发中心、创业孵化中心、产品展销中心、仓储物流中心及通讯、金融服务、行政审批，为企业入驻提供了全程“保姆式”的精心呵护。

以紫砂陶瓷资源为依托，“北方紫陶之都”蜚声海内外。“世界上还有一把紫砂壶，她的名字叫喀左”“南有宜兴、北有喀左”变为共识。紫陶产业集群迅猛发展，企业、商户达数百家，从业人员近万人，产品畅销全国，走向世界。四家大型建筑陶瓷产品出口欧美，骨质瓷精品被中联部确定为国宾礼品，荣登“一带一路”国际物流专列；喀左紫砂壶获国家旅游产品银奖。

农业篇

近10年来，喀左县的农业取得长足发展，传统农业已不再是主流，取而代之的是蓬勃兴起的现代农业，绿色有机农业进入了飞速发展的快车道，“喀字号”农产品已经远销日本、韩国、欧美等国家和地区。特别是近年来，喀左县用工业化理念谋划农业，依托农产品加工园区，大力发展产业化龙头企业。95家产业化龙头企业、504家农民专业合作社，带动着“设施农业、畜牧业、林果业”三大主导产业不断壮大，为农民增收致富

喀左经济开发区剪影

现代农业示范区

农村淘宝方兴未艾

城市建设掠影

注入了持久的动力和保障。喀左县现已成为“国家级出口蔬菜质量安全示范区”“国家绿色农业先行先试区”，正在建设全国首批“国家农业可持续发展试验示范区”，是辽宁省唯一入选县份。

服务业篇

过去的五年，喀左县服务业发展迅速，传统服务业向现代服务业加速转型。大型商业综合体、大型超市、四星级宾馆从无到有，相继落户喀左。中介服务领域不断扩大，金融保险效益明显，社区服务业全面铺开，建成中医院等康护养护中心，养老养生产业即将成为新型增长点。电子商务产业风生水起，阿里巴巴农村淘宝项目、中国网库、掌合天下、盈信、移动网信等8家国内知名电商企业相继入驻喀左，全县电子商务企业达到30余家。快捷便利的电商服务让喀左融入天下，让喀左陈醋飘香四海，让喀左杂粮、饹馇、碗砣等名优特产声名鹊起。

城市建设篇

从20世纪90年代商业街的开发建设开始，喀左县城市面貌发生了翻天覆地的变化，楼房变高了，道路变宽了，城市变大了。建成40个居民小区，县城内形成老城区“九横九纵”、新城区“七纵五横”的道路格局。按照“城市牵动”的发展思路，近年来，喀左县先后实施了“畅通、亮化、绿化、净化、蓝天、碧水、安居”等系列工程，建成3家集中供热公司，污水实行集中处理，努力打造最适宜人居的优美环境。喜看今日新喀左，城市建设日新月异。走进喀左县城，街道整洁、绿树成荫、蓝天碧水、风景隽秀，城在绿中，水在城中，楼在景中，人在画中。各类广场、公园、游园星罗棋布，遍及全城，总面积超过100万平方米，成为群众健身、休闲、娱乐，开展文体活动的广阔舞台。一座山水宜居城市让生活在这里的人们幸福满满。

交通运输篇

喀左县位于北京和沈阳中间，地处辽、冀、内蒙古三省区通衢之地，交通区位优势明显。过去的10年，喀左县交通事业成果丰硕，交通基础设施建设进一步加强，运输条件大大改善，运输能力显著提高。2017年底，全县共有各等级公路1876.5公里，桥梁18618.3延米/683座。公路总里程是1978年改革开放前的71.58倍，实现了

京沈客专将建成通车

校园文体之花

文化成果

"村村通"，在全省率先实现了城乡公交一体化。2013年起，京沈客专、喀赤客专、锦程电气化扩能改造工程等国省重点项目全面启动。如今，京沈客专工程已基本完工，2018年底将建成通车。"喀左站"将成为高铁连接京沈和内蒙古东部地区的枢纽站。

教育篇

喀左县始终坚持"教育优先发展、适度超前发展、建设教育强县"的目标，谱写了小县办大教育的壮丽篇章。

2008—2011年，在最能展现教育实力的"普九"工作中，喀左县先后通过省"巩固""提高""双高"水平验收，并被授予"辽宁省义务教育先进县"称号。

2016年通过省义务教育发展基本均衡县创建工作评估验收，2017年通过国家义务教育发展基本均衡县创建工作评估认定。

自1993年以来，全县共有74名学生考入清华、北大。喀左，是祖国栋梁之材的摇篮；教育，是喀左一张亮丽的名片。

文化篇

喀左是历史文化名城，从"喀左中国暴龙"，到东山嘴祭祀遗址；从西周箕侯方鼎，到汉代白狼古城，从辽代精严禅寺塔、元代康泰真墓碑，到清初天成观；从元代《图林固英族谱》到《喀左东蒙民间故事》，悠久的历史映现出喀左厚重的文化底蕴。在文化"大发展、大繁荣"的时代背景下，喀左县文化事业如芝麻开花节节攀高。"利州之春"文化活动已开展了28届，"利州之夏"广场文化节18年未曾间断，收集整理的《喀左东蒙民间故事》(24卷）入围国家首批非遗名录并荣获文化部"山花奖"。多次举办全国楹联大赛，"中华楹联第一乡"更加光彩夺目，主旋律更加响亮，正能量更加强劲，喀左县用一件件过硬的"文化产品"展示着文化自信。

生态篇

近10年来，喀左县始终坚持生态立县，绿色发展，生态文明建设硕果累累，先后获得辽宁省生态县、辽宁省首批森林城市、国家园林县城、全国绿化模范县等荣誉。"蓝天工程"让喀左的

绿色生态美景

天更蓝，县城二级空气质量现已达到347天。“碧水工程”让喀左的水更清，干流源点综合治理工程形成沿河30公里“生态景观长廊”，水域面积上万亩，堪比杭州西湖，“一湾碧水、两岸秀色”为喀左赢得了“塞外水城”“国家级水利风景区”之美誉。“青山工程”让喀左的山更绿，2011年至今，全县共完成造林绿化作业面积7万公顷，森林覆盖率为43.2%，位居朝阳市前列。“绿水青山就是金山银山”，生态文明建设正在成为喀左县发展交响乐中最动人的乐章。

旅游篇

喀左县风光优美，景色宜人，旅游资源极其丰富。2013年以来，喀左县深入贯彻国家和省、市旅游产业发展精神，以“旅游强县富民”为工作目标，将旅游产业作为全县的战略性支柱产业来抓，用不到5年的时间，完成了旅游形象的华美嬗变，先后建成国家AAAA级景区3家。特别是在大众旅游时代来临之际，2014年，喀左县在辽宁省内率先提出全域旅游发展理念，确立了“打造全景喀左，发展全域旅游”的思路，一路高歌猛进，先后荣获“中国最美生态宜居旅游名县”“中国特色民族风情旅游名县”等荣誉称号。2016年2月，喀左县被确定为首批国家全域旅游示范区创建单位、辽宁省旅游产业发展示范县。如今，做优城市、做大景区、做美乡村已经成为全县上下一致的旅游共识。山美、水美、景美，人更美，旅游成了喀左的新名片。

大美龙源湖

浴龙谷温泉度假区

“中华民族一家亲”专场慰问演出

为庆祝喀左县成立六十周年，9月1日，由国家民委举办的“中华民族一家亲”专场慰问演出在龙源湖广场激情上演，为喀左人民献上一台丰富多彩、绚丽灿烂的文化盛宴，用精彩的歌舞向喀左人民表达节日的祝贺与祝福。县四大班子领导和观众一同观看演出。

上午，县直和乡镇部门工作人员列着整齐的方队，精神抖擞地步入龙源湖广场，市民们也从四面八方纷纷向龙源湖广场涌来，大家有序地找好座位，怀着无比激动和自豪的心情，等待演出开始。放眼望去，整个广场人山人海，很多后来的观众没有座位，在广场周围或站立，或随便找个地方坐着，把整个龙源湖广场围了个水泄不通，即使是这样，依然还有观众从四面八方赶来，场

县委书记吕树江（前左一）等四大班子领导上台慰问演员

身着盛装步入演出现场

激情演唱

面十分壮观。“以前都是在电视上看演出，今天能现场目睹国家级的明星演出，真是看着过瘾，心里舒服。”“一大早就来了，生怕来晚找不到看演出的好位置，就想离演员更近些，更好地欣赏演出。”大家议论纷纷，激动喜悦之情溢于言表。

此次慰问演出由国家民族事务委员会主办，中央民族歌舞团演出，县委、县政府承办。中央民族歌舞团成立于1952年9月，是我国唯一的国家级少数民族艺术表演团体，以继承、繁荣、发展少数民族文化艺术为宗旨，足迹踏遍祖国大江南北、村村寨寨，把绚丽多彩的文化艺术奉献给各族人民，受到各族人民的喜爱。

上午9时许，慰问演出在开场舞蹈《快乐舞步》中拉开序幕，欢快的舞蹈一下将观众融入进了中华五十六个民族绚丽多彩的风情文化之中。在热闹、欢快的气氛感染下，婀娜多姿的各民族舞蹈绚丽呈现，蒙古族舞蹈《骏马归来》、达斡尔族集体舞《打歌打舞》展现了不同民族的风情文化，国家一级演员蓝剑《中华一家亲》、国家一级演员曲比阿乌《索玛花开》等独唱甜美动听，韵味独特，激情澎湃，尽显浓郁的民族风情及蓬勃的时代精神。整个慰问演出包括男声独唱、女声独唱、舞蹈等13个节目，演员阵容强大，一曲曲响彻云端的美妙歌声，一支支激动人心的精彩舞蹈，博得现场掌声不断；绚丽的舞台效果，优质的环绕音响，将现场气氛不断推向高潮。最后，慰问演出在集体舞《鱼跃龙门步步高》的欢快旋律中圆满结束。

在近两个小时的慰问演出中，各民族艺术家以饱满的热情、完美的艺术表现为喀左观众带来了一场民族文化盛宴，让观众们深深地感受到了强烈的艺术感染力、视觉冲击力和心灵震撼力。慰问演出结束后，县四大班子领导上台慰问演员，并合影留念。

喀喇沁左翼蒙古族自治县成立六十周年庆祝大会

9月6日下午，全县各族各界代表在县人民会堂隆重集会，热烈庆祝自治县成立六十周年。

下午3时许，庆祝大会开始。

全国人大民族委员会、国家民族事务委员会发来贺电。贺电称，60年来，在党中央、国务院的亲切关怀下，在辽宁省委和省政府以及朝阳市委和市政府的带领下，喀喇沁左翼蒙古族自治县经济发展、民族团结、社会稳定、人民生活不断改善，各项事业全面推进，取得了巨大成就。希望你们以自治县成立60周年为新起点，更加紧密地团结在以习近平同志为核心的党中央周围，以习近平新时代中国特色社会主义思想为指导，全面贯彻落实中共十九大和十九届二中、三中全会精神，铸牢中华民族共同体意识，不忘初心、牢记使命、坚定信心，统筹推进“五位一体”总体布局和协调推进“四个全面”战略布局，为打赢脱贫攻坚战、全面建成小康社会、夺取新时代中国特色社会主义伟大胜利、实现“中华民族一家亲、同心共筑中国梦”的目标而不懈奋斗！

全国人大民委、国家民委祝贺团团长，国家民委财务司司长李春林在会上讲话。他说，60年来，喀左县在党中央、国务院的亲切关怀下，在辽宁省各级党委、政府的正确领导下，喀左县委、县政府团结带领全县各族干部群众抢抓机遇，砥砺奋进，实现了一个又一个跨越，获得了一项又一项荣誉。当前，中国特色社会主义进入新时代，改革开放进入新阶段，喀左县也站在历史的新起点，我们相信，勤劳、勇敢、智慧、团结的喀左各族干部群众一定能够以自治县成立60周年和改革开放40周年为契机，更加紧密地团结在以习近平同志为核心的党中央周围，更加自觉地践行习近平新时代中国特色社会主义思想和党的十九大精神，更加全面贯彻“五位一体”总体布局和“四个全面”战略布局，更加坚定铸牢中华民族共同体意识，不断推动全县经济社会各项事业实现跨越式发展，为决胜全面建成小康社会、夺取新时代中国特色社会主义伟大胜利、实现中华民族伟大复兴中国梦做出更大贡献。

辽宁省代表团团长，省委常委、统战部部长范继英在会上讲话。范继英说，60年来，喀左县经济社会健康发展，各项事业取得了辉煌成绩，党的十八大以来，在习近平新时代中国特色社会主义思想指引下，主动适应经济发展新常态，始终坚持稳中求进工作总基调，团结拼搏，奋勇攻坚，县域经济稳中向好，市场活力显著增强，发展质量大幅提升，社会事业蓬勃发展，党的建设与时俱进，呈现出政治稳定、经济发展、民族团结、社会进步、文化繁荣、人民安居乐业的大好局面。喀左县六十年发展历程，为我们展示了我国民族区域自治制度成功实践的生动缩影，也更加坚定了民族地区要发展必须坚持中国共产党的领导，走中国特色社会主义道路的决心和信心。喀左县各族干部群众要坚持以习近平新时代中国特色社会主义思想为指导，全面贯彻落实新发展理念和“四个着力”“三个推进”，自觉践行新时代辽宁精神，不断谱写喀左县经济发展、民族团结、生态文明、民生改善的新篇章。要深入学习贯彻习近平新时代中国特色社会主义思想和党的十九大精神，全面贯彻落实党中央的决策部署。要加快发展县域经济，着力实现全县经济高质量发展。要全面贯彻党的民族政策，坚定不移地坚持和完善民族区域自治制度，努力开创喀左县经济社会发展新局面，为辽宁决胜全面建设小康社会、加快推进老工业基地新一轮全面振兴做出新的更大贡献。

朝阳市代表团团长，市委书记、市人大常委会主任蹇彪在会上讲话。他说，60年来，喀左县坚定不移落实党的民族政策，充分发挥民族区域自治制度优势，全力保障各族群众合法权益，书写了政治稳定、社会安定、民族团结、和谐共进的崭新历史篇章；60年来，喀左县坚定不移把发展作为第一要务，社会生产力得到了极大解放和发展，经济建设和社会事业全面进步、城乡面貌日新月异，实现了从贫困到温饱的历史性跨越；60年来，喀左县坚定不移把为人民谋幸福作为出发点和落脚点，广大党员干部不忘初心、牢记使命，与43万人民手足相亲、守望相助，人民群众的幸福感、获得感大幅提升，创造了以人为本、共建共享、社会文明的新局面。蹇彪指出，当前，朝阳正处在振兴发展的关键节点，政治建设、经济建设、文化建设、社会建设、生态文明建设取得了重要成就，全市广大干部群众正满怀信心、满怀激情，向着全面建成小康社会的目标阔步前进。喀左县作为朝阳振兴发展的尖兵，要把建县60周年作为新起点，深入学习贯彻习近平新时代中国特色社会主义思想和中共十九大精神，坚决落实中央和省、市委部署要求，在全面建成小康社会的道路上，抢抓机遇、开拓创新、真抓实干，创造更加辉煌的业绩。

县委书记吕树江在庆祝大会上致辞。他说，60年来，伴随着共和国铿锵前进的脚步，在党中央、国务院和省委、省政府、市委、市政府的正确领导下，自治县各族人民励精图治、薪火相传，描绘了一幅幅恢宏壮丽、欣欣向荣的发展画卷。60年来，我们始终恪守民族工作“两个共同”原则，围绕产业做文章，挖掘亮点求突破，着力打造温馨、静谧美好家园；60年来，我们着力做强工业、做优农业、做精服务业；60年来，我们的县城面积扩展到15.8平方公里，交通实现了“村村通油路、村村通公交”，森林覆盖率达到42.3%；60年来，历届县委、县政府认真执行党的民族政策和民族区域自治制度，县内23个民族携手相亲、和睦相处，平等、团结、互助的社会主义新型民族关系不断巩固发展。吕树江指出，面对新时代，我们将抢抓国家振兴东北、辽宁省突破辽西北和推进县域经济发展等一系列战略机遇，加快朝着富庶文明美丽和谐幸福新喀左迈进，奋力开启全面建成小康社会、建设社会主义现代化新征程；我们将牢牢把握正确前进方向，全面落实党中央和省、市各项改革部署，奋力开启全面深化改革的新征程；我们将认真落实“高质量发展”要求，坚定不移推进结构调整，奋力开启县域经济发展的新征程；我们将坚决以保障和改善民生为落脚点，全力做实做细脱贫攻坚、就医就学、就业社保等民生工作，奋力开启创造美好生活的新征程；我们将倍加珍惜各民族的大团结，持续巩固拓展平等、互助的民族关系，奋力开启民族团结进步的新征程。

阜新蒙古族自治县委书记马永生致贺词。他说，60年来，特别是党的十八大以来，喀左县城乡面貌发生了巨大变化，经济社会发展取得了显著成就，这里政治稳定、经济发展、社会和谐、民族团结、生态宜居，呈现出一派生机勃勃、欣欣向荣的景象，这充分彰显了党的民族区域自治制度的巨大优越性和强大生命力，体现了党中央、国务院和省市的亲切关怀和大力支持，表明了全县各级党政组织和各族干部群众团结一致、加快发展的坚强决心和奋斗精神。我们要加强与喀左县的学习交流，与喀左县各族人民携手并肩、共续华章。

出席庆祝大会的国家民委祝贺团领导有：全国人大民委、国家民委祝贺团团长，国家民委财务司司长李春林，国家民委祝贺团成员有全国人大民委法案室国家法规处处长王玉洁，国家民委财务司综合处处长张继康，国家民委理论政策研究室一处主任科员周遥强，国家机关事务管理局政策法规司后勤改革与综合管理处调研员、副处长黄新宝，国家发改委固定资产投资司副主任科员马建安等领导同志；出席庆祝大会的省代表团领导有：省代表团团长，省委常委、统战部部长范继英，省代表团副团长、省民宗委党组书记张秀坤，省民宗委主任高炜，省委统战部副部长张兴奎，省代表团成员有省委办公厅、省委宣传部、省政府办公厅、省人大民侨外委、省政协民宗委、省发改委、省财政厅等有关单位的负责同志。出席庆祝大会的市代表团领导有：市代表团团长，市委书记、市人大常委会主任蹇彪，市代表团成员有市委常委、市委秘书长、宣传部部长谢卫东等领导同志。内蒙古自治区土默特左旗、吉林省前郭尔罗斯蒙古族自治县、辽宁省岫岩满族自治县、阜新蒙古族自治县和北票市、凌源市、朝阳县、建平县、双塔区、龙城区等15个友好县市区旗代表以及关心和支持自治县发展的各界人士到会祝贺。曾担任过县四大班子主要领导、副县级以上领导退休老干部同志，曾在喀左县担任副县级以上领导在域外工作的领导同志出席了庆祝大会。出席庆祝大会的还有县四大班子领导，各乡镇街区和县直部门主要负责人以及少数民族代表、干部群众代表。委副书记、县长刘敬华主持大会。

附　录

领导干部名录

中共喀左县委员会

书记：吕树江

副书记：刘敬华　李鸿雁

常委：陈孝政　陈万增　孙立文
钱　锋　薛大新（4月离职）
徐广强　马贤军　吴成勇（4月任职）

喀左县人大常委会

主任：陈孝政

副主任：姚海廷　戴成起　陈瑞华
许春宇

喀左县人民政府

县长：刘敬华

副县长：徐广强（4月任职）
薛大新（4月离职）
陈彩霞
王崇东（12月离职）
董国辰　陈景泉　梁　锴
谭松杰（挂职、12月离职）
陈士忠（挂职）
雷　鸣（8月挂职）
董　辉（9月挂职）
宋毅海（12月挂职）

政协喀左县委员会

主席：冀雅军

副主席：马占国　邹本林
耿维义　王连庆

中共喀左县纪检委（县监察委）

书记：陈万增

监察委主任：陈万增

纪检委副书记：刘兴俊　宋文评

监察委副主任：刘兴俊　宋文评

纪检委常委：陈文生　暴宏丽
陈向明　姚海娟

监察委委员：白双山　暴宏丽
陈向明（4月离职）
姚海娟　陈文生
于福有　陈慧艳（4月任职）

县纠风办主任：戴晓龙（4月任职）

人民武装部

部长：吴成勇

政委：翟　斌

县委部门

县委办公室（机要局、督查室、政研室、保密局）

主任：付德江

副主任：王贵武　赵建军　刘志来

机要局局长：刘志民

督查室主任：王文权

政研室主任：李红梅

保密局局长：郭雅欣

组织部
部长：陈孝政
副部长：杨　阳　李秀娟　王树辉

宣传部
部长：钱　锋
副部长：彭建军　牛树海　祁建军
精神文明办主任：范振成
精神文明办副主任：赵　飞
国防教育办主任：李晓东
新闻管理中心主任：高学敏
理论学习室副主任：杜宏丽
县社科联主席：张永平

统战部
部长：马贤军
副部长：黄志业　尚志宇

政法委（综治办、维稳办）
书记：孙立文（12 月离职）
副书记、综治办主任：田力铭
副书记：肖长青　陈大勇（5 月离职）
　　　　刘明耀（5 月任职）
纪工委书记：李红军
维稳办主任：尹国栋
政治处主任：陶丽媛

机关工委
书记：张国东
副书记：池景树（4 月离职）姜　丽

编委办
主任：宋志东
副主任：王丽英（4 月离职）陈大军

老干部局
局长：舒昌清
副局长：陈俊杰　车仁敏

县人大常委会机关

办公室
主任：田　辉
副主任：李　威

民族侨务外事工作委员会
主任：乌树国
副主任：修海林

人事代表选举工作委员会
主任：杨　波
副主任：孙敬梅

教科文卫工作委员会
主任：刁艳平
副主任：路通平

内务司法工作委员会
主任：温雁霜
副主任：

信访办
副主任：刘鹏飞（1 月任职）

经济工作委员会
主任：王玉福
副主任：尹　勇

农业和农村经济工作委员会
主任：于维水　李晓雷

研究室
主任：马彩萍

县人大常委会备案审查中心
主任：李宏宇

县政府部门

政府办公室
主任：崔　凯
副主任：刘振成　王　爽　田　岩

信访局
党组副书记、局长：甄学然
副局长：沈耀华　韩君枰　孙福国
纪检组组长：陈国防

发展和改革局
党组书记、局长：于维和
副局长：罗洪亮　杨德森　张凤艳
纪检组组长：李玉国

科技局
党组书记、局长：秦玉华（4 月离职）
　　　　　　　　刘国宇（4 月任职）
副局长：范佳江（11 月离职）　张　伟
　　　　李　林（4 月任职）
纪检组组长：张德武

物价局
党组书记、局长：宋士雪
副局长：孙国君
纪检组组长：王立新

经济信息局
党组书记、局长：董玉杰
副局长：刘文贵　高冬梅　孟宪学
　　　　高鹏程（4 月任职）
纪检组组长：张利民

对外经贸合作局（招商局）
党组书记、局长：李庆松
副局长：武振香　孙福强（1 月任职）
京津冀招商局局长：李志伟（4 月任职）
侨联主席：包玉山
纪检组组长：唐国红（4 月离职）

财政局
党组书记、局长：邹德良
副书记、副局长：耿维义
　　　　　　　　齐艳峰（3 月离职）
　　　　　　　　杨　凯
　　　　　　　　王桂艳（3 月任职）
纪检组组长：池景军
总会计师：武亚军
国有资产管理局局长：王桂艳
建投公司经理：刘海泉

公安局
党组书记、局长：董国辰
政委、党组副书记：姜岱盛（9 月离职）
副局长：贾尚文　陶　冶　王立军
　　　　韦兴旺　刘盛林　张晓勇
　　　　孙国礼　王树新　付宇会
纪检组组长：舒宝奎
政治处主任：张顺昌

民政局
党组书记、局长：李百山
副局长：侯喜春　吉孔庆　张丹丹
纪检组组长：李金峰

教育局
党委书记、局长：乌桂英
副书记、副局长：张海彦
副局长：翟志刚　李显丰
纪检书记：陈　诚

体育局
党组书记、局长：刘海洲
副局长：黄福斌
纪检组组长：张立东

人力资源和社会保障局
党组书记、局长：孙振林
副书记、副局长：张庭舞（4 月离职）
副局长：李兆丰　冉冬梅　郭　江
劳动就业局局长：董宝明
社会保险局局长：刘　峰

民族宗教局
党组书记、局长：米丽君
副局长：白明山　董志勇
纪检组组长：陈良占

住房和城乡建设局
党委书记、局长：王丙川
党委副书记、副局长：崔汉军
副局长：樊成玉　魏宏岩
总工程师：宋良民

城市管理局
党委书记、局长：王前进
副局长：李玉辉　孙福军　李树坤
纪委书记：李志军
总工程师：张德华

环境保护局
党组书记、局长：暴洪权
副局长：王泽忠（2 月离职）
徐汉民　闫中良（8 月离职）
邹存亮
纪检组组长：王玉民

农业产业化办公室（新农办）
主任：王维新
副主任：周启超　苏兴昌

农村经济发展局
党组书记、局长：白国旺
党组副书记、副局长：郑学武
副局长：田国军　李世春　邵青文
纪检组组长：长任山
农村经济管理局局长：邵青文（2 月任职）
粮食局局长：朱国栋（9 月离职）

粮食局
局长：朱国栋（9 月离职）
副局长：张义贤　徐　刚

水利局
党委书记局长：于钦海
副书记、副局长：李会民
副局长：孙宏光　杨海文
纪检组组长：顾尚升
总工程师：孙红光
副总工程师：杨海文

凌河保护区管理局
党组书记、局长：闫锡臣
副局长：傅振久　李献华
纪检组组长：刘锦州
管理处处长：崔　杰
凌河公安分局局长：赵升刚

林业局
党组书记局长：刘亚东
副局长：丛培仕　张立文　李志敏
纪检组组长：杨茂森（4 月离职）
青山局局长：刘文涛

畜牧局
党组书记局长：刘久信
副局长：宋子臻（12 月离职）
倪生玉 车彦明
纪检组组长：侯艳辉
总兽医师：唐敬德

卫生和计划生育局
党组书记、局长：周广怀
副局长：钱敬仁 王大雷 陈红生
纪委书记：郭宪民

文化广播电影电视局
党组书记、局长：王文军
副书记、副局长：杨凤宝 刘宪明 李国丰
梁 英（3 月任职）
纪检组组长：曹久霖
新闻出版局副局长：李铁峰（3 月离职）

广播电视台
党组书记、台长：祁建军
副台长：邢春华（3 月离职）
金宝义（3 月离职）
乌建清
总编：邢春华（3 月离职）
金宝义（3 月任职）
纪检组组长：陈大力

旅游产业发展局
党组书记、局长：包大力
副局长：邢兵兵 杨鑫昂

交通局
党组书记、局长：夏泽深
副局长：张学军（4 月离职）
张海贵（4 月任职）
杨文刚 詹立国
纪检组组长：赵玉梅
公路管理段段长：李伟民
运输管理所所长：张春来
总工程师：张 勇

审计局
党组书记、局长：杜廷明
副书记、副局长：刘学东
副局长：李国民 邹存良

统计局
党组书记、局长：高洪祥
副局长：李国英（4 月离职）
白浩天 佘玉静（4 月任职）
纪检组组长：佘玉静（4 月离职）
总统计师：陶立新

司法局
党组书记、局长：王英凯
副局长：王国彬 陈志国 朱 莹
纪检组组长：田树青

安全生产监管局
党组书记、局长：包鹤鹏
副局长：刘贵庆 王志明 孔令春
纪检组组长：吴 迪

行政审批局
党组书记、局长：王建华
副局长：张剑飞 王孟禹 贾立学

县政协部门

办公室
主任：李晓光
副主任：梁文浩

经济科技委员会
主任：车延龙
副主任：刘永新

文教卫生委员会
主任：于晓红

提案法制委员会
主任：李淑华
副主任：吴琼飞

民族宗教委员会
主任：刘国凤
副主任：车成华

文史学习宣传委员会
副主任：王文成　高红梅

委员管理办公室
主任：范振亭
副主任：车向前

蒙古族史料整理编纂中心
主任：羿庆玲（4 月任职）
副主任：孙永平（4 月任职）

人民法院

党组书记、院长：董焕明
党组副书记、副院长：韩　丽
副院长：张　明　王艳梅
　　　　徐春艳（4 月任职）
执行局局长：郭占富
党组成员：国庆春

人民检察院

党组书记、检察长：王延丰
党组副书记、副检察长：袁庆波
副检察长：宋海洋　尹晓东
反渎局局长：茹彩忠
检委会专职委员：朱丽华

群团

总工会
党组书记、主席：高向成
副书记、副主席：訾国新
副主席：乌淑玲
纪检组组长：贾亦平

团县委
书记：杨诗健
副书记：阴继虹　魏学娣（4 月任职）
　　　　冯万宇（11 月挂职）
　　　　蔡建伟（11 月挂职）
纪检组组长：魏学娣（4 月离职）

县妇联
党组书记、主席：胡晓艳
副主席：王淑霞　李　颖
纪检组组长：李立平

科协
党组书记、主席：崔维祥
副主席：陈志艳　周玉明
纪检组组长：李松文

工商联
主席：韩锡广
副会长：赵　强（4 月离职）　李培林
　　　　丁　玲（4 月任职）

残联
党组书记、理事长：张晓东
副理事长：白金柱　钱丽萍

文联

党组书记、主席：杨景坤
副主席：李 凭

县属事业单位

党校
校长：李鸿雁
常务副校长：王德昌
副校长：王晓东 王云覃

报社
党组书记、社长：王新田
总编辑：张兴武
副总编辑：于彩艳
纪检组组长：王 力

档案局
党组书记、局长：刘瑞凯
副局长：计晓丹 刘德军 陈立新
纪检组组长：梁 英（3月离职）
史志办主任：鲍庆丽

农机局
党组书记、局长：管九江
副局长：王阳华 杨成泉
纪检组组长：张化普

果树总站
党组书记、站长：马金玉
副站长：冯文彬 胡文科

规划局
党组书记、局长：常国新
副局长：王成泽 张立新
纪检组组长：金贵林
总工程师：刘进宇

农业产业化办公室
主任：王维新
副主任：周启超 苏兴昌

扶贫开发局
党组书记、局长：吴守本
副局长：王亚力（4月离职） 暴洪业
邢 杰 张全明 杨忠国

矿产资源统一管理办公室
主任：韦兴旺

公共资源交易管理办公室
主任：钱贵玉
副主任：陈胜利 张宏梅

朝阳市公共资源交易中心喀左分中心
主任：梁红军
副主任：贾凤宝 张春华

机关事务管理局
党组书记、局长：刘国春
副局长：杨振伟 张 鹏

龙源旅游区管理处
处长：冯淑祎
副处长：王立红 陈宏达

县属经济组织

服务业局
党组书记、局长：李久林
副局长：陈静宜 王志军

供销联社
党组书记、理事会主任：魏丽华
理事会副主任：任化权
黄德新（11月离职）

市直属部门

中国人民银行喀左支行
党组书记、行长：石宝臣
副行长：张国文　贺雪峰
纪检组组长：张国文（兼）

中国农业银行喀左支行
行长：赵成阁
副行长：崔学君（12月离职）
　　　　张　忠（5月任职）　祖力军
　　　　韩　冰（5月离职）

中国工商银行朝阳喀左支行
党组书记、行长：丛沛智
副行长：郭树清
纪检组组长：王　耀

中国农业发展银行喀左支行
党组书记、行长：刘建东
副行长：刘晓垠

农村信用联社
党委书记、理事长：孙尚德
主任：师国超
监事长：王学申
副主任：张会臣　刘景芳

朝阳银行股份有限公司喀左支行
行长：王立彬
副行长：冼昌义

中国人民财产保险股份有限公司喀左支公司
副经理：魏国锋　刘　莹　刘国峰

中国人寿保险股份有限公司喀左支公司
经理：丁玉民
副经理：李　阳

税务局
党委书记、局长：张立军（7月任职）
党委副书记、副局长：张国良（7月任职）
副局长：张文志（7月任职）
　　　　夏有光（7月任职）
　　　　孙世祥（7月任职）
　　　　刘秀丽（7月任职）
　　　　孙宗臣（7月任职）
　　　　冯子棋（7月任职）
　　　　刘春义（7月任职）
纪检组组长：姜文华（7月任职）

国税局
党组书记、局长：张立军（7月离职）
副局长：张文志（7月离职）
　　　　刘秀丽（7月离职）
　　　　孙宗臣（7月离职）
　　　　冯子棋（7月离职）

地税局
党组书记、局长：张国良（7月离职）
副局长：夏有光（7月离职）
　　　　孙世祥（7月离职）
　　　　刘春义（7月离职）
纪检组组长：姜文华（7月离职）

市场监督管理局
党组书记、局长：李海军
副局长：张志清　孙尚文　赵宝坤
　　　　张国忠　周铁军　黄忠辉
纪检组组长：杨德利

农电公司
经理：纪清雨

党委书记：尹国仕（6 月离职）
邹群峰（6 月任职）
副经理：邹群峰（6 月离职）
吴海波 任国庆
蔡学广（6 月任职）
纪委书记：王志强（6 月离职）
贾 宏（6 月任职）
工会主席：王志强（6 月离职）
贾 宏（6 月任职）

邮政局
局长：黄旭东
副局长：魏 强 王晓桥（11 月任职）

喀左县联通公司
党委书记、总经理：许永明
副经理：高东岳 王建民

烟草专卖局（烟草公司）
党组书记、局长（经理）：许凤辉
副局长：张伟利 张桂烽（8 月任职）

气象局
局长：孙立德（10 月离职）
副局长：关 心 毕明林（3 月离职）
沙 莉（3 月任职）

国土资源局
局长：盛会杰
副局长：李广涵
纪检组组长：张铁志

乡镇街场园区

坤都营子乡
党委书记：刘国宇（4 月离职）
陈大勇（4 月任职）
党委副书记、乡长：韩海波
人大主席：邵善峰
党委副书记：王显存
副乡长：李宝杰 孙桂兰

卧虎沟乡
党委书记：张占军
党委副书记、乡长：侯志宇
人大主席：程 哲
党委副书记：陶维星
副乡长：张殿凯 吕明洋
纪委书记：国艳红

尤杖子乡
党委书记：刘 斌
党委副书记、乡长：仲景艳
人大主席：张海春
党委副书记：张兴华（4 月任职）
副乡长：马立营 王立艳（4 月任职）
纪委书记：刘宏岩

大营子乡
党委书记：乌 江
党委副书记、乡长：孙福贺
人大主席：李法明
党委副书记：张中兴
副乡长：唐海明 王 猛

草场乡
党委书记：张国祥
党委副书记、乡长：李晓军
人大主席：魏树丰
党委副书记：杜宏丽
副乡长：黄朝辉 李国超

东哨镇
党委书记：任国玉

党委副书记、镇长：吉孔春
人大主席：张振霞
党委副书记：郑春震
副镇长：石凤学　宋振军
　　　　李洪文（4月任职）
纪委书记：李洪文　钱　雪（4月任职）

水泉镇
党委书记：刘秀娟
党委副书记、镇长：王德文
人大主席：李海波
党委副书记：赵立军（5月离职）
　　　　　　张兴东（5月任职）
副镇长：张兴东（5月离职）
　　　　李堂军　李一鸣
　　　　张学勇（4月任职）

甘招镇
党委书记：霍云峰（4月离职）
党委副书记、镇长：浦晓军
党委副书记：刘耀贤
人大主席：杜洪涛
副镇长：和　勇　付广勇　庞显威
人大主席：杜洪涛

兴隆庄镇
党委书记：王　军
党委副书记、镇长：张　为
人大主席：郭云峰（4月离职）
党委副书记：周明国
副镇长：王中民（4月离职）
　　　　刘　伟　徐志伟
　　　　田立杰（4月任职）
纪委书记：曹文武

平房子镇
党委书记：张海贵（4月离职）
　　　　　彭学福（4月任职）
党委副书记、镇长：纪学光
人大主席：袁子军
党委副书记：王忠凯
副镇长：石增臣　高建祥　宿欢欢
纪委书记：赵　静

老爷庙镇
党委书记：董晓光
党委副书记、镇长：刘兴伟
　　　　　　　　　张文志（3月任职）
人大主席：池景树（4月任职）
党委副书记：王玉林
副镇长：吴相勇　肖彩玲　徐海涛

十二德堡镇
党委书记：王宝柱
党委副书记、镇长：胡殿发
　　　　　　　　　张　敏（3月任职）

人大主席：戴立生
党委副书记：赵瑞杰
副镇长：杨晓峰　杨志伟
纪委书记：孙晓丽

羊角沟镇
党委书记：赵升龙
党委副书记、镇长：张春雷
人大主席：邹德祥
党委副书记：戴立生
副镇长：孙福强　郗中华
　　　　刘秀峰（4月任职）
纪委书记：王荣彬（4月离职）
　　　　　吕鸣迪（4月任职）

公营子镇
党委书记：于　洋
党委副书记、镇长：李树军
人大主席：贾振贺
党委副书记：李志宏
副镇长：李桂昌　孙程程　王瑞雪

山咀子镇
党委书记：孙凤德
党委副书记、镇长：孙丙剑（1月离职）
杨　华（1月任职）
赵天昕（3月任职）
人大主席：刘云辉
党委副书记：刘云辉　魏　聪
副镇长：吴东杰　于青正　夏宏鹏
纪委书记：赵永超

白塔子镇
党委书记：宋良军
党委副书记、镇长：刘星涛
人大主席：刘建波
党委副书记：计　伟
副镇长：茹彩兴　王晓武　黄　岩

南公营子镇
党委书记：高鹏成（3月离职）
张庭舞（4月任职）
党委副书记、镇长：刘丛辉
人大主席：韩　勐
党委副书记：韩　勐
副镇长：浦晓杰　徐景林　刘国利
纪委书记：徐海军

中三家镇
党委书记：陈忠利
党委副书记、镇长：甄学丰
人大主席：张英杰
党委副书记：刘桂鸣
副镇长：李永进　王　丹　梁建文

南哨街道办事处利州工业园区
党工委书记：于宸光
园区党组书记、主任：于宸光
党工委副书记：杨　月（1月离职）
办事处主任：杨　月（1月离职）
园区副主任：杨　月（1月离职）
党工委副书记：孙丙剑（1月任职）
办事处主任：孙丙剑（1月任职）
园区副主任：孙丙剑（1月任职）
人大工委主任：王志刚
党工委副书记：赵立军（4月任职）
园区副主任：韩启利
街道办事处副主任：李春富　桂　林
王中民（4月任职）
刘　凯（4月任职）
纪工委书记：鲍雨光（9月任职）

大城子街道办事处
党工委书记：王久存
党工委副书记、主任：刘守生
人大常委会主任：汤洪明
党工委副书记：汤洪明　温颖丽
副主任：李金霞　梁志涛　郝　峰

利州街道办事处
党工委书记：王俊峰
党工委副书记、主任：刘学宝
人大工作委员会主任：王玉民
党工委副书记：王玉民　高贵学
副主任：于广义　张朝维　李　静
纪工委书记：刘文荣

六官营子镇
党委书记：刘利军
党委副书记、镇长：屈　浩
人大主席：司林孝
党委副书记：陶艳福（4 月离职）
　　　　　　于　阳（3 月任职）
　　　　　　张　生（4 月任职）
副镇长：张　生（4 月离职）
　　　　谷立海　李松宝
　　　　聂平静（4 月任职）
纪委书记：候申祥

官大海农场
党委书记：李宝庆
副书记、场长　刘云峤
副书记：徐　清
副场长：暴晓东　屈艳辉
工会主席：张　英

朝阳喀左经济开发区
党工委书记、管委会主任：吕树江（兼）
党工委副书记、管委会副主任：
　薛大新（4 月离职）　徐广强（4 月任职）
　赵宏伟
管委会副主任：刘　强　王文军
　　　　　　　李波勇（11 月任职）
　　　　　　　杨吉存（11 月任职）
　　　　　　　于　涛（11 月任职）
综合办公室主任：刘广义
综合办副主任：郑　强　付文博
招商局局长：刘明耀（4 月离职）
副局长：陶世雨（4 月任职）　孙　宇
建设管理局局长：刘振刚
副局长：孙国良
审批服务局局长：王永峰
副局长：白宇军
综合监督管理局局长：暴　雨
副局长：胡海存　张　扬
规划局局长：杨永丰
副局长：王　亮
财政局局长：杜国志
副局长：姚宇德

龙凤山旅游区管委会
主任：徐广强（4 月离职）
党工委书记、主任：徐广强（4 月离职）
　　　　　　　　　刘秀娟（4 月任职）
副主任：闫文斌

付青山
综合办公室主任：刘　凯（4 月离职）
　　　　　　　　张　新（4 月任职）
规划建设办公室主任：赵　磊（4 月离职）
　　　　　　　　　　王　斌（4 月任职）
市场营销办公室主任：代志成
招商引资办公室主任：张学勇（4 月离职）
　　　　　　　　　　张明华（4 月任职）
财务办公室主任：李振涛

利州中心商贸聚集区
党工委书记、主任：茹洪军
副主任：李井坡
服务协调办主任：邹存亮（1 月离职）
规划建设办主任：陈　亮
招商引资办主任：陶世雨（4 月离职）
平台建设办主任：候　龙（4 月离职）
综合办公室主任：董　旭
服务协调办主任：杨斯宇（4 月任职）
平台建设办主任：刘志伟（4 月任职）

喀左县2018年国民经济和社会发展统计公报

（2019年5月20日）

喀左县统计局

一、综述

初步核算，2018年，全县生产总值实现99亿元，按可比价格计算，比上年增长6.5%。其中，第一产业增加值30.57亿元，同比增长3.9%；第二产业增加值23.04亿元，同比增长9.6%，其中工业增加值18.18亿元，同比增长12.8%；第三产业增加值15.4亿元，同比增长7.4%。

二、农林牧渔业

2018年，农林牧渔业总产值实现63.67亿元，同比增长4.9%，其中：农业总产值实现28.85亿元，同比下降11.42%；林业总产值3.2亿元，同比增长6.2%；牧业总产值30.27亿元，同比增长26.26%；渔业总产值0.05亿元，同比下降61.76%；农林牧渔服务业总产值1.3亿元，同比增长25.3%。

农作物播种面积72.78万亩，同比增长4.8%，其中：粮食作物播种面65.19万亩，同比增长7.2%。全县粮食总产量31.5万吨，同比增长18.4%，其中：小麦产量0.05万吨，同比增长500%；玉米产量30.3万吨，同比增长39.6%；谷子产量0.1万吨，同比下降94.1%；大豆产量0.13万吨，同比增长325%。蔬菜产量37.78万吨，同比下降16.14%；水果总产量达5.4万吨，同比增长5.9%。

年末大牲畜存栏18.19万头，同比增长3.1%；猪存栏24.3万头，同比增长2.5%；羊存栏40.3万只，同比增长4.4%；禽存栏508万只，同比增长2.23%；禽蛋总产量5.1万吨，同比增长4.1%。

三、工业

全县36家规模以上工业企业中：规模以上工业企业总产值完成35.93亿元，同比增长32.5%；规模以上工业企业主营业务收入完成38.4亿元，同比增长32.3%。其中，硅锰合金产量3.79万吨，同比增长28%；商品混凝土产量17.74万立方米，同比降低0.9%；铁合金3.7万吨，同比增长28%；水泥产量41.36万吨，同比增长85%；硅酸盐水泥熟料94万吨，同比增长35.8%。

四、固定资产投资

全年固定资产投资完成38.9亿元，比上年下降1.9%。其中：建设项目固定资产投资完成27.42亿元，同比下降4.8%；房地产投资完成11.48亿元，同比增长5.9%。

五、交通运输和邮政业

年末全县公路里程1796公里，其中，县级以上公路里程240公里（根据新的测量口径）；乡级公路里程540公里。

邮政业务持续发展，其中函件82207件，包裹108494件，汇票3889件。

六、商业

全年社会消费品零售总额完成51.44亿元，比上年增长6%。

全年实际利用外资额1637万美元，外贸出口额8319.18万人民币。

七、财政、金融

全年地方财政收入总计31.83亿元。其中：一般预算收入4.75亿元，同比增长20.5%；财政支出总计31.83亿元。

金融机构存款年末余额151.71亿元，按可比口径计算，同比增长9.3%；年末金融机构贷款余额97.69亿元，同比增长10.7%。城乡居民储蓄存款年末余额130.8亿元，增长13%。

八、社会事业

年末在校学生4.13万人，其中：高中在校学生0.81万人，职业高中0.1万人，初中在校学生1.12万人，小学在校学生2.1万人。2018年向大中专院校输送学生 0.3 万人。

年末共有卫生机构数 697 个，其中：医院 24 个，卫生院 21 个，村卫生室及诊所 639 个。编制床位 1921 张，其中卫生院床位 535 张。卫生技术人员 2564 人，其中：执业医师 775 人，执业助理医师 265 人，注册护士 742 人。

九、人口、人民生活和社会保障

全县年末户籍总人口 41.98 万人，其中城镇人口 7.9 万人，占全县总人口的 18.75%。

城镇居民收入稳步增长，城镇居民人均可支配收入 28692 元，增长 7.8%。

社会保障体系进一步完善。养老、失业、医疗保险覆盖面不断扩大，全县参加基本养老保险 24.86 万人，城乡居民养老保险 20.1 万人、企业养老保险 4.76 万人。新型农村合作医疗参加人数达到 29.2 万人。

备注：

1. 地区生产总值是现价绝对值，可比价增速；
2. 部门数据都是各部门提供。